Ferdinand Weber

System der altsynagogalen palästinischen Theologie

Aus Targum, Midrasch und Talmud

Ferdinand Weber

System der altsynagogalen palästinischen Theologie
Aus Targum, Midrasch und Talmud

ISBN/EAN: 9783742870308

Hergestellt in Europa, USA, Kanada, Australien, Japan

Cover: Foto ©Lupo / pixelio.de

Manufactured and distributed by brebook publishing software
(www.brebook.com)

Ferdinand Weber

System der altsynagogalen palästinischen Theologie

SYSTEM

DER

...ALEN PAL...

...HEOLOGI...

...MIDRASCH...

DARGESTELLT

VON

...ERDINAND WE...

...RER IN POLSINGEN, MITTELFRAN...

— —

...VERFASSERS TODE HERAUS...

VON

...ELITZSCH und GEORG SCHNEDE...

VORWORT DER HERAUSGEBER.

—

Obgleich es bei dem an Einzelheiten und Citaten überaus
reichen Inhalt des vorliegenden Werkes nicht an Anlaß zu Be-
richtigungen und Ergänzungen fehlen wird, so wird ihm wol-
wollende Kritik doch nicht die Anerkennung einer wesentlichen
Bereicherung der Religionswissenschaft versagen können. Den
Kern des Judentums bildet allerdings das als verpflichtende
Gottesoffenbarung anerkannte mosaische Gesetz und die es für
den Zweck der Praxis erläuternde rechtskräftige Tradition.
Um dieses feste Centrum aber lagerte sich, ehe der mittelalterliche Einfluß der Philosophie begann, ein weiter Kreis
dogmatischer und ethischer Vorstellungen, welchem es bei aller·
individuellen Buntscheckigkeit dennoch nicht an gemeinsamen
Grundzügen fehlt, und das Werk Ferdinand Webers ist der
erste Versuch, diese religiösen Vorstellungen der ersten Jahrhunderte, in denen Christentum und Judentum sich scheiden,
in rein historischer Weise ohne die Einseitigkeit und Unbillig-
keit, welche die Selbstfolge gehässiger polemischer Tendenz
ist, zu objectiver innerlich zusammenhängender Darstellung zu
bringen. Der Verfasser ist nirgends abhängig von jenen älteren
antijüdischen Werken, aus deren Rüstkammern die moderne
Literatur der Antisemitenliga ihre Geschosse entlehnt — er
schöpft überall unmittelbar aus den selbstdurchforschten Quellen.
Denn von paulinischer Liebe zu dem jüdischen Volke beseelt
hat er es zwei Jahrzehnte lang als eine der liebsten Berufs-
aufgaben seines Lebens angesehen, sich in den ältesten Schriftwerken dieses Volkes heimisch zu machen.

In welchem Verhältnis der Erstunterzeichnete zu dem vor Beginn des Druckes langem Siechtum erlegenen Verfasser († 10. Juli 1879) stand und wie dieser ihm sterbend die Veröffentlichung seines Werkes auf Herz und Gewissen gelegt hat, kann wer sich dafür interessirt anderwärts lesen.[1] Und wie er sich mit dem zweitunterzeichneten jüngeren Freunde in die Arbeit der Herausgabe getheilt hat, das im Einzelnen zu wissen ist für den Leser kaum Bedürfnis — genug daß wir Beiden es als eine pflichtmäßige Leistung ansahen, den heimgegangenen Verfasser selbst in Verificirung der Citate und Anlegung der letzten Feile zu vertreten, und daß diese Leistung uns nach und nach immer lieber und angenehmer wurde, da wir uns im Fortgang unserer Arbeit mehr und mehr von der Gediegenheit des Werkes überzeugten. An dem Inhalte des nun ans Licht Tretenden ist nichts was wir für uns in Anspruch nehmen können; wir hielten es nicht für unsere Aufgabe, es zu ergänzen und über den *status quo* der einschlägigen Literatur zur Zeit der Abberufung des Verfassers hinauszuführen. Möge denn das Gute an dem Werke dem zur Ehre gereichen, dessen geistige Schöpfung es ist, und das Mangelhafte auf unsere Rechnung kommen, die wir die letzte Hand des seinen Kindern und auch diesem Kinde seines Geistes früh Entrissenen nicht zu ersetzen vermochten.

---

1) s. die Zeitschrift „Saat auf Hoffnung" (Erlangen, bei Deichert) Jahrg. XVI (1879) S. 228—230.

Leipzig, Anfang September 1880.

Franz Delitzsch. Georg Schnedermann.

Inhaltsübersicht.

a*

Zweite Abtheilung.

Das Formalprincip des Nomismus.

Cap. VII. Das geschriebene Wort.

Cap. VIII. Die mündliche Ueberlieferung.

Cap. IX. Der Schriftbeweis.

Cap. X. Die rabbinische Autorität.

Zweiter Theil.

Die besonderen Lehren.

Erste Abtheilung.

Der theologische Lehrkreis.

Cap. XI. Der jüdische Gottesbegriff.

Cap. XII. Die himmlische Welt.

Cap. XIII. Mittlerische Hypostasen.

Zweite Abtheilung.

Der kosmologische und anthropologische Lehrkreis.

Cap. XIV. Die Schöpfung und Erhaltung der Welt.

Cap. XV. Die Schöpfung und der Fall des Menschen.

Cap. XVI. Der Zustand des sündigen Menschen.

Cap. XVII. Die Straffolgen der Sünde.

Dritte Abtheilung.

Der soteriologische Lehrkreis.

Cap. XVIII. Die Offenbarung und Geschichte des Heils.

Cap. XIX. Die Gerechtigkeit vor Gott und das Verdienst.

EINLEITUNG.

§ 1. Aufgabe.

Mit der Rückkehr Esra's hob in der jüdischen Gemeinde ein Neues an. Das Gesetz wurde durch ihn der ausschließliche Mittelpunkt des religiösen Denkens und Lebens aller Frommen des Volkes. Der Einfluß des prophetischen Wortes trat gegen den des Gesetzes zurück, ja das Gesetz wurde das alleinige religiöse Princip. Dieses Princip hat eine neue religiöse Denkweise und im Verlaufe der Zeit eine specifisch jüdische Theologie erzeugt, welche von der Lehre des Alten Testamentes, in der sie wurzelt, unterschieden ist, ja sich zu ihr gegensätzlich verhält, insofern hier das nomistische Princip als das alleinberechtigte erscheint, während es im Alten Testament nur die Basis der prophetischen Heilslehre bildet. Mit Recht hat Gust. Friedr. Oehler die biblische Theologie des Alten Testamentes von dieser jüdischen Theologie abgegrenzt. Esra hat zu ihr nur den Anstoß gegeben. Aber wie bald der Nomismus im religiösen Schrifttum der Juden nach Ausgestaltung rang, zeigt das Buch des Siraciden, das wir aus gewichtigen Gründen um 300 vor Chr. entstanden denken. Noch bestimmtere Gestalt fand die nomistische Denk- und Lehrweise, nachdem sie in den schweren maccabäischen Kämpfen den Hellenismus überwunden hatte, und ihre Vertreter als Peruschim die geistige Leitung des jüdischen Volkes überkamen. Daher sagt Reuß (Herzogs R.-E. XII, 508): „Der Pharisäismus ist (nur) die schärfere Ausprägung derjenigen Ideen und Bestrebungen, welche von Anfang an den Lebenskern des neujüdischen Gemeinwesens gebildet hatten." Gehört die Genesis der neujüdischen Theologie der Zeit der alten Sopherim von Esra bis zum maccabäischen Zeitalter an, so ist das Zeitalter der großen Schulen, besonders des Hillel und Schammai, ihrer Ausgestaltung gewidmet; die nachfolgenden Generationen von der Zerstörung des zweiten Tempels bis zum Abschluß des Talmud aber haben den früheren Erwerb gesammelt, im Einzelnen weiter entwickelt und schriftlich fixirt.

So ist es im Laufe der Zeit zu einer jüdischen Theologie gekommen. Wenn wir daher von einem System der altsynagogalen Theologie reden, so haben wir nicht ein System im schulmäßigen Sinne vor Augen, keine förmliche Glaubenslehre oder Dogmatik. Zu einer solchen ist es innerhalb der Synagoge nicht gekommen, wenn auch im Mittelalter einzelne Glaubens- und Sittenlehren bald mehr in traditioneller, bald mehr in religionsphilosophischer Weise behandelt wurden. Aber ebenso wahr ist es, daß wir in Religionsschriften, die allgemeines Ansehen genießen, auf immer wiederkehrende religiöse Anschauungen stoßen, deren Ursprung aus einem einheitlichen religiösen Principe unverkennbar ist. Ohne daß es zu einer förmlichen Dogmatik kam, hat sich doch das nomistische Princip nach allen Richtungen jüdisch-religiösen Denkens zur Geltung gebracht. Indem wir also die wesentlichen Züge jüdisch-religiöser Denkweise sammeln und zu einem Ganzen ordnen, überall aber den Zusammenhang des Einzelnen mit dem Princip nachweisen, bringen wir die jüdische Theologie zur Darstellung.

Die ganze religiöse Literatur des Judentums zerfällt in eine midrasische und halachische. Jene ist der Schriftauslegung gewidmet; sie ist entstanden aus den Lehrvorträgen über die Schrift, welche im Lehrhause oder der Synagoge von den Theologen und den Darschanim vor den Schülern oder vor der Gemeinde gehalten wurden. Die halachische Literatur umfaßt dagegen jene Schriften, welche die gesetzlichen Vorschriften, wie sie sich im Laufe der Zeit gestaltet, in Form eines *Corpus juris* und der nöthigen Commentare zu demselben zur Darstellung bringen. Zwar enthalten halachische Schriften auch Midrasch, und der Midrasch hat auch halachische Bestandtheile, im Ganzen aber sind Halacha und Midrasch von einander geschieden. Den Midrasch hat Zunz in seinem für die Darstellung der jüdischen Theologie in literaturgeschichtlicher Hinsicht grundlegenden Werke: Die gottesdienstlichen Vorträge der Juden (Berlin 1832) in seinen einzelnen Erzeugnissen dargestellt, wobei er neben dem midrasischen Schriftthum auch das halachische so weit herbeizog, als es Midrasch enthält. Die eigentliche Quelle für unsere Darstellung bildet das midrasische Schriftthum. Denn wenn auch die Haggada d. i. die erbauliche Auslegung vor der Gemeinde, wie sie die Midrasche darbieten, subjectiven und häufig rein individuellen Charakter hat, so gibt es doch wie eine halachische, so auch eine

wenn er an die Schriftauslegung herantreten wollte, und die jeder
wiederholt hat, die somit religiöses Gemeingut war und deshalb allerdings geeignet ist, der Darstellung jüdisch-religiöser Anschauungen
oder einer jüdischen Theologie im obigen Sinne zur Grundlage zu
dienen. Dagegen schließen wir die pseudepigraphische Literatur zum
Alten Testament, wie das Buch der Jubiläen oder das Buch Henoch, von
unserer Darstellung aus, während wir sonst in apokryphischen Schriften Elemente späterer jüdischer Theologie zu suchen haben. Jost ur-
theilt (Geschichte des Judentums und seiner Secten II, 217.218 Anm.)
sogar, daß jene (durch die äthiopische Kirche erhaltenen) Schriften
„ohne Bedeutung für die jüdische Religionsgeschichte" seien; jedenfalls können sie uns nicht als Quelle der Darstellung jüdischer
Theologie dienen, da sie gemischten Ursprungs sind und keinerlei
Anerkennung innerhalb der jüdischen Gemeinde gefunden haben.

§ 2. Quellen.

Der Midrasch, welcher die Quelle für unsere Darstellung bildet,
liegt uns in dreierlei Schriftwerken vor. Es kommen in Betracht
1. die Targume, sofern sie als Paraphrasen nicht bloß Uebersetzungen sind, sondern an vielen Stellen erklären und so religiöse
Auffassungen und Anschauungen zu Tage treten lassen. „Durch die
Paraphrasen — schreibt Fürst in seinem Lehrgebäude der Aramäischen
Idiome S. 15 — weht der Geist des traditionellen Glaubens aus der
bunten Vergangenheit der jüdischen Geschichte, der durch lebendi-
ges Auffassen der alten geheiligten jüdischen Sagen (Haggada) ge-
nährte reinere pharisäische Sinn mit der innigen heiß dürstenden
Sehnsucht nach dem zukünftigen Messiasreiche." So sind sie eine
Quelle altjüdisch religiöser Denkweise, und zwar die älteste. Sodann
kommen für uns in Betracht 2. die Midraschim im engeren Sinne,
in denen die traditionelle Haggada niedergelegt ist, und endlich 3.
die mischnisch-talmudische Halacha-Literatur, sofern sie vom Midrasch durchwoben ist d. h. neben Halacha auch Haggada bietet.

I. Die Targume. 1. Das älteste der uns erhaltenen Targume
ist das des Onkelos, eine in fast rein biblischem Chaldaismus verfaßte wortgetreue Uebersetzung, die nur an wenigen Stellen zur
Paraphrase wird, jedoch gewisse biblische Begriffe in eigentümlicher
und selbständiger Weise reproducirt. In *Megilla* 3ª wird ein Targum
des Onkelos des Proselyten erwähnt; in *jer. Megilla* I, 9 heißt eben

dasselbe Schriftwerk Targum des Akylas des Proselyten. An beiden
Stellen heißt es, der Targumist habe sein Targum aus Ueberlieferung
des R. Elieser und R. Josua verfaßt, welche noch dem ersten Jahrhundert n. Chr. angehören. Nach *jer. Megilla* a. a. O. hat er diesen sein
Targum vorgelegt, und sie haben es gelobt. Daß Akylas und Onkelos
derselbe Name ist, ist anerkannt; es ist eine mundartliche Differenz,
daß man in Babylonien den Nasal einschaltete und dann statt Ankylas
die dunklere Aussprache Onkelos wählte; die Identität der Namen
ist überdies durch den Beisatz „der Proselyt" (*Gēr*) nahe gelegt.
In der Tosefta zu *Schabbath* c. 8 vgl. *Aboda sara* 11ᵃ und zu *Baba
bathra* c. 2 erscheint Onkelos als Schüler des Rabban Gamliel des
Alten, der kurz vor der Zerstörung des zweiten Tempels starb; er
lebte also in der zweiten Hälfte des ersten Jahrhunderts. Da sein
Targum auf Ueberlieferung beruht, so haben wir in demselben das
älteste Denkmal midrasischer Tradition vor uns. Das Ansehen des
Targum des Onkelos ist demgemäß so groß, daß es im Talmud als
maßgebende Autorität erscheint (vgl. Frankel, Zu dem Targum der
Propheten, Breslau 1872). Dieses hohe Ansehen prägt sich auch
darin aus, daß in *Megilla* 3ᵃ die Uebersetzung des Onkelos mit dem
שירים in Neh. 8, 8 identificirt wird, so zwar, daß dieser in den Zeiten
nach Nehemia verloren gegangen und im Targum des Onkelos erneuert worden sei. Dieser altjüdischen Ueberlieferung blieben Zunz
(Gottesdienstliche Vorträge 1832) und Frankel (Ueber den Einfluß der
palästinischen Exegese auf die alexandrinische Hermeneutik 1851) treu,
nachdem früher Winer (*Dissertatio de Onceloso* p. 10) sich in gleichem Sinne ausgesprochen hatte. Aber wie früher Eichhorn unser
Targum in die talmudische, Luzzatto (*Philoxenus, sive de Oncelosi
paraphrasi chald.* Wien 1830) gar in die nachtalmudische Zeit verlegt haben, so hat später auch Frankel, um von Geiger's und Grätz's
Hypothesen ganz abzusehen, die Entstehung unseres Targums aus
dem ersten in das dritte Jahrhundert verlegt und als Redactor einen
Schüler des Rab (Abba Aricha), der zu Anfang des 3. Jahrh. zu
Sura eine Schule gründete, aufgestellt, ihm also Babylonien als
Vaterland zugewiesen; der Anonymus gab dennoch seiner Uebersetzung den Namen „Targum des Akylas", den er in Onkelos um-
wandelte, indem er die Tradition von dem palästinischen Uebersetzer Akylas dem Proselyten, dem Verfasser der wortgetreuen grie-
chischen Version, benützte, um sein Targum als ein wortgetreues zu
bezeichnen. Aber wie ist es möglich, daß R. Chija bar Abba in der

zweiten Hälfte des 3. Jahrhunderts das Targum des Onkelos auf Ueberlieferung des R. Elieser und R. Josua zurückführte, also aus dem 1. Jahrhundert datirte, wenn es doch in Wirklichkeit erst wenige Jahrzehnte vorher verfaßt wurde? Und wie ist es denkbar, daß ein Werk so jungen Datums und anonymen Ursprungs so hohes Ansehen erlangte? Was Frankel bewog, die Tradition zu verlassen und dafür Hypothesen aufzustellen, ist hauptsächlich das Idiom des Onkelos, das dem chaldäischen Idiom des babylonischen Talmud gleich sein soll. Allerdings steht das Chaldäisch des Onkelos dem babylonischen Talmud näher als dem jerusalemischen. Aber Onkelos schreibt dennoch nicht das Chaldäisch des babylonischen Talmud. Dieses talmudische Chaldäisch war eine Vulgärsprache und wurde so gesprochen, ebenso wie das Idiom des jerusalemischen Talmud; die Sprache des Onkelos wie des Jonathan ben Usiel aber ist, wie auch Fürst (Lehrgebände S. 4) erkennen läßt, nichts weniger als die Vulgärsprache, sei es der Babylonier, sei es der Palästineuser, sondern es ist das fortgebildete biblische Chaldäisch, damals Kunstsprache, die sich nur in der Bibel und in dem zunächst mündlichen Targum fortgepflanzt hatte. Das Idiom des Targum Onkelos ist ebenso Kunstsprache, wie das der Mischna, Tosefta und der verwandten neuhebräischen Literatur. Wie dieses Idiom Sprache der Schule, so war das biblische Chaldäisch Sprache der Synagoge. Der Schluß aus der Sprache und ihrem Unterschied von der jerusalemischen Vulgärsprache ist somit nichtig. Wir vermögen uns nicht zu überzeugen, daß bezüglich des Onkelos die Tradition aufzugeben sei, sondern halten an ihr fest, da nur ein so hohes Alter, wie es die Tradition dem Targum des Onkelos beilegt, das große Ansehen dieses Targums erklärlich macht.

Seiner Anlage nach ist das Targum des Onkelos Uebersetzung, nicht Paraphrase. Aber Winer sagt mit Recht (a. a. O. S. 40), er füge doch an nicht wenigen Stellen zum biblischen Text hinzu, *quae ad perficiendam illustrandamque sententiam pertinere riderentur, sive e locis parallelis, sive e disciplina Judaeorum.* Am meisten paraphrasirt Onkelos nach Art des Midrasch die Weissagungen Gen. 49. Num. 24. Deut. 32. 33, dem entsprechend, daß man dem prophetischen Wort im Unterschied vom Gesetzeswort mit weit größerer Freiheit gegenüberstand, während die Kürze und Dunkelheit des Ausdrucks bestimmend mitwirkte. Sonst betreffen die umschreibenden Ausdrücke des Onkelos überall die Anthropomorphismen und Anthropopathien, in denen die Schrift von Gott spricht (unten S. 146 ff.).

Mit Bezug hierauf und auf einiges Andere sagt Hävernick (Einleitung I, 2, 79) mit Recht, daß sich auch bei Onkelos der „Einfluß dogmatischer Zeitideen" zeige. Deshalb ist er eine wichtige Quelle für unsere Darstellung.

2. Das Targum des Jonathan ben Usiel zu den prophetischen Geschichts- und Weissagungsbüchern ist dem Targum des Onkelos in Sprache und Anlage so sehr verwandt, daß Frankel S. 4 sagt, man sei versucht, beide für das Werk desselben Autors zu bezeichnen. *Baba bathra* 134ª und *Succa* 28ª berichten von einem Schüler Hillels des Alten, welcher alle anderen in Hingebung an das Studium übertraf. „Wenn er saß und mit der Thora sich beschäftigte, so verbrannte jeder Vogel, der über seinem Haupte flog", denn es waren die Engel rings um ihn versammelt, um Worte der Thora aus seinem Munde zu hören. Dieser Schüler Hillels war Jonathan ben Usiel. Derselbe R. Chija bar Abba, welcher in der zweiten Hälfte des dritten Jahrhunderts über das Targum des Onkelos Zeugnis ablegt, schreibt *Megilla* 3ª von dem Targum des Jonathan ben Usiel wie folgt: „Das Targum zu den Propheten hat Jonathan ben Usiel verfaßt nach Ueberlieferung (מִפִּי) des Haggai, Sacharja und Maleachi. Und es bewegte sich das Land Israel 400 Parasangen nach allen Richtungen weit (in seinem ganzen Umfang), und es ging eine Offenbarungsstimme aus und sprach: „Wer ist der, welcher meine Geheimnisse den Menschen offenbart hat?" Da erhob sich Jonathan ben Usiel und sprach: „Ich bin es, aber es ist kund und offenbar vor dir, daß ich es nicht zu meiner Ehre, auch nicht zur Ehre des Hauses meines Vaters, sondern zu deiner Ehre gethan habe, damit des Streitens in Israel nicht so viel werde." Er wollte auch noch das Targum zu den Kethubim offenbaren, aber es ging eine Offenbarungsstimme aus und sprach zu ihm: „Es ist genug für dich". Und warum? „Weil [in den Kethubim] die Ankunftszeit (קץ) des Messias enthalten ist." Entkleidet man diese Aussage ihrer mystischen Umhüllung, so besagt sie, daß Jonathan ben Usiel, Schüler Hillels, im dritten Jahrhundert als Verfasser des Targums zu den Propheten galt, und daß man annahm, es enthalte die von den letzten Propheten ausgegangene durch viele Generationen hindurch überlieferte authentische Interpretation der Propheten. Jonathan hatte das Targum des Onkelos vor sich; denn er trägt, wie Zunz (a. a. O. S. 63) und Frankel (a. a. O. S. 13) nachweisen, „ganze Stellen aus Onkelos unverändert in seine Uebersetzung hinein." Wir müssen ihn also betrachten als

ein Mitglied der Schule Hillels, welche der Zeit des ersten Jahrhunderts christlicher Zeitrechnung bis zum Untergang des Heiligtums
angehört. Sein Targum entstand nach dem des Onkelos in den letzten
Jahrzehnten des ersten Jahrhunders n. Chr.; die nahe Beziehung zu
dem des Onkelos erkennt auch Frankel an.

Frankel hat jedoch in seiner dem Targum des Jonathan gewid-
meten Untersuchung, nachdem er das Targum des Onkelos in Babylonien hat entstehen lassen, aus gleichem Grunde auch das Targum
des Jonathan nach Babylonien versetzt. „Daß nicht Jonathan, der
Schüler Hillels, Verfasser des heutigen Targums sei, besagt schon
der ostaramäische Dialekt. Der alte Jonathan, in Palästina lebend,
würde eine westaramäische Uebersetzung geliefert haben." Dagegen
gilt das oben bezüglich der Sprache des Targums von Onkelos Gesagte. Frankel macht aber noch einen anderen Grund geltend. Im
babylonischen Talmud finden sich Stellen, die mit der Uebersetzung
Jonathans zusammenfallen, unter dem Namen des R. Joseph. In ihm,
einem Schulhaupt zu Pumbaditha im Anfang des vierten Jahrhunderts, wäre also der Verfasser des nach Jonathan benannten Targums
entdeckt. Aber wie konnte denn R. Chija bar Abba im dritten Jahrhundert schon behaupten, daß Jonathan ben Usiel Verfasser des
Targums zu den Propheten sei? Dem R. Chija lagen doch nicht bloß
einzelne targumische Fragmente vor, welche R. Joseph etwa dann zu
einem Ganzen verbunden hätte, indem er die Lücken ausfüllte und
das Ganze nach Jonathan benannte, wie Frankel es darstellt; ihm
lag vielmehr das Targum des Jonathan als Ganzes vor, da er es
als „Targum der Propheten" bezeichnet. Gewiß hat R. Joseph ein
Targum verfaßt, welches in den Stellen, die im Talmud vorliegen,
mit Jonathans Version zusammenfällt; aber daraus allein folgt noch
nicht, daß sein Targum und das des Jonathan überhaupt identisch
seien. So vermag Frankels Deduction die Tradition, die *Megilla* 3ª
aufbewahrt hat, nicht umzustoßen, und wir halten daran fest, daß
das Targum der Propheten seiner Grundlage nach Jonathan ben Usiel
zum Verfasser habe und dem ersten Jahrhundert angehöre.

Innerhalb des Targum des Jonathan besteht ein großer Unterschied
zwischen der Bearbeitung der sogenannten früheren Propheten (Josua Richter Samuel Könige) und der späteren Propheten (Jesaja u. s. w.).
Dort ist Jonathan fast durchweg Uebersetzer; nur in Stellen wie dem
Lied der Debora wird der Uebersetzer zum Paraphrasten; ja er gibt
hier Midrasch oder Haggada. Anders bei den eigentlichen Propheten.

Aus dem früher angegebenen Grunde wird der Uebersetzer hier Er-
klärer, und das Targum schreitet an vielen Stellen zum Midrasch
oder zur Haggada fort. Eichhorn hat wegen dieser Verschiedenheit
zweierlei Verfasser angenommen (Einl. II, 66 ff.), ist aber von Ge-
senius (Jesaja 69 ff.) widerlegt worden. Man darf nur Jes. 36—39 mit
2 Kön. 18, 3 ff.; Richt. 5, 8 mit Jes. 10, 4; oder 2 Sam. 23, 4 mit
Jes. 30, 26 u. a. St. vergleichen, um die Einheit des Targums zu
sämmtlichen Propheten zu erkennen. Für uns ist jedenfalls das
Targum des Jonathan von besonders hohem Werthe, da es neben
Onkelos das älteste uns vorliegende midrasische Schriftwerk, die
älteste Quelle der Haggada bildet. Noch sei bemerkt, daß Hävernick (Einl. II, 81) auf Parallelen zwischen dem Jonathan-Targum und
dem Buche des Ben Sira hinweist.

3. Unter dem Namen des Jonathan ben Usiel existirt noch ein zweites
vollständiges, und unter dem Namen Targum Jeruschalmi ein drittes
fragmentarisches Targum zum Pentateuch. Das letztgenannte ist dem
ersteren so sichtlich verwandt, daß eine Abhängigkeit des einen vom
anderen sofort in die Augen springt, weshalb sie zusammen besprochen werden müssen und im Folgenden auch als Jeruschalmi I
und II unterschieden und bezeichnet werden.

Das Targum Jer. I (Pseudojonathan) ist, verschieden von den älteren Targumen, in der Sprache des jerusalemischen Talmud verfaßt, nicht
also in der reinen, dem biblischen Chaldäisch nachgebildeten altklassi-
schen Sprache der älteren Targume, sondern der Volkssprache Palästina's, noch dazu vermischt mit vielen fremdsprachlichen Ausdrücken.
Petermann hat letztere in seiner Abhandlung *de duabus Pentateuchi
paraphrasibus chaldaicis* I, 64 f. zusammengestellt. Dies, sowie die
Erwähnung von Konstantinopel (Num. 24, 19. 24) und der Lombardei,
sowie die Anführung der Namen Chadidja und Fatima (Gen. 21, 21)
ist ein deutlicher Fingerzeig dafür, daß dieses Targum nicht vor der
Mitte des 7. Jahrhunderts zum Abschluß gekommen ist; vgl. Volck
in Herzogs Real-Encyklopädie XV, 681. Hiernach könnte es zweifelhaft erscheinen, ob wir dieses Targum in den Kreis unserer Quellen-
schriften zu ziehen haben. Allein Frankel bemerkt in seiner Abhandlung über den Geist der Uebersetzung des Jonathan ben Usiel zum
Pentateuch und die Abfassung des in den Editionen dieser Uebersetzung
beigedruckten Targum Jeruschalmi (Monatsschrift für Judentum 1857)
richtig, daß unser Targum „zugleich ein Compendium aller an
den biblischen Text sich anlehnenden Haggada und prägnanten Ha-

lacha" sein will. Diese Haggada ist aber nicht durchgängig jüngeren Ursprungs, sondern zumeist altüberlieferte, die sich im Wesentlichen auch in der älteren Literatur vorfindet, vgl. Frankel a. a. O. 103 f. Daß es dem Verfasser des Targum Pseudojonathan um eine förmliche Sammlung haggadischer Ueberlieferungen zu thun war, geht daraus mit Bestimmtheit hervor, daß er zu einer Stelle oft mehrere solcher Ueberlieferungen anführt, wodurch sich Winer hätte abhalten lassen sollen, sein schiefes Urtheil über Pseudojonathan (*de Jonathanis in Pentateuchum paraphrasi chaldaica* I, Erlangen 1823 S. 8) zu fällen. Das Targum Jeruschalmi I ist eines jener späteren Sammelwerke, in denen die ältere und jüngere haggadische Tradition aufgespeichert ist, und bildet, mit Kritik verwendet, eine sehr ergiebige Quelle für die Darstellung der religiösen Anschauungen des altpalästinischen Judentums.

Dazu steht in engster Beziehung das Targum Jeruschalmi II. Das Verhältnis beider Targume wurde näher erörtert von Seligsohn in seiner Abhandlung *De duobus Hierosolymitani Pentateuchi paraphrasibus, Vratislaviae* 1858 (vgl. Volck, Herzogs Real-Encykl. XV, 681). Hiernach enthält das Targum Jeruschalmi II nicht etwa bloß einzelne Aenderungen zu einem alten uns nicht mehr zugänglichen palästinischen Targum, die diesem als Randglossen beigesetzt worden wären; es ist auch nicht das Fragment einer früher vollständigen Paraphrase, sondern ein haggadisches Supplement und eine Sammlung von Randglossen zu dem Targum des Onkelos, welche letzteren nach Frankel S. 145 ff. eine Art kritischen Commentars zum Targum des Onkelos bilden. Es liegt uns also im Jeruschalmi II der Anfang zu einem erweiterten Targum· zum Pentateuch vor, hervorgerufen durch die Einfachheit des Onkelos und das Bedürfnis einer Aufzeichnung der haggadischen Tradition, die sich am Natürlichsten an das Targum anschloß. Jeruschalmi I ist auf diesem Wege weiter gegangen. Das Targum Jeruschalmi II bildete für sein Werk eine Vorstufe. Pseudojonathan (Jer. I) schließt sich als Uebersetzer von Onkelos abweichend an das Jer. II an, Frankel a. a. O. S. 142; er benutzt dessen Paraphrasen und die Haggadoth, aber so, daß er sie vereinfacht und echt compilatorisch abkürzt, zugleich aber verflicht er sie mit mehr Geschick in die Uebersetzung und bringt sie an geeigneterem Orte unter. So ist das Targum des Pseudojonathan unter Benützung des Jeruschalmi entstanden, aber indem Pseudojonathan den ganzen Pentateuch übersetzte und die haggadische Ueberlieferung vollständig

anzuführen suchte, wurde sein Werk, so abhängig es vom Jeruschalmi ist, doch ein neues selbständiges Targum.

Um wie viel jünger das Targum des Pseudojonathan ist und wie
sehr es schon talmudischen, ja nachtalmudischen Charakter trägt,
zeigt besonders eine Vergleichung auf dem Gebiete der Engellehre.
Pseudojonathan hat Engelnamen, die der talmudischen Zeit angehören; Jeruschalmi kennt nur Michael (Gen. 38, 25). Auch die
Sprache des Pseudojonathan ist ganz talmudisch; die des Jeruschalmi
erinnert an die Mischna, vgl. Frankel a. a. O. S. 140 f. Gehört das
Jeruschalmi der Zeit an, wo man anfing die Traditionen schriftlich
zu fixiren, dem 3. Jahrhundert, so ist das Werk des Pseudojonathan
ein compilatorisches Sammelwerk der nachtalmudischen Zeit. Was
die Benützung des Jeruschalmi anlangt, so stellt seine Recension,
wo sie von der des Pseudojonathan abweicht, die ältere Gestalt der
haggadischen Tradition dar, und genießt für uns den Vorzug.

4. Unter den Targumen zu den Hagiographen haben wir
mehrere Klassen von Targumen zu unterscheiden.

Die Targume zu den Psalmen, den Sprüchen und dem Buch Hiob
haben einen und denselben fast rein syrischen Charakter und werden deshalb einem und demselben Verfasser beigelegt. Die Zeit der Entstehung
liegt hinter der zweiten Hälfte des siebenten Jahrhunderts. Das Targum
zu Ps. 108, 11 (handschr.) spricht von Konstantinopel und übersetzt
wie das Targum des Hiob das Wort Engel mit אגבלי (ἄγγελοι, was
auf ein sehr spätes Zeitalter hinweist (vgl. Zunz a. a. O. 64 Anm. c).
Das Targum zu den Sprüchen ist fast bloße Uebersetzung und wird
selten haggadisch; das zu den Psalmen ist ebenso Abklatsch der
Peschitto und wird selten zu haggadischer Auslegung; das Targum
zu Hiob ist verhältnissmässig mehr mit Haggada durchwebt. Da die
Haggada auch in diesen Targumen die traditionelle ist, bilden sie
gleichfalls, obwol sie später Zeit angehören, eine Quelle für uns.

Die Targume zu den fünf Megilloth sind wieder eine Klasse
für sich. Sie erwähnen den Talmud, kennen die Muhammedaner (vgl.
Hävernick S. 88) und sind also ebenfalls nachtalmudisch. Das Buch
Esther hat mehrere Targume. Ein kurzes findet sich in der Ant-
werpener Polyglotte; dasselbe in erweiterter Gestalt gab Franc. Tailer
heraus (London 1655), nebst einem zweiten, weitläufigeren, das die
Legenden des erstgenannten weiter ausspinnt. Die Londoner Polyglotte
nahm nur das erste Targum aus der Tailerschen Edition auf. Die
Targume zu den Megilloth sind übrigens alle weniger Uebersetzung,

als fortlaufender haggadischer Midrasch, und zwar nach der Reihenfolge der Megilloth in immer stärkerem Grade (vgl. Zunz a. a. O. 65).
Hier haben wir es freilich schon mit jüngerer Haggada zu thun,
was den Gebrauch derselben für uns einschränkt und nur unter Vergleichung der älteren Tradition möglich macht.

Endlich haben wir noch ein Targum zur Chronik in einer lücken-
haften Ausgabe von Beck (*August. Vindel.* 1680. 83) und in einer
correcten und selbständigen von Wilkins (*Paraphrasis chaldaica in
librum I et II Chronicorum, Amstelodam.* 1715). Es ist jüngeren
Ursprungs als die vorigen und war im Mittelalter wenig bekannt.
Seine Tendenz ist haggadisch; für uns kommt es wenig in Betracht.

II. Die Midraschim. Der Midrasch ist Auslegung der Schrift,
Erforschung und Darlegung ihres Sinnes, der Geheimnisse, die sie
birgt, der Erinnerungen aus der Geschichte, wie der Hoffnungen für
die Zukunft, die sich an ihren Wortlaut knüpfen. Es gab eine
zwiefache Art der Auslegung: eine im Lehrhause, und eine in der
Synagoge vor versammelter Gemeinde; jene hat vorwiegend halachischen, diese haggadischen Charakter. Da jene die gesetzlichen
Traditionen, wie sie in der Mischna als wolgeordnetes Ganzes vorliegen, auf exegetischem Wege aus der heiligen Schrift ableiten
sollte, beschäftigte sie sich mit der Thora, und wurde geflissentlich
haggadisch nur bei den geschichtlichen und prophetischen Abschnitten
der Thora, die sie dann durch die heilige Sage oder Gleichnisse oder
Sittensprüche erläuterte, wenn sie nicht etwa dergleichen Haggadisches in
mehr zufälliger Weise bei gewissen Schriftworten lose aneinander
reihete. Diese, die specifisch erbauliche Auslegung, enthält wol auch
Halachisches, aber sie erwählt sich doch vorwiegend solche Partien der
synagogalen Vorlesung der Thora, welche für praktische Behandlung geeignet sind. Hier wiegt die Haggada vor. Wir besitzen
mehrere theologisch gehaltene halachisch-haggadische Midrasche aus
dem 3. Jahrhundert und eine alte haggadische Pesikta, während die
späteren midrasischen Sammelwerke zumeist der Haggada gewidmet
sind d. i. zu den Partien der Thora, die sie behandeln, Alles
beibringen was traditioneller Weise an Sagen, Gleichnissen und Sentenzen zu den einzelnen Schriftversen angeführt zu werden pflegte.

1. Der erste unter den alten halachisch-haggadischen Commentaren heißt Mechilta. Er umfaßt eine Anzahl von Abschnitten des
zweiten Buches Mose's. Das Buch wird in den beiden Talmuden
nicht erwähnt, auch *Sanhedrin* 86[a] nicht, wo Tosefta, Sifra und

Sifre erwähnt werden, denen es verwandt und gleichzeitig ist. Der
Erste, der es mit Namen nennt, ist der Verfasser der *Halachoth
gedoloth*. R. Samuel Hannagid nennt es in seiner Einleitung zum
Talmud die Mechilta des R. Ismael. Maimonides schreibt in der
Vorrede zu seinem Werke *Jad chazaka:* „R. Ismael hat die Thora
vom zweiten Buche an bis ans Ende erklärt, und dieser Commentar
ist die sogenannte Mechilta." R. Samuel und Maimonides nennen also
den R. Ismael als Verfasser der Mechilta. Dem entspricht, daß der
jerusalemische Talmud bei mehreren der Mechilta entnommenen Aussprüchen R. Ismael als Autor bezeichnet. Er wird Lehrer „vom Hause
des Rabbi Jehuda" genannt, gehörte also der Schule von Sepphoris,
Jabne und später Tiberias an, deren Haupt R. Jehuda, der Redactor der
Mischna, war (vgl. Frankel, Einleitung zur Mischna S. 308; Weiß,
Mechilta, Vorrede XVI—XIX). Der Zweck der Mechilta ist, unter Anwendung der hermeneutischen Methode des R. Akiba zu zeigen, wie die
Halacha aus dem Wortlaut der Thora abzuleiten sei. Da das zweite
Buch der Thora viel Geschichtliches enthält, so führt sie auch viele
haggadische Ueberlieferungen an, und zwar in der einfacheren älteren
Gestalt. Die Mechilta, aus der ersten Hälfte des dritten Jahrhun-
derts, ist also eine uralte Quelle altpalästinischer haggadischer Tradition,
wie sie in der Schule von Tiberias fortgepflanzt wurde, und reiht
sich an Werth für unsere Darstellung an die alten Targume an.
Wir haben die Ausgabe von Weiß, Wien 1865 (Selbstverlag des
Verfassers) zu Grunde gelegt, der seinem Buche auch eine Einleitung
über die historische Entwickelung der Halacha und Haggada in den
ältesten Zeiten beigegeben hat. Später 1870 erschien, gleichfalls in
Wien, die Ausgabe M. Friedmanns.

2. Der zweite jener Commentare ist Sifra, auch *Thorath
Kohanim* genannt, ein halachischer Commentar zum dritten Buch
Mose's. Nach *Sanhedrin* 86ᵃ ist überall, wo ein Ausspruch auf das
Buch Sifra zurückgeführt wird, ohne daß sich ein Autor angegeben
findet, R. Jehuda der Heilige selbst als der zu verstehen, der den
Ausspruch gethan, woraus hervorgeht, daß der Talmud den R. Jehuda
den Heiligen selbst als Verfasser des Sifra betrachtet (vgl. Frankel,
a. a. O. 308 f.). Dagegen hat Malbim in seiner Ausgabe des Sifra
(Bukarest 1860) in der Vorrede zu erweisen gesucht, daß der schon
genannte R. Chija bar Abba in der zweiten Hälfte des dritten
Jahrhunderts den Sifra verfaßte. Dieser war Oheim und Lehrer
des Rab, welcher aus Sepphoris im dritten Jahrhundert nach

Babylonien zurückwanderte und hierher die altpalästinische Tradition
verpflanzte. Jedenfalls ist Sifra nicht in Palästina, sondern in Sura im
Lehrhause des Rab entstanden, denn die uralte Aufschrift des Buches
ist ‏ספרא דבי רב‎ d. i. das Buch des Lehrhauses des Rab. Aber wie
Rab selbst Schüler des Lehrhauses Juda's ist, so ist auch in Sifra alt-
palästinische Tradition aufbewahrt. Das Buch ist ganz überwiegend der
Halacha gewidmet, die es schon in ausführlicherer Weise als die
Mechilta behandelt. Es begnügt sich nicht, die Halacha aus dem Wort-
laute der Thora abzuleiten, sondern es zeigt auch schon, was aus dem
Wortlaut nicht gefolgert werden dürfe. In dem Maße als das 3. Buch
Mose's halachisch ist, ist es auch Sifra; da wo Geschichtliches auf-
tritt, findet sich mehr Haggada, die auch sonst eingestreut ist. Im
Ganzen ist die haggadische Ausbeute hier dürftig; was sich aber
findet, ist uralte reine Tradition wie in der Mechilta und ihr an
Werth gleich. Wir citiren nach der bereits genannten Ausgabe von
Malbim, die als sein bestes Werk hoch geschätzt wird.

3. Ein dritter Commentar dieser Art trägt den Namen ‏ספרי דבי רב‎,
kurz Sifre. Er umfaßt das vierte und fünfte Buch Mose's. Die
talmudische Tradition in *Sanhedrin* 86[a] nennt den R. Schimeon als
Redactor; eine andere Ueberlieferung, der Maimonides folgte, nannte
R. Ismael. Wir glauben, daß Frankel (a. a. O. 309 f.) das Richtige
getroffen hat, indem er zwei Verfasser annimmt. Das vierte Buch
Mose's ist in derselben Weise behandelt, wie in Sifra das dritte:
nicht bloß wird die Halacha aus dem Wortlaut der Schrift erwiesen,
sondern es wird eine förmliche halachische Discussion angeknüpft;
da hören wir den R. Schimeon vom Lehrhause des Rab in Sura,
wo schon jene weitläufigen Erörterungen beginnen, die in der babylonischen Gemara endlos werden. Dagegen ist der Commentar zum fünften Buche Mose's in der Art des R. Ismael, der angeblich die Mechilta
verfaßte, gehalten. Der Galiläer Ismael hat die commentatorische Arbeit
der Schule in Sura ergänzt; von der ausführlicheren und bedeuten-
deren Arbeit des R. Schimeon aber ließ man dann das Werk Commentare des Hauses Rab, welches offenbar das Werk des R. Ismael
acceptirte und mit dem des R. Schimeon zu einem Ganzen verband.
Das Buch Sifre gehört also ebenfalls dem dritten Jahrhundert an,
und seine Traditionen sind die altpalästinischen wie in Mechilta und
Sifra. Haggada enthält Sifre viel mehr als Sifra, wenn auch nicht
so viel als Mechilta. Sifre bildet darum eine reiche Quelle für unsere
Darstellung. Als Ausgabe benutzen wir die Edition von M. Fried-

mann (Wien 1864, Selbstverlag des Verfassers), welcher ebenfalls
eine gute Einleitung beigegeben ist.

4. An diese halachisch-haggadischen Commentare reihen wir die
Pesikta des Rab Kahana, weil sie gleich diesen drei Commentaren
zu den ältesten Midraschim gehört, die wir besitzen. Es gibt verschiedene Midrasche, welche den Namen Pesikta d. i. Abschnitt führen. In den Werken dieses Namens werden nämlich nicht ganze
Bücher der heiligen Schrift, sondern einzelne Abschnitte der Thora
und der Propheten behandelt; und zwar hat man darauf hingewiesen,
daß diese Abschnitte meist den Schluß der Thoralection (Parascha)
oder der prophetischen Lection (Haftara) bilden. Es sind also in der
Pesikta Ansprachen haggadischen Inhalts enthalten, welche sich an
die sabbatlichen Lectionen, und zwar gewöhnlich an deren Schluß,
anreihten. Buber in der Vorrede zu seiner trefflichen kritischen Ausgabe der Pesikta S. 3 nennt diese die „älteste Haggada" und fügt bei,
sie sei „redigirt in Palästina". Beides ist richtig. Denn nach dem
Talmud ergibt sich über die Entstehung dieser Pesikta Folgendes.
Schabbath 152ª heißt es: Rab Kahana hielt den Schlußvortrag (פסק)
über die Parasche (סדרא) vor Rab. Rab Kahana war also Zeitgenosse
des Rab und ein angesehenes Glied jenes Lehrhauses in Sura, welches
Rab Anfangs des dritten Jahrhunderts gestiftet hatte, um die Halacha
und Haggada von Palästina nach Babylon zu verpflanzen. Dennoch
hat Rab Kahana die Pesikta nicht in Sura verfaßt. Nach *Baba
kamma* 117ª ist er vielmehr von Sura nach Palästina zurückgewan-
dert, um hier von R. Jochanan die Thora zu lernen d. i. die halachische und haggadische Auslegung der Thora zu studiren; hier in ·
Jabne redigirte er die Pesikta, in welcher die älteste palästinische
Haggada niedergelegt ist; deshalb citirt der babylonische Talmud
Aussprüche der Pesikta mit den Worten: „im Westen (Palästina)
sagen sie." Wir haben also in der Pesikta altpalästinische Haggada
wie in Mechilta, Sifra und Sifre, und da die Pesikta ausschließlich
Haggada enthält, so bildet sie eine Hauptquelle. Wir citiren nach
der Ausgabe von Buber, Lyk 1868, Selbstverlag des Vereins Mekize
Nirdamim (Rabbiner Dr. Silbermann).

Von unserer Pesikta ist zu unterscheiden die *Pesikta rabbathi,*
die jedoch nach ihrem Selbstzeugnis im ersten Abschnitt erst aus
dem neunten Jahrhundert stammt; denn als der Verfasser schrieb,
waren seit der Zerstörung Jerusalems bereits 777 Jahre verflossen.

Noch späteren Ursprungs ist die *Pesikta sutartha* von R. Tobija, welche die älteren Midrasche excerpirt (ed. Buber, Wilna 1880).

5. Unter den midrasischen Catenen des talmudischen und nachtalmudischen Zeitalters steht voran der **Midrasch rabba** oder die Rabboth. Man versteht darunter die im talmudischen und nachtalmudischen Zeitalter allmählich entstandenen großen Midraschim zum Pentateuch und den fünf Megilloth. Der Midrasch zur Genesis heißt kurzweg *Bereschith rabba*, zum Exodus *Schemoth rabba*, zum Leviticus *Wajjikra rabba*, zu Numeri *Bammidbar rabba*, zum Deuteronomium *Debarim rabba*, zum Hohenlied *Schir rabba*, zu Ruth *Midrasch Ruth*, zu Esther *Midrasch Esther*, zu Koheleth *Midrasch Koheleth*, der zu den Klageliedern *Echa rabbathi*; mit diesen Namen citiren wir im Folgenden die einzelnen Midraschim dieser großen Sammlung. Obwol diese Midraschim in Einen Thesaurus vereinigt sind, so sind sie doch zu sehr verschiedenen Zeiten entstanden. Der älteste und weitaus werthvollste ist Bereschith rabba, bestehend in 100 Paraschen, welche die Genesis Vers um Vers nach allen Seiten hin beleuchten. Nach Zunz (a. a. O. 175 f.) fällt seine Entstehung in das sechste Jahrh. und ist Palästina die Heimath dieses Midrasch: er theilt Nichts aus dem babylonischen Talmud mit und Nichts von Aussprüchen babylonischer Lehrer vom vierten Jahrhundert ab, und stimmt in Bezug auf die Autoritäten, die er anführt, hinsichtlich der Sprache und des Inhalts mit der jerusalemischen Gemara. Er steht deshalb an Werth den alten Midraschen am Nächsten; denn er bemüht sich, die altpalästinische Ueberlieferung zu sammeln. — Echa rabba excerpirt den jerusalemischen Talmud und Bereschith rabba, ist palästinischen Ursprungs und stammt aus der zweiten Hälfte des siebenten Jahrhunderts. — Ebenso Wajjikra rabba, der den jerusalemischen Talmud, Bereschith rabba, Sifra und andere ältere Quellen benützt, immer nur einen bestimmten Text ausführend. — Dann folgen die Midrasche zum Hohenlied, Esther und Ruth. Ersterer hat neben Excerpten aus Bereschith rabba, den Talmuden und Wajjikra rabba auch viel Eigenes; der zweite enthält neben Excerpten aus älteren Quellen schon Jüngeres; der dritte besteht fast nur aus Excerpten aus den Talmuden, Bereschith rabba, Echa rabba und Wajjikra rabba. — Hieran schließt sich der Entstehung nach Debarim rabba, 27 Abschnitte enthaltend, jedesmal über einen bestimmten Text, meist Excerpte aus dem neunten Jahrhundert; Schemoth rabba, 52 Abschnitte umfassend, deren viele den ganzen Text paraphrasiren, indem bloß

ein bestimmtes Thema ausgeführt wird; an Variationen und Parabeln
ist dieser fast alle älteren Haggadoth excerpirende Midrasch besonders reich; Ton und Schreibart weisen auf das 11. oder 12. Jahrhundert hin. Der Midrasch Bammidbar rabba, in 23 Capiteln, enthält neben Excerpten aus älteren Werken schon viel Jüngeres; er
gehört dem 12. Jahrhundert an. Und der Midrasch Koheleth, eine
Sammlung von Excerpten, mit vielen Wiederholungen, ist der
jüngste der Rabboth.

Es gehörten also mehr als sechs Jahrhunderte dazu, bis dieser
Thesaurus entstand. Sein Zweck ist, die gesammte alte durch Ueberlieferung geheiligte Haggada möglichst vollständig zu sammeln. In
der Regel bildet der babylonische Talmud mit seinen Autoritäten
die Grenze für die Sammler. Jüngere Haggada ist im Ganzen seltener; aber die ältere Haggada wird oft weiter ausgeführt und aus-
geschmückt. Wir haben diese Catenen zu schätzen, sofern wir hier
oft die haggadische Entwicklung aus den Keimen zu vollständigeren
Gebilden verfolgen können, aber auch deshalb, weil die Sammler
manche alte haggadische Werke vor sich hatten, die für uns jetzt
verloren sind. Die Zusammenfassung der Rabboth zu dem sogenannten Midrasch rabba geschah nicht vor dem 13. Jahrhundert. —
Wir citiren nach der Sulzbacher Ausgabe, und zwar nach den Capiteln (Paraschen).

6. Tanchuma ist der älteste uns bekannte zusammenhängende
Midrasch über den Pentateuch. Da er 82 Paraschen mit der Formel
ילמדנו רבנו (es belehre uns unser Lehrer) beginnt, so trägt er auch
den Namen *Jelamdenu*. Dieser Midrasch zerfällt in 140 Abschnitte.
Wie Wajjikra rabba theilt er den Text in bestimmte Themata, die
er haggadisch ausführt; diese thematischen Ausführungen bilden innerhalb der Paraschen kleinere Absätze. Wie Wajjikra rabba schließt auch
er seine Betrachtungen meist mit einem Ausblick in die messianische
Zeit. Entstanden ist das Werk nach Zunz etwa um 850, und zwar
in Süditalien. Der Charakter dieses Midrasch ist verwandt mit dem
der Rabboth, sofern er sich streng an die Tradition hält. Und
zwar gibt er die palästinische Haggada wieder, wie denn seine Verwandtschaft mit dem jerusalemischen Talmud und die Anführung palästinischer Autoritäten von Zunz hervorgehoben wird. Aber es sind
nicht bloße Excerpte, die wir hier vor uns haben: Tanchuma gibt
die älteren Traditionen in freier Weise, wobei er sich fließend aus-
zudrücken weiß, so daß dieser Midrasch eine leichte und angenehme

Lectüre bildet. Um seines traditionellen palästinischen Charakters willen ist er für uns eine werthvolle Quelle. Wir citiren die pentateuchische Parasche und dazu die Ziffer des betreffenden kleineren Absatzes. Die jetzt gewöhnlich gebrauchten Ausgaben sind die Wiener vom Jahre 1863 und die Warschauer vom Jahre 1873.

7. Erwähnen müssen wir endlich noch jenes große midrasische Sammelwerk, das den Namen Jalkut Schimeoni trägt. Nach Art der patristischen Catenen commentirt es nicht bloß den Pentateuch, wie der Midrasch rabba und Tanchuma, sondern die biblischen Bücher überhaupt, indem es fortwährend Auszüge aus der gesammten älteren Midrasch- und Talmudliteratur zu ihrer Erläuterung gibt. Der eigentliche Werth dieses großartigen Werkes besteht darin, daß es Vieles aufbewahrt hat, was sonst verloren wäre. Für uns dient es als Quelle, weil es rein traditionellen Charakters ist und nur altüberlieferte Haggada geben will. Redigirt wurde der Jalkut Schimeoni von R. Schimeon haddarschan, nach Zunz zu Anfang des 13. Jahrhunderts. Wir citiren nach der Ausgabe, die in Zolkiew 1858 erschien. Der Jalkut zerfällt übrigens in fortlaufende kleine Abschnitte (§§), die in allen Ausgaben gleich numerirt sind.

Viel jüngeren Ursprungs ist der *Jalkut chadasch,* der für uns nicht in Betracht kommt, da er aus der mittelalterlichen Sohar-literatur compilirt ist.

III. Haggadisches in der halachischen Literatur.
1. Mischna und Tosefta. Neben der Thora Mose's hatte sich seit Esra ein mündliches Gesetz ausgebildet, welches das allgemein gehaltene schriftliche Gesetz für die einzelnen Fälle des Lebens in casuistischer Weise durch Regeln (Halachoth) näher bestimmte. Die Halachoth wurden bis zur Zerstörung des Tempels nur mündlich überliefert; von da an aber fing man an sie aufzuschreiben und nach gewissen Gesichtspunkten zu ordnen. Von R. Akiba stammte die erste Sammlung, welche sein Schüler R. Meir ergänzte und verbesserte. Aber dieses Werk erlangte noch nicht allgemeine Geltung. Erst die Sammlung, welche R. Jehuda Hannasi in Tiberias auf Grund der vorausgegangenen Sammlungen veranstaltete, erlangte allgemeine Geltung und wurde das *Corpus* des traditionellen Gesetzes, welches fortan in allen Schulen Palästina's und Babylons, später der gesammten jüdischen Diaspora der halachischen Belehrung zu Grunde gelegt wurde. Es behandelt den halachischen Lehrstoff in 6 Hauptordnungen (Sedarim), genauer in 63 Tractaten (Massichtoth).

Dieses halachische Hauptwerk scheint für Midrasch und Haggada keinen Raum zu bieten, enthält aber gleichwol Beides. Der Tractat *Middoth* ist ein Midrasch, der Tractat *Pirke aboth* (Sprüche der Väter) enthält Sentenzen religiös-sittlicher Art aus dem Munde großer rabbinischer Autoritäten, ist also haggadisch. Mehrere Tractate schließen mit Haggada in der Form von Tröstungen und Belehrungen. An manche Halacha reiht sich zu besserer Erläuterung eine Erzählung oder Auslegung; so bei etwa 35 Mischnajoth in 14 Tractaten. Uebrigens ist auch manche Halacha selbst nicht bloß in Beziehung auf das Recht, sondern auch in Rücksicht auf die jüdische Theologie von Bedeutung. Zu Grunde legen wir die Ausgabe von Jost, Berlin, Lewent 1832—34, welche eine gute Uebersetzung in jüdischer Schrift und gute Erläuterungen hat, und die Ausgabe von Sittenfeld, Berlin 1863—66, welche sämmtliche rabbinische Commentare enthält, die der Mischna beigegeben zu werden pflegen. Zur Einleitung in die Mischna dient das wichtige (hebräisch geschriebene) Werk von Frankel, *Darche hammischna*, Leipzig, Hunger 1859, und das Werk von Weiß, „Zur Geschichte der jüdischen Tradition" ebenfalls hebräisch geschrieben, 2 Bände, Wien 1876—77.

Eng an die Mischna schließt sich die sogenannte Tosefta. Juda der Heilige nahm aus den früheren Halachasammlungen viele Halachoth nicht auf. Auch sonst gab es halachische Ueberlieferungen außerhalb der Mischna, die sogenannte *Barajtha* d. i. *tradilio extranea*. Indem noch im mischnischen Zeitalter aus den älteren Sammlungen, besonders der des R. Meir und der Barajtha, das Wichtigste gesammelt wurde, entstand ein Ergänzungswerk zur Mischna, eine „Tosefta". Zum Abschluß kam diese erst gegen Ende des vierten Jahrhunderts. Alles Andere bezüglich ihrer Redaction liegt noch im Dunkeln. Gewiß ist, daß der Grundstock und weit überwiegende Inhalt der Tosefta halachische Ueberlieferungen der Tannaitenperiode enthält, wie die Mischna, also mit ihr gleichen historischen Werth beanspruchen darf. Sie erstreckt sich über 52 Tractate der Mischna und ist verhältnismäßig reicher an Haggada als diese. Von den im Ganzen 383 Capiteln sind manche ganz haggadisch; nicht wenige andere sind mit haggadischem Inhalt versetzt oder schließen mit solchem. Zunz hat a. a. O. S. 87 f. die haggadischen Capitel der Tosefta namhaft gemacht. Die hier zu findende Haggada hat ebenso wie in der Mischna, in Sifra, Sifre, Mechilta und der Pesikta ihre älteste reinste Gestalt. Ihre Benutzung war bisher erschwert, da man sie in dem großen dreibändigen *Sefer Halachoth* von Alfasi (vgl. Fürst, *Bibl. jud.* I, 173), wo sie immer als Nachtrag zu den einzelnen Tractaten beigegeben ist, suchen mußte. Nun hat Zuckermandel eine neue kritische Tosefta-Ausgabe veranstaltet, von der die ersten Lieferungen 1877 erschienen. Schwarz aber hat begonnen, das Verhältnis der Tosefta zur Mischna eingehend zu untersuchen, und von dieser Arbeit bereits „die Tosefta des Tractates Sabbat", Karlsruhe 1879, als erste Probe erscheinen lassen. Ueber die Entstehung der Tosefta vgl. Zuckermandel in seiner Ausgabe; Weiß a. a. O. II, 221 ff.; Frankel, *Mebo* p. 23. 25$^{a\,b}$; Schwarz a. a. O. 2. 3; Frankel u. Grätz' Monatsschrift 1874—75 u. s. w.

2. Die Talmude. Die lapidarische Kürze des Ausdrucks, die änigmatische Fassung, in welcher die Mischna die Halachoth codificirt hat, machte eine authentische Interpretation derselben nöthig; die casuistische Anlage jenes Halachawerkes aber reizte zu weiterer casuistischer Entwicklung seines Inhalts. So folgten denn auf die Tannaim, welche das Gesetz der Väter überliefert hatten, die Amoraim, welche es interpretirten und weiter entwickelten. Die Mischna bekam eine Gemara, eine Explication oder Vollendung, und mit dieser zusammen heißt sie Talmud d. i. Lehre. Der Talmud liegt uns in doppelter Gestalt vor, als Talmud Jeruschalmi und als Talmud Babli. Jener stammt aus den palästinischen, dieser aus den babylonischen Schulen; jener wurde zu Tiberias, dieser zu Sura redigirt. Begründet wurde der jerusalemische oder palästinische Talmud durch R. Jochanan (gest. 270) in der Mitte des dritten, zum Abschluß kam er aber erst gegen das Ende des vierten Jahrhunderts. Der babylonische Talmud wurde begonnen von R. Asche (gest. 430) und vollendet zu Anfang des sechsten Jahrhunderts. Wie die Schulen Palästina's und Babylons, so verhalten sich auch ihre Talmude zu einander. In Palästina entwickelte man größere Neigung, das Altüberlieferte zu erhalten und fortzupflanzen, als es weiter zu entwickeln; in diesem Traditionalismus erstarben die palästinischen Schulen. Die babylonischen Schulen nahmen dagegen die Geistesarbeit der großen Meister Israels wieder auf und bauten die Gesetzeslehre nach allen Seiten aus. So blieb die palästinische Gemara ein Werk geringen Umfangs und bot dem Bedürfnis wenig Genüge, während die babylonische Gemara ihre Aufgabe überreich erfüllte und zu einem großartigen Umfang anwuchs. Der palästinische Talmud gewann daher geringere Bedeutung für das Judentum.

Auch diese großen halachischen Werke scheinen keinen Raum für die Haggada zu haben. Gleichwol finden wir sie in beiden. Im Talmud Jeruschalmi haben die Tractate *Chagiga*, *Taanith* und *Aboda sara* sehr viel Haggada, aber auch in *Baba kamma*, *Baba mezia*, *Schebuoth* u. a. Tractaten finden sich haggadische Partien. Die Haggada des Jeruschalmi findet sich gesammelt hinter dem *Jalkut Schimeoni* in der Ausgabe von Salonichi 1521, zugleich ausführlich commentirt in dem *Jefeh Mar'eh* von Samuel Jafeh Aschkenasi (Venedig 1590 u. ö.) und anderwärts. Noch viel reicher ist der babylonische Talmud an Haggada. Fast alle Tractate sind mit Haggada durchwoben. Haggada und Halacha sind beide im Jeruschalmi scharf unterschieden, ohne allen Zusammenhang; im Babli aber ist gewöhnlich ein ganz loser Zusammenhang vorhanden; viel Haggadisches reiht sich nur durch Ideenassociation an die Halacha. Daraus gewinnt man den Eindruck, daß es den Redactoren beider Talmude darum zu thun war, die Talmude zu Quellen nicht bloß halachischer, sondern auch haggadischer Belehrung zu machen; die Talmude erscheinen als die Schatzkammern, in welchen ebenso die halachische, wie die haggadische Ueberlieferung aufbewahrt werden sollte. Im Jeruschalmi haben wir gegenüber dem Babli die einfachere, weil primäre Form der Tradition vor uns. — Die Haggada des babylonischen Talmud ist gesammelt worden im sogenannten *En Israel* oder *En Jaakob*, einem Sammelwerk des R. Jakob, welches im Jahre 1511 in Konstantinopel und bald darauf in Salonichi gedruckt wurde. Wir benutzten eine Berliner Ausgabe vom J. 469 = 1709, in welcher sich auch die Haggada des Jeruschalmi abgedruckt findet.

Andere haggadisch-midrasische Schriftwerke untergeordneter Bedeutung werden bei Zunz in dem oft angeführten Werke „Gottesdienstliche Vorträge" ihrem Inhalte und ihrer Entstehungszeit nach besprochen.

§ 3. Benützung der Quellen.

Das Unternehmen, eine jüdische Theologie aufzubauen, beruht sonach wesentlich darauf, daß Midrasch und Haggada in den klassischen national-jüdischen Schriftwerken ebenso wie die Halacha als geheiligte Ueberlieferungen angesehen und behandelt werden und ebenso wie jene zum Zweck der Belehrung der jüdischen Gemeinde fortgepflanzt wurden: die midrasisch-haggadischen Nationalwerke sind ebenso normative Lehrschriften als die halachischen. Dies schließt

aber gewisse kritische Grundsätze für die Benutzung unserer Quellen
nicht aus. Denn erstens gilt es, aus dem reichen midrasisch-haggadischen
Material die rechte Auswahl zu treffen. Ob eine Ueberlieferung
geeignet sei, aus ihr eine allgemeine religiöse jüdische Vorstellung
abzuleiten, bestimmt sich in formeller Beziehung danach, ob sich
in der älteren Literatur der primären palästinischen Tradition wenigstens die Stamina dieser Ueberlieferung finden. Das Material der
Catenen ist, wie Delitzsch (Commentar zu Iob S. 30) sagt, allerdings
ein „wüstes"; alte und neue Haggada steht ungesichtet neben einander,
und es bedarf was aus den Catenen benutzt werden will der Prüfung, in welchem Verhältnis es zur älteren normativen Literatur
stehe. Daß diese kritische Sichtung in den älteren polemischen
Werken, wie in den Werken eines Wetstein, Schöttgen und Lightfoot,
mangelt, ist zu beklagen und verringert ihren Werth. In materieller
Hinsicht aber haben wir an eine Stelle, die wir für unsere Darstellung verwerthen sollen, die Anforderung zu stellen, daß sie in
deutlich erkennbarem Zusammenhang mit den religiösen Principien
altpalästinischen Judentums stehe. Wo ein solcher Zusammenhang
nicht zu erkennen ist, haben wir es mehr mit individuellen Aeußerungen zufälliger Art zu thun, die für uns nicht in Betracht kommen. Es ist auch zu erwägen, wie viele fremde Elemente sich der
jüdische Geist assimilirt hat, seitdem das jüdische Volk mit immer
neuen Völkern und Anschauungsweisen in Berührung kam. Um so
nötbiger ist es, das specifisch Jüdische an seinem Zusammenhang mit
den Principien zu prüfen.

Aus dem Bisherigen ergibt sich die zweite Forderung, daß bei
Benützung der Quellen die historische Aufeinanderfolge derselben im
Auge zu behalten ist. Um das zu können, unterschieden wir in § 2
die einzelnen Schriften nach ihrer Entstehungszeit. Es ergab sich
für uns eine ältere Literatur primär palästinischer Tradition, und
eine jüngere secundär palästinischer Tradition. Jene muß überall, so
viel es sein kann, für unsere Darstellung die Grundlage bilden. Zu
ihr rechnen wir die Targume des Onkelos und Jonathan ben Usiel,
sowie Mischna und Tosefta, Mechilta, Sifra, Sifre, Pesikta des Rab
Kahana und Targum Jeruschalmi. Allein wir haben, so reichhaltig das
Material in diesen genannten Schriften schon ist, doch in ihnen nicht
für alle jüdisch-religiösen Vorstellungen genügende Grundlagen. Wir
sind daher genöthigt, zur secundären Tradition hinabzusteigen. Sie

liegt uns vor in dem Targum des Pseudojonathan und den späteren
Targumen, den Talmuden und Catenen. Wir nennen die Tradition
dieser Werke secundär, weil sie selbst aus älteren Schriften gesammelt oder durch eine bereits vielgliederige Ueberlieferungskette vermittelt ist, während jene primäre Tradition unmittelbar oder doch
durch wenige Glieder vermittelt aus der schöpferischen Urzeit vor
und nach der Zerstörung des Tempels stammt. Allerdings hat auch
die secundäre Tradition der Talmude und Catenen im Allgemeinen
geschichtlichen Werth, da ja die Tendenz dieser Werke die Auf-
bewahrung des glaubwürdig Ueberlieferten ist; aber sie erfordert
doch kritische Sichtung. Unter dieser Voraussetzung können und
müssen diese Quellen eintreten, wo die primären versiegen. Uebrigens
findet die von uns so genannte altpalästinische primäre Tradition
eine Ergänzung auch nach rückwärts. In den apokryphischen Schriften wie dem Buche des Ben Sira, dem ersten Maccabäerbuche, dem
Buche Tobit, dem Buch der Weisheit finden sich für die Lehren des
späteren Judentums häufig genug Anknüpfungspunkte.

§ 4. Gang der Darstellung.

Obwol es sich nicht darum handeln kann, eine Dogmatik des
Judentums im strengen Sinne des Wortes zu schreiben, so haben
wir doch für unsere Darstellung auch nicht auf die Einheitlichkeit
zu verzichten, welche sich aus dem Nachweis ergibt, daß die einzelnen religiösen Anschauungen des Judentums in gewissen Grundanschauungen wurzeln. Hieraus folgt, daß wir vor allem diese Grundanschauungen oder Principien selbst darzustellen haben. Die gesammte jüdische Theologie wird getragen von dem Nomismus. Dieser
hat eine materiale und eine formale Seite. Nach der materialen
Seite stellt er den Grundsatz auf, daß das Gesetz die Offenbarung
Gottes κατ᾽ ἐξοχήν, und gesetzliches Verhalten die Religiosität κατ᾽
ἐξοχήν, also das Gesetz das Mittel der Gemeinschaft zwischen Gott
und dem Menschen, das die Religion Begründende sei. Nach der
formalen Seite aber fordert der Nomismus einen autoritativen Ausleger des Gesetzes und erzeugt somit das Traditionsprincip. Ist das
Gesetz material das Mittel der Gottesgemeinschaft, so ist die Tradition formal Mittel der Gotteserkenntnis. Diese beiden Principien
des Nomismus haben wir in einem ersten Theile, in der Principien-
lehre, vor Allem zur Darstellung zu bringen.

Ein zweiter Theil hat zu zeigen, wie das nomistische Princip in den einzelnen religiösen Lehren sich entfaltet. Wir werden eine durch den Nomismus bestimmte Theologie, Anthropologie, Soteriologie und Eschatologie aufzustellen im Stande sein. Hierbei wird man die Christologie vermissen. Aber wir müssen dem jüdischen Dogmatiker des Mittelalters Joseph Albo beipflichten, wenn er in seiner Glaubenslehre sagt, die Messiaslehre sei kein jüdisches Dogma; die Lehre vom Messias gehöre der Hoffnungslehre an. Der Glaube an den Messias, sagt Albo, würde der fundamentalen Heilsbedeutung des Gesetzes Eintrag thun. Dies ist völlig correct vom jüdischen Standpunkt aus. Je weniger nun eine Christologie sich ausbilden konnte, desto mehr hat sich auf anthropologischem und soteriologischem Gebiete das nomistische Princip zur Geltung gebracht und hier bestimmte und einheitliche Lehrweisen erzeugt. Auch der Gegensatz zwischen dem Neuen Testament und der jüdischen Theologie bewegt sich vornehmlich auf diesem Gebiet. Die entgegengesetzten Principien mußten hier scharfe Differenzen erzeugen, für welche denen allerdings alles Verständnis abgeht, welche meinen, die Lehrweise Jesu und der Apostel in ihren Grundzügen aus Talmud und Midrasch ableiten zu können.

§ 5. Literatur.

Vorarbeiten für eine Darstellung, wie wir sie beabsichtigen, gibt es genau genommen nicht. Zwar sind einzelne Partien jüdischer Glaubens- und Sittenlehre sowol von jüdischer, als christlicher Seite behandelt worden, fast immer aber nicht in streng historischer Weise, sondern unter dem Einfluß philosophischer oder polemischer Tendenzen, so daß man jene Darstellungen nur mit großer Vorsicht unter beständiger Kritik verwerthen kann.

Der Erste, der die jüdische Glaubenslehre wenigstens particuweise darstellte, ist R. Saadia Gaon aus dem ägyptischen Fajûm. Sein Werk stammt aus dem Jahre 933 und führt den Namen הֻאֱמָוּנֹת וְהַדֵּעוֹת. Es ist ursprünglich arabisch geschrieben, dann zweimal, nämlich von Berechja Hannakdan und von Juda ibn Tibbon, ins Hebräische übersetzt worden. Wir besitzen eine bei Weigand in Leipzig 1845 erschienene deutsche Uebersetzung von Julius Fürst. In seiner Geschichte des Judentums, II, 279 ff., hat Jost Saadia's Werk charakerisirt und die leitenden Ideen desselben angegeben. Dieses Werk steht, wenngleich die arabische Schule ihren Einfluß auf Saadia geltend gemacht hat, auf geschichtlich traditionellem Boden und genießt deshalb hohes Ansehen innerhalb des orthodoxen Judentums. Eine zweite Darstellung jüdischer Religionslehre aus dem Mittelalter besitzen wir in dem *More Nebochim* von Maimonides. Auch dieses Werk ist ursprünglich arabisch verfaßt, wenn auch mit hebräischen Schriftzügen geschrieben, und wurde von Samuel Tibbon ums Jahr 1200 ins Hebräische übersetzt. Im Jahre 1856—66 gab Salomon Munk in Paris den Urtext mit französischer Uebersetzung heraus. Hebräisch und zugleich deutsch übersetzt erschien der erste Theil von Fürstenthal, Krotoschin 1839, der zweite von Stern, Wien 1864; den dritten hat Scheyer, Frankfurt 1838, aus dem Arabischen übersetzt. Maimonides steht nicht wie Saadia auf traditionellem Boden, sondern beherrscht von der aristotelischen Weltanschauung sucht er in alexandrinisch-allegorisirender Weise die Geheimnisse der Schrift zu „vergeistigen". Der More Nebochim zersetzt den alten traditionellen Rabbinismus. So willkommen er dem Reformjudentum der neuen Zeit deshalb sein mußte, ebenso ablehnend verhielt sich alle Zeit das traditionelle Judentum gegen ihn. Näheres darüber bei Jost, a. a. O. II, 452 ff. III, 7 ff. Er kann auf unsere Darstellung keinen Einfluß üben, da er die geschichtlich traditionelle Basis verlassen hat. Ein drittes mittelalterliches Werk, das jüdische Glaubenslehren behandelt, ist das Buch Kusari von Juda Hallevi, um 1140 entstanden, ursprünglich arabisch geschrieben, von Juda ibn Tibbon ins Hebräische übersetzt; nach dieser Uebersetzung hat es David Cassel 1853 deutsch und hebräisch herausgegeben, Leipzig, Voigt 1869. Das Buch Kusari ist eine Apologie des Judentums. Es führt den Titel: „Buch des Beweises und der Argumentation zur Vertheidigung der geschmäheten (jüdischen) Religion." Kusari ist es benannt, weil die Apologie für einen König des Chazarenreichs bestimmt ist. Der Verfasser vertheidigt das Judentum gegenüber der Philosophie, dem Christentum und dem Islam. Der „denkgläubige Dichter" behandelt die jüdischen Lehrsätze philosophisch, wie er sich denn mit der Zeitphilosophie auseinandersetzt. Uebrigens ist er stark berührt von der jüdischen Mystik seiner Zeit, vgl. Jost III, 69 und Cassels Einleitung. Das Buch Kusari ist innerhalb des orthodoxen Judentums gern gelesen worden und hat sich weit verbreitet. Für uns ist es lehrreich, sofern es zeigt, was zur Zeit das Verfassers als jüdische Glaubenslehre galt. Es finden sich auch in diesem Buche übrigens nur einzelne Lehrpunkte; ein System der Lehre erwarte man hier nicht.

An diese drei dogmatisirenden Werke reihen wir ein Werk

ethischen Inhalts, das vielgelesene ebenfalls ursprünglich arabische *Choboth hallebaboth* des R. Bachja von 1040, ins Hebräische übersetzt von Juda ibn Tibbon, hebräisch und deutsch von Fürstenthal (Breslau 1835) und Stern (Wien 1854). Diese der Selbsterforschung gewidmete (ascetische) Schrift läßt die jüdische Weise, die menschliche Natur und die göttliche Gnade aufzufassen, erkennen, und ist insofern nicht ohne Werth für uns. Freilich steht auch R. Bachja unter dem Einfluß der arabischen Philosophie seiner Zeit.

Aus dem späteren Mittelalter dagegen besitzen wir ein Werk, welches weit reiner den traditionellen Standpunkt wahrt, als alle bisher genannten: das aus den schweren Kämpfen der Juden mit der spanischen Intoleranz erwachsene und zur Befestigung der jüdischen Glaubensgenossen bestimmte ספר עיקרים oder Buch der Glaubensgrundsätze, die jüdischen Fundamentalartikel von Joseph Albo. Das Buch ist 1425 geschrieben; deutsch übersetzt haben es 1844 W. und L. Schlesinger. In rein jüdischem Geiste sind auch die beiden Werke מנורת המאור von Isaac Aboab (deutsch von Fürstenthal und Behrend, Krotoschin 1848) und ראשית חכמה von Elia de Vidas (zuerst Venedig 1578) gehalten, welche beide reichen traditionell-dogmatischen Stoff bergen.

Aus neuerer Zeit sind einige Versuche jüdischer Gelehrter zu nennen, die Glaubenslehre des Judentums zu behandeln. Dahin gehören die „Abhandlungen über den Geist der pharisäischen Lehre" in der Zeitschrift von Kreuznach und Derenburg (1820—1825), ferner die Schriften von J. Fürst über die Karäer, von Weiß „Zur Geschichte der jüdischen Tradition" (2 Bände, Wien bei Herzfeld und Bauer, besonders der Abschnitt I, 216—232, der die Ueberschrift אמונית ודעית היהודים trägt). Einzelne Monographien werden am betreffenden Ort anzuführen sein.

Endlich sei noch aus der Literatur, welche in Folge der Polemik gelehrter Christen mit den Juden im Verlaufe des Mittelalters entstanden ist, das Hervorragendste mitgetheilt. Das älteste Werk dieser Art ist der *Pugio fidei* von Raymund Martini, welcher mit den Anmerkungen von J. de Voisin und einer eigenen Einleitung in die jüdische Theologie von Benedict Carpzov in Leipzig 1687 herausgegeben wurde. Von Helvicus besitzen wir ein *Systema controversiarum theologicarum, quae Christianis cum Judaeis intercedunt, octo elenchis comprehensum*, Gießen 1612, deutsch von Seltzer, Darmstadt 1633. Joseph de Voisin verfaßte in Paris 1647 eine *Theologia judaica*, A. Pfeiffer in Leipzig 1687 eine Streitschrift unter dem

Titel *Theologiae sive potius* ματαιολογίας *judaicae principia sublesta et fructus pestilentes;* Wagenseil gab 1681 in Altdorf heraus die *Tela ignea Satanae i. e. arcani et horribiles Judaeorum adversus Christum et christianam religionem libri anecdoti cum interpretatione et confutatione,* worin auch das *Sepher Nizzachon* von Rabbi Lipmann 1399, und das *Chizzuk Emuna* von Isaak Troki 1593 aufgenommen waren. Das umfangreichste und bedeutendste der polemischen Werke gegen das Judentum aber ist Eisenmengers „Entdecktes Judentum", ein „gründlicher und wahrhaftiger Bericht von den Lästerungen, Irrthümern und Fabeln der Juden" u. s. w. Das Werk ward 1700 in Frankfurt a. M. gedruckt; da dieser Druck auf Betrieb der Juden confiscirt wurde, trat es später 1711 in Königsberg ans Licht, zwei starke Bände in Quart. Noch ist zu erwähnen Majus' *Synopsis theologiae judaicae veteris et novae, in qua illius veritas hujusque falsitas ex s. hebr. codicibus et ipsis jud. gentis scriptoribus antiquis et novis per omnes locos theologiae solide juxta et perspicue ostenditur.* Hiermit haben wir die wichtigste antijüdische Literatur der älteren und jüngeren Zeit verzeichnet. Von der Mitte des 18. Jahrhunderts an hörte die Polemik auf, und Bodenschatz (Pfr. in Uttenreuth bei Erlangen) gab in seiner „Kirchlichen Verfassung der heutigen Juden" (Frankfurt und Leipzig 1748—49, 4 Thle.), im III. Theil eine „Darstellung ihrer vornehmsten Glaubenssätze und Lehrsätze", welche wenigstens unbefangener und minder tendentiös ist als frühere.

Denn was diesen anlangt, so sind die älteren polemischen Werke sammt und sonders als Darstellungen jüdischer Glaubenslehren ohne wissenschaftlichen Werth. Es sind weit mehr Sammlungen aller möglichen Absurditäten und Frivolitäten, als religionsgeschichtliche Darstellungen. Und auch wo das nicht der Fall ist, sind die Quellen ohne alle Kritik benützt, und ist nirgends der Versuch gemacht worden, die Einzellehren aus den Principien heraus zu verstehen. Es ist daher zu beklagen, daß, abgesehen von Männern wie Delitzsch, Wünsche und wenigen Anderen, der jüdischen Theologie von christlicher wissenschaftlicher Seite in unserer Zeit nicht mehr Beachtung und Quellenstudium zugewendet wurde. Möchte mit der nachfolgenden Arbeit wenigstens ein Anfang zur Lösung der schwierigen Aufgabe gemacht sein, die palästinisch jüdische Theologie in objectiv geschichtlicher Weise zur Darstellung zu bringen.

Erster Theil.

Principienlehre.

Erste Abtheilung.

Das Materialprincip des Nomismus.

— ..

Cap. I. Die geschichtliche Einpflanzung der Nomokratie in das neujüdische Gemeinwesen.

§ 1. Esra's grundlegende Thätigkeit für die Nomokratie.

Unter den Exulanten in Babylon erwachte in vielen Kreisen durch den Gegensatz des fremdländischen heidnischen Wesens ein Zug zum väterlichen Gesetze. Dieser Zug verstärkte sich, seit Cyrus die Erlaubnis zum Wiederaufbau Jerusalems und des Heiligtums gegeben hatte und ein neues, wenigstens religiös selbständiges Gemeinwesen in Judäa wieder erstanden war. Es gab Männer, welche die Thora zum Gegenstand ausschließlicher Beschäftigung machten und fromme Volksgenossen um sich sammelten, um sie die Thora zu lehren. Der hervorragendste derselben war Esra. Er trug unter den Exulanten den Ehrennamen „der Sofer" (Esr. 7, 6); er war ein „Schriftgelehrter, wol bewandert in der Thora Mose's", ja er heißt sogar der „vollkommene Schriftgelehrte", Esr. 7, 12. Er belebte offenbar in vielen der Exulanten den Sinn für die Thora; aber er wollte die Thora nicht bloß in der Diaspora seines Volkes, sondern vor allem in der Heimat selber zur Anerkennung und zur Herrschaft bringen. Deshalb begab er sich nach Jerusalem, begleitet von vielen gleichgesinnten Volksgenossen, geschützt und gefördert durch die persische Regierung, welche wol erkannte, daß Esra rein religiöse, völlig unpolitische Absichten hatte.

In Jerusalem, wo der Gegensatz heidnischen Wesens nicht mehr wirksam war, hatte die Liebe gegen das Gesetz wieder sehr nachgelassen. Im jüdischen Volke lebt noch jetzt das Bewußtsein, daß Esra die Thora wieder aufgerichtet hat. In *Succa* 20ª lesen wir deshalb:

Weber, Theologie der Synagoge.   1

.

Als die Thora von Israel vergessen war, kam Esra aus Babel und
gründete sie wieder. Sein hohes Verdienst wird *Sanhedrin* 21^b und
jer. Megilla I, 9 mit den Worten gepriesen: Esra wäre würdig
gewesen, daß durch ihn das Gesetz gegeben wurde, wenn ihm nicht
Mose zuvorgekommen wäre. An ersterer Stelle wird auch eine Parallele gezogen zwischen Mose und Esra. Der höchste Nachruhm
Hillels aber nach seinem Tode bestand darin, daß man ihn einen
Schüler Esra's nannte, vgl. *Sanhedr.* 11^a. So tief gewurzelt ist in
der jüdischen Gemeinde das Bewußtsein, daß Esra es war, der in
das neujüdische Gemeinwesen die Thora einpflanzte.

Dies geschah vor allem durch die große reformatorische That der
Auflösung der Mischehen Esr. 9 f. 113 jüdische Männer hatten heidnische Frauen genommen. Selbst Volksobere, 4 Glieder der hohenpriesterlichen Familie, 18 Priester standen in solchen Ehen. Die
Nachricht davon wirkte betäubend auf den gesetzeseifrigen Esra.
Auf den Knieen mit ausgebreiteten Händen bekannte er laut und
öffentlich die Schuld des Volkes vor Gott. Dieser Mark und Bein
erschütternde Ernst der Buße verfehlte seinen Eindruck nicht auf
das Volk. Es mischte seine Thränen mit den Thränen Esra's. Es
forderte durch den Mund Schechanja's, daß Esra die gesetzwidrigen
Ehen löse, damit „nach dem Gesetz geschähe." Esra nahm dem
Volke einen Schwur ab, daß nach dem Gesetz geschehen solle.
Und es geschah: innerhalb dreier Monate waren sämmtliche Mischehen aufgelöst. Zwar war das Uebel damit nicht für immer ausgerottet, wie Neh. 13, 23 ff. ersehen läßt. Aber Eines war gewonnen: das Gesetz war als die Macht anerkannt worden, welcher
die ganze Gemeinde sich zu beugen habe. Die Herrschaft des Gesetzes war aufgerichtet. Und nicht ein König war es, der mit äußerer
Macht und Gewalt, nicht ein Prophet, der durch die Macht göttlicher Sendung, durch Wunder und Zeichen, nicht ein Hoherpriester,
der durch die Hoheit seines Ehrfurcht gebietenden Amtes dies erreicht, sondern der Schriftgelehrte hatte es gethan, der seinen glühen-
den Eifer für das Gesetz auf die ganze Gemeinde übertrug. Hiermit
war die Autorität der Schriftgelehrten festgestellt. —

Hatte Esra so die Herrschaft des Gesetzes festgestellt, so lag es
ihm nun ob, durch Institutionen, die er schuf, das Volk für ein all-
seitig consequent gesetzliches Leben zu erziehen.[1] Wir werden hier

---

1) Vgl. Schürer, Neutestamentliche Zeitgeschichte 1874. S. 464 ff.
481 ff. (§ 26. 27.)

ein Zwiefaches zu beachten haben. Erstlich stellte er in allen Gemeinden gesetzeskundige Männer auf, welche das Volk über das Gesetz zu unterweisen und nach dem Gesetz zu richten hatten. In Jerusalem aber bestellte er ein oberstes geistliches Gericht, welches Gesetzesfragen entschied und die oberste einheimische Gerichtsbarkeit ausübte[1] (Esr. 7, 25 f. 10, 7. 8). Esra stand an der Spitze jenes Collegiums. Wir sehen ihn auch neben Nehemia bei der Mauerweihe die erste Stelle einnehmen. — Ein Andres, worauf wir hinzuweisen haben, ist die Einführung der Thoralesung in den Cultus. Die Herrschaft der Thora wurde der Ausgangspunkt für eine Einrichtung von größter Tragweite, die Gründung der Synagogen. Es waren Versammlungsorte der Gemeinden, wo an den Sabbaten und bald auch an den Montagen und Donnerstagen Abschnitte aus der Thora gelesen wurden. Hier fand die Unterweisung in der Thora statt, hier hielt man Gericht, hier verrichtete die Gemeinde den Gebetsdienst (*Baba Kamma* 82ª; *Ketub.* 3ª). Wie tief die Thora mit dem Cultusleben der Gemeinden verwuchs, lehrt der Bericht Neh. 8 — 10. Als das Volk im 7. Monat des Jahres, wo Nehemia die Mauern weihete, zum Fest nach Jerusalem kam, begehrte es von Esra die Vorlesung der Thora. „Und Esra las aus dem Gesetze vom frühen Morgen bis zum Mittag, und die Ohren des ganzen Volkes waren auf das Gesetz gerichtet." Als Esra auf einer Bühne stehend vor Aller Augen die Thorarolle öffnete, erhob sich das ganze Volk; so groß war die Ehrfurcht vor der Thora. Jeder Abschnitt, der vorgelesen worden war, wurde alsbald dem Volke durch Esra's Gehülfen erläutert. Der Eindruck, den die Thoravorlesung machte, war ein so tiefer, daß das Volk laut weinte. Die Thoralesung war offenbar der Mittelpunkt der Festfeier. Wir haben auch andere Spuren davon, daß die Thoralesung als wesentlicher Bestandtheil jeder Feier betrachtet wurde. Der Beichtact, welcher sich nach Neh. 9 an die Feier des Laubhüttenfestes anschloß, wurde wie 9, 3 zeigt mit Thoralesung eingeleitet.

So trat denn das Gesetz in das Centrum des religiösen Bewußtseins der jüdischen Gemeinde. In welcher Weise aber gestaltete sich die auf das Gesetz basirte Religiosität? Es ist charakteristisch für die neuerwachte Gesetzlichkeit, daß sie die entschiedene Tendenz zur Buchstäblichkeit verfolgt. Bei jener Festfeier, von der Neh. 8 ff.

---

1) Schürer a. a. O. S. 407. 415 (§ 23).

erzählt, traf man bei der Thoralesung auf die Vorschrift, das Laubhüttenfest in Hütten zu feiern, d. h. während der Festzeit in Laubhütten zu wohnen. Man ließ nun einen Befehl durch das Land gehen,
alle sollten für das Fest sich Laubhütten machen, um das Fest zu begehen בכתוב d. i. nach dem Wortlaut der Thora. Bisher war das
Wohnen in Hütten vielfach außer Acht gelassen worden. Nun sollte
die Lev. 23, 42 enthaltene Bestimmung nach ihrem Wortlaut erfüllt
werden, obwol es gegen das Herkommen und überaus beschwerlich war. Aber wie das Gesetz sich bei den Mischehen trotz seiner
Härte durchgesetzt hatte, so auch hier. Wo aber wie z. B. Esr. 9, 1 ff.
über den Wortlaut des Gesetzes (Ex. 34, 16 u. Dt. 7, 3) hinausgegangen
wird, da geschieht es, um die *ratio* des Gesetzes um so gewisser zum
Vollzug zu bringen. Es ist das Streben da, dem Gesetze schlechthin
gerecht zu werden. — Ein Zweites das beachtet sein will ist, daß
überall die Gelobung der Erfüllung der gesetzlichen Bestimmungen
als Bundschließung mit Gott bezeichnet wird, Esr. 10, 2 f. Neh. 10, 1 ff.
An letzterer Stelle heißt es: Ob allem diesem (was am Bußtag bekannt und erfleht worden war) schlossen und schrieben wir einen
festen Vertrag (אֲמָנָה). Durch solchen Vertrag oder Bund begründeten
sie ihr Verhältnis zu Gott aufs Neue. Die Bußgebete Esr. 9 und
Neh. 9 schließen nicht mit der Bitte um Vergebung, sondern die
Buß- und Betacte enden in dem Versprechen der Gesetzeserfüllung
und darauf wird die Zuversicht gegründet, daß nun Gott wieder in
das alte Verhältnis zu dem Volke treten werde. Es ist also nicht die
uralte Bundeszusage Gottes, die dem religiösen Bewußtsein des Volkes
seinen Halt gibt, sondern ihr Entschluß der Gesetzeserfüllung. Und
wie das Volk so im Ganzen, so die Einzelnen für sich. Nehemia
schließt seinen Bericht über sein Wirken mit der Bitte, Gott wolle
ihm desselben zum Guten gedenken (Neh. 13, 31 vgl. v. 14. 22 u.
5, 19). Zu dieser Bitte bemerkt zwar Rambach richtig: *magnam
Nehemiae pietatem spirat,* aber diese Frömmigkeit ist doch — das
läßt sich nicht verkennen — von dem gesetzlichen Geiste des nachexilischen Judentums schon stark durchzogen (Keil, Comm. S. 590).

Fragen wir noch, in welchem Verhältnis der gesetzliche Geist des
nachexilischen durch Esra und Nehemia geistig erneuerten Judentums zur Prophetie steht, so läßt das Bisherige schon erkennen,
daß der Geist der Prophetie, welche das Heil von göttlichen Gna-
denthaten erwarten läßt, diesem Judentum fremd wird. Die Bücher
Esra und Nehemia gründen in einseitiger Weise die Frömmigkeit auf

die Thora. Sie schweigen von der Prophetie. Noch einmal erhebt
diese ihre Stimme in Maleachi. Er hält über das gesetzliche Wesen
seiner Zeitgenossen strenges Gericht, indem er das Scheinwesen derselben aufdeckt. Gesetzeserfüllung ohne Wiedergeburt muß in Scheinwesen und Heuchelei entarten. Maleachi richtet dieses Wesen; seine
Hoffnung geht auf das Kommen des Herrn, wie auch Ezechiel die
Erfüllung des Gesetzes von der geistlichen Wiedergeburt Israels abhängen läßt. Aber das Wort Maleachi's verhallte ohne Erfolg; mit
ihm erlosch die Prophetie, die Religion Israels war und blieb von
Esra's Tagen an die Religion des Gesetzes. Israel ist in seinen
eigenen Augen das Heilsvolk vermöge des Gesetzes, das es empfing;
die Gesetzgebung ist die Heilsoffenbarung (Esr. 9, 13. 14); das prophetische Zeugnis zielt auf Wiederherstellung des Gesetzes ab (Esr.
9, 29), alles Unheil rührt von der Gesetzesübertretung (Esr. 9, 34).
Daß Jehova das Gemeinschaftsverhältnis mit Israel erneuert, wird als
Erbarmung bezeichnet (Esr. 9, 19. 27. 28. 34), aber diese ist bedingt nicht durch Sündenvergebung, sondern durch die Zusage des
Volkes, in welche die Buß- und Betacte Esr. 9 und Neh. 9 ausgehen,
daß künftig sein Leben durchaus nach dem Gesetze sich richten
werde. Die prophetische Heilsverkündigung, die Glauben fordert,
tritt im religiösen Bewußtsein des Volks zurück hinter der gesetzlichen Leistung, welche Gottes Erbarmen erwirkt. Die אֶמְנָה ist zur
אֲמָנָה geworden, auf welcher die Gottesgemeinschaft nunmehr beruht.

§ 2. Wachstum des jüdischen Nomismus gegenüber dem Hellenismus.

Wie Esra der Sofer ohne Gleichen war, so wurden schon zu
seiner Zeit und weiter nach ihm immer mehr die Frommen des
Volkes Soferim oder Schriftgelehrte. Aus 1 Macc. 1, 56 f. sicht
man, daß sich Thorarollen nicht blos in den Synagogen für die
öffentliche Vorlesung, sondern überall in den Häusern der Frommen fanden, daß also die Beschäftigung mit der Thora Sache aller
frommen Israeliten geworden war. Aus 1 Chr. 2, 55 entnehmen wir,
daß es in dem Zeitalter, das auf Esra folgte, „Gilden der Soferim“
gab; 1 Macc. 7, 12 finden wir eine συναγωγὴ γραμματέων, „eine
wahrhafte *ecclesiola in ecclesia*“, wie sie Wellhausen (Pharisäer und
Sadducäer S. 12) nennt. Wir haben uns unter den Schriftgelehrten
nicht bloß berufsmäßige Gelehrte zu denken, sondern alle Frommen

waren seit Esra's Tagen mehr oder weniger schriftgelehrt. Die Blüthe
der Schriftgelehrsamkeit aber finden wir in dem Collegium, welches
unter dem Namen der הַגְּדוֹלָה כְּנֶסֶת אַנְשֵׁי in der jüdischen Tradition
ein so hohes Ansehen hat. Von ihm her sind folgende drei Sätze überliefert: Seid behutsam im Urtheile, stellt viele Schüler auf und
machet einen Zaun um die Thora. Diese Worte sind charakteristisch
für die herrschende Geistesrichtung jener Zeit. Die Behutsamkeit im
Urtheil sollte der jüdischen Colonie das Recht eigener Gerichtsbarkeit sichern, worauf man seit Esra das höchste Gewicht legte; denn
Klagen.über die Richter waren für die persische Herrschaft ein Anlaß
geworden, jenes Recht wieder aufzuheben. Auf Bewahrung dieses so
kostbaren Rechtes zielt auch die Mahnung, es nicht an Schülern oder
gesetzesbeflissenen Männern fehlen zu lassen, damit man aller Orten
Männer habe, die nach der Thora Recht sprechen und über die
Beobachtung des Gesetzes wachen könnten. Und damit die Erfüllung
desselben desto besser gesichert werde, sollte ein Zaun ums Gesetz
gemacht werden, bestehend aus Verordnungen, welche der Gesetzesübertretung vorbeugen sollen. Man ersieht aus diesen Worten die
Losung der Zeit. Die jüdische Gemeinde beugte sich völlig unter die
persische Herrschaft und verzichtete auf politische Selbständigkeit,
wenn nur die Thora sich ungehindert als religiöses Lebensprincip erweisen konnte. Ihren Schwerpunkt hatte die Gemeinde in der Autorität,
welche die gesetzliche Praxis für sie feststellte. Sie beugte sich unter
dieselbe und nahm ihre Verordnungen willig auf sich. Man erließ
eine Reihe von Verordnungen seitens der geistlichen Obrigkeit, welche
unter dem Namen der אֵ׳ כְּ׳ חַ׳ bis heute gelten (vgl. *jer. Schebiit* VI, 1.
Frankel, Mischna S. 3). Damals entstand der Gebetsdienst mit seinen
Benedictionen, stehenden Orationen, dem Kiddusch, der Habdala (*Berach.* 33ᵃ), damals das Verbot am Sabbat Gefäße zu tragen (*Schabbath*
123ᵇ); damals müssen die Bestimmungen über Rein und Unrein sich entwickelt haben (*Baba kamma* 82ᵃ), für welche die Maccabäerzeit ebenso
wie für die strenge Sabbatfeier bereits so großen Eifer zeigt. Jenem
Zeitalter mögen zum großen Theil auch die Satzungen angehören, welche ohne bestimmten Namen eines Urhebers zu tragen als סִינַי דִּבְרֵי
bezeichnet werden (*Kelim* XIII, 7). Schwerlich wird man irre gehen,
wenn man alle jene Satzungen, welche als מִסִּינַי לְמֹשֶׁה הֲלָכָה bezeichnet werden, auf jenes Zeitalter zurückführt. Frankel a. a. O. 5 ff.
und nach ihm Weiß (הַמִּשְׁנָה לְבֵית, Wien 1869) haben zu zeigen versucht, daß in der Mischna eine doppelte Vortragsweise zu unter-

scheiden ist, eine ältere und eine jüngere. Die ältere, wie sie beispielsweise im Traktat *Negaïm, Sota* VIII, 1.2. *Maaser scheni* VIII, 7
sich findet, lehre בפירוש. Sie lehne die Satzung an das Schriftwort
an, als dessen nähere Explication für die gesetzliche Praxis sie erscheine, während die spätere Weise die Satzungen als selbständige
Sätze aufstelle, ohne ihren Zusammenhang mit der Thora Mose's
nachzuweisen. Was sich nun als älteres Ueberlieferungsgut erweise,
gehöre der Zeit der Soferim an. Wie weit dies geht, ist zur Zeit
nicht festgestellt; diese Art die Mischna zu erforschen gehört noch
zu sehr der Neuzeit an. Aber so viel dürfte Frankel und Weiß
zugestanden werden, daß nicht wenige alte Ueberlieferungen in der
Mischna sich finden, welche im Zeitalter der Soferim entstanden
sind; man erkennt dies an der älteren Form des פירוש, der so sehr
an Esra's Vortrag erinnert.

Was das Verhältnis des gesetzlichen Bewußtseins zum Tempeldienst betrifft, so ist dafür charakteristisch das Wort Simon des Gerechten, *Pirke aboth* I, 2: Auf drei Dingen steht die Welt: auf der
Thora, auf dem Gottesdienst und auf der Wohlthätigkeit. Der zweite
Ausdruck עבודה bezeichnet den Tempeldienst. Er ist also im religiösen Bewußtsein der Zeit an Wichtigkeit hinter die Thora zurückgetreten. Der Bestand der Welt beruht vor allem darauf, daß die
Thora erfüllt werde. In welchem activen Verhältnis zur Thora der
Tempeldienst und die Uebung der Wohlthätigkeit stehe, wird später
zu zeigen sein. Hier genügt es, festzustellen, daß die Thora, die
Beschäftigung mit derselben und ihre Erfüllung als das Wichtigste
in der Religion erscheint.

Die Thora ist aber nach der damaligen Anschauung nicht nur
der Zweck Gottes bei der Schöpfung und Erhaltung der Welt, sondern auch der specifische Heilsbesitz Israels, welcher seinem Dasein
für die Gegenwart und Zukunft Werth verleiht. Darum hielt die
Gemeinde im Kampf mit anderen fremden geistigen Mächten unerschütterlich an ihr und ihrer Uebung fest. Der Kampf, der zwischen
den Juden und Seleuciden geführt wurde und 164 endete, war nicht
ein Kampf um die politische Selbständigkeit, an welcher der jüdischen
Colonie der Mehrheit nach nichts mehr lag, sondern ein Kampf um
das Gesetz Gottes. Als Mattathias sich wider Antiochus erhob und
sein Volk zum Kampf aufrief, sprach er 1 Macc. 2, 27: „Jeder, der
für das Gesetz eifert und den Bund aufrecht erhält, ziehe aus mir
nach." In der Rede, welche Judas der Maccabäer hielt, um die

Seinigen zum tapferen Streit wider das griechische Heer anzufeuern,
sprach er: „Wir kämpfen für unser Leben und für unser Gesetz"
(1 Macc. 3, 21). Und als der syrische Feldhauptmann Lysias seinem
Könige zum Frieden mit den Juden rieth, sprach er: Wir wollen
ihnen zusagen, daß sie nach ihren Satzungen wandeln dürfen, wie
zuvor, denn wegen dieser Satzungen, die wir abgeschafft haben, sind
sie ergrimmt (1 Macc. 6, 59 vgl. 2 Macc. 7, 2. 23. 30. 37). Wenn der
priesterliche Held Simon in seiner Ansprache an das Volk auch das
Heiligtum nennt, als für welches er und die Seinigen das Leben
eingesetzt hätten, so steht es doch an zweiter Stelle. An erster
Stelle nennt auch er das Gesetz als Ursache des Kampfes, wodurch
wieder der obige Ausspruch Simons des Gerechten Licht empfängt. —
Später gehen die Interessen auseinander, wie wir sehen werden.
Aber ursprünglich ist in den Maccabäerkämpfen das Gesetz das Treibende, weil nur dieses jetzt dem religiösen Sinne als das wesentliche
Gut, wie als wesentlichster Beruf des Volkes Gottes erscheint. Deshalb greifen auch die Schriftgelehrten und Chasidim gegen die Syrer
zum Schwert. Auf des Mattathias Ruf folgten πολλοὶ ζητοῦντες δικαιο-
σύνην καὶ κρίμα, viele solche „die sich der im Gesetz vorgezeich-
neten Lebensgerechtigkeit im Wandel befleißigten", 1 Macc. 2, 29.
Und v. 42 heißen diese die συναγωγὴ Ἀσιδέων [Tdf. ed. V. Ἰουδαίων].
Diese sind aber von der συναγωγὴ γραμματέων 1 Macc. 7, 12 nicht
verschieden, wie man aus 7, 13. 17 deutlich erkennt. Auf der anderen Seite stehen die רשעים, d. i. „die Abtrünnigen vom Gesetz"
1 Macc. 14, 14. 2 Macc. 6, 21. Daß die Gesetzestreuen den Kern
derer bildeten, welche den Kampf gegen die Syrer führten, ersieht
man auch aus der Art der Kriegführung. Man kämpfte nicht am Sabbat, so schwer auch die Folgen dieses gesetzlichen Eifers waren
1 Macc. 2, 34 f. 2 Macc. 5, 25 ff. 15, 1. Vgl. *Jos. ant.* XIV, 4, 2.
XVIII, 9, 2. Selbst im Kriegsgetümmel feierte man den Tag des
Herrn 2 Macc. 8, 27. 12, 38. — Die Zeit dieses Kampfes für das
Gesetz war auch die Zeit des Martyriums für dasselbe. Die Schergen
des Antiochus durchsuchten die Häuser nach den βιβλία τοῦ νόμου,
und die gefundenen Bücher verbrannten und zerrissen sie. Und jeden
strafte man am Leben, bei dem man ein Gesetzbuch fand, oder der
Wolgefallen am Gesetz bezeugte. An einem bestimmten Monatstage
wurden die Executionen an denen, die (mit einer Gesetzesrolle) betroffen worden waren, in den Städten vollzogen, um damit abschrecken-
des Aufsehen zu machen (1 Macc. 1, 56—58 und dazu Grimm). Unter

schwerer Verfolgung, ja unter Todesgefahr vollzog man die Beschneidung (1 Macc. 1, 61 f. vgl. 2, 46). Man ließ sich eher tödten,
als daß man den Sabbat gebrochen hätte (1 Macc. 1, 45) und
wollte auch eher sterben, als Unreines essen (1 Macc. 1, 63. 2 Macc.
6, 17 ff. c. 7. 11, 31. Vgl. Tob. 1. Judith 10, 6. 12, 2. 20).
So erweist sich das Gesetz als eine Macht, welche dem An-
dringen des heidnischen Hellenismus Stand hielt. Fassen wir hier
nochmals zusammen, so hatte die Thora zwei Wirkungen ausgeübt
auf das Volk. Sie hatte die frommen Israeliten zu Schriftgelehrten,
ihre Synagogen zu Schulen gemacht; andererseits waren diese gesetzestreuen Israeliten Chasidim oder Asidäer geworden, ihr Wandel
überall bestimmt durch die gesetzlichen Satzungen. Wer nicht zu
ihnen hielt, galt als Abtrünniger. Solche gab es in Menge, der Kern
des Volkes aber war gesetzestreu. Dieses religiöse Princip wirkte
lähmend auf die patriotische Gesinnung. Die Schriftgelehrten und
Asidäer fügten sich willig der Fremdherrschaft, wenn sie nach ihrem
Gesetze leben durften. Sie hatten keinen Sinn mehr für nationale
Selbständigkeit, ihr einziges Interesse bildete die Thora. Aus einer
Nation ward das Judentum eine „internationale Secte“, und man
begreift schon von hier aus, weshalb der Sturz des zweiten Heilig-
tums nicht auch der Zusammensturz des Judentums war. Aus den
Trümmern Jerusalems entstieg das Judentum, das in den Tagen
Esra's geboren war, in seiner vollen und reinen Gestalt: eine Ge-
meinde für deren Bewußtsein nichts centrale Bedeutung hat, als die
Thora.

§ 3. Der definitive Sieg der Nomokratie.

Die Hasmonäer hatten im Kampfe mit der seleucidischen Herrschaft den Sieg behalten, und die Religionsfreiheit der Juden war
errungen. Nicht zufrieden aber mit dieser Freiheit gingen die Hasmonäer weiter und kämpften nun auch um die politische Freiheit,
oder, was dasselbe, um die nationale Selbständigkeit ihres Volkes.
Das Ende war — ein neujüdisches Königtum.

Mit diesem Gang der Dinge waren die Schriftgelehrten und
Asidäer des Volks nicht zufrieden. Sie fürchteten mit Recht, daß
an die Stelle der Religion die Politik, an die Stelle der Thora eine
Constitution nach aller Welt Art treten werde. Die Frommen des
Volkes hielten an dem Princip fest, daß die Thora das specielle
Gut und der einzige Beruf Israels, somit auch seine einzige Norm

sei. Und an diesem Principe hielten sie fest gegenüber den Hasmonäern, den Herodäern und Römern, endlich auch den Zeloten.
Dieses Princip gewann durch sie am Ende die Alleinherrschaft im orthodoxen Judenthum. Ehe wir aber dies alles mit einigen Strichen näher skizziren,
liegt uns ob, die Frage zu beantworten, welchen Einfluß auf die
religiöse Entwickelung des jüdischen Volkes die seit der Hasmonäer-
herrschaft hervortretende Parteispaltung in Pharisäer und Sadducäer
hatte. Es ist ein Verdienst Wellhausens, daß er durch seine Abhandlung „Pharisäer und Sadducäer" (Greifswald 1874) in diesen
Gegensatz neues Licht gebracht hat.[1] Nach Wellhausen vertreten
jene Parteien von Hause aus keine specifisch religiösen Gegensätze,
sondern die Differenzen gehen aus der verschiedenen Lebensstellung
hervor. Die Sadducäer oder „Zadokiten" sind die erzpriesterliche
Partei, genannt nach Zadok, dem Haupte des hohenpriesterlichen
Hauses. Sie bilden den Adel, der seit dem Siege der Hasmonäer
und der Aufrichtung des Königtums die Stütze des letzteren bildet,
die Hof- und Regierungsämter inne hat und die politisch und admini-
strativ thätige Richtung des Volks vertritt. Die Pharisäer aber sind
nichts anderes als die Schriftgelehrten und Asidäer der alten Zeit.
Sie erscheinen jetzt als Partei, gegenüber den Sadducäern, welche
sich lieber mit Politik als mit der Thora beschäftigen und infolge
dieser auf das Weltleben gerichteten Sinnesweise auch freieren Ansichten huldigen. Während die Sadducäer den politischen Einfluß
haben, bleibt den Pharisäern die religiöse Leitung des Volks. Den
Namen Peruschim aber führen sie, weil die streng gesetzliche Richtung sich jetzt namentlich als „Absonderung" zu erkennen gibt.
Absonderung war schon in Esra's Zeit die wichtigste Consequenz der
Gesetzestreue; sie wurde es jetzt wieder, und mehr als bisher,
seit durch die Seleuciden und die Abtrünnigen in Israel das fremde
heidnische Wesen eingedrungen war und sich in gewissen Kreisen
mehr oder weniger frei zur Geltung brachte, seit auch unter den
Hasmonäern durch sadducäischen Einfluß manche strengere Vorschriften weniger allgemein beobachtet wurden. Von dem freisin-
nigeren und laxeren Theile der jüdischen Bevölkerung sonderten
sich die Gesetzestreuen ab und schlossen sich unter einander enger
zusammen. Sie beschränkten sich im Verkehr, ja selbst in Bezug

---

1) Vgl. Schürer a. a. O. § 24.

auf das Connubium auf ihre engere Gemeinschaft. Es tritt jetzt das Losungswort auf: Schaffe dir einen Lehrer (רב), erwirb dir einen Genossen (חבר) und beurtheile Jeden nach der besseren Seite (לכף זכות) *Pirke aboth* I, 6. Daß Jeder in die Thora eindringen solle, ist ein alter Grundsatz. Jetzt aber handelt es sich um die engere Gemeinschaft, innerhalb deren die Thora streng und consequent gehalten wird. Doch soll man den Zusammenhang mit dem Volksganzen nicht zerreißen. So lange das Gegentheil nicht erwiesen ist, soll man einen jüdischen Volksgenossen für gesetzestreu halten und darnach handeln. Dieses Dictum hat freilich das andere zum Correlat, *Pirke aboth* I, 7: Entferne dich von einem bösen Nachbar, geselle dich nicht zu einem Gottlosen, und glaube nicht, daß die Vergeltung ausbleibe. Es ist aber hier die Spitze gerichtet gegen den offenkundigen Sadducäismus, der in seiner weltlichen Art anstatt auf das zukünftige messianische Reich zu hoffen und seine Vergeltung zu warten an der Herrschaft der Gegenwart sich erfreute und ihre Vortheile zu genießen trachtete. Ein Mensch dieser Gesinnung heißt רשע, von ihm soll der fromme Israelite sich fern halten. Und weil diese frivole Gesinnung in den oberen Regionen besonders blüht, so gibt Schemaja das. I, 10 den Rath: Liebe die Arbeit, hasse das Herrschen, und sei nicht zu vertraulich mit der Herrschaft (רשות = ἐξουσία, obrigkeitliche Gewalt, überhaupt die regierenden Kreise). Die Stellung der Pharisäer ist damit gekennzeichnet. Sie sind die unpolitische Partei gegenüber der politischen der Sadducäer, die gesetzesstrenge gegenüber der freier denkenden und handelnden der vornehmen sadducäischen Kreise. Sie sind nicht die Stillen im Lande, nichts weniger als das. Sie fühlen sich als das wahre Israel, und bringen ihr religiöses Princip zur Geltung, wo sie durch die herrschenden Kreise provocirt werden. Sie dringen mit aller Macht auf die Respectirung des Gesetzes im öffentlichen Leben und erheben sich wol auch zu diesem Zwecke; aber sie kennen kein anderes Interesse als die Thora.

Fragen wir also, welchen Einfluß die im hasmonäischen Zeitalter geschehene Parteibildung auf die religiöse Entwicklung der jüdischen Volksgemeinde übte, so ist die Antwort diese. Nach wie vor ist der Kern des Volkes der Thora ergeben und setzt Alles an ihre Erkenntnis und consequente Durchführung im Leben. Aber die Gesetzestreuen erscheinen zeitweise nur als Partei. Damit wird aber ihr Streben nur um so bewußter und energischer. Das Princip zieht

immer mehr seine Consequenzen; die Schule schreitet zur System-
bildung fort, und im System der pharisäischen Satzungen kommt das
gesetzliche Streben zu seinem Abschluß.

Diesen Standpunkt machten die Pharisäer geltend gegenüber den
Hasmonäern. Nachdem das Gesetz gesichert war, hatten sie — damals noch als Schriftgelehrte und Asidäer bezeichnet — die Maccabäer verlassen und ihrem gesetzlichen Standpunkt gemäß den Alcimus
als rechtmäßigen Hohenpriester aus dem Hause Aarons anerkannt.
Als nach Alcimus Tode Jonathan aus der Hand der Syrer das Hohe-
priesterthnm erhalten hatte und somit anerkannter Fürst der Juden
geworden war, traten ihm die Asidäer noch ferner, denn in ihren
Augen war diese Stellung eine illegitime. Die Vornehmen schlossen
sich der neuen Herrschaft an, die Asidäer zogen sich zurück und
schlossen sich in sich selber ab, nunmehr als Pharisäer jenen gegen-
überstehend, die den Namen Sadducäer bekamen. Die Hasmonäer
Jonathan, Simon und Johannes Hyrcanus suchten durch ihre Haltung
den offenen Ausbruch der Feindschaft der mächtigen Pharisäer hint-
anzuhalten. Aber es gelang nicht. Eleazar der Pharisäer erklärte
bei einem Gastmahl dem Johannes, wenn er dem Gesetze genügen
wolle, müsse er das Hohepriestertum niederlegen und sich mit der
Herrschaft begnügen; seine Mutter sei einmal in Kriegsgefangen-
schaft gerathen, seine Geburt also und somit auch seine Fähigkeit
zum Hohepriestertum zweifelhaft *Jos. ant.* XIII, 10, 5. Die Behauptung, das Hohepriestertum der Hasmonäer sei nicht legitim, blieb
die Losung für den nun folgenden langen und erbitterten Kampf
und erneuerte sich auch wieder gegen Alexander Jannäus *ant.* XIII,
13, 5. Der Gegensatz lag aber tiefer. Die Pharisäer wollten keinen
weltlichen Staat, sondern eine Gemeinde des Gesetzes. Die Herrschaft erwarteten sie von der messianischen Zukunft. In Alexander
Jannäus aber trat der Contrast zwischen dem Hohepriester und dem
weltlichen Fürsten am grellsten hervor. Die Pharisäer beschimpften
ihn deshalb, und er kehrte sein Schwert gegen sie. Er unterlag,
doch nahmen später die Nationalen für den Flüchtigen Partei, und
nun wanderten die Pharisäer ins Elend. Unter Salome hatten die
Schriftgelehrten maßgebenden Einfluß, sie gewannen auch Stellen im
Synedrium. Die Sadducäer verbanden sich nach Salome's Tod mit
Aristobul gegen Hyrcan, die Pharisäer hielten es im Gegensatz
gegen die Sadducäer mit Hyrcan. Aber es zeigte sich auch jetzt
wieder, daß das nationale Princip nicht das ihre war. Denn als nun

Pompejus als Schiedsrichter auftrat, da wünschten sie die Abschaffung des Königtums *Jos. ant.* XIV, 3, 2. Sie waren es zufrieden, daß Aristobul entfernt und Hyrcan als Hoherpriester anerkannt wurde. Sie waren den Römern feind, weil sie den Tempel entweiht hatten, aber sie fügten sich in die Fremdherrschaft. Sie wollten keinen weltlichen Staat, sie wollten nur nach dem Gesetze leben. Dies war auch ihre Stellung unter den Herodäern. An dem Todeskampfe des nationalen Staates gegen das Königtum des Herodes nahmen sie keinen Theil. Nach *Jos. ant.* XV, 1, 1 gaben die Häupter der Pharisäer den fanatischen Vertheidigern Jerusalems den Rath, dem Herodes die Thore zu öffnen. Dafür ehrte sie dann Herodes auf das Höchste. Die Sadducäer dagegen hatten mit dem Ende des hasmonäischen Staates und Herodes' Siege ihre politische Bedeutung fürs Erste eingebüßt. Ihren alten Streit mit den Pharisäern setzten sie jedoch auf kirchlich theoretischem Gebiete fort, wo sie den Pharisäern nicht gewachsen waren. Diese dagegen hatten unter Herodes für ihre religiösen Bestrebungen die freieste Hand; ihre Häupter Polio und Sameas standen bei Herodes in Ehren und allen erzeigte Herodes die Rücksicht, daß er ihnen den aus religiösen Gründen perhorrescirten Huldigungseid erließ, *Jos. ant.* XVII, 2, 4. Das Gesetzeswesen der Pharisäer blühte unter Herodes mehr als je. Damals lebten ihre berühmtesten Meister, Schemaja und Abtalion, Hillel und Schammai. Auch im Synedrium wuchsen sie an Einfluß wie an Zahl. Das Volk aber folgte willig ihrer Leitung.

Als das Volk unter die unmittelbare römische Herrschaft kam, änderte sich die Lage insofern, als die Sadducäer wieder mehr an Macht gewannen. Sie bequemten sich der Römerherrschaft an und traten dafür in die Mittelstellung der Herodäer ein. Sie wurden wieder die Regierenden. Aber den religiösen Einfluß der Pharisäer auf das Volk vermochten sie nicht mehr zu brechen. Indes trat jetzt eine andere Partei auf, welche den Einfluß der Pharisäer einige Zeit gemindert hat, die Zeloten. Diese beseitigten im Aufstand gegen die Römer die Aristokratie mit Ananus ihrem Haupte und nahmen die Zügel der Herrschaft in die Hände. Aber der Aufstand scheiterte. Wie die Sadducäer von den Zeloten, so wurden diese von den Römern abgethan. Die Pharisäer aber, die sich ihrem Princip treu von dem revolutionären Wesen der Zeloten fern gehalten hatten, traten nun in das Erbe ein.

„Fortab ist die nicht bloß moralische, sondern auch officielle

Herrschaft der Schriftgelehrten und Pharisäer über Israel unbe-
stritten. Die doch noch immer bis auf einen gewissen Grad
nationale Hierokratie war dahin, die internationale Nomokratie trat
völlig an ihre Stelle. Der endliche Sieg konnte denen nicht
ausbleiben, welche die Consequenz der zweiten Theokratie für sich
hatten."

Nachdem wir so die geschichtliche Einpflanzung des Princips
dargelegt, gehen wir nun zu seiner Explication selbst über.

Cap. II. Die Thora die Offenbarung Gottes.

§ 4. Das ewige Sein der Thora vor Gott als Abbild seines geistigen Wesens.

Aus der Tiefe des göttlichen Wesens ist vor der Zeit die
Weisheit Gottes ins Dasein vor Gott getreten, und diese Uroffen-
barung Gottes ist identisch mit der Thora. Diese ist also das ewige
Abbild des geistigen Wesens Gottes. Deshalb ist sie auch Gegen-
stand der Liebe Gottes, wie er sich denn auch selbst ihr in solcher
Liebe willig hingibt und untergibt.

1. Wie Jesus Sirach schon im 24. Capitel die Thora mit der
ewigen himmlischen Weisheit identificirt, womit Bar. 4, 1 zu vergleichen ist, so erscheint überall in der rabbinischen Literatur die
Thora als eins mit der himmlischen Weisheit. In *Bereschith rabba*
c. 17 wird die Thora die himmlische Weisheit genannt. Der Midrasch Tanchuma beginnt mit den Worten: אלהים בראשית das ist
es, was die Schrift sagt: Jehova hat durch die Weisheit die Erde
gegründet (Spr. 3). Als der Heilige, gebenedeit sei Er, seine Welt
schuf, berieth er sich mit der Thora und so schuf er die Welt.
In *Bereschith rabba* c. 1 wird Gott verglichen mit dem Werkmeister,
der einen königlichen Palast zu bauen hat. Er baut nicht nach
seiner Willkür, sondern sieht in die Baupläne hinein, und danach
arbeitet er. So, heißt es, blickte der Heilige, gebenedeit sei Er,
in die Thora, und also schuf er die Welt. Das Wort ראשית ist also
Bezeichnung der Thora. Sie ist das erste, was aus Gott hervorging,
die Uroffenbarung Gottes. *Jalkut* hat zu Genesis 1, 26 die Ueberlieferung aufbewahrt: Zur Thora sprach Gott: „Wir wollen Menschen
machen". Die Thora ist somit identisch mit der ewigen Weisheit
Gottes, welche in der Weltschöpfung waltet.

2. Demgemäß wird durchweg die Präexistenz der Thora vor der Weltschöpfung, ihr ewiges Sein vor Gott gelehrt. Bereits *Pirke aboth* VI, 10 heißt es: Die Thora spricht: Gott hat mich erworben als Erstling seines Weges, als Uranfang seiner Werke von Ewigkeit. So auch VIII, 22. Im Midrasch *Mechilta* heißt es 64ᵇ: In der Stunde, als die Thora Israel gegeben wurde, erbebten alle Könige der Erde in ihren Palästen ... Da versammelten sich alle Könige der Völker der Welt bei Bileam dem Frevler, und sprachen zu ihm: Vielleicht will Gott uns jetzt thun, wie er einst dem Geschlechte der Fluth gethan hat ... Da sprach er zu ihnen: O ihr großen Thoren, der Heilige schwur ja bereits dem Noah, daß er keine Fluth mehr über die Welt kommen lassen wolle (Jes. 54). Sie erwiderten ihm: Vielleicht läßt er nicht eine Wasserfluth kommen, eine Feuerfluth wird er bringen. Er aber erwiderte ihnen: Weder diese noch jene, sondern der Heilige g. E. gibt seinem Volke und seinen Geliebten die Thora u. s. w. Diese uralte Sage ist im Tractat *Sebachim* 116ᵃ dahin erweitert, daß Bileam den Königen erklärt habe: Jehova hat ein köstliches Kleinod in seinem Schatzhause, welches bei ihm verborgen war 974 Geschlechter vor der Erschaffung der Welt, und er will es seinen Söhnen geben. Dieselbe Ueberlieferung finden wir im Tractate *Schabbath* 88ᵇ, wo die Thora ebenfalls genannt wird: die begehrenswürdige, als ein Schatz bewahrte, welche bei Gott bewahrt worden ist 974 Geschlechter, ehe die Welt geschaffen worden. Nach den Commentaren hat man zu der Zahl 974 noch die Zahl 26 hinzuzufügen, denn von Adam bis Mose lebten 26 Geschlechter. So ergibt sich die Vorstellung, daß die Thora 1000 Geschlechter (הדירות) vor ihrer Promulgation auf dem Sinai von Gott geschaffen worden ist, was wol ein Ausdruck für ihre in die Ewigkeit sich verlierende Präexistenz sein soll. Aehnlich auch im Midrasch zu Koheleth 66ᵇ. Ein anderes Mal heißt es in *Bereschith rabba* c. 8: die Thora sei 2000 Jahre älter als die Schöpfung; doch ist jene Form der Ueberlieferung die gewöhnlichere. Von Wichtigkeit für uns ist noch die Bemerkung *Bereschith rabba* c. 1: „Sechs Dinge sind der Weltschöpfung vorausgegangen; darunter sind solche, welche wirklich geschaffen worden sind und solche, welche vor der Schöpfung beschlossen worden sind. Die Thora und der Thron der Herrlichkeit sind wirklich geschaffen worden." Die Zusammenstellung dieser beiden läßt uns wieder die Neigung erkennen, die Präexistenz der Thora als eine ewige aufzufassen.

3. Das Verhältnis Gottes zur Thora entspricht nun ganz der Auffassung, wonach sie als Abbild seines geistigen Wesens aus ihm hervorgegangen ist. Es ist das Verhältnis der Liebesgemeinschaft, welches seinen Ausdruck findet darin, daß die Thora die Tochter Gottes genannt wird. Gott liebt sich selbst in ihr als in seinem Bilde. In *Wajjikra rabba* c. 20 heißt es ausdrücklich: „Meine Tochter das ist die Thora." So finden wir im Midrasch zum Hohenlied 26 d, daß zur Zeit, als der Heilige, gebenedeit sei Er, Israel die Thora zu geben gedachte, die Engel ihm Vorstellungen machten, damit die Thora im Himmel bleibe. Da sprach er zu ihnen: Was bekümmert es euch? Sie antworteten ihm: Vielleicht wirst du morgen deine Herrlichkeit in der unteren Welt wohnen lassen. Sie meinten, daß er der Thora nachziehen werde, wie in dem vorausgehenden Gleichnis der König seiner Tochter nachzieht, die er in die Fremde verheirathet hat. Es erwiderte ihnen der Heilige: Meine Thora werde ich geben in die untere Welt, aber ich will wohnen in der oberen. Ich will geben meine Tochter mit ihrer Verschreibung in eine Stadt, daß sie geehret werde bei ihrem Manne wegen ihrer Schönheit und Liebenswürdigkeit, denn sie ist eines Königs Tochter und man wird sie ehren, aber ich bleibe bei euch in der oberen Welt. Und so öfter in der midrasischen Literatur. Ob die Deutung des נפש׳ יקר אׄ aus Ps. 2 im Tractat *Sanhedrin* 92ª, wo בר = Thora gefaßt wird, hieher gehört, mag auf sich beruhen. Es werden uns nun auch diejenigen Stellen im Midrasch nichts Befremdliches mehr haben, in denen Jehova mit der Thora so innig verbunden erscheint, daß er von ihr nicht lassen kann. In kürzerer Fassung finden wir dies im Midrasch *Tanchuma, Seder Teruma* Abschnitt 3: Es sprach der Heilige zu Israel: „Die Thora ist mein, und ihr habt sie genommen, nehmet mich mit ihr!" Diese Ueberlieferung finden wir gleich zu Beginn des *Seder Teruma* im *Schemoth rabba,* Abschnitt 33 zu den Worten יקחׄ לׄ׳ תרומה in folgender Weise ausgeführt: Es sprach der Heilige: „Ich habe euch verkauft meine Thora, ich bin gleichsam mit ihr gekauft worden, denn es heißt: „Und sie sollen nehmen für mich eine Teruma." Ein Gleichnis: Es ist, wie wenn ein König eine einzige Tochter hat und es kommt Einer von den Königen und heirathet sie. Er verlangt nun in sein Land zu ziehen und sein Weib mitzunehmen. Da spricht der König zu ihm: Meine Tochter, welche ich dir gegeben habe, ist meine einzige. Ich vermag mich nicht von ihr zu trennen; zu

dir zu sagen: Nimm sie nicht mit, vermag ich auch nicht, denn sie ist dein Weib. Aber thue mir die Güte und mache überall wo du hinziehst ein Gemach (קיטון) für mich, daß ich bei euch wohne, denn ich kann meine Tochter nicht lassen. So sprach der Heilige zu Israel: Ich habe euch die Thora gegeben; von ihr mich zu trennen vermag ich nicht, zu euch sagen: Nehmt sie nicht! — das kann ich auch nicht. Aber überall, wohin ihr ziehet, machet mir ein Haus, daß ich darin wohne, denn es heißt: „Und machet mir ein Heiligtum!"

4. Im Zusammenhang mit dieser Gedankenreihe werden wir jene Stellen verständlich finden, die uns sagen, daß Gott sich selbst mit der Thora liebend beschäftige, ja sein eigenes göttliches Leben durch sie bestimmen lasse. Im Tractat *Aboda sara* heißt es fol. 3^b: Rabbi Jehuda sagte im Namen des Rab: Zwölf Stunden hat der Tag; in den drei ersten sitzt der Heilige und beschäftigt sich ·(עוסק) mit der Thora. Aehnlich *Targ. Jerusch.* in der Parasche *Haasinu:* „drei Stunden beschäftigt er sich (täglich) mit dem Gesetze." Die *Pesikta* des Rab Kahana ed. Buber, fol. 40^a gibt uns darüber noch Genaueres. Als Mose in die Höhen des Himmels hinaufstieg, hörte er die Stimme des Heiligen, welcher saß und sich mit der (Parasche von der) rothen Kuh beschäftigte, und er sagte die Halacha im Namen des (Rabbi) der sie gesagt, des R. Elieser u. s. w. Diese Stelle wird wiederholt *Bammidbar rabba* c. 19. In *Bereschith rabba* c. 49 lesen wir als Ueberlieferung des R. Jehuda: Es ist kein Tag, an welchem der Heilige nicht eine neue Halacha verkündigte im oberen Synedrium. Und wie der Allerhöchste selbst sich sinnend vertieft in die Tiefen seiner Thora, so erfüllt er auch ihre Satzungen. In *Schemoth rabba* c. 30 heißt es: Nicht ist die Weise des Heiligen gebenedeit sei er wie die Weise dessen der Fleisch und Blut ist. Dieser lehrt andere, wie sie thun sollen, und er selber thut es ganz und gar nicht; aber der Heilige nicht also, sondern was er selbst thut, das gebietet er Israel, es zu thun und zu bewahren. An derselben Stelle wird dann — freilich durch ein Sophisma — bewiesen, daß Gott den Sabbat hält. Ja in der 43. Parasche von *Schemoth rabba* finden wir, daß Gott dem Mose, der für Israel bittet, seinen Schwur entgegenhält und Mose sich darauf beruft, daß Gott ihm die Lösung der Gelübde befohlen habe. Da stellt sich Gott vor Mose, gerade so wie Einer, der vor dem זקן steht und ihn um Lösung des Gelübdes bittet, Mose aber hüllt sich in seine Tallith

und löst Gott als זקן das Gelübde. Aehnlich heißt es *Wajjikra rabba* c. 19: „Es bat der Heilige das obere Synedrium und es löste ihm sein Gelübde." Ebenso wird c. 35 von Gott gelehrt, daß er selbst das Gebot erfülle: „Vor einem grauen Haupte sollst du aufstehen." Wie er sich liebend und sinnend in seine Thora vertieft, so erfüllt er ihre Satzungen. Denn die Thora ist die der Tiefe seines Wesens entstiegene Weisheit, sein Abbild, mit dem er in ewiger Liebesgemeinschaft lebt, welche darum auch sein eigenes göttliches Leben normirt.

§ 5. Die Thora die einzige Heilsoffenbarung Gottes.

Die Thora ist diejenige Offenbarung, in welcher Gott Alles beschlossen hat, was zum Heile nothwendig ist. Sie ist deshalb die einzige und ausschließliche, die keiner Ergänzung bedarf, giltig für alle Zeiten, ja für die Ewigkeit, ursprünglich bestimmt für die ganze Menschheit.

1. Hier kommt vor allem in Betracht, was wir in *Debarim rabba* c. 8 zu den Worten Deut. 6: Nicht im Himmel ist sie u. s. w. lesen. Es sprach Mose zu ihnen: Daß ihr nicht saget, ein anderer Mose wird aufstehen und uns eine andere Thora vom Himmel bringen, will ich Euch kund thun: „Nicht im Himmel ist sie, nichts ist von ihr im Himmel übrig geblieben." Es ist also eine weitere Offenbarung Gottes außer der Thora nicht rückständig, sondern bei dieser Offenbarung wird es sein Verbleiben haben.

2. Daher ist die Thora auch nicht bloß bestimmt für eine Zeit, sondern für alle Zeiten, ja für die Ewigkeit. Schon die Apokryphen reden von einem ewigen Bestande der Thora, s. Bar. 4, 1. Weisheit Sal. 18, 4. Tob. 1, 6. In *Mechilta* 68^b finden wir, daß das Land Israel, das Heiligtum, das Reich Davids Israel bedingungsweise gegeben worden sind, die Thora aber ohne Bedingung. Daraus folgt, daß Israel zeitweilig ohne jene Güter sein kann, nicht aber ohne die Thora. Diese ist das absolut nöthige und darum bleibende Gut Israels. *Schemoth rabba* c. 33 nennt die Thora einen Besitz für die Ewigkeit. So erklärt sich auch die Stelle in *jer. Megilla* I: Jochanan und Resch Lakisch: Einer sagt: Die Nebiim und Kethubim werden künftig außer Kraft und Brauch treten, aber die fünf Theile der Thora werden nicht aufgehoben werden; Resch Lakisch sagt: Auch die Megillath Esther und die Halachoth werden nicht außer Kraft und Brauch treten (בטל). Auch *Aboda sara* 18^a

liest man, daß von den heiligen Schriften die Thora allein in Ewigkeit fortdauern soll. So begreift sich, daß es *Kidduschin* 30ᵃ heißen kann: die Schrift d. h. die Thora (חירה 'ז א״קמ). Die Thora bildet für sich selbst ein vollendetes Ganze, zu der alle anderen Offenbarungen secundäres Verhältnis haben; sie sind nur zwischen eingekommen durch die Sünde, wie es *Nedarim* 22ᵇ heißt: Wenn Israel nicht gesündigt hätte, so wären ihnen nur die 5 Fünftheile der Thora gegeben worden und das Buch Josua. Die übrigen Schriften verschwinden daher wieder, wie später an seinem Orte weiter gezeigt werden wird. Vgl. *Rosch haschana* IV, 6. *Taan.* II, 1. *Meg.* III, 1. IV, 4 ff. und dazu die Gemara.

3. Als die in sich vollendete Heilsoffenbarung Gottes ist die Thora ursprünglich bestimmt für die ganze Menschheit. Dies finden wir bereits in der *Pesikta* des Rab Kahana. Hier heißt es fol. 107ᵃ, die Thora sei im 3. Monat (*Ijjar*) gegeben worden, dessen Planet der Zwilling ist, um anzudeuten, daß die Thora beiden, sowol dem Jakob als auch dem Esau (der Völkerwelt), sofern er Buße thut, gegeben sei. Deshalb geschah ihre Offenbarung in einer für alle Menschen wahrnehmbaren Weise. In jener Stelle *Mechilta* 64ᵇ, die wir oben angeführt, hieß es deshalb auch: „Zur Zeit als die Thora Israel gegeben wurde, erzitterten alle Könige der Erde in ihren Palästen." In Folge dessen kamen denn auch, als die Thora gegeben war, die ersten Proselyten aus den Heiden, vgl. *Mechilta* 66ᵃᵇ. 68ᵇ. Ausführlich ist die allgemeine Wahrnehmbarkeit der Promulgation der Thora geschildert *Mechilta* 70ᵃ. Hier heißt es: „In der Wüste ist die Thora gegeben worden, öffentlich, frei, an einem allen zugänglichen Orte." Wenn sie im Lande Israel gegeben worden wäre, so würden die Völker der Welt sagen, sie haben keinen Theil an ihr; deshalb ist sie öffentlich, frei, an einem allen zugänglichen Orte gegeben worden, und jeder, der sie annehmen will, mag kommen und sie annehmen. Man könnte meinen, sie sei in der Nacht gegeben worden, deshalb belehrt uns die Schrift und sagt: Und es geschah am dritten Tage am Morgen. Man könnte meinen, sie sei in der Stille gegeben worden, aber die Schrift sagt, es geschah Donner und Blitz. Und wenn man sagen wollte, sie hätten die Donnerstimme nicht gehört, so lehrt die Schrift: Alles Volk sahe den Donner und sagte: „Stimme Jehova's". Weiter wird der Gedanke ausgeführt *Sifre* 142ᵇ. Als der Heilige sich offenbarte, um Israel die Thora zu geben, offenbarte er sich nicht in e i n e r

2*

Sprache, sondern in vier Sprachen, nämlich, wie dann weiter bewiesen wird, in der hebräischen, römischen, arabischen und aramäischen. Die spätere Gestalt der Haggada, wie wir sie im Tractat *Schabbath* 88ʰ finden, lautet: Jedes Wort, welches aus dem Munde der Macht (Gottes) hervorgegangen ist, hat sich in 70 Sprachen zertheilt. Und *Schemoth rabba* c. 5 heißt es: der eine קול sei in 70 קולות (= 70 Sprachen) zertheilt worden, damit alle Völker es hörten, und jedes Volk hörte die Stimme Gottes in seiner Sprache. Ebenso heißt es *Tanchuma* zu *Schemoth* Abschn. 25 zu dem Worte קולות, der eine קול habe sich erst in sieben, dann in siebzig קי־לות zertheilt, damit alle Nationen hörten, und jede hörte seine Stimme in ihrer Sprache. Freilich war nur Israel bereit, die Thora anzunehmen. Doch davon wird später die Rede sein. Hier betonen wir, daß die Thora als die schlechthin heilige Offenbarung Gottes angesehen wurde, außer der es keine andere gibt und geben wird, in welcher deshalb die ganze Menschheit nach Gottes Willen ihr Heil suchen und finden sollte.

§ 6. Die Thora Quelle alles Heils und höchstes Gut.

Die Thora wird im Allgemeinen bezeichnet als Quelle des Lebens. Im Einzelnen wird ihr beigelegt die Kraft zu erleuchten, zu heiligen, zu beseligen und vor dem Tode zu bewahren. Weil sie somit alles Heil und Leben in sich schließt, so ist sie das höchste Gut.

1. Die allgemeinste Bezeichnung dafür, daß die Thora Quell alles Heils ist, findet sich darin, daß sie als Lebensquell gepriesen wird. Die Worte Ex. 15, 26: „Ich der Herr bin dein Arzt" werden in der *Mechilta* 54ᵃ so erklärt: „Es sprach der Heilige zu Mose: Sage zu Israel: Die Worte der Thora, welche ich euch gegeben habe, sind eine Arznei, Leben sind sie für euch." *Mechilta* 53ᵃ wird der Baum, durch dessen Holz Mose das Wasser in Mara trinkbar machte, von Einem als ein Wort der Thora erklärt, welches Mose auf den Baum hinwies. Solche Aussprüche haben einen Sinn nur bei der Grundanschauung, daß die Thora das Leben ist. Uebrigens ist es nicht bloß Einer, der so auslegt, sondern die Allegoriker דורשי רשומות haben überhaupt so ausgelegt. *Sifre* 84ᵃ lesen wir: „Die Worte der Thora werden verglichen mit dem Wasser. Wie das Wasser Leben ist für die Welt, so sind auch die Worte der Thora Leben für die Welt." Dieses Leben ist aber ein ewiges Leben.

Schabbath 10ᵃ werden Gebet und Thorastudium mit einander verglichen. Da heißt es von jenem, es verleihe zeitliches Leben, von
diesem, es verleihe ewiges Leben. Damit verwandt ist, wenn es
Baba mezia 33ᵃ heißt, der Lehrer gehe dem Vater vor. Dieser
habe den Sohn in dieses, jener aber in jenes Leben gezeugt. Wenn
Taanith 21 gesagt wird, daß wer das ewige Leben mit dem zeitlichen vertausche des Todes werth sei, so ist der gemeint, welcher
zuerst die Thora studirt und dann einem bürgerlichen Berufe sich
ergibt. Die Thora ist der einzige Weg zum Leben, wie es denn
Wajjikra rabba 29 heißt: אין חיים אדם חיים אלא היה תורה. Deshalb ist das
Studium der Thora besser als selbst das Gebet, ja selbst als alle
Opfer *Schabbath* 30ᵃ. Denn Gebet und Opfer verleihen nur zeitliches
Leben, die Thora aber gibt das ewige Leben. *Schabbath* 88ᵇ heißt
es ferner: „Warum werden die Worte der Thora Spr. 8 verglichen
mit einem Fürsten? Um dir zu sagen, daß wie dem Fürsten die
Macht eignet, zu tödten und lebendig zu machen, so auch die Worte
der Thora die Kraft haben zu tödten und lebendig zu machen. Das
ist es, was Raba sagte: Denen, welche auf sie (die Thora) vertrauen, ist sie ein Mittel des Lebens, denen aber, die sich von ihr
abwenden, ist sie ein Mittel des Todes." Vgl. hierzu die ganz ähnliche
Stelle *Joma* 72ᵇ.

Eine nähere Erklärung dieses allgemeinen Ausdrucks, daß die
Thora das Leben sei und dem Menschen ewiges Leben verleihe,
finden wir darin, daß die Thora auch betrachtet wird als die Nahrung für das geistliche Leben, *Berachoth* 48ᵇ. Das Brod in Jes. 3
wird *Schabbath* 120ᵃ gedeutet als die Thora, und zwar als schriftliche
und mündliche. In *Bammidbar rabba* 8 werden die Proselyten gepriesen; denn sie finden als Speise die Gesetzeslehre, als Wein die
Haggada. So heißt es auch *Bereschith rabba* 70, der Proselyt finde
in Israel das Brod der Thora. Am öftesten aber heißt die Thora
Baum des Lebens, z. B. *Pirke aboth* VI, 7., *Tosefta* zu *Sota* c. 7 u. ö.,
wie denn der Lebensbaum das synagogale Symbol der Thora geworden ist.

Im Einzelnen betrachtet wird der Thora beigelegt die Kraft zu
erleuchten. Der ahronitische Segen Num. 6 lautet ja im zweiten
Gliede: Es lasse leuchten Jehova sein Angesicht über dir. Eine
Erklärung zu יאר aber sagt: „Das ist das Licht der Thora, denn
eine Leuchte ist das Gebot und die Thora ein Licht" (Spr. 6, 23).
So *Sifre* fol. 12ᵃ. Im Midrasch *Bereschith rabba* c. 3 heißt es: Es

sprach Rabbi Simon: „Fünfmal heißt es hier Licht," entsprechend
den 5 Büchern der Thora. Und es sprach Gott: „Es werde Licht."
Dies entspricht dem 1. Buche, denn mit diesem beschäftigte sich der
Heilige, als er seine Welt schuf. „Und es ward Licht." Dies entspricht dem 2. Buch, denn durch dieses zog Israel von der Finsternis
zu dem Lichte. „Und es sahe Gott, daß das Licht gut war." Dies
entspricht dem 3. Buche; denn es ist voll großer Halachoth. „Und
es schied Gott zwischen dem Lichte und der Finsternis." Dies entspricht dem 4. Buche; denn es macht eine Scheidung zwischen denen,
die aus Aegypten ausgezogen sind, und denen die in das Land
Kanaan einziehen. „Und es nannte Gott das Licht Tag." Dies entspricht dem 5. Buche, denn es ist voll großer Halachoth. In *Debarim rabba* c. 6 lesen wir: Unsere Rabbinen sagen: Mit 5 Dingen
ist die Thora verglichen worden: mit dem Wasser, mit dem Wein,
mit dem Honig, mit der Milch und mit dem Oel ... Wie dieses Oel
Leben gibt der Welt, so geben auch die Worte der Thora Leben
der Welt; wie dieses Oel Licht gibt der Welt, so geben auch die
Worte der Thora Licht der Welt. Im Midrasch des hohen Liedes lesen
wir ein Beispiel davon, daß die Thora für Israel auch den Brauch in
solchen Dingen des Lebens lehrt, für welche keine gesetzliche Bestimmung
besteht, was man דרך ארץ nennt. Aus alle dem ersieht man, daß
die Thora das erleuchtende Princip ist, die Quelle aller Erkenntnis.

Die Thora hat ferner die Kraft der Heiligung in sich. Wir werden
diesen Satz später genauer zu besprechen und zu belegen haben.
Hier genügt es auf einige Hauptstellen hinzuweisen. So lesen wir
Kidduschin 30ᵇ: „So sprach der Heilige zu Israel: Meine Söhne, ich
habe geschaffen den Anreiz zum Bösen und ich habe geschaffen die
Thora als Heilmittel gegen ihn. Und wenn ihr euch beschäftigt mit
der Thora, so seid ihr nicht in seine Hand hingegeben, denn es
heißt in der Schrift: Ist es nicht also, wenn du recht handeln wirst,
so darfst du das Angesicht erheben? Wenn ihr euch aber nicht
beschäftiget mit der Thora, so seid ihr in seine Hand gegeben,
denn es heißt in der Schrift: Vor der Thüre lagert die Sünde.
Und nicht allein dies, sondern all sein Thun und Treiben ist gegen
dich gerichtet; denn es heißt in der Schrift: Und nach dir geht
sein Verlangen. Und wenn du willst, so wirst du über ihn herrschen, denn es heißt in der Schrift: Und du sollst über ihn
herrschen." Die Thora ist also das Mittel durch welches die Sinnenlust, die nach altjüdischer Anschauung, wie wir sehen werden, das

Princip alles Sündigens ist, überwunden wird. Daher die Regel,
die ebenda ausgesprochen ist: Wenn dieser Schändliche auf dich
eindringt, so schleppe ihn in das Lehrhaus; ist er ein Stein, so wird
er zerrieben werden; ist er Eisen, so wird er zerbrochen werden, —
und die Bezeichnung der Thora als סם‎ gegen die Zungensünde
Erachin 15ᵇ: Was ist das Mittel, damit man nicht in das Ver-
leumden gerathe? Ist man gelehrt, so beschäftige man sich mit der
Thora, ist man ein Ungelehrter, so casteie man sich. *Schir rabba*
fol. 4ᵃ lesen wir: „Wie das Wasser den Menschen von seiner Unreinheit reinigt — denn es heißt in der Schrift: Ich will reines Wasser
auf euch sprengen und ihr sollt rein werden, — so reinigt die Thora
den Unreinen von seiner Unreinheit" u. s. w. Auch die leibliche Unreinheit nimmt die Thora, wie es weiter heißt, weg. Also wird jene
erste Reinigung im ethischen Sinne gemeint sein. Insbesondere erscheint die Thora als das Mittel, den gefallenen Menschen, ja das
von Gott abgefallene Volk zu Gott zurückzuführen. In der *Pesikta* des
Rab Kahana lautet eine allerdings etwas dunkle Stelle: „Es steht
geschrieben: „Mich haben sie verlassen und meine Thora nicht bewahrt.
Hätten sie doch meine Thora bewahrt; wenn sie auch mich verlassen
wollten, hätten sie nur meine Thora bewahrt. Da fragt man: Wie
sollte das möglich sein: Mich haben sie verlassen und meine Thora
haben sie bewahrt? Man antwortete: In Folge dessen, daß sie sich
mit der Thora beschäftigt hätten, würde die ihr innewohnende besondere Kraft sie zu mir zurück führen. *Tanchuma* sagt: Lernet
die Thora, wenn auch nicht um ihretwillen, denn von dieser Beschäftigung ohne Intention wirst du dazu kommen, dich mit ihr um
ihretwillen zu beschäftigen." Es wohnt also, das ist die zu Grunde
liegende Anschauung, der Thora eine Kraft ein, die Liebe zu Gott
in dem Herzen zu wecken und auch den Abgefallenen zu Gott zurückzuführen.

Endlich hat die Thora die Kraft, den Menschen zu erquicken,
zu beseligen und zuletzt vor dem Tode zu bewahren. In *Schir
rabba* 4ᵃ wird die Thora verglichen mit dem Wasser. Wie dieses
die Seele erquickt, so auch die Thora. Weiter unten wird sie mit
dem Wein verglichen. Wie der Wein das Herz erfreut, so erfreuen
die Worte der Thora auch das Herz. In der *Pesikta* d. R. K. 102ᵇ
wird die Thora dem Würzwein (*vinum conditum*) verglichen. Wie
nämlich in diesem Wein Honig und Pfeffer, so sei auch in den
Worten der Thora Wein, Honig und Pfeffer; denn sie seien be-

lebend wie der Wein, süß wie der Honig und lauter wie der Pfeffer.
Die Thora wird auch mit dem Oel verglichen, welches wolthut,
und mit der Milch, welche rein ist. *Erubin* 54[b] heißt es: So lange
der Mensch über die Thora nachdenkt, empfängt er von ihr einen
süßen Geschmack. Wenn man auch hier sagen muß, daß dieses
Lob der Thora, wie wir es im Midrasch zum hohen Liede finden,
ganz und gar zusammenklingt mit dem Lobe der Thora, wie es in
den Psalmen ertönt, so ist doch nicht zu vergessen, daß hier die
Thora als Gesetz gepriesen ist, während in der Schrift der Begriff
der Thora ein weiterer ist, indem darunter alle Offenbarung, die
des Gesetzes wie der Heilsverheißung, verstanden wird. Was endlich
die todesüberwindende Macht des Gesetzes anlangt, so heißt es
Schemoth rabba c. 51 und sonst an vielen Orten geradezu, der Tod
könne über den keine Macht gewinnen, welcher sich mit der Thora
beschäftige, vgl. *Mechilta* 24[a]: Die Thora, in welcher ist die zukünftige Welt, und *Sifre* 40[a]: Die Thora bringt den Menschen zu
dem Leben der zukünftigen Welt.

So ist die Thora der Quell alles Heils, wie sie *Bammidbar rabba*
c. 1 wirklich Brunnen des Heils genannt wird. Darum ist sie das
höchste Gut, welches Gott gegeben hat und der Mensch erlangen
kann, „die Geliebte" *Sifra* 39[b]. Wenn David der König Israels
betete, da betete er nur um die Thora, und wenn die Güter aufgezählt werden, welche Gott Israel vor den Heiden gegeben hat,
so steht sie voran, z. B. *Mechilta* 80[a]. Ein schönes Sprichwort findet
sich *Nedarim* 41[a]: Es ist keiner arm, als wer arm ist an (der aus
der Thora erworbenen) Erkenntniß רעד. Im Westen (Palästina) sagt
man: Wer sie besitzt, hat Alles. Wer sie erworben, was fehlt ihm?
Eine unbarmherzige Folgerung daraus wird *Sanhedrin* 92[a] gezogen:
„Ueber einen Menschen, in welchem keine רעד ist, soll man sich
nicht erbarmen." Ferner: „Wenn Jemand sein Brod einem solchen
gibt, in welchem keine רעד ist, so kommen Züchtigungen über ihn."
Hingegen lesen wir weitere Bekenntnisse zu der Thora als dem
höchsten Gut in *Schemoth rabba* c. 17: „Israel sprach: Wir kennen
die Kraft der Thora, deshalb weichen wir nicht von Jehova und
seiner Thora", und in *jer. Berachoth* IX: Selbst die ganze Welt
ist nicht gleich an Werth einem einzigen Worte der Thora. Alle
Kostbarkeiten sind nicht mit ihr zu vergleichen. Artaban sandte
Juda dem Heiligen eine schätzbare Perle; aber dieser achtete ein
gutes Wort aus der Thora für köstlicher als diese Perle. *Schir*

rabba 26ᵃ heißt es, man müsse alles zeitliche Gut hingeben für ein einziges Wort der Thora, und *Schemoth rabba* c. 31: sie ist das Erbe, zu welchem es den frommen Israeliten mit nie zu stillender Sehnsucht hinzieht, wie den Gefangenen bis in sein hohes Alter das Verlangen nach dem Erbe seiner Väter nicht verläßt. Die Thora ist deshalb ein Besitz, welcher selbst den Neid der Engel erweckt hat, *Debarim rabba* c. 8: „Die Engel des Dienstes gelüstete nach ihr, und sie wurde vor ihnen verborgen". *Schabbath* 89ᵃ: Satan fragte den Herrn: „Wo ist die Thora?" Er sucht sie dann überall auf der Erde. Er kommt zu Mose, dieser verbirgt sie vor ihm, und dafür daß er das köstliche Geheimnis bewahrt hat, wird sie nach seinem Namen die Thora Mose's genannt.

Wie wir sie zusammenfassend bezeichnet haben als das höchste Gut, als das Gut aller Güter, so finden wir denn auch *Schemoth rabba* c. 2 für sie den Namen: חבדה כתיך חבדה d. h. das Kleinod der Kleinode.

Cap. III. Gesetzlichkeit das Wesen der Religion.

§ 7. Frömmigkeit ist Liebe zur Thora.

Der fromme Israelit liebt die Thora als das höchste Gut über Alles, gibt darum Alles, selbst das Leben, für sie hin und will stets an sie erinnert sein.

1. Das Wesen jüdischer Religiosität ist Liebe zur Thora. Wie die Thora dem jüdischen Frommen das höchste Gut ist, so gibt er auch Alles für sie hin. Rabbi Jochanan, heißt es *Pesikta* fol. 178ᵇ, begab sich von Tiberias nach Sipporis; ihn begleitete Rabbi Chija, Sohn des Abba. Sie kamen an einen Acker; da sagte Rabbi Jochanan: Dieser Acker gehörte mir und ich habe ihn verkauft, damit ich mich mit der Thora beschäftigen könnte. Sie kamen an einen Oelgarten. Da sprach er: Dieser Oelgarten gehörte mir, und ich habe ihn verkauft, um mich mit der Thora beschäftigen zu können. Da fing Rabbi Chija, Sohn des Abba, an zu weinen und sprach zu ihm: Ich weine, weil du gar nichts für dein Alter zurückbehalten hast. Er aber sprach zu ihm: Mein Sohn Chija, mein Sohn Chija, ist es denn etwas Geringes in deinen Augen, daß ich etwas verkauft habe, das in 6 Tagen geschaffen wurde, und habe dafür etwas erworben, was in 40 Tagen und in 40 Nächten gegeben

wurde? So ist die ganze Welt nur in 6 Tagen geschaffen worden, denn es steht geschrieben (Ex. 31, 17): In 6 Tagen hat Jehova den Himmel und die Erde gemacht; aber die Thora ist in 40 Tagen gegeben worden, denn es steht geschrieben: Und er war daselbst bei Jehova 40 Tage und 40 Nächte. Als Rabbi Jochanan starb, riefen seine Zeitgenossen über ihn die Worte aus: „Wenn ein Mann hingeben wollte alle Habe seines Hauses um die Liebe, mit der R. Jochanan die Thora liebte — man würde ihn höhnen." — Und wie der fromme Israelit alle seine Habe für die Thora hingibt, so auch sein Leben. Die Maccabäerbücher enthalten Märtyrergeschichten, welche alle Zeit zur Nacheiferung angereizt haben. Die *Tosefta* zu *Schabbath* c. 8 stellt geradezu in Bezug auf das Martyrium als Grundsatz fest: In Zeiten der Religionsverfolgung muß man auch für das leichteste Gebot (מצוה קלה שבקלות) sein Leben lassen, „denn du sollst meinen heiligen Namen nicht entweihen." Der Ausdruck für das Martyrium ist nach *Pesachim* 53ᵇ השם קדושת על עצמו מסר, nach der *Tosefta* zu *Taanith* c. 3 המצות וכל התורה כל עצמו מסר. Die Märtyrer heißen *Pesachim* 50ᵃ auch die הריגה בלבי; sie werden an dieser Stelle selig gepriesen; niemand, heißt es, kann in ihrer מחיצה, in der ihnen zugewiesenen himmlischen Wohnung, stehen; es wird ihnen also ein besonderer Grad von Herrlichkeit zu Theil, die niemand schauen kann. *Aboda sara* 18ᵃ wird uns erzählt, wie R. Chanina, Sohn des Teradjon, um der Thora willen sammt dem Gesetzbuch verbrannt wurde und ein קל בת vom Himmel ihm und dem Henker, der seine Pein abgekürzt und darum auch den Tod erlitten hatte, das ewige Leben verkündigt habe. Solcher Märtyrergeschichten finden wir im Talmud nicht wenige. Wenn nun Religiosität darin besteht, daß man die Thora über Alles liebe und Alles für sie gebe, so ist die Thora verlassen dasselbe wie Gott verlassen *Berachoth* 8ᵃ u. s. ö.; die jüdische Religion aufgeben heißt *Sanhedrin* 105 רבו משה בירת מבער; und die Ursache aller Züchtigungen ist die Vernachlässigung der Thora *Berachoth* 5ᵃ.

2. Weil der fromme Israelit die Thora über Alles liebt, so will er auch alle Zeit an sie erinnert sein. Dazu dienen ihm die *Zizith*, die *Tefillin* und die *Mesusa*. Es ist hier nicht der Ort, diese Gegenstände vom archäologischen Standpunkte aus zu beschreiben. Man wird in dieser Beziehung das Nöthige bei Bodenschatz, Verfassung der Juden IV, 1—24, Winer, Realwörterbuch (unter Phylakterien) und sonst leicht finden. Uns kommt es hier darauf an, die religiöse

Bedeutung der genannten Gegenstände anzugeben. Die Rabbinen nennen die *Zizith* Mittel zur Beobachtung der Gebote Gottes. *Schabbath* 118ᵇ finden wir, daß das Tragen der Zizith besonders sorgfältig beobachtet wird. Die Kabbala fand in der Zahl der 8 Fäden und der 5 doppelten Knoten und in dem Zahlenwerth von ציצת = 600 den Gesammtwerth von 613, hierin aber eine Andeutung der 613 Gebote der Thora, an die der Mensch durch die Zizith stetig erinnert werden solle. In der *Pesikta* des Rab Kahana fol. 2ᵇ u. 125ᵃ werden die Zizith unter den Zeichen genannt, durch welche Israeliten als Söhne oder Auserwählte Gottes charakterisirt (מציצים) werden. Es fehlt nicht an Ueberlieferungen, nach welchen der Anblick der Zizith solche die im Begriffe standen, Sünden zu begehen, davor bewahrte, z. B. *Jalkut Schimoni* fol. 229 col. 3. *Sota* I. Die *Tefillin* oder Phylakterien, welche auch Matth. 23, 5 genannt werden, werden am Kopf und an der Hand angebunden. Sie werden *Menachoth* 35ᵇ auf göttliche Vorschrift zurückgeführt, denn sie stammen von einer mündlichen Weisung oder Halacha, die Gott dem Mose am Sinai gab. Ebenso *Berachoth* 7ᵃ. Man trug sie, um desto kräftiger an die Pflicht erinnert zu werden, das Gesetz mit Kopf und Herz, also mit allen Kräften zu erfüllen. Vorschriftsmäßig werden sie nur beim Gebet angelegt; besonders Eifrige aber trugen sie beständig, wie aus dem jerusalemischen Tractat *Berachoth* und aus *Schabbath* 49ᵃ hervorgeht. Sie legten ihnen dann die Bedeutung bei, daß sie die Bewahrung des Gesetzes in stetem Andenken erhalten sollten, woher der Name φυλακτήρια, und machten sie zu Erkennungszeichen der Juden *Schabbath* 49ᵃ. Andere erklären den Namen daher, daß die Phylakterien als Schutzmittel gegen die Dämonen getragen würden, vgl. das Targum zum hohen Lied 8, 3; aber diese Zweckbestimmung ist eine spätere; der ursprüngliche Zweck ist die Erinnerung an die Gebote Gottes. So allein erklärt es sich, daß Gott selbst als mit Tefillin angethan dargestellt wird *Berachoth* 6ᵃ, indem Gott selbst allezeit liebend der Thora gedenkt, ja in die Thora sich versenkt. Aehnlich verhält es sich mit der sog. *Mesusa*. An den Haus- und Stubenthüren wird ein Kästchen angeheftet, in welchem ein Pergamentröllchen sich befindet, auf welchem die Abschnitte Deut. 6, 4—9 u. 11, 13—21 geschrieben stehen. Die Mesusa wird beim Ein- und Ausgehen ehrfurchtsvoll angesehen und berührt, ursprünglich damit man sich dabei erinnere an Gott und sein Gesetz. Nach *Menachoth* 33ᵇ und *Bereschith rabba* c. 35

dient jedoch die Mesusa auch zur Bewahrung des Hauses. An ersterer
Stelle heißt es mit Bezug auf die Mesusa, Gott sei ein König, der,
anders als die irdischen Könige, seine Unterthanen innen (im Hause)
sitzen lasse und selber draußen stehe und Wacht halte. Immerhin
ist dieser Zweck der secundäre; der primäre ist durchaus die stete
Erinnerung an die Gebote. Schön sagt *R. Bechai* zur Parasche לֶךְ לְךָ:
Wer die Tefillin an seinem Haupte, die Mesusa an seiner Thüre
und die Zizith an seinem Kleide hat, darf gewiß sein, daß er nicht
sündiget, denn Koh. 4, 12 heißt es: „Eine dreifache Schnur reißet
nicht". Zizith, Tefillin und Mesusa haben also wesentlich einen
religiösen Zweck, den der steten Erinnerung an die Verpflichtung
zur Erfüllung der Thora. Sie gelten deshalb als besondere Heiligtümer, die man, wenn Fremde sie geraubt, zuerst auslöst, *Gittin*
IV, 6, wie Verwahrlosung der Tefillin Geißelung nach sich zieht
Schebiith III, 8.

§ 8. Die Bethätigung der Liebe zur Thora.

Gesetzlichkeit oder Liebe zur Thora bethätigt sich in zwiefacher
Richtung: als Studium und als praktische Erfüllung der Thora. Jenes
hat im rabbinischen Sprachgebrauch den Namen תַּלְמוּד תּוֹרָה d. h. das
Erlernen der Thora, kurzweg das „Lernen", diese heißt מַעֲשֶׂה d. h.
das Thun. Die Thora lernen und die Thora erfüllen sind die beiden
Lebenszwecke des frommen Israeliten, wie wir denn *Bammidbar
rabba* c. 14 finden, Israel habe am Sinai auf sich genommen תַּלְמוּד
תּוֹרָה und מַעֲשֶׂה.

1. Schon Sirach preist 38, 24 den Sofer, der Muße hat um
Weisheit zu gewinnen. Er stellt ihn 38, 25 ff. den Handwerkern
gegenüber: so nöthig und verdienstlich auch die Arbeit ihrer Hände
sei v. 32, „doch im berathschlagenden Kreise des Volkes werden sie
nicht verlangt, und in der Versammlung thun sie sich nicht hervor,
auf dem Stuhle des Richters sitzen sie nicht" u. s. w. (v. 33). Damit
gibt Sirach deutlich zu verstehen, daß die edelste und dem Gemeinwesen nützlichste Beschäftigung das Studium der Thora sei. So lesen
wir auch *Mechilta* 28[b], der Zweck des vierzigjährigen Wüsten-
aufenthalts sei der gewesen, daß Israel nicht, wenn es alsbald nach
Kanaan käme, sich sofort mit seinen Feldern und Weinbergen beschäftigte, sondern erst lernte auch ohne jene zu leben und sich
allein mit der Thora zu beschäftigen. In *Berachoth* 35[b] finden wir

die Frage nach dem Verhältnisse von 'ה'ת und מלאכה, Studium und Handarbeit erörtert. Der Idee nach, wie sie Simeon b. Jochai festhält, sollten die Fremden die Arbeit thun, und es ist nur Folge der Sünde, wenn Israel selbst sie verrichten muß, ein Satz der sich auch *Mechilta* 110^b findet. Israels Bestimmung dagegen ist das Studium der Thora. R. Ismael vertritt dagegen eine mildere Ansicht. Abaja sagt: „Vielen, die nach der Ansicht des Simeon gethan, ist es nicht gelungen, und vielen, die nach der milderen des Ismael thaten, ist es gelungen." Rabba sagt: „die früheren Geschlechter haben die Thora zu קבע, d. i. zur Hauptsache, ihr Geschäft zu ארעי Nebensache gemacht; die späteren haben das Verhältnis umgekehrt. Daher sind jene gesegnet worden, diese nicht." Ebenso eingehend behandelt auch *Kidduschin* IV, 14 die Frage, ob Studium, ob Handwerk Lebensberuf eines Israeliten sei, wozu die *Tosefta* zu *Kidduschin* c. 5 zu vergleichen ist. R. Meir sagt: Man lehre seinen Sohn ein reines und leichtes Handwerk und rufe Gott an, dem Reichtum und Güter gehören! Nachdem der Satz durchgeführt ist, daß es nicht auf das Handwerk ankomme, sondern auf das רבוי, wenn einer reich werden soll, und alle Noth auf die Sünde zurückgeführt worden ist, heißt es weiter: „R. Nahorai sagt: Ich lasse alle Geschäfte in der Welt liegen, und lehre meinen Sohn nur Thora, denn der Mensch genießt von ihrem Lohne in dieser Welt und das Kapital (קרן) bleibt (den עמלים die sich angestrengt, *Tos.*) für die zukünftige Welt. Das ist bei anderen Gewerben nicht der Fall, sondern wenn einer an Krankheit, Alter oder Schmerzen leidet, und sich mit seinem Gewerbe nicht mehr beschäftigen kann, so muß er Hungers sterben; aber mit dem Gesetze ist es nicht so, vielmehr bewahrt es Einen in der Jugend vor allem Bösen und gibt ihm für sein Alter Aussicht und Hoffnung." Dies ist die ideale Auffassung, welche *Kohel. rabba* fol. 78^c dahin ermäßigt, daß man im Sommer der Arbeit, im Winter dem Thorastudium obliegen soll. Eigentlicher und höchster Lebenszweck ist das Studium der Thora. Es soll ein Jude immer im Studium der Thora leben. Wer darum auf dem Wege keine Begleitung hat, beschäftige sich mit der Thora *Erub.* 54^a. Wenn zwei Freunde sich von einander verabschieden, so geschehe es unter Gesprächen über die Halacha (הלכה דבר מתוך) *Berach.* 31^a, sowie Elia und Elisa thaten und die Propheten überhaupt. Denn ein Israelit kann sich nichts Höheres vornehmen, nichts Besseres Gott geloben als Thorastudium. *Nedarim* 8^a: Wer sagt, ich will diesen Abschnitt in der Mischna oder diesen Tractat studiren, der hat ein großes Gelübde dem Gott Israels gethan. Dabei ist aber wol zu beachten, daß nur diejenige Beschäftigung mit der Thora vor Gott Werth hat, welche sich um die Thora bemüht, wobei man arbeitet, um ihren Sinn zu erforschen und sie sich einzuprägen, *Tosefta Para* c. 3: Wer bloß lernt (שׁיש) aber sich nicht müht (בעי) um die Thora, gleicht dem, der säet, aber nicht erntet. Solches Studium im Schweiß des Angesichts ist Aufopferung des Geistes und Leibes, ist höchste Leistung, vgl. *Tos. Kidduschin* 5.

In der That wird das Thorastudium allen andern Verpflichtungen vorangestellt. So ersieht man aus *Kethuboth* 62, daß die jungen Gesetzesgelehrten, wenn sie heiratheten, die Bedingung stellten, vor dem Vollzug der Ehe noch auf eine Reihe von Jahren sich zu einem Rabbi begeben zu dürfen, um bei ihm Thora zu studiren. Ja, es kam vor, daß Verheirathete ihre Familie verließen, um dem Thorastudium nachzugehen, und zwar für eine Dauer von zwölf Jahren, welcher Zeitraum zu einem vollständigen Thorastudium erforderlich erschien. Daß das Thorastudium der ehelichen Pflicht vorgehe, lehrt auch die Mischna *Kethuboth* V, 6. Die *Tosefta* zu *Jebamoth* 8 sagt von Ben Asai: Er nahm kein Weib, indem er sagte: Was soll ich thun? meine Seele hängt (חשׁקה) an der Thora; möge die Welt durch Andere erbaut werden. Es geht auch der Pflicht des Vaters gegen seine Kinder und der Kinder gegen Vater und Mutter vor. *Erubin* 22ª lehrt, daß man lieber seine Kinder hungern lassen soll als das Lehrhaus oder das Haus des Rabbi versäumen. Der *En Jacob* zu *Gittin* I führt aus dem jerusalemischen Talmud eine Stelle an, wonach jemand seine Tochter verkaufte, um die Mittel zum Thorastudium zu gewinnen. Andererseits stellt *Jalkut* das Thorastudium höher, als die dem Vater und der Mutter zu erweisende Ehre. Selbstverständlich ist es hiernach, daß man, um die Mittel zum Studium der Thora zu erlangen, die äußersten persönlichen Opfer bringen muß. *Schemoth rabba* c. 30 zählt Beispiele auf, daß Rabbinen Alles verkauft und weggegeben haben, um sich dem Studium der Thora zu widmen. *Pirke aboth* VI, 4 heißt es: So ist es die Weise der Thora: Brod mit Salz essen, Wasser spärlich trinken, auf der Erde schlafen und kümmerlich leben, und mit der Thora sich abmühen. Thust du dies, wol dir, du hast es gut.

Während jedoch dieses Ideal lebenslänglichen unausgesetzten Thorastudiums nicht bei Jedem zu erreichen ist, so bleibt es für

Jeden ohne Ausnahme Gebot, etwas in der Thora zu studiren. Wenn ein Kind anfängt zu sprechen *Mechilta* 83ᵃ, so rede sein Vater mit ihm in der heiligen Sprache und lehre es die Thora; wo nicht, so ist es gerade so, als wenn er das Kind begrübe. *Joma* 35ᵇ lehrt uns: Weder der Arme noch der Reiche darf sich entschuldigen, wenn er sich nicht mit der Thora beschäftigt. Dem Armen hält man den Hillel vor, der von seiner Hände Arbeit lebte und doch so viel studirte. Den Reichen weist man auf Rabbi Elieser hin, welcher tausend Städte und tausend Schiffe besaß und doch die Thora studirte, den Frevler aber auf Joseph, der von seiner Sinneslust gereizt wurde und doch mit der Thora sich beschäftigte. Kann einer nicht viel studiren, so hat er doch die Verpflichtung wenigstens etwas täglich zu lernen. *Menachoth* 99ᵇ wird hierüber eine strengere und eine mildere Ansicht aufgestellt. Das Gebot Jos. 1 wird nach strenger Ansicht erfüllt, wenn man wenigstens jeden Morgen und Abend einen Abschnitt in der Mischna lernt, nach milderer Ansicht, die man aber vor einem הארץ עם (Idioten) nicht aussprechen soll, hätte man der Pflicht genügt, wenn man nur die so genannte קריאת שמע gesprochen. Wer nun aber weder in der Schrift noch in der Mischna, noch in ארץ דרך etwas gelernt, der gilt nach *Kidduschin* 40ᵇ nicht als zurechnungsfähig (איש אינו כן החושב = *non est animo composito*) und kann kein Zeugniss ablegen; man soll ihm auch von dem Seinigen nichts zu genießen geben.

Es ist indeß ein Ersatz für das eigene Studium der Thora, wenn derjenige, der es nicht selbst treiben kann, als Gemeindevorsteher oder Almoseneinnehmer für ihre Aufrechthaltung wirkt *Schemoth rabba* c. 25. *Bammidbar rabba* c. 22 ertheilt den Rath, daß ein solcher seine Tochter einem Gesetzesgelehrten gebe, und diesem das Studium des Gesetzes ermögliche, indem er ihn von seinem Vermögen genießen läßt. Einen Schüler der Thora aufnehmen ist so gut als ein Ganzopfer bringen *Berachoth* 10ᵇ. *Debarim rabba* c. 4 wird die Einsammlung von milden Gaben für die Gesetzesschulen dringend empfohlen. Nach *Joma* 72 gilt der Grundsatz, daß die Bürger denen, die dem Gesetzesstudium obliegen, die Arbeit thun sollen. Zum Lohne dafür, daß man Schulen und Lehrer unterstützt, lehrt die *Pesikta* 75ᵇ, erhalten Kinderlose Kinder, wie umgekehrt nach 120ᵇ Städte zerstört wurden, weil sie die Schulen und ihre Lehrer nicht unterstützten.

2. Die praktische Uebung des Gesetzes oder seine Erfüllung ist

die zweite nothwendige Bethätigung der frommen Gesinnung. Sie
wird dem Studium תלמיד היה als Praxis מעשה gegenüber gestellt.
Es ist das Normale, daß dem Studium das gesetzmäßige Verhalten
folge, *Sifra* 22 ᴵ ᵃ: Wer Thora lernt, ohne sie zu thun, dem wäre
besser, daß er gar nicht geschaffen wäre, und *Berachoth* 17ᵈ: Der
Zweck des Wissens ist die Buße und gute Werke, daß nicht etwa
Jemand in der Schrift lese und Mischna lerne und sei doch wider-
spenstig gegen Vater und Mutter, gegen seinen Lehrer, und gegen
den, der größer ist in der Weisheit als er. Das Thorastudium
verleiht nach *Aboda sara* 17ᵇ nur dann Verdienst, wenn die Uebung
der Wolthätigkeit damit verbunden ist. *Schabbath* 31ᵃ u. 31ᵇ wird
der Satz ausgeführt, daß die Furcht Gottes der wahre Schatz des
Menschen ist. Wenn man den Menschen vor Gericht führe, und
man finde Alles an ihm, auch das, daß er Zeiten für das Thorastudium bestimmt habe, so sei immer die Gottesfurcht sein Schatz.
Es sprach Raba, Lehrer des Rab Huna: „Jeder Mensch, in welchem
Thora (-Kenntnis) ist, aber keine Gottesfurcht, der gleicht dem Schatz-
meister, dem man die inneren Schlüssel übergab, die äußeren aber
nicht." Jene helfen ihm ohne diese nichts. Es sprach Rab Jehuda:
„Der Heilige hat seine Welt zu keinem anderen Zweck geschaffen,
als damit man ihn fürchte." Es sprach Rabbi Jochanan im Namen
des R. Elieser: „der Heilige hat nichts in dieser Welt, als die Furcht
Gottes allein." — Die Gesetzeserfüllung ist also die wesentliche andere Seite der Religiosität. Die Gesetzeserfüllung ist aber die Ausübung eines Gebots nur dann, wenn sie mit der Absicht (כונה =
Intention) geschieht, das Gebot Gottes zu erfüllen. Wer Passa ißt,
erfüllt nur dann das Gebot, wenn er es mit dem bestimmten Bewußtsein und Willen thut, damit das Passagebot zu erfüllen (לשם מצוה)
vgl. *Nasir* 15ᵇ. So lesen wir *Sifra* 57ᵃ: Wenn Jemand Schweinefleisch zu essen beabsichtigt, dafür aber Lammfleisch bekommt, dieses
jedoch in der Meinung verzehrt, er esse Schweinefleisch, auch
ein solcher bedarf der Vergebung. Dabei soll die Gesetzeserfüllung geschehen, ohne daß man sich darauf einläßt, erst die Berechtigung der Gebote zu ergründen. Wenn ein Mensch an Geboten
Anstoß nimmt, so ruft Gott ihm zu: Ich, ich habe sie festgestellt
und du hast kein Recht über sie böse Gedanken zu hegen (להרהר בהן),
Joma 67ᵇ. Die Gesetzeserfüllung ist überhaupt durchaus zu denken
als eine schwere Last; Israel hat, wie der stetige Ausdruck lautet,
am Sinai על יד תורה = das Joch der Thora auf sich genommen. Ein

Gebot erfüllen heißt יצא ידי חובתו, ein Ausdruck der später genauer
zu erörtern sein wird. So lange das Gebot nicht erfüllt ist, soviel
entnehmen wir den Worten hier, ist der Mensch der Pflicht ver-
haftet, und sie wird ihr Anrecht an ihn geltend machen. Und doch
ist es so schwer auch nur ein Gebot zu erfüllen, wie besonders am
Sabbatgebot gezeigt wird *Mechilta* 110$_a$ u. ö. Dabei haftet, wie *Sifra*
94^a sagt, an Allem, ja an Allem eine מצוה לבקום eine Vorschrift,
die Gotte gegenüber zu erfüllen ist. Und wie an jedem Gegenstand
den man hat (כל דבר) eine Mizwa haftet, so wird, wie *Bammidbar
rabba* c. 17 sagt, alles Thun, alle Arbeit durch eine Mizwa normirt.
Man kann nicht säen, wie man will, sondern man hat dabei ein
Gebot zu beachten. Darum שיל תורה! Die Gesetzeserfüllung hat aber
ihre Grenzen. Von dem Satze aus: der Mensch soll durch das
Gesetz leben Lev. 18, 5, die Gesetzeserfüllung darf also nicht dazu
führen, daß er dadurch an seinem Leben Schaden nimmt, wird viel
gestattet, was an sich verboten ist. Man darf z. B. vom מין (Christen) sich heilen lassen, nur nicht mit Wissen Anderer (בפרהסיא ἐν
παῤῥησίᾳ), sondern heimlich. Heimlich darf man selbst einen Götzen
anbeten, wenn man dadurch sein Leben retten kann u. s. w. *Aboda
sara* 27^a. Auch ist einem berühmten Manne mehr erlaubt, als dem
gewöhnlichen. R. Jochanan z. B. mag von einem heidnischen Arzt sich
heilen lassen, vgl. a. a. O. Man darf einen Ausweg aus einer schweren
Pflicht suchen. Man nennt einen solchen einen פֶּתַח, eine Thüre, und
kennt den Grundsatz בעל החכמה בעל הכסף d. h. wer weise ist, kann
sich viele Opfer ersparen. Vgl. hierzu *Bereschith rabba* c. 91. Ohnehin soll, wovon später die Rede sein wird, die rabbinische Gesetzgebung sich durch die Rücksicht auf die Gemeinde und deren Können
bestimmen lassen, sie schonen und nicht da erschweren, wo man
auch erleichtern kann. Zu diesem Grundsatz und der aus ihr sich
ergebenden ausgedehnten Casuistik, die nicht hier zu betrachten ist, [1]
finden sich die Parallelen überall, wo nomistische Grundanschauungen
herrschen.

3. Ist sonach die Gesetzeserfüllung das andere wesentliche Moment der Religiosität neben dem Studium des Gesetzes, so ist,
wenn wir endlich das Verhältnis beider Momente zu einander in
Betracht ziehen, das Studium nach allgemeiner Ansicht das größere

---

1) Vgl. den schönen Abschnitt „das Leben unter dem Gesetz" bei
Schürer a. a. O. (§ 27).

gund wichtigere. Es ist das primäre, jenes das secundäre. So erzählt uns *Kidduschin* 40ᵇ: R. Tarphon und die Aeltesten saßen in Lud beim Mahl. Da kam die Frage vor sie: Ist das Lernen groß, oder ist das Thun groß? R. Tarphon antwortete und sagte: das Thun ist groß. R. Akiba dagegen sagte: das Lernen ist groß. Da hoben sie Alle an und sagten: מעשׂה לידי כביא שׁהתלמוד גדול תלמוד d. i. das Lernen ist groß, denn das Lernen führt zum Thun. Dies ist anerkannter Grundsatz. Dort heißt es weiter: das Lernen ist groß, denn es ist der Uebung des Gebots von der Teighebe um 40 Jahre vorausgegangen, der Ausübung des Hebe- und Zehntgesetzes um 54 Jahre, dem Erlaßjahr um 61 Jahre, dem Jobeljahr um 103 Jahre. Und wie das Lernen dem Thun vorausgeht, so wird auch im Gericht zuerst nach dem Lernen gefragt, so geht auch der Lohn für das Lernen dem fürs Thun voraus. *Joma* 5 wird die Frage aufgeworfen: Soll man die Vorschriften (Halachoth) über den Tempeldienst, besonders die Opfer, auch jetzt noch discutiren, wo sie nicht mehr ausgeübt werden können? Da sagen nun Alle, daß es geschehen solle. Die Einen begründen ihre Meinung damit, daß es im Hinblick auf die Tage des Messias geschehen müsse, der ja Tempel und Opfer wieder herstellen wird, die Anderen aber sagen, daß die Erörterung gesetzlicher Vorschriften (דרוש) auch dann verdienstlich sei und Lohn empfange, wenn diese Erörterung nicht zunächst einen praktischen Zweck habe.

§ 9. Gesetzlichkeit die einzige Form der Religion für alle Zeiten.

Diese Gesetzlichkeit ist nun die Religiosität im absoluten Sinne; sie war die einzige Form derselben zu allen Zeiten und wird es immer bleiben.

Aus diesem Satze erklären sich die Anachronismen der talmudischen und targumischen Literatur in Bezug auf Thorastudium und Thoraerfüllung, die sonst so sehr befremden.

1. *Jalkut,* Abschnitt 43 zum 1. Buch Mose, überliefert, daß Methuschelach ein Lehrer der Mischna war. Wir finden oft erzählt, daß Sem und Eber ein Lehrhaus hatten, wo die Halacha vorgetragen wurde. So wird *Maccoth* 23 das בית דין des Sem erwähnt, dessen Entscheidung durch eine hörbare Offenbarung des heiligen Geistes bestätigt wurde. Es wird als nach dem Tode Sems auch in der ganzen Patriarchenzeit fortbestehend gedacht. *Turg. Jon.* zu Gen.

22, 19 finden wir Isaak im Lehrhause Sems, vgl. zu 24, 62 und
Jer., und zu 25, 22 sucht Rebekka in ihrer Leibesnoth Hülfe
durch Gebet im Lehrhause des Sem. Ein Lehrhaus des Sem und
Eber findet sich *Schir rabba* 21ᵈ u. ö. Sem und Eber überlieferten die Halachoth dem Jakob *Bereschith rabba* c. 84. Melchi-
sedek hat Abraham die 'ג הלבית כהינה gelehrt, war also selber im
Gesetz gelehrt, *Jalkut* zum 1. B. Mose, Abschn. 7. Abraham studirte
schon seit seinem dritten Lebensjahre die Thora, *Bereschith rabba*
c. 95. Nach *Schemoth rabba* c. 1 lehrte wiederum Abraham den
Isaak die Thora, und dieser überlieferte sie dem Jakob, der aber dann
im Lehrhause Ebers weiter studirte. Jakob hatte nach *Bereschith
rabba* 63 schon im Mutterleib mit Esau einen halachischen Streit. Er
gründete nach *Targ. Jon.* zu Gen. 33, 17 ein Lehrhaus in Succoth
und war nach *Beresch. rabba* c. 79 vollkommen בתלמידו in seiner Thorakenntnis. *Jalkut Beresch.* 93ᵃ hat eine Ueberlieferung, daß Jakob
eben mit dem Abschnitt עגלה עריפה beschäftigt war, als Joseph von
ihm wegging. Er war, heißt es, wie seine Väter immer mit *Talmud
Thora* beschäftigt. Das war auch der Unterschied zwischen Jakob
und Esau gewesen, *Beresch. rabba* c. 63, daß Esau in den Götzen-
tempel ging, während Jakob das Lehrhaus besuchte. Nach *Targ.
Jon.* zu Gen. 37, 2 besuchte auch Joseph das Lehrhaus seines Vaters.
Er ist es, auf welchen Jakob die halachische Ueberlieferung verpflanzte, wie er selber sie von Sem und Eber überkommen hatte
Jalkut Beresch. 83ʰ. Im Lehrhause waren auch die Söhne Jakobs.
Nach *Kohel. rabba* 81 ging Dina lustwandeln, während der Vater
und die Brüder im Lehrhause saßen. Besonders aber beschäftigte
sich Joseph mit der Thora, *Tanchuma,* Parascha *Wajjiggasch.* Als
Jakob seine Söhne segnete, weissagte er nach *Targ. Jon.* zu Gen.
49, 10, daß neben den Königen und Herrschern auch nicht fehlen
würden ספרין באלפי אוריתא. Unter den Stämmen wird Isaschar nach
v. 14 חכיר באורייתא sein. Das wird *Bereschith rabba* c. 72 weiter
ausgeführt. Hiernach lag Isaschar dem Studium ob, während Sebulon
den Handelsgeschäften nachging. Isaschar ist בן הורה, 200 Häupter
des Synedriums stammen von ihm, er ist berühmt in der Halacha,
während Sebulon für Israels Unterhalt sorgt. Nach dem Zeitalter
der Patriarchen finden wir *Mechilta* 66ʰ Mose's Lehrhaus, in welchem Jethro als Convertit den Thora-Unterricht empfing, wie er denn
unter allen Proselyten durch die Liebe zur Thora sich auszeichnete
Sifre 20ᵃ. Mose ist der חכם, der Weise der Weisen *Sifre* 132ʰ.

Targ. Jon. zu Ex. 39, 33 zeigt uns Mose in seinem Lehrhause, wie
er den Priestern und Aeltesten den Abschnitt vom Priestertum
(סדר בחינרא) erklärt. Mose heißt der כפרא Israels. Josua ist sein
Schüler, der zu seinen Füßen sitzt, wie der Schüler zu den Füßen
des Rabbi, *Targ. Jeruschalmi.* Der Grund, weshalb die Führer-
würde von Mose nicht auf dessen Söhne, sondern auf Josua überging, war nach *Bammidbar rabba* c. 21 der Eifer, mit welchem
Josua im Lehrhause Mose's diente, d. i. dem Gesetzesunterrichte des
Mose oblag. Josua heißt *Sifre* 52[b] ein *More* Lehrer und hat seinen
Turgeman. Eine Folge der Befreiung Israels aus der Hand Sisera's
durch Debora und Barak war, daß die Weisen wieder in die Synagogen zurückkehrten und das Volk wieder in der Thora unterrich-
teten *Targ. Jon.* zu Richt. 5, 2. Debora preist v. 9 die Schriftgelehrten Israels, die auch in den Tagen der Drangsal nicht aufhörten
מלמדרש באוריירא zu forschen in der Thora und die nun wieder das Volk
lehren. Samuel ist das Haupt einer Schule, seine Schüler heißen
Schriftgelehrte, die sich im Lehrhause um ihn versammeln *Targ. Jon.*
zu 1 Sam. 19, 19 ff. Samuel hat ein ב:ר דין, wo Lehrentscheidungen
getroffen werden. Auch dieses ב'ד ist einer himmlischen Bestätigung
einer seiner Entscheidungen gewürdigt worden, wie *Maccoth* 23 ersehen
läßt. Auch David hat sein Sanhedrin. Er läßt sich nach *Bereschith
rabba* c. 74 die Erlaubnis geben, Etwas vorzutragen. David selbst
ist dem Studium der Thora eifrig ergeben. Um Mitternacht, erzählt
jer. Berachoth, ertönt seine Harfe von selbst und weckt ihn auf zum
Studium der Thora. *Pesikta* 62[b] sagt, daß er selbst dann zu mitter-
nächtlicher Zeit die Harfe rührte, damit die Weisen aufstünden zum
Studium der Thora, vgl. *Bammidbar rabba* c. 15. Auch Salomo hatte
sein ב:ר דין, auch dieses wurde laut *Maccoth* 23 himmlischer Offenbarung gewürdigt. Die Weisheit Salomo's aber war eine halachische.
Er wendete nach *Erub.* 22[b] allen Fleiß an die Halacha. Er that
sich durch Entscheidungen in Fragen der Reinheit und Unreinheit,
der Sabbatsarbeit, des Schlachtens der Thiere u. s. w. hervor *Pesikta*
35[a] und hat die Erubin und das Händewaschen verordnet *Erub.*
21[b]. *Schir rabba* 1[c] zeigt, wie er die Worte der Thora durch seine
Gleichnisse und Beispiele verstehen lehrte. *Kohel. rabba* 65[a] wird
er gepriesen, weil er Synagogen und Bethäuser gebaut und viele Gesetzesgelehrte erhalten, vgl. 76[d]. — Die Propheten werden ספרא genannt *Targ. Jon.* zu 1 Sam. 10, 10. 11; 19, 20. 24; 28, 15. Jer. 8,
10. 23, 11. 26, 7 f. 16; 29, 1. Wie sich nach rabbinischer Auffassung

auch die Propheten in solchen gesetzlichen Anschauungen bewegen,
zeigt *Targ. Jonathan* an zahlreichen Stellen, die an anderen Orten
zu besprechen sein werden. Dem entspricht es, daß auch in den
Tagen des Messias Beschäftigung mit der Thora das Zeichen der
Frömmigkeit sein wird, wie später näher gezeigt werden soll. Wird
doch Jehova selbst dann nach *Pesikta* 107ª sein gesammtes Volk
die Thora lehren, und was er sie lehren wird, werden sie nimmer-
mehr vergessen. Wird man doch auch in der zukünftigen Welt
nach *Sanhedrin* 92ª die Thora lehren.

2. Wie das Gesetzesstudium, so wird auch die Gesetzeserfüllung
als wesentliches Moment israelitischer Frömmigkeit an Allen nachgewiesen, die vor Alters Gotte dienten, und von denen geweissagt,
die ihm künftig dienen werden. Wenn Adam als beschnitten geboren gedacht wird, *Tanchuma*, Parascha *Noach*, Abs. 5, so liegt
die Idee zu Grunde, daß er sein Leben in gesetzlicher Form führen
soll; der Mensch ist da von vornherein als Jude gedacht. Deshalb
ist Adam am Abend vor Anbruch des Sabbats geschaffen, damit
er sofort in die Ausübung des Sabbatsgebotes einträte *Sanhedrin* 38.
Auch Seth und Noah werden als beschnitten geboren dargestellt
Jalkut zum 1. Buch Mose, Abschn. 42. Von Abraham aber sagt die
Mischna *Kidduschin* IV, 14, daß er die ganze Thora erfüllt habe.
Mechilta 66ª preist ihn als den, der die Gebote erfüllte und durch
die Beschneidung vollkommen wurde. Abraham, Isaak und Jakob
haben so viele *Mizwoth* gethan, als Wellen im Meere sind *Sanhedrin* 94ᵇ. Ja er that ein Uebriges: er aß auch die *Chullin*, gemeine Speisen, in Reinheit wie Geheiligtes *Baba mezia* 87. Abraham und Isaak haben bereits den Priestern Hebe und Zehnten gegeben *Pesikta* 98ª. Josephs Sarg wurde in der Wüste mit der Lade
Gottes getragen, weil Joseph Alles erfüllt hatte, was in der in der
Lade aufbewahrten Thora geschrieben ist *Pesikta* 86ª. Jakob hat
es mit der Erfüllung des Sabbatsgebotes so genau genommen, daß
er die תחומין machte *Bereschith rabba* c. 11. Daß sich endlich von
Mose an die Frömmigkeit in Form genauer Gesetzeserfüllung erwies,
versteht sich von selbst. Aber auch künftig in den Tagen des
Messias wird dieser das Volk zu Gerechten machen בחזבריה, wie
Targ. Jonathan zu Jes. 53, 11 sagt, also dadurch, daß er sie in der
Thora unterweist. Wird doch auch im neuen Jerusalem die Thora
gelehrt, wie wir oben hörten, gewiß, damit sie dann in vollkommener Weise zur Erfüllung komme.

§ 10. Das Verhältnis des religiösen Bewußtseins zum Opferdienst.

Bilden Gesetzesstudium und Gesetzeserfüllung die wesentlichen Momente der jüdischen Religiosität, so fragt es sich, welche Stelle die *Aboda* oder der Opferdienst im Tempel für das jüdisch religiöse Bewußtsein einnehme. Nach jüdischer Lehre wird die Aboda nach Zerstörung des Tempels ersetzt durch das Studium der Thora im Allgemeinen und der die Aboda betreffenden Gesetzesvorschriften insbesondere, sowie durch den dem Opferdienst genau entsprechenden Gebetsdienst.

1. Simon der Gerechte, Einer von den letzten jener geistlichen Körperschaft, die in den Tagen Esra's ihren Anfang genommen und dann Jahrhunderte lang unter dem Namen „Große Versammlung" fortbestanden hat, that noch den Ausspruch, die Welt ruhe auf der Thora, der Aboda und der Uebung der Barmherzigkeit, vgl. oben S. 7. Obwol da die Thora schon die erste Stellung einnimmt, sind ihr doch Aboda und Barmherzigkeitsübung noch zugeordnet. Allein je länger je mehr gewann die Thora im religiösen Bewußtsein die Alleinherrschaft. Bereits zur Zeit des Tempels gab es nach einer Ueberlieferung *Schir rabba* 20ᶜ in Jerusalem 480 Synagogen. Nach einer andern Ueberlieferung *Echa rabba* 52ᵃ hatte jede dieser Synagogen eine Schule für die Auslegung der heiligen Schrift und für die Mischna. Schon zur Zeit des Tempels, als die Priester noch fungirten, stand der Gesetzesgelehrte im Ansehen des Volkes über dem Priester nach *Tosefta* zu *Horajoth* c. 2: Wenn der חכם ein Bastard ist, und der Hohenpriester ein עם הארץ Unwissender, so geht der חכם dem Hohenpriester vor. Dies war schon darin begründet, daß nach *Tosefta Succa* c. 4 das Sanhedrin, in welchem die Chachamim das Wort führten, jeden Candidaten des Priestertums wegen der canonischen Eigenschaften prüfte, ihn nach Umständen für פסול (unfähig wegen Mangels an Nachweis der Abstammung u. s. w.) erklärte und vom Priesterdienst ausschloß, ferner auch darin, daß der Priester von dem Gesetzesgelehrten den Unterricht über den Vollzug des Priestertums empfing *Bammidbar rabba* c. 11. Selbst der Hohepriester war nicht selten Idiot, und mußte für seinen Dienst von Gesetzesgelehrten erst unterwiesen und in den Functionen eingeübt werden *Joma* 18. 19. Als Typus für die Abhängigkeit des Priesters vom Gesetzes-

gelehrten galt das Verhältnis des Ahron und seiner Söhne zu Mose. Mose hat Ahron und dessen Söhne in dem Vollzug der priesterlichen Geschäfte unterrichtet und inzwischen selbst als *Segan* die priesterlichen Functionen verrichtet *Mechilta* 93^b. Auch von den Propheten, die man, wie oben gezeigt wurde, wozu *Schabbath* 119^b· zu vergleichen, als Schriftgelehrte oder Chachamim betrachtete, nahm man an, daß sie die Aufsicht über die Priester führten. Haggai untersuchte (בודק היה) nach *Pesachim* 16 die Priester, die am Heiligtum mit bauten, ob sie es genau nähmen mit den Regeln der Unreinheit. Und so hat sich denn der Lehrsatz herausgebildet wie wir ihn *jer. Schabbath* 107^a finden, daß derjenige, welcher sich mit der Thora beschäftigt, an Größe und Würde vorangeht, selbst dann, wenn er ein Bastard ist, vorausgesetzt daß der Priester im Gesetze unwissend ist. *Sifre* 40^a wird dargelegt, daß es drei Kronen in Israel gebe, die des Königtums, des Priestertums und der Thora, die beiden ersten sind Privilegien des Hauses David und Ahrons, die dritte ist für alle übrig gelassen. Sie ist werthvoller als jene beiden; wer sie hat ist so gut, wie wenn er alle drei hätte. Das Königtum und Priestertum kommen nur aus Kraft der Thora. Aehnlich *Schemoth rabba* c. 34. Darum kann es *Sifra* 13^b heißen: Warum sagt die Schrift: Ich will euch segnen? Damit nicht Israel sage, seine Segnungen seien an die Priester gebunden. So sehr löste sich das religiöse Bewußtsein von dem absoluten Bedürfnis eines Priestertums und Heiligtums ab, wie es denn in *jer. Berachoth* III heißt: Wer in der Synagoge betet, wird angesehen, als wenn er eine reine Mincha dargebracht hätte.

2. Die Aboda ist nun durch andere Leistungen ersetzt. *Sifre* 80^a lesen wir: Gleich wie der Dienst am Altar eine Aboda genannt wird, so auch das Studium der Thora, ja *Megilla* 4 heißt es ausdrücklich: Das Studium der Thora ist größer (werthvoller) als die Darbringung der Tamidopfer, und in demselben Tractat fol. 16: Größer ist das Studium des Gesetzes als der Bau des Heiligtums. Noch specieller hat sich die Substitutionstheorie entwickelt, indem für die Leistungen im Heiligtum als Acquivalent das Studium der diese Leistungen betreffenden Vorschriften des Gesetzes empfohlen wird. So in der *Pesikta* des Rab Kahana 60^b: Das Studium der Opfergesetze wiegt so schwer, als wenn man die Opfer selbst darbrächte, und: derjenige, der den Tempelbau studirt, ist ebenso zu achten, als wenn er den Tempel selbst gebaut hätte.

Neben dem Studium der Thora aber wird als Acquivalent für die
Aboda auch das Gebet genannt. So schon *Sifra* 80ᵃ: Gleichwie der
Dienst am Altar eine Aboda genannt wird, so heißt auch das Gebet
eine Aboda. In der *Pesikta* 181ᵃ verlangt David, daß für die Zeit,
wo weder König noch Prophet, noch Urim und Thummim da sein
wird, das Gebet Alles ersetze. Nach 165ᵇ soll man die Opfer mit
den Lippen, d. h. mit dem Gebet bezahlen. *Schemoth rabba* c. 38
faßt dann Studium und Gebet zusammen als die Mittel, mit denen
man Gott versöhne. Auch bezüglich des Gebets als Substitution für
die Opfer hat sich dann eine genaue Theorie ausgebildet. *Berachoth* 26ᵇ lehrt, daß die täglichen gesetzlich verordneten Gebete an
die Stelle der früheren täglichen Opfer treten, während nach *Schemoth rabba* c. 51 und *Wajjikra rabba* c. 7 vgl. *Jalkut* zu Gen. 21
die Sünd- und Schuldopfer durch Buße und Kasteiung, auch durch
Leiden, ersetzt werden. Eine Folge dieser Theorie war die Zurückführung des täglichen Gebetsdienstes auf patriarchalische Institution,
welche diesem Dienste eine Weihe gab, die sie leichter als Ersatz
für den Opferdienst ansehen ließ. Es wird der Satz aufgestellt:
הפלות אבות תקנים die Gebete sind von den Erzvätern verordnet. Das
Morgengebet habe Abraham verordnet (Gen. 19, 27), das Mincha-
gebet Isaak (Gen. 24, 63), das Abendgebet Jakob (Gen. 28, 11). Die
Rabbinen haben die Gebete in Einklang gebracht mit den täglichen
Opfern, deren Stelle sie jetzt ersetzen. Der betr. Satz lautet: הפלות
כנגד התמידין תקנים die Gebete sind den täglichen Opfern entsprechend
verordnet. Das Morgengebet entspricht demnach dem Morgenopfer,
deshalb kann es wie dieses bis Mittag verrichtet werden; das Mincha-
gebet entspricht dem Minchaopfer, deshalb kann man es aufschieben
bis zum Abend; das Abendgebet entspricht dem Abendopfer, deshalb
darf es während der ganzen Nacht gebetet werden. An der Stelle
der Musafopfer stehen die Musafgebete, deshalb können diese den
ganzen Tag über verrichtet werden. Dieser Gebetsdienst als überwiegender (*Berach.* 32ᵇ) Ersatz der gesetzlich vorgeschriebenen täglichen
Opfer kann als solcher nicht der Freiheit des Einzelnen überlassen sein,
sondern beruht auf altüberlieferten תקנות oder Einrichtungen und hat
wie *Berach.* 31ᵇ sagt seine הלכות gesetzlichen Regeln. Hier die
wichtigsten. Was den Ort betrifft, so hat nach *Berach.* 6ᵃ das Gebet
nur in der Synagoge Gewißheit der Erhörung, denn hier ist Gott
unter den Betenden gegenwärtig. Zu einer Versammlung, welche sich
der Gegenwart Gottes getrösten will, gehören aber wenigstens Zehn

(das sogen. *Minjan*) *Berach.* 6ᵇ. Täglich eile der Israelit zur Synagoge; fehlt er einmal, so fragt Gott nach ihm. Man bete nicht draußen vor der Synagoge, mindestens richte man das Angesicht zu ihr. Indeß sagt doch *Pesikta* 158ᵇ, man könne die Tefilla verrichten in der Synagoge, auf dem Felde, zu Hause, oder auch im Bette, man könne auch bloß im Herzen, ohne Worte beten (הרהר בלב). Doch die Intention geht zur Gemeinde, denn das Gebet mit der Gemeinde ist verdienstlicher und der Erhörung gewiß, gleich wie die Beschäftigung mit der Thora und die Uebung der Wolthätigkeit *Berach.* 8ᵃ. Darüber ferner, wie viel und was jedenfalls zu beten ist, ist verordnet, daß das *Schemone Esre* (Gebet der achtzehn Benedictionen) sowie es festgestellt ist, zu beten sei; es darf bei Strafe der Ausrottung nichts hinzugesetzt werden, dagegen gibt es abgekürzte summarische Formeln für gewisse Fälle, s. *Berach.* 29ᵃ. Was die Andacht und das laute Sprechen beim Gebet betrifft, so heißt es: Wenn man das ganze *Schma* nicht mit Andacht (כונה) beten kann, so genügt diese für den ersten Theil, während für den zweiten nur die קריאה, das Aussprechen, nöthig ist *Berach.* 12ᵇ. Das Schma-Gebet ist gültig auch ohne daß man sich dabei vernehmlich macht und jedes Wort bestimmt und deutlich ausspricht (דקדיק) *Berach.* 15ᵃ ᵇ. Doch hat der, welcher das Schma Wort für Wort und Sylbe für Sylbe deutlich ausspricht, besondere Verheißung; käme er in die Hölle, man würde ihm die Hölle kühlen *Berach.* 15ᵇ. Auch die körperliche Haltung wird bestimmt. Wer betet, bete in gebeugter Stellung, er neige wenigstens das Haupt tief; je tiefer er sich beugt, desto verdienstlicher ist es *Berach.* 28ᵇ. 30ᵇ; doch soll es nicht bei jeder Bitte geschehen, weil es die Weisen nicht befohlen haben. Nur ein Hoherpriester bückt sich bei jeder Beracha, ein König bleibt auf den Knieen beim ganzen Gebet wie Salomo, beim gewöhnlichen Israeliten wäre dies Anmaßung *Berach.* 34ᵃ. Was die Zeit des Gebets anlangt, so soll das Gebet nicht zu einer קבע gemacht werden, zu einer Sache, die man nur abthun will als Last, ohne im Bittton zu sprechen; man soll nie etwas einfügen, nicht sich eine Zeit festsetzen, wo man sich der Verrichtung hingibt *Berach.* 29ᵇ. Endlich ist es Pflicht sich zum Gebet würdig vorzubereiten und zu sammeln *Berach.* 30ᵇ. Die alten Chasidim warteten eine Stunde lang an der Stelle wo sie beten wollten, um sich zur Andacht zu sammeln, ehe sie anfingen, daselbst 32ᵇ. Man bete daher nicht unmittelbar nach einer Gerichtsverhandlung oder einer halachischen

Discussion 31ª. — Wie viel ist also bei dem Gebetsdienst zu beachten, und wir haben doch nur Einiges hervorgehoben! Der ganze
Tractat *Berachoth* ist den Halachoth über den Gebetsdienst gewidmet. Es ist eine gesetzlich bis ins Einzelnste, bis zu Worten
und Geberden regulirte Gotte darzubringende Leistung, die ihren
Lohn hat. Zählt doch Gott nach *Debarim rabba* c. 1 die Schritte,
die Einer zur Synagoge macht und lohnt sie. Und so ist denn wie
das Studium, so auch die Aboda des Gebets Aequivalent für die
nun nicht mehr zu vollbringende Darbringung der gesetzlichen Opfer;
trotz der Zerstörung des Heiligtums erleidet daher die Aboda keine
wesentliche Einbuße; Studium und Tefilla ersetzen sie.

§ 11. Der esoterische Charakter der jüdischen Religiosität.

Aus dem Wesen der gesetzlichen Religiosität als völliger Hingabe
an das Thorastudium und Erfüllung der Thora folgt, daß sie nur in
einem beschränkten Kreise der Gemeinde zur vollen Erscheinung
kommen kann. Das Leben stellt dem Studium und der exacten Gesetzeserfüllung Hindernisse in den Weg. Der *homo religiosus* im
vollen Sinne des Worts ist nur der Schüler eines Schriftgelehrten,
der *Talmid chacham* oder *Chaber*. Er allein hat nach *Taan.* 7 volle
Existenzberechtigung in der Gemeinde. Dagegen ist derjenige, welcher des Gesetzes sich nicht befleißigt, der ʿ*Am haárez,* kein voll-
berechtigtes Glied der Gemeinde.

1. Wer ist ein ʿ*Am haárez?* fragt *Sota* 22ª. Die Antwort heißt:
Jeder, der nicht das Schma recitirt des Morgens und des Abends
mit den angehängten Berachoth; dies die Meinung des R. Elieser.
R. Josua und die Weisen sagen: Jeder, der nicht Tefillin legt. Ben
Asai sagt: Jeder, der die Zizith nicht an seinem Kleide hat. R. Jonathan Sohn Josephs sagt: Jeder, der Söhne hat und sie nicht zur
Erlernung der Thora aufzieht. Andere sagen: Wenn Einer auch die
Schrift und die Mischna lernt, bedient sich aber nicht des Unter-
richtes eines Weisen, der ist für einen ʿAm haárez zu halten. Wer
übrigens bloß die Schrift ohne die Mischna gelernt hat, ist für einen
Unkundigen *Bor* zu achten. Wer aber weder Schrift noch Mischna
gelernt hat, auf den ist Jer. 31, 37 und Spr. 24, 20 anzuwenden. Es
ist hiernach klar, daß Jeder ein ʿAm haárez ist, der nicht das
Gesetz in seinem ganzen Umfang mit allen rabbinischen Satzungen
studirt und im Leben beobachtet.

Ein solcher gilt nicht als berechtigt in der Gemeinde, steht
wenigstens auf niedrigerer Stufe, als der Gesetzeskundige und Ge-
setzesbeflissene, selbst wenn er Schrift und Mischna liest und keinen
gottlosen Wandel führt. Ja die *Tosefta* zu *Para* c. 3 sagt: wenn
Geräthe nur eine Stunde im Bereiche (הרשות Gebiet) des עם הארץ
waren, sind sie unrein. Der עם ה' und sein Haus sind also dem חבר
oder חבר unrein. Man hat mit ihm möglichst wenig Gemeinschaft.
Nach *Pesachim* 49ᵇ sagte R. Eleasar, es sei nicht recht, einen ʿAm
haárez zum Reisegefährten zu haben. R. Meir sagt a. a. O.: Wer
seine Tochter dem ʿAm haárez zum Weibe gibt, erscheint wie Einer,
der seine Tochter gebunden einem Löwen vorwirft. Denn wie der
Löwe Alles zermalmt und frißt und nichts schont, so schlägt ein
ʿAm haárez sein Weib und pflegt Umgang mit ihr ohne Scham und
Scheu. R. Chaja sagt: Wer vor einem ʿAm haárez sich mit der
Thora beschäftigt, thut dasselbe, als wenn er seiner Verlobten in
Jenes Gegenwart ehelich beiwohnte ... Der Tradition zufolge sind
bezüglich eines ʿAm haárez folgende sechs Punkte zu beachten: Man
gibt ihm kein Zeugnis und nimmt keines von ihm an; man offenbart
ihm kein Geheimnis, man überträgt ihm keine Vormundschaft, man
macht ihn nicht zum Aufseher über die Armenkasse; man gesellt
sich nicht zu ihm auf der Reise. Der ʿAm haárez ist nach strengster
Meinung selbst von der Auferstehung ausgeschlossen *Kethuboth* 111ᵇ:
„Es sprach R. Eleasar: die *Ammé araʒoth* werden nicht auferstehen,
denn es heißt Jes. 26, 14: die Todten werden nicht leben, die רפאים
werden nicht auferstehen. Beweis: da gelehrt ist, daß die Todten
nicht leben, so könnte man denken, das gelte von allen Todten.
Deshalb sagt die Schrift weiter zur Belehrung: die רפאים werden
nicht auferstehen, d. i. Jeder der sich selbst entzieht (מרפה) von
den Worten der Thora." Der ʿAm haárez soll aber, wie er
von dem ewigen Heil ausgeschlossen ist, auch hienieden keine
Wolthat empfangen *Baba bathra* 8ᵇ: „Rabbi (Jehuda der Heilige)
öffnete zur Zeit der Theuerung seine Schatzhäuser und sprach: Es
mögen eintreten, die da Schrift oder Mischna oder Talmud, Halachoth oder Haggadoth innehaben, aber die ʿAmmé Haarazoth sollen
nicht hereinkommen. Da drängte sich Jonathan, der Sohn Amrams
durch, kam herein und sprach: Rabbi, speise mich. Dieser sagte
zu ihm: Hast du die Schrift gelernt? Nein. Die Mischna? Nein.
Wie soll ich dich dann speisen? Da sprach Jonathan: Speise mich
wie einen Hund, speise mich wie einen Raben. Da speiste ihn der

Rabbi. Aber als Jonathan hinausgegangen war, bereute er es und
sprach: Wehe mir, daß ich mein Brod einem ʿAm haárez gegeben
habe." Wurden nun die Unwissenden und Ungesetzlichen von den
Gesetzesgelehrten und gesetzeseifrigen Gliedern der Gemeinde so viel
als möglich von aller Gemeinschaft ausgeschlossen und ihnen das
Bürgerrecht in Israel aberkannt, so waren auch sie dem exclusiven
Theile der Gemeinde sehr feindselig gesinnt. Nach *Pesachim* 49ᵇ
sagte Rabbi Akiba einmal: Als ich noch ein ʿAm haárez war, dachte
ich: Wenn ich doch einen Gelehrten (חכם תלמיד) hätte, daß ich ihn
bisse, wie ein Esel. Seine Schüler sprachen: Rabbi sage doch wie
ein Hund. Er aber erwiderte ihnen: Dieser beißt, zerbricht aber
die Knochen nicht, jener aber beißt und zerbricht die Knochen.
Eben dort lesen wir: Wenn sie uns nicht beim Handel brauchten
(zu Contracten u. dgl.), sie würden uns alle tödten. Und wiederum:
Der Haß des ʿAm haárez gegen die Gelehrten ist größer, als der
des Heiden, und der Haß ihrer Frauen wieder größer als der ihrer
Männer.

2. Ebendeshalb nannten sich die gesetzeskundigen und gesetzestreuen Juden *Peruschim* Abgesonderte und *Chaberim* Genossen. Das
Genauere über sie ist bei Jost, Geschichte der Juden I, 201 ff. nach-
zulesen, vgl. oben § 2. 3. Hier genüge Folgendes. Die Bezeichnung
Parusch ist die ältere und umfassendere; so hieß seit dem maccabäischen Zeitalter jeder *Chasid* oder gesetzestreue Jude, der die
Reinheitsgesetze streng beachtete, und von den ʿAmmê Haarazoth
sich sonderte, die sie nicht beachteten. Die Peruschim hielten aber
nicht bloß die Reinheitssatzungen, sondern auch die Zehntpflicht mit
besonderer Strenge. Sie hielten streng darauf nichts Unverzehntetes
zu genießen, um nicht etwa auch unbewußt mit dem Gemeinen das
Geweihete (*Teruma* Hebe und *Maaser* Zehent) zu genießen und so
sich zu versündigen. Diese Sorgfalt beim Genuß nöthigte zu besonderer Vorsicht im Kauf und Verkauf von Früchten und Getreide,
Oel und Wein. Um sicher zu sein, daß sie nicht etwa Unverzehntetes kauften, bildeten die Peruschim Genossenschaften, deren Mitglieder den Namen Chaberim trugen. Diese beobachteten die Gebote
über die Abgabe von Hebe und Zehnt streng und waren in dieser
Hinsicht einander beglaubigt (נאמן), so daß sie unter sich kaufen
und verkaufen, auch bei einander speisen konnten, ohne Gesetzes-
verletzung zu befürchten. Während nun die Peruschim im Laufe
der Zeit verschwinden, nachdem Gesetzestreue nicht mehr das Merk-

mal Einzelner war, blieb der Name Chaber mit der betreffenden
Einrichtung noch länger bestehen, nahm aber dann die Bedeutung
eines so zu sagen exact gesetzlichen Juden überhaupt an, d. h. eines
solchen, der völlig gesetzeskundig und gesetzesstreng ist. Nach *Baba
bathra* 75ª ist Chaber so viel als ein Gesetzesgelehrter חלביד הכם.
In diesem Sinne gebraucht auch das Targum zu Hiob 12, 2 das
Wort חברא. Gesetzeskunde ist aber nur das eine Merkmal des
Chaber. Nach *Demai* II, 3 darf derselbe einem ʿAm haárez nichts,
weder Trockenes noch Flüssiges, verkaufen, auch selbst von ihm
nichts Flüssiges kaufen; er herbergt nicht bei einem ʿAm haárez
und beherbergt diesen nicht mit seinem Gewande, an welchem Unreinheit vermuthet wird, da der ʿAm haárez sich nicht vor Verunreinigung hütet. So weit stimmt Alles mit dem älteren Begriff des
Chaber und geht nicht über diesen hinaus. Nun fügt aber Rabbi
Jehuda noch andere Züge peinlicher Gesetzessorgfalt hinzu. Der
Chaber zieht kein Kleinvieh auf, er ist in Gelübden und Scherz-
reden vorsichtig, verunreinigt sich nicht an Todten und studirt im
Lehrhause. Er zeigt also im Leben eine streng gesetzliche Haltung
in allen Stücken. Die Zehntpflicht aber dehnt er nach *Demai* II, 2
so weit aus, daß er Alles verzehntet, was er ißt und verkauft.
Deshalb kauft auch Jedermann bei ihm, ohne weiter zu fragen.
Uebrigens mußte Einer, der als Chaber und somit als ein in gesetzlichen Dingen schlechthin verlässiger Mann gelten wollte, nach *Bechoroth* 30ᵇ die Pflichten des Chaber vor drei Zeugen förmlich auf
sich nehmen. Diesem Acte unterzog sich selbst der Gelehrte.

Es ist somit klar, daß das Wesen jüdischer Religiosität eine Abstufung innerhalb der Gemeinde mit sich brachte und daß zur vollen
Darstellung desselben nur ein engerer Kreis innerhalb der Gemeinde
fähig und willig war. *Wajjikra rabbá* c. 36 heißt es, der Talmid
Chacham und der ʿAm haárez verhalten sich zu einander, wie Früchte
und Blätter am Weinstock. Nur der Talmid Chacham also gilt als
Frucht, als werthgeachtet vor dem Herrn, für immer Glied der Gemeinde zu sein; der ʿAm haárez ist Laub, das der Wind verwehet,
das nicht bleibt in der zukünftigen Gemeinde. Uebrigens stehen in
der Mitte zwischen den ʿAmmê Haarazoth und den Talmidê Chachamim noch viele, die weder das Eine noch das Andere sind, nicht
gelehrt wie diese, nicht so unwissend wie jene, im Leben aber gesetzestreu. Die *Tosefta* setzt namentlich mit Bezug auf die Thorakenntnis drei Stufen fest, den חכם, den בינינ· Mittelmäßigen und

‏־‏‎‎ Unkundigen. Diese können den Mangel eigenen Studiums durch
Förderung des Studiums Anderer ersetzen, genießen dann deren Verdienst mit und schließen sich ihnen an. Sie verdienen ihr Bürgerrecht in der Gemeinde als Förderer ihrer geistlichen Interessen in
den verschiedenen Aemtern der Gemeinde. Es bleibt also doch wesentlich bei dem Gegensatz zwischen dem ʿAm haárez, dem Gesetzes-
unkundigen und Gesetzesübertreter, und dem Talmid Chacham, dem
Gesetzeskundigen und Eiferer in der Erfüllung des Gesetzes.

Cap. IV. Jehova's Gemeinschaft mit Israel allein durch die Thora bedingt.

§ 12. Jehova's Gegenwart in Israel ist verknüpft mit dem Studium und der Uebung der Thora.

Nicht an das Land Israel, nicht an das Heiligtum knüpft sich
die Gegenwart Gottes; vielmehr ist sie überall da vorhanden, wo
Israeliten sich mit der Thora beschäftigen. Die Thora ist das Band
der Gemeinschaft zwischen Gott und Israel.

Wir haben uns hier zuvörderst an das Verhältnis Gottes zur
Thora zu erinnern, wie es oben (S. 14 ff.) dargelegt wurde. Hiernach
wissen wir, daß Gott mit der Thora untrennbar verbunden ist. Nach
alttestamentlicher Anschauung ist Gottes Gemeinschaft geknüpft an
das Land Israel und das Heiligtum in demselben. Indem Gott sein
Volk aus dem Lande Israel verstößt und das Heiligtum verläßt,
ist danach die Gemeinschaft Gottes mit Israel suspendirt. Nach
späterer jüdisch religiöser Vorstellung kommt aber die Sache anders
zu stehen. In der *Mechilta* 68ᵇ lesen wir, daß das Land Israel,
das Heiligtum und das Königreich des Hauses David auf Bedingung
hin gegeben seien, die Thora aber nicht. Sie ist das Erbe, das
unter allen Umständen bleibt, während jene zeitweilig hinfallen können. Nicht das Heiligtum, nicht das Land Israel, nicht das Reich
Davids ist das Wesentliche, damit Israel für Gott bleibe, was es ist,
sondern die Thora ist es. So lange Israel die Thora erfüllt, ist
deshalb Gott mit ihm verbunden. Wo die Thora gelernt und geübt
wird, da ist Gott. Er zieht der Thora nach, wie jener König seiner
Tochter und will nun, daß man überall ein Haus baue, darin man
die Thora pflege, damit er daselbst wohnen könne. Hören wir

darüber drei Aussprüche. Gott hat in seiner Welt nichts als die 4 Ellen der Halacha, d. i. nichts als den Raum, wo man Halacha treibt, d. i. das Gesetz studirt, *Berachoth* 8ᵃ. Nach *Mechilta* 80ᵇ ist zur Gegenwart Gottes in der Synagoge eine Versammlung von Zehn (das *Minjan*) erforderlich. Aber *Pirke aboth* III, 3 verheißt schon Zweien, die sich zusammensetzen und über die Thora besprechen, daß Gottes Gegenwart auf ihnen ruhe, wofür Mal. 3, 16 als Beleg angeführt wird. Ja auch der Einzelne, der sich mit der Thora beschäftigt, genießt Gottes Gegenwart, denn es heißt Thren. 3, 28: Mag er einsam wohnen und sinnen (über die Thora), es wird ihm vergolten. Vgl. *Pirke aboth* III, 7. R. Meir preist das. VI, 1—3 den, der sich mit der Thora um ihrer selbst willen beschäftigt, denn er gewinnt die ganze Welt; er ist Gottes und der Menschen Freude. Wer sich mit der Thora beschäftigt, ist weit größer vor Gott als der Priester und der König.

Das Studium der Thora wird vor Gott auch dann gewürdigt, wenn Einer seine Thora wieder vergißt *Schir rabba* 20ᵃ, ferner auch dann, wenn einer die Thora nicht um ihrer selbst willen studirt *Pesachim* 56, und selbst dann, wenn ein Thoragelehrter in Sünde fällt. R. Acher fiel vom Glauben an die Thora und machte auch Andere abwendig; da er aber ein Thoragelehrter war, so wagte man es nicht, ihn zu verdammen, als er starb. Als seine Tochter, so erzählt *Chagiga* 12, vor Rabbi trat und um Versorgung bat, sprach sie: Rabbi, gedenke seiner Thora und gedenke nicht seiner Werke. Und nach *Sanhedrin* 105 u. a. verfällt keiner der Verdammnis, ehe er nicht die Thorakenntnis, die er im Leben sich erwarb, im Tode wieder von sich gegeben hat. Wir sehen also, daß Gott mit dem Menschen insoweit in Verbindung steht, als der Mensch in Verbindung mit der Thora. Diese bildet das Band der Gemeinschaft zwischen Gott und den Menschen.

§ 13. Die Bethätigung Gottes an den Menschen ist allein bedingt durch dessen Verhalten zur Thora.

Gottes Verhalten zum Menschen hat kein anderes Motiv, als das menschliche Verhalten zum Gesetze, und es gibt keine andere Form, in welcher sich Gottes Verhältnis zum Menschen vollzieht, als den Lohn für die Erfüllung und die Strafe für die Uebertretung des Gesetzes. Jede göttliche Wolthat hat ein durch Gesetzeserfüllung er-

worbenes Verdienst zur Voraussetzung. Der Grad göttlichen Wolgefallens am Menschen beruht auf dem Maaße seines gesetzlichen
Verdienstes. Da das gesetzliche Verhalten des Menschen Schwankungen unterliegt, so fixirt sich Gottes Verhältnis zum Menschen
noch nicht in dieser, sondern erst in jener Welt, wo das Verhalten
des Menschen zum Gezetze zum Abschluß kommt.

Es handelt sich hier nur um die allgemeinen Grundsätze, noch
nicht um ihre Ausführung. Wenn wir sagen, daß das Verhalten
Gottes zum Menschen bedingt ist durch das menschliche Verhalten
zum Gesetz, so ist der erste und wichtigste Beweis dafür die Lehre,
daß Gott die Thora selber mit der Intention gegeben hat, durch sie
eine Norm für sein Verhalten gegen die Menschen zu gewinnen.
Mechilta 70ᵃ sagt: Schon ehe ich, spricht Gott, die Gebote gab,
habe ich zuvor bestimmt, welchen Lohn ich euch für dieselben geben
würde. Nach *Sifre* 35ᵃ spricht Israel vor Gott: „Weshalb hat uns
Gott das Gebot gegeben? nicht dazu, damit wir es thun und Lohn
empfangen?" Wie nun das menschliche Verhalten zum Gesetz für
Gott die Norm dafür bildet, wie er seinerseits zum Menschen sich
verhalte, so ist Lohn und Strafe die Form, in welcher sein Verhältnis zum Menschen sich vollzieht. *Sifre* 35ᵇ spricht Rabbi Nathan
den Grundsatz aus: Es gibt nicht ein einziges Gebot, auf dessen
Erfüllung nicht alsbald der entsprechende Lohn folgte. Er erzählt
dann eine Geschichte, welche mit dem Spruche schließt: Ich Jehova
bin euer Gott, ich Jehova bin euer Gott. Die Wiederholung solle
bedeuten: Ich Jehova euer Gott werde künftig den Lohn geben,
ich Jehova euer Gott werde künftig (die Strafe) bezahlen. Im Midrasch *Tanchuma* heißt es in der Auslegung der Parascha *Behaalothecha*, Abschn. 2, zu Num. 8, 2: Nicht weil ich der Lichter bedarf, die Fleisch und Blut mir anzündet, habe ich ihretwegen Befehl
gethan, sondern um ihnen Gerechtigkeit zu verleihen. Und warum,
heißt es später nochmals, hat er euch den Befehl gegeben? Antwort: um euch Verdienst zu verleihen אֶת אֶתְכֶם לְזַכּוֹת. Die Thora ist
auf solche Weise die Mittlerin der Liebeserweisung Gottes gegen
den Menschen. Umgekehrt wirkt sie aber auch strafende Bethätigung
Gottes an dem Uebertreter. *Schabbath* 32ᵇ. 33ᵃ enthält eine aus-
führliche Erörterung darüber, wie Gott für jede Uebertretung eine
entsprechende Strafe hat, und *Schabbath* 55ᵃ wird der Satz ausgesprochen: Kein Tod ohne Sünde, keine Züchtigung ohne entsprechendes Vergehen. Wie im Lohn, den sie wirkt, Gottes Liebe,

so bringt die Thora in der Strafe für jede Uebertretung Gottes Zorn und Mißfallen zur Bethätigung.

Es gibt keine Art der Gemeinschaft zwischen Gott und dem Menschen, die sich nicht in der Form vollzöge, daß der Mensch Gotte etwas der Thora Gemäßes leiste und von Gott dafür etwas Entsprechendes empfange. Deshalb darf auch ein Mensch nicht betend zu Gott nahen, ohne selber oder von seinen Vätern her etwas in seiner Hand zu haben als Gegenleistung für das, was er erbittet *Sifre* 12ᵇ. *Wajjikra rabba* c. 31. An späterer Stelle werden die Beweise dafür folgen, daß auch die ganze Heilsgeschichte sich auf den Grundlagen des Verdienstes aufbaut. Kein Glied findet sich in der Kette heilsgeschichtlicher Offenbarungen, das nicht durch ein Verdienst auf Seiten Israels motivirt wäre.

Indem das Verhältnis des Menschen zum Gesetz Gottes Verhalten gegen den Menschen bestimmt, ist von selbst eine Abstufung des Grades von Gemeinschaft gegeben, welche der Mensch mit Gott hat. Denn es ist das Verhältnis des Einzelnen zu dem Gesetze ein graduell verschiedenes. Auch innerhalb des Kreises der Gerechten gibt es Stufen, wie wir später sehen werden, denen Gott in verschiedener Weise gegenübersteht. Es gibt Vollkommene, Mittelmäßige und Geringe. Gott läßt durch die Vollkommenen sich bestimmen; ihr Verdienst erhält die Anderen, wie denn nach Midrasch *Tanchuma* zur Parascha *Wajjéra* § 13 immer wenigstens dreißig Gerechte in der Welt sein müssen, welche die Andern erhalten. Gott gibt den Vollkommenen Antheil an seiner Macht und Herrlichkeit, so daß sie selbst Wunder wirken. Die Mittelmäßigen und Geringen sind an die Mittlerschaft der Vollkommenen gewiesen, da ihr eigenes Verdienst nicht hinreicht, daß Gott ihnen seine Gemeinschaft zu Theil werden lasse. Das Verhältnis Gottes zu den Menschen stuft sich also ab nach dem Grade ihrer durch ihr Verhalten zum Gesetz begründeten Würdigkeit.

Das Gemeinschaftsverhältnis Gottes zum Menschen kann sonach so lange kein abgeschlossenes sein, dessen der Mensch gewiß und froh werden dürfte, als dieser in seinem gesetzlichen Verhalten selbst Schwankungen unterliegt, und die Erfüllung der Gebote mit der Uebertretung derselben wechselt. So lange, lehrt die talmudische Theologie, ist seine Rechnung bei Gott noch eine offene. Es ist noch nicht einmal gewiß, ob schließlich Schuld oder Verdienst, Strafe oder Lohn überwiegt. Deshalb behält auch Gott sich

vor, den eigentlichen Lohn für die Gesetzeserfüllung, gleichsam das
Kapital קרן, das der Mensch sich dadurch erworben hat, erst in
jener Welt auszuzahlen, während der Mensch hier nur die Früchte
פירות d. h. die Zinsen seines Lohnkapitals empfängt. Erst wenn der
Erwerb im künftigen Leben feststehen wird, kann auch das Verhältnis Gottes zum Menschen, d. h. der Grad seiner Nähe und Gemeinschaft und der darin begründeten Seligkeit und Herrlichkeit für
immer festgestellt werden. Bis dahin steht er trotz aller einzelnen
jeweiligen Lohnspenden Gottes doch stets unter der Furcht des
Todes und Gerichtes.

Es erhellt aus alle dem, welche wesentlichen Glieder im jüdi-
schen (pharisäischen) Lehrsystem die Lehren von der zukünftigen
Welt der Auferstehung und dem Gerichte sein müssen. Erst im
Licht dieser Hoffnung gewinnt die ganze Gesetzesarbeit Sinn und
Werth; ohne sie verlöre sie sich im Dunkel harter, vergeblicher
Knechtschaft.

Die Ausführung im Einzelnen und die Belege für das Gesagte
folgen im speciellen Theil.

Cap. V. Israel das Volk der Thora unter den Völkern.

§ 14. Israel als Volk der Thora Gottes Volk.

Durch die Annahme der Thora ist Israel Gottes Volk geworden.
Besitz und Uebung der Thora verleiht ihm den unauslöschlichen
Charakter der Heiligkeit und macht es unter den Völkern zur Ge-
meinde der Heiligen. Auch sein Ursprung ist ein absolut reiner.

1. Am Sinai ist zwischen Jehova und Israel ein Verhältnis begründet worden, vermöge dessen Israel Jehova's Volk im einzigen
und ausschließlichen Sinne und für immer geworden ist. Die *Pesikta*
des R. K. gibt 108[b] zu den Worten Ps. 50, 7: „Höre mein Volk"
folgende Erklärung. Früher, heißt es, war euer Name Israel; ehe
ihr die Thora empfingt, war dieser Name wie der Name der Völker
(ein *nomen gentilicium* wie ein anderer); nachdem ihr aber die Thora
empfangen habt, heißet ihr עמי. Nun hat Gott, wie *Bammidbar
rabba* c. 5 aussagt, seinen Namen mit dem Namen Israels zu unauflöslicher Verbindung verknüpft (שִׁתֵּף הקב״ה שְׁמֵי בִּשְׁמֵיהֶם). Israel hat sich Gott
durch das נעשה ונשמע, das es aussprach, verpflichtet, Gott aber hat
auf Grund dieses Gelöbnisses nach *Debarim rabba* c. 3 Israel sich

augetraut קֹדֶשׁ. *Schemoth rabba* c. 51 heißt die Gesetzgebung die
Hochzeit Gottes mit Israel. Von nun an ist Gott an Israel und
Israel an Gott gebunden durch das unauflösliche Band der Ehe;
Jehova und Israel haben nach *Wajjikra rabba* c. 6 am Sinai ein
Compromiss miteinander geschlossen, daß er sie und sie ihn nicht
verleugnen wollen. „Und wenn alle Völker — sagt eine Stelle in
Schemoth rabba — sich vereinigten, um das Liebesverhältnis zwischen
Jehova und Israel zu nichte zu machen, so wären sie es nicht im
Stande." So sagt *Mechilta* 46ᵃ. 47ᵃ: Wer sich gegen Israel erhebt,
dem wird es angerechnet, als erhöbe er sich gegen Gott; wer Israel
hilft, dem wird es angerechnet, als hülfe er Gott. Und *Sanhedrin*
c. 71: Wer einem Israeliten einen Backenstreich gibt, beleidigt die
Schechina; wer nur die Hand dazu aufhebt, heißt ein Frevler (רָשָׁע).
Dieses unauflösliche Verhältnis ruht auf der Thora. Israel hat sie
seinerseits angenommen, Gott aber hat, wie *Schemoth rabba* c. 51
lehrt, die Thora ihm als Eheverschreibung durch Mose ausfertigen
lassen. Ihr Besitz ist sein Eigentümliches vor allen Völkern und
legitimirt es vor diesem als Volk Gottes. Hinwiederum heiligt es
sich Gotte durch die Erfüllung der Gebote. Es kleidet sich nach
Sifre 75ᵇ in lauter Gebote, als da sind Tefillin, Zizith, Mesusa, Mila,
vgl. *Tosefta Berach.* 6. Im Schmucke dieser Gebote steht Israel vor
Gott, und in diesem Schmucke liebt er sie, vgl. *Schir rabba* 15ᵇ.
Israels Schönheit vor Gott ist die Fülle der Gebote, in welche sein
ganzes Leben eingefaßt ist. Der Gehorsam Israels ist der *Pesikta*[1]
108ᵇ zufolge Gottes Ehre vor den Heiden. Darum bittet der Herr
Israel, es möge ihm gehorchen, damit er sich nicht schämen müsse
vor den Heiden. Israels Gebete werden von den Engeln gesammelt
und bilden Gottes Krone *Schemoth rabba* 21.

2. Als Volk Gottes ist nun Israel im Unterschiede von den
Völkern das heilige Volk oder die Gemeinde der Heiligen, wie es
denn *Mechilta* 35ᵃ die עֵדַת קְדוֹשִׁים heißt. Dieser Charakter der Heiligkeit ist ein unauslöschlicher, *Sanhedrin* 55: auch wenn Israel gesündigt hat, bleibt es doch Israel. *Wajjikra rabba* c. 25: Gott
hat ihm eine Heiligkeit קְדוּשָׁה verliehen für immer. Deshalb muß
ein Beschnittener, der Götzendienst getrieben hat, nach *Tanchuma,
Wajjikra, Zaw* 14 u. ö. die Vorhaut erst heraufziehen und wird seiner

---

1) Es ist, wo nicht anders bemerkt, immer die Pesikta des Rab Kahana zu verstehen.

Thorakenntnis erst entledigt *Sanhedrin* 74, ehe er in das Gehinnom
eingeht. Die Beschneidung ist eben das leibliche, der Besitz der
Thora das geistliche Merkmal der Heiligkeit Israels. Dieses ist
als solches bestimmt für das ewige Leben *Sanhedrin* 1: בל ישראל
יש להם חלק לעולם הבא. *Sanhedrin* 35: Auch der Schlechteste in Israel
ist voll Mizwoth und darum nicht profan wie der Heide, vgl. *Bammidbar rabba* c. 17. Darum kann die *Pesikta* 38ª sagen: Ein Israelit
kommt nicht in das Gehinnom, weil er so viele Mizwoth hat. In
Israel hat jeder sein Gutes. Wenn nicht alle des Talmud mächtig
sind, d. h. den höchsten Grad von Gesetzeserkenntnis haben, so sind
sie doch im Besitze der Schrift oder der Mischna, בעלי מקרא und
בעלי משנה, vgl. *Bereschith rabba* c. 40. Deshalb hat jeder seine
eigentümliche Würde, die einem Heiden schlechthin fehlen muß,
den man nicht in der Thora unterweisen soll *Sifre* 74ª.

Es gibt keinen deutlicheren Beweis für die talmudische Ueberzeugung von dem absolut heiligen Charakter Israels, als daß zu
allen Stellen der Schrift, in denen Israel gerügt wird und ein
schlimmes Prädicat hat, nicht der Ausdruck Israel gebraucht wird,
sondern שונאי ישראל, so daß jenes tadelnde Prädicat nicht Israel
selbst beigelegt wird, sondern den Hassern Israels, den Gottlosen in
Israel, welch dem heiligen Volk solchen Schimpf zugezogen haben. So
z. B. *Mechilta* 16ᵇ: Die שונאי Israels waren so lange der Vernichtung
werth, bis Einer von ihnen sein Pesach vollbracht hatte, vgl. *Berachoth* 4ᵇ. *Tanchuma, Schemoth, Beschallach* 22 heißt es demgemäß
sogar, Gott habe es Mose oft eingeschärft, Israel zu ehren, und
Jebamoth 49ᵇ, Jesaja habe sich damit versündigt, daß er sagte:
„Unter einem Volke unreiner Lippen wohne ich." Dafür mußte er
später in dem Augenblicke sterben, als die Säge an seinen Mund
kam. Auch im Midrasch *Tanchuma, Beresch. Wajjischlach* 2 lesen
wir: Jesaja wurde gestraft, weil er Israel unreiner Lippen nannte,
während es doch am Sinai das נעשה ונשמע ausgesprochen hat. Indes
Pesikta 148ᵇ sagt, Jesaja habe zwar Israel viel geflucht, aber
alle Flüche wieder geheilt, nämlich durch entsprechende Segnungen
wieder gut gemacht. Alle Propheten waren wider Israel, nur Joel
nicht, heißt es ebenda 149ª. Dieses Strafen Israels Seitens der
Propheten war nach *Baba mezia* 87ª Sünde. Im *Schir rabba*
5ᵈ—6ª werden mehrere Beispiele aufgezählt, wo Propheten, Mose,
Jesaja, Elia gestraft werden von Gott, weil sie Israel vor Gott
öffentlich verklagten. Beachtet doch auch Gott selbst diese Regel.

Dreimal, heißt es *Pesikta* 76[b], wollte Gott mit Israel rechten, er unterließ es aber, als er sah, daß die Heiden sich darüber freuten: er will Israel nicht vor den Heiden beschämen. In dieser Grundanschauung vom heiligen Charakter eines בן ישראל mag es wurzeln, daß der Rabbinismus die Todesurtheile über Israeliten verwarf. R. Akiba wollte die Todesstrafe ganz abschaffen. Ein Sanhedrin, welches alle 7 Jahre Einen zum Tod verurtheilt, heißt חובלנית ein mörderisches *Maccoth* I, 10. Raschi spricht im Commentar von den Ausflüchten, welche die Richter machten, um ein Todesurtheil zu vermeiden. Gott ist, sagt *Beresch. rabba* 54, נוקם ינקם, aber nicht gegen Israel, sondern nur gegen die Heiden.

Es ist ja nicht die Meinung der Talmudisten, die Thatsache in Abrede stellen zu wollen, daß der gewöhnliche Israelit neben seinen Mizwoth auch Uebertretungen auf sich habe. Aber erstens gilt der Grundsatz *Pesikta* 133[b], daß Gott nur die bösen Thaten Israels vergißt, nicht die guten, so daß bei seinem Urtheil über das Volk diese in den Vordergrund treten und entscheiden; und zweitens wird die Heiligkeit Israels gedacht als in der allen zugute kommenden Uebernahme und Ausübung der Thora wurzelnd. Es ist jeder heilig, sofern jeder Mizwoth hat; *Bammidbar rabba* 17: Israel erhält sich dadurch, daß es an den Mizwoth festhält wie der Ertrinkende am Seil. Sein heiliger Charakter beruht in der Erfüllung der Mizwoth und wird wie diese in der zukünftigen Welt die absolute Vollendung erhalten. Inzwischen aber verleiht die vollendete Heiligkeit der Väter und Führer Israels den Schwachen das nöthige Supplement, was später bei der Lehre vom זכות אבות und der Intercession der Heiligen weiter erörtert werden wird. Deshalb ist es für die Heiligkeit Israels von so großer Wichtigkeit, die vollkomme Reinheit auch der Väter und Häupter Israels zu erweisen.

3. In Israel gab es auch von Anfang an keinen פסול. Es ist Hauptaugenmerk des ganzen Midrasch, daß die Ursprünge Israels von Allem gereinigt werden, was ihnen von Unreinheit anzuhaften scheint. Abraham ist der Heilige, der die ganze Thora erfüllt hat, und das Haupt aller Gerechten. Isaak wurde, als er entwöhnt wurde, vom sündigen Trieb יצר רע zum guten Wollen יצר טוב entwöhnt, so daß er fortan nur das Gute vollbrachte, *Jalkut* zu *Bereschith*, Abschn. 94. Rebekka hatte zum Vater und Bruder, sowie zu Ortsgenossen lauter Betrüger (ארם = רמאי); sie allein war die צדקת, die Rose unter den Dornen *Beresch. rabba* 63. Ihre Vorliebe für Jakob stammte

daher, daß Jakob ein צדיק war, daselbst 90. Der Streit ihrer Kinder
im Mutterleib war ein Streit um die Halacha: damals schon richte-
ten sich ihre Begierden, bei dem Einen auf die Thoralehre, bei
dem Anderen auf den Götzendienst, das. 63. Aber Jakobs Erlistung
des Vatersegens? Er folgte seiner Mutter ביבה בפיך אנכי: er hat
nicht betrogen, das. 65. Bei den Worten אנכי עשו בכירך (Gen. 27,
19) ergänzt man: Ich bin es, der künftig die zehn Worte empfangen wird, Esau ist dein Erstgeborner. Was als Betrug erscheint, war die Weisheit seiner Thora, vgl. das. 66 u. 78. Bis ins
84. Lebensjahr hat Jakob noch keine נפת קרי קרי an sich gesehen,
das. 98. Wenn Jakob Laban betrog, so ist es erlaubt einen Betrüger
zu betrügen *Mechilta* 9. Rahel und Lea eiferten um Jakobs Gunst
nicht um fleischlicher Lust willen, sondern sie begehrten die Beiwohnung um des Herrn willen לבם שמים. Deshalb durften Mittel
der סרסרות Kuppelei angewendet werden u. s. w., das. 72. Rahel nahm
nach dem Midrasch *Tanchuma*, Parascha *Wajjeze* 12 die Teraphim
mit, um den Götzendienst auszurotten. Die Söhne Jakobs waren alle
Gerechte *Sifre* 72ᵇ. Ruben hat nach *Sifre* 144ᵇ die Blutschande gar
nicht begangen. Wie konnte er sonst, belehrt uns *Beresch. rabba*
c. 98, den Fluch über den ausrufen, der das Weib seines Vaters
beschläft? Nein, er hat von Jakob die Ehre seiner Mutter gefordert.
„So lange Rahel lebte, stand ihr Bett neben dem des Jakob, nach
ihrem Tode nahm Jakob das Bett der Bilha und stellte es neben
das seinige. Auch jetzt also verachtete Jakob die Lea. Da sprach
Ruben: War es nicht genug für meine Mutter, zum Eifern geneigt
zu werden, so lange ihre Schwester lebte, nein auch nach ihrem
Tode noch? Da stieg er hinauf und verdarb das Lager." Vgl. *Sota*
7ᵇ. *Schabbath* 55ᵇ. Juda nahm nicht die Tochter eines Kananiters,
sondern eines Kaufmanns (כנעני = Kaufmann) *Pesachim* 50. Es ist
ein alter Satz, daß die Söhne Israels, die Stammväter des heiligen
Volkes alle Gerechten sind, es ist keine פסולה, nichts Verwerfliches
an ihnen *Sifre* 72ᵇ, vgl. *Beresch. rabba* c. 54. *Tanchuma, Bammidbar, Balak* 8. Angesichts des Mordversuchs an Joseph scheint dies
freilich unmöglich zu sein. Aber der Mordplan war nach *Beresch.
rabba* 54 gerechtfertigt, weil Joseph künftig die Stämme Israels
zum Baalsdienst verführen sollte; auch gingen die Söhne Jakobs
nach Aegypten in der Absicht, Joseph wieder zurückzubringen,
das. 91. — Auch Personen, die in die Geschichte Israels verflochten
sind, werden verherrlicht. Thamar war eine Tochter Sems; als sie

Juda's Beiwohnung suchte, da that sie es, weil der heil. Geist in ihr aufleuchtete und sie erkannte, daß sie die Ahnfrau des Messias werden würde, das. 85. Jethro hat nach *Tanchuma, Schemoth,* Abschn. *Schemoth* 11 schon vor Mose's Ankunft den Götzendienst abgethan, kam dafür in den Bann bei seinen heidnischen Volksgenossen, erhielt darum keine Hirten mehr und mußte deswegen seine Töchter auf die Weide schicken. — Schwer fällt freilich das goldene Kalb in die Wagschale der Schuld für das „heilige" Volk. Aber die *Pesikta* sagt 77[b], daß der Heilige diese Sünde untersuchte, aber nichts Strafbares fand, was Israel vorgehalten werden konnte. Israel betheiligte sich nach 78[b] nicht an der Sünde: die Proselyten, die aus Aegypten mit gezogen waren, hatten die Sünde vollbracht. Ganz ebenso *Wajjikra rabba* c. 27. Gott selbst veranlaßte die Sünde des goldenen Kalbes nach *Sanhedrin* 102[a], weil er Israel so viel Gold gab. Allerdings ist diese Anschauung nicht durchgedrungen; der Abfall wird sonst wie ein zweiter Sündenfall angesehen, wie wir später sehen werden. Ahron der Hohepriester aber hat, wie *Wajjikra rabba* 10 sagt, nur das Gute gesucht, als er das Kalb machte; man darf ihn nicht beschuldigen. Die murrenden Väter der Wüste, die Fleisch forderten, thaten es nur, weil sie ein Wunder sehen wollten, *Sifri* 23[b] vgl. 26[a]. Nadab und Abihu, die Söhne Ahrons, brachten fremdes Feuer auf den Altar in guter Absicht, Gott aber wollte durch den Tod Großer das Heiligtum weihen, er hat Nadab und Abihu geehrt, als er sie hier sterben ließ *Sifra* 98[b], vgl. *Sebachim* c. 36. Nach *Pesikta* 172[a] dagegen mußten sie sterben, weil sie eine Halacha festgestellt hatten vor ihrem Lehrer Mose. Daneben finden sich andere Auffassungen. Jedenfalls hatten Nadab und Abihu keine andere Sünde, als die eine, wofür sie starben *Pesikta* 172[b]. So werden *Beresch. rabba* c. 85 auch Eli's Söhne gerechtfertigt, vgl. *Schabb.* 55[b]. Auch die Söhne Samuels haben nicht gesündigt *Schabb.* 56[a]. Gehen wir in die Geschichte der Könige, so werden Saul, David und Salomo der Sünde entkleidet. Saul hat allerdings fünf Sünden begangen, um deren willen er getödtet ward. Aber er heißt dennoch ein צדיק *Wajjikra rabba* c. 26. David sagt: לך לבדך habe ich gesündigt, d. i. um deinetwillen allein, denn ich hätte mein eignes Gelüste wol überwinden können; Bathseba aber war ihm von Gott zum Weibe bestimmt, er hat sie nur genossen als unreife Frucht (בגה) vor der Zeit *Sanhedrin* 107[a]. David, sagt *Schabb.* 56[a], hat nicht gesündigt; wie hätte die Schechina

bei ihm wohnen können, wenn er wirklich in solche Sünden gefallen
wäre? Gott wohnt nicht bei dem Sünder. בקש לעשות דירתו בלא עשה.
Davids Reich wurde aber zur Strafe für seine Sünde gespalten. Dies
geschah, weil er böses Gerücht über Mephiboseth annahm *Schabb.*
56ᵃ ᵇ. Daher kam dann Israels Götzendienst, daher auch das Exil;
Israel selbst trägt nicht die Schuld dafür. Salomo hat auch nicht
eine Sünde begangen. War doch selbst ein Ahab nach *Sanhedrin*
112ᵇ wenigstens שקול, d. i. Gutes und Böses hielten sich die Wage;
weil er die Gesetzesbeflissenen von seinem Vermögen genießen
ließ, so verzieh Gott ihm die Hälfte seiner Sünde; die andere wird
durch sein Gutes aufgewogen. Ebensowenig hat Josia gesündigt
Schabb. 56ᵇ.

So sind also die Väter und die Großen Israels untadelig, heilig.
Ihre Heiligkeit verleiht dem Volke Israel seinen heiligen Charakter,
denn von Heiligen stammen wieder Heilige, und was etwa an diesen
mangelt, das wird durch die Heiligkeit der Väter und der Großen
ergänzt.

§ 15. Das Volk Gottes im Unterschied von der Heidenwelt.

Das Verhältnis Israels zu Jehova ist ein exclusives, da es allein
unter allen Völkern der Welt die Thora auf Gottes Anerbieten angenommen hat. Es hat sich allein Gotte zu eigen und zum Dienst
ergeben und ist darum auch allein Stätte des Reiches Gottes, während die Heidenwelt profanes Gebiet ist und bleibt. Mit dieser
profanen Welt hat Israel keine Gemeinschaft.

1. Es gibt eine Ueberlieferung, die wir bereits im ältesten uns
aufbehaltenen Midrasch, in der *Pesikta* des R. Kahana finden, daß
Gott die Thora auch den Heiden angeboten, diese aber sie abge-
wiesen haben, so daß schon durch die Gesetzgebung ein bleibender
Gegensatz zwischen Jehova und der Heidenwelt entstand. Israel aber
nahm die Thora an und wurde so im Unterschied von den Heiden
das Volk Gottes. So heißt es 186ᵃ: Die Schrift lehrt, daß der
Heilige die Thora allen Völkern angeboten habe, und sie nahmen
sie nicht an, bis Israel kam und sie annahm; deshalb wird der
Heilige sie trösten. 103ᵇ: Alle Völker der Welt flohen vor dem
Heiligen am Tage der Gesetzgebung, nur Israel nicht. 43ᵇ: Es war
doch schon offenbar und kund vor dir, o Herr, daß die Heiden
deine Thora nicht annehmen würden; aus welchem Grunde schien
es dir gut, sie ihnen anzubieten? Um unseren (Israels) Lohn zu ver-

doppeln. Ebendaselbst: Weshalb hat sich Jehova seiner Pflicht gegen die Heiden entledigt? Um des Verdienstes der Väter willen, d. h. um deren Verdienst zu vergrößern. 200ª: Offen und kund war es vor dem Schöpfer, daß die Völker. der Welt die Thora nicht annehmen würden; weshalb hat er sich seiner Pflicht gegen sie entledigt? Antwort: So ist es die Weise des Heiligen: er straft nicht, ehe er sich gegen seine Geschöpfe seiner Pflicht entledigt hat; erst darnach stößt er sie aus der Welt, weil er nicht nach Art der Tyrannen mit seinen Geschöpfen handelt. Vgl. *Beza* 25ᵇ, wo das Thema noch weiter erörtert wird. In Folge dieser Ablehnung der Thora ist nun die Heidenwelt für immer von Gottes Gemeinschaft ausgeschlossen, und Israel ist und bleibt allein das Volk Gottes. Demgemäß heißt es *Mechilta* 44ᵇ: Die Heiden hören Jehova's Lob aus Israels Munde. Sie sprechen zu Israel: Wir wollen mit euch gehen, denn es heißt im hohen Liede: Wohin hat dein Freund sich gewendet, daß wir ihn mit dir suchen? Aber Israel antwortet ihnen: Ihr habt keinen Theil an ihm, sondern mein Freund ist mein und ich bin sein. *Sifre* 143ᵇ: Die Schrift lehrt, daß der Heilige den Heiden nicht Liebe zuertheilt hat wie Israel. Ebenso *Pesikta* 16ª: Israel ist Gott näher als die Völker, wie das Kleid, das unmittelbar am Leibe anliegt; daher erzeigt er Israel eine besondere Liebe und Sorgfalt, wie sie die Völker der Welt nicht erfahren. Aehnliche Gleichnisse siehe 16ᵇ. 17ª. Ferner *Mechilta* 44ª: Heil bist du allen Bewohnern der Erde, aber mir in sonderlicher Weise ביתך, und weiter: Alle Völker der Welt sagen das Lob des Heiligen, aber das meinige ist weit angenehmer und schöner vor ihm als das ihrige. *Sifre* 22ᵇ heißt Israel deshalb der Augapfel Gottes, *Mechilta* 32ª die Perle, der kostbare Schatz, den die Heiden in ihrer Mitte haben, ohne es zu wissen. Am schärfsten ist das exclusive Verhältnis Gottes zu Israel und sein Gegensatz zu den Heiden bezeichnet in Stellen wie einerseits *Tanchuma, Jithro* 5, wo Gott die Israeliten אחים und רעים nennt, und andererseits *Schemoth rabba* c. 29, wo es heißt, Gott sei nicht der Gott der Heiden, oder *Ruth rabba* 27ᶜ, wo Gott sagt: אין אני נקרא אלהי כל האומות אלא אלהי ישראל Nicht werde ich genannt Gott aller Völker, sondern Gott Israels. Und dieses ausschließliche Verhältnis Gottes zu Israel ist kein bloß zeitliches, sondern ein ewiges. Auch in der zukünftigen Welt, lehrt *Tanchuma, Bammidbar Nissa* 7, erwähle ich kein anderes Volk als euch, denn ihr seid der geheiligte Same der Gesegneten des Herrn.

2. Nachdem Israel allein die Thora auf sich genommen und sich
Gott zu Dienst und Eigentum begeben hat, ist und bleibt es auch
allein die Stätte des Reiches Gottes. Ausdrücklich wird die Uebernahme der Thora Seitens Israels auch als die Uebernahme des Him-
melreiches שמים מלכות bezeichnet. Jehova übernimmt am Sinai das
Königtum über Israel, und dieses unterstellt sich seiner Herrschaft.
So lehrt *Pesikta* 16[b], *Schemoth rabba* c. 23 u. a. Stellen, daß Jehova
erst durch Israels Uebernahme der Thora zu seinem Königtum auf
Erden gelangt sei, und *Mechilta* 73[b]: Als sie am Berge Sinai standen, das Gesetz zu empfangen, wurden sie alle darin eines Sinnes,
daß sie das Himmelreich auf sich nehmen wollten mit Freuden, und
überdies verpfändeten sie sich einer für den andern. Dagegen wurde
von da an die Heidenwelt im Gegensatz zu Israel profanes Gebiet.
Israel heißt *Wajjikra rabba* c. 23 die Rose unter den Dornen, um
deren willen Gott den Garten der Welt, der voll Dornen ist, stehen
läßt, *Bammidbar rabba* c. 9 die eine Taube, die reine in der Welt,
während die Heiden ein Gemisch von Reinen und Unreinen sind,
und *Tanchuma, Tholedoth* 5 das Lamm unter den siebzig Wölfen,
d. i. den siebzig Völkern der Welt. Nach *Schemoth rabba* c. 36
lassen sich Israel und die Heiden so wenig vermischen als Wasser
und Oel. Beide haben eine ganz verschiedene Bestimmung und Aufgabe. Gott selbst hat die Völker zum Dienste dieser Welt bestimmt
תשמיש של עולם *Bammidbar rabba* c. 18. Die Bestimmung Israels ist
der Dienst עבודה Gottes, während die Heiden ihre irdischen Geschäfte מלאכה verrichten sollen *Mechilta* 110[b]. Israel wendet dagegen
seine Mühe und Arbeit an die Thora עמלים בתורה 173[b]. Die Heiden üben Laster und wälzen sich darin, Israel müht sich mit dem
Studium der Thora und der Erfüllung der Gebote *Erubin* 21[b]. Wenn
jene ihren Circus und ihre Theater besuchen, so eilt Israel zu
seinen Synagogen und Lehrhäusern *Bereschith rabba* c. 67.

3. Zwischen denen, welche dem Reiche Gottes angehören und
Gotte dienen, und den Heiden, welche dem Dienste und der Lust
dieser Welt ergeben sind, kann keine Gemeinschaft bestehen, weder
Gemeinschaft des leiblichen, noch des geistlichen Lebens. In der
Pesikta 144[b] heißt es zu Ps. 36, 9: Es sprach der König zu Israel:
Meine Söhne, wollet ihr mit den Heiden speisen (ihre Güter ge-
nießen)? Sie antworteten ihm: Herr der Welt; „nicht neige mein
Herz zu böser Sache bübisch zu verüben Bubenstücke in Frevel-
muth, mit den Herren den heillos schaltenden" (Ps. 141, 4). Der

Herr aber sagt: Weil sie Büberei treiben, wollet ihr nicht mit ihnen speisen? Da sprachen sie zu ihm: Herr der Welt, „und nicht schmecken ihre Leckerbissen mag ich." Wir haben nicht Lust und Gefallen an ihren lieblichen und schönen Gütern, sondern woran haben wir Gefallen? an deinen lieblichen und schönen Gütern. — Auch sonst ist die Gemeinschaft beschränkt. Der Genuß von Brod, Oel und Wein der Heiden ist verboten, weil er den Israeliten in irgend welchen Connex mit dem Götzendienste bringen könnte *Gemara* zu *Aboda sara* II, 5. Daß keine Ehegemeinschaft stattfindet, ist hiernach selbstverständlich. Auch der Austausch der geistigen Güter zwischen Israel und der profanen Heidenwelt soll nicht stattfinden. Der Israelit soll sich mit den Geisteswerken der Heiden אחרים בדברים nicht beschäftigen *Mechilta* 70ᵇ. Hinwiederum darf Israel seine Mysterien den Heiden nicht preisgeben *Schir rabba* 11ᵃ. Die Thora ist den Heiden verboten, weil sie Israel anvertraut ist wie ein Weib ihrem Manne *Schemoth rabba* c. 33. Sie heißt da אשת איש Weib eines Mannes, deren Berührung jedem andern Mann untersagt ist. Die Beschäftigung mit ihr von Seiten des Heiden und ihre Hingabe an den Heiden Seiten des Israeliten wird als geistiger Ehebruch betrachtet. Deshalb wird das Thorastudium im künftigen Gericht den Heiden keineswegs zu Gute gerechnet *Pesikta* 188ᵇ.

§ 16. Israel in der Verbannung.

Auch nach der Zerstörung Jerusalems und des Heiligtums und dem Verlust des Erblandes ist Israel, das nun überall zerstreute, inmitten der Heidenwelt Stätte des Reiches Gottes. Denn Gottes Herrschaft ist überall, wo die Thora herrscht. Dabei bleibt Israel im geistlichen Zusammenhang des Glaubens, der Liebe und der Hoffnung mit seinem Lande und den heiligen Stämmen und weiß und bekennt, daß erst mit der Rückkehr ins Erbland und der Restitution des Heiligtums und der Aboda das Reich Gottes zur vollendeten Darstellung kommen wird.

1. Das jüdisch religiöse Bewußtsein hat an der Zerstörung Jerusalems und des Heiligtums und an der Verstoßung aus dem Erblande eine große Schwierigkeit zu überwinden. Indes war die Ueberwindung derselben schon beim Eintritt der Katastrophe dadurch vorbereitet, daß die Thora bereits das nationale Einheitsband bildete und die Theokratie die Form der Nomokratie angenommen hatte.

Diese ließ sich überall wenigstens in gewissem Maaße, auch in der
Diaspora fern vom heiligen Lande und dem Heiligtum fortsetzen.
Aber auch dogmatisch wurde jene Schwierigkeit überwunden. Wenn
das Verhältnis Gottes zu Israel so sehr das der Zusammengehörig-
keit ist, daß es *Bereschith rabba* c. 94 heißt, Gott rechne sich selbst
zur Zahl בְּנֵי des Volkes Israel, oder *Schemoth rabba* c. 7, Gott
rechne sich mit den Gerechten zusammen, so ist es nur consequent,
anzunehmen, daß Gott auch in der Verbannung seinem Volke gegenwärtig bleibe, und Israel auch dort nicht aufhöre, Stätte des Reiches
Gottes zu sein. Gott folgt Israel überall nach in die Verbannung.
Du findest, lesen wir *Sifre* 44ᵇ, daß überall, wo Israel in der Verbannung war, die *Schechina* bei ihm war. Denn es heißt: Ich offenbarte mich deines Vaters Hause als sie in Aegypten waren, im Hause
Pharao's (1 Sam. 2, 27). Sie wurden nach Babel verbannt; da war
die Schechina mit ihnen, denn es heißt: Um euretwillen bin ich
nach Babel geschickt worden (Jes. 43, 14). Sie wurden nach Edom
(in das römische Reich) verbannt; auch da war die Schechina mit
ihnen, denn es heißt: Wer ist der, der von Edom kommt (Jes. 63, 1)?
Und wenn sie zurückkehren werden, so wird die Schechina mit ihnen
zurückkehren, denn es heißt Deut. 30, 3 nicht הֵשִׁיב, sondern שָׁב:
er kehrt zurück mit seinen Gefangenen. *Mechilta* 19ᵇ: Und so
findest du es, so oft Israel unterjocht wurde von der Weltmacht,
wurde so zu sagen כִּבְיָכֹל die Schechina mit ihnen unterjocht. Später
folgt dann dieselbe Ausführung, wie wir sie soeben aus *Sifre* 44ᵇ
mitgetheilt haben, vgl. *Sifre* 62ᵇ. Die *Pesikta* sagt 114ᵇ, daß die
Schechina zehnmal mit Israel auswanderte. So finden wir auch *Berachoth* 8ᵃ, daß Gott mit Israel unter den Völkern der Welt ist
בֵּין אֻמּוֹת הָעוֹלָם. Er theilt die Fremdlingschaften mit seinen Kindern.
Er steht mit seinem Volke auch unter der Herrschaft der Weltmacht
שִׁעְבּוּד הַמַּלְכֻיּוֹת *Berachoth* 8ᵇ. Es kann ja nicht fehlen, daß Israel in
der Fremde unter den Heiden unrein wird; aber selbst zur Zeit,
da sie unrein sind, wohnt die Schechina bei ihnen בִּזְמַן שֶׁהֵם טְמֵאִים
שְׁכִינָה עִמָּהֶם *Joma* 57ᵃ. Gott nennt Israel auch in ihrer tiefsten Er-
niedrigung seine Brüder *jer. Berachoth* 16. Er nimmt Theil an den
Leiden Israels *Pesikta* 131ᵇ, *Schemoth rabba* c. 2. Er wohnt im
Dornbusch d. i. unter dem verachteten Israel, *Schemoth* a. a. O.
    Andererseits hört Israel in der Fremde nicht auf, Gotte zu
dienen. Es bleibt auch in der Diaspora die Stätte des Reiches
Gottes, wo Gott in seinem Volke königlich waltet und sein Volk

wider die Weltmacht in aller Noth schirmt und schützet und wunderbar erhält, indem dagegen Israel, *Schemoth rabba* c. 31, unerschütterlich an der Thora festhält. Israel ist ein Rohr, über welches die Winde hinwehen, das sich aber nicht von der Stätte der Thora bewegt, sondern immer neue Zweige treibt, indem es sich um so ernster mit der Thora beschäftigt *Taanith* 19ª. Zum Lohne dafür erweist sich Jehova ihm als Schutz- und Schirmherr. Die Thora steht vor dem Heiligen und bittet für Israel *Schemoth rabba* c. 29. In allen Zeiten des Exils vom chaldäischen bis zum römischen Exil hat sich Gott zu seinem Volke bekannt und ihm in großen Männern, die er unter ihnen aufstellte, seine Gnade offenbart; darum wenn Israel seinen Tempel zerstört und die götzendienerische Stadt im Glücke sieht, so mag es sich seiner Zukunft trösten *Megilla* 10ª. Sind die Israeliten unter den Heiden diejenigen, welche den Willen Gottes vollbringen רצין יחיה עיבדי, so haben sie dafür alles Gute zu erwarten. So lange, heißt es *Pesikta* 121ª, die Knaben in ihren Schulen die Thora lesen, ist Israel für seine Feinde unüberwindlich, während umgekehrt, so lange Israel die Thora zur Erde wirft, es der frevlerischen Weltmacht מלכות הרשעה gelingt, ihre Decrete גזרות über Israel durchzuführen. *Echa rabba* 36ᵇ wird die Thora Israels Schutz gegen Edom (das römische Weltreich) genannt, und *Debarim rabba* c. 1 mahnt: Fliehet vor Edoms Bedrängnis zur Thora. Wie der Weinstock am Spalier, so hat Israel (in der Verbannung) am Verdienst der Thora, mit der es sich beschäftigt und die es übt, und am Verdienst seiner Väter seinen Halt *Wajjikra rabba* c. 36. Wie ein Ertrinkender sich am Seil festhält und so vor dem Untergang rettet, so erhält sich Israel im Exil durch die Erfüllung der Gebote *Bammidbar rabba* c. 17. Auch für die leibliche Erhaltung seines Volkes in der Fremde trägt Gott Sorge. *Pesikta* 114ᵇ: Auf Gottes Befehl wurden bereits vierzig Jahre, bevor Israel nach Babylon kam, Datteln dort gepflanzt, weil das Volk sie liebte. Daselbst findet sich die überschwengliche Haggada, daß 700 reine Fischarten und 700 reine Heuschreckenarten und unzähliges Geflügel mit Israel nach Babylon wanderten. Welche reichliche Fürsorge für die Tage der Verbannung!

2. Wenn nun so das ursprüngliche durch die Thora begründete Verhältnis zwischen Gott und Israel noch fortbesteht und sich auf beiden Seiten wirksam erweist, welche Stellung nimmt dann die Zerstörung des Heiligtums, der Verlust des Landes Israel, die Fremd-

lingschaft und Knechtschaft Israels in dessen religiösem Bewußtsein ein? Was zunächst die Zerstörung des Tempels anlangt, so finden wir
Beresch. rabba c. 42 u. ö., daß dieselbe Israel zum Guten gereichen
sollte, denn an diesem Tage hat Israel Quittung empfangen, d. h.
seine Sünden abgebüßt נטל אפיכי (ἀποχή), eine אפיבי גדולה. Fragt
man, in welchem Verhältnis Jehova zu dem zerstörten Heiligtum
stehe, so antwortet *Schemoth rabba* c. 2 vgl. *Bammidbar rabba* c. 11,
daß er von demselben nicht weichen kann. Die Schechina steht
allezeit hinter der westlichen Mauer des Tempels, die bei der Zerstörung stehen blieb. Gottes Auge verweilt auf den heiligen Ruinen,
aber auch auf seinem Volke, um zu sehen, ob es seine Thora erfüllt. Das Heiligtum bleibt somit auch jetzt die ideale Stätte göttlicher Offenbarung, und darum der ideale Mittelpunkt Israels. *Sifre*
71[h]: Die außerhalb des Landes Israel stehen, wenden ihr Angesicht
gegen das Land Israel und beten; die im Lande Israel stehen,
wenden ihr Angesicht gegen Jerusalem; die in Jerusalem stehen,
wenden ihr Angesicht gegen das Heiligtum; die im Heiligtum stehen,
richten ihr Herz auf das Allerheiligste und beten; stehen sie auf
der Nordseite, so wenden sie sich gegen Süden; stehen sie auf der
Südseite, so richten sie sich gegen Norden; stehen sie auf der Ost-
seite, so kehren sie sich gegen Westen; stehen sie auf der West-
seite, so kehren sie sich gegen Osten. Ganz Israel wendet sich also
beim Gebete nach einem und denselben Orte hin. Und *Schemoth
rabba* c. 23 sagt ausdrücklich: Jerusalem ist bestimmt, die Metropolis der Welt מטרופילין לכל ארציות zu werden, vgl. *Pesikta* 143[a b].
Aus den Fenstern des Tempels ging das Licht in die ganze Welt aus.
Dieselben waren deshalb inwendig schmal, nach außen aber in die
Breite sich erweiternd, damit das Licht ausströme, aber nicht herein-
dringe *Pesikta* 145[a], vgl. *Schemoth rabba* c. 36, *Wajjikra rabba*
c. 31. Es verbleibt also dem Heiligtum für das Bewußtsein Israels
auch jetzt noch die Bedeutung, die Centralstätte göttlicher Offenbarung zu sein. Unter allen Völkern, lehrt *Wajjikra rabba* c. 113,
hat Gott nur Israel würdig befunden, ihm die Thora zu übergeben,
unter allen Städten nur Jerusalem, unter allen Ländern nur das
Land Israel. Deshalb ist es eine der wichtigsten Pflichten Israels,
um den Wiederaufbau des Heiligtums zu bitten. Dabei fehlt nicht
das Bewußtsein, daß die Zerstörung Jerusalems für Israel ein Zeichen des göttlichen Zornes ist und somit das volle Gemeinschafts-

verhältnis erst wieder mit der Herstellung des Heiligtums und der
Aboda beginnen wird. Bezeichnend dafür ist der Ausspruch des
R. Eleasar *Baba mezia* 59ᵃ: Seit dem Tage, an welchem das Heiligtum zerstört ist, sind die Pforten des Gebets verschlossen (Thren.
3, 8, wo statt שׁעי gelesen wird סרה תפלתי); doch wenn auch die
Pforten des Gebetes verschlossen sind, so doch nicht die Pforten
für die Thränen שׁערי דמעית; diese dringen zu Gott ein (Ps. 39, 13:
אל דמעתי אל תחרשׁ). Aus gleichem Grunde wol wird Israel im Zustande der Trennung vom Heiligtum eine נדה durch Blutfluß Unreine genannt *Wajjikra rabba* c. 19.

Was das Land Israel betrifft, so hält das Volk auch nach dem
Verluste desselben daran fest, daß es die eigentliche Stätte der Gegenwart und des Reiches Gottes sei. Wer im Lande Israel wohnt,
ist deshalb nach *Kethuboth* 39 Gotte näher, als wer außerhalb desselben wohnt. Israel hält fest daran, daß das heilige Land auch
jetzt noch ihm gehöre. Drei gute Gaben sind Israel gegeben, und
die Völker der Welt gelüsten nach ihnen, werden sie aber nicht
erlangen: die Thora, das Land Israels und die zukünftige Welt,
Mechilta 79ᵇ vgl. *Schemoth rabba* c. 1. Für Israel ist das Land
seiner Väter das Land der Länder. *Sifre* 148ᵇ heißt dieses Land
der Wendepunkt der Welt תקופה שׁל שׁל עולם, und *Kidduschin* 36 sagt
von ihm, es sei höher als alle anderen Länder. *Schemoth rabba* c. 32
werden die Vorzüge des Landes vor allen andern Ländern gepries-
en. Bei solcher Vorliebe geschah es nur sehr langsam und hielt
sehr schwer, daß die frommen Israeliten sich vom Lande Israel
lösten. Man wollte zuerst keine Gesetzesschule (Academie ישׁיבה)
außerhalb der Landes Israel haben. *Sifre* 91ᵇ nennt mehrere Weise,
die aus dem Lande gehen wollten, um Thora zu studiren; aber auf
der Grenze brachen sie in Thränen aus beim Gedächtnis an das
Land Israel, zerrissen ihre Kleider und kehrten wieder um; denn,
sagten sie, das Wohnen im Lande Israel wiegt alle Gesetze der
Thora auf. Indeß bestand hierüber auch eine andere Meinung. Nach
Kethuboth 40ᵃ soll Israel in Babel wohnen, bis Gott selbst es heim-
führt. Man verlieh auch dem Lande Babel als dem von Gott selbst
bestimmten temporären Aufenthaltsorte Israels einen gewissen Grad
von Heiligkeit. Das Land Israel steht auf höchster, das Land Babel
auf mittlerer, der übrige Erdkreis der Völker auf niedrigster Stufe
der Heiligkeit. Allein das Land Israel blieb doch für alle Frommen
das Ziel der Sehnsucht. Die Ursache davon war nicht bloß der

durch die Vergangenheit und ideale Bestimmung dem Lande aufge-
prägte Charakter, sondern insonderheit die bestimmte Erwartung, daß
im Lande Israel die Todten zuerst auferstehen sollen, daß hier der
Messias offenbar und sein Reich werde errichtet werden. In *Bereschith rabba* c. 74 heißt deshalb das Land Israel das „Land der
Lebendigen." Um an der Auferstehung der Todten alsbald Theil zu
haben, wollte man womöglich im Lande Israel ruhen. In *jer. Kilajim* wird erzählt, daß man die Leichen von Rabbinen, welche man
besonders ehren wollte, nicht in Babylon begrub, sondern in das
Land Israel zum Begräbnis überführte. An derselben Stelle werden
dann überhaupt Beispiele von solchen angeführt, die im Lande Israel
begraben wurden, nachdem sie außerhalb desselben gestorben waren.
Man legte sogar dem Begräbnis im Lande Israel sühnende Kraft bei.
Die Todten aber, welche man nicht im heiligen Lande bestatten
konnte, legte man im Grabe wenigstens so, daß die Füße nach dem
Lande Israel gekehrt waren. So bleibt denn der Glaubens- und
Hoffnungsblick Israels auf Jerusalem und das Heiligtum, so wie auf
das heilige Land gerichtet. Besteht gleich die Gemeinschaft zwischen
Gott und dem gesetzestreuen Israel auch in der Verbannung fort,
ist gleich auch überall, wo die Thora einen Sitz hat, Gott König,
und seine Herrschaft vorhanden, also das Reich Gottes, so kommt
doch dieses zu seiner Vollendung und schließlichen Darstellung erst
dann, wenn die Schechina mit Israel in das heilige Land zurückkehrt, wenn Jerusalem und das Heiligtum wieder hergestellt wird.
Dies bleibt das Gebet und die Hoffnung Israels.

Cap. VI. Der religiöse Charakter und die Bestimmung der Heidenwelt.

§ 17. Die Heidenwelt außerhalb des Reiches Gottes.

Die Völkerwelt ist durch Verwerfung der Thora und überhaupt
eines jeden göttlichen Gesetzes in bewußten Gegensatz gegen Gott
getreten. Sie hat den Götzendienst erwählt und sich Gotte absolut
verschlossen, so daß er sich an ihr nicht mehr bezeugen kann und
sie von seinem Reichsplan schlechthin ausgeschlossen hat. Von Gott
verlassen, ist die Völkerwelt dem Dienste des Fleisches verfallen,
und im Fleischesdienst auch der menschlichen Natur verlustig geworden; sie hat thierische Art angenommen, so daß sie für ethisch
und physisch unrein anzusehen ist.

1. Die oben (S. 19 f.) besprochene Nichtannahme der von Gott
angebotenen Thora von Seiten der Heiden kommt hier abermals
in Betracht, insofern sie für ein wirkliches Nichtwollen, eine bewußte Verwerfung angesehen wird, vgl. *Pesikta* 199ᵇ. 200ᵃ. In
Schemoth rabba c. 17 heißt es ausdrücklich: Gott erschien den Heiden, und sie wollten die Thora nicht annehmen לא רצו, sie erschien
ihnen als etwas Werthloses שאין בן בבלי vgl. c. 27. Aber die Heiden
verwarfen nicht bloß die Thora im Ganzen, sondern sind nicht einmal
gewillt, das leichteste Gebot derselben zu halten. So sagt *Aboda
sara* 3ᵃ ᵇ von dem Laubhüttengebot, daß selbst dieses den Heiden
zu erfüllen zu beschwerlich sei, sobald nämlich die Hitze komme
und das Sitzen in der Laubhütte unangenehm werde. Ein anderer
Ausdruck für die Anschauung, daß die Heiden die Thora mit Bewußtsein verwerfen, findet sich *Tosefta* zu *Sota* c. 8: „Wie haben die
Völker der Welt die Thora gelernt? Gott hat sie in das Herz jedes
Volkes und Reiches gegeben, und sie haben die Schrift abgehoben
von den Steinen in 70 Sprachen. (Die Steine sind die des Berges
Ebal, auf welche Israel nach Jos. 8, 32 die Thora geschrieben).
In dieser Stunde wurde ihr Urtheil zum Verderben לבאר שיחת besiegelt." Hiernach kannten die Heiden die Thora und verwarfen
sie. Aber noch mehr: sie sind so sehr gegen jedes Gesetz überhaupt, daß sie nicht einmal die sieben noachischen Gebote erfüllt
haben; Gott mußte sie ihnen abnehmen und auf Israel übertragen
Aboda sara 2ᵇ. 3ᵃ. *Wajjikra rabba* c. 13. Dieser widergesetzliche
Sinn hat sie seit der Offenbarung der Thora zu Feinden Jehova's
gemacht, welche zur Vertilgung bestimmt sind *Bammidbar rabba* c. 1
vgl. *Tanchuma* zu *Debarim*, *Berachoth* 4. Wie Israel vom Sinai her
seinen *character indelebilis* als Volk Gottes trägt, so tragen die
Heiden von da her den *character indelebilis* als Feinde Gottes.
Sie haben sich mit freiem Willen einem andern Dienste ergeben,
als dem Dienste Gottes; ihr positiv religiöser Charakter ist der fremde
Dienst עבודה זרה, d. i. der Götzendienst im Gegensatz zum Dienste
Gottes עיל ל בלבית שמים. Diese fremden Götter sind nicht Götter,
sondern Götzen oder Nichtse, daher ihre Religion sonst bezeichnet
wird als eine עבודת אלילים. Da das Morgenland meist dem Gestirn-
dienst huldigte, so heißen die Heiden davon auch עובדי אלילים ככבים
ומזלות, abgekürzt ע"כ (*Accum*), Stern- und Planetenanbeter.

Der Heide ist nun Gotte und seinem Volke gegenüber der
Fremde, der נכרי oder בן נכר, für Gott Verschlossene. Gott kann

an ihm nicht wirken. Der heilige Geist רוח הקדש ist von ihm genommen *Bammidbar rabba* c. 20. Damit ist alle Gotteserkenntnis
von den Heiden gewichen. *Schir rabba* 9ᵈ lehrt, daß Bileam, der
Prophet der Heiden, der letzte unter ihnen, der eine Erkenntnis
Gottes besaß, diese den Heiden nicht mitgetheilt habe, so daß sein
Dienst Israel allein zu Gute kam. Auch im Gewissen der Heiden
kann sich Gott nicht bethätigen, da ihnen selbst die noachischen Gebote fehlen, so daß sie keine Norm sittlichen Handelns mehr haben.
Infolge dessen läßt sie Gott Alles thun, was sie wollen, ohne sich
ihnen, wie er Israel gegenüber thut, durch Strafe für einzelne
Sünden als den Heiligen zu bezeugen *Echa rabba* 47ᶜ vgl. *Wajjikra
rabba* c. 13.

Weil nun die Heidenwelt Gott absolut fremd gegenübersteht, ist
sie auch schlechthin von seinem Reichsplan ausgeschlossen. In *Wajjikra rabba* c. 13 wird zwischen Israel und den Heiden unterschieden, als zwischen solchen שהם לחיי עילם הבא und solchen שאינן
לחיי עילם הבא, d. i. zwischen solchen, welche zum ewigen Leben bestimmt sind, und solchen, welche nicht dafür bestimmt sind. Die
Heiden sind also nicht für das ewige Leben bestimmt. Nach *Bammidbar rabba* c. 2 sollen die Heiden daher auch in Zukunft die
Thora nicht mehr erhalten, sondern Gottes Zorn ruht auf ihnen als
ein bleibender, vgl. *Mechilta* 32ᵇ: „Auch den Besten unter den Heiden tödte ich." Gesetzt den Fall, ein Heide wollte sich nach dem
Gesetze halten und z. B. das Sabbatgebot erfüllen, ehe er die Beschneidung angenommen hat, so ist er des Todes schuldig *Sanhedrin* 72. Selbst wenn ein Heide die ganze Thora hielte, so nützte
ihm das nichts ohne die Beschneidung *Debarim rabba* c. 1. Die
Thora, welche Israel das Leben bringt, bringt den Heiden den Tod
Wajjikra rabba c. 1. Sogar studiren soll der Heide die Thora nicht,
sonst ist er des Todes schuldig. Rabbi Meir lehrte zwar, er solle
sie studiren, weil es heiße, jeder Mensch solle durch sie leben.
Aber seine Ansicht drang nicht durch *Sanhedrin* 72. Wenn der
Heide in der Noth zu Jehova betet, so wird sein Gebet nicht erhört
Debarim rabba c. 1. Und wenn er nach begangener Sünde Buße
thut, so hilft es ihm nichts *Pesikta* 156ᵃ. Auch sein Almosen wird
ihm nicht zugerechnet *Pesikta* 12ᵇ. Der Heide hat also als solcher
vor der Beschneidung schlechterdings keinen Theil an Gott, an seiner
Gnade und Offenbarung. Gott bezeugt sich nicht an ihm und er-
widert seinen guten Willen, ihm zu nahen, nicht mit dem Willen

ihn zu sich zu ziehen, es sei denn, daß der Heide den Anschluß
an das Judentum begehre. Es ist auch nicht Gottes Absicht, die
Völkerwelt als solche je zur Stätte seines Reiches zu machen, d. h.
Heiden ohne die Beschneidung oder den Eintritt in das jüdische
Volkstum anzunehmen. Wenn der Prophet Maleachi weissagt, daß
die Anbetung Gottes eine allgemeine werden soll, so gilt dies nach
Bammidbar rabba c. 13 nur von der jüdischen Diaspora der ganzen
Welt. „Vom Aufgang der Sonne bis zum Niedergang" heißt danach
soviel als: wo Israeliten in der Welt sind, soll Gottes Name angebetet werden. *Tanchuma* zu *Wajjikra, Mezora* 9 sagt, Maleachi
weissage, es werde an allen Orten der Völkerwelt, wo sich Juden
im Exil befinden, das Mincha- oder Abendgebet gehalten werden.
Zu dem Gedanken der Universalität des Reiches Gottes steht also
das jüdisch religiöse Bewußtsein in unversöhnlichem Gegensatz.

2. Absolut von Gott und seinem Geist verlassen, ist die Völkerwelt dem Dienst der Sünde, insonderheit dem Fleischesdienst verfallen. Als Einheit gedacht und im Weltreiche zusammengefaßt heißt
sie „das Reich des Frevels" רשע ה־מ־־ר בלב *Beresch. rabba* c. 2 u. ö.
oder auch „Esau der Frevler" *Pesikta* 95ᵇ. „In ihren Büchern (in
denen Gott ihre Werke aufgezeichnet hat) findet sich kein Verdienst"
Schir rabba 86ᶜ; daselbst 89ᵈ: Für die Völker der Welt gibt es
kein Gutes, denn es heißt Koh. 8, 13: Kein Gutes wird sein dem
Frevler. Von jedem Heiden wird vorausgesetzt, daß er ein רשע ist;
die Heidenwelt besteht aus lauter Frevlern. Hiob war der einzige
Gerechte unter seinen Zeitgenossen *Debarim rabba* c. 2; Rebekka
heißt *Beresch. rabba* c. 63 die Rose unter den Dornen. Während
der Israelit immer mit der Erfüllung der Gebote, ist der Heide
immerfort mit צבי־ר־ר Uebertretungen beschäftigt. Jeder Heide ist
verdächtig ה־ר־ר, wie aller Sünden überhaupt, so insbesondere der
Fleischessünden. *Mechilta* 17ᵇ werden alle Aegypter kurzweg als im
Ehebruch Erzeugte bezeichnet. Hiermit vergleiche man den Satz im
Jalkut zu *Bereschith* 25: אין אב ל־מי d. i. man weiß von keinem
Heiden, wer sein Vater sei, weil zu präsumiren ist, daß sie alle
spurii sind. Weil der Heide also auch der schwersten Fleischessünden verdächtig ist, bestimmt *Aboda sara* II, 1, daß der Jude in
die Ställe der Heiden kein Vieh einstellen soll, weil man von
ihnen annimmt, daß sie das Vieh zu widernatürlicher Unzucht mißbrauchen. „Die Heiden ziehen das Vieh der Juden ihren eigenen
Frauen vor." Wir werden später sehen, daß diese Begier zum

Incest für Nachwirkung physischer Infection der Eva durch die
Schlange angesehen wird, vgl. *Aboda sara* 22ᵇ. *Schabbath* 146ᵃ. In
Rosch haschana 3 wird darüber discutirt, ob Kores כרש rein gewesen sei und auf gleiche Linie mit den Königen Israels gestellt
werden dürfe. Dies bejahen Einige, Andere verneinen es und be-
züchtigen ihn, er habe eine שבל Hündin zum Weib gehabt und
wie Nebukadnezar sodomitische Greuel getrieben. In Verbindung
mit diesen Fleischessünden steht die Prasserei und Schwelgerei, welche
den Heiden nachgesagt wird, z. B. *Pesikta* 59ᵇ. Was der Heide Gutes
empfängt, mißbraucht er zur Sünde 194ᵇ. „Wenn die Heiden Feste
feiern, so essen und trinken sie, verüben Muthwillen und Leicht-
sinn, besuchen dann Theater und Circus und reizen dich, o Herr,
durch ihre Worte und Werke, während Israel an seinen Festen
isset und trinket und sich freuet, dann in die Synagogen und Lehrhäuser geht und viel betet" 190ᵃ ᵇ. Ueber Theater und Circus der
Heiden ist das Urtheil überall sehr streng, vgl. 119ᵇ. 168ᵇ. Auch
das Theater entbehrt alles sittlichen Gehaltes. Die Heiden erscheinen da bloß als שחוקים, ein Ausdruck, welcher Spiel und Scherz
mit dem Begriff des Unreinen und Frivolen verbindet. Aber dazu
ist der Heide erzogen. Ist der Knabe groß, so führt man ihn zum
Götzendienst, wo er Gott erzürnen lernt 190ᵃ. Wenn der Heide
spricht, so spricht er nur vom Irdischen; wenn er zu seinen Göttern
betet, so betet er nur um das Irdische *Bereschith rabba* c. 13. Der
Heide ist somit der in die Materie versunkene fleischliche Mensch
ohne alles Göttliche. Ja in diesem fleischlichen Wesen hat er selbst
die ursprüngliche menschliche Natur verloren und ist thierisch geworden, so daß er nach *Baba mezia* 36 nicht das Prädicat אדם
mehr verdient.

In ethischer wie in physischer Beziehung ist also der Heide
durchaus unrein. Pharao heißt *Schemoth rabba* c. 20 ein Hirte von
Schweinen רעיה חזירים. Dies ist nicht etwa eine vereinzelte Aeußerung:
die heidnischen Völker gelten schlechthin als unrein. Deshalb finden
wir in der *Pesikta* 29ᵇ, daß durch Israels Abstammung von dem
Heiden Therach, und durch ihn von den איתני העולם, das Wort in
Erfüllung gegangen sei: Wer gibt einen Reinen von den Unreinen?
Auch die Länder der Heiden wurden für unrein erklärt, wie denn
nach *Aboda sara* 8ᵇ die Weisen 80 Jahre vor der Zerstörung Jerusalem für unrein erklärt haben, vgl. *Schabbath* 15ᵃ. Bis zur Auswahl Israels waren alle Länder טהורים rein d. i. würdig zur Wohnung

Gottes geachtet, nun aber sind die Länder der Heiden טְמֵלִיר unrein, d. h. nicht mehr rein genug, daß Gott in ihnen wohne und
sich ihnen offenbare *Tanchuma* zu *Schemoth, Bo* 5.

§ 18. Der Unwerth der Heidenwelt vor Gott und Israel.

Die sittlich und religiös gehaltlose Heidenwelt schafft für Gott
weder zeitliche noch ewige Frucht und hat darum für Gott und sein
Reich keinerlei Werth und Bedeutung. Ebensowenig Werth hat sie
für die Gemeinde Gottes; diese hat ihr gegenüber lediglich die
Pflicht der Selbstbewahrung zu erfüllen.

1. Während Israel Weizenfrucht חִטִּים genannt wird, von welcher
Gott Genuß hat, heißen die Heiden Stroh und Spreu, תֶּבֶן und קַשׁ.
Von ihnen hat Gott also keine Frucht. Deshalb werden sie auch
als Auskehricht מַטְאֲטֵא bezeichnet *Tanchuma* zu *Bammidbar* 19, während Israel aus Gerechten besteht und den Namen צַדִּיקִים, bildlich
חִטִּים, trägt. Gott zählt nur Israel, nicht die Heiden, die vor ihm
gleichsam nicht vorhanden כְּאַיִן sind, vgl. a. a. O. 20: אֵינָן חֲשׁוּבִין.
Wie sie für die Zeit keine Frucht schaffen und für Gott ohne Werth
und Bedeutung sind, so für die Ewigkeit. *Wajjikra rabba* c. 13
werden Israel und die Heiden mit zwei Patienten verglichen. Der
eine ist zum Tode krank, für den andern besteht noch Hoffnung. Jenem erlaubt der Arzt Alles, diesem nicht; jener bekommt
kein Gesetz, dieser bekommt ein solches. „So sind die Völker der
Welt, אֻמּוֹת הָעוֹלָם, welche nicht bestimmt sind zum ewigen Leben,
שֶׁאֵין לְחַיֵּי עוֹלָם הַבָּא; von ihnen ist geschrieben: Wie das grüne
Kraut habe ich euch Alles gegeben. Aber bei Israel, welches bestimmt ist zum ewigen Leben שֶׁהֵם לְחַיֵּי עוֹלָם הַבָּא gilt das Wort:
Dies ist das Gethier, von welchem ihr genießen sollt. Die Bestimmung der Heidenwelt ist lediglich, gerichtet zu werden *Tanchuma*
zu *Bereschith, Wajjescheb* 1: Von Anbeginn der Schöpfung der
Welt beschäftigte sich der Heilige mit der Abstammung der Heiden,
damit sie keine Entschuldigung haben, um die Creaturen wissen zu
lassen ihre schimpflichen Ursprünge גּוֹיִל. Warum werden die Nachkommen Esau's Gen. 36 aufgezählt? Um zu zeigen, daß sie alle
aus blutschänderischen Verbindungen entsprossen sind כֻּלָּם בְּנֵי זִמָּה.
Aber Israel ist das Korban des Heiligen, und er nennt sie חֵלֶב,
חֵמְאָה, חָלָב. Und warum beschäftigt sich der Heilige von Anfang an
mit den Genealogien der Heiden? Er gleicht einem Könige, der

eine Perle hatte, die ihm in den Staub und das Kehricht צרורות
gefallen war; er war gezwungen, im Staub und Kehricht zu suchen,
um sie herauszubringen. Sobald er sie gefunden, läßt er Staub und
Kehricht und beschäftigt sich bloß mit der Perle. *Echa rabba* 55ᵇ:
Jehova hat die איבות העילם wegen Israel für פסילים erklärt d. h. für
nicht fähig zur Gemeinschaft Gottes und seines Reiches. Den Heiden, sagt *Tanchuma, Schemoth We-êlle* 3, hat Gott kein Gesetz gegeben wie Israel; sie mögen thun oder lassen was sie wollen, sie
gehen doch in die Verdammnis ein; Israel aber hat Gott das Gesetz
gegeben, damit es dadurch lebe. So wundern wir uns auch nicht
über Ausdrücke wie פגרים מתים *Schemoth rabba* c. 18.

Weil nun Gott aber gerecht ist, so ist den Heiden für das
ewige Leben die irdische Welt gegeben, und sofern sich ein Heide ein
Verdienst erwirbt, so empfängt er sofort seinen Lohn in dieser Welt.

2. Auch für Gottes Gemeinde ist die Heidenwelt ohne Werth.
Es gibt für das jüdisch religiöse Bewußtsein zwischen Judentum und
Heidentum kein mittleres Gebiet des Natürlichen oder rein Hu-
manen, auf welchem beide sich berühren könnten, wo sie beide gemeinsames Interesse haben, gemeinsame Arbeit thun und gemeinsame Frucht ernten könnten. Dies ist ausgeschlossen durch die Un-
reinheit des Heidentums in physischer wie in ethischer Beziehung.
Pesikta 46ᵃ wird ausgeführt, daß Israel sich seiner Besonderheit
auch in allen natürlichen Dingen bewußt ist. Insonderheit ist die
Weisheit der Heiden, die חכמה יונית, Sprache und Philosophie der
Griechen, ohne Werth für Israel. Wenn man sie studirt, so geschehe es höchstens in der Zeit der Dämmerung, zwischen Tag und
Nacht, denn die Thora soll Tag und Nacht nicht von Israel weichen
Chagiga 15ᵇ, *Baba Kamma* 82ᵇ, *Menachoth* 99ᵇ. Es war ein besonderes Merkmal der Sadducäer, daß sie auch die Schriften des
Homer verehrten *Jadajim* IV, 6. Wie sollte Israel auch bei den Heiden Weisheit suchen? Verhält sich doch die Weisheit der Juden
zu der der Griechen wie Zehn zu Eins *Kidduschin* 49ᵇ. Ueber
das Erwerbsleben gilt nach strengster Anschauung der Grundsatz,
daß man mit den Heiden kein gemeinsames Geschäft שותפות mache;
könnte man doch sonst in die Lage kommen, jenen bei seinem Gott
schwören zu lassen *Sanhedrin* 75. In *Bereschith rabba* 80 wird
wenigstens verlangt, daß man im Handel nie dem Heiden zuerst
etwas anbiete. *Aboda sara* 13ᵃ·ᵇ findet man dagegen den Grundsatz,
daß der Handelsverkehr mit dem Heiden gestattet ist, sofern ihm

daraus nicht Vortheil, sondern Schaden erwächst. Auch was der Heide baut und an Früchten zieht, darf Israel nur in beschränktem Maße genießen. Die Schulen Hillels und Schammai's verboten Oel und Wein der Heiden. Doch mußte Juda Hannasi das Oel wieder gestatten, vgl. die Gemara zum Tractat *Aboda sara* II, 5. Hier wird auch im Einzelnen bezüglich der Nahrungsmittel gelehrt, wiefern sie verboten oder zugelassen sind. Es entscheidet darüber die Frage, ob vorauszusetzen ist, daß die Früchte der Heiden Unreinheit angenommen haben oder nicht. Darüber hatte sich eine reiche Casuistik ausgebildet. — Was endlich den socialen Verkehr, die Ehe und sonstige Gemeinschaft betrifft, so ist das Connubium mit den Heiden schlechthin untersagt. Die Töchter der Heiden sind von Geburt an als unrein נידות betrachtet, so daß man bei Todesstrafe ihnen nicht nahen soll; selbst das Alleinsein mit ihnen ist verboten *Aboda sara*, Gemara zu II, 5. Der familiäre Verkehr ist untersagt; jüdische Kinder würden von heidnischen voraussichtlich die Unzucht lernen, a. a. O. Tritt nun aber dennoch eine Verbindung zwischen einem Heiden und einer Jüdin ein, und geht aus derselben ein Kind hervor, so heißt dieses ein ממזר *Mamser*, ein Bastard *Jebamoth* 45ᵃ. Die Ehe mit dem Mamser ist dem Israeliten untersagt, denn er gilt als Heide und ist unrein, das. 36. Nach *Wajjikra rabba* c. 30 lebt übrigens ein Mamser nicht über 30 Tage; das ist indeß, wie aus *Bammidbar rabba* c. 9 ersichtlich ist, ein Mamser, den eine jüdische Ehefrau geboren und ihrem Ehemanne als seinen Sohn untergeschoben hat: der Ehemann kann zwar betrogen werden, aber Gott nicht; dieser rafft ein solches Kind wieder weg. Es gibt auch keinen sonstigen freien socialen Verkehr zwischen Juden und Heiden. Israel besucht die heidnischen Theater nicht *Echa rabba* 36ᶜ. 38ᵇ, zumal da der Jude dort der Spott der Heiden ist. Wird der Jude vom Heiden über die Thora befragt und gibt er ihm Bescheid auf seine Fragen und Zweifel, so thut er es doch nicht, ohne seine Rede mit einem geheimen Fluch gegen den Heiden einzuleiten *Bereschith rabba* c. 11. Man nimmt von dem Heiden keine Wolthaten an; denn diese sind Israel so schädlich wie das Gift der Schlange *Pesikta* 13ᵇ. Man gewährt auch dem Heiden keine Wolthat, man gibt ihm selbst keinen Rath *Baba bathra* 2; man lädt ihn nicht zu Tische und bedient ihn nicht; denn wer es thut, verursacht seinen Kindern die Strafe des Exils *Sanhedrin* 63. Wenn gleichwol der Israelit auch den heidnischen Armen Almosen gibt,

oder die Todten der Heiden begräbt, so thut er es, um vor ihnen
Ruhe zu haben und ein friedliches Verhältnis mit ihnen zu er-
zielen *Nasir* 30: מפני דרכי שלום.

Es gibt für den Israeliten den Heiden gegenüber sonach keinen
andern Gesichtspunkt des Verhaltens, als wie er gegen denselben
seine Existenz und seine religiöse Eigentümlichkeit bewahre.

§ 19. Der Fortbestand der Heidenwelt und ihre Macht über Israel.

Angesichts des Wesens des Heidentums ergeben sich mit Nothwendigkeit die Fragen, warum Gott sie fortbestehen lasse, wie
solches mit seiner Gerechtigkeit sich vertrage, und ob der Heidenwelt aus ihrem Fortbestand nicht irgend ein Gewinn erwachse. Die
erste Frage erledigt sich im Hinblick auf die Weltregierung, die
zweite im Blicke auf Israels Mittlerschaft, die dritte bei Berück-
sichtigung der Einzelnen, welche aus den Heiden zum Volk Israel
hinzutreten. Eine weitere Schwierigkeit ist, wie Israel unter der
heidnischen Macht stehen könne. Aber Gottes Volk bleibt ohne
allen innern Zusammenhang mit der Weltmacht; überdies ist das
Verhältnis vorübergehend und wird im Gericht über die heidnische
Weltmacht ausgeglichen.

1. Warum rottet Gott nicht den Götzendienst aus, indem er die
Gegenstände heidnischer Anbetung vernichtet? Auf diese Frage gibt
die Mischna selbst *Aboda sara* c. IV, 7 die Antwort. Man legte den
Aeltesten diese Frage vor. Sie antworteten: Wenn die Götzendiener
nur einen Gegenstand anbeteten, dessen die Welt nicht bedarf, so
würde Gott diesen vernichten; aber siehe, sie beten Sonne, Mond,
Sterne und Planeten an; sollte er seine Welt um der Thoren willen
vernichten? Da erwiderten sie: Wenn dem so ist, so sollte Gott
doch wenigstens das vernichten, dessen die Welt nicht bedarf, und
das lassen, dessen sie bedarf. Sie sagten ihnen: So würden wir ja
selbst die Anbeter dieser Gegenstände bestärken, denn sie würden ΄
sagen: Ihr sehet, daß diese Gegenstände göttlichen Wesens sind, da
sie nicht vernichtet worden sind. Die Gemara zu dieser Mischna
führt aus, daß Gott der Welt ihren Lauf lasse, weil den Thoren
die Strafe ohnehin gewiß sei. Es werden dort noch andere ver-
wandte Fragen erörtert, z. B. wie die Gebetserhörungen zu erklären
seien, welche die Heiden von ihren Göttern erfahren, worauf die

Antwort lautet, daß die göttliche Vorherbestimmung mit dem Gebets-
moment zusammentreffe, oder daß Gott die Menschen auf solche
Weise versuche etc. Auf diese Art sucht sich das religiöse Bewußtsein mit der Existenz der götzendieuerischen Welt auseinanderzusetzen,
ohne andere Erklärungsgründe heranzuziehen, als die welche in
der allgemeinen Weltregierung und der Ausgleichung im künftigen
Gericht begründet sind. Gott übt Langmuth an den Heiden; sie
mißbrauchen seine Güte, aber schließlich folgt die Strafe *Pesikta* 22ᵃᵇ.

Fragt man nun weiter, wie es sich mit der göttlichen Gerechtigkeit vereinigen lasse, daß das Heidentum fortbestehe, so kommt
Israels Mittlerschaft in Betracht. Israel hat eine Mittlerstellung zwischen Gott und den Völkern; um Israels willen erhält Gott die
Welt *Bereschith rabba* c. 66. Alle Geschlechter des Erdbodens
werden nach *Jebamoth* 20 nur gesegnet um Israels willen. Ja
Succa 55 sagt, daß Israels Opfer eine Sühnung auch für die Sünden
der Heiden seien, und aus *Tanchuma* zu *Bammidbar Pinchas* 16
ersieht man, daß Israel am Laubhüttenfest auch für die Heiden
siebzig Stiere geopfert hat. *Bereschith rabba* c. 28 wird das Verdienst, durch welches die Heidenwelt erhalten wird, speciell den
Proselyten aus ihrer Mitte beigelegt: durch das Verdienst der Gerechten, die alle Jahre aus der Mitte der Heiden erstehen, werden
die Uebrigen, welche die Ausrottung verdient haben, gerettet.

Wenn nämlich die relative Nothwendigkeit und Möglichkeit des
Fortbestandes der Heidenwelt erklärt ist, so fragt es sich, ob nicht,
wenn dieser Fortbestand für Gott und sein Reich an sich ohne
Werth ist, doch nicht Einzelnen aus der Heidenwelt Gewinn daraus
erwachse. Wenn auch nicht die Völkerwelt als solche und kein
Volksganzes Stätte des Reiches Gottes werden kann, so ist doch die
Möglichkeit nicht ausgeschlossen, daß einzelne Heiden aus der Gemeinschaft ihres Volkes austreten und dem jüdischen Volke, mithin
dem Reiche Gottes, eingefügt werden könnten. *Schemoth rabba*
c. 18 und *Wajjikra rabba* c. 2 lehren in der That, daß dem einzelnen Heiden der Zugang zu Israel offen stehe; aber nicht minder
erkennen wir aus *Bammidbar rabba* c. 8, *Schemoth rabba* c. 19 u. a.
Stellen, daß der einzelne Heide am Reiche Gottes keinen Theil
haben kann, ohne aus dem Verbande seines Volkes auszutreten und
durch die Beschneidung dem Volk Gottes sich einverleiben zu lassen.
Und da das Reich Gottes für seinen Bestand nicht auf diesen Zu-
wachs aus dem Heidentum angewiesen ist, so besteht keinerlei Pflicht

der Gemeinde Gottes, die Heiden zu suchen und zum Anschluß zu
gewinnen. Zwar ist Israel nach *Wajjikra rabba* c. 6 verpflichtet,
den Völkern der Welt die Gottheit Jehova's zu bezeugen, ja nach
Bammidbar rabba c. 10, Proselyten zu machen; auch findet sich
Pesachim 73 die Andeutung, Gott habe Israel unter die Heiden
zerstreut, damit es den Samen der Gotteserkenntnis unter ihnen aus-
streue und Proselyten mache, so daß nach dem Tractat *Joma*
unter Esra deshalb nicht alle Israeliten zurückkehren durften, damit
Japhet in den Hütten Sems wohne, d. h. damit die Zurückbleibenden
Proselyten aus den Heiden annehmen könnten. Allein unter dem
Proselytenmachen ist immer nur die Annahme, nicht das Suchen
derselben gemeint. Wenn sie auf die Kunde, daß Jehova der
wahre Gott sei, zu Israel kommen, sind sie nicht zurückzuweisen,
wie die greise Naemi die Moabitin Ruth nicht an sich zu ziehen
suchte, aber auf ihr Bitten annahm, um sie dann als Proselytin in
den gesetzlichen Satzungen für Frauen zu unterweisen *Ruth rabba*
30°. Es ist ein Zeichen göttlichen Wolgefallens an Israel, wenn
durch seine Fügung viele aus den Heiden herzukommen. *Schir
rabba* 21°: Wenn Israel Gottes Willen thut, so sieht Gott, ob
nicht Gerechte unter den Heiden sind, wie Jethro, Rahab u. a.,
und macht, daß sie an Israel sich anschließen בדרים; wenn aber
Israel Gottes Willen nicht thut, so nimmt er die Gerechten aus
Israel selbst weg, vgl. *Koheleth rabba* 72°. Es gibt Zeiten, in welchen unter den Heiden ein besonderer Zug zum Anschluß an Israel
entsteht, wenn sie nämlich die Wunder Gottes sehen und seine
Offenbarung als Erlöser Israels wahrnehmen, vgl. *Schir rabba* 4°.
Besonders zur Zeit der Erlösung aus Aegypten zogen viele Proselyten aus den Aegyptern mit Israel *Schemoth rabba* c. 19, und in
der Zeit Davids kamen *Bammidbar rabba* c. 8 zufolge 150,000 Proselyten, als sie sahen, wie Gott der Gibeoniten wegen, die einst sich
Israel angeschlossen hatten, selbst der Nachkommen Sauls nicht
schonte. In der Erlösungszeit werden nach *Tanchuma* zu *Schemoth
Theruma* 9 die Heiden sehen, daß Gott mit Israel verknüpft ist,
und sich „an Israel hängen". Dieses ist der gewöhnliche Ausdruck.
Gerade aus den Massenbekehrungen aber ersieht man, daß es auf
die Heiden nicht ankommt; sie strömen aus eigenem Antriebe herbei,
um an Israels Glück Theil zu haben, und sind froh, angenommen zu
werden. Das Verhalten Israels gegen sie ist sogar mehr abweisend
als anlockend, wie man aus dem Ausspruch *Nidda* 13^b ersieht,

die Proselyten seien für Israel so hart wie der Aussatz in der Haut
כספחת בעור. Von Schammai ist bekannt, daß er den Heiden, der bloß
das schriftliche Gesetz lernen wollte, wegjagte. *Mechilta* 66ª gibt
die Regel: Man soll den Proselyten mit der linken Hand wegstoßen,
mit der rechten annehmen. Dabei kommt in Betracht, daß die Be-
weggründe zum Uebertritt gar sehr verschieden sind. Nach *Jebamoth* 24ᵇ unterschied man גרי א״ר Proselyten aus Furcht, vgl. 2 Kön.
17, 24 ff., גרי חלומות Proselyten, die sich durch Träume zum Anschluß an Israel bewegen ließen, und גרי מרדכי ואסתר Proselyten,
welche sich anschließen wie einst die in den Tagen der Esther.
Interessant ist die Art und Weise der Aufnahme des Proselyten.
Der Unterricht besteht nach *Jebamoth* 47ª in einer Unterweisung in
den Geboten und einer Belehrung über den Lohn für ihre Erfüllung
und die Strafen für ihre Uebertretung. Daher wird die Conversion
ein Kommen zu dieser Regel des Lebens בא למדה זו genannt *Jebamoth* 47ª, während anderwärts der Ausdruck „die Religion wechseln"
חזיר הדר gebraucht wird *Succa* 55. Nach dem Unterrichte erfolgt
die förmliche Aufnahme durch die Beschneidung מילה und das Tauchbad טבילה *Berachoth* 47ᵇ. *Jebamoth* 46ᵇ u. ö. Neben diesen beiden
Acten nennt *Kerithoth* 1 noch ein Opfer. Frauen werden lediglich
durch das Tauchbad aufgenommen, s. *Tanchuma* zu *Wajjikra Sinai* 3.
Das Bad dient zur Reinigung von der heidnischen Unreinheit. Die
Beschneidung ist das Zeichen, daß der Proselyt in den Bund Abrahams eingetreten ist; sie heißt deswegen *Schemoth rabba* c. 19 das
Siegel Abrahams חותמו של אברהם oder das Siegel des heiligen Bundes
חותמו של ברית הקדש. Durch die Beschneidung ist der Proselyt aus
aller heidnischen Volks- und Religionsgemeinschaft ausgeschieden und
ein Glied des jüdischen Volkes geworden. Man erkennt dies daraus,
daß *Nedarim* 31ᵇ der Heide mit dem Worte ערלה Vorhaut bezeichnet
wird, während מילה Beschneidung den Juden bezeichnet. Durch die
Beschneidung ist also der Heide Jude geworden. Nur der Proselyt,
welcher die Beschneidung angenommen hat, besitzt, wenigstens in der
Theorie, vollen Antheil an den Rechten des Volkes Gottes *Schemoth
rabba* c. 19. Er ist unter die Flügel der Schechina gekommen
Aboda sara 13ᵇ, *Schabbath* 31ª קרב יתר בני השכינה. Nach dem
früher über das Heidentum Bemerkten ist es nicht verwunderlich,
wenn nach *Jalkut* zu *Bereschith, Lech lecha* 66ª einen Heiden be-
kehren so viel ist als ihn umschaffen. Solche Proselyten haben alle
Prädicate, welche Israel beigelegt werden. Ihre Nachkommen kön-

nen sogar zum Priesterium gelangen *Bammidbar rabba* c. 8. Ja,
dem Herru ist der Proselyt in gewissem Sinne lieber als der בן ישׂראל;
denn dieser stand am Berg Sinai und empfing hier die großen Eindrücke, die ihn zum Glauben reizten; der Proselyt aber ist ohne diese
Eindrücke zum Glauben gekommen *Tanchuma* zu *Bereschith Lech
lecha.* Uebrigens ehrt Gott auch diejenigen Proselyten, welche nicht
um Gottes Willen, sondern aus fremden Motiven sich an Israel anschließen, wie die Gibeoniten, als Glieder des Volkes Gottes *Bammidbar rabba* c. 8. Und er will, daß man den Proselyten schonend
behandele, und zehn Generationen lang in seiner Gegenwart nichts
Böses von den Heiden sage, um ihn nicht an seinen heidnischen
Ursprung zu erinnern und so zu kränken *Sanhedrin, Chelek* 21.

Dennoch dringt immer wieder die Anschauung durch, daß der
Proselyt dem בן ישׂראל nicht ebenbürtig sei. Er ist und bleibt ein
Ger, ein Fremdling. Denn גר ist der Ausdruck für Proselyt, wie
התגייר convertiren, z. B. *Sifre* 147ª, und גייר Jemand als Proselyten
annehmen bedeutet. Dem Ger fehlen die Ahnen; er ist nicht מיוחס,
und wenn er auch zum Priestertum zugelassen wird, so wird er
doch dem echten Israel nicht ebenbürtig *Schemoth rabba* c. 19.
Seine Väter standen nicht mit am Berge Sinai; er hat deshalb kein
Verdienst der Väter *Bammidbar rabba* c. 8. Selbst im messianischen
Zeitalter wird sich dieser Unterschied geltend machen.

Während so Einzelne aus der Heidenwelt bald in geringerer,
bald in größerer Zahl durch freiwilligen Anschluß an Israel gerettet
werden, hat die Völkerwelt als solche keine andere Zukunft, als die
des Gerichtes. Hier ist kein Erbarmen, Gott richtet sie genau *Bereschith rabba* c. 82. Alle Creaturen außer Israel sind bestimmt für
den Gerichtstag und für die Vernichtung *Debarim rabba* c. 2. Sie
werden alle ins Gehinnom geworfen werden, wo sie ewige Verdammnis erleiden, während die Abtrünnigen Israels nach einiger Zeit
durch Buße und die Verdienste, die sie haben, aus dem Gehinnom
wieder herauskommen. Die Heiden büßen im Gehinnom auch für
Israels Sünde *Schemoth rabba* c. 11. Das *Tohu wa-Bohu* wird sie
bedecken, während Israel im Lichte wandelt *Wajjikra rabba* c. 6.

2. Eine schwere Frage für Israel ist jedoch, warum das Volk,
welches das Himmelreich auf sich genommen hat, das Joch der
heidnischen Weltmacht tragen muß. Die Lösung der Frage liegt
darin, daß Israel, wenn es sich auch fügt, und der Weltmacht Frohn
und Abgaben leistet, sofern es seine' Gewissensfreiheit behält und

sich nicht irgendwie am Götzendienst zu betheiligen hat, *Bammidbar rabba* c. 15, zur heidnischen Obrigkeit in kein inneres Verhältnis zu treten sich verpflichtet fühlt noch ein göttliches Recht der Obrigkeit anerkennt. Lediglich die Gewalt ist es, der sich Israel beugt, nachdem Gott es unter sie gegeben, und von welcher es künftig erlöst werden wird, wobei die Weltmacht für Alles, was sie Israel angethan, ihre Strafe empfangen wird. Es fehlt zwar nicht an dem Bewußtsein, daß auch die heidnische Obrigkeit, sofern sie die öffentliche Ordnung aufrecht hält, einen höhern Beruf habe, und auch für die Diaspora Israels eine Wolthat sei. Gleichwol wird das Verhältnis zu derselben durchweg nicht als Unterthanen-, sondern als Knechtschaftsverhältnis שעבוד bezeichnet, und in der *Pesikta* 200ª wird der Widerspruch aufgezeigt, der darin besteht, daß das Volk Gottes, welches das Joch des Himmelreichs על בלבת שמים auf sich nahm, nun das Joch der frevlerischen Weltmacht על בלבת הרשעה zu tragen hat. Jedenfalls lehnt das jüdische Selbstbewußtsein jede freiwillige Freundschaft und Gemeinschaft mit den Gewalthabern (הרשות = die Macht) ab, wie denn *Pesachim* 49 ermahnt, nicht vom Mahle der Gewalthaber zu essen, nicht ihre Gunst zu suchen. Was aber das bürgerliche Verhalten zu der heidnischen Obrigkeit betrifft, so soll Israel sich nicht nur der freiwilligen, sondern auch der officiellen Verbindung mit derselben möglichst enthalten. Es soll somit erstens seine Rechtshändel nicht vor heidnischen Gerichten austragen, sondern nur vor seinen eigenen Schiedsrichtern, nach seinem Rechte, auch wenn das Recht der Heiden mit dem ihrigen übereinstimmte, s. *Nasir* 38, *Tanchuma* zu *Schemoth*, *We- elle* 6. Zweitens darf ein frommer Israelit sich nicht in den Dienst der Obrigkeit stellen, wenn sie Israel besteuert. Nach dem jerusalemischen Talmud *Demai* II wird ein Chaber, welcher Steuereinnehmer geworden ist, aus der Genossenschaft verstoßen. *Schebuoth* 39ª liest man: Es gibt keine Familie, in welcher ein Zöllner ist, in der sie nicht alle Zöllner würden. Man machte dabei allerdings wol einen Unterschied zwischen dem, welcher den Zoll genau nach dem Tarif erhebt, und dem, welcher nach Willkür nimmt; letzterer war zum Zeugnis unfähig *Sanhedrin* 25ᵇ. Später griff sogar eine Theorie um sich, wonach es hieß, durch die Steuern und Zölle rette man sich vom Gehinnom, weil man Gottes Schuld an die Völker der Welt bezahle; denn Gott habe diesen die Güter und Privilegien dieser Welt gegeben als billige Entschädigung dafür, daß sie vom ewigen Leben

ausgeschlossen seien; so im *Jalkut Chadasch.* Als schwerste Sünde
aber galt es, der heidnischen Obrigkeit einen Israeliten zur Bestrafung anzuzeigen. Solche Delatoren heißen Verleumder, בעלי לשין רע
Bammidbar rabba c. 19; *Debarim rabba* c. 5 u. ö. Schließlich bleibt
dem Volke Gottes für seine Unterstellung unter die heidnische Weltmacht der Trost, daß diese Widersacherin Gottes und Israels unter
Gottes Gericht steht und sein Fluch über sie kommt *Esther rabba*
93^c. So gleicht sich der Widerspruch, daß Gottes Volk die Knechtschaft der heidnischen Weltmacht trägt, am Ende aus.

Zweite Abtheilung.

Das Formalprincip des Nomismus.

Cap. VII. Das geschriebene Wort.

§ 20. Die Inspiration der heiligen Schriften.

Die heilige Schrift ist entstanden durch Inspiration des heiligen
Geistes, stammt also von Gott selbst ab, der in ihr redet. Indeß
gibt es innerhalb der heiligen Schrift verschiedene Grade der Inspiration, insofern die Thora die primäre, die andern heiligen Schriften aber die secundäre Offenbarung Gottes sind. Als heilige Schriften
waren und blieben anerkannt Thora, Nebiim und Kethubim, wie sie
durch die Männer der großen Synagoge in ein Ganzes (Tenach =
תנ״ך) vereinigt worden sind.

1. Die Offenbarungsperiode beginnt bereits in der Patriarchenzeit; denn schon die Patriarchen waren Propheten und redeten
durch den heiligen Geist. Sara z. B. hat zu Abraham geredet durch
den heiligen Geist *Bereschith rabba* c. 46. Deshalb wird Abraham
ermahnt, ihrer Stimme zu gehorchen und Hagar zu entlassen. Die
Stammmütter Israels waren sämmtlich Prophetinnen, נביאות, *Beresch.*
rabba c. 72, und Isaak hat ברוח הקדש die künftige Verbannung
(גלות) seiner Nachkommen vorausgesehen und die Zurückführung geweissagt, c. 75. Diese Begabung der Propheten mit dem heiligen
Geist dauerte bis Maleachi, mit welchem die Offenbarungsperiode
im engeren Sinne des Worts schließt. Hillel der Alte wäre für seine
Person des heiligen Geistes werth gewesen, aber sein Geschlecht war
es unwerth *Schir rabba* 26^b. Wenn von Maleachi an eine unmittel-

bare göttliche Offenbarung stattfinden sollte, so vernahm man die *Bath kol*, eine Offenbarungsstimme von oben her. Dafür aber, daß die Propheten von Mose bis Maleachi im heiligen Geiste redeten, haben wir nicht bloß allgemeine Aussprüche, sondern es werden auch einzelne Schriftworte direct als Worte des heiligen Geistes angeführt. Die *Pesikta* citirt z. B. Worte aus Iob 41, 3 mit der Formel רוח הקדש אימרת. Der inspirirende heilige Geist wird näher bezeichnet als רוח :ובאה די"ו, z. B. bei Anführung von 2 Sam. 23, 3. Auch unmittelbar auf Gott wird der Ursprung der heiligen Schrift zurückgeführt. Daher lautet die Form, in der ein Schriftwort citirt wird, ebenso אמר קרא „die Schrift sagt", als אמר רחמנא „der Allbarmherzige sagt". Vor Allem steht fest, daß die Thora מן השמים sei. Doch auch den Propheten hat die שכינה das Wort gesagt, das sie verkündeten und schriftlich verfaßten; z. B. wird von dem Wort des Amos gesagt: שכינה אמרה לי Pesachim 73, und von David dem Psalmisten heißt es 114: der Ausdruck מזמיר לדוד lehrt, daß die Schechina auf David sich niederließ; dann erst sprach er den Psalm. Demnach wird die Thora, Prophetie und Hagiographen auf göttlichen Ursprung zurückgeführt.

2. Es war nun früher bereits die Rede davon, daß innerhalb der heiligen Schriften eine gewisse Abstufung hinsichtlich ihrer Dignität stattfinde. Man erinnere sich an den bereits oben S. 19 angeführten Satz, vgl. *Koheleth rabba* 63d: Wenn Israel würdig gewesen wäre, so hätte es außer der Thora keiner weiteren Offenbarung durch die Propheten und Kethubim bedurft. Die Thora ist ja die an sich vollkommen genügende Offenbarung. *Taanith* 25: מי איבא רכתיב בכתובים דלא רמיזי באורייתא d. i. Ist etwas geschrieben in den Kethubim, was nicht angedeutet wäre in der Thora? Ebenso *Bammidbar rabba* c. 10. *Ruth rabba* 32a: Kein Prophet darf etwas Neues aufstellen, das nicht in der Thora begründet wäre. *Tanchuma, Schemoth, Wajjischmu* § 11: Auch was die Propheten künftig weissagen sollten, ist schon vom Sinai geoffenbart. Daher heißt die Thora schlechtweg die heilige Schrift, und die Propheten und Kethubim werden Bestandtheile der Thora genannt, *Tanchuma, Debarim, Reëh* 1, vgl. *Sanhedrin* 91b, wo Ps. 84, 5 als Beweis מן התורה für die Auferstehung citirt wird, also Thora für Schrift im Ganzen steht, und Ev. Joh. 10, 34. Das secundäre Verhältnis der Propheten und der anderen heiligen Schriften erhellt wol auch aus ihrer Bezeichnung als קבלה, wofür Zunz, Gottesdienstliche Vorträge S. 44 die Be-

lege gibt, vgl. *Mechilta* 19, wo ein Citat aus Jer. 2 als בקבלה enthalten angeführt wird, und *Taan.* II, 1. Während die Thora unmittelbare Gottesoffenbarung ist, sind die nachfolgenden Schriften gleichsam die ersten Glieder in der sie auslegenden Tradition, wie denn
die דברי סופרים auch קבלה heißen, s. Zunz a. a. O. 43. Weil ברוח הק׳
gesprochen, unterscheiden sie sich von den Worten aller späteren
Weisen, aber weil Interpretation der Thora, sind sie doch im Verhältnis zur Thora schon „Ueberlieferung", heilige Lehrtradition. Wir
werden daher nicht irren, wenn wir sagen, daß den Propheten und
Hagiographen eine Inspiration zweiten Grades zu Theil geworden sei,
welche sich dadurch als secundär erweist, daß sie nicht sowol einen
absolut neuen Inhalt offenbart, als vielmehr den Inhalt der Thora
richtig verstehen und expliciren lehrt. So begreift man, daß in der
oben aus *Tanchuma* angeführten Stelle *Schemoth Wajjischma* 11
neben der Weissagung der Propheten auch die Worte der Weisen
angeführt werden, als welche ebenso wie jene vom Sinai geoffenbart
worden seien. Diese Unterscheidung von Graden der Inspiration
spricht sich auch in dem Satze aus, den wir *Wajjikra rabba* c. 1 finden,
wonach Mose in einem hellen Spiegel schauete, die Propheten alle
aber in einem dunkeln. Zwar hält die jüdische Theologie, wie
Tanchuma, Debarim, Reëh 1 zeigt, daran unverbrüchlich fest, daß
die Nebiim und Kethubim Bestandtheile der Thora d. h. der heiligen
Schrift seien, und sie nennt diejenigen, welche dies leugnen, Ab-
trünnige Israels. Aber die nur secundäre Bedeutung dieser Bestandtheile gibt sich deutlich genug in der Behandlung dieser Schriften
zu erkennen. Beide, die Thora und die Propheten, sind מקרא Object der gottesdienstlichen Vorlesung, aber die prophetischen Abschnitte nur als Schluß oder Anhang zur Thoralesung, vgl. auch
Rosch haschana IV, 6. Nach *Megilla* III, 1 kaufe man für den
Erlös aus heiligen Schriften כתבים eine Thora, aber nicht umgekehrt. Beim Lesen darf man in den Propheten Stellen überspringen,
aber nicht in der Thora *Meg.* IV, 4. Das auslegende Wort ist der
Thora gewidmet, nicht oder wenigstens in weit geringerem Grade den
prophetischen Abschnitten. Noch beachtenswerther aber ist, daß, soweit von einer Kritik den heiligen Schriften gegenüber im Talmud
die Rede sein kann, diese immer nur Theile der Propheten und
Kethubim, nie aber die Thora zum Gegenstand hat.

3. Das führt uns auf den Umfang der heiligen Schrift nach
jüdischer Auffassung. Bei verschiedenen Theilen der heiligen Schrift

wurde von Seiten der Schulen ihr kanonisches Recht einer Prüfung
unterstellt. Eingehendes darüber findet man in Fürst's Untersuchungen über den Kanon des A. Testamentes nach den Ueberlieferungen
in Talmud und Midrasch, 1868. Im Allgemeinen ist zu sagen, daß
die angezweifelten Schriften den Widerspruch nicht um ihrer späten
Entstehungszeit willen erfuhren, sondern „wegen ihres anscheinend
der Offenbarungswahrheit und dem geistlichen Wesen der Offenba-
rungsreligion widerstreitenden Inhalts." Vgl. *Schabbath* 13ᵇ. *Chagiga* 13ᵃ. Unter den Propheten war das Buch Ezechiel Gegenstand
der Kritik. Man verordnete, daß das Buch um seiner Schwierigkeiten willen ebenso wie der Anfang der Genesis vor dem 30. Lebensjahre nicht gelesen werden solle; dazu wurden aus denselben Gründen
Zweifel an der Zugehörigkeit des prophetischen Buches zur heiligen
Schrift ausgesprochen. Näheres siehe bei Edzardi zum Tractat
Abodu sara S. 487. Auch das Buch Jona wurde angefochten, aber
die Zweifel wurden widerlegt, vgl. *Bammidbar rabba* Parascha 18ᵇ.
Unter den Kethubim sind das Hohelied, Koheleth und Esther angefochten worden. Wegen des Hohenlieds vgl. Delitzsch, Commentar,
Einl. S. 4. 7. 14 f., und *Jadajim* III, 5. IV, 6. *Edujoth* V, 3. *Tosefta*
zu *Jadajim* c. 2; wegen Koheleth *Schabb.* 30ᵇ. *Pesikta* 68ᵇ. *Schir
rabba* 2ᵈ. *Kohel. rabba* S. 60ᶜ und 83ᵃ. *Jadajim* III, 5. IV, 6 vgl.
Edujoth V, 3; wegen Esther *Megilla* 7. Die Zweifel wurden jedoch
sämmtlich widerlegt, und der Kanon behielt seinen Umfang, wie er
der Sage zufolge durch die Männer der großen Synagoge festgestellt
worden war. Die 24 Bücher der Mikra wurden als kanonisch angesehen; andere Bücher, die dem Kanon angefügt werden sollten,
nannte man חיצונים ספרים. *Kohel. rabba* 84ᶜ und *Tanchuma, Wajjikra, Behaalothecha* § 15 ist zu lesen: Es ist verboten zu lesen in
den *Sefarim chizonim.* Hat aber auch die Ueberlieferung gesiegt,
so bleibt es doch wahr, daß die Stellung zu den Propheten und
Kethubim freier war als zur Thora, weil man diese als die Uroffenbarung, jene als heilige Schriften zweiter Stufe betrachtete.

§ 21. Die Eigenschaften der heiligen Schriften.

Aus der Thatsache, daß die Schriften, welche unter der Ge-
sammtbezeichnung *Thora, Nebiim* und *Kethubim (Tenach)* zusammengefaßt werden, durch Inspiration הקדש רוח entstanden sind und
Gott selbst zum Urheber haben, ergeben sich für dieselben die Eigen-

schaften der Heiligkeit, der Normativität und der Unendlichkeit des
Inhalts.

1. Die heiligen Schriften werden כחבי הקדש genannt, weil sie als
קֹדֶשׁ gelten und demgemäß behandelt werden. Entweder werden so
unterschiedslos alle kanonischen Bücher bezeichnet, z. B. *Baba bathra*
I, 6, oder sie heißen mit Ausnahme der Thora ספרים *Megilla* I, 8.
III, 1. *Schabb.* 115ᵇ. In dem Jahrzehnt vor der Zerstörung Jerusalems wurde von den Schulen Hillels und Schammai's gemeinsam
der Rechtssatz ausgesprochen, daß die heiligen Schriften קדש כחבי
„die Hände verunreinigen‟ מטמאים אָת הידים *Jadajim* III, 5. III, 6,
vgl. *Megilla* 7ª. *Edijoth* V, 3. *Schabb.* 14ª u. a. Dieser Grundsatz
zielte auf Bewahrung der heiligen Schrift vor Schädigung ab. Der
rabbinischen Erläuterung zufolge erklärte man die Stelle, wo die heilige
Schrift lag, für unrein, damit Niemand mehr dorthin *Theruma* lege
(wie es früher geschah, weil man nach *Schabb.* 14ª ein Heiliges
zum andern legen wollte) und so die Mäuse anlocke, die dann auch
das heilige Buch benagen und schädigen. Ueberhaupt aber sollte das
heilige Buch als ein קדש nicht in Berührung mit anderen Gegen-
ständen kommen. Um dies zu verhüten, legte man dem heiligen
Buch jene טמאה bei; denn so hielt man Alles von ihm fern, weil
es durch Berührung von ihm טמאה annehmen mußte und zur Reinigung nöthigte. Daß diese Heilighaltung der heiligen Schriften ihre
Ursache in ihrer Entstehung durch den heiligen Geist hatte, ent-
nehme ich der rabbinischen Erklärung z. B. zu *Edujoth* V, 3. Hier
wird die Behauptung der Schammaiten besprochen, daß Koheleth
„die Hände nicht verunreinige‟. Hiezu bemerkt nun Bartenora, der
Grund davon sei, daß Koheleth die Weisheit Salomo's enthalte, und
nicht ברוח הקדש geredet worden, also menschlichen, nicht göttlichen
Ursprungs sei. Dann heißt es weiter zu den Worten: „Koheleth
verunreinigt die Hände‟: denn sie erachteten, daß auch Koheleth
durch den heiligen Geist geredet worden, deshalb verunreinigt er
die Hände wie die anderen heiligen Schriften כחבי הקדש. — Der
heilige Charakter der Schrift soll aber auch insofern anerkannt
werden, als Bibelverse nicht zum Scherz oder zu profanen Zwecken
citirt werden dürfen *Sanhedrin* 111ª. Der Glaube an den göttlichen
Charakter der Schrift findet seinen Ausdruck ferner darin, daß man
Bibelverse als Zauberformeln verwendete, in der Ueberzeugung, daß
Gottes Wort auch göttliche Kräfte in sich berge *Sanhedrin* a. a. O.,
vgl. *Schabbath* 63ʰ und *Sanhedrin* 107ª, wo man Näheres über die

Zauberkünste von Rabbinen findet, welche die magischen Kräfte des göttlichen Wortes in ihren Dienst nahmen. 2. Eine zweite Folge der Göttlichkeit der heiligen Schriften ist ihre Normativität. Sie sind die Norm und der Quell aller Belehrung, und alle Lehre muß auf sie zurückgeführt oder als in ihnen enthalten nachgewiesen werden. Jenes wird zwar nirgends besonders gesagt, aber nur, weil es überall vorausgesetzt wird. Dafür zeugt schon der Name מקרא: sie ist es, die gelesen werden soll, und zwar die Thora zuerst, dann aber im Anschluß an sie auch die Propheten und anderen heiligen Schriften. Alle Lehre fließt ursprünglich aus der Schrift; daher finden wir sie stets, wenn die Lehrschriften aufgezählt werden, an erster Stelle. Die Aufeinanderfolge ist: מקרא, גמרא, משנה. Auf dieser Stufenleiter schreitet man zur Weisheit und zum ewigen Leben. Sie werden in dieser Reihenfolge der שלשים Israels (Jes. 3, 1) genannt, vgl. *Sifri* 147ᵇ. *Erubin* 54ᵇ u. ö. Jede einzelne Lehre wird daher als in der heiligen Schrift, der Quelle aller Lehre, enthalten nachgewiesen, und muß darin nachgewiesen werden. Die gewöhnliche Formel, mit welcher dies geschieht, ist שנאמר oder דכתיב. Führen wir wenigstens ein Beispiel an. Der Tractat *Berachoth* beginnt *Mischna* I, 1 mit den Worten: Von wann an spricht man das *Schema* am Abend? Die Gemara beginnt ihre Erörterung dieses Punktes mit der Frage תנא היכא קאי, d. h. nach der Erläuterung von Stein (Talmudische Terminologie, Prag 1869, S. VI): Wo ist die Pflicht, Schema zu lesen, enthalten, so daß der Autor der Halacha sich darauf berufen und nun nach der Zeit, wann es gelesen werden müsse, fragen konnte? Sodann ist nach der Gemara noch ein anderer Punkt fraglich: Was berechtigt den Autor der Halacha, die Zeit für das Schema des Abends zuerst zu bestimmen, warum beginnt er nicht mit der Zeitbestimmung für das Schema des Morgens? Die Gemara antwortet nun auf diese doppelte Frage: תנא אקרא קאי der Autor der Halacha fußt auf einer Schriftstelle, denn es steht geschrieben (דכתיב): Wenn du dich niederlegst und wenn du aufstehst (Deut. 6, 7). In diesem Ausspruch der Schrift ist die Pflicht des Schema überhaupt enthalten, und durch Voranstellung des בשכבך die Berechtigung gegeben, zuerst vom abendlichen Schema zu sprechen. Auch der Midrasch belegt jede Behauptung sofort mit einer Schriftstelle. Diese wird dann citirt mit der Formel הדא הוא דכתיב, abgekürzt הה"ד; oder זה שאמר הכתיב. Die Schrift ist also die *norma normans*. Und sie ist es im aus-

6*

schließlichen Sinne. Die Synagoge hat lange eifrig darüber gewacht,
daß die Uebersetzungen der heiligen Schrift nicht schriftlich fixirt
würden, damit nicht eine Schrift neben der Schrift mit gleicher
Autorität entstünde und die alleinige Autorität des heiligen Textes
verdunkelt würde, s. *Megilla* 3ᵃ. Nach *Tanchuma, Schemoth,
Tissa* 34 darf der Uebersetzer nicht in die Thora hineinsehen, wenn
er vorträgt, weil das Targum auf mündlicher Ueberlieferung beruht,
damit es nicht der Thora gleich geachtet werde. Auch die Aufzeichnung des mündlichen Gesetzes stieß anfangs auf große Bedenken
und erfolgte erst, nachdem der halachische Stoff so angewachsen war,
daß er mit dem Gedächtnis allein nicht mehr mit Sicherheit fest-
zuhalten war. Und als die Mischna fixirt war, war sie wieder nicht
bestimmt, Gegenstand der Vorlesung zu sein, sondern jeder sollte
sich die kurzen prägnanten Sätze einprägen und sie dann geläufig
auswendig sagen *Taanith* 8ᵃ. Der ursprüngliche Grund, weshalb die
Mischna so lange nicht aufgezeichnet wurde, war ohne Zweifel die
religiöse Scheu vor einer Schrift neben der Schrift, obwol die spätere
jüdische Theologie in weitläufigen Erörterungen, z. B. *Bammidbar
rabba* c. 14. 15, andere Gründe dafür angeführt hat, vgl. § 24.

3. Eine dritte Eigenschaft endlich, welche sich aus dem Charakter der heiligen Schrift als einer göttlichen ergibt, ist die unendliche Fülle des Inhalts, die sich aber nur dem erschließt, der
sie zu deuten vermag, dem Unkundigen dagegen verschlossen bleibt.
Der unendliche Gott gibt seinem Worte auch einen unendlichen
Inhalt. Er redet nicht nach der Weise des Menschen, der mit
jedem Worte immer nur Einen Sinn verbindet, sondern er hat sein
Wort so gestaltet, daß es einen mannichfaltigen Sinn hat. *Sanhedrin* 34ᵃ zu Jer. 23, 29: „Gleichwie ein Hammer in viel Funken
zertheilet, also gehet auch ein Schriftvers aus in einen vielfachen
Sinn" עשׂים משׁה לבכה יצא אחד מקרא אף. Es gilt der Satz: שׁבעים פנים
להׁרה jedes Wort der Thora kann auf 70 verschiedene Arten ausgelegt werden, vgl. *Bammidbar rabba,* Parascha 13. Daselbst Parascha 2: Mose hat uns gelehrt, daß die Thora ausgelegt wird auf
49 Weisen פנים מ׳׳ט בדרשׁי שׁהיא תורה משׁה לימדנו vgl. *Tanchuma,
Bammidbar* 10. *Chukkat* 3; und *Bammidbar rabba* 19: Salomo's
Sprüche haben je einen drei-, ja fünffachen Sinn. *Schir rabba* 4ᵇ
theilt drei Aussprüche großer Rabbinen mit, welche den unerschöpf-
lichen Inhalt der Thora preisen. R. Elieser sagt: „Wenn alle Meere
Tinte wären und alle Schilfrohre Federn, und Himmel und Erde

Rollen בְּמִגְלָה, und alle Menschen Schreiber, so würden sie nicht
hinreichen, die Thora aufzuschreiben, welche ich gelernt habe (d. h.
das, was ich aus der Thora gelernt habe), und ich habe sie nicht
verringert, so wenig als ein Mensch das Meer ärmer macht, der
seines Pinsels Spitze in dasselbe taucht." R. Josua sagt: „Wenn alle
Meere Tinte wären und alle Schilfrohre Schreibfedern, und Himmel
und Erde wären Leinwand (יְרִיעוֹת Zelttücher), so würden sie nicht
hinreichen, die Worte der Thora darauf zu schreiben, welche ich gelernt (die Erkenntnisse, welche ich aus der Thora geschöpft) habe,
und ich habe sie nicht ärmer gemacht" etc. R. Akiba sagt: „Ich
bin nicht im Stande zu sagen, wie viel meine Lehrer gesagt haben,
aber sie haben die Thora nicht ärmer gemacht und ich auch nicht, so
wenig als Einer den Ethrog (Paradiesapfel) ärmer macht, der an ihm
riecht; er selbst hat Genuß von ihm und der Ethrog wird nicht ärmer,
so wenig als Einer die Wasserleitung schwächt, der aus ihr schöpft,
oder die Lampe, wenn er die seine an ihr anzündet." In sehr
hyperbolischer Weise drückt denselben Gedanken aus *Schabb.* 33ᵇ,
wo von Schimeon b. Jochai erzählt wird, die Frucht seines Höhlen-
aufenthalts sei gewesen, daß er auf jede Frage aus der Thora 24 Antworten zu geben vermochte; und irgendwo im Tr. *Sanhedrin* wird erzählt,
daß R. Eleasar über einen Gegenstand (בַּהֶרֶת זוּה eine Art des Aussatzes, Lev. 13, 24 f.) 300 Halachoth gelehrt habe, — beide Rabbinen
hatten ja alle Aussprüche aus der Schrift abzuleiten. Welche Inhalts-
fülle oder Deutungsfähigkeit setzt das voraus! — Diese Fülle erschließt sich aber nur dem, der die Schrift zu deuten, der aus
diesem Meer zu schöpfen versteht. Es gilt nicht bloß die Schrift
in ihrem Wortlaut zu erkennen, sondern sie auszulegen, *Koheleth
rabba* 78ᵇ: „die Schrift kennst du, aber den Midrasch kennst du
nicht." Die Schrift bedarf des מִדְרָשׁ *Sifra* 94ª. Es gilt aber dabei
der Grundsatz: אֵין מִקְרָא יוֹצֵא מִידֵי פְּשׁוּטוֹ d. i. der Schriftsinn tritt nicht
aus dem Bereich des Wortlauts *Schabbath* 63ª, was wol besagen will,
daß die Worte selbst vor allem zu beachten sind. Um aber die
Schrift zu deuten und ihren Inhalt erheben zu können, muß man
sich insonderheit vergegenwärtigen, daß wenn Gottes Finger schreibt,
kein Zeichen, selbst nicht die Gestalt eines Buchstabens zufällig sein
kann, *Wajjikra rabba* 19: kein Jod vom Gesetz ist für ungültig
zu erklären. Die *Literae finales* beruhen auf göttlicher Anordnung.
Gott hat auch festgestellt, welche Buchstaben offen und welche geschlossen sind, denn es verbindet sich damit immer ein geheimer

Sinn, *Bereschith rabba* 1 u. ö. Mose ordnete auf Gottes Geheiß die
Schreibung; man vergaß sie dann, die Propheten aber erneuerten
die Kenntnis derselben. Dies wurde nachmals auf die ganze Masora,
die Accentuation u. s. w. ausgedehnt: sie ist dem Mose auf dem
Berge Sinai offenbart worden; deshalb kann auch kein Wort, kein
Buchstabe, kein Accent als zufällig betrachtet werden: alles hat als
von Gott stammend einen Offenbarungszweck, einen geheimen lehr-
haften Sinn, vgl. *Nedarim* 37ᵇ.

Wer nun aber den דרוש nicht anwendet oder anwenden kann,
für den ist die Thora verschlossen, *Bammidbar rabba* Parascha 14
(fol. 193ᵇ): Warum lehrt man nicht, wie es sich gebührt (unmittelbar) aus den Worten der Thora? Weil sie verschlossen ist סתומה
und aus lauter Zeichen besteht, aber aus den Worten der Weisen
kann man nach Gebühr lehren, weil sie die Thora erklären. Hieraus
folgt eine neue Gedankenreihe in Bezug auf die Verwendung der
heiligen Schrift für die Erkenntnis und das Leben der Gemeinde.

§ 22. Die heiligen Schriften und die Gemeinde.

Die heiligen Schriften können wegen dieser ihrer Beschaffenheit nicht unmittelbar für Erkenntnis und Leben der Gemeinde verwendet werden, sondern bedürfen authentischer Interpretation. Nur
in dieser vermittelten Form ist ihr Inhalt verbindlich. Deshalb sind
sie für die Gemeinde an sich zur Heilserkenntnis nicht genügend,
sondern erfordern Ergänzung durch weiteren Unterricht.

1. Oben schon haben wir den Satz verzeichnet, daß die Thora
verschlossen ist und aus lauter Zeichen besteht. Deshalb bedarf sie
der Deutung. Diese ist Sache der „Weisen“. Seit den Tagen Esra’s
empfängt das Volk von den Weisen den פירוש, den Sinn und Willen
der Schrift. Sie verbreiten die Einsicht unter dem Volke, sagt *Bammidbar rabba* c. 14. Nur die Lehre, die die Weisen aus der
Schrift erheben und dem Volke darreichen, nicht aber das Schriftwort unmittelbar, ist für die Gemeinde verbindlich. Das wird sehr
deutlich entwickelt z. B. *Wajjikra rabba* c. 1: Es sprach R. Eleasar:
Obwol die Thora Israel als Zaun vom Sinai gegeben worden war,
so wurden sie doch für ihre Uebertretung so lange nicht gestraft,
bis sie im Stiftszelt gelehrt war עד שנשנית. Es verhielt sich damit
wie mit einem Erlaß, der geschrieben und besiegelt ist und in die
Provinz hinausgeht. Die Provincialen werden für die Uebertretung

des Erlasses so lange nicht bestraft, als bis er ihnen durch das Dêmosion der Provinz erklärt worden ist. Derselbe Ausspruch von R. Eleasar findet sich auch *Schir rabba* 9^d, doch in der etwas anderen Fassung: Obgleich die Thora auf dem Berge Sinai gegeben war, so wurde Israel für ihre Uebertretung doch nicht eher bestraft, als bis sie in der Stiftshütte erklärt worden war. Die Wiederholung ist hier als Erklärung שנִשְׁנָה bezeichnet. Wir machen hier auf zweierlei aufmerksam. Erstlich darauf, daß die Mischna, die erklärende Wiederholung der Thora, nach der jüdischen Theologie nicht etwas später zur Thora Hinzugetretenes ist, sondern durch die Beschaffenheit der Thora von Anfang an gefordert war. Die Thora war für sich selbst gar nicht bestimmt, eine Lehrschrift für die Gemeinde zu sein, sondern sollte als *norma normans* eine *norma normata* zur Ergänzung haben. Diese allein ist unmittelbar verbindlich. Die Thora steht also principiell der Mischna zur Seite. Sodann ist zu erwägen, daß die Interpretation dadurch, daß sie als in der Stiftshütte geschehen gedacht wird, als eine zweite Offenbarung erscheint. Die Erklärung durch Mose geschah unter den Auspicien der Schechina in Kraft göttlicher Erleuchtung, gilt also für authentisch, obgleich sie thatsächlich so wenig in sich selbst zusammenstimmt, *Bammidbar rabba* c. 15: *Baale Asuppoth* das ist das Sanhedrin. Und wenn du sagst: „der Eine erlaubt, der Andere verbietet; der Eine erklärt für unfähig, der Andere für fähig (zu heiligem Dienst oder Gebrauch oder dergleichen); der Eine erklärt für unrein, der Andere für rein; R. Eleasar schuldigt, R. Josua spricht frei; die Schule Hillels erklärt für unfähig, was die Schule Schammai's für fähig erkennt: wem sollen wir da gehorchen?" so spricht der Heilige: Obwol es so ist, so sind sie doch alle von Einem Hirten gegeben, denn er spricht: Sammle mir siebzig Männer." — Mit der Thora ist das Sanhedrin gegeben von Gott selbst, und mit ihm die Institution, welche in göttlicher Erleuchtung und Vollmacht die geschriebene Thora authentisch interpretirt.

2. In dem Gesagten ist die Unzulänglichkeit der bloßen Schrift für das Heil des Menschen enthalten. Vielleicht gibt es dafür keinen stärkeren Beweis als eine Hindeutung auf die religiöse Erziehung und auf die Ansprüche, welche man an eine genügende Unterweisung machte. In Bezug auf jene ordnet z. B. *Sota* 21^a an, daß die Mütter ihre Kleinen nicht nur zur Schrift, sondern auch zur Mischna anleiten sollen, sei es, wie es die Einen verstehen, daß sie selber

sie anleiten, d. h. den Text der Schrift und Mischna ihnen einprägen,
oder daß sie die Kleinen in die Schule führen, damit sie dort
Beides lernen. Jedenfalls handelt es sich schon bei dem elementaren
Unterrichte nicht bloß um die heilige Schrift, sondern um Schrift
und Mischna zusammen. Wer bewandert ist in der Schrift, in der
Mischna und in guter Sitte דרך ארץ, sündigt nicht leicht; denn diese
dreifache Schnur reißt nicht *Kidduschin* I, 10. Die Ansprüche
hinsichtlich der Unterweisung ergeben sich aus *Sota* 22ᵃ vgl. oben
S. 42 f., wo die Frage besprochen wird, wer ein ʿAm haárez d. h.
nicht genügend unterrichtet sei. Das Resultat ist: wer etwa bloß
die Schrift und die Mischna gelernt, d. i. bloß den Text von beiden
sich eingeprägt, aber nicht den Unterricht eines Rabbi genossen,
der ihn angeleitet hätte, beide zu verstehen und Gesetzesfragen nach
Art der Gemara zu studiren. Man forderte also Mikra, Mischna
und Gemara zu genügender religiöser Unterweisung; nirgends aber
finde ich, daß die Schrift allein als zureichend für die religiöse
Erkenntnis bezeichnet wird. Wenn es *Sanhedrin* 101ᵃ heißt, daß man
sich auch bei dem Mahle mit der Schrift oder der Mischna oder
der Gemara beschäftigen solle, je nachdem Einer ein בעל מקרא oder
בעל משנה oder בעל גמרא sei, so könnte es zwar scheinen, als wenn
Einer auch nur ein Schriftkenner sein könnte, ohne von der Mischna
oder Gemara etwas zu wissen. Allein ein Schriftkenner heißt derjenige, welcher auf dem Gebiet der Schriftauslegung besonders heimisch ist, während der Mischnakenner sich besonders mit der Mischna,
der Gemarakenner besonders mit der Gemara beschäftigt hat, ohne
daß diese beiden darum nicht auch in der Schrift bewandert wären.
Jeder Gelehrte oder Wolunterrichtete hat, wie die Kenntnis der
Schrift, so auch in gewissem Maße die Mischna und Gemara nöthig.
Die Schrift allein genügt für Keinen.

Cap. VIII. Die mündliche Ueberlieferung.

§ 23. Die authentische Auslegung der Schrift.

Zu dem in Schrift verfaßten Worte Gottes trat von Anfang an
eine authentische Auslegung für die Gemeinde, zum schriftlichen das
„mündliche Gesetz". Dieses letztere sollte nicht in Schrift verfaßt,
sondern durch Ueberlieferung fortgepflanzt werden. Der Sinn der

göttlichen Gesetze und ihre Consequenz wird in der *Halacha*, Lehre und Bedeutung der geschichtlichen und prophetischen Abschnitte der Schrift in der *Haggada* durch die Weisen für die Gemeinde festgestellt und dargelegt.

1. Die jüdische Theologie unterscheidet das in Schrift verfaßte und das mündlich überlieferte Gesetz, תורה שבכתב und תורה שבעל פה. Diese Ausdrücke waren nachweisbar schon in der Zeit des Rabban Gamliel gebräuchlich, s. Zunz, G. V. S. 45. Sie finden sich oft schon in der älteren Literatur, z. B. *Pesikta* 98ª. 121ª. *Sifre* 145ª. Eine andere Bezeichnung der beiden Gesetze ist דברי תורה und דברי חכמים z. B. *Sifri* 19ª, *jer. Berachoth* I, 6ª, *Sanhedrin* X, 3. Der Begriff דברי סיפרים erweiterte sich später zu dem Begriff דברי חכמים, *Bammidbar rabba* c. 14. Jenes hieß das schriftliche Gesetz, *Tanchuma, Bereschith* 3, vgl. *Berachoth* 41ª; diese nannte man דברי דרבנן im Unterschiede von דברי דאורייתא d. i. Worte unserer Rabbinen und Worte des Gesetzes; oder es wird unterschieden zwischen דברי קבלה und דברי דאורייתא, Worten der Ueberlieferung und Worten des Gesetzes, z. B. *Koheleth rabba* 76ᵈ.

Diese Tradition aber ist ebenso wie die geschriebene Thora von Gott ausgegangen. In welcher Weise das geschah, darüber gehen zwei Anschauungen neben einander her. Nach der einen, älteren Ansicht ist die mündliche Lehre insofern mit der schriftlichen Thora gegeben worden, als diese so geformt wurde, daß sie die mündliche Lehre in sich befaßte: sie ist ja unendlichen Inhalts; nach der anderen Auffassung hat Gott die mündliche Lehre selbst, sei es in den Grundzügen, sei es ausführlich, sei es schriftlich (auf den Tafeln) oder bloß mündlich zur schriftlichen Thora hinzugegeben. Die erste Anschauung findet man z. B. *Baba mezia* 11. Das Targum des Jonathan zu Ex. 24, 12 bezeichnet als das, was Jehova dem Mose übergab: 1. den רמז, d. h. die Andeutung der übrigen Worte des Gesetzes und 2. die 613 Gebote, welche er geschrieben habe zu ihrer Belehrung. Mose erhielt also das, was er mündlich überliefern sollte, in Andeutung, und die schriftliche Thora. Diese wird auch *Bammidbar rabba* c. 14 durch „die 613 Gebote" umschrieben. Nach *Jebamoth* 45 hat Mose die Thora aus dem Munde der göttlichen Majestät מפי הגבירה gelernt. Diesen Satz führt die *Pesikta* 38ª weiter aus: Jehova lehrte den Mose nicht bloß die Thora, welche er aufzeichnen sollte, sondern auch die authentische Interpretation, oder die *lex oralis*. „Bei jedem Gesetzesworte, welches

der Heilige dem Mose sagte, erklärte er ihm auch seine Reinheit
und seine Unreinheit, sein קל und seinen „חמר“, d. h. entweder den
daraus zu ziehenden Schluß, welcher קל וחמר heißt, oder die erleichternden und erschwerenden Bestimmungen zu dem betreffenden
Gegenstand. So gab ihm Gott zu jeder Parasche und jedem Gegenstande noch specielle Erläuterungen. Deshalb werden *Kerithoth* 13ᵇ
die מדרשות und der תלמוד, also die Auslegung und Feststellung des
Gesetzes für die einzelnen Fälle, auf göttliche Belehrung und Unterweisung zurückgeführt; *Sifra* 228ᵃ zu Lev. 26, 46 erklärt, die חקים,
welche Gott durch Mose gegeben habe, seien die מדרשות oder Auslegungen; die משפטים seien die דינים, d. h. die Schlüsse, die aus
den Worten zur Ableitung neuer Gesetzesbestimmungen gemacht
werden, und die תורות seien die schriftliche und die mündliche
Thora; und zu בהר סיני ביד משה wird bemerkt: damit lehrt die
Schrift, daß die Thora und ihre Halachoth, ihre דקדוקים und פירושים
durch Mose vom Sinai gegeben sind. Also nicht nur die in Schrift
gefaßte Thora, sondern auch die Halachoth, die genauen Einzelbestimmungen und Erläuterungen zur Thora sind Mose von Gott auf
dem Sinai gegeben worden. Auch *Sifre* 84ᵇ werden die הלכות und
selbst die אגדות als aus dem Munde Gottes hervorgehend bezeichnet,
vgl. *Berachoth* 5ᵃ: „Was heißt das, was geschrieben steht (Ex. 24,
12): Und ich will dir geben die steinernen Tafeln und die Thora
und die Mizwoth welche ich geschrieben habe, sie zu lehren? die
Tafeln sind die zehn Worte; die *Thora*, das ist die Schrift; die
Mizwa ist die Mischna; *welche ich geschrieben habe*, das sind
die Propheten und Kethubim; *sie zu lehren,* das ist die Gemara.
Die Schrift lehrt dich hier, daß diese alle dem Mose vom Sinai
gegeben sind", also die in Schrift verfaßte Thora nebst Nebiim und
Kethubim, und die Mischna und Gemara, welche aus ihr die Lehre
und Unterweisung schöpfen. Dabei ist es streitig, ob Gott ursprünglich dem Mose auch die mündlich fortzupflanzende Lehre in Schrift
gegeben habe, oder bloß die Thora. *Koheleth rabba* 63ᵇ vertritt
die Ansicht, daß Mischna, Talmud, Tosefta und Haggada auf den
steinernen Tafeln von Gott geschrieben waren, vgl. *Schemoth rabba*
c. 46, wo dafür die zweite Tafel in Anspruch genommen wird; ebenso
Targ. II zu Ex. 24, 12, der aber die מדרשות auf רמיזי Winke redu-
cirt. *Schemoth rabba* c. 48 dagegen lehrt, daß die Midraschoth,
Halachoth und Haggadoth dem Mose nur mündlich gegeben wurden.
Diese Ansicht dürfte die ältere sein. Sie findet sich in der *Tosefta*

zu *Peah* 3, wo es von halachischen Fragen heißt: diese Dinge sind dem Mose vom Sinai gesagt worden.

Nachdem nun Mose selbst von Gott neben der schriftlich zu fixirenden Thora auch ihre mündlich fortzupflanzende Auslegung nach überwiegender und älterer Ansicht auf mündlichem Wege empfangen, hob er an, sie in der Stiftshütte getreulich zu wiederholen נִשְׁנָה und zu erklären פָּרֵשׁ *Bammidbar rabba* c. 14 vgl. § 22, 1. Er überlieferte nach *Erubin* 54ᵇ das mündliche Gesetz an Ahron; dieser überlieferte es an seine Söhne; diese lehrten es die Aeltesten, die Aeltesten aber unterwiesen das Volk. Beispielsweise erläuterte Mose nach *Mechilta* 110ᵇ das Sabbatgesetz, indem er die 39 am Sabbat verbotenen Arbeiten mündlich כָּל־פֶּה lehrte. Im Allgemeinen geht aus Stellen wie *Kerithoth* 9ᵃ hervor, daß die mündliche Lehre des Mose Tausende von Halachoth umfaßte, welche er alle vor seinem Tode wiederholte *Sifre* 66ᵃᵇ. Er hat den Stoff nicht etwa bloß ohne Rücksicht auf den inneren Zusammenhang gegeben, sondern auch schon systematisch geordnet; *Sifre* 66ᵃ: er hat die כללות und פרטית, die allgemeinen und besonderen Bestimmungen, die גופים und דקדוקים, die Hauptstücke der Lehre und die Einzelbestimmungen kund gethan. Er gab also schon die vollkommen ausgebildete Gesetzeslehre, wie sie fortgepflanzt werden sollte. Ueberdies hat er bereits das Synedrium (der Aeltesten) eingerichtet, welches fortan Mittler und Bewahrer der Ueberlieferung sein sollte, vgl. oben S. 87. Nachdem er selbst lebenslang das Haupt dieser Versammlung gewesen war, übernahm nach ihm Josua den Vorsitz. „Mose hat die Thora (die mündliche) empfangen vom Sinai und hat sie dem Josua übergeben, Josua aber übergab sie den Aeltesten" (dem Sanhedrin): das ist nach *Pirke Aboth* I, 1 Glaubenssatz der Synagoge.

Aber die ihrem Inhalte nach vollständige und ihrer Form nach vollkommene mündliche Thora Mose's ist durch Josua und sein Sanhedrin nicht unverletzt bewahrt worden. *Temura* 15ᵇ: In der Trauer um Mose sind 3000 Halachoth vergessen worden, welche selbst Josua nicht wieder ersetzt hat. Erst Othniel, welchen der Rabbinismus für ein Synedralhaupt ansieht, stellte sie durch Erörterung der schriftlichen Thora (*Pilpul*) wieder her. Dies war überhaupt das Schicksal der mündlichen Thora durch alle Zeiten hindurch, daß sie theilweise verloren ging und erneuert werden mußte. Die Erneuerung war aber möglich, weil die mündliche Lehre in der schriftlichen schon mit enthalten ist, also aus ihr entwickelt werden kann. Dazu

riß die Ueberlieferungskette im Ganzen nicht ab. Die Aeltesten
oder das Sanhedrin fanden in den Propheten, die ja (*Tosefta Eru-
bin* 8 vgl. oben S. 36 f.) Schriftgelehrte ספריא waren, Fortsetzer der
Ueberlieferung, und nach ihnen waren es die Männer der großen
Synagoge, welche das mündliche Gesetz fortpflanzten, deren letztes
Haupt, Simon der Gerechte, es auf den Schriftgelehrten Antigonos
ben Socho vererbte. Von ihm aus überkamen es die sogenannten
Paare von Häuptern des Synedriums, bis auf Hillel und Schammai.
Ihnen folgten von Rabban Gamliel dem Alten an die *Thannaim* bis auf
Juda den Heiligen, und die *Amoraim* bis zum Abschluß des babylonischen Talmuds. Alle diese Männer haben wesentlich dieselbe
Arbeit gethan, die mündliche Thora entweder als Ueberlieferung
einfach zu reproduciren oder aus der schriftlichen Thora herzustellen
d. i. zu erneuern, was auf dem Wege der Abstimmung durch Majori-
tätsbeschluß geschah. Das Organ der Ueberlieferung war somit das
von Gott selbst verordnete Synedrium, von welchem den ihm unter-
geordneten Rabbinen die Lehrbefugnis übertragen wurde.

2. Der gesammte Stoff der Ueberlieferung, sofern diese auf ihren
Ursprung aus der Schrift angesehen wird, aus welcher sie abgeleitet
ist, wird בדרשׁת genannt, wörtlich Forschungen, Untersuchungen, und
zwar über die Thora *Sifra* 228ᵃ. *Kerithoth* 13ʰ u. ö. Denn Alles was
mündlich überliefert wird, ist gewonnen durch Erforschung und Feststellung des Schriftsinnes. Diese Forschung hat sich aber in einer
doppelten Richtung bewegt. Sofern nämlich der Gesetzesinhalt der
Thora entwickelt wurde, ergaben sich die *Halachoth;* sofern der geschichtliche und prophetische Inhalt erläutert wird, ergaben sich die
Haggadoth. Jene sind in der Mischna niedergelegt und in der
Gemara weiter erörtert, diese bilden vornämlich den Inhalt des Midrasch im engeren Sinne oder der Haggada, des biblischen Commentars. Doch enthält auch der Midrasch Halachisches, und Mischna
und Gemara, besonders letztere, enthalten auch Haggadisches. Deshalb kann gesagt werden, daß die Midrasche, die Mischna und
Gemara, die Halachoth und Haggadoth vom Sinai stammen, wenn
auch nicht in der Form, in der sie hier vorliegen, so doch ihrem
Inhalte nach, wie das Alles aus den obigen Stellen hervorgeht.
Wichtig für das Verhältnis von בדרשׁ zu הלכה und הגדות ist *Nedarim* IV, 3, wo מדרשׁ, הלכה und הגדה auf einander folgen.

Was insbesondere die Halacha betrifft, so setzen beide Targume zu
Ex. 21, 9 für כמשׁפט das Wort הלכה. Hiernach ist Halacha das, was

Rechtens ist. Die Halachoth heißen auch מדיי Regeln, z. B. *Wajjikra rabba* 3. Etymologisch betrachtet heißt הלכה das Herkommen,
aber im juridischen Sinne, das *jus a majoribus traditum* (Delitzsch,
Römerbrief 114), das als gesetzlich gültig Ueberlieferte. Es stammt
ursprünglich aus göttlicher Unterweisung. Wäre diese im Gedächtnis
bewahrt worden, so wäre die Halacha lediglich Ueberlieferungsrecht.
Jedenfalls ist es ein Theil davon. Diese Halacha heißt הלכה למשה מסיני,
Halacha welche Mose von Gott auf dem Sinai empfangen hat, als
mündliche Ueberlieferung ausdrücklich von der schriftlichen Thora
unterschieden *Tos. Succa* c. 3. Da aber der größte Theil der sinaitischen Ueberlieferung verloren ging und im Laufe der Zeit erst
wieder hergestellt oder festgesetzt werden mußte, so kann man sie
nicht kurzweg als Ueberlieferung bezeichnen. Jene Festsetzung war
die Aufgabe der „Weisen" vieler Jahrhunderte; *Berachoth* 11ᵃ: die
Gesetzesgelehrten setzen die Halacha fest für die folgenden Generationen קבעו הלכה לדורות. *Sifre* 79ᵇ wird die Stufenfolge der Autoritäten festgestellt: Gott, Mose, Sanhedrin, der Weise. *Sifre* 104ᵇ wird
der große Gerichtshof דין הגדול בי״ד,, welcher in der Quaderhalle
im Tempel zu Jerusalem tagt, als höchste gesetzgeberische Instanz
bezeichnet, und gesagt, daß von ihm die Thora ausgehe für das
ganze Israel משם תורה יוצאת לכל ישראל. *Bereschith rabba* c. 19 sagt
von den Gliedern des Sanhedrin: sie sitzen und ordnen die Worte
der Thora, bis sie dieselben hervorgehen lassen rein wie Milch.
Später setzten die Weisen als stimmberechtigte Mitglieder einer Ge-
setzesacademie die Halacha fest und zwar nach Stimmenmehrheit,
zuweilen unter der Mitwirkung einer göttlichen Offenbarungsstimme.

Als Halacha gilt daher 1. was allgemein als seit unvordenklichen
Zeiten in Geltung stehend anerkannt ist, und 2. was sich auf eine
legitime Autorität zurückführen läßt. Wenn Jemand etwas als gesetzliches Herkommen behauptet, so muß er, wenn es nicht eine
anerkannte sinaitische Halacha ist, glaubwürdige Personen als Gewährsmänner der Ueberlieferung benennen. Als solche Autoritäten
gelten die Thannaim, deren Ueberlieferungen in der Mischna niedergelegt sind. Wer Halacha lehrt, hat lediglich von Mund zu Mund
zu überliefern, was er aus glaubwürdiger Quelle überkommen hat,
nach dem Grundsatz *Succa* 23: Ich habe kein Wort gesagt, das ich
nicht aus dem Munde meines Lehrers gehört habe. Nach *Taanith* 21
beruht die Würde und das Verdienst eines Rabbi darauf, daß er die
Ueberlieferungen משמרת seines Lehrers in sicherer und verlässiger

Weise weiter überliefert. Erlösung bringt der Welt derjenige welcher,
was er vorträgt, אמרה בשם vorträgt *Megilla* 15ᵃ. Wir lesen öfter,
es sei die höchste Kränkung, wenn man sich weigere in Jemandes Namen Halacha zu sagen, d. h. ihn als sicheren Gewährsmann für eine
Ueberlieferung gelten zu lassen. Jeder aber, in dessen Namen nach
seinem Tode eine Halacha gesagt werde, dessen Lippen bewegen sich
gleichzeitig im Grabe (s. Aruch unter דבב). *Jebamoth* 29 schärft ein,
daß man nichts vortrage, was nicht überliefert ist, vgl. *Tanchuma,
Bammidbar* 22: man müsse immer angeben, von wem man die Ueberlieferung habe, die man vortrage. Dies geschieht in der That
überall in der Mischna, Gemara und im Midrasch.

Der andere Theil der Lehrüberlieferung ist die Haggada. Zunz
(a. a. O. S. 42) und nach ihm viele Andere definiren sie als „Gesagtes". Im Unterschiede von der Halacha als der festen Regel soll
die Haggada demzufolge nur freier Erguß der religiösen Begeiste-
rung sein, ohne daß ihr irgend eine Verbindlichkeit beiwohne.
Allerdings entsteht sie nicht wie die Halacha durch Erörterung und
feierliche Abstimmung, sondern ist freier predigtartiger Vortrag vor
der Gemeinde; auch ist sie nicht bestimmt als Gesetz zu gelten,
sondern dient zur Erbauung und Belehrung, und ihr gegenüber gilt
mehr Freiheit. Allein damit ist noch nicht gesagt, was nun die
Haggada ist, und welche Bedeutung und Geltung sie für die Gemeinde hat. הגדה heißt nicht „Gesagtes", sondern Erzählung, Vortrag. Sie ist, wie die *Tosefta* zu *Sota* c. 7 zeigt, die Schriftauslegung
zur Erbauung der Gemeinde, welche sich am Sabbat „zur Haggada"
im Lehrhause versammelt. Man fragt: היכן היה היום הגדה d. i. welcher
Abschnitt der Schrift kam heute in der Haggada daran? Darauf
wird der Abschnitt הפרק איך מהו genannt. Weiter heißt es: מה דרש
בה: Was hat er darüber vorgetragen? Wie hat er ihn ausgelegt?
Zur Auslegung und Illustration dienten hauptsächlich Geschichten,
d. i. Ueberlieferungen aus alter Zeit, auch Gleichnisse und denk-
würdige Aussprüche der Väter. Daher bedeutet Haggada zuweilen
bloße Unterhaltung. Ihr Zweck ist jedenfalls Erbauung und Belehrung über Gegenstände des Glaubens und Lebens; sie vertritt das
dogmatisch-ethische Element der jüdischen Religionslehre. Auch von
ihr wird der Consequenz wegen gesagt, sie sei ursprünglich ein
Bestandtheil sinaitischer Ueberlieferung gewesen; aber wie die Halacha vergessen worden sei, so mußte auch sie auf hermeneutischem
Wege wieder gefunden werden. Ein Beispiel möge das erläutern.

Indem *Mechilta* 29ᵃ und der *Midrasch rabba* erzählen, daß Mose Josephs Gebeine aus Aegypten mitgenommen habe, wenden sie das קל וחמר an: wenn Elisa das Eisen vom Grund des Jordans an die Oberfläche kommen lassen konnte, so gewiß noch mehr Mose den Sarg Josephs, der auf dem Grunde des Nil ruhte. Bei Anwendung solcher hermeneutischer Regeln zur Rechtfertigung einzelner Erzählungen konnte man sich immer leicht einreden, sie seien im Schriftwort eingeschlossen und nun wieder aus ihm entbunden, die Haggada gehöre daher mit zu Gottes ursprünglicher Offenbarung auf dem Sinai. Ein anderes Beispiel findet sich *Berach.* 31ᵇ. Zu den Worten: Um diesen Sohn habe ich dich gebeten (1 Sam. 1, 27) wird da Folgendes zur Erläuterung in haggadischer Weise gesagt: Hanna bringt Samuel zu Eli. Sie schlachten einen Farren und sehen sich zur Schlachtung nach einem Priester um. Da lehrt sie Samuel, daß ein Nichtpriester (זר) auch schlachten könne. Daß er das vor Eli lehrt, der als Rabbi allein lehren darf, gilt als todeswürdige Verletzung desselben, und er soll nach dem Rechte dafür sterben. Eli verheißt Hanna zum Trost einen größeren Sohn, sie aber sagt: Um diesen Sohn habe ich dich gebeten! — So entstehen Haggadoth; sie erwachsen scheinbar aus der Schrift, in die sie Gott gelegt, während er sie selbst einst außer der Schrift lehrte. Man vergleiche beispielsweise noch *Berach.* 62ᵇ. Solche Haggadoth genießen so hohes Ansehen, daß sie wie die Halacha מִדָּה heißen, also Regel für Glauben und Sitte, vgl. die *Tosefta* zu *Kidduschin* V, 18. Als geistliche Speise Israels wird *Bammidbar rabba* 8 Talmud (Gesetzeslehre) und Haggada bezeichnet. Sie wird wie die Halacha fortgepflanzt und ihr Ansehen beruht wie bei der Halacha auf der Glaubwürdigkeit der Ueberlieferung. Wir finden demgemäß *Pesikta* 28ᵃ. *Wajjikra rabba* 18 u. ö. eine מִשְׁבְּעָה אֲדָרָה haggadische Tradition erwähnt, vgl. *Tanchuma Noach* 11: es sei haggadische Tradition, daß Jerusalem nicht gebaut werde, ehe alle Exulanten sich wieder versammelt haben. Sie bildet ein besonderes Studium, welches Einige, welche den Ehrennamen בעלי הגדה haben, besonders pflegen *Beresch. rabba* c. 3. 12. *Wajjikra rabba* c. 31 u. ö. Wir finden auch haggadistische Schuldifferenzen. So stritten die Schulen Hillels und Schammai's nach *Wajjikra rabba* c. 36 darüber, ob der Himmel oder die Erde zuerst geschaffen sei, vgl. *Beresch. rabba* c. 12. Solche Fragen stellte man an den בעל הגדה. So *Tanchuma Wajjakhel* 6: Sage mir, du Meister der Haggada, wie Gott seine Welt geschaffen hat: zuerst die Welt

und dann die Finsternis, oder umgekehrt? Derartige Fragen beantwortet der Haggadakenner aus haggadischer Ueberlieferung oder mit
Anwendung hermeneutischer Regeln. Die בעלי הגדה werden deshalb die Schrifterklärer genannt *Beresch. rabba* 94. Ist der Haggadist eine Autorität, so pflanzt sich seine Haggada weiter fort und
wird ein Bestandtheil des haggadischen Ueberlieferungsschatzes, wie
er im Midrasch, und zwar besonders in den *Rabboth* aufgespeichert
ist. Solche Autoritäten waren z. B. Jose der Galiläer, der Begründer
der 32 Middoth, *Chullin* 89ᵃ, und R. Samuel b. Nachman *Pesikta* 145ᵇ,
während große Halachisten keine haggadistische Autorität genossen,
weder R. Meir, den man nach *Beresch. rabba* 36 mit dem Worte
דריך schweigen hieß, als er Haggada vortrug, noch R. Akiba *Schemoth rabba* c. 10.

Allerdings wird der Haggada nicht gleiche Geltung mit der Halacha eingeräumt. Die Haggada heißt *Kohel. rabba* 65ᵃ die כנוגי
של בקרא, die *deliciae Scripturae Sacrae*. Die Halacha repräsentirt
dagegen die strenge, aber auch desto verdienstlichere Arbeit ums
Gesetz. Dazu stimmt *Pesikta* 101ᵇ: Zuerst, als es noch Geld gab
(als man weniger dem Erwerb nachjagen mußte), war der Mensch
begierig, das Wort der Mischna und des Talmud zu hören; jetzt
aber, wo das Geld mangelt und wir überdies von der Regierung
zu leiden haben, ist der Mensch begierig, ein Wort der Schrift
und der Haggada zu hören: man begnügt sich mit dem Geringeren,
weil man zum Größeren nicht Muße hat. Denn zum Studium der
Halacha gehört Ruhe und volle Kraft, während die Haggada auch
von dem Ermüdeten getrieben werden kann *Taanith* 7. In *Schir
rabba* 10ᵃᵇ heißt es geradezu, daß Schrift und Haggada geringeren
Werthes seien, als Mischna und Talmud. *Debarim rabba* c. 8 wird
der Studiengang deshalb so dargestellt, daß die Haggadoth nach den
Halachoth zu stehen kommen. Was בין אילפן ist, d. h. der Gesetzeslehre angehört, steht an Dignität höher, als was בין אגדה ist, *Jalkut*
zu *Bereschith* 101. Immerhin sind beide, Halacha und Haggada, Bestandtheile der Tradition und darum Lehre für die Gemeinde.

§ 24. Das Verhältnis der Ueberlieferung zur Schrift.

Der Inhalt der heiligen Schrift und der Ueberlieferung sind
principiell identisch, denn diese ist wesentlich in jener enthalten.
Daher sind die Aussagen der einen wie der anderen als wahr an

zunehmen. Insofern aber die Ueberlieferung erst aus der Schrift heraus entwickelt werden muß, nimmt die Schrift den Rang der Quelle und Richtschnur aller Lehre ein: sie ist *norma normans*, während die Ueberlieferung *norma normata* ist, d. h. sich als in der Schrift enthalten immer wieder ausweisen muß. Endlich ist die Schrift die Offenbarung in abgeschlossener Gestalt, die Ueberlieferung dagegen in steter Entwickelung begriffen; letztere bewegt sich durch Widersprüche hindurch und endet oft in ungelösten Problemen.

1. Die inhaltliche Einheitlichkeit von Schrift und Tradition erhellt aus der Einheitlichkeit der Namen. Jene heißt תורה שבכתב, diese תורה שבעל פה; beide also sind תורה Offenbarung, Lehre Gottes. *Pesikta* 98ᵇ u. ö. heißen beide תורות, vgl. *Sifre* 145ᵃ: Rabban Gamliel antwortete auf die Frage, wie viele Thoroth Israel gegeben seien: zwei, eine schriftlich, eine mündlich. Nach *Tosefta Sanhedrin* c. 4 hatte Mose zwei Thoroth, eine, die in der Stiftshütte niedergelegt war, eine andere (die mündliche?) die er stets mit sich führte, die man daher משנה תורה nennt. Daß beide gleichen Wesens sind, erhellt außerdem aus der Bezeichnung des mündlichen Gesetzes als *Mischna* von שנה δευτεροῦν *repetere:* dadurch wird das mündliche Gesetz als die erklärende Wiederholung des schriftlichen bezeichnet. Beide sind also nicht verschiedenen Inhalts, sondern die Mischna das sinaitische Gesetz in Wiederholung. *Bammidbar rabba* c. 13 werden daher die 24 Bücher der heiligen Schrift als תורה שבכתב neben die 80 Tractate der Mischna als der תורה שבעל פה gestellt. Die Gemara aber ist kein selbständiges Werk für sich, sondern interpretirt die Sätze der Mischna, steht also zu dieser ebenso wie die Tosefta in ergänzendem, untergeordnetem Verhältnis. Der Midrasch oder die Haggada ist ebenfalls nur Darlegung des Schriftinhalts nach Seite der Lehre und Erbauung. Die דברי תורה, sagt daher *Sifre* 132ᵃ, sind alle Eins; es sind in ihnen die Schrift und die Mischna, die Halachoth und Haggadoth inbegriffen.

2. Indem nun aber Halacha und Haggada erst aus der Schrift abzuleiten sind, ist diese doch der Urquell und die Richtschnur aller Lehre, vgl. oben S. 83. *Baba mezia* 59ᵇ sagt: Sie (die Halacha) ist nicht im Himmel, denn sie ist schon geschrieben in der Thora am Berge Sinai. *Tanchuma Noach* 3 lehrt weiter: Gott hat Israel die Thora schriftlich gegeben; diese schriftliche Thora besteht aber nur in Andeutungen רמיזי; ihr Inhalt ist verschlossen; darum hat Gott sie in der mündlichen Thora erklärt und Israel offenbart גלה. Die

schriftliche Thora enthält die allgemeinen, die mündliche die besondern Begriffe, die mündliche viel, die schriftliche wenig. Später heißt es a. a. O., die mündliche Thora enthalte die genaueren Bestimmungen über die Gebote, die Schlüsse vom Leichten zum Schweren aus der Thora. Auf Grund dieses Verhältnisses beider Theile der Offenbarung sagt *Jebamoth* 14ᵃ u. ö., man dürfe die Beweise für die Richtigkeit einer Halacha nicht von Wundern, auch nicht von einer himmlischen Offenbarungsstimme hernehmen קיל בבת בישגיחין אני אין. Der Beweis für die Halacha ist vielmehr aus der Schrift zu führen. Die *Tosefta* zu *Taanith* c. 2 stellt den Grundsatz auf: die mündliche Ueberlieferung bedarf des Beweises חוזק, nicht aber die Thora. Aus *Chagiga* VIII, 1 ist zu entnehmen, daß die Halacha sich auf die Schrift zu stützen habe המקרא על סמך. Wenn die Gemara zu *Sota* II, 2 für eine Behauptung, die über den Wortlaut der Schrift hinausgeht, sich darauf beruft, daß die Halacha in drei Fällen über die Schrift hinausgehe, so erkennt man gerade daraus besonders deutlich, wie sehr der Grundsatz anerkannt war, daß Schrift und Halacha sich decken müssen, vgl. *Sota* 16ᵃ. Deshalb finden wir schon in der Mischna und den gleichzeitigen Lehrschriften Mechilta, Sifre und Sifra, daß Halacha und Haggada aus der Schrift abgeleitet oder aus ihr erwiesen werden. Entweder wird dabei die Schriftstelle vorangestellt, und die Halacha aus ihr abgeleitet, z. B. *Sanhedrin* X, 5. 6, oder die Halacha steht voran, die Begründung aus der Schrift folgt, vgl. *Maaser* I, 3. 8. *Bechoroth* VII, 1. *Arachin* IV, 4. Die andern Lehrschriften sind Commentare, welche durchweg die Gesetzesvorschriften der Thora so interpretiren, daß sie die Halacha aus ihr ableiten oder durch sie begründen. Wol treten die Mischna und Gemara in einer von der Schrift unabhängigen Form als eine Art von *corpus juris* und Commentar auf und haben in dieser Eigenschaft *Kethuboth* VII, 6 den Namen ויהודית משה דת; allein es findet sich doch für jede Behauptung und Ueberlieferung in diesen Schriften ein Hinweis auf ein Schriftwort oder eine förmliche Begründung aus demselben. Nur so läßt es sich verstehen, daß man Proselyten eben so zur Annahme des mündlichen wie des schriftlichen Gesetzes verpflichtete, vgl. *Schabbath* 31ᵃ. *Sifre* 145ᵃ, und daß *Aboda sara* 19ᵇ die Regel gegeben wird, Schrift, Mischna und Gemara jeden Tag zu studiren, sowie daß man nach *Berachoth* 11ᵇ das Studium der Mischna ebenso durch eine Gebetsformel weiht wie das der Schrift. Man ist sich bewußt, daß das mündliche Gesetz im schriftlichen enthalten und gleicherweise Gottes Lehre ist, daß das eine aus dem andern abgeleitet und begründet wird.

Gleichwol fehlt das Bewußtsein nicht, daß der Schrift mit der Thora als Urquell des mündlichen Gesetzes und als Norm desselben höhere Bedeutung zukommt, zumal da die Art und Weise, wie die Halacha zu Stande kommt, doch gar sehr auf ihre menschliche Vermittlung hinweist. Die Halacha wird festgestellt durch Abstimmung eines Collegiums von Weisen *Gittin* V, 6; ein anderes Collegium aber, wenn es größere Autoritäten in sich schließt und mehr Mitglieder zählt, kann diese Entscheidung des ersten Collegiums aufheben und die Halacha anders festsetzen, vgl. *Edujoth* I, 1 ff. 5. V, 7. Ferner gibt es Halachoth ohne directen Schriftbeweis durch Schluß aus einem andern Rechtssatz, z. B. *Menachoth* IV, 3, oder als Hauptregel aus verschiedenen Einzelfällen, z. B. *Arachin* V, 2. 3, oder durch Schluß *a minori ad majus*, z. B. *Kerithoth* III, 7—10 gewonnen. Endlich gibt es Lehrdifferenzen unter den Weisen. Diese Momente haben die Wirkung, daß man nothgedrungen unterscheidet, was דאיריתא und was דרבנן, was בן המשנה und בן הפסוק (in einem Schriftvers unmittelbar gegeben) ist, was דברי תורה und דברים סייגים sind, was דברי תורה und קבלה (Ueberlieferung) ist. *Kethuboth* VII, 6 unterscheidet דה משה und דת יהודית d. h. was von Mose selbst stammt und was der geschichtlich nationalen Rechtsbildung angehört. *Orla* III, 9 stuft den Werth der Lehre darnach ab, ob etwas בן התורה oder הלכה למשה מסיני oder דברי סיפרים ist. Diese Abstufung hat die Folge, daß in der Lehrzucht ein wesentlicher Unterschied besteht, ob man sich gegen das Schriftwort selbst oder gegen die Tradition im Lehrvortrage verfehlt. Nach *Pesikta* 33[b] erhält derjenige die Geißelung, der nicht richtig lehrt, wenn er Worte der Schrift דאיורייתא כילי falsch anwendet; *Bereschith rabba* c. 7 wird ebenfalls unterschieden, ob Jemand eine falsche Lehre aus der Thora rechtfertigt, oder ob er sich auf die Tradition beruft: nur im ersteren Falle verfällt er der Geißelung, vgl. *Bammidbar rabba* c. 19. *Kohel. rabba* 76[d]. *Tanchuma Bammid. Chukk.* 6. Auch gegenüber der Gemeinde wird ein Unterschied gemacht rücksichtlich der Folgen, die ein unmittelbares Schriftgebot oder ein rabbinisches Gebot hat. Wer z. B. vermöge einer ausdrücklichen Schriftsatzung unrein und zum Tauchbad verpflichtet ist, verunreinigt durch seine Berührung mehr Andere, als wer durch rabbinische Satzung unrein ist, s. *Para* XXI, 4. 5. Ebenso *Thoharoth* IV, 11, vgl. 7 und *Mik-*

rraoth VI, 7. Der Umstand, daß ein Gebot unmittelbar in der Thora
enthalten ist, ist immer erschwerend, der Umstand, daß es durch
rabbinische Satzung besteht, erleichternd. In der Gebetsordnung er-
läßt man unter Umständen das Aufsagen solcher Formeln, die sich
nicht auf die Schrift, sondern nur auf rabbinische Anordnung gründen *Berachoth* 46ᵃ. *Tosefta* zu *Edujoth* c.1 sagt, daß wenn zwei Rabbinen verschiedene Bescheide geben, man bei einem תורה מדברי דבר
dem בחמיר (Erschwerenden), bei einem סופרים מדברי דבר dem מקל
(dem Erleichternden) folgt, vgl. *Aboda sara* 7ᵃ.

3. Endlich ist für das Verhältnis von Schrift und Tradition
wichtig, daß jene in sich abgeschlossen ist und implicite die ganze
Fülle der Lehre Gottes enthält, während die Tradition im Werden
ist und in unendlicher Entwicklung sich fortbewegt, ohne zum Abschluß zu kommen. Es gibt allerdings eine Anschauung, nach welcher zur Zeit der sinaitischen Offenbarung auch die mündliche Lehre
schon vollendet war; denn Gott habe sie dem Mose auf die Tafeln
geschrieben. Allein diese Anschauung ist nur die übertreibende
spätere Ausdrucksform für die oben dargelegte von Allen anerkannte
Annahme, daß die mündliche Lehre eben so wie die schriftliche
implicite in der Thora, vielleicht auch explicite durch mündliche
Belehrung von Gott dem Mose gegeben worden sei. Die gemäßigtere
Anschauung begnügt sich zu sagen, daß Gott dem Mose die mündliche Lehre בכללים in ihren Hauptsätzen gelehrt habe, indem er die
Entwicklung des Einzelnen der späteren Zeit überließ. So *Schemoth
rabba* c. 41. *Tanchuma, Ki tissa* 16. Aber auch wenn man mit den
Anderen sagt, Gott habe den Mose, sei es schriftlich, sei es mündlich, den ganzen Talmud, alle Halachoth und Haggadoth gelehrt,
indem er ihn bei Tage in der Thora unterrichtete, bei Nacht in
der Mischna, *Tanchuma Ki tissa* 28, so ist doch diese mündliche
Lehre (vgl. S. 91) den späteren Geschlechtern verloren gegangen, und
sie muß nun auf dem Wege der Erörterung aus der schriftlichen
Thora wiederhergestellt werden. Diese Aufgabe aber ist unendlich,
daher mit dem Talmud nicht zum Abschluß gekommen und überhaupt nie völlig zu lösen. Es ist nicht lächerlich, wie Bodenschatz
III, 226 meint, wenn *Sefer Juchasin* 160ᵃ (nach der auch sonst sich
findenden älteren Ueberlieferung) sagt, das mündliche Gesetz (der
Talmud) sei deswegen nicht aufgeschrieben worden, weil sein Umfang
größer sei ארוכה als die Erde. Der halachische Pilpul läßt sich in
der That ohne Ende fortsetzen. Diese Erkenntnis findet sich auch

Erubin 21ᵈ, wo es heißt, die mündliche Ueberlieferung werde deshalb nicht aufgezeichnet, weil sonst des Büchermachens kein Ende wäre, vgl. *Bammidbar rabba* c. 14. Es sprachen freilich auch noch andere Gründe gegen die schriftliche Aufzeichnung der traditionellen Lehre. Nach *Tanchuma, Wajjera* 5. *Ki tissa* 34 u. ö. soll sie nicht schriftlich werden, damit sie Geheimlehre innerhalb der jüdischen Gemeinde bleibe. Die Heiden haben bereits die Schrift in Uebersetzung; sie sollen nicht auch die mündliche Lehre haben, damit sie nicht etwa meinen, sie haben auch das Gesetz und seien Gottes Volk. Die Thora ist Israels Besitz, die Arbeit an ihr und die Beschäftigung mit ihr sein besonders Erbe bis ans Ende.

Die in der Thora enthaltene Lehre kann aber nicht herausgestellt werden, ohne daß sie im Kampf mit Widersprüchen sich entwickelt und behauptet: die Weisen treffen einander widersprechende Entscheidungen. Diesen Widerstreit gegen den göttlichen autoritativen Charakter der mündlichen Ueberlieferung löst die jüdische Theologie auf, indem sie die Widersprüche auf die Vieldeutigkeit der geschriebenen Thora zurückführt. *Erubin* 13ᵇ lesen wir: Drei Jahre sind die Schammaiten und Hilleliten im Streite mit einander gewesen, und als beide Theile behaupteten, ihre Meinung müßte als Halacha gelten, so geschah eine himmlische Offenbarung und sprach: Beides ist Gottes Wort; als Halacha aber gilt der Hilleliten Lehre. Sie waren nach *Jebamoth* 14ᵃ die zahlreichere, populärere Schule, daher drang ihre Lehrweise durch. Ein alter oft wiederholter Ausspruch findet sich *Tosefta Sota* c. 7: „Alle Worte sind gegeben von Einem Hirten, sie alle hat Ein Gott geschaffen, Ein Hirte hat sie gegeben, der Herr aller Werke, gebenedeit sei er, hat sie gesagt. Auch du mache dein Herz zu vielen Kammern חדרי und führe darin ein die Worte Hillels und Schammai's, die Worte derer, die für rein, und die für unrein erklären." Dasselbe sagt der Midrasch öfter, z. B. *Bammidbar rabba* c. 14, vgl. *Chagiga* 3ᵇ: „Sie alle (diese widersprechenden Lehren der Weisen) hat Ein Gott gegeben und Ein Parnas (Mose) hat sie gesagt aus dem Munde des Herrn." Näher erklärt die Sache *Tanchuma, Behaalothecha* 15: Alle Aussprüche der Weisen stammen von dem Einen Mose und dem Einen Gott; der eine hat diesen מעם, der andere jenen; d. h. der eine Weise kann sich für seine Meinung auf dieses Wort, der andere auf jenes Wort der Schrift berufen. Diese Lehrdifferenzen führten daher keine Spaltung herbei. Die Hilleliten und Schammaiten, obwol in Ehefragen von sehr verschiedener Meinung, versagten einander die Ehe nicht; und obwol sie in Fragen über Rein und Unrein sehr auseinandergingen, so hinderte dies doch nicht den Lebensverkehr *Jebamoth* 14ᵇ. Zum Zweck der schließlichen Lösung einzelner Streitfragen ist für sehr wichtige Fälle ausnahmsweise die *Bath Kol* eingetreten; in anderen Fällen hat die Abstimmung oder die herrschend werdende Sitte entschieden, nach dem Princip: אין הלכה אלא כדברי המרובין die Halacha bemißt sich nach dem Ausspruch der Majorität *Edujoth* I, 5. Um endlich die ungelöst bleibenden Streitfragen zu schlichten, wird in den Tagen des Messias Elia kommen. Daher schließt eine Discussion ohne Resultat mit der Formel תיקו d. h. der Thisbit wird die Einwände und Fragen lösen. (Vgl. Buxtorf, Lexicon talm. S. 2588, unter תירץ; Andere allerdings anders, z. B. Aruch unter תק: תיקו, θήκη, für eine Sache, die in ihrer θήκη Scheide verborgen bleibt, während Stein, Talm. Terminologie S. 59 erklärt: תהי קאי. Letzteres ist die sachlich richtige Erklärung, die aber einfacher sich ergibt, wenn man תיקו *per apocopen* für תיקום „es bleibe stehen" nimmt.) Diese Formel ist wichtig, weil sie zeigt, daß die Lehrentwicklung, aus welcher die mündliche Thora hervorgeht, oft an Stellen kommt, wo sie die Arbeit ruhen lassen muß, ohne zum Abschluß gekommen zu sein, während die schriftliche Thora abgeschlossen ist.

§ 25. Schrift und Ueberlieferung in der Praxis.

Wenn die Schrift auch hinsichtlich ihrer Würde der Ueberlieferung vorgeht, so hat doch für die Praxis das mündliche Gesetz einen höheren Werth als das schriftliche. Denn der Nomismus, welcher in der Thora das Heil zu besitzen glaubt, sofern er durch ihre Erfüllung den verheißenen Lohn erwirbt, fordert die Thora in einer Gestalt, in welcher sie unmittelbar im Leben verwirklicht werden kann. In solcher Gestalt liegt sie nur im mündlichen Gesetze vor. Die höhere Werthschätzung desselben findet ihren Ausdruck nicht bloß in den Prädicaten der mündlichen Lehre, sondern auch in dem Studium, welches ihr gewidmet wird, und in der Strenge, mit welcher man auf das mündliche Gesetz hält.

1. Als Rab Dimi nach Babylon kam, sagte er: Der Vers Hohesl. 1, 2 wird so verstanden: Es sagt die Gemeine Israels zu Gott: Herr der Welten, die Worte deiner Freunde, nämlich der Weisen,

sind mir lieber חביבין als der Wein des Gesetzes selbst *Aboda sara*
bei F. Chr. Ewald S. 214. Und *jer. Berachoth* I, 6ᵃ heißt es: Du
sollst wissen, daß die Worte der Schriftgelehrten geliebter sind, als
die Worte der Thora; denn siehe, wenn Rabbi Tarphon das Schemá
gar nicht gebetet hätte, so hätte er nur ein positives Gebot übertreten;
weil er aber die Satzung der Schule Hillels übertreten hat, so ist
er des Todes schuldig worden. R. Tarphon hatte nämlich die Halacha des Schemabetens, wie sie vom Hause Hillels festgestellt
worden, übertreten und nach der Weise der Schule Schammai's gebetet und war darüber in Todesgefahr durch die Räuber gerathen.
A. a. O. lesen wir weiter: R Chanina sprach: Die Worte der Aeltesten sind werther geachtet, als die der Propheten. Als Grund wird
angegeben, daß die Propheten sich erst durch Wunder und Zeichen
Gehorsam für ihre Worte erwirken mußten, die Aeltesten aber ihn
nach Deut. 17, 13 auf Grund der Thora fordern können. In dem
nachtalmudischen Tractat *Soferim* wird 15ᵇ die heilige Schrift
dem Wasser, die Mischna dem Wein, die Gemara dem Würzwein
verglichen. Die Welt kann nicht sein ohne die heilige Schrift, ohne
die Mischna, und ohne die Gemara. Oder: Die Schrift gleicht dem
Salz, die Mischna dem Pfeffer, die Gemara dem Gewürz בשמים.
Immer stellen solche Vergleichungen eine aufsteigende Reihe von der
Schrift zur Gemara dar. Dies läßt sich nur verstehen durch den
Satz, daß allein die Lehre der Weisen den Sinn der Schrift erschließt und sie praktisch verwendbar macht. Die Thora ist ja ein
unerschöpfliches Meer der Erkenntnis; aber das Wort der Weisen
ist werthvoller, weil man durch dieses zur Erfüllung der Thora
kommt.

2. Deshalb wird die Ueberlieferung, nicht die Schrift, als wich-
tigster Gegenstand des Lernens hingestellt. Ihr sind die besten
Kräfte zu widmen. *Wajjikra rabba* c. 15: Man liest in den heiligen
Schriften erst nach dem Abendgebet. Doch ist es gestattet, etwas
in der Schrift nachzusehen, wenn es zum Zweck des Studiums er-
forderlich ist; denn die Tageszeit gehört — wie auch die Erläu-
terung zum Midrasch angibt — dem Studium. Besonders das bloße
Lesen der Schrift ist viel geringer, als das Studium des Gesetzes;
aber auch das Studium der Schrift, bei welchem es sich um den
Derusch handelt, ist verhältnismäßig werthlos. *Wajjikra rabba* c. 36:
Wie es am Weinstock ענבים und צמוקים (nach dem Commentar zum
Midrasch: Wein und Essig) gibt, so gibt es in Israel Schriftkundige,

Mischnakundige, Talmudkundige, Haggadakundige. Die letzteren, die eigentlichen Schriftausleger (S. 94 ff.), sind im Organismus der Lehrer das was die צמוקים am Weinstock, stehen also auf viel niedrigerer Stufe als die Mischna- und Talmudkundigen. *Berachoth* 50ᵇ sagt von R. Scheschet: Er wendete sein Angesicht von der Thorarolle und sprach: Wir beschäftigen uns mit dem Unsrigen (Mischna und Gemara), Jene mögen sich beschäftigen mit dem Ihrigen (der Thora). Sehr charakeristisch ist *Baba mezia* 33ᵃ: „Solche die sich mit der Schrift beschäftigen — das ist eine Art des Studiums und doch keine Art מִדָּה (es fehlen ihnen die Entscheidungen der Mischna und die Erörterung der Gemara, durch die man erst eine Frucht des Studiums gewinnt). Mit der Mischna sich beschäftigen ist eine Art des Studiums, und man hat Frucht und Lohn dafür; die Gemara — du hast keine bessere Art des Studiums als diese." Rab sagte nach *Chagiga* 10ᵃ: Wenn ein Mensch von der Beschäftigung mit der Halacha הלכה מדברי zur Beschäftigung mit der Schrift übergeht, so hat er kein Heil שלום mehr. Der Talmud d. i. die zusammenhängende Erforschung des Gesetzes ist also das wahre Ziel des Lernens, und zwar nicht bloß des Gelehrten, sondern jedes frommen Israeliten, der nicht als עם הארץ gelten will. Schrift lesen und studiren ist die elementare, resultat- und ziellose Stufe des Studiums, Mischna die Mittelstufe, Gemara das eigentliche Ziel. In diesem Sinne ist zu verstehen, daß die gewöhnliche Stufenfolge gelehrter Kenntnisse und ihres Ansehens vor Gott und Menschen ist: Schriftkundige, Mischnakundige, Talmudkundige, vgl. *Sifre* 147ᵇ. *Erubin* 54ᵇ u. ö.

3. Dem hohen Ansehen des mündlichen Gesetzes entspricht endlich, daß seine Uebertretung von der Gemeinde streng geahndet und an eine göttliche Strafe für Uebertretung desselben geglaubt wird, vgl. oben unter 1. Die Uebertretung rabbinischer Satzungen ist Sünde, *Tosefta* zu *Baba kamma* c. 8. R. Tarphon leitete eine Todesgefahr vom Ungehorsam gegen eine Satzung des Hauses Hillel ab. *Berachoth* 4ᵇ: Jeder der die Worte der Weisen übertritt, ist des Todes schuldig. *Schabbath* 110ᵃ heißt es, den beiße eine Schlange, der eine Verordnung der Weisen übertrete, und gegen solchen Biß gebe es keine Heilung. Als Schriftgrund wird Kohel. 10, 8 angeführt, und an andern Orten in gleichem Zusammenhange dieselbe Drohung oft wiederholt. Natürlich erfolgt nicht überall der Vollzug der höchsten Strafe; vielmehr wird die Autorität des Gesetzes auch

durch den Bann gewahrt, der über den Uebertreter einer rabbinischen Satzung ausgesprochen wird. Wer z. B. das Händewaschen vor dem Brotessen unterläßt, verdient nach *Berach.* 19ᵃ den Bann. Im Princip jedoch ist der Uebertreter der Worte der Schriftgelehrten des Todes schuldig. *Erubin* 21ᵇ wird erst die Mahnung eingeschärft, mehr auf die Worte der Schriftgelehrten als auf die Worte der Thora Acht zu geben חומר, und dann als Grund angeführt, daß die Thora Gebote und Verbote enthalte, denen keine Drohung der Todesstrafe beigefügt sei (s. Raschi), während hinsichtlich aller Worte der Schriftgelehrten der Grundsatz gelte, daß den Tod verdiene wer sie übertrete. Später wird als Beweis dafür eine Geschichte aus dem Leben des R. Akiba angeführt. Er lag im Gefängnis, und R. Josua Hagirsi bediente ihn und brachte ihm täglich eine bestimmte Menge Wassers. Eines Tages aber beschränkte dieses der Gefängnisaufseher auf die Hälfte. R. Josua sagte, als er zu ihm kam: Weißt du nicht, daß ich ein Greis bin, und daß mein Leben an deinem hängt? Nach Raschi wollte er ihm sagen, es bleibe ihm nur, was R. Akiba ihm übrig lasse, er möge also sparen, und das Händewaschen unterlassen. Er erzählte ihm dann den ganzen Vorfall. Da sagte R. Akiba zu ihm: Gib mir Wasser, daß ich meine Hände wasche. Josua antwortete, es reichte nicht einmal zum Trinken, geschweige zum Händewaschen. Jener aber erwiderte: Was soll ich thun? Man ist für die Unterlassung der Händewaschung des Todes schuldig; besser, ich ziehe mir selber den Tod zu (durch Durst), als daß ich die Satzung meiner Genossen übertrete. Es hieß, er habe so lange kein Wasser gekostet, bis man ihm Wasser zum Händewaschen brächte, und er die Hände gewaschen hätte. Die Weisen aber, die es hörten, sprachen voll Bewunderung: Wenn er dies in seinem Alter that, um wie viel mehr in seiner Jugend; wenn im Gefängnis, um wie viel mehr außerhalb desselben! — So ist es: Ein jüdischer Heiliger wird eher sterben, als die Worte der Weisen, das traditionelle Gesetz, brechen. In der That wird dieses höher und heiliger geachtet, als das einfache Wort der Schrift.

Cap. IX. Der Schriftbeweis.

§ 26. Die dreizehn Regeln.

Die mündliche Ueberlieferung soll aus der schriftlichen Thora erwiesen oder wenigstens an dieselbe angelehnt werden können. Der Schriftbeweis für die Ueberlieferung erfolgt somit entweder durch regelrechte Ableitung des traditionellen Lehrinhalts aus der Schrift mittelst Anwendung der 13 Middoth d. i. hermeneutischen Grundsätze, oder durch Aufsuchung solcher Schriftworte, welche wenigstens eine Hindeutung auf die angenommene Meinung enthalten. Die Ueberlieferung steht, da sie neben der Schrift hergeht, schon vor der biblischen Begründung fest, der Schriftbeweis tritt nur zu ihr hinzu. Auch was keinen Beweis aus der Schrift hat oder über sie hinausgeht, gilt, wenn es sich auf rabbinische Autorität stützt. Es ist dann דרבנן, im Gegensatz zu דאורייתא.

Frühzeitig zeigte sich das Bedürfnis, feste Normen oder Regeln für die Ableitung der Halacha oder Haggada aus der Schrift aufzustellen. Solche Regeln nannte man מדות *Middoth*, nämlich für die Auslegung des Textes. Was nach diesen Regeln aus der Schrift abgeleitet war, galt als erwiesen. Der Erste, der unseres Wissens solche Regeln aufstellte, war Hillel, der überhaupt als Hauptbegründer des traditionellen Gesetzes anzusehen ist, vgl. *Succa* 20ᵃ. Hillels sieben (oder sechs) Regeln erweiterten sich später zu dreizehn, die als eine *Barajtha* (neben der Mischna hergehende Tradition) des R. Ismael bezeichnet werden. Man benennt sie יג כדית שהתורה נדרשת בהן, d. i. die dreizehn Regeln, nach welchen die Thora erklärt wird. Man findet sie als Einleitung zu den meisten Ausgaben des Sifra, wie auch im *Siddur*, d. i. dem Gebetbuch der Juden für den täglichen Gebetsdienst u. ö. Für die haggadische Auslegung hat R. Elieser Sohn des R. Jose des Galiläers 32 Regeln aufgestellt, nach welchen der haggadische Derusch oder Commentar sich vollziehen soll, vgl. *Jalkut Schimeoni, Bereschith* 92. Sie berühren sich mit den 13 Regeln. Mit diesen als den praktisch wichtigsten haben wir es weiter zu thun. Sie finden sich speciell angeführt und angewendet *Mechilta* 22ᵃ, wo es heißt: „Dies ist eine von den 13 Middoth, nach welchen die Thora ausgelegt wird." Kürzer werden sie bezeichnet *Mechilta* 77ᵇ, wo es einfach heißt: „Gehe hin und

lerne aus den 13 Middoth." Man führte sie also ohne Weiteres als
allgemein gültig an. Maimonides sagt in seiner Einleitung zum Talmud: Wer die Erklärung zum Gesetze nicht aus dem Munde Mose's
selbst hörte, folgerte sie mittelst der 13 Regeln, die auf dem Sinai
gegeben worden sind. Josua und Pinchas verfuhren bei der Ge-
setzesbetrachtung (סברא im Gegensatz zu הלכה, das durch Nachdenken gewonnene Resultat im Unterschied vom überlieferten Recht),
bereits ebenso, wie Rabina und Rab Asche, die letzten der Amoraim, welche den Talmud herstellten. Solches Ansehen genossen
die 13 Regeln.

1. Die erste Regel heißt: קַל וָחֹמֶר, „Wie das Leichte, so das
Schwere" d. h. was vom Leichteren oder Geringeren gilt, das gilt
auch vom Schwereren oder Größeren. Es ist der Schluß *a minori
ad majus*, oder *a majori ad minus*. Die kürzeste Form, in welcher
diese Regel angewendet wird, finden wir z. B. *Pesachim* 99ª: יפה שְׁתִיקָה
לחכמים קל וחומר לשׁוטים d. i. Schön ist das Schweigen für die Weisen — geschweige denn für die Thoren, oder *Mechilta* 68ª, wo es
heißt: אם שׂוֹנְאִין בֵּין יֵצֶמֶם קל וחמר ממון אחרים d. i. Wenn die Menschen ihren eigenen Mammon hassen, so versteht sich's von selbst,
daß sie auch den Mammon Anderer nicht begehren. Vgl. *Baba
bathra* IX, 7. Beispiele für die ausführlichere Form sind: *Mechilta*
24ª soll bewiesen werden, daß das herkömmliche Gebet vor der
Mahlzeit Pflicht sei. R. Ismael sagt: Hier gilt der קל וחמר, und
construirt dann diesen Schluß so: מה בשׁאֵל לשׂוֹבֵע מֵעִין בֵּרָכָה בְּשֶׁהוּא
רָאֵב לֹא בָּל שֶׁכֵּן d. i. Wenn Einem, nachdem er gegessen hatte, das
Gebet oblag (nach Deut. 8, 10 וְאָכַלְתָּ וְשָׂבַעְתָּ וּבֵרַכְתָּ) — spricht da nicht
Alles dafür, daß es erst recht so ist in dem Moment, da er be-
gehrt? Also ist die herkömmliche Pflicht des Gebets vor dem Mahl
durch den Schluß *Kal wachomer* aus jenen Worten erwiesen. *Jebamoth* VIII, 3: Männliche Nachkommen von Ammon und Moab dürfen
nicht in die Gemeinde eintreten, und zwar niemals, aber weibliche
dürfen sofort eintreten. Bei Aegyptern und Edomitern gilt das Verbot nur bis zur dritten Generation, gleichviel ob sie männlichen
oder weiblichen Geschlechtes sind; R. Schimeon aber erlaubt es den
Frauen sofort. Er sagt, es sei ein קל וחמר. Wenn man in dem
Falle, wo man die Männer für immer vom Eintritt in die Gemeinde
ausschließe, den Frauen den Eintritt sogleich gestatte, um wie viel
mehr müsse in dem Fall, wo den Männern der Eintritt bloß bis
zum dritten Geschlecht versagt bleibe, den Frauen der Eintritt so-

gleich erlaubt werden. Der Schluß ist hier so geformt: מה — אם בא
— איני דין d. i. Wenn man — ist es dann nicht ein billiger Schluß?
Aber man erwiderte ihm: Ist deine Behauptung Halacha, so nehmen
wir sie an; ist sie aber nur ein דין, so gibt es eine Antwort darauf.
Hierauf bestätigte er, daß seine Aussage Halacha sei; diese hatte er
nur durch einen קל וחמר gestützt. In noch anderer Form erscheint
dieser Schluß *Erachin* VIII, 4. Da heißt es: Es kann Jemand von
seinem Kleinvieh oder Rindvieh, seinen Knechten und kanaanitischen
Mägden und von seinem Erbfelde Etwas dem Heiligtum weihen.
Weiht er aber Alles, so ist die Schenkung ungültig. So R. Elieser.
R. Elieser b. Asarja sagt dazu: Wenn ein Mensch selbst dem Heiligtum nicht sein ganzes Vermögen weihen darf, um wie viel mehr ist
es in jeder anderen Beziehung Pflicht sein Vermögen zu schonen. Die
Form ist hier: מה אם — שֶׁמָּה יבמה בזה אחת כל Wenn das hier der
Fall ist (infolge einer Nothwendigkeit), wie viele Nothwendigkeiten
finden dort statt etc.

2. Die zweite Regel heißt גזרה שוה „die gleiche Bestimmung." Zwei
gesetzliche Bestimmungen oder zwei Schriftstellen überhaupt haben
eine Gleichheit im Ausdruck, die aber nicht zufällig sein darf, d. h.
sie muß wenigstens einmal entbehrlich sein, so daß die Absichtlich-
keit in der Wahl des Ausdrucks hervortritt. Aus dem gleichheitlichen Ausdruck wird nun gefolgert, daß beide Schriftverse einander
analog sind, daß was hier gilt, auch dort gilt, vgl. dafür das Beispiel
bei Bodenschatz III, 238. Die Analogie kann sogar durch bloß
buchstäblich gleichen Ausdruck begründet sein. *Jebamoth* 104ᵃ:
Eine Wittwe, welcher ihr Schwager die Leviratsehe weigert, soll
ihm nach Deut. 25, 9 einen Schuh vom Fuße ausziehen. Von welchem Fuße? Die Halacha sagt: Vom rechten. Wie ist das zu beweisen? Durch *Gesera schawa* der genannten Schriftstelle mit
Lev. 14, 25, wo von der Reinigung des Aussätzigen die Rede ist.
Das Blut des Opfers soll diesem auf den rechten Fuß gestrichen
werden. Nun steht an beiden mit einander verglichenen Stellen רגל.
Dadurch ist die Analogie beider Stellen sicher gestellt. Wie also
hier beim Aussätzigen der rechte Fuß zu bestreichen ist, so ist dort
gleichfalls der rechte Fuß zu entschuhen. — Es reicht aber auch
schon die Begriffsverwandtschaft zur Anwendung dieser zweiten Regel
hin, z. B. *Chullin* 85ᵃ, wo zwei Stellen aus Lev. 14 verglichen werden, in deren einer es heißt ובא הכהן, während in der anderen
ושב הכהן steht. In beiden liegt der Begriff des Kommens. Also

kann von einer Stelle auf die andere geschlossen, es können die Bestimmungen der einen Stelle auf die andere übertragen werden. — Durch Analogieschluß werden nun nicht bloß halachische Bestimmungen, sondern auch geschichtliche Facta der Haggada erwiesen. *Nasir* IX, 5 heißt es: Ein Nasir war Samuel nach den Worten des R. Nehorai, denn es heißt (1 Sam. 1, 11): Ein Scheermesser מורה soll nicht auf sein Haupt kommen. Wie das Wort Scheermesser מורה bei Simson auf Nasir zielt, so bei Samuel. Es muß indeß bemerkt werden, daß man es nicht Jedem überläßt, einen solchen Schluß zu ziehen. *Pesach.* 66ª heißt es: Niemand darf von ihm selbst durch *Gesera schawa* schließen; er darf diesen Schluß nur anwenden, wenn er ihn als uralte (mosaische) Ueberlieferung von seinen Lehrern überkommen hat. Rab beschränkte solche Analogieschlüsse überdies auf Stellen, die von der gleichen Materie handeln. Bei dieser richtigen Beschränkung, wenn auch noch der Pleonasmus in den gleichheitlichen Ausdrücken der verglichenen Stellen beachtet wird, ist man geneigt, solche Analogieschlüsse als unfehlbar anzunehmen. Der Einzelne construirt ja auf diesem Wege keine neuen Rechtsbestimmungen und beweist bestehende nur dann auf diesem Wege, wenn er dafür Autoritäten anführen kann. Vgl. übrigens Hirschfeld, Halachische Exegese § 411—425.

3. Die dritte Regel heißt אב בנין, die Combination aus dem Allgemeinen, wie Stein, Talmudische Terminologie S. 10 übersetzt. Bei dem göttlichen Gesetze muß man voraussetzen, daß es gemeingültige Bestimmungen enthalte, daß man von einem Gebot für das andere lernen solle. Es ziemt der göttlichen Majestät kurz zu reden, und nicht überall zu wiederholen was schon an anderer Stelle ausgedrückt ist. Eine Aussage nun, die Anwendung finden soll auch auf andere Fälle, heißt אב, ein Vater, der Kinder zeugt; die Anwendung der allgemein gültigen Aussage auf andere Fälle heißt der בנין. An verschiedenen Stellen der Thora wird befohlen, einen Gegenstand zu verbrennen, aber nicht gesagt, wann die Verbrennung geschehen soll. Man sucht nun in den Stellen, die von Verbrennung handeln, den אב d. i. die Bestimmung, welche auch für die anderen Stellen erklärend wirken kann. Nun wird Ex. 12, 10 bei der Verbrennung des übriggebliebenen Passafleisches bestimmt, es solle am anderen Morgen verbrannt werden, d. h. in diesem Fall zwischen Tags. So hat man durch בנין אב geschlossen, daß alle solche in der Thora gebotenen Verbrennungen zwischen Tags geschehen sollen. Lev. 15, 4 heißt es,

daß das Lager, und v. 9, daß der Sattel, worauf der Blutflüssige sitze, unrein sei. Beide Ausdrücke werden als אבר betrachtet. Alles worauf der Blutflüssige gewöhnlich liegen oder sitzen kann ist unrein. Solche Fälle nennt man den „*Binjan ab* aus einer Stelle." Es gibt aber auch einen „*Binjan ab* aus zwei Stellen." Z B. steht Lev. 6, 2 beim Gesetz der Tempelbeleuchtung das Befehlswort צו, und ebenso Num. 5, 2 bei dem Gebot, die Unreinen aus dem Lager zu entfernen. Beidemal wird von verschiedenen Sachen gehandelt, aber beidemal steht צו. Dies ist aber ein אב und hat die Wirkung, daß etwas von einer Stelle auf die andere übertragen wird. Das zu Uebertragende ist das Wort: „Dies sei ein ewiges Recht", wodurch das: „Sie thaten also" näher bestimmt wird als ein bleibendes Thun. Dies gilt nicht bloß von Num. 5, 2, sondern von allen Stellen, wo ein Gebot mit צו eingeführt wird: diese alle enthalten eine für alle Zeiten verbindliche Verordnung. Dieser *Binjan ab* ist aus zwei Schriftstellen gewonnen. Jedoch erleidet solche Combination Ausnahmen, vgl. Stein, a. a. O. S. 10.

4. Es folgen nun acht Regeln, welche auf dem Verhältnis des כלל zum פרט beruhen. Mit jenem Begriff bezeichnet man etwas Allgemeines, mit diesem etwas Besonderes. Doch hat der Begriff des Allgemeinen bald einen größeren, bald einen geringeren Umfang. Stein vergleicht beide Ausdrücke mit den naturgeschichtlichen Begriffen Gattung und Geschlecht: über der Gattung stehen noch Ordnungen und Klassen, und unter dem Geschlechte noch Arten, Familien und Individuen. Für כלל gebraucht man auch den Ausdruck רבוי, für פרט auch מיעוט. Daraus sieht man, daß wo כלל und פרט einander gegenüber stehen, jenes im Sinne eines weiteren, dieses im Sinne eines engeren Begriffs gebraucht wird. Für die Schriftauslegung erschien es nun den Talmudisten wichtig, in welchem Verhältnis in einem Texte das כלל und das פרט stehen; daraus zogen sie dann bestimmte Folgerungen.

Die erste Regel von כלל und פרט heißt kurz: כלל יפרט. Schließe daraus, daß das Allgemeine voransteht und das Besondere folgt. Z. B. Lev. 1, 2 steht das Allgemeine בהמה voraus, dann folgt das Specielle בקר und צאן. Diese speciellen Begriffe sollen nun nicht etwa als Beispiele aufgefaßt werden, sondern sie bestimmen den Umfang des כלל; es soll nichts in demselben enthalten sein als Rind- und Kleinvieh. Ausgeschlossen wird also mit dem צאן und בקר das Wild, wie auch die traditionelle Exegese bei Raschi es faßt. Alles

was sich unter den Begriff בקר und צאן unterordnen läßt, ist opfer-
bar, sonst aber nichts.

5. Die zweite Regel von כלל und פרט heißt umgekehrt: מפרט וכלל
Schließe daraus, daß das Besondere voransteht und das Allgemeine
nachfolgt. Z. B. wird Ex. 22, 9 das Allgemeine (Vieh) näher bestimmt und begrenzt durch die Angabe von einzelnen Thieren, von
denen zuletzt das Gemeinsame abgenommen wird. Dieses Gemeinsame an Esel, Ochsen und Schaf ist, daß sie vierfüßige Thiere sind,
somit sind dann unter כל בהמה alle vierfüßigen Thiere gemeint. Auf
sie also bezieht sich die gesetzliche Bestimmung, die nun folgt, vom
Reinigungseid, den ein bezahlter Hüter für verloren gegangene Thiere
dem Eigentümer zu leisten hat, gleichviel ob es reine, oder unreine,
zahme oder wilde sind. Ob etwa eine Ausnahme stattfinde, muß
sich erst aus anderen Regeln der Auslegung ergeben.

6. Die dritte Regel von כלל und פרט heißt: אי כלל ופרט וכלל
אי אתה דן אלא כעין הפרט Wenn erst ein allgemeiner Begriff im Texte
steht und dann ein besonderer, diesem aber wieder ein allgemeiner
folgt, so darfst du keinen andern Schluß aus den allgemeinen Begriffen ziehen, als den, der dem besonderen mittleren entspricht.
Z. B. Deut. 14, 26 steht erst ein allgemeiner Begriff, nämlich: Alles,
was deine Seele gelüstet; dann folgen: Rinder, Schafe, Wein, starkes
Getränke; hieran schließt sich wieder: Alles was deine Seele wün-
schet. Die generellen Begriffe reichen in solchem Falle nicht über
das, was die speciellen auffassen. Mit andern Worten: Man muß
an diesen speciellen Begriffen das Gemeinsame erkennen; dieses bezeichnet dann den Umfang, welchen die allgemeinen Begriffe an
diesem Orte haben. Rinder, Schafe, Wein, starkes Getränke haben
das gemein, daß sie Erzeugnisse des Landes sind. Somit befassen
die allgemeinen Begriffe alle Erzeugnisse des Landes in sich, also
auch Wildpret, wenn es sonst zum Genuß erlaubt ist, und alle
Früchte, deren Genuß sonst gestattet ist, jedoch nur von solchen
Bäumen oder Stauden, welche wie der Baum, dessen Obst den
starken Wein gibt, oder wie der Weinstock schon länger als zwei
oder drei Jahre in der Erde wurzeln.

7. Die vierte Regel von כלל und פרט heißt: כלל שהיא צריך לפרט
ופרט שהיא צריך לכלל Achte, ob ein allgemeiner Begriff den Besonderen zu seiner Erklärung, und ob ein besonderer den allgemeinen zur Bestimmung erfordere, und hiernach schließe! Beispiele
mögen es erläutern. Ex. 13, 2 heißt es: Heilige mir alle Erst-

geburt, Alles was die Mutter bricht, bei den Kindern Israel, beide
unter Menschen und Vieh; denn sie sind mein. Und Deut. 15, 19
steht: Alle Erstgeburt, die unter deinen Schafen und Rindern geboren wird, was männlich ist, sollst du dem Herrn deinem Gott
heiligen. Betrachten wir die erste Stelle als die Hauptstelle. Hier
ist das Allgemeine: alle Erstgeburt. Dieses Allgemeine bedarf einer
näheren Bestimmung; denn die Erstgeburt kann männlich oder weiblich sein. Diese Specialisirung erfolgt in der Hülfsstelle, wo die Erstgeburt näher als männlich bezeichnet wird. Also nur die männliche,
nicht die weibliche Erstgeburt ist dem Herrn zu heiligen. Nun aber
kann der Fall eintreten, daß die Mutter zuerst Kinder weiblichen
Geschlechtes gebiert, dann erst einen Sohn. Da fragt sich, ob dieser
Sohn dem Herrn zu heiligen ist. Hier bedarf das זכר (männlich) des
כלל zur Bestimmung. Das כלל aber lautet auf die Erstgeburt.
Folglich ist der Sohn nur dann dem Herrn zu heiligen, wenn er
zugleich die Erstgeburt seiner Mutter ist, der später geborene
aber nicht.

8. Die fünfte Regel über כלל und פרט, die achte überhaupt, heißt:
Wenn Etwas im כלל inbegriffen war und aus dem allgemeinen
Begriff herausgehoben worden ist יצא מן הכלל, so ist diese Bestimmung
nicht dazu geschehen, damit etwa ein Attribut bloß auf diese Art
bezogen werde, sondern dieses soll für alle Arten der Gattung
gelten. Z. B. Ex. 22, 17 heißt es: die Zauberin sollst du nicht
leben lassen. Die Zauberin gehört zum Genus der Zauberer. Was
von ihr gesagt wird, gilt von allen Arten der Zauberer. *Quod
dicitur de una specie, dicitur de omnibus.* Daher heißt es Lev.
20, 27: Wenn ein Mann oder Weib ein Wahrsager oder Zeichen-
deuter sein wird, die sollen des Todes sterben. Nicht bloß die
Zauberin, sondern Alle die mit zauberischen Künsten umgehen, sollen
getödtet werden. — Die Rabbinen lehren auch, eine besondere Vorschrift werde öfters außerdem durch eine allgemeine ausgedrückt,
um dadurch zu lehren, daß man noch auf andere Dinge schließen
solle. Z. B. Ex. 35, 2 heißt es ganz allgemein, es solle am Sabbat
niemand eine Arbeit thun, v. 3 aber wird insbesondere gesagt, man
solle am Sabbat kein Feuer in den Wohnungen anzünden. Wozu
wird diese nähere Bestimmung zu dem allgemeinen Verbot v. 2 hinzugefügt, da doch jenes ohnehin in diesem schon inbegriffen war?
Gewiß um von diesem Einzelverbot auf etwas Anderes zu schließen.
Es muß also die Meinung sein, daß das Feueranzünden in den

Wohnungen einem anderen Feueranzünden gegenübergestellt werden solle, nämlich dem im Tempel. Nun mußte ja, wie aus Lev. 6, 5 zu ersehen ist, im Tempel wirklich am Sabbat Feuer angezündet werden. Es wird somit an jenem Orte angezeigt, daß am Sabbat das Feueranzünden in den Wohnungen verboten, im Tempel aber erlaubt sei, jedoch auch hier mit Ausschluß aller nicht gottesdienstlichen Arbeiten.

9. Die sechste Regel von בלל und פרט heißt: כל דבר שהיא בכלל ויצא לטעון אחר שהוא בעניינו יצא להקל ולא להחמיר: Wenn ein Gegenstand aus der Gattung herausgehoben worden ist, um eine besondere der allgemeinen Pflicht entsprechende zu begründen, so geschah die Besonderung zur Erleichterung, nicht zur Erschwerung. Dieser Satz wird durch folgendes Beispiel erläutert: Lev. 13, 6. 24 werden aus dem allgemeinen Begriff des Aussatzes zwei Unterarten, der Grindfleck und die Brandstelle, besondert, und es wird die Behandlung dieser Aussatzarten im Einzelnen angeordnet. Die Besonderung, sagt nun unsere Regel, geschieht nicht zur Erschwerung, sondern zur Erleichterung. Diese Aussatzarten sollen für leichter geachtet und darum der damit Behaftete auch nur eine Woche lang abgeschlossen werden. In dieser Weise sind solche Besonderungen aus dem Allgemeinen auch sonst zu beurtheilen und ist danach zu verfahren.

10. Die siebente Regel von בלל und פרט lautet: אם לטעון טען שלא בעניינו יצא להקל ולהחמיר אחר Wenn ein Gegenstand aus dem Allgemeinen besondert wird, um eine andere Bestimmung aufzustellen, die dem Allgemeinen nicht gleichartig ist, so geschieht die Besonderung zugleich zur Erleichterung und zur Erschwerung. Beispiel: Lev. 13, 2 ist עיר בבשר im Allgemeinen als der Ort bezeichnet, wo der Aussatz erscheint, und V. 3 wird angegeben, daß das Haar an der Aussatzstelle sich in Weiß verwandele. Dies gilt im Allgemeinen. Das Haupt und der Bart werden mit befaßt unter עיר בבשר. Sie werden aber V. 29 besonders genannt, weil in Bezug auf den an diesen Stellen sich zeigenden Aussatz bezüglich der Haarfarbe eine besondere Vorschrift gilt. Die allgemeine Vorschrift nimmt an, daß das Haar weiß ist; hier wird gesagt, daß es röthlich sein muß, wenn der Kranke für unrein erklärt werden soll. Diese neue Bestimmung wirkt erleichternd, insofern nach derselben das weiße Haar bei Bart- und Hauptaussatz ein Grund für mildere Behandlung ist, erschwerend, insofern sie lehrt, daß röthliches Haar an einer Aussatzstelle strengere Behandlung nöthig macht. Mit andern Worten: ein Mensch, der an

irgend einer Stelle des Körpers einen Aussatz hat mit weißem
Haar, ist nach dem allgemeinen Gebot für unrein zu erklären.
Nun nimmt das Gesetz beim Bart und Haupt die Bestimmung der
weißen Farbe aus und setzt fest, daß der an diesen Stellen Aus-
sätzige erst dann für unrein zu erklären ist, wenn das Haar röthlich
ist. Daraus ergibt sich, daß die besondere Bestimmung hier er-
leichtert, sofern sie Bart- und Hauptaussatz in dem Falle, daß weißes
Haar sich findet, frei läßt, aber auch erschwert, sofern es ausdrückt, daß Aussatz mit röthlichem Haar strenger aufzufassen ist,
als der mit weißem Haar.

11. Die achte Regel von כלל und פרט heißt: דבר שהיה בכלל ויצא

לידון בדבר חדש אי אתה יכל להחזירו לכלו עד שיחזירנו הכתוב לכללו בפירוש
Wenn etwas aus dem Allgemeinen besondert wird, um einen neuen
Rechtssatz aufzustellen, so kann man es so lange nicht mehr unter
den allgemeinen Begriff unterordnen, bis die Schrift selbst es ausdrücklich thut. Lev. 14, 12.13 heißt es von dem Opfer des Aussätzigen: Er soll ein Schaf schlachten an dem Orte, da er das
Sündopfer schlachten wird, sammt dem Brandopfer; damit wird angedeutet, daß das Schuldopfer des Aussätzigen sein soll wie das
Sündopfer des Priesters. Das Opfer des Aussätzigen ist aber V. 14
besondert, um eine neue Vorschrift für dasselbe zu geben: das
Opferblut soll an das rechte Ohrläpplein, den rechten Daumen und
die rechte Zehe des zu Reinigenden gebracht werden. Demnach soll
das Blut des Aussätzigen-Opfers nicht auf den Altar kommen? Dies
würde folgen, wenn nicht V. 13 stände: Wie das Sünd- und Schuldopfer des Priesters ist, also soll auch dieses sein. Lev. 7, 2 steht
nun aber, daß das Blut desselben ringsum auf den Altar gesprengt
werden soll. Hierdurch ist das Aussätzigen-Opfer ausdrücklich unter
die gemeine Regel des Sünd- und Schuldopfers, von der sie in
anderer Beziehung ausgenommen wurde, wieder zurückgebracht, und
man weiß nun, daß auch das Blut des Aussätzigenopfers dem Altar
applicirt wird.

12. Die zwölfte Regel lautet: דבר הלמד מענינו ודבר הלמד מסופו
Das eine Wort wird näher bestimmt durch den Zusammenhang, das
andere durch die Bestimmung des Abschnitts. Ein Beispiel für
die erste Regel: Ex. 20, 15 heißt es: Du sollst nicht stehlen. Von
welchem Dieb die Rede ist, ob von dem, der mit dem Leben bestraft wird, oder von dem, der nur das Gestohlene wieder zu erstatten hat, wird aus dem Zusammenhang ersehen; denn da bei den

anderen Verboten, welche das unsrige umgeben, die Todesstrafe auf
ihrer Uebertretung steht, so ist von dem Diebstahl die Rede, welcher mit dem Tode bestraft wird. Die andere Hälfte der zwölften
Regel wird durch folgendes Beispiel erläutert: Lev. 14, 34. 55 steht
von dem Aussatze in irgend einem Hause, ohne daß näher gesagt
wird, von welchem Hause die Rede ist. Dies muß מכיפו aus dem
weiteren Verlauf des Gesetzes erkannt werden. V. 45 zeigt an, daß
es Häuser von Holz, Steinen und Erde seien. Hieraus wird geschlossen, daß V. 34 ff. nicht von solchen Häusern die Rede, die nur
aus einem einzigen oder zweien dieser Stoffe oder aus ganz anderen
überhaupt erbaut sind.

13. Die dreizehnte Regel lautet: שני כתובים המכחישים זה את זה עד
שיבא הכתוב השלישי ויכריע ביניהם d. h. Wenn zwei Verse einander zu
widersprechen scheinen, so muß man warten, bis der dritte Vers
sich findet, der zwischen ihnen ausgleicht. Z. B. Num. 7, 89 sagt:
„Wenn Mose in die Hütte ging", Ex. 40, 35 aber heißt es: „Und
Mose konnte nicht in die Hütte gehen." Die Ausgleichung gibt V. 34
an die Hand, wo wir lesen, Mose habe deswegen zeitweilig nicht
hineingehen können, weil eine Wolke die Hütte bedeckte.

§ 27. Der Beweis durch Andeutung.

Wo nach diesen Regeln der Auslegungskunst eine Ableitung einzelner Sätze der Ueberlieferung aus der heiligen Schrift nicht möglich
ist, sucht man doch für die einmal feststehenden Sätze in einem
Schrifttexte einen Hinweis רמז oder eine Stütze אסמכתא. Solche
Winke der Schrift findet man in den Zeichen, Buchstaben, Partikeln,
in der Stellung der Worte und in der Verbindung der Schriftabschnitte.

1. Sofern bei dem Schriftbeweise 13 Schulregeln eingehalten
werden, kann gewissermaßen von einem geordneten, unbefangenen
Verfahren die Rede sein. Nun aber wird nicht bloß mittelst dieser
Regeln halachischer oder haggadischer Inhalt in der Schrift nachgewiesen, sondern man ließ sich zu dem Ende auch an Andeutungen genügen, die der Text darzubieten schien, welche nach unsern
Begriffen ohne allen Werth sind und rein der Willkür anheim-
fallen. Während der Schluß mittelst jener Regeln סברא ratiocinatio
heißt, nennt man eine solche bloße Andeutung רמז einen Wink, oder
auch זכר לדבר. Die Annahme, daß die Schrift erlaube, einen hinter

dem einfachen Wortsinn liegenden geheimen Sinn anzunehmen, beruht auf der Voraussetzung, daß Gott als Urheber der heiligen Schrift seine eigene Sprache rede, in der er mit einem Worte Vieles andeute, und daß jedes Wort, jeder Buchstabe, jedes Zeichen seine Bedeutung habe und etwas Besonderes andeuten könne. Dabei ist aber vorausgesetzt, daß ein Zeichen, Buchstabe oder Wort, wenn es einen geheimen Sinn haben soll, an sich entbehrlich ist, so daß die Frage berechtigt ist, zu welchem Zwecke es dastehe. Uebrigens genügt zur Begründung eines rabbinischen Gebotes oder Verbotes ein bloßer Wink um so mehr, als rabbinische Satzungen auch dann Geltung haben, wenn sie keinen Schriftbeweis geltend machen. Wir lesen z. B. *Jebamoth* 21ᵇ, daß שְׁנִיּוֹת אִיסוּר das Eheverbot im zweiten Grad מִדְּבֵי סוֹפְרִים rabbinische Satzung, nicht ausdrückliches Schriftverbot sei, daß sich in der Schrift nur eine Andeutung dafür finde. Dennoch ist es verbindlich. *Schabb.* VIII, 7 sagt R. Meir: Obschon ich für meine Ansicht keinen Beweis לָדָּבָר רְאָיָה habe, so habe ich doch eine Andeutung der Sache זֵכֶר לַדָּבָר in der Schrift. Ebenso *Schabb.* IX, 4. *Tosefta Berach.* 1. *Jeb.* 8 u. ö. Wo die Schrift für einen Satz nur einen רֶמֶז oder זֵכֶר bietet, da hat man keinen eigentlichen Beweis, wie ihn der פְּשָׁט oder die סְבָרָא ergibt, sondern nur eine Stütze אַסְמַכְתָּא. Auch *Wajjikra rabba* c. 31 wird unterschieden zwischen dem, was die Schrift בִּלְחִישָׁה im Geheimen, gleichsam flüsternd sagt, und dann, wofür מִקְרָא מָלֵא eine volle Schriftstelle vorhanden ist.

2. Sehen wir nun die sogenannten Winke oder Andeutungen, welche auf geheimen Sinn hinweisen, näher an.

a. *Zeichen.* Es sind Schriftzeichen, die mit der zur Bezeichnung der Aussprache dienenden Punktation nichts zu thun haben. Man merke dreierlei solche Zeichen: קוֹצִים, תָּגִים und זְקָרוֹת. *Menachoth* 29ᵇ heißt es: „In der Stunde, als Mose auf den Berg hinaufstieg, fand er den Heiligen sitzend und כְּתָרִים Kronen flechtend für die Buchstaben. Da sprach er zu ihm: Herr der Welt, wer hindert dich (Raschi: Wer tritt dem entgegen was du geschrieben, daß du nöthig hast, Kronen zu den Buchstaben hinzuzufügen)? Da sprach er zu ihm: Es ist ein Mensch, welcher am Ende von vielen Generationen aufstehen wird; Akiba ben Joseph ist sein Name. Dieser wird bei jedem קוֹץ Haufen von Halacha entwickeln (דְּרַשׁ d. i. durch Auslegung als in diesen קוֹצִים enthalten nachweisen).“ Der sogenannte קוֹץ ist ein kleiner aufrechter Strich, einer Dornspitze ähnlich, der an gewissen

Buchstaben angebracht wird und dem Mysticismus der Schriftauslegung viel Nahrung bot. Aehnlich heißt es *Erubin* 21ᵇ zu den
Worten קיצותי הלרלים: diese Worte lehren, daß es bei jedem קין
ganze Berge von Halacha durch Interpretation zu entwickeln gibt.
So versteht man auch die Ueberlieferung *Tamid* 32ᵇ, die in scherz-
haftem Gewande Wahrheit enthalten mag, ein Rabbi habe dem
anderen 400 Ladungen von בילי דרשות Auslegungen zugeschickt.
Außer jenen *Kozim* werden uns *Menach.* 29ᵇ u. ö. als Zeichen auch die
Ketharim כתרים genannt. Buxtorf sagt im Lexicon talm. 1111, die Rabbinen nennten so *apices, virgulas supra literas notatas, maxime super
septem* ז נ"ט שעטנז. Neben den „Kronen‟ merke man als bedeutsame
Zeichen endlich auch die נְקֻדָּה d. i. Punkte, nicht zu verwechseln
mit der Punktation, welche der richtigen Aussprache dient. Es sind
rein graphische Zeichen, wie die „Dornen‟ und „Kronen‟. Ein
Beispiel, wie man נקוד ein punktirtes Wort auslegt, findet sich
Jalkut Schimeoni zu Gen. 33, 4. Hier ist das Wort וַיִּשָּׁקֵהוּ (und er
küßte ihn) oben punktirt. Man findet, daß Esau den Jakob nicht
von ganzem Herzen geküßt habe. Ja, Esau wollte Jakob gar nicht
küssen, sondern beißen, aber Jakobs Hals wurde wie Elfenbein,
und die Zähne dieses Gottlosen wurden stumpf daran. — Ueber die
zehn Worte der Thora, die mit Punkten versehen sind, s. *Aboth
de-R. Nathan* c. 33. Unter den Auslegern, welche jeden Punkt,
jede Krone, jeden Strich gedeutet haben, ist R. Akiba vor andern
gefeiert worden. Vgl. Hirschfeld, Halach. Exegese § 312.

b. *Buchstaben.* Wenn es sich darum handelt, einen Beweis für
eine Meinung zu finden, so dient dazu auch ein mehrfaches Spiel
mit den Buchstaben. Das erste ist eine Veränderung der Lesart
durch Vertauschung ähnlicher Buchstaben, wie ח und ה, oder ר und ד.
Kidduschin 62ᵃ will R. Meir die Lesart von הנקי in חנקי ver-
ändern, so daß es nicht heißt: du sollst rein werden, sondern: du
sollst erdrosselt werden, was die Strafe für die Ehebrecherin war.
Die Aenderung der Lesart ist durch nichts begründet; aber wenn
sie erforderlich scheint, wird sie vorgenommen. Ein zweites Mittel
ist eine Umsetzung der Buchstaben. Hirschfeld führt § 112 als Beispiel an, daß man aus חמישתי durch Versetzung der letzten zwei
Buchstaben חמישית macht. Ferner benützt man den Anklang eines
Wortes an das andere, und zwar beruft man sich sogar auf den Anklang
an griechische Worte, wie von הֵן an ἕν oder הדר an ὕδωρ. Am aus-
gedehntesten und wichtigsten aber ist wol die Verwendung der Buch-

staben nach ihrem Zahlenwerth. Die Berechnung des Zahlenwerths und der Schluß aus demselben heißt *Gematria* בנימטריא γεωμετρία, der Zahlenwerth selbst חשבון, vgl. *Bammidbar rabba* c. 25. Die Gematria eines Wortes gibt wichtige Aufschlüsse. Aus *Berachoth* 8ᵃ erfahren wir, daß es 903 Todesarten für den Menschen gibt. Woher weiß man das? Durch die Gematria von Ausgänge תוצאות = 903. *Pesikta* 176ᵃ lehrt, daß die Gematria des Wortes השטן Satan die Zahl 364 ergebe, das Jahr aber 365 Tage habe; also habe Satan alle Tage im Jahre Macht über Israel, jedoch einen Tag lang keine, nämlich am Versöhnungstag. Der Aufenthalt der Kinder Israel in Aegypten betrug 210 Jahre; *Bereschith rabba* c. 91 lehrt dies schließen aus der Gematria des Wortes רדו, das Jakob zu seinen Söhnen sprach, als sie das erste Mal dahin zogen, um Getreide zu holen Gen. 42, 2; denn der Zahlenwerth dieses Wortes ist 210. Die haggadische Tradition über Abraham nimmt an, daß er vom dritten Jahre an Gott gedient habe, zufolge der Gematria von עקב = 172 in dem Ausdruck עקב אשר שמע Gen. 22, 18. Denn 172 Jahre lang stand Abraham im Dienste Gottes, 175 Jahre aber war er damals alt *Tanchuma, Lech lecha* 3. Andere Beispiele s. *Tanchuma, Korach* 12. Zwischen dem Worte, aus welchem durch Gematria bewiesen wird und dem, was zu erweisen steht, muß allerdings ein gewisser Zusammenhang stattfinden. Eine eigentümliche Anwendung jedoch findet die Gematria in der Kabbala, indem man aus dem gleichen Zahlenwerth verschiedener Worte auf einen geheimnisvollen Zusammenhang zwischen ihnen schließt, ja eines durch das andere erklärt. Wenn Sach. 3, 8 Gott seinen Knecht צמח verheißt, so hat צמח denselben Zahlenwerth wie מנחם Thren. 1, 16. Man soll also eines durch das andere erklären und sagen, in dem Namen צמח sei der Name מנחם geheimnisvoller Weise angedeutet, und es sei damit der Messias verheißen, denn er ist der Tröster, vgl. *Sanhedrin* 98ᵇ u. ö. So ergibt sich auch durch die Gematria, daß Gen. 49, 10 der Messias gemeint ist, denn יבא שילה hat denselben Zahlenwerth wie משיח.

c. *Partikeln.* Die verbindenden Conjunctionen י, גם und אף werden in der Auslegung häufig verwendet als Andeutung, daß durch sie etwas Anderes, was nicht ausdrücklich im Satze angegeben ist, eingeschlossen werden soll. Die Adverbien der Einschränkung אך und רק dagegen sollen andeuten, daß etwas ausgeschlossen werden soll. Das Accusativzeichen את schließt ein; ה *mappicatum* schließt aus. Der Artikel schließt ein und aus, ebenso die *Pronomina suf-fixa.* Ja an derselben Stelle schließt dasselbe Wort, derselbe Buchstabe zu gleicher Zeit je nach seiner Natur etwas aus und etwas ein. — Wenn auf eine ausschließende Partikel eine andere ausschließende sich bezieht, so gilt der Grundsatz: *Vox exclusiva post vocem exclusivam includit.* Vgl. Hirschfeld, § 109. 315. 316. Einige Beispiele mögen das Gesagte veranschaulichen. *Kidduschin* 56^b fragt die Gemara, woher man wisse, daß man die ערלה der Fruchtbäume, d. i. die in den ersten 3 Jahren gewachsenen Früchte nicht bloß nicht essen, sondern auch sonst von ihnen keinen nützlichen Gebrauch machen dürfe. Es wird geschlossen aus dem Ausdruck Lev. 19, 23, wo die Gemara liest ערלתו את ערלתם und hinzufügt, das את schließe Alles ein, nämlich allen Nutzen, den man von den Früchten ziehen könnte. *Pesachim* 22^b berichtet, daß Schimeon aus Emmaus Forschungen über alle את angestellt habe. Endlich kam er an die Stelle את אלהיך תירא. Hier hörte er auf. Wer sollte durch das את eingeschlossen, d. i. Gott gleich gefürchtet werden? Da kam Akiba und erklärte auch dieses את, indem er sagte, es schließe die Schüler der Weisen, die Gesetzesgelehrten ein. *Sanhedrin* 70^a berichtet, daß ein galiläischer Wanderlehrer eine Auslegungsregel gebildet habe über die 13 י, die in der Geschichte vom Weinrausch des Noah vorkommen. *Jalkut Schimeoni* überliefert zur Genesis, Abschnitt 95, daß R. Gamsu alle אך und רק, dann alle את und גם erklärt habe, indem er überall nachwies, was jene Partikeln aus-, und diese einschließen. *Themura* 2^a gibt ein Beispiel dazu, daß das *Pronomen suffixum* ausschließt. Lev. 3, 2. 6. 12 findet sich der Ausdruck קרבנו. Mit dem ersten ו wird das Opfer der Heiden, mit dem zweiten das des Genossen des Opferers, mit dem dritten das Opfer seines Vaters ausgeschlossen. Man muß also dort verstehen: sein Opfer, und nicht das eines Heiden u. s. w.; nur bei seinem eigenen Opfer vollzieht der Opferer die סמיכה, nicht bei dem des Heiden, oder des Nächsten, oder auch seines Vaters. Andere Beispiele s. *Baba kamma* 41^a. *Bechoroth* 7^b. *Erubin* 2^b. *Menachoth* 92^a. *Chullin* 113^b u. s. w.

d. *Stellung der Worte.* Der Ausleger sieht auch die Worte der Schrift darauf an, ob sie nicht etwa umzustellen sind. Eine Schriftstelle, wo das angenommen wird, heißt מקרא מסורס eine Stelle, deren Worte verstellt sind, die also zurechtzustellen ist. Z. B. heißt es *Sifre* 12^a zu Num. 6, 23: כה תברכו את בני ישראל So sollt ihr segnen

die Kinder Israel — ob dies geschehen soll mit dem ausgesprochenen
Gottesnamen oder nur mit einer attributiven Bezeichnung Gottes, ent-
scheide die Schrift im ersteren Sinne durch die Worte: Und leget meinen Namen auf die Kinder Israel. Aber außerhalb des Heiligtums,
sagt R. Josia, soll es geschehen mit bloßem בּית. R. Jonathan sagt:
Siehe es heißt (Ex. 20, 24): An jedem Ort da ich meinem Namen
ein Gedächtnis stiftc. Antwort: Dies ist eine מקרא מסורס. Es muß
heißen: An jedem Orte, da ich mich offenbare, daselbst sollst du
meinen Namen aussprechen. Wenn ich mich dir nur an der auserwählten Stätte offenbare, so sollst auch du nur an dieser Stätte meinen
Namen aussprechen. Daher hat man gesagt: Es ist verboten den
ausgesprochenen Gottesnamen יהוה in den Grenzen, d. i. außerhalb
des Heiligtums zu gebrauchen. Das Ganze beruht auf folgender Um-
stellung der Worte Ex. 20, 24: בכל מקום אשר אבוא אליך אזכיר את שמי.
Ein anderes Beispiel siehe Sifre 49ᵇ. Eine weitere Vergewaltigung
der Worte durch die Ausleger ist das sogenannte Notarikon נוטריקון. Es
wird erwähnt Schabbath XII, 5, wo Jost den lateinischen Geschwind-
schriftnamen heranzieht und die Worte איך אתה נוטריקון erklärt als
„Anfangsbuchstaben zur Auslegung." Das ist richtig. Man betrachtete
sämmliche Buchstaben eines Wortes als Anfangsbuchstaben von ebenso
viel Worten. Bammidbar rabba 23 wird z. B. das Wort נחית (Ps.
77, 21) als Notarikon behandelt. Es ergibt die Worte נסים Wunder,
חיים Leben, ים Meer und תורה Gesetz. Der Sinn des Psalmworts
ist also: Wunder hast du an deinem Volk gewirkt, Leben hast du
ihnen gegeben, das Meer hast du gespalten, die Thora hast du
ihnen gegeben, und das Alles durch Mose und Ahron. Die ganze
Heilsfülle ist also verborgen in dem נחית. In Bereschith rabba 46
wird gefragt, ob die Gesera schawa (s. S. 108) und das Notarikon schon
dem Abraham gegeben worden seien. Man wollte also auch solche
Kunstgriffe, die Offenbarungsworte zu deuten, auf göttliche Belehrung zurückführen. Weitere Beispiele s. Tanchuma, Massaë 2 u. ö.

e. Verbindung von Schriftabschnitten. Wir müssen der Voll-
ständigkeit wegen noch ein Mittel berühren, durch welches die Auslegung Geheimnisse zu enthüllen sucht: die sogenannten Semuchin
סמובין, die Zusammenhänge zwischen Schriftabschnitten. Berachoth
10ᵃ bringt ein Sadducäer gegen R. Abahu vor, warum Ps. 3 vor
Ps. 57 stehe, da doch die Flucht vor Absalom nach der Flucht vor
Saul geschehen sei. Da antwortet ihm R. Abahu: Für euch, die ihr
die סמובין d. h. den inneren Zusammenhang zwischen den Schrift-

abschnitten bei der Auslegung nicht beachtet, ist es eine Schwierigkeit; für uns aber, die wir das thun, ist es keine. Denn R. Jochanan sagt: Die Semuchin sind aus der Thora, d. h. sie selbst weist uns an, auf sie zu achten, denn es heißt Ps. 111, 8: Die סמוכים sind auf immer und ewig gemacht in Wahrheit und Richtigkeit. Warum ist also die Parasche Abschalom (d. h. Ps. 3) verknüpft mit der Parasche Gog und Magog (d. h. Ps. 2)? Damit wenn Jemand (um das Wort des Propheten zu leugnen, bemerkt Raschi) dir sagte: Gibt es einen Knecht, der wider seinen Herrn rebellirt, du zu ihm sagest: Gibt es einen Sohn, der wider seinen Vater rebellirt? Wie das Eine war, so auch das Andere. Bezüglich der Gesetze gilt jedoch der Satz: Es gibt kein Früheres und kein Späteres, d. h. Jedes muß für sich betrachtet werden. Die סמוכים werden nur bei nicht gesetzlichen Abschnitten betrachtet. Bei diesen lehren sie den Kundigen so Manches, was dem, der sie nicht beachtet, verborgen bleibt.

So mannigfach sind die Wege des Rabbinismus, um die heilige Schrift das aussagen zu lassen, was ihm schon vorher durch Ueberlieferung oder als Consequenz rabbinischer Denkweise feststand. In Wahrheit erweist sich die Ueberlieferung als die treibende Kraft, zu welcher die Schrift im Dienstverhältnis steht.

Cap. X. Die rabbinische Autorität.

§ 28. Der Stand der Weisen.

Für die authentische Auslegung der Thora und die Leitung der Gemeinde nach dem Gesetze bedarf es des geordneten Amtes der Rabbinen und Aeltesten, welches nach rabbinischer Lehrweise schon in den Tagen Mose's ins Dasein trat. Die Rabbinen und Aeltesten regiren die Gemeinde als die Weisen d. h. als die Gesetzeskundigen. Der Stand der Weisen vereinigt in sich als der Gott besonders geweihete Stand kirchliche, priesterliche und prophetische Macht und Würde, genießt von Seiten Gottes besondere Geistesmittheilung und Ehre, soll sich selbst durch seine Haltung ehren und erfreut sich auch besonderer Ehre und Wolthat von Seiten der Gemeinde. Er stuft sich ab nach der Thorakenntnis; die Rangstufen werden durch äußere Bezeigung von Ehre genau unterschieden.

1. Mose war Gottes Schüler; er selbst aber wurde der Bildner und das Haupt eines gelehrten Standes, welcher sich von Mose's

Tagen an durch alle Zeiten hindurch fortgesetzt und das Volk geist-
lich geleitet hat. Diesem Gelehrtenstand oder dem Stand der Wei-
sen חכמים liegt nun allein die Leitung des Volkes ob. Hillel, das
Haupt der Weisen, trägt daher *Schabbath* 31ᵃ den Namen Fürst
Israels, und bei jedem Schulhaupte vermuthete man fürstliche Ab-
kunft *Berachoth* 28ᵃ; das Sanhedrin heißt *Sifre* 145ᵇ das Scepter
Juda's; die Weisen in Israel üben also königliche Macht über das
Volk aus. *Tanchuma, Behaal.* 11 heißt es, daß man mit dem
Aeltesten verkehren solle wie mit einem Fürsten בנהג שׁיאיׁה. *Nedarim* 40 werden die Gesetzesgelehrten als diejenigen bezeichnet,
welche jetzt die priesterliche Stellung einnehmen. *Baba bathra* 18
sagt uns, daß seit der Zerstörung des Tempels die Prophetie von
den Propheten genommen und auf die Weisen übertragen worden
sei. Von dem Weisen gilt jedoch sogar der Satz: Der Weise ist
mächtiger als der Prophet חכם מן נביא עדיף, vgl. *Schabbath* 119ᵇ.
Wir finden also wirklich alle Ehre und Gewalt, welche früher die
Könige, Priester und Propheten als Leiter des Volkes hatten, vereinigt in den Weisen; sie sind nun die Mittler zwischen Gott und
dem Volke, indem sie dem Volke das Gesetz oder den Willen
Gottes auslegen und das Volk zur Erfüllung desselben leiten. In
ihnen liegt der Schwerpunkt der Gemeinde; *Schemoth rabba* c. 3
finden wir den kurzen, aber bedeutsamen Satz: Alle Zeit erhalten
מיזדרים die Aeltesten Israel im Bestand. Hillel heißt der Nährer
und Führer מפרנס Israels. Er leitete sein Volk, wie einst Mose.
Sifre 106ᵃ, *Pesikta* 120ᵇ, *Bammidbar rabba* c. 15 werden die Weisen als die wahren Wächter des Volkes bezeichnet.

2. Dieser Stand der Weisen ist nun in besonderem Sinne Gott
geweiht und bildet eine Hierarchie. *Tanchuma, Behaalothecha* 11
vgl. *Bammidbar rabba* c. 15: Die Aeltesten sind Gottes Eigentum.
Im Unterschiede von dem Weisen heißt der einfache Israelit הדיוט
d. h. nicht mit Ehre und Würde begabt, Idiot, vgl. *Tosefta* zu *Sanhedrin* c. 4. In Bezug auf die מצוה, heißt es dort, gilt dem Weisen
gegenüber sogar der Hohepriester und König als הדיוט, hat also kein
Vorrecht vermöge Amt und Würde. Siehe auch *Berachoth* 34ᵃ. Der
הדיוט ist nicht mit dem עם הארץ zu verwechseln; denn in dieser
Bezeichnung liegt nicht eine Andeutung, daß er das Gesetz nicht
wisse und nicht halte, sondern sie besagt nur, daß er dem Stande
der Weisen nicht angehöre und an dessen Rechten keinen Antheil
habe; er kann aber als Chaber gesetzeskundig und gesetzesstreng

sein, vgl. *Schabbath* 11ᵃ; er hat nur nicht wie der Weise das Studium zur Lebensaufgabe gemacht und genießt deshalb nicht die Rechte dieses Standes.

Dem Stande der Weisen eignet zur geistlichen Leitung des Volkes eine besondere Geistesgabe. Schon Mose hat den Aeltesten von dem heiligen Geiste mitgetheilt, ohne daß er selbst ärmer wurde *Bammidbar rabba* c. 15. Von da an hat Einer sein Licht an dem des Anderen angezündet *Bammidbar rabba* c. 21, womit ausgesagt wird, daß sich der heilige Geist in dem Stande der Weisen von einem auf den andern fortgepflanzt hat und noch immer in der Ordination (סמיכה Handauflegung) weiter mitgetheilt wird, wie ihn einst Mose auf die Aeltesten übertrug, vgl. *Sanhedrin* 13 und *Tosefta Sota* c. 13. In der dunklen Stelle *Sanhedrin* 11 scheint eine Andeutung gegeben zu sein, daß der heilige Geist, nachdem er seit den letzten Propheten aus Israel gewichen war, auf Hillel, später auf Samuel den Kleinen und noch später auf Juda ben Baba sich herniedergelassen hat. Eine Offenbarungsstimme vom Himmel bezeichnete in Gegenwart eines Kreises von Rabbinen diese drei als würdig, daß die Schechina wieder auf ihnen ruhe, nachdem auf so lange Zeit der heilige Geist sich von Israel entfernt hatte. Der letzte der genannten Weisen hat nach *Sanhedrin* 14 zur Zeit Hadrians fünf Aelteste ordinirt und so die Succession des Geistes erhalten; ohne seine aufopferungsvolle Handlung, die er mit dem Opfer seines Lebens bezahlte, gäbe es jetzt, wie die angeführte Stelle sagt, keine gesetzmäßigen Richter in Israel. Als die Gotte Geweiheten empfangen sie auch von Gott sonderliche Ehre. *Sifre* 25ᵇ: Nicht an einem Orte bloß und nicht an zwei Orten findest du Gott, wie er den Aeltesten Ehre zutheilt; und überall, wo du Aelteste findest, wirst du auch wahrnehmen, wie Gott ihnen Ehre mittheilt חיק בבוד. Die *Tosefta* zu *Rosch hasch.* c. 1 sagt: Jeder der als פרנס über die Gemeinde bestellt ist, ist (vor Gott) dem Stärksten gleich geachtet. Einen Weisen aufnehmen heißt die Schechina Gottes aufnehmen *Mechilta* 67ᵃ und hat den Werth eines Tamidopfers *Berach.* 10ᵇ; ja es ist besser, als die Lade Gottes zu beherbergen 63ᵇ. 64ᵃ. Die Gott Geweiheten und von ihm Geehrten tragen diesen Charakter an sich, ohne ihn verlieren zu können. Denn wenn ein Weiser sündigt — und der Talmud ist an Mittheilungen in dieser Richtung sehr reich — so bleibt er doch für den Laien ehrwürdig. *Moëd katon* 17ᵃ wird von einem Gelehrten erzählt, daß er wegen

Unzucht in den Bann kam und im Bann starb; bei der Frage aber, wie er begraben werden sollte, heißt es: ein רשע ist er doch nicht. Den Talmid Chacham soll man, wenn er gesündigt hat, nicht öffentlich richten *Menachoth* 13. Man setzt voraus, daß er Buße gethan hat; wer ihm Uebles nachsagt, fällt ins Gehinnom *Berach.* 19ᵃ. Die Unbefangenheit mit welcher der Talmud, z. B. *Berach.* 20ᵃ. 44ᵃ. 58ᵃ. *Pesikta* 90ᵇ. *Aboda sara* 17ᵃ. *Sota* 7ᵃ vgl. *Sifre* 35ᵇ u. ö., die sittlichen Ausschreitungen der Rabbinen, besonders auf dem Gebiete des sechsten Gebots (Hurerei), mittheilt, wäre unerklärlich, wenn nicht der Weise durch seinen Stand vor Verachtung geschützt wäre. Wenn der Weise gesündigt hat סרח, ist doch seine Thorakenntnis nicht zu verachten *Chagiga* 16.

Dieser besondere Standescharakter bringt es folgerichtig mit sich, daß von dem Mitglied des Gelehrtenstandes ein gewisses Standesbewußtsein und Decorum in seiner äußeren Erscheinung gefordert wird. Für jenes möchte ich den Satz *Sota* 5ᵃ in Anspruch nehmen: Ein Talmid Chacham soll den vierundsechzigsten Theil von der גסוּת רוּח (Hochmut, Stolz) in sich haben; sie krönt ihn wie die Blüthe die Aehre. Die Erfordernisse des Decorum sind nach *Berachoth* 43ᵇ : ein Glied des Gelehrtenstandes תלמיד חכם soll nicht gesalbt auf den Markt gehen, des Nachts nicht allein gehen, nicht geflickte Schuhe tragen (denn das gereichte Gott zur Schande *Schabbath* 114ᵃ), nicht mit einer Frau sprechen, selbst nicht mit seiner Schwester, mit dem Ungelehrten עם הארץ nicht zu Tische sitzen, damit er seine Sitten nicht annehme, nicht zuletzt ins Lehrhaus gehen. Dazu fügen Einige: er soll nicht große Schritte machen, nicht aufrechten Hauptes gehen, damit er die Schechina nicht von sich stoße. *Schabb.* 114ᵃ wird er auch ermahnt, daß er keinen Flecken (von שׁכבת זרע) an seinem Kleide sehen lasse. *Pesach.* 49 wird verlangt, daß er an keinem Gastmahle Theil nehme, welches nicht vom Gesetze vorgeschrieben ist. *Baba bathra* 42 finden sich nähere Bestimmungen über die Kleidung des Gelehrten und über die Art, wie man seinen Tisch deckt. Sein Oberkleid ist nach *Baba bathra* 75 von besonderer Länge. Manche brüsten sich mit solch langem Gewande und wollen sich dadurch das Aussehen von Gelehrten geben, werden aber von der Nähe Gottes im Himmel ausgeschlossen a. a. O. Auch die Familie des Weisen bewahre das Standesbewußtsein; die Tochter heirathe keinen ʿAm haárez *Pesach.* 49.

Ein wichtiges Merkmal, wodurch sich die Schriftgelehrten als die

Gott in sonderlicher Weise Geweihten und Nahen zu erkennen geben, sind die Wunder, mit denen die Ueberlieferung sie ziert. Sie werden später unter dem Gesichtspunkte der Verdienstlehre nochmals zur Besprechung kommen. Hier müssen sie erwähnt werden, sofern sie Ausfluß der besonderen Stellung der Weisen zwischen Gott und der Gemeinde sind. Entweder verrichten sie selbst Wunder, oder diese geschehen ihretwegen. R. Chanina b. Dosa konnte nach *Berachoth* 33ᵃ die Wasserschlange צירוד tödten. Dieser Chanina wurde von Gott nach *Aboda sara* 10ᵇ gewürdigt, daß er einen getödteten Soldaten wieder belebte. So nahm sich Gott auch des R. Elieser besonders an, und that durch Elia seinetwegen Wunder *Aboda sara* 17ᵇ. R. Meir errettete ebenfalls mit Elia's Hülfe durch Wunder seine Schwägerin aus dem Hurenhaus, a. a. O. 18ᵃ. Besonders werden auch Strafwunder Gottes verzeichnet, die auf das Gebet von Rabbinen geschehen, z. B. daß Spötter auf ihr Gebet hin des Todes sterben *Schabb.* 30ᵇ. Weiter werden *Schabb.* 34ᵃ Beispiele erzählt, wie Leute durch den Blick heiliger Rabbinen sterben. Ja *Chagiga* 6 sagt: Ueberall wohin Rabbinen ihr (strafendes) Auge richten, folgt Armuth oder Tod. Gott schützt dagegen die Rabbinen, wenn sie Gewalt erleiden: R. Tanchum wurde nach *Sanhedrin* 49 den Löwen vorgeworfen, aber von ihnen nicht verzehrt. So ist der Weise als Heiliger Gottes mit Wunderkraft begabt. Die Macht der Fürbitte der Weisen in aller Noth der Gemeinde kraft ihres Verdienstes sei hier vorläufig angedeutet.

Wie nun Gott die Weisen ehrt, so ist auch die Gemeinde ihnen als dem Gott geweihten Stande sonderliche Ehre und Leistung schuldig. Die Thora (-Lehrer) bedienen, sagt *Berach.* 44ᵃ, ist größer als sie (die Thora) lernen. Die Ehre des Rabbi geht der des Vaters vor *Baba mezia* II, 11. Der Weise geht dem König, Priester und Propheten vor *Tos. Hor.* 2. Den Weisen nach seinem Tode schmähen, heißt den Bann verdienen *Berach.* 19ᵃ. Wer den Talmid Chacham verachtet, sagt *Schabb.* 119ᵇ, für den gibt es keine Heilung; denn diese sind jetzt die Propheten, die Gesalbten des Herrn. Sie ehren erwirkt Lohn *Berach.* 28ᵃ. Es ist als ehrte man die Schechina selbst *jer. Erub.* 9. Insbesondere ist geboten, einen Weisen nie bloß mit seinem Namen zu nennen. Gehasi ward dafür bestraft, daß er Elisa bloß bei seinem Namen rief. Man nenne den Weisen immer Rabbi. Es gibt Beispiele, wo die verächtliche Behandlung des Weisen mit dem Tode bestraft wurde *Sanhedrin Chel.* 46. Keinen

Ehrennamen gibts, der dem Stande der Weisen nicht zukäme. Sie heißen die Schildträger Israels, weil sie das Gesetz vertheidigen *Berach.* 27[b], Lampe Israels, brennende Kerze *Kethuboth* 7, Säulen Israels, starker Hammer *Berach.* 28[b], Fürsten des Volks, Führer der Nation *Kethub.* 7, Könige *Nasir* 30, Väter der Welt (Hillel und Schammai) *Bereschith rabba* c. 1, Berge der Welt *Schir rabba* 23[b]. Es ist die höchste Ehre, einen großen Rabbi zu sehen; man fastet, um solcher Ehre gewürdigt zu werden *jer. Kilajim* 24. Das Höchste aber von dem, was über die Ehrfurcht gegen die Rabbinen gesagt ist, enthält der Satz, daß man den Rabbi fürchten müsse wie Gott. Nach *Kidduschin* 31 schließt את in dem Schriftwort: Du sollst fürchten את אלהיך die Ehrfurcht vor dem Weisen ein, vgl. *Pesach.* 22[b], *Tanchuma, Beschallach* 26, *Mechilta* 61[a]. *Schemoth rabba* c. 3 sagt: בורא רבן כבורא שמים Wer gegen seinen Rabbi rebellirt, lehnt sich gegen die Schechina auf, vgl. *Bammidbar rabba* c. 18. *Tanchuma, Korach* 10. Gott ließ darum einen Menschen, der den R. Seêra schlug, alsbald sterben *jer. Berachoth* 9. Besondere Ehrfurcht vor den Rabbinen legt die Gemeinde an den Tag bei dem Begräbnis derselben. *Jer. Kilajim* IX erzählt von der Todtenklage über Rabbi (Juda den Heiligen): aus achtzehn Städten versammelten sich Einwohner und trugen ihn in die achtzehn Synagogen, und wunderbarer Weise brach die Nacht nicht ein, bis das Begräbnis zu Ende war.

Aber nicht bloß höchste Ehre schuldet die Gemeinde dem Stande der Schriftgelehrten, sondern auch Leistungen, welche ihm gestatten, ausschließlich für die Thora zu leben. Das Erste ist, daß die Gemeinde die Rabbinen befreit von den Gemeindeauflagen für öffentliche Bauten, Frohnen, Ehrengeschenke an den König u. s. w. Sie sind auch befreit von der Kopfsteuer. Die Gemeinde entrichtet das Alles für sie *Baba bathra* 3. Zweitens besorgen die Bürger dem Talmid Chacham seine Geschäfte, damit er ungehindert dem Studium obliegen könne *Schabbath* 114[a]. Ein Drittes ist die Entschädigung für den Zeitverlust, den ein Aeltester als Richter *Kethuboth* 36, und den der Rabbi als Lehrer der Thora erleidet. Die Unterweisung in der Thora selbst kann nicht bezahlt werden, weil sie unschätzbar ist; aber der Rabbi erhält שָׂכָר בַּטָּל einen Lohn, der ihn für den Verlust der Zeit entschädigt, die er dem Unterricht (im Lehrhause) gewidmet und die er für seinen eigenen Nutzen hätte verwenden können *Pesikta* 178[a]. *Wajjikra rabba* c. 30. *Bammidbar rabba*

c. 11. Uebrigens ist hoher Lohn verheißen, ja die Verheißungen der Propheten gelten nur dem, der seine Tochter mit einem Talmid Chacham verheirathet oder sein Geschäft für diesen führt oder sonst ihn von seinem Vermögen genießen läßt *Berach.* 34^b. Fügen wir schließlich als höchste Opferleistung noch hinzu, daß man für den erkrankenden Rabbi nicht bloß Fürbitte leistet, sondern sich Gott zur Uebernahme der über den Rabbi verhängten Krankheit erbietet, damit er von derselben frei werde *Berach.* 12^b, so haben wir die Grundzüge der Leistungen angegeben, welche die Gemeinde für den Stand der Weisen darbringt, von denen sie das höchste Gut, die Thora, empfängt.

3. Zeichnen wir endlich mit einigen Strichen die Organisation des Gelehrtenstandes. Der Mutterschooß desselben ist die Schule. Sie heißt יְשִׁיבָה, aram. מְתִיבְתָא, wörtlich übersetzt *consessus,* d. i. die Sitzung, in welcher über einen Gegenstand aus der Gesetzeslehre Vortrag gehalten und Erörterung gepflogen wird. Eine andere Bezeichnung für die Schule in diesem Sinne ist בֵּית הַמִּדְרָשׁ d. i. das Haus, in welchem man der Forschung obliegt. Schon Mose gilt für das Haupt eines בֵּית הַחֵי, vgl. S. 35 f., er leitete die Sitzung der Weisen (Aeltesten) und ihrer Schüler und trug die Halacha vor. Von da ab ist die Schule ein dem jüdischen Gemeinwesen wesentliches Institut. Was die jüdische Theologie hier aus ihrer Anschauungsweise heraus annimmt, entspricht nicht völlig der Geschichte. Nach jener Anschauung gab es eine Schule des Gesetzes in allen Zeiten, während wir geschichtlich das Schulwesen im strengeren Sinne erst seit Hillel und Schammai wahrnehmen können. Von da ab aber waren die Gesetzesschulen jedenfalls die geistigen Mittelpunkte des Volkslebens. Die für die Entwicklung des überlieferten Rechtes bedeutsamsten Schulen waren die von Hillel und Schammai, welche bis zur Zerstörung des Tempels bestanden; ihre Satzungen, vorab die der Schule Hillels, darf keine spätere Schule aufheben. Nach dem Jahre 70 entstanden mehrere Schulen in Palästina und Babylon, unter denen diejenige den ersten Rang einnahm, an welcher ein Haupt aus dem Hause Hillels lehrte. Neben diesen Schulen ersten Ranges gab es solche von untergeordneter Bedeutung in allen jüdischen Gemeinden größeren Umfangs. Die innere Organisation der Schule ist nun diese. Die Weisen, welche sie bilden, zerfallen in drei Klassen, in חֲכָמִים, תַּלְמִידֵי חֲכָמִים, בַּחוּרִים. Jene sind die Lehrer, die *Talmidè Chachamim* die Candidaten, welche zum Lehramt

befähigt sind, aber die Ordination für dasselbe noch nicht empfangen
haben; sie müssen nach der Definition *Schabbath* 114ᵃ die Halacha
über jeden Gegenstand sofort vortragen können, wenn sie darüber
befragt werden. Die *Talmidim* sind die Studenten. An der Spitze
der Schule steht der Schulvorsteher. Das Schulhaupt, welches zugleich *Nasi* war, stand an Würde über allen andern. Diese Abstufung der Würde prägte sich in der schärfsten Weise aus, zunächst in der Titulatur. Ein vortragender Lehrer, gleichviel ob Vorsteher oder nicht, heißt Rabbi, das Schulhaupt aber führt den
höheren Ehrennamen רַבָּן „unser Lehrer", insofern ihn Alle als
ihren Lehrer anerkennen. Seit Jehuda Hannasi heißt jeder ordinirte
Lehrer רַב *plur.* רַבָּנָן, während die nichtordinirten רַבָּנָין heißen, vgl.
Stein, Talmud. Terminologie. Nächst der Titulatur ist das Verhalten
des Talmid gegen den Talmid Chacham oder den Chacham genau
bestimmt. Charakteristisch für das Schülerverhältnis ist der Ausdruck שִׁמֵּשׁ. Jemandes Schüler sein heißt danach z. B. *Berachoth*
47ᵇ ihn bedienen; das Studium heißt שִׁמּוּשׁ חכמים *Aboth* VI, 6 oder
שִׁמּוּשׁ שֶׁל תורה *Berachoth* 7ᵇ. Dies bezeichnet die Unterwürfigkeit, den
Verzicht auf eigenen Willen und eigene Meinung. Niemand hat ja
überhaupt das Seinige vorzutragen, sondern was ihm überliefert ist.
Der Schüler hat lediglich vom Lehrer zu empfangen, wie dieser von
seinem Lehrer empfangen hat. Daher gilt als Hauptregel für das
Benehmen des Schülers, daß er in Gegenwart des Lehrers keine
Halacha sage d. h. Etwas vortrage; thut er es doch, so ist er des
Todes schuldig *Erubin* 63ᵃ u. ö. Der Rab hat unbedingte Gewalt
über den Schüler. Er züchtigt ihn, und sollte er ihn in der Züchtigung tödtlich verletzen, so wird er nicht als מוֹרֵד angesehen noch
bestraft *Mechilta* 86ᵇ. Die Ehrfurcht des Schülers gegen den Lehrer
spricht sich darin aus, daß er vor dem Lehrer nicht steht, was auf
gleiche Würde deuten würde, sondern sitzt. Nur während des
Morgen- und Abendgebets darf der Schüler oder der Talmid Chacham vor dem Rabbi stehen, damit nicht die Ehre des Rabbi größer
sei als die Ehre Gottes *Kidduschin* 19. Redet der Schüler den
Lehrer an, so sagt er בִּי zu ihm *Schabbath* 30ᵇ. Ein entsprechendes Unterwürfigkeitsverhältnis bestand unter den Rabbinen selbst,
je nach der Abstufung in der Thorakenntnis und der Autorität,
welche diese dem Einen gegenüber dem Andern gab. Eifersüchtig
liebten sie es einander zu prüfen, indem sie sich sonderbare Fragen
und Räthsel aufzulösen gaben. Das nannten sie an die Krüge klopfen

Schabb. 108ª. Sie schätzten einen Jeden nach seinem Wissen und nach der Schlagfertigkeit des Geistes oder des Witzes. Es erscheint daher nach *Kidduschin* 32ᵇ als etwas ganz Abnormes, daß ein Rabbi, ja der Rabban Gamliel vor Rabbinen steht und sie bei Tische bedient. Doch finden wir hier das schöne Wort von R. Zadok, der den Tischgenossen zurief: „Wie lange lasset ihr die Ehre Gottes, und beschäftiget euch mit der Ehre der Creaturen? Der Heilige deckt den Tisch für Jeden, und wir (sollen einander nicht bedienen)?" Doch auch er sagt: „Nicht stehe Gamliel ‫רבנו‬ (nach dem Commentar: der große Mann) vor uns und schenke uns ein!" Wie der Größere den Geringeren nicht bedient, so soll auch bei Tische der an Rang Höhere dem Niedrigeren vorgehen. Er spricht nach *Berachoth* 47ª das Tischgebet, auch wenn er zuletzt kommt, und soll einen ehrenvollen Sitz haben; man soll auch eine genaue Reihenfolge je nach der hierarchischen Würde der Einzelnen einhalten, wenn man das Wasser zum Händewaschen reicht *Berach.* 46ᵇ. Treffen zwei Rabbinen an einem Hause zusammen, so läßt der in der Würde Nachstehende dem Höheren den Vortritt 47ª. Dies sind nur einige Beispiele davon, wie die Etikette zwischen den Rabbinen nach ihrer Würde genau bestimmt ist. Selbst in der himmlischen Academie ‫דרקיע‬ ‫במתיבתא‬ werden die Rabbinen dereinst nach dem Maße ihres Verdienstes und der hierarchischen Stufe, die sie hier einnehmen, sitzen und geehrt werden *Baba mezia* 86ª. Die Ehrfurcht des Geringeren gegen den Höheren wird auf die nachdrücklichste Weise auch durch Strafen aufrecht erhalten. *Kidduschin* 70ª überliefert, wie ein Rabbi den anderen wegen einer Beleidigung bannt und den Bann weithin bekannt machen läßt. Der höchste Schimpf ist, daß man ausrufen läßt: dieser ist ein Knecht ‫עבדא‬. Der Nasi aber ist die höhere Instanz, vor welcher der Gekränkte sein Recht sucht. Wie er als das Schulhaupt den Weisen, der eine Lehrausschreitung sich zu Schulden kommen läßt, sofort mit Geißelung zu bestrafen befugt ist, sahen wir oben S. 99 vgl. 139 f.

Der Uebergang von einer rabbinischen Stufe zu einer höheren geschieht in folgender Weise. Der Talmid erlangt den Grad des Talmid Chacham d. h. die Lehrfähigkeit, wenn er vierzig Jahre alt *Sota* 22ª und mit der Halacha in ihrem ganzen Umfang vertraut ist, das ganze überlieferte Recht kennt, um es lehren und danach richten zu können *Schabbath* 114ª. Jedoch ist hier zu unterscheiden zwischen der Kenntnis der Halacha und ihrer casuistischen schul-

mäßigen Behandlung nach allen ihren Consequenzen. Man begreift,
daß a. a. O. von Einem, der die geistliche Leitung einer Gemeinde
übernehmen will (als סמיכה), diese eingehende Kenntnis nur hinsichtlich eines einzigen talmudischen Tractates gefordert wird. Die Rabbinen vertreten daher immer nur gewisse Partien des großen halachischen Gebietes und tragen in der Metibta darüber vor. Wer in
allen Tractaten die Halacha in ihren casuistischen Gängen zu verfolgen weiß, der ist werth, Haupt der Schule zu werden, s. a. a. O.

§ 29. Die dreifache Gewalt der Weisen.

Eine dreifache Gewalt wird dem Schriftgelehrten durch die Ordination übertragen: eine gesetzgeberische, eine richterliche und eine
Lehrgewalt.

Wenn ein Weiser sich hinreichende Gesetzeskenntnis erworben
hat und von einer Gemeinde zum Vorsteher מנהיג berufen wird, so
empfängt er zur Ausübung seines Amtes die Handauflegung סמיכה
oder Ordination. Der Ordinand heißt *Gittin* 5ᵇ סמיכא בר. Vollzogen
wird die Handlung von drei Aeltesten *Tos. Sanh.* 1. Durch sie wird
nach *Gittin* 88 übertragen der Titel Rabbi und damit die Lehrbefugnis, vgl. *Sanh.* 13, nach *Kethub.* 7 und *Sanh.* 13 die Befugnis
Recht zu sprechen, und zwar auch in Strafsachen. In der Lehrgewalt ist bei denen, welche Mitglieder von Gesetzesschulen sind,
die Theilnahme an der dem Collegium zustehenden gesetzgeberischen
Befugnis eingeschlossen; d. h. sie stimmen bei Entscheidung über gesetzliche Fragen mit ab. Uebrigens wird der Ordinand nach *Kethub.*
112ᵃ auch in das Geheimnis des Kalenders עבור eingeweiht. Besonders
beachtenswerth endlich ist, daß der Ordination nach *Sanhedr.* 14ᵃ
von Seiten Gottes eine Generalabsolution vorausgeht: der Ordinirte
tritt durch die Weihe in ein neues, näheres Verhältnis zu Gott.

1. Die gesetzgeberische Gewalt der Weisen wird der Idee
nach geübt durch das Synedrium. Geschichtlich gestaltet sich dies
allerdings anders. In welchen Zeiten wirklich ein förmliches Synedrium vorhanden war, läßt sich geschichtlich auf Grund des dürf-
tigen Materials gar nicht mehr feststellen. Thatsächlich sind es die
Schulen, welche das Recht festsetzen, und zwar nachweisbar seit
Hillel. Mit ihm rang Schammai um den Einfluß, und nach dem
Tode der Beiden waren es ihre Schulen, welche das traditionelle
Gesetz jede in ihrem Sinne zu fixiren suchten. Siehe darüber *To-*

sefta Succa 4. *Edujoth* 1. *Sota* 14. Die Hillelische Richtung wurde, weil sie im Ganzen praktischer, im Gemeindeleben durchführbarer war, die herrschende. Seitdem wurde diejenige Schule, an deren Spitze ein Haupt aus dem Hause Hillels stand, als legitime Repräsentantin der Tradition angesehen, und ihren Entscheidungen die Bedeutung von Bescheiden des Synedriums beigelegt. Der Gedanke ist dabei immer noch, daß das in den Tagen Mosis eingesetzte und von ihm selbst geleitete Synedrium zu allen Zeiten Israel das Gesetz gibt. *Sifre* 25[b] wird das Aeltestencollegium, welches Mose auf Gottes Befehl einsetzte, ausdrücklich Sanhedrin genannt, und gesagt, es solle für immer eingesetzt sein. Es bestand auch in der Zeit der Richter und Könige, und nach der *Tosefta* zu *Erubin* c. 8 sprachen die Propheten ebenso aus, was erlaubt und verboten sei, trafen allgemein gültige religiöse Anordnungen, vgl. *Tos. Taanith* c. 3 und oben S. 36. Die Mitglieder des leitenden Collegiums müssen gesetzeskundige und angesehene Männer חכמה בעלי, גבורה בעלי sein; das erste Erfordernis ist jedoch die Gesetzeskunde. Sie sind ihrer Persönlichkeit nach Chachamim, nach ihrer amtlichen Stellung aber heißen sie Aelteste. Ihre legislative Gewalt wird *Sifre* 104[b] durch den Satz bezeichnet: „Vom Sanhedrin geht die Thora aus für ganz Israel", d. h. sie bestimmen durch authentische Auslegung des Gesetzes, was in Israel als Recht und Gesetz gelten soll. So leiten sie das Volk, vgl. *Tosefta* zu *Succa* c. 4, und heißen deshalb *Sifre* 145[b] das Scepter Juda's, *Schir rabba* 20[b] das Auge der Gemeinde, *Echa rabba* 38[a] das Herz Israels, *Bammidbar rabba* c. 15 die Wächter und Leiter Israels, und *Tanchuma Schemini* 11 sagt, Israel könne ohne den Sanhedrin nichts thun, so wenig als der Vogel ohne Flügel zu fliegen vermöge. Haben sie doch von Mose den heiligen Geist empfangen *Bammidbar rabba* c. 15. Der Sanhedrin bildet aber das geistliche Tribunal nicht bloß für Israel, sondern der Idee nach für die ganze Welt, wenn diese die Thora angenommen hätte. Deshalb sollten seine Mitglieder die 70 Sprachen der Völker verstehen *Menachoth* 65[a].

Nach der Zerstörung Jerusalems haben diese legislative Thätigkeit des Sanhedrin die Collegien der Weisen und später die verschiedenen Gesetzesacademien weiter geübt. Ihre Arbeit besteht erstens in der Feststellung des in Israel geltenden Gesetzes, der Halacha, welche das ganze Gebiet des bürgerlichen und religiösen Lebens umfaßt. Ihre Feststellung ist nie Sache eines

Einzelnen *Tosefta* zu *Nidda* 4; jede Lehrfrage kommt לפני חכמים *Jebamoth* VIII, 3 vor das Collegium der Weisen, welches sich zu diesem Zwecke versammelt. Eine solche Versammlung heißt *Kerem* כרם, nach Buxtorf (Lexicon S. 1094) *per metaphoram, quia sedent in scholis linealim* (שורות שורות Raschi) *ut vites plantantur*, s. *Schabb.* 49ᵃ. *jer. Berachoth* IV. Ueber die äußere Ordnung des Kerem von Jabne s. *Tosefta* zu *Sanhedrin* c. 8. Die zu entscheidende Frage wurde der Versammlung vorgelegt, über diese Frage dann die etwa vorhandene Ueberlieferung vorgetragen, und nach dieser oder nach Verstandesgründen entschieden. Ein Beispiel hiefür s. *Sifre* 58ᵃ. Uebrigens berief man sich auch auf die Praxis großer Rabbinen, um danach die Halacha festzustellen *Tos. Berach.* c. 1, vgl. 4: הלכה כדברי המרובין. Nach *Tosefta* zu *Nidda* 4 und zu *Baba bathra* 2 hat der Sanhedrin jede auftauchende Frage zu erledigen. Am Schlusse der Discussion wurde abgestimmt, und der Mehrheitsbeschluß galt von nun an als Halacha. *Edujoth* I, 5: „Die Halacha lautet nur (אין אלא) nach dem Ausspruche der Mehrheit." Diesem durfte von nun an niemand widersprechen ohne dem Bann zu verfallen *Berachoth* 19ᵃ. In *Jebamoth* 42ᵇ wird eine solche Feststellung des Collegiums in Jabne מתניתא דבראתא genannt. Aus solchen Festsetzungen besteht eben die Mischna oder das *Corpus juris* in Israel.

Bis zum Abschluß der Mischna war die Halacha einheitlich trotz der Differenzen der Schammaiten und Hilleliten; denn *Edujoth* c. 1 sagt, daß, wo beide Schulen im Gegensatz stehen, die Weisen weder nach der einen noch der andern, sondern selbständig entscheiden. Deshalb wird die Mischna von Allen als Gesetzbuch Israels anerkannt, da der größte Theil ihrer Entscheidungen schon aus der Zeit Hillels stammt. Später gingen indeß die halachischen Entscheidungen auseinander. Bei solchen Differenzen richtete man sich dann, wie *Edujoth* I, 5 lehrt, nach der Entscheidung des Collegiums, welches die angesehensten Gelehrten und die meisten Mitglieder besaß, und hier wieder entschied in der Regel das Ansehen des Schulhaupts.

Eine andere Thätigkeit gesetzgeberischer Art ist die Festsetzung von *Geseroth* und *Takkanoth*, nach *Sanh.* 88ᵇ vgl. *Aboda sara* 36 gleichfalls ein Vorrecht des Sanhedrin, später der Weisencollegien. Die Gesera ist eine Verordnung, welche die Uebertretung des Gesetzes verhüten, den Zaun (גדר, סייג), der das Gesetz umgibt, ergänzen und befestigen soll. Schon die Männer der großen Synagoge haben nach *Pirke aboth* I, 1 gemahnt: Machet einen Zaun um das Gesetz. Die Geseroth sind

überhaupt nach Erfordernis der Zeit לפי שעה erlassene Verbote
Jebamoth 90ᵇ: wenn man wahrnahm, daß etwas zur Uebertretung
des Gesetzes führte, so wurde es verboten, wenn es auch im schriftlichen Gesetz erlaubt war. So geschah es mit dem Wein der Heiden
Sifre 47ᵇ, von dem man nie sicher sei, ob man nicht durch ihn in
Berührung mit dem Götzendienste komme, vgl. *Gemara* zu *Aboda
sara* II, 5. Man legte der Gemeinde ein solches Verbot nicht auf,
wenn es nicht die Mehrzahl tragen konnte *Baba bathra* 45, *Horajoth* 1. War es aber einmal allgemein anerkannt, so durfte der
Einzelne demselben sich nicht mehr entziehen, hatte nicht mehr
Freiheit es zu halten oder nicht (רשות), sondern war zur Erfüllung
verpflichtet (חיבה) *Sifra* 7ᵇ. In *Tanchuma Nissa* 29 heißt es: Die
Geseroth der Aeltesten muß man ebenso halten, wie die Gebote aus
der Thora; denn Gott hat sie bestätigt. Wer die Worte des Weisen
übertritt, sagt *Berach.* 4ᵇ, ist des Todes schuldig, vgl. *Schabbath*
110ª und Beispiele *Koheleth rabba* 80ᵇ. Die Weisen haben den
Zaun gemacht מפני תקון העולם, damit die Ordnung in der Welt erhalten werde, vgl. *Mechilta* 106ª. Diese Verbote gelten natürlich
nur für die Zeit, in welcher die Verhältnisse andauern, die ihre
Veranlassung waren. Daher können die Weisen späterer Zeit frühere
Verbote wieder aufheben. Unter Anderen hob Juda Hannasi das
Verbot, bei Heiden Oel zu kaufen, wieder auf, *Gemara* zu *Aboda
sara* II, 5. Aus *Maccoth* 17 sehen wir, daß die Aeltesten vier Verbote des Mose außer Kraft gesetzt haben (בטלום).

Die Takkanoth sind dagegen Verordnungen positiven Inhalts.
Berach. 33ᵇ heißt es z. B., daß die Männer der großen Synagoge
die Benedictionen und Gebete, die Weihegebete und die Habdala
(das Gebet, durch welches Sabbat und Werktag geschieden werden)
verordnet haben תקנו. *Baba kamma* 82ª werden zehn Verordnungen
auf Esra zurückgeführt. Nach *Sanhedrin* a. a. O. kommt es dem Sanhedrin zu, für das ganze Volk Israel solche Gebote zu erlassen.
Den wichtigsten Theil bildeten gewiß die Anordnungen, welche den
Cultus betrafen, z. B. in *Schekalim* VII, 6. Unter diesen Cultusver-
fügungen waren nicht die letzten die kalendarischen Bestimmungen
zur Festsetzung der Festfeiern. Es war nöthig Tage im Monat oder
einen Monat im Jahr einzuschalten. Früher wurde nach *Sanhedrin*
I, 2. 3 der Neumond regelmäßig festgesetzt und verkündigt. Ueber
die späteren weiteren Kalenderberechnungen sehe man des Maimonides *Kidduschin Hachodesch* und *Tur Orach Chajjim* c. 427 f. nach

Wenn zum Zweck der Festsetzung des Osterfestes ein Monat einzuschalten war, so mußten in der betreffenden Sitzung des Sanhedrin wenigstens 10 Glieder desselben unter dem Vorsitz des *Ab-Beth-Din* (stellvertretenden Vorsitzenden) gegenwärtig sein *Schemoth rabba* c. 15. Man machte nach *Sanhedrin* 11ᵃ Einschaltung im Jahre nur dann, wenn schadhafte Wege und Brücken (den Festpilgern hinderlich) oder schadhafte Oefen zum Braten des Passaopfers (in Folge heftiger Regen im Winter) dazu nöthigten, oder mit Rücksicht auf die Wanderung der Exulanten, welche etwa am 14. Nisan nicht in Jerusalem sein konnten. Zu diesem kirchlichen Verwaltungsrecht gehörte ferner auch das Dispenswesen. Den Weisen stand es zu Gelübde aufzulösen, vgl. *Nedarim* III, 1 ff. *Tosefta* zu *Niddu* c. 5. *Wajjikra rabba* c. 36. *Tanchuma, Bechukkotaj* 5. Ueberall wird aber die Entscheidung des gesammten Collegiums vorausgesetzt, und die Fälle sind genau bestimmt. Dabei ist anerkannt, daß die Lösung der Gelübde durch die Weisen nur eine schwache Stütze in der Schrift hat *Chagiga* I, 8, wie denn die *Tosefta* zu *Chagiga* c. 1 sagt: Die Leistungen der Gelübde fliegen in der Luft פורחין באויר, vgl. Levy, Wörterbuch unter צבתא: Eine Zange wird mit der anderen gemacht.

Die Thätigkeit der Weisen, die wir jetzt dargelegt haben, bewegt sich überhaupt gegenüber der Schrift sehr selbständig. Die oben angezogene Stelle aus Chagiga verdient in dieser Beziehung als Selbstkritik des Rabbinismus ganz angeführt zu werden. „Die Auflösung der Gelübde (durch die Weisen) schwebt in der Luft, und sie haben nicht Schriftworte, worauf sie sich stützen könnten; die Halachoth über Sabbat, Festopfer und Veruntreuungen (geheiligter Sachen durch Mißbrauch) gleichen Bergen, die an einem Haare hangen; denn es sind wenig Schriftbelege da, der Halachoth darüber aber sind viele. Die Rechte aber, die Gesetze über den Opferdienst עבודה, Reinheit und Unreinheit, unrechtmäßige Verbindungen עריות haben vollkommenen Schriftgrund: diese sind die Hauptstücke גופי der Thora." So auch *Tos. Erub.* 8. Es gibt Halachoth, welche Bergen gleichen, die an einem Haare hängen . . . Wenig Schrift, viele Halachoth, und sie haben keine Stütze in der Schrift. Es kommt endlich bei der Feststellung des Rechts sogar geradezu zum Widerspruch mit der Thora. Das ist ein merkwürdiges Selbstbekenntnis des Talmud; denn äußerlich angesehen sind ja der Belege unzählige, wo der Schriftbeweis so gewaltsam behandelt wird. *Git-*

lin 33ᵃ: „Dem schriftlichen Gesetze nach ist der Scheidebrief ungültig, und um das Ansehen das Gerichtshofes aufrecht zu erhalten, geben wir die, welche (dem schriftlichen Gesetze nach) noch die Frau ihres Mannes ist, aller Welt preis? Antwort: Gewiß! denn Jeder, welcher heirathet, thut solches nach rabbinischem Recht, d. h. er unterstellt seine Ehe den rabbinischen Satzungen, und die Rabbinen entziehen von dem Moment an, wo der Scheidebrief ausgestellt und eingehändigt worden ist, der bisher bestandenen Ehe den Charakter der Ehe. Rabina sagt zu Rab Asche: Das mag richtig sein, wenn die Ehe durch eine Geldgabe geschlossen wurde; wie kann sie aber für nichtig erklärt werden, wenn sie durch ביאה Beiwohnung geschlossen ist? (In diesem Falle ist sie nämlich eine Ehe nach der Weise der Schrift, nicht eine nach rabbinischem Recht geschlossene.) Unsere Rabbinen erklären in solchem Falle die erste Beiwohnung für eine nicht eheliche בעילת זנית.“

Obgleich also das rabbinische Recht in eingestandenem Conflict mit der Schrift geräth, gilt dennoch der Satz: Wenn Jemand ein rabbinisches Gebot übertritt, so darf man ihn Gesetzesübertreter עברייך nennen *Schabbath* 40ᵃ, und es treffen einen solchen Uebertreter empfindliche Strafen, wie Bann und Geißelung. *Erubin* 63ᵃ erzählt: Rab saß vor Rab Asche. Er sah, wie ein Mann am Sabbat seinen Esel an einem Zaune anband. Er rief ihm zu, daß dies am Sabbat verboten sei; weil aber jener nicht hörte, rief er: Dieser soll im Banne sein! In *Nedarim* 50ᵇ wird ein Fall erzählt, wo auf solchen Bannspruch gleich der Tod erfolgte, Andere Beispiele von dem Aussprechen des Gottesnamens daselbst 7ᵇ. *Aboda sara,* ed. Ewald S. 474 f. lesen wir, daß R. Abahu Namens des R. Jochanau sagte: „Wenn ein verbotener Gegenstand in eine Speise fällt, so daß man den verbotenen Gegenstand darin sehen kann und beim Essen von der Speise den Geschmack des Verbotenen wahrnehmen kann, so ist diese Speise verboten.“ Dieses Verbot ist gewiß ein rabbinisches Verbot. Dennoch heißt es weiter: „Wer diese Speise trotzdem ißt, muß mit vierzig Streichen weniger einen bestraft werden. Aber nur dann verdient er diese Strafe, wenn er von dem verbotenen Gegenstande soviel wie eine Olive gegessen hat, und zwar in einer Zeit, in welcher ein Anderer eine Speise essen kann, welche so groß ist, wie vier Eier.“ Ein weiteres Beispiel enthält *Kilajim* VIII, 3: „Derjenige, welcher einen Wagen lenkt, der mit verschiedenen Thieren bespannt ist, erleidet die Strafe der vierzig Geißelhiebe; ebenso derjenige, der im Wagen sitzt. R. Meir spricht diesen von Schuld und Strafe frei." Hier haben wir eine weitgehende Folgerung aus dem Schriftverbote der Kilajim, immerhin ein rabbinisch festgesetztes Verbot, gleichfalls mit der Geißelung als Strafe belegt.

2. Die richterliche Gewalt ist der zweite Theil der Vollmacht der Weisen. Da die jüdische Gemeinde nach dem Gesetze Mose's gerichtet werden soll, so ist das Gericht Sache der Gesetzeskundigen, wie schon aus dem Buche Esra hervorgeht. In Esra's Zeiten ist ohne Zweifel das Gerichtswesen neu organisirt worden. Wie hoch man schon früh von der richterlichen Thätigkeit hielt, zeigt die Losung, welche die Mitglieder der Großen Synagoge ausgaben: „Seid behutsam im Urtheile" *Pirke aboth* I, 1. Wie sich das Gerichtswesen geschichtlich entwickelte, haben wir hier nicht zu zeigen, wol aber, wie es sich nach den religiösen Vorschriften gestalten soll. Da finden wir nun eine dreifache Abstufung.

a. Das oberste Tribunal ist der Sanhedrin in Jerusalem, bestehend aus 71 Mitgliedern nebst zwei oder drei Schriftführern, einem *Nasi* als Vorsitzenden und einem *Ab-Beth-Din* als Stellvertreter des Nasi, zur Rechten desselben sitzend. Der Nasi ist nach jüdischer Vorstellung aus dem Hause Davids zu nehmen, damit durch ihn die davidische Herrschaft in Israel sich bis zum Kommen des Messias fortpflanze *Sanhedrin* I, 6. *Schebuoth* II, 2. *Sanhedrin* IV, 3. *Taanith* II, 1. Der Sanhedrin versammelte sich in einem besonderen Sitzungszimmer in der Quaderhalle im Tempel *Middoth* V, 4. Die Sitzungen fanden täglich mit Ausnahme des Sabbats und der hohen Feste statt *Jom tob* V, 2. Es waren aber nicht immer alle Glieder anwesend, sondern nur so viel als zur Beschlußfassung über die gewöhnlich vorkommenden Fälle nach der Gerichtsordnung (vgl. *Sanhedrin* I) nöthig waren, nämlich entweder drei oder zehn oder 23, und nur in den wichtigsten Fällen das Plenum. Nach der *Tosefta* zu *Succa* c. 4 mußten zu Entscheidungen in Rechtsfällen wenigstens 23 Mitglieder anwesend sein. Nach *Sanhedrin* 88[b] saßen sie vom Morgen- bis zum Abend-Tamidopfer; an Sabbaten und Feiertagen gingen sie in das Lehrhaus auf dem Tempelberg. Dem Plenum waren nach *Sanhedrin* I, 5 vorbehalten: die Rechtssachen, welche einen ganzen Stamm oder einen falschen Propheten oder den Hohenpriester oder einen willkürlichen Krieg betrafen. Es wurden Zeugen vernommen, dann wurde die Frage nach Schuldig oder Unschuldig gestellt, abgestimmt und die Strafe festgesetzt. Die Strafen waren

Leibesstrafen, nämlich die Geißelung, oder Lebensstrafen, als Steinigung, Verbrennung, Enthauptung und Hängen, a. a. O. IV, 5. Das unterscheidende Merkmal des großen Sanhedrin war übrigens nicht die Befugnis, Lebensstrafen zu verhängen, sondern sein Rang als oberste Instanz für ganz Israel. Der Sanhedrin fordert nach *Sanhedrin* 18 auch den König vor seine Schranken. Daß Priester sich ihm stellen müssen, zeigt IX, 6. Seine Gewalt erstreckt sich auch über die Grenzen Palästina's hinaus, über die ganze jüdische Volksgemeinde, ja der Idee nach über alle Völker der Erde.

b. Vom großen Sanhedrin unterscheidet man den kleinen Sanhedrin. Dieser bestand aus 23 Mitgliedern, und es hatte nach I, 6 jede Stadt, die mehr als 120 Einwohner zählte, die Befugnis, ein solches Gericht zu errichten. In Jerusalem selbst gab es zwei solche Gerichte. Dieselben hatten die ganze bürgerliche und criminelle Gerichtsbarkeit, a. a. O. 90. Sie hatten also auch die Verbrechen zu beurtheilen, welche gegen Leib und Leben gerichtet waren und konnten auf Leibes- und Lebensstrafen erkennen I, 4.

c. Endlich finden wir in jeder Gemeinde das Dreimännergericht, בית דין genannt *Sanhedrin* I, 2. Die Richter דייניך wurden nach *Tos. Succa* 4 von der Gemeinde gewählt und vom Sanhedrin bestätigt. Sie haben die kleineren Rechtssachen zu entscheiden, nämlich nach *Sanhedrin* 96 vgl. 17 wenn alle seine Richter ordinirt sind, die Rechtssachen (Geldangelegenheiten) und die Strafsachen, im anderen Falle dagegen nur erstere. In Straffällen konnten sie nur auf Geißelung erkennen I, 2. Ihre Sitzungen finden seit Esra's Zeit am Montag und Donnerstag statt und werden nach der Gesetzeslesung in der Synagoge gehalten. Nach *Tosefta* zu *Succa* c. 4 kann man von einem Gericht an ein anderes appelliren.

Wenn nun die Unterstellung des jüdischen Volks unter die Gewalt heidnischer Herrscher die Befugnisse der Gerichte namentlich bezüglich der Todesstrafe beschränkt hat, wie denn nach *Sanhedrin* 24[b] vierzig Jahre vor der Zerstörung des Tempels Israel die Todesurtheile genommen worden sind, so hat dadurch das Ansehen der nationalen Gerichte im Volke nichts eingebüßt. Wie groß dieses Ansehen ist, dafür gibt uns kaum etwas mehr Beweis, als daß der Großen Synagoge das Recht zuerkannt wurde, auszusprechen, welche Personen der Geschichte als vom ewigen Leben ausgeschlossen zu betrachten seien. Nach *Bammidbar rabba* c. 14 lautete eine solche Entscheidung dahin, daß Jerobeam, Ahab und Manasse, Bileam, Ahi-

tophel, Gehasi und Doeg keinen Theil am ewigen Leben haben.
Salomo wollten sie den drei Königen hinzufügen, aber Gott wehrte
ihnen (durch eine Offenbarungsstimme und andere Zeichen), vgl.
Tanchuma, Mezora 1 und *Sanhedrin* X, 1 ff. Nach *Sota* 8^b läßt Gott
die Urtheile des großen דין בית in Erfüllung gehen, selbst wenn
dieses sie nicht mehr selbst vollstrecken kann. So lesen wir auch
Kethuboth 30^a: Das Synedrium konnte vier Todesarten verhängen.
Auch jetzt, wenn der Gerichtshof sie ausspricht (aber weil unter
heidnischer Gewalt lebend sie nicht vollziehen kann), vollzieht sie
Gott, wenn auch in anderer Form. Ebenso *Sanhedrin* 37^b. — Wenn
übrigens die Todesstrafe nicht mehr vollzogen werden kann, so fehlen
dem Gerichtshof doch darum Strafmittel nicht. *Sanhedrin* 7^b werden
als בלי דייניך Geräthe der Richter aufgezählt: Ruthen oder Stöcke,
Sandalen zur Entschuhung, Posaunen zur Proclamation des Bannes,
Riemen zur Geißelung. Eben dort lesen wir, man solle den Stab
und die Riemen fleißig handhaben, um der Gemeinde Gottesfurcht
beizubringen. Bann und Schläge sind die eigentlichen Strafmittel
des Gerichtshofes. Der Bann kann von einem jeden Rabbi allein
verhängt werden, vgl. z. B. *Moëd katon* 4. Rabbi verfügte בר, daß
man auf der Straße nicht lehren solle, R. Chija that dagegen. Dafür
bannte ihn Rabbi, indem er ihm für dreißig Tage die Gemeinschaft
kündigte, und R. Chija hielt sich dreißig Tage von ihm fern. Danach löste ihn Rabbi, indem er ihm sagen ließ: Komme wieder.
Nach *Moëd katon* 16^b bannte ein Rabbi den Andern, weil er ihm mit
einer Frage lästig wurde. Jeder Rabbi ist als solcher Richter, und
wohin er sein Auge strafend richtet, da folgt Armuth oder Tod
Nedarim 7^b. Jedoch ist die Gewalt des Bannes ordentlicher Weise
bei dem Beth-Din. Der Bann hatte die Wirkung, daß Niemand
außer seinem Weibe, den Kindern und Hausgenossen auf vier Ellen
zu ihm nahen durfte. Der Gebannte sollte sich nicht waschen; in
der Versammlung (Synagoge oder Lehrhaus) durfte er erscheinen;
aber er konnte, wenn Neun vorhanden waren, die Zehnzahl nicht
herstellen. Unter Beobachtung der Absonderung auf vier Ellen durfte
er lernen und lehren, dienen und sich dienen lassen. Starb der Gebannte im Bann, so legte man einen Stein auf den Sarg, zum
Zeichen, daß er der Reinigung werth gewesen wäre, aber er wurde
unbetrauert begraben. Dieser Bann dauerte gewöhnlich 30 Tage,
konnte aber auch auf 60, ja 90 Tage erstreckt werden. Wenn
dieser erste Grad des Bannes nicht zur Buße führte, so trat der

zweite ein, der sogenannte *Cherem* חרם. Er hatte die gänzliche
Ausschließung des Gebannten von aller Gemeinschaft zur Folge; der
Gebannte mußte dem Aussätzigen gleich für sich allein wohnen.
Die 24 Fälle, in denen der Bann verhängt wurde, finden sich auf-
gezählt bei Maimonides, *Hilchoth Talmud Thora* c. 6. 7 u. ö.; Buxtorf hat sie im *Lexic. talm.* S. 1034 f. kurz wiedergegeben. Aus
dieser Aufzählung geht hervor, daß der Gerichtshof durch den Bann
vor Allem die Ehrfurcht und den Gehorsam gegen die Weisen und
Richter, ihre Satzungen und Urtheile aufrecht erhielt. Der fünfte
Grundsatz heißt: Gebannt wird, wer eines von den Worten der
Schriftgelehrten — also des traditionellen Rechtes — oder gar eines
der Worte der Thora verachtet. Der größere Bann wurde wol besonders im Falle des Abfalls oder schwerer Verbrechen verhängt,
s. Buxtorf S. 827 ff.

Das zweite Strafmittel des Gerichtshofes ist die Geißelung. *Maccoth* III, 10 ff. lehrt das Verfahren. Da sie nicht den Tod herbeiführen sollte, so wurde sie nach den Leibeskräften des Schuldigen
bemessen, wobei die Dreizahl in der Bestimmung der Hiebe waltete,
vgl. *Sanhedrin* 81ᵇ. *Jebamoth* 64ᵇ. Nach *Maccoth* III, 1 ff. war sie
die Strafe besonders für die Sünden des Incests und der unerlaub-
ten geschlechtlichen Verbindungen, der Verschuldung am Heiligen,
der Verunreinigung, der Sabbatsverletzung und des Genusses verbotener Speisen und Getränke, mithin für Uebertretung von Schrift-
verboten, jedoch nicht bloß nach deren Wortlaut, sondern nach der
Auslegung der Weisen. Von dieser Strafe zu unterscheiden ist
מכת מרדות die Geißelung, welche wegen Nichterfüllung eines Gebotes
so lange erfolgt, bis die Erfüllung eintritt, vgl. Buxtorf, Lexic.
S. 1252. Aruch sagt: „Die gesetzliche Geißelung wird wegen Uebertretung der Verbote mit Maß u. s. w. ertheilt, aber wenn Jemand
eine positive Vorschrift nicht erfüllen will, wie wenn man Einem
sagt: Mache die Laubhütte, richte den Palmzweig, und er gehorcht
nicht, so schlägt man ihn so lange, bis er seinen Geist aufgibt,
ohne Rücksicht und ohne auf die Dreizahl zu achten. Ebenso schlägt
man den, welcher die Worte der Schriftgelehrten übertritt, ohne
Zahl und ohne Rücksicht auf die Kräfte des Missethäters. Warum
nennt man diese Strafe מכת מרדות? Weil der Schuldige gegen die
Worte der Thora und die Worte der Weisen sich aufgelehnt hat.“
Mit dieser Strafe soll der Gehorsam gegen die positiven Vorschriften
des geschriebenen und des traditionellen Gesetzes erzwungen werden.

Hier ist beachtenswerth, daß die Strafgewalt offenbar über die von
dem geschriebenen Gesetze geordneten Strafen hinausgeht. Eine
ähnliche außerbiblische Strafe wird *Sanhedrin* IX, 5 genannt: „Wenn
Jemand wiederholt gegeißelt worden ist, so sperrt ihn der Gerichtshof in einen engen Kerker und gibt ihm Gerste zu essen, bis ihm
der Bauch platzt. Wenn Jemand Einen getödtet hat, und man hat
keine Zeugen, so sperrt man ihn in einen engen Kerker und speist
ihn mit Kummerbrot und Wasser der Trübsal." In IX, 10 wird ein
abgekürztes Verfahren für einige Fälle, in denen der Missethäter
bei der That betroffen wird, angeordnet. Endlich wird erwähnt,
daß man in gewissen Fällen den Vollzug der Strafe dem Herrn
überläßt.

Wenn man erwägt, welche Strafgewalt sonach das nationale
jüdische Gericht ausübt, und dazu bedenkt, daß den Richtern keine
bewaffnete Macht zur Seite stand, daß vielmehr die heidnische Regirung ihrer Gerichtsbarkeit entgegen wirkte, so entsteht von selbst
die Frage, worauf diese Macht der jüdischen Gerichte beruhte, und
was die Gemeinde bewog, ihrem harten Joche sich zu beugen. Die
Antwort darauf im Tr. *Sanhedrin* ist die, daß die Richter in den Augen
der Gemeinde die Vertreter des göttlichen Gesetzes sind. Alle Richter
sollen gesetzeskundige Männer sein; unter den drei Richtern des
Dreimännergerichtes soll wenigstens Einer ein חכם הליבוד sein. Nur
diejenigen Richter dürfen über Strafsachen bescheiden, welche
die *Semicha* (Ordination) empfangen haben; diese aber wird nur
solchen ertheilt, welche des ganzen Gesetzes kundig sind. Wenn
die Aeltesten richten, so kommen sie in Betracht als diejenigen,
welche vom Geiste Gottes geleitet das Gesetz Gottes in unfehlbarer
Weise zur Anwendung bringen. Wo Richter gerechtes Gericht halten,
da ist die Schechîna, ist Gott selbst gegenwärtig. Weil sie unbedingte
Autorität genießen, so ist ihre Verantwortlichkeit die größte: über
ihnen hängt das Schwert, unter ihnen ist immer das Gehinnom geöffnet.
Ein Schüler, der seinen Rabbi ein ungerechtes Urtheil fällen sieht, darf
unter solchen Umständen nicht schweigen, sonst ist er mit verantwortlich. Man stellt eben deshalb ein Collegium auf, damit die Verantwortlichkeit von Mehreren getragen werde. Die Annahme auch des
kleinsten Geschenkes macht unfähig zum Richteramte *Kethuboth* 105ᵃ.
Daher wurden die Urtheil sprechenden Glieder des Sanhedrin aus
der Kasse besoldet, in welche die Opfergaben eingelegt wurden
לשכת התרומית, a. a. O.

3. **Die Lehrgewalt der Weisen** ist das Dritte. Es fragt sich zunächst, worin dieses Lehren besteht, und warum es hierzu einer eigenen Befugnis bedarf. Es ist wesentlich ein Ueberliefern überkommenen Lehrinhalts, sei es, daß die Weisen in den hohen Schulen, oder ein Rabbi vor einer Gemeinde lehrt. Wir finden überall, daß selbst die großen Lehrer alle ihre Lehre als Ueberlieferung mit Nennung der Gewährsmänner vortragen, vgl. S. 93 f. Auch das Lernen besteht natürlich im genauen Wiederholen dessen was der Lehrer vorträgt, und zwar bis auf den wörtlichen Ausdruck *Berachoth* 47ª. Unter solchen Umständen muß derjenige, welcher die Lehre übt, als Zeuge der Ueberlieferung beglaubigt sein; diese Beglaubigung wird ihm durch die Ordination zu Theil, insofern deren Voraussetzung die Kenntnis des ganzen Ueberlieferungsstoffes ist. In zweiter Linie steht für den Lehrer der Pilpul, die casuistische dialektische Erörterung der Halacha: nach dem Grade der Vertrautheit mit diesem Gebiete bemißt es sich, ob ein Talmid Chacham für den Lehrdienst in der hohen Schule oder für den an der Gemeinde befähigt ist. Zur Halacha kommt endlich die Haggada.

Hinsichtlich des Lehramtes an der Gemeinde muß man nach *Bathra* 21ª u. a. Stellen unterscheiden zwischen dem Talmid Chacham und dem Lehrer der Kleinen, מלמד תינוקות oder מקרי, welcher Lesen lehrt, d. h. der die Jugend in die Kenntnis der heiligen Schrift einführt. Dies bezeichnet die niedrigste Stufe des Unterrichts. Die Gemeinde selbst aber fordert von dem Rabbi Antwort auf haggadische oder halachische Fragen, namentlich letztere, und Vortrag über Halacha und Haggada. Nach *Schabb.* 114ª ist nur der lehrfähig, der auf eine beliebige Frage in der Halacha antwortet. Aber auch haggadische Fragen legt die Gemeinde dem Rabbi vor. *Bereschith rabba* c. 81 gibt folgende bemerkenswerthe Erzählung. „Es begab sich mit unserem Rabbi Hakkadosch (dem Redactor der Mischna, Schulhaupt und Nasi in Tiberias, gestorben 219), daß er durch Simonia zog. Alle Einwohner der Stadt gingen ihm entgegen und baten ihn um einen Aeltesten, einen Weisen, der sie Thora lehren könnte. Da gab er ihnen den Rabbi Levi bar Sisi, welcher weise war in der Thora. Sie sagten zu ihm: Rabbi, was ist das, was geschrieben steht im Daniel: Ich will dir ansagen das Geheimnis בכתב אמת (Dan. 10, 21). Gibt es denn ein Wort der Lüge in der Thora, daß er sagt בכתב אמת? Er aber fand keine Antwort auf die Frage. Sofort ging er von dort weg, kam vor seinen Rab und sprach zu ihm: Ich konnte

nicht bei ihnen bleiben, denn sie fragten mich etwas, worauf ich
nicht antworten konnte. Als er ihm auf seinen Wunsch jene Frage
angegeben hatte, sagte der Rabbi: Da hättest du ihnen eine große
Antwort geben können. Du hättest ihnen sagen sollen: Wenn ein
Mensch sündigt, so schreibt der Heilige ihm das Todesurtheil. Thut
er Buße, so wird die Schrift außer Kraft gesetzt; thut er aber nicht
Buße, so ist das Signat ein אמת כתב.“ Casuistik ist in der That
der eigentliche Gegenstand der Thätigkeit eines Rabbi. Sie kann
der Befriedigung der Disputirsucht oder Eitelkeit dienen. Und wie
Rabbinen einander durch Räthsel oder schwierige Fragen „an den
Krug klopfen“, so thun auch die Gemeinden wol mit einem Rabbi,
wie jene Erzählung des Tanchuma lehrt. Aber in der Regel ent-
springen doch diese Fragen dem Streben nach genauer Gesetzeserfüllung. Solche Fragen sind es offenbar, welche *Aboda sara* 7ª
im Auge hat. Hier heißt es: Wenn man einen Weisen über etwas
gefragt und einen Bescheid bekommen hat, so soll man nicht zu
einem anderen gehen, um einen anderen Bescheid zu bekommen.
Geben aber zwei Rabbinen eine verschiedene Antwort, so folgt man
im Allgemeinen dem Größeren d. h. dem, dessen Gesetzeskunde um-
fassender ist, vgl. auch S. 132.

Der fromme Israelit sucht in einer Gemeinde zu wohnen, welche
einen Rabbi hat *Berachoth* 8ª, damit er unter der Leitung des Rabbi
studiren könne, — denn der, welcher allein בעצמו lernt, ist nicht zu
vergleichen dem, der von seinem Rabbi lernt *Kethuboth* 111ª —
gewiß aber noch mehr, um vom Rabbi in Gewissensfragen berathen
zu werden. Nicht jede Gemeinde hat einen Rabbi; der Talmid
Chacham soll auch nach *Sanhedrin* 17ᵇ nicht überall seinen Sitz
nehmen, sondern nur in einer Gemeinde, die alle jene Einrichtungen besitzt, welche zu einer wol verfaßten jüdischen Gemeinde
gehören. Wenn R. Akiba seinem Sohne sagte: Wohne nicht in einer
Stadt, deren Häupter Talmîdê Chachamim sind, und ein andermal:
Besser unter einem Heiden leben, als unter einem Chaber, besser
unter diesem, als unter Talmîdê Chachamim, so gibt Aruch, welcher
diese Worte unter אסי anführt, als Grund dafür an: Talmîdê Chachamim haben keine אֵימָה כמשלה, vgl. Buxtorf, Lex. 1146 und
Schabbath 11ª, wo der Dienst unter einem Talmid Chacham als
schwer bezeichnet wird, weil er, wie Raschi sagt, seinen Diener,
wenn er ihn reizt, strafen wird. Es wird hier offenbar über Druck
rabbinischer Herrschaft geklagt. Aber so gewiß zu solchen Klagen

Ursache war, und so sehr sie Zeugnis geben, daß das rabbinische
Gesetzesjoch die Gemeinden drückte, so stehen sie doch vereinzelt
und heben den Grundsatz nicht auf, daß der fromme Israelit sich
der rabbinischen Lehre und Leitung unterstellt und den Rabbi
ehrt, mehr als Vater und Mutter. „Denn sein Vater hat ihn
in dieses Leben gesetzt, aber sein Rabbi, welcher ihn Weisheit
(Gesetz) lehrt, bringt ihn ins Leben der zukünftigen Welt" *Baba
mezia* II, 11.

Die besonderen Lehren.

Der theologische Lehrkreis.

————

Cap. XI. Der jüdische Gottesbegriff.

§ 30. Die Consequenzen des Nomismus für die Fassung des Gottesbegriffs.

Der Grundsatz, daß das Gesetz die einzige und wesentliche Offenbarung Gottes an die Menschen, und Gesetzlichkeit das Wesen der Religion sei, bestimmt nothwendig den jüdischen Gottesbegriff. Denn dieser Grundsatz läßt sich auch so fassen: Religion ist das rechte Verhalten des Menschen vor Gott, während wir sagen: Religion ist Gemeinschaft des Menschen mit Gott. Nach letzterer Fassung wird sich Gott zur Gemeinschaft mit dem Menschen erschließen, weil er in der Heiligkeit die Liebe ist; nach ersterer Fassung bleibt er der schlechthin Erhabene, dem Menschen und der Welt Jenseitige, von ihnen Geschiedene und in sich Verharrende: da wird ausschließlich das Moment der Heiligkeit betont werden. Aus dieser Grundanschauung ergeben sich die Eigentümlichkeiten des jüdischen Gottesbegriffs.

Daß wir mit dem Gesagten im Rechte sind, bewährt sich in der Benennung Gottes, wie wir sie in der Synagoge finden. Es fehlt an anderen Namen nicht, aber der herrschende Gottesname in der Synagoge lautet: „Der Heilige, gebenedeit sei er." Nächst diesem Namen begegnet uns sehr häufig der Name מקום. Dieser Name wird *Bereschith rabba* c. 68 erklärt: „Warum nennt man den Heiligen, gebenedeit sei er, auch *Makom*? Weil Er der Ort der Welt ist, und nicht ist seine Welt sein Ort." Er ist also der Unendliche, der das Weltall in sich befaßt, den aber das All nicht zu umschließen vermag; er ist der Absolute. In der gleichen Anschauungsweise bewegen sich auch die anderen in Talmud und Midrasch gebräuchlichen Gottesnamen. So der Ausdruck שמים z. B. *Tosefta* zu *Schebuoth* c. 3 שמים מוחלין Gott vergibt; vgl. *Tosefta* zu *Nidda* 5 und *Pirke aboth* IV, 4. 11. 12 שמים שם der Name Gottes, oder ebendaselbst מורא שמים die Ehrfurcht vor Gott, oder *Targ. jer.* I. zu Num. 25, 1: die Liebe Gottes שמיא wurde rege. Gott heißt so als der Ueberirdische, schlechthin Erhabene. Der Midrasch liebt ferner als Bezeichnung Gottes den Ausdruck רבונו של עולם Herr der Welt, oder: „der, welcher sprach, und es ward das All", vgl. *Tos.* zu *Baba kamma* c. 7, ebenso *Targ. jer.* I. zu Gen. 18, 30. 32: רבון כל עלמיא, oder zu Gen. 22, 1. 6. 14. 49, 27. Ex. 3, 14. 12, 11. 19, 17 f. Num. 21, 1. 14. 23, 19 מרי דעלמא; auch *Tosefta* zu *Sota* c. 7: רבון כל המעשים ברוך הוא. Auch ist bemerkenswerth, daß Gott in Gleichnissen in der Regel als König erscheint, und daß der Mensch Gott gegenüber beständig mit בשר ודם, also nach der Seite seiner Nichtigkeit und Vergänglichkeit bezeichnet wird, vgl. *Pesikta* 30ª. Seltenere Bezeichnungen für Gott sind יחידו של עולם der „Einzige der Welt", der Unvergleichliche, über alles Erhabene *Pesikta* 29ᵇ, und „der erhaben ist מתגאה über sie alle, und über die ganze Welt" *Chagiga* 13ᵇ. Von den biblischen Gottesnamen werden Elohim und Adonaj von der Synagoge gebraucht; das entspricht diesem Zuge, Gott als den Absoluten, Erhabenen zu bezeichnen.

Aus dieser Grundanschauung von Gott als dem Absoluten folgert die jüdische Theologie zwei weitere Momente, die als Eigentümlichkeiten des jüdischen Gottesbegriffes bezeichnet werden müssen und zwar als antithetische, nämlich: den abstracten Monotheismus und den abstracten Transcendentismus. Jener hat sich im Gegensatz zur trinitarischen Erschließung der Einen Gottheit in drei Personen, dieser im Gegensatz zur persönlichen Einwohnung Gottes im menschlichen Geschlechte entwickelt und verfestigt. Von beiden Momenten haben wir in § 31 weiter zu sprechen.

Diese Auffassung des göttlichen Wesens ist die ältere, mit besonderer Intensität in den Targumen hervortretende. Neben sie tritt später eine neue, ihr widersprechende, in der sich eine andere Seite des Nomismus kundgibt, eine Auffassung, welche das über Alles erhabene, absolute Wesen Gottes in die Endlichkeit herabzieht. Der Nomismus erklärt ja die Thoraoffenbarung im Gegensatz zu jener Auffassung, wonach sie nur ein Glied in der Geschichte der göttlichen Offenbarung ist, für die schlechthin vollendete Offen-

barung Gottes; für ihn ist das Reich Gottes das Reich der Thora.
So ist nun auch Gott ein Gott der Thora. Die ältere polemische
Darstellung der jüdischen Gotteslehre hat sich in die talmudischen
Aussagen, die in dieser Richtung vorkommen, schlechterdings nicht
finden können und sie als Absurditäten, ja als Gotteslästerungen bezeichnen zu sollen geglaubt. Sie würde aber davon abgestanden
haben, wenn sie erwogen hätte, daß die Judaisirung des Gottesbegriffs die nothwendige Folge der nomistischen Grundanschauung von
der Offenbarung war. Oder was sollte sonst geschehen, wenn einmal
der rein abstracte ältere Gottesbegriff mit Leben erfüllt werden sollte?
Nothwendig mußte die Thora als das Abbild des innergöttlichen Lebens
erscheinen, der Himmel mußte zu einem Reich der Thora sich gestalten und Gott judaisirt werden. Hiermit ist freilich die ältere
Auffassung unverträglich, und so ergibt sich als Consequenz des Nomismus für den jüdischen Gottesbegriff ein schroffer Dualismus. Während die Targume ängstlich Alles was anthropomorphistisch ist, oder
eine persönliche Lebensgemeinschaft Gottes mit den Menschen in sich
schließt, beseitigen, zieht ihn dagegen die talmudische und midrasische Auffassung unter äußerlicher Festhaltung des Grundbegriffs
der Erhabenheit thatsächlich in den Judaismus und damit in die
Endlichkeit, zum Beweis für die Unmöglichkeit, von einer nomistischen Grundanschauung aus einen in sich einheitlichen, einerseits
reinen, andererseits lebensvollen Gottesbegriff hervorzubringen. Diese
Eigentümlichkeit des jüdischen Gottesbegriffes wird in § 32 zu besprechen sein.

§ 31. Die Einheit und Erhabenheit Gottes.

Der ältere in den Targumen vertretene jüdische Gottesbegriff
steht dem alttestamentlich-biblischen näher als der spätere, leidet
aber an einem gewissen Monismus und Transcendentismus, der ihn
unfähig macht auf die innergöttliche Lebensbewegung einzugehen, die
dem trinitarischen Gottesbegriff zu Grunde liegt, unfähig auch dem
im Alten Testamente bezeugten Eingehen Gottes in die Geschichte
gerecht zu werden.

1. Die Einheit Gottes ist das Grundbekenntnis des Judentums
gegenüber dem heidnischen Polytheismus. Dieses Bekenntnis kam
seit dem großen Umschwung in der Sinnesweise des jüdischen Volkes
nach dem Exil zum Ausdruck in der sogenannten קריאת שׁמע *Be-*

rachoth I, 1, dem täglichen pflichtmäßigen feierlichen Gebrauch der Worte Deut. 6, 4: „Höre, Israel, Jehova unser Gott ist ein einiger Jehova." Dabei soll man das Wort אחד betonen, weil es sich in erster Linie um den Gegensatz gegen die Abgötterei der Heiden handelt. Der zweite der dreizehn Gaubensartikel des Maimonides spricht ebenfalls aus, Gott sei יחיד. Rabbi Akiba, welcher den Märtyrertod erlitt, hauchte seine Seele aus mit dem Worte אֶחָד. In der talmudischen und midrasischen Literatur findet sich die Polemik gegen den Götzendienst nicht selten. *Mechilta* 75[b] erzählt, daß ein Philosoph den Rabban Gamliel gefragt habe, warum Gott wider die Götter eifere, da diese doch wesenlos (ohne מֹם) seien; man eifere sonst doch nur gegen Ebenbürtige. Ihm antwortete Rabban Gamliel: Wenn ein Sohn seinen Hund mit dem Namen des Vaters nennt, so eifert der Vater um seine Ehre nicht mit dem Hunde, sondern mit dem Sohne, der dem Hunde die Ehre des Vaters beigelegt hat. Hier wird auch die Frage beantwortet, die sonst öfters wiederkehrt (vgl. oben S. 72 f.), warum Gott die Götzen nicht vertilge: er wird doch nicht, lautet die Antwort, ganz wie oben, um der Thoren willen seine Welt, Sonne, Mond und Sterne, zu Grunde richten. Aehnlich *Schemoth rabba* c. 29 u. ö. Noch wichtiger ist, daß die Gesetzgebung alle Gemeinschaft mit der *Aboda sara,* der Vielgötterei und dem was mit ihr zusammenhängt, abgeschnitten und sie damit thatsächlich verworfen hat. Ein sehr großer Theil des Ueberlieferungs-Rechtes ist sogar einzig durch die Rücksicht auf den Polytheismus entstanden.

Aber auch zum trinitarischen Gottesbegriff der Christen ist der jüdische Monotheismus in Gegensatz getreten. Und zwar kommen unter den Christen zunächst in Betracht die Judenchristen, welche in der talmudischen und midrasischen Literatur den Namen *Minim* מינים tragen. Der *Min* Judenchrist ist zu unterscheiden einerseits vom *Nochri* Heiden, der den „Völkern der Welt" angehört und ein unzweifelhafter Götzendiener ist, andererseits vom *Kuthi* Kuthäer (2 Kön. 17, 24. 30) oder Samariter, der des Götzendienstes verdächtig ist. Der Min ist ursprünglich Jude, hat aber den Monotheismus nach dem Urtheil der Synagoge aufgegeben, indem er sich dem christlichen Trinitätsglauben ergab, und gilt als Häretiker. Seine Glaubensüberzeugung beschreibt der Talmud z. B. *Sanhedrin* 38[a], als ob er sagte, הרבה רשויות בשמים es gebe viele göttliche Mächte im Himmel. Er wird seinem religiösen Werthe (oben S. 64 ff.) und seiner

Behandlung im Leben nach (S. 70 ff.) mit dem Nochri und Kuthi
auf eine Stufe gestellt. Nach *Aboda sara* 26ᵇ ist jeder geschäftliche
Verkehr mit den Minim untersagt. Nach der Zerstörung Jerusalems
wurde durch Samuel den Jüngeren eine Formel gegen sie in das
Achtzehnergebet eingefügt, die *Birkath Hamminim, jer. Berach.* IV, 3.
Der Kampf zwischen den Juden und den Judenchristen bewegt
sich um die Einheit Gottes. „Warum", lautet die oben angeführte
Stelle aus Sanhedrin, „ist der Mensch als Einer geschaffen? Damit
nicht die Minim sagten, es gebe viele רשויות im Himmel." Dieses
Wort ist der Plural von רשות ἐξουσία Gewalt, *in concreto* die
herrschende, hier göttliche Macht. Die Frage war also, ob es
mehrere Personen im Himmel gebe, denen göttliche Macht zukomme.
Bammidbar rabba c. 15 wird gewarnt vor denen, welche lehren,
es gebe zwei אלהות göttliche Wesen in der Welt, und von ihnen
geweissagt, ihr Ende sei, zu Grunde zu gehen. *Mechilta* 45ᵇ wird
von den Heiden und 74ᵃ von den Minim gesagt, sie behaupteten
שתי רשויות; es werden wol dort Heidenchristen, hier Judenchristen
gemeint sein. Es fällt nun auf, daß, wo der Streitpunkt genauer
bestimmt wird, als christliches Dogma immer zwei, nicht drei göttliche Personen genannt werden. Es scheint, daß es sich dabei
immer um die Göttlichkeit Christi handelte, während die Persönlichkeit des heiligen Geistes, die von den Judenchristen vielleicht weniger erkannt oder doch weniger betont wurde, außer Betracht blieb.
Insbesondere war die Frage, ob Christus der Sohn Gottes sei. *Kohel.*
rabba 70ᵃ heißt es: Es ist Einer, und es sind nicht Zwei; es ist Einer,
das ist der Heilige, g. E., denn es heißt von ihm: „Jehova unser Gott
ist ein einiger Jehova", und nicht Zwei, denn er hat keinen שותף ihm
Verbundenen in seiner Welt, auch ein Sohn ist ihm nicht, auch nicht
ein Bruder u. s. w. In *jer. Schabbath* VI, 8ᵈ wird es wie im Koran
als Gotteslästerung bezeichnet, daß Gott einen Sohn haben solle. Die
Stelle נשקו בר im 2. Psalm wird *Bammidbar rabba* 10 vgl. *Sanhedrin*
92ᵃ auf den Gehorsam gegen בר = תורה bezogen. Die Minim machten
für die Mehrheit göttlicher Personen namentlich den Namen אלהים und
die Stellen, wo Gott von sich im Plural spricht, besonders נעשה Gen.
1, 26 und נרדה Gen. 11, 7, geltend. Aber, erwiderte man ihnen, die
Antwort steht gleich dicht daneben. Denn es folgt ברא אלהים und
ויבר֞א אלהים אדם בצלמו und ᾽ה וירד *Bereschith rabba* c 8. vgl. 1. *De-*
barim rabba c. 2. *Sanhedrin* 38ᵇ u. a. a. St. Beriefen sich jene auf
Gen. 3, 22: „Adam ist geworden wie Einer von uns", so erwider-

ten die Rabbinen, das heiße: wie Einer von den Engeln *Mechilta*
40ᵃ. *Kohel. rabba* 77ᵃ. Citirten die Minim Jos. 24, 19 קדושים אלהים,
so entgegnete man, es heiße ja א' ק' 'הוא, nicht הם; der Plural
קדושים bedeute: er ist heilig in jeder Art von Heiligkeit *Tanchuma,
Kedoschim* 4. Endlich berief man sich auf Gen. 19, 24 *Beresch.
rabba* c. 50. *Jalkut, Beresch.* 38 oder auf die verschiedenen Stimmen, die vom Sinai tönten *Pesikta* 110ᵃ; aber alle diese Berufungen
wurden zurückgewiesen, und festgehalten, daß es nur eine einzige
Person göttlicher Macht gebe, רשות אחד היא.

Wir lassen diese Controverse ihrem theologischen Werthe nach
auf sich beruhen: wir haben sie lediglich hier zu constatiren. Denn
sie bildet den Beleg zu dem Satze, daß der jüdische Gottesbegriff
keine Entfaltung des Einen göttlichen Wesens in göttlichen Personen zuläßt, da der Absolute der schlechthin für sich und in sich
Verharrende ist, der, wie er sich an seine Geschöpfe in der Zeit
nicht selbst und persönlich dargibt, auch in der Ewigkeit sich nicht
erschließt in einem Anderen seiner selbst, zu innergöttlicher Liebesgemeinschaft von Person zu Person. Der Mangel an der Erkenntnis,
daß Gott in der Heiligkeit die sich selbst mittheilende, entgegenkommende, dem Anderen einwohnende Liebe ist, hinderte die Erfassung des trinitarischen Gottesbegriffs und machte den jüdischen
Gottesbegriff zu einem abstract monistischen.

Damit scheint nun die Deutung in Widerspruch zu stehen, welche
den beiden Gottesnamen אלהים und יהוה gegeben wird. *Sifre* 71ᵃ
u. ö. findet man nämlich den Satz ausgesprochen: Ueberall, wo es
heißt Jehova, ist damit angedeutet, daß Gott nach Barmherzigkeit,
überall wo es heißt Elohim, daß er nach dem strengen Recht verfahre, vgl. *Pesikta* 149ᵃ. 164ᵃ. *Bereschith rabba* c. 73, und *Mechilta*
36ᵇ: Elohim heißt überall Richter. Es sind aber damit nicht zwei
treibende Grundkräfte in Gottes Innenleben, sondern zwei Verfah-
rungsweisen des absoluten Herrn dem Sünder gegenüber gemeint.
Es erscheint lediglich als die Uebung seines absoluten Herrscher-
rechtes, wenn Gott unter gewissen Voraussetzungen Gnade für Recht
am Sünder ergehen läßt. Die Barmherzigkeit ist nicht die den Sünder suchende, ihm entgegenkommende Liebe, sondern der Nichtvollzug des richterlichen Urtheils דין, weil etwas eingetreten ist, was den
Vollzug aufschiebt oder aufhebt. Deshalb werden *jer. Taanith* II, 65ᵇ
אף und חמה als zwei Engel dargestellt, welche Gott nicht nahe
bei sich wohnen läßt, damit der Sünder nicht gleich durch sie ver-

nichtet werde, sondern Zeit habe, den Zorn zu versöhnen; dann
können die Zornengel ihm nichts mehr anhaben. Diese Doppelheit
göttlichen Verfahrens führt uns also nicht aus dem bisher festge-
stellten Gottesbegriff heraus. Daß der Name Jehova für die jüdische
Theologie keine weitere Bedeutung hat, zeigt sich auch an der Auffassung des ihn auslegenden אהיה אשר אהיה Ex. 3, 14 in *Schemoth
rabba* c. 3; es heißt danach nichts Anderes als: Ich bin je nach
meinen Werken bald Elohim, bald Jehova. Auch der oft gebrauchte
Name אבינו שבשמים Israels Vater im Himmel z. B. *Sota* IX, 15. *Joma*
VIII, 9 besagt, wie Lightfoot (*Horae* 299) richtig bemerkt, nichts
weiter als daß Gott Israel zu seinem Eigentumsvolke erwählt hat;
ein tieferes Eindringen in das Wesen Gottes als der die Liebe ist
hat der Name Vater in der jüdischen Theologie nicht zur Folge
gehabt.

2. Der jüdische Gottesbegriff trägt als zweites Merkmal den
Transcendentismus an sich. Damit soll gesagt sein, daß die Gottheit
nach jüdischer Vorstellung sorgfältig vor jeder Berührung mit menschlichem Wesen gewahrt wird. Es darf von Gott nichts ausgesagt
werden, was auf eine Wesensähnlichkeit Gottes mit dem Menschen
schließen lassen könnte. Grundleglich hiefür ist der Satz *Schemoth
rabba* c. 30: Adam ist geschaffen nach dem Bilde der Engel des Dienstes, und c. 32: Ich habe ihn gleichgemacht den Engeln des Dienstes,
denn es heißt (Gen. 1, 26): Siehe Adam ist geworden wie unser
Einer. Denn Gott sprach dort, sowie Gen. 3, 22, nach *Targ.
jer.* I. zu den Engeln; nach dem Bilde der Engel, die er mit sich
zusammenfaßt, ist also der Mensch geschaffen, nicht nach Gottes
Bild. So fehlt die Grundlage für das Verständnis der sogenannten
Anthropomorphismen und Anthropopathien in der Schrift, und es ist
somit consequent, wenn dieselben, besonders in den Targumen, beseitigt werden.

Dies geschieht in der Weise, daß Anthropomorphismen mit einem
כביכול versehen werden, z. B. *Mechilta* 45ᵇ, oder mit: es schien ihm,
als wenn כאלו, z. B. *Targ. jer.* I. zu Gen. 18, 8. Der Grundtext
sagt: Sie (Gott und seine Begleiter) aßen, vgl. V. 3. Während Onkelos dies noch einfach wiedergibt, setzt *Targ. jer.* I. dafür: Es
schien ihm, als wenn sie äßen. Eben so heißt es in diesem *Targ.*
zu Gen. 19, 3: Und es schien ihm (Lot), als wenn sie äßen. Denn
vor Gott gibt es kein Essen und Trinken *Sifre* 54ᵃ: nur der Wolgeruch der Opfer ist sein Genuß *Tanchuma, Ki thissa* 10, vgl. *Tan-*

chuma, Emor 15 u. ö. Wenn es ferner von Gott Gen. 11, 5 heißt, er sei herabgestiegen, so blaßt dies das Targum des Onkelos ab: er offenbarte sich. Wenn es Ex. 2, 25 heißt: Und es sahe Gott, so hat Onkelos: und es war offenbar vor Gott. Ex. 6, 5 steht im Targum für: Ich habe gehört — vor mir ist es erhört. Am häufigsten steht der Ausdruck: er offenbarte sich, für den biblischen: er stieg herab, er zog aus u. s. w., vgl. Ex. 3, 8. 11, 4. 19, 11. 34, 5. Nicht einmal geistige menschenähnliche Thätigkeiten will das Targum von Gott mit den gewöhnlichen Ausdrücken aussprechen. Wenn es Gen. 3, 5. Ex. 3, 19 heißt, Gott wisse, so setzt das Targum Onkelos dafür lieber, es sei offenbar vor ihm; oder wenn Gen. 50, 20 Joseph sagt: Gott dachte es zum Guten, so wendet dies das Targum passivisch: es wurde vor Gott zum Guten gedacht. Natürlich dürfen von Gott auch keine Affecte oder Anthropopathien ausgesagt werden. Durch den Windhauch deines Zornes Ex. 15, 8 übersetzt Onkelos: durch das Wort deines Mundes. Israel heißt Jes. 10, 6 das Volk meines Grimmes; Jonathan wandelt עֶבְרָה in עֲבֵרָה Uebertretung um und übersetzt: das Volk, welches mein Gesetz übertreten hat. Laß dich reuen von wegen des Bösen Ex. 32, 12 heißt bei Onkelos: Kehre zurück von dem Bösen, welches du geredet hast, deinem Volke zu thun. Ex. 15, 3 heißt Jehova ein Kriegsmann; Onkelos aber sagt dafür: siegreicher Herr, und *Mechilta* 44ᵇ. 45 setzt auseinander, daß Gott durch seinen Namen streite, nicht aber der Waffen sich bediene.

Wie nun Gotte nichts Menschliches beigelegt werden darf, so hinwiederum dem Menschen nichts Göttliches. Mose wird Ex. 4, 16. 7, 1 der Gott Ahrons und Pharao's genannt; Onkelos setzt dafür den Ausdruck רב Herr, Vorgesetzter, Lehrer. Ex. 21, 6, wo die Richter Götter heißen, setzt Onkelos die Richter ein, vgl. *Mechilta* 36ᵇ. Ueberall wo sonst Verähnlichung des Menschen mit Gott in Betracht kommt, wird der Ausdruck geändert. Für: Ihr werdet sein wie Gott hat Onkelos: wie euer Herr, und für: Adam ist geworden wie Einer von uns wie der Samaritaner: Adam ist geworden der Einzige in der Welt von sich selbst. Noch bezeichnender ist die Beseitigung solcher Schriftaussagen, welche Gott in unmittelbarem Verkehr mit dem Menschen darstellen, oder Gott und Menschen irgendwie verbinden. Nach Ex. 33, 11 redet Gott mit Mose Angesicht gegen Angesicht, nach *Targ. jer.* I. aber: „Redeweise gegen Redeweise" ממלל d. i. Gott redete nach Menschen Weise; „den Schall der Rede hörte

Mose, jedoch den Glanz des Angesichts (Gottes) sah er nicht."
Gerade das was der Text sagt, von der persönlichen Nähe Gottes,
beseitigt also das Targum ausdrücklich. Gen. 32, 29 sagt Gott zu
Jakob: Du hast mit Gott und mit Menschen gestritten, bei Onkelos
aber: Groß ‏רב‎ bist du vor Jehova und bei den Menschen; der
Kampf Gottes mit Jakob ist sonach aus der Schrift verschwunden.
Das tiefsinnige Wort der Eva Gen. 4, 1: Ich habe erworben den
Mann, den Herrn, wandelt Onkelos um in: Ich habe erworben einen
Mann vom Herrn her. Wenn von Gott und Menschen Gleiches aus-
gesagt wird, so wird das ebenfalls beseitigt. „Und sie glaubten an
Gott und an Mose seinen Knecht", darf es Ex. 14, 31 nicht heißen,
sondern: und an die Weissagung Mose's; und Num. 21, 5. 7 hat das
Volk nicht wider Jehova und wider Mose geredet, sondern vor Je-
hova gemurrt und mit Mose gezankt.

Andere Beispiele ähnlicher Art sind von Winer (de Onkeloso 43 ff.)
und Frankel (zu dem Targum der Propheten, Breslau 1872) u. A.
zusammengsstellt worden. Wenn man die ganze eben behandelte
Auslegungsweise überblickt, so zeigt sich als das wichtigste Mittel
zur Beseitigung der unmittelbaren Beziehungen zwischen Gott und
den Menschen der Gebrauch von ‏קדם‎. Wo die Schrift eine Beziehung Gottes zum Menschen als des Subjects zum Object ausdrückt,
setzt das Targum die göttliche Thätigkeit oder das thatsächliche
Verhältnis in ein Geschehen vor Gott um: Gott bleibt fern vom
Menschen, schlechthin jenseitig. Nicht einmal sein Jehova-Name soll
von menschlichem Munde ausgesprochen werden, denn auf dem Aussprechen des Gottesnamens ruht der Bann, *Nedarim* 7^b u. ö. Es fehlen alle Voraussetzungen für ein persönliches Eingehen Gottes in
die Geschichte, so daß die jüdische Theologie in den Targumen
für das geschichtliche Handeln Gottes als Subject das Wort Gottes
‏דיי‎ ‏מימרא‎ einsetzen muß, und die persönliche Gegenwart Gottes in
der Welt durch die repräsentative der Schechina ersetzt wird.

Wie nun der jüdische Gottesbegriff als abstracter Monismus
gegen den trinitarischen Gottesbegriff sich verschließen mußte, so
mußte er als abstracter Transcendentismus sich auch gegen die
Lehre von der Menschwerdung Gottes ablehnend verhalten. Der
Transcendenz Gottes entspricht keine Immanenz; jene ist nach der
älteren in Onkelos und Jonathan (dem Propheten-Targum) vertretenen
Auffassung eine abstracte, völlig einseitige. Wie aber diese Consequenz
des Nomismus durch die andere aufgelöst wurde, ist nun zu zeigen.

§ 32. Die Judaisirung des Gottesbegriffs.

Die Entschiedenheit, mit welcher der Nomismus das Gesetz als die absolute Offenbarung Gottes jenseits der Zeit wie in der Zeit behauptet, hat dazu geführt, daß auch der Gottesbegriff später durch das Princip der Nomokratie bestimmt und Gott als Gott der Thora aufgefaßt, der Gottesbegriff somit judaisirt wurde — eine Reaction gegen den Transcendentismus, die nicht näher zum Ziel der Wahrheit führte.

Was wir bisher zum jüdischen Gottesbegriff beigebracht haben, ist wesentlich negativer Art gewesen: daß das Wesen Gottes eine Mehrheit und eine Selbstmittheilung schlechthin ausschließt. Dabei vermag aber das religiöse Vorstellen und Denken nicht zu verharren; diese Anschauung entspricht auch nicht der aus der biblischen Offenbarung stammenden und in dem Gottesnamen „der Heilige" ausgesprochenen Grundanschauung von Gott, welche Gott als die lebendige Persönlichkeit faßt, durch deren Wort Alles geworden ist. Dieser Glaubenssatz ist das unveräußerliche Erbe, welches die jüdische Theologie durch die biblische Offenbarung und durch die Thatsache der Geschichte Israels empfangen hat. Ist es aber so, dann muß auch ein göttliches Denken und Wollen gesetzt werden, welches von Anfang an war, vor der Welt, ein ihm correlates Object, in welchem er sich selbst weiß und will. Dieses Andere seiner selbst, dieses ewige Object für seine Selbstbethätigung ist nach der jüdischen Theologie die Thora. Diese und der Thron der Herrlichkeit sind vor der Welt, also vor der Zeit geschaffen *Bereschith rabba* c. 1. In *Tanchuma, Ki thissa* 28 und *Pikkudde* 4 heißt sie die Tochter Jehova's. Sie ist aus seinem Denken hervorgegangen, das Object seiner ewigen Liebe, ihre Verwirklichung das Ziel seines Wollens. Vgl. übrigens oben § 4. Mit dieser Anschauung hat die jüdische Theologie den Weg der bloßen Negation verlassen, den bisher leeren Gottesbegriff mit Leben erfüllt und ein Anderes des göttlichen Selbst gesetzt, in welchem sich Gott selbst offenbart. Die Thora ist Inhalt seines Lebens; in ihr bewegt sich sein Denken, Wollen und Thun.

Zu dem oben S. 17 Angeführten sei hinsichtlich des göttlichen Denkens noch Folgendes bemerkt. Das Targum zum Hohenlied c. 5 enthält eine Stelle folgenden Inhalts: Die Gemeinde Israel begann

das Lob des Herrn der Welt zu erzählen und sprach: Dem Gotte
will ich dienen, welcher des Tages eingehüllt ist in ein Gewand
weiß wie Schnee und sich beschäftigt mit den 24 Büchern der
Thora und den Worten der Propheten und der heiligen Schriften,
und der des Nachts sich beschäftigt mit den sechs Ordnungen der
Mischna. Wir finden sogar Gott in Gemeinschaft mit Anderen mit
der Thora beschäftigt. Gibt es doch nach *Baba mezia* 85[b] auch
im Himmel, entsprechend den hohen Schulen auf Erden, eine der
Erforschung der Thora gewidmete Versammlung, s. S. 129. Hier sitzen
die großen Rabbinen nach ihrem Verdienst und ihrer Gesetzeskenntnis und studiren Halacha, und Gott studirt mit ihnen; sie dis-
putiren mit einander und bestimmen die Halacha, vgl. *Baba mezia*
86[a]. Dort eben ist es, wo Gott täglich eine neue Halacha offenbart
Bereschith rabba c. 49. So ist die obere Welt Gottes eine Welt
der Thora und ihres Studiums; ja nach späteren Ausführungen der
jüdischen Theologie findet sich im Himmel ein ganzes System von
Schulen, deren höchste alle Fragen löst.

Auch die einzelnen Ziele des göttlichen Wollens ordnen sich
sämmtlich der Thora als dem letzten Ziele unter. Um ihretwillen
schuf er die Welt, um ihretwillen erhält er sie; wo sie ist, da ist
er; das Reich der Thora ist sein letzter Wille. Das gesammte
Thun und Leben Gottes ist daher natürlich durch die Thora bestimmt. Er hat sich selbst den Bestimmungen des Gesetzes, ja auch
der Autorität der Rabbinen und ihren Festsetzungen unterstellt und
bewegt sich innerhalb der gesetzlichen Ordnungen und Schranken.
Er hält die jüdische Weise des Lebens ein, legt die Gebetsriemen an,
die der Hand und die des Haupts *Berachoth* 6[a]: Mose sah den Knoten
קשר derselben an Gottes Hinterhaupt 7[a]; die darauf geschriebenen
Worte sind nach *Jalkut Schimeoni* zu Jesaia 366: Wer ist wie
Dein Volk Israel? (2 Sam. 7, 23.) Auf dem Sinai hüllte er sich in
den Tallith (Gebetsmantel) und lehrte Mose die Ordnung des Gebets
Rosch haschana 17[b]. Was denn Gott bete, und wie er bete, sagt
Berachoth 7[a]: „Es sei der Wille bei mir, daß meine Barmherzig-
keit meinen Zorn überwinde und meine Barmherzigkeit alle meine
Eigenschaften umhülle, daß ich mit meinen Kindern verfahre nach
Barmherzigkeit und ihnen nicht begegne nach dem strengen Rechte."
Als Begründung dienen die Worte Jes. 56, 7: „Ich will sie erfreuen
in m e i n e m Bethause", wonach Gott ein eigenes Bethaus für sich
hat; vgl. noch *Jalkut Schimeoni* zu den Psalmen 873. Andere Bei-

spiele davon, daß sich Gott den Ordnungen des Gesetzes unterstellt, geben *Schemoth rabba* c. 15 und *Sanhedrin* 39ᵃ. Nach jener Stelle ließ sich Gott, als er durch sein Herabsteigen nach Aegypten sich selbst verunreinigt hatte, durch Ahron reinigen; nach der anderen Stelle wusch er sich von der Verunreinigung durch Mose's Begräbnis im Feuer ab; denn da nach Jes. 40, 12 alles Wasser der Welt zum Tauchbad für Gott zu wenig wäre, so kommt er mit Feuer Jes. 66, 15, wie denn nach Num. 31, 23 sowol das Feuer als das Wasser ein Reinigungsmittel ist. Wie sich Gott von einem Gelübde lösen ließ, siehe oben S. 17 f. Selbst den Anordnungen des jüdischen Sanhedrin bezüglich der Festordnung auch für die himmlische Festfeier gibt er Folge; denn wenn der himmlische Gerichtshof der Engel ihn fragt, wann im Himmel Neujahr und Versöhnungstag gefeiert werden solle, verweist er sie an die Entscheidung des irdischen Gerichtshofs. Nach *Pesikta* 53ᵇ. 54ᵃ nämlich überlieferte R. Oschaja: Hat der untere Gerichtshof Beschluß gefaßt und gesagt: Heute ist Neujahrstag, so spricht der Heilige zu den Engeln des Dienstes: Stellet den Richterstuhl auf, bestellet den Vertheidiger und die Schreiber, denn der untere Gerichtshof hat Beschluß gefaßt und gesagt: Heute ist Neujahr (dieser Tag ist Gottes jährlicher Gerichtstag). Haben die Zeugen sich verspätet, oder hat der Gerichtshof beschlossen, den Tag auf den nächsten zu verschieben, so heißt der Heilige die Engel Alles wieder wegschaffen, denn der untere Gerichtshof hat beschlossen und gesagt, morgen solle Neujahr sein... Sofort treten alle Engel des Dienstes vor den Heiligen hin und sagen: Herr der Welt, wann soll Neujahr sein? Und er sagt ihnen: Mich fraget ihr? Ich und ihr, wir wollen den unteren Gerichtshof fragen. Als Schriftbeweis dient Deut. 4, 7 und besonders Lev. 23, 4, wo erst steht: Dies sind die Feste Jehova's, heilige Versammlungen, und dann folgt: welche ihr berufen werdet, nach der Auslegung: „Wenn ihr sie berufen habt, so sind es Feste Jehova's; wenn nicht, so sind es keine Feste Jehova's." *Schemoth rabba* c. 15 wird im Allgemeinen bestätigt, daß Gott und die Engel sich bezüglich der Festordnung den Beschlüssen des unteren Gerichtshofes fügen. Hier wie *Pesikta* 152ᵃ wird aber bezüglich der Einschaltungen die Mitwirkung Gottes bei den betreffenden Feststellungen vorbehalten. Seine Schechina ist dann in der Sitzung zugegen und erleuchtet die Berathenden. *Bereschith rabba* c. 7 sehen wir Gott sein Schaffen unterbrechen, — er hatte eben die Seelen der Schedim (Dämonen) geschaffen,

und sie harreten nur noch des Leibes, — weil der Sabbat ange-
brochen war, in dessen Heiligung er eintreten wollte.

Auch Affecte, welche der ältere Rabbinismus von Gott abgewehrt, kennt der Talmud und Midrasch bei Gott. Er lacht und
weint, er zürnt den Feinden und leidet mit den Seinigen. Alle diese
Affecte aber sind wiederum bestimmt durch sein Verhältnis zur Thora,
genauer durch die Stellung, welche seine Feinde oder sein Volk zur
Thora einnehmen. In der Beschreibung seiner täglichen Beschäftigung
Abodu sara 3[b] finden wir nach dem Studium des Gesetzes, nach dem
Geschäfte des Richters und der Fürsorge für die Kost der Menschen
die letzten drei Stunden ausgefüllt mit dem Spielen oder Scherzen
mit dem Leviathan. Gegen dieses Scherzen Gottes wird zwar ein-
gewendet, daß Gott seit der Zerstörung Jerusalems nicht mehr lache,
und dies wird aus Jes. 42, 14 begründet; bis dahin aber lachte er,
nun ist des Lachens ein Ende, nur weil das Volk der Thora
trauert; deshalb ist auch für Gott Zeit des Weinens. *Chagiga* 5[b]
fügt in Anlehnung an Jer. 13, 17 hinzu, daß der Heilige einen verborgenen Ort habe, wo er weine, weil nun die Herrlichkeit von
Israel weggenommen und den Völkern gegeben sei, oder weil die
Herrlichkeit des Himmelreichs nun gelästert werde. In den äußeren
Wohnungen ist Freude, aber in den inneren ist Weinen, vgl. *Jalkut
Schimeoni* zu den Klageliedern 1000. Nach *Berach.* 3[a] brüllt Gott
in jeder der drei Nachtwachen vor Schmerz und ruft aus: Wehe,
daß ich mein Haus habe verwüsten und meinen Tempel verbrennen
und meine Kinder unter die Völker der Welt habe wegführen lassen!
Täglich weint er über das Elend des verbannten Israel. Zwei
Thränen fallen in das Meer; man hört sie fallen von einem Ende
der Erde bis zum anderen, und sie sind die Ursache der Erdbeben
Berach. 59[a], *Chagiga* 5[b], *Jalkut Schimeoni* zu Jesaia 299. Gott
weint ferner über die, welche das Gesetz nicht studiren, obwol sie
könnten, wie über die, welche es nicht können und doch thun, sowie
endlich über einen Vorsteher, der sich über die Gemeinde erhebt
Chagiga 5[b], *Jalkut Schimeoni* zu Jesaia 292. Er weinte auch, nachdem er durch den Kuß seines Mundes die Seele Mose's von ihm
genommen hatte, *Debarim rabba* c. 11 vgl. *Bereschith rabba* c. 37 u. ö.
Er zürnt den Widersachern und erquickt sich an den Seinen. Vom
Zorne Gottes handeln besonders *Berachoth* 7[a] und *Abodu sara* 4[a]. 4[b].
Es ist in Gott ein tägliches Aufwallen רתחא, einen Moment dauernd, den
58,888 (53,848)sten Theil einer Stunde, in der Morgenzeit, weshalb es

nicht gerathen ist, während der ersten drei Stunden des Neujahrs-
tages das Musafgebet zu sprechen; denn Gott könnte dadurch veranlaßt werden, die Werke des Betenden zu untersuchen und seine
Strafe zu bestimmen. Kein Mensch außer Bileam kennt übrigens
den Moment des göttlichen Zorns. Doch hält man dafür den Augenblick, wo die Sonnenanbeter die Sonne anbeten. Auch seinem Volke
zürnt Gott, will aber selbst alsbald wieder besänftigt sein und
machte deshalb mit Mose einen Bund, *Schemoth rabba* c. 45: wenn
er selbst auf Israel zürne, so möge Mose ihn versöhnen, zürne aber
Mose auf Israel, so wolle Gott Mose besänftigen. Er, der Heilige,
hat jedoch auch seine Erquickung. Die Opfer zwar steigen nicht mehr
empor als Wolgeruch, aber die Erfüllung eines jeden Gebotes und
die Ausübung eines jeden guten Werkes bereitet ihm immer neues
Wolgefallen *Bereschith rabba* c. 35.

Man kann die Energie des religiösen Denkens bewundern, welche
so consequent den Gottesbegriff mit den eigenen Vorstellungen erfüllt, nach dem eigenen religiösen Ideal gestaltet hat. Aber man
kann sich der Wahrnehmung nicht entschlagen, daß der ältere Gottesbegriff der Targume wenn auch abstracter und leerer, doch reiner
war und dem biblischen Begriffe selbst des Alten Testaments näher
stand. Zwischen jener älteren Gestalt des Gottesbegriffs und dieser
durch und durch judaisirten liegt geschichtlich mitten inne die Ausgestaltung des trinitarischen Gottesbegriffs und die Offenbarung des
Gottmenschen und seines Reiches. Diese wies das Judentum ab;
die Judaisirung des abstracten und leeren Gottesbegriffs war die
religionsgeschichtliche Consequenz.

Cap. XII. Die himmlische Welt.

§ 33. Die Wohnung Gottes und seine Herrlichkeit.

Was die jüdische Theologie über die Wohnung und die Herrlichkeit Gottes lehrt, steht nicht im Gegensatz zur heiligen Schrift
Alten Testaments, hebt aber die absolute Erhabenheit und Geschiedenheit Gottes noch schärfer als diese hervor.

Wenn *Pesachim* 118[a] Gott als Einziger in seiner Welt bezeichnet wird, so ersehen wir daraus, daß es eine Welt gibt, die im
Gegensatz zu einer anderen die Welt Gottes in besonderem Sinne

heißt. An derselben Stelle wird Abraham der Einzige in seiner Welt
genannt, es bilden also diese irdische und die himmlische, die untere
und die obere Welt einen Gegensatz; jene ist die Welt des Menschen, diese die Welt Gottes. Wenn Gott daher der „Einzige
der Welt" überhaupt genannt wird, z. B. *Pesikta* 29^b, so wird daraus
ersichtlich, daß zwar die untere Welt ebenso sein Machtgebiet
ist, wie die obere; aber die obere Welt ist in anderem Sinne
seine Welt, weil in ihr seine Wohnung und der Thron seiner
Herrlichkeit ist.

a. Die Wohnung Gottes. Nach rabbinischer Lehre gibt es
über der Erde einen siebenfachen Himmel, *Chagiga* 12^b u. ö., deren
oberster Araboth heißt und die Wohnung Gottes und der Gerechten
sowie der vor dem Herrn dienenden Engel ist, obschon nicht in
unterschiedsloser Weise. Zwar ist anzunehmen, daß, wenn *Baba
bathra* 98^a gesagt wird, derjenige, welcher sich unrechtmäßiger
Weise für einen Talmid Chacham ausgebe, komme nicht in die
Mechiza (Abtheilung, Wohnung) Gottes, unter dieser die ganze
oberste Sphäre zu verstehen ist; diese wird jedoch dann selbst
wieder sehr deutlich in verschiedene Räume abgegrenzt. In ihrem
Mittelpunkt ist die Wohnung Gottes. Sie wird durch *Pargod* פרגוד
einen Vorhang von der Mechiza der Gerechten geschieden, und diese ist
wieder von der Mechiza der Engel getrennt. Jene Mechiza wird genannt
im Targum zu 2 Chron. 18, 20, diese *Targ. jer.* I zu Gen. 28, 12 und
an vielen Stellen des Midrasch, z. B. *Bereschith rabba* c. 50. 68. Das
Verhältnis dieser Mechizoth zu einander scheint das von concentrischen
Sphären zu sein. Denn die Mechiza der Gerechten wird im Verhältnis zu derjenigen der Engel eine innere genannt, und die Gerechten können bis an den Vorhang herantreten und hier Gottes
Stimme vernehmen, die Engel dagegen fragen die Gerechten über
die Thaten und Offenbarungen Gottes *jer. Schabb.* VI, 8^d. Ebenso
heißt auch *Nedarim* 32^a die Mechiza der Gerechten eine innere,
in welche eingehen darf, wer nicht zaubert, wodurch er ein Gegenstand des Neides für die Engel wird. Diese Mechiza der Gerechten
dürfte identisch sein mit dem *Gan Eden*, dem Paradiese, in welches
Paulus in seiner Verzückung versetzt ward 2 Cor. 12, 4.

In der Mitte nun dieser Sphären des obersten himmlischen
Raumes befindet sich die Wohnung Gottes, das Allerheiligste des
obersten Himmels. Nach dem Targum zu Hiob 26, 9 (vgl. Levy zu
dem Worte) ist anzunehmen, daß das Pargod aus Wolken besteht.

Es heißt hier nämlich: Er breitet aus wie ein Pargod über ihn (den Thron der Herrlichkeit) die Wolken seiner Herrlichkeit. Dieses Pargod verhüllt die Wohnung, den Thron und die Herrlichkeit Gottes jeglichem Blicke und macht die Wohnung Gottes unnahbar; doch treten die verstorbenen Gerechten immer, und die Engel des Dienstes auf Befehl heran, und hören die Stimme Gottes hinter dem Pargod, schauen aber ihn selbst nicht von Angesicht zu Angesicht. Dieses „Hören hinter dem Pargod" finden wir öfter erwähnt, vgl. *Targum jer.* I. zu Gen. 37, 17. *Sanhedrin* 89[b]. *Chagiga* 15[a]. 16[a]. *Berachoth* 18[b]. Dem Metatron allein ist es nach *Chagiga* 15[a] gestattet im göttlichen Gemache zu sitzen und die Verdienste Israels aufzuschreiben; er heißt deshalb der Engel des Innern, während die anderen Engel die Befehle Gottes von hinter dem Pargod vernehmen *Chagiga* 16[a]. Nach 5[b] wird ausdrücklich die Wohnung Gottes als innerste Räume von den äußeren unterschieden, jene heißen בתי גואי, diese בתי בראי. Beide Theile des Himmels aber werden befaßt unter dem Gesammtbegriff מקומו „sein Ort".

b. In der Wohnung Gottes steht der Thron der Herrlichkeit, laut *Bereschith rabba* c. 1 gleich der Thora vor der Welt geschaffen, also die ewige Stätte Gottes. In den Targumen geschieht seiner oft Erwähnung unter dem Namen כורסי דיקרא, hebräisch כסא הכבוד. Nach *Targ. jer.* I. zu Gen. 28, 12 ist das Bild Jakobs am Throne der Herrlichkeit angeheftet; Bethel wurde als gerade unter ihm liegend gedacht. Näheres enthält dieses *Targ.* zu Ex. 24, 1. 31, 18. Nach der ersteren Stelle ist der Fußschemel Gottes zwischen dem Throne der Herrlichkeit ein Werk aus Sapphirsteinen, oder wie *Targ. jer.* II. zur Stelle sagt, ein Werk von reinem Sapphirstein, ein Anblick wie der des reinen, wolkenlosen Himmels. Auch der Thron selbst ist nach der zweiten Stelle von Sapphir: „Und er (Gott) gab dem Mose, als er aufgehört hatte zu reden mit ihm auf dem Berge Sinai, zwei Tafeln des Zeugnisses, Tafeln von Sapphirstein, vom Throne der Herrlichkeit." Von diesem Throne geht ein Licht aus, durch welches der Mensch geblendet wird; Isaak war blind, weil er, als sein Vater ihn auf dem Berge Morija bei der Opferung band, den Thron der Herrlichkeit erblickte, *Targ. jer.* I. zu Gen. 27, 1. So verkündet der Thron Gottes in seinem Lichtglanz die Herrlichkeit und in seiner blendenden Helle die fernende Heiligkeit dessen, der darauf sitzt, so daß er als Träger der Gegenwart Gottes an Heiligkeit fast gleich mit der Herrlichkeit

Gottes selbst ist, und man bei dem Throne der Herrlichkeit schwören darf.

c. Wir treten nun näher an die Herrlichkeit Gottes selbst
heran, welche auf dem Throne der Herrlichkeit residirt. Sie ist ihrem
Wesen nach Licht, so hell wie das Licht aller Sonnen, *Bammidbar
rabba* c. 14: „Eine von seinen vielen Sonnen kannst du nicht an-
schen, wie willst du seine Herrlichkeit anschauen?" Da dieses
Licht nach *Sifra* 4[b] selbst für die Engel nicht schaubar ist, welche
die Herrlichkeit Gottes tragen, so kann die Herrlichkeit Gottes, wo
sie in der Welt gegenwärtig sein will, nur verhüllt erscheinen, als יְקַר
יְקָרָא Wolke der Herrlichkeit, *Targ. jer.* I. zu Ex. 40, 36. Diese lichte
Herrlichkeit Gottes, durch das Pargod geschieden von allen himmlischen Wesen, unnahbar und unschaubar, dient nun als Bezeichnung
für Gott selbst *Targ. jer.* I. zu Gen. 28, 13. Das Targum des *Onkelos*
hat zu Ex. 3, 1 für אלהים den Ausdruck יְקָרָא דיי'; ebenso *Targ.
jer.* I. zu Ex. 20, 20 vgl. zu 1 Kön. 22, 19 u. ö. Diese Herrlichkeit
ist der Lichtleib Gottes und wird deshalb mit der Persönlichkeit
Gottes identificirt. Sie ist sein אפין, hebräisch פנים, die Erscheinung,
Versichtbarung Gottes, vgl. Ex. 33, 11. Diese Anschauung ist mit
der biblischen nicht im Widerstreit, deckt sich aber mit ihr nicht.
Ganz entsprechend dem alten in den Targumen vertretenen Gottesbegriff, ist die Herrlichkeit Gottes nur nach der Seite der schlechthinigen Erhabenheit und Geschiedenheit, als die Herrlichkeit des
Heiligen aufgefaßt. Hiermit stimmt es überein, daß, wie aus *Pesikta* 20[a b] hervorzugehen scheint, der Stuhl der Herrlichkeit und
diese selbst auf feurigem Grunde ruht; denn da heißt es: „Mose
sprach vor dem Heiligen: Herr der Welt, wer kann ein Lösegeld
geben für seine Seele? Der Herr sprach zu Mose: Nicht so wie
du denkst, sondern dieses sollen sie geben, derartiges sollen sie
geben. Eine Art feuriger Münze — so sagte R. Abin — brachte der
Heilige unter dem Throne seiner Herrlichkeit hervor, und zeigte sie
Mose und sprach: diese sollen sie geben." Vgl. *Chagiga* 14. *Beresch. rabba* c. 78 und *Schemoth rabba* c. 15. Von der göttlichen
Licht-Herrlichkeit strahlt ein Glanz aus, den die Targume und die
Talmude זיו nennen, auch זיו אפין, *Targ. jer.* I. Ex. 33, 11. Der Glanz
auf Mose's Antlitz, der das Volk blendete, war nach 34, 29 vom
„Glanz der Herrlichkeit der Schechina Jehova's." Wenn es Ez. 43, 2
im Grundtext heißt: Die Erde leuchtete von seiner Herrlichkeit, so
setzt das *Targ. Jon.* זיו יקריה vom Abglanz seiner Herrlichkeit. Dieser

Abglanz erfüllt die himmlischen Räume und ist die Speise der Engel, die als Lichtnaturen im Licht und vom Licht leben, wie die Bewohner der unteren Regionen in der atmosphärischen Luft.

§ 34. Die himmlische Geisterwelt.

Die Engel sind zum Theil nicht selbständige Wesen, sondern ein bloßer Ausfluß aus der Herrlichkeit Gottes, deren Peripherie sie gleichsam bilden, daher vorübergehenden Daseins; zum andern Theile aber haben sie als „Engel des Dienstes" bleibende Dauer, stufen sich ab nach ihrer Würde und sind ohne Zahl. Sie dienen zur Verherrlichung Gottes und vermitteln seine Beziehung zur Welt.

Im Gegensatz zur Menschheit als der Bewohnerschaft der unteren Regionen heißt die himmlische Geisterwelt oder die Engelschaar מעלה של בצליא die Familie der oberen Welt *Chagiga* 13[b] als Umgebung Gottes, der die obere Welt zu seiner Wohnstätte hat.

Sie sind ihrem Ursprung nach Geschöpfe Gottes; man darf aber auf keinen Fall den ersten Tag der Schöpfung als den Tag der Engelschöpfung annehmen, weil sonst der Schein entstehen könnte, als wären sie ins Dasein gerufen, um mit Gott schöpferisch thätig zu sein *Beresch. rabba* c. 1. Vielmehr schuf Gott die Engel am zweiten Tage nach der Veste des Himmels *Schemoth rabba* 15. *Targ. jer.* I Gen. 1, 26. Die tägliche Engelschöpfung dagegen, welche *Chagiga* 14[a] erwähnt, genauer die fortgesetzte Entstehung von Engeln aus dem Feuerstrom *Dinûr,* welcher unter dem Throne der Herrlichkeit fließt, oder aus jedem Hauche des Mundes Jehova's begründet nur ein vorübergehendes Dasein einer Art von Engeln: sie sprechen *Schira* einen Lobgesang vor Gott und verschwinden. Diese Ueberlieferung von einer täglichen Engelschöpfung findet sich weiter ausgebildet *Beresch. rabba* c. 78: kein Engelchor מלאכים רת spricht öfter als einmal vor Gott den Lobgesang, denn jeden Tag schafft Gott einen neuen, der einen neuen Lobgesang vor Gott spricht und dann wieder verschwindet, dorthin, woher er gekommen ist, in den Feuerstrom, נהר דינור oder נהר אש *Schemoth rabba* 15, unter dem Throne der Herrlichkeit. Vgl. *Jalkut* zu *Bereschith,* Abschn. 133. Hierher gehört die Bemerkung *Pesikta* 3[a], daß die Engel aus Feuer bestehen. Als Schriftbeweis wird überall Thren. 3, 33 angeführt. Eine andere Ueberlieferung über die materielle Beschaffenheit der Engel findet sich *Pesikta* 3[b] und *jer. Rosch haschana* II, 4, daß nämlich die

Engel halb aus Wasser, halb aus Feuer bestehen, entsprechend den
himmlischen Räumen die sie bewohnen, da die Veste Wasser ist, die
Sterne aus Feuer bestehen; ihr Leib ist wie der Tarsis, das Angesicht wie der Blitz, die Augen wie feurige Fackeln, Arme und Beine
wie Erz, der Schall ihrer Stimme wie das Dröhnen einer brausen-
den Menge. Diese Ansicht ist später dahin verändert worden, daß
es nach *Midrasch rabba* zu Ruth Ps. 104, 4 einige Engel gibt, die
von Wind, andere, die von Feuer sind; merkwürdigerweise sagt
sogar *Jalkut chadasch* 115ª, wenn sie eine Sendung auf Erden haben,
seien sie Winde, wenn sie dagegen vor Gott stehen, Feuer.

Diesem ihrem Ursprung und ihrer Beschaffenheit entspricht es,
daß sie sich von dem Glanze nähren, der von dem Angesichte
Gottes ausstrahlt *Pesikta* 57ª. *Schemoth rabba* c. 32. *Bammidbar
rabba* c. 21 u. ö.; dagegen bedürfen sie keiner materiellen Nahrung,
und leiblicher Genuß entspricht ihrer Natur nicht. Akiba erregte
Widerspruch, als er behauptete, die Engel äßen Brot *Joma* 75ᵇ, nein:
ehe Mose das Gesetz empfing, mußte alle Speise in seinen Einge-
weiden erst verwesen, damit er würde wie die Engel des Dienstes
Joma 4ʰ. Daraus wird *Jalkut* zu *Bereschith* Nr. 82 die Consequenz
gezogen, daß sie frei von Sinnlichkeit seien, und daß die böse Begierde über sie nicht herrsche, vgl. *Beresch. rabba* c. 48 u. ö. Dennoch sind sie nicht schlechthin sündlos. Gabriel ist ungehorsam gewesen und dafür gezüchtigt worden *Joma* 77, und Dubbiel, der an
seine Stelle gesetzt ward, zeigte sich feindselig gegen Israel, indem
er die 21 Unterkönige des persischen Reiches reizte, den Israeliten,
selbst den Rabbinen, Kopfsteuer aufzulegen, wogegen Gabriel weh-
rend hervortrat, weshalb er wieder eingesetzt ward. Auch sonst
hören wir von Gerichten Gottes über Engelfürsten. Daß die Engel
Mose das Gesetz mißgönnten, sahen wir S. 16. 25; nach *Jalk. Schim.
Beresch.* 34 neideten sie auch Adam wegen seiner Kleidung. Dagegen finden wir *Schemoth rabba* c. 5, daß sie unter sich nicht wie
die Menschen Eifersucht und Feindschaft hegen. Jedenfalls aber ist
die Sündlosigkeit der Engel nur relativ; die Sünde fehlt nur, soweit
sie in der Sinnlichkeit begründet ist.

Ueberblicken wir das bisher Gesagte, so stellt sich die himmlische Geisterwelt zunächst dar als ein Ausfluß der göttlichen Herrlichkeit und gehört wesentlich zu derselben; von dieser Engelwelt
vorübergehenden Daseins aber sind die Engel des Dienstes als selbständige Wesen zu unterscheiden. Dürften wir freilich einer An-

deutung in *Beresch. rabba* c. 78 folgen, so wären nur die Geisterfürsten Michael und Gabriel von der Vergänglichkeit ausgenommen,
denn dort heißt es: „sie sind die Fürsten der oberen Welt, denn
Alle wechseln מתהלפין, sie aber wechseln nicht.“ Allein dies bezieht
sich nach dem oben angeführten Zusammenhang nur auf die Engelchöre, welche den Lobgesang vor Gott sprechen. Auch die jüdische
Theologie macht einen Unterschied zwischen solchen Engeln, die wieder
verschwinden und solchen, die bleiben. Rabbi Bechai sagt in seinem
Commentar zu den fünf Büchern Mose's, fol. 37[d]: „Es sind einige Engel,
welche in Ewigkeit bleiben, und das sind diejenigen, welche am zweiten Tage erschaffen worden sind; und es gibt andere Engel, welche
verschwinden, wie unsere Rabbinen gesegneten Andenkens erklärt
haben, daß der Heilige täglich einen Haufen Engel erschaffe, welche
Gott ein Loblied sagen und wieder verschwinden. Und das sind
diejenigen, welche am fünften Tage erschaffen worden sind.“

An der Spitze aller Engel des Dienstes stehen Michael und Gabriel. Diese heißen *Kohel. rabba* 79[c] die Könige der Engel, Michael
insbesondere, der nach dem Targum zu Hiob 25, 2 zur Rechten Gottes
steht, der große Fürst *Schachim* 62[a] oder das Haupt der Engel
Jalkut Schimeoni, Beresch. 132. Sämmtliche Engel bilden eine zehn-
gliedrige aufsteigende Reihe. Maimonides sagt *Mischne Thora* S. I,
Jesode Thora c. 2: der Unterschied der Namen der Engel bemißt
sich nach ihrer Rangstufe מעלה. Deshalb heißen sie *Chajjoth*, und
diese stehen im Rang über allen anderen, *Ophanim, Arellim, Chasch-
mallim, Seraphim, Mal'achim, Elohim, Bene Elohim, Kerubim, Ischim.*
Ueber den Chajjoth steht nur die Hoheit Gottes. Die Cherubim
werden als blühende Jünglinge gedacht und ihr Name *Chagiga* 13[b]
erklärt, als ob er כרביא lautete, da in Babylonien ein junger Knabe
רביא heiße. Die Ischim sind diejenigen, welche mit den Propheten
reden und ihnen im Gesichte erscheinen; ihr Name deutet an, daß
ihre Erkenntnis sich derjenigen des Menschen nähert. In anderen
rabbinischen Schriften ist die Ordnung der zehn Klassen eine andere,
und es werden auch die Fürsten der zehn Engelklassen aufgezählt,
vgl. Eisenmenger II, 374.

Die Zahl der Engel wird *Chagiga* 13[b] gewonnen aus der Verbindung von Dan. 7, 10: Tausend mal Tausend dienen ihm und
zehntausend mal Zehntausend stehen dienstbereit vor ihm, und Hiob
25, 3, wo es heißt, daß seiner Schaaren keine Zahl sei. Die letztere
Bestimmung gelte für die Zeit, wo das Heiligtum noch stand, die

andere für die Zeit nach der Zerstöruug desselben; seitdem sei die
Zahl der Engel vermindert. Andere gleichen so aus: jede Schaar
bestehe aus 1000×1000, diese Schaaren aber seien ohne Zahl,
d. h. für menschliche Begriffe unfaßbar groß ist ihre Zahl, wie der
Raum, den sie einnehmen.

Der Dienst der Engel ist theils ein Dienst unmittelbar vor Gott,
nach *Jalkut Schim., Bereschith* 133 das Urbild des levitischen
Dienstes im unteren Heiligtume, theils ein Dienst, in welchem die
Engel Gottes Beziehungen zur Welt vermitteln. Wir unterscheiden
hier vor Allem jene Engelchöre, von denen oben die Rede war,
welche täglich neu geschaffen werden, um vor Gottes Throu den
Lobgesang zu singen und dann zu verschwinden (nach *Targ. jer.* I
zu Gen. 32, 27 singen übrigens auch dauernde Engel des Morgens Gottes
Lob) von denjenigen Engeln, welche zur Darstellung der göttlichen
Herrlichkeit dienen. Zu den Throuengeln im engeren Sinn des Worts
gehören die *Chajjoth*, welche unter dem Throne der Herrlichkeit
sind, den sie tragen; Gott sitzt des Nachts und hört ihre Loblieder
nach Ps. 43, 9, *Aboda sara* 3ʰ. Auch die Cherubim gehören zum
Thron der Herrlichkeit und sind mit diesem vor der Welt geschaffen, vgl. *Jalkut Schim., Beresch.* 34; aber während die Chajjoth
Träger der ruhenden, sind die Cherubim die Träger der durch die
Welt einherfahrenden göttlichen Herrlichkeit, *Aboda sara* 3ᵇ: Gott
durchschwebt auf leichtem Cherub reitend achtzehntausend Welten.
Vor dem Throne Gottes stehen ferner die sieben Geisterfürsten, von
welchen außer Michael und Gabriel besonders der Engel Raphael oft
genannt wird. Sie sind wol als die vornehmsten Engel die Boten
Gottes an Abraham gewesen *Baba mezia* 86ª. Neben ihnen wird
Bammidbar rabba c. 2 Uriel erwähnt, der auch 4 Esr. 4, 1 genannt
wird; das Buch Henoch nennt außerdem noch Raguel und Serakiel.
Später lauten die sieben Namen: Raphael, Gabriel, Sammael,
Michael, Izidkiel, Hanael, Kepharel, von denen jeder die Aufsicht
über einen Wochentag hat, vgl. Fritzsche zu Tob. 12, 15. Michael
aber und demnächst Gabriel ist von der jüdischen Theologie immer
besonders hervorgehoben, und Michael zuletzt als Haupt aller Engel
bezeichnet worden. Vor dem Throne der Herrlichkeit stehen jedoch
nach *Targ. jer.* I zu Gen. 11, 7 noch 70 andere Engel, denen Gott
seinen Entschluß verkündete, die Sprachen der Menschen zu verwirren, und mit welchen sich dann das Wort Jehova's auf die Erde
herabließ. Außerdem stehen noch viele Engel vornehmer Art, ge-

nannt die Engel des Angesichtes פנים מלאכי, vor Gottes Thron,
s. Schöttgen, *Horae*, zu Matth. 18, 10. Die spätere jüdische Theologie
hat nach Eisenmenger II, 375 durch Anwendung der Gematria gefunden, daß Gott wenigstens 90,000 Myriaden Engel um sich habe,
denn כלך hat den Zahlenwerth von 90. Man liebte in der spätern
Theologie überall das Ueberschwengliche; die ältere Ueberlieferung
kennt keine solchen Zahlen.

Alle diese Engel aber mit Ausnahme der Chajjoth und Cherubim
stehen nicht bloß zur Verherrlichung Gottes vor dem Thron der
Herrlichkeit, sondern sie sind Engel des Dienstes und allezeit der
Sendung Gottes harrend, als die Werkzeuge der göttlichen Regierung und Vorsehung in der Welt; während Gott selbst jenseit der
Welt in seiner hehren, unnahbaren Majestät verbleibt, vermitteln
sie seine Beziehungen zur Welt. Und zwar tritt uns zunächst
der Dienst jener Engel entgegen, welche als Fürsten der Völker
bezeichnet werden. Nach *Targ. jer.* I zu Gen. 11, 6. 7 sind da-
mals, als die 70 Völker nach ihren Sprachen entstanden, 70 Engel
zu ihren Fürsten bestellt worden. Seitdem stehen die Völker der
Welt unter der Leitung der Geisterfürsten, welche sie nach gött-
lichem Auftrag zu leiten suchen, auch für sie vor dem Thron der
Herrlichkeit bitten. Michael als der Fürst aller Engel ist über
Israel, das Volk der Völker, gesetzt bis ans Ende der Welt *Jalk.
Schimeoni, Bereschith* 132, als Israels Vertreter und Patron vor
Gott, der für das Volk um Erbarmen bittet. Demgemäß heißt er im
Targum zu den Psalmen (137, 7. 8) der Fürst Jerusalems, der Fürst
Zions. Weiter wird ein Engel *Schemoth rabba* c. 15 Fürst Aegyptens
genannt, und *Pesikta* 150[b] erscheinen Fürsten von Babel, von Medien,
von Jawan, von Edom. Sie alle sah Jakob im Traum die Himmelsleiter
hinaufsteigen. Das Verhältnis dieser Völkerfürsten zu den von ihnen
geleiteten Völkern ist, wie es scheint, ein solidarisches; denn nach
Schir rabba 27[b] straft Gott ein Volk nicht eher, als bis er seinen
Engelfürsten oben gedemüthigt hat, und wird nach *Tanchuma, Beschallach* 13 auch künftig die Völker nicht richten, ehe er ihre Engelfürsten gerichtet hat. Die Engelfürsten der Völker identificiren sich
auch selbst mit den Völkern, welche sie leiten und vertreten, so daß
sie sogar Israel vor dem Heiligen im Namen der von ihnen vertretenen
Völker anklagen *Pesikta* 176[a]. — Außer dem Dienst an den Völkern
sind aber die Engel auch Einzelnen bestimmt zum Dienst, zum Schutz
vor bösen Geistern und zur Verkündigung göttlichen Thuns. In

Targ. jer. I zu Gen. 24, 7 bittet Abraham Jehova Elohim, dessen
Wohnung in des Himmels Höhen ist und der daselbst bleibt, seine
Engel zum Geleit und zur Hülfe Eliesers zu senden. Michael war
der Geleitsmann der Tochter Dina's auf dem Wege nach Aegypten,
in das Haus Potiphars, wo sie erzogen und später unter dem Namen
Asnat an Joseph verheirathet wurde, *Jalkut Schimeoni* zu *Bereschith* 134. Ja alle Israeliten haben Engel zu Begleitern, jedoch zunächst nur im Lande Israel, a. a. O. 119. In *Tanchuma, Mischpatim* 19 heißt es: „Hat ein Mensch ein Gebot erfüllt, so übergibt
man ihm einen Engel; hat er zwei Gebote erfüllt, so übergibt man
ihm zwei Engel; hat er alle Gebote erfüllte, so übergibt man ihm
viele Engel. Denn es heißt: Er wird seinen Engeln (Plur.) befehlen
über dich. Und welche Engel sind denn das? Es sind die, welche
ihn behüten vor den Massikin (bösen Geistern) ... Denn die ganze
Welt ist voll von Geistern und Dämonen." Beim Betreten von Orten
(der Unreinheit, wie הכסא בית Abort), wo die Macht der schädigen-
den Dämonen besonders groß ist, soll der Fromme alsbald ihren
Schutz anrufen *Berachoth* 60ᵇ. Wer ein Gebot übertreten hat, verfällt dadurch der Macht der Dämonen, wogegen die Erfüllung der
Gebote gegen sie schützt; sie lauern überall, ob sie einen Uebertreter nicht beschädigen mögen, während die Engel des Dienstes die
Frommen bewahren *Debarim rabba* c. 4. Um ferner dem Frommen
Gottes Thun kund zu machen, dienen die Engel der Träume; jedoch
soll ein Mensch selbst dann, wenn der Engel der Träume zu ihm
gesagt hat, morgen werde er sterben, sich nicht abhalten lassen,
um Barmherzigkeit zu bitten *Berachoth* 10ᵇ. Endlich vermitteln die
Engel die Hülfe, welche Gott dem Menschen auf sein Gebet
senden will; so erscheint Raphael und heilt den von Michael verwundeten Jakob; denn er ist über die רפואה gesetzt, d. h. das Heilen
ist sein Geschäft *Jalkut Schim. Beresch.* 132.

Gott entsendet die Engel nicht minder zur Ausrichtung seines
Zornes und seiner Gerichte. Zwei Engel des Verderbens sind אף
und חמה vgl. oben S. 149 f. Auch *Nedarim* 32ª erscheinen *Aph* und
Chema als Engel, welche Mose in der Herberge auf dem Wege
nach Aegypten fast ganz verschlangen, weil er seine Söhne nicht beschnitten hatte. In *Schabb.* 55ª findet sich die Bezeichnung מלאכי חבלה
Engel des Verderbens für solche Engel, welche das Urtheil Gottes
an den vollendeten Frevlern vollstrecken. Es sind sechs, die dann
benannt werden. Sie heißen: Ketzeph, Aph, Chema, Maschchith, Me-

schabber, Mekalle. Daran schließen sich als oberste und schreck-
lichste Abaddon und Maweth, welche den Tod über die Menschen
bringen *Schabb.* 89ᵃ. *Berach.* 4ᵇ. Die Gottlosen, welche der Engel
des Todes getödtet, holen die Engel des Verderbens ein und bringen
sie an ihren Ort, gleichwie die Engel des Dienstes die Gerechten
im Abscheiden einholen und in die Orte der Seligen geleiten *Kethuboth* 104ᵃ. An dieser Stelle werden die Engel des Verderbens
von den Engeln des Dienstes unterschieden; allein die Engel des
Verderbens sind ebenfalls Diener Gottes. Daß sie jenen Ehrennamen nicht tragen, hat seinen Grund wol in der größeren Entfernung ihrer Stellung von Gott, denn Aph und Chema und so wol
alle Engel des Verderbens müssen in weiter Ferne von Gott stehen
jer. Taanith II, 65ᵇ.

Die Engel Gottes dienen ferner als Kräfte, welche die Natur
leiten und bewegen und in ihr und durch sie wirken, ebenso zum
Segen, wie zum Fluch. Beispielsweise nennt *Baba bathra* 74ᵇ Rahab
als ים של שר den Meeresfürsten, vor dessen Schnauben kein Geschöpf im Meere leben könnte, wenn nicht die Wellen ihn bedeck-
ten, nach Jes. 11, 9, wo der Talmud erklärt כמים לים מכסים רהב. In
Pesachim 118ᵃ wird von ihm erzählt, daß er die Aegypter am
Schilfmeer vernichtete, sie aber wieder herausgeben mußte; dafür
mußte der Kison das Heer des Sisera dem großen Meere zur Entschädigung übergeben. Segen spendet der Engel des Regens Ridja,
der „Berieselnde", der einem Kalbe gleicht und zwischen den oberen
und unteren Wassern stehend diesen Befehle gibt, daß sie von oben
und unten das Erdreich tränken, *Taanith* 25ᵇ und *Joma* 21ᵃ (s. Raschi
z. St.). Michael ist nach *Bammidbar rabba* c. 12 über den Schnee,
Gabriel über das Feuer, vgl. *Pesach.* 118ᵃ, oder nach *Sanhedrin* 95ᵇ
über das Reifen der Früchte, der Engel Jorkami nach *Pesach.* 118ᵃ
als ברד של שר über den Hagel gesetzt; und sie wirken, obwol über
entgegengesetzte Elemente gebietend, doch harmonisch zusammen.
Vgl. noch *Schir rabba* 15ᵃ. Auch die natürlichen Triebe des Menschen setzen sie in Bewegung. Dafür finden wir eine sehr lehrreiche
Stelle *Bereschith rabba* c. 85. Es wird hier ausgeführt, daß Gott
selbst die fleischliche Vermischung des Juda mit der Thamar veranlaßt habe; denn er hat ihm den „Engel der über תאיה die Begierde gesetzt ist" in den Weg gestellt, und ihm gesagt: Woher
sollen die Könige und die Großen kommen, wenn du nicht zu dieser
eingehst? Da bog er zu ihr ab. Von diesem Engel der Thaawa

ist auch *Jalkut Schimeoni Beresch.* 91 die Rede, wo gesagt wird,
daß nicht er, sondern Gott selbst die Sara heimgesucht habe.

Die Erscheinungsweise der Engel bei ihren innerweltlichen Geschäften ist sehr verschieden. Sie erscheinen nach *Schemoth rabba*
c. 25 bald sitzend, bald stehend, bald als Männer, bald als Frauen,
bald als Winde, bald als Feuerflammen. Ebenso steht es nach *Bammidbar rabba* c. 16 in der Macht der Engel, je nachdem es der
Zweck ihrer Sendung erfordert, sich sichtbar oder unsichtbar zu
machen, vgl. *Tanchuma, Schelach* 1. Je nach dem Auftrag, welchen
Gott einem Engel gibt, legt er ihm auch verschiedene Namen bei
Bammidbar rabba c. 10. Hier klingt vielleicht die Anschauung nach,
daß alle Engel außer Michael und Gabriel immerfort wechseln, so
daß auch die Namen nicht auf selbständige Wesen hinweisen, sondern
alle Engelnamen nur Bezeichnungen der Functionen sind, welche die
Gesendeten ausrichten. Entsprechend sagt der Commentator des Maimonides zu *Mischne Thora* I, *Jesode Thora* c. 2: Auch verändert
sich ihr Name je nach der Sendung, in der sie gesendet werden.
Wenn z. B. Gott einen Engel zur Heilung eines Menschen sendet,
so nennt er diesen Engel Raphael; wenn er dagegen einen sendet
zur Hülfe eines Menschen, so nennt er ihn Asariel. Uebrigens spricht
Targ. jer. I zu Gen. 18, 2 die Vorstellung aus, daß ein Engel immer
nur ein einziges Geschäft auf einmal besorgen könne. Als daher
Gott für Abraham und Lot zu gleicher Zeit dreierlei ausführen
wollte, bediente er sich dreier Engel.

Die Sprache, welche die Engel verstehen, ist die hebräische.
Daher wird *Schabbath* 12[b] die Regel gegeben: Nie erflehe der
Mensch seine Bedürfnisse in aramäischer, sondern immer in hebrä-
scher Sprache. Denn wer in aramäischer Sprache betet, zu dem ge-
sellen sich die Engel des Dienstes nicht (um sein Gebet vor Gott
zu bringen), denn sie verstehen das Aramäische nicht. Das Hebräische, die Sprache der Thora, ist die allein heilige, die Sprache der
himmlischen Welt. Hieraus ergibt sich schließlich die wichtige Folgerung, daß der Engeldienst nur dem Volke Israel gehört. Israel
ist der Bereich der Engel; in der Völkerwelt walten die Dämonen.

§ 35. Das Verhältnis der Geisterwelt zu Gott.

In dem Verhältnis der Geisterwelt zu Gott tritt naturgemäß der
in dem jüdischen Gottesbegriff liegende Dualismus hervor, insofern
einerseits eine absolute Ferne zwischen Gott und der Geisterwelt,

andererseits eine gewisse Gemeinschaft Gottes mit der Geisterwelt ausgesprochen wird. Die Aussagen letzterer Art neigen sogar dahin, die Schranken zwischen Gott und der Geisterwelt aufzuheben und jenen in diese hereinzuziehen. Sind die Engel nach überwiegenden Aussagen aus dem Feuergrunde der göttlichen Herrlichkeit, so sind sie nicht aus dieser selbst hervorgegangen. Die spätere jüdische Theologie hat dies ausdrücklich hervorgehoben, indem sie den Feuerstrom unter dem Throne der Herrlichkeit aus dem Abfluß des Schweißes der den Thron Gottes tragenden Chajjoth entstehen ließ. Es ist damit der Unterschied zwischen dem göttlichen Wesen und dem Wesen der Engel scharf gezeichnet: sie bilden nur die Peripherie der göttlichen Herrlichkeit. Nicht minder scheint die Vorstellung von der täglichen Engelschöpfung in dem Gedanken zu wurzeln, daß die Engel nicht als neben Gott stehende ewige Wesen gefaßt werden sollen. Alles was außer Gott existirt, auch die Engelwelt, ist in stetem Werden und Vergehen begriffen; Engelchöre kommen und gehen; der Thron der Herrlichkeit steht aber und bleibt derselbe in Ewigkeit. Hinsichtlich der Abstufung der Engelwelt gibt Maimonides den Fingerzeig, sie gründe sich auf den verschiedenen Grad ihrer Gotteserkenntnis, welche jedoch selbst auf ihrer höchsten Stufe (der Chajjoth) die אֲמִתַּת Gottes nicht zu erreichen vermöge: die Tiefen der Gottheit erkennen die geschaffenen Geister nicht; sie bleiben immer ferne von der Einsicht in das Wesen Gottes, wie denn die Herrlichkeit Gottes nach *Sifra* 4^b für die Engel nicht sichtbar ist. Und wenn die Menge der Engel unzählbar ist, so ist der einzelne von verschwindender Bedeutung, fast nur Mittel zur Darstellung der Menge, welche wiederum nur die Bestimmung hat die Größe und Macht Gottes zum Ausdruck zu bringen. Ihr Name bezeichnet sie überdies als Diener. Dieser Dienst entbehrt aller Continuität und besteht in lauter einzelnen Dienstleistungen. Immer nur ein einzelnes Geschäft besorgt der Engel, und keiner wird zweimal zu derselben Dienstleistung verwendet. Man kann die Subordination des Dieners unter den Herrn, die absolute Abhängigkeit der Engel vom Wink des Herrn in der That nicht schärfer ausdrücken. Wie ihr Geschäft, so wechselt deshalb ihr Name und ihre Erscheinungsform, allein bestimmt durch den Willen Gottes. Es ist überall keine Selbständigkeit, so wenig in der Weise der Erscheinung, wie im Sein, Leben und Dienen der Engel.

Diese Vorstellungen entsprechen ganz dem älteren und reineren
Gottesbegriff (§ 31), wie er sich besonders in den Targumen findet,
wie denn auch die Engellehre ihre reinste Ausprägung in den Targumen hat. Wie nun aber dieser Gottesbegriff selber sich nicht rein
erhalten hat, so vermochte sich auch die Vorstellung von dem Verhältnis der Ferne zwischen Gott und den Engeln nicht in dieser
ursprünglichen Reinheit zu erhalten. Wie dort die Gottheit in die
Gemeinschaft des jüdischen Wesens hineingezogen wird, so daß sie
zuletzt judaisirt erscheint, so sehen wir Gott auch wieder in einer
Gemeinschaft mit den Engeln, welche mit dem geschichtlichen Verhältnis der Engel zu Gott nicht mehr übereinstimmt und in Widerspruch mit der Anschauung von der schlechthinigen Abhängigkeit
der Engel steht. Zunächst ist dafür bezeichnend der Name der Engel
als Gottes פמליא. So lesen wir *Tanchuma, Mischpatim* 19: „Wol
dem von dem Weibe Geborenen (Jakob), daß er gesehen den König
aller Könige und seine Familie — die Engel. Dieser seiner Familie
theilt Gott Alles was er beschließt zunächst mit *Schemoth rabba* 6.
Noch deutlicher werden die Engel mit Gott zu einer Einheit zusammengefaßt, wenn die Geisterfürsten Gottes sein בית דין Gerichtshof oder Senat genannt werden, mit welchem er beräth, in dem er
Vortrag hält. Ueberall, wo ואלהים steht, heißt es *Beresch. rabba*
c. 55, ist Gott und sein Beth Din gemeint. *Mechilta* 92[a] wird der
himmlische Gerichtshof mit dem irdischen zusammengestellt: beide
urtheilen über die Vergehen gegen das Gesetz. Dabei soll nach
Beresch. rabba c. 35 der obere Gerichtshof strenger sein, als der
untere (aus Neid gegen die Menschen, welche vor den Engeln die
Thora besitzen *Bammidbar rabba* c. 19 u. ö.); c. 18 wird aber festgestellt, daß der untere Gerichtshof den Menschen vom 13., der
obere dagegen erst vom 20. Lebensjahre an richte. Wenn Israel in
den Krieg zieht, richtet es der himmlische Gerichtshof und bestimmt
sein Geschick *jer. Schabbath* II, 6. *Pesikta* 150[b] erzählt, wie es
bei der Schöpfung des Menschen zuging: in der ersten Stunde (des
Neujahrstags als des Schöpfungstages des Menschen) faßte Gott den
Gedanken, den Menschen zu schaffen; in der zweiten berieth er sich
mit den Engeln des Dienstes. Vgl. *Targ. jer.* I Gen. 1, 26: „Und es
sprach Jehova zu den Engeln, welche vor ihm dienen, welche am
zweiten Schöpfungstage geschaffen sind: Wir wollen einen Menschen
machen nach unserem Bilde.“ Nach dem Sündenfall spricht Gott
wiederum zu den Engeln, welche vor ihm dienen: Wir wollen Ur-

theil fassen über ihn נֵצֶר und ihn aus dem Garten Eden treiben, *Targ. jer.* I Gen. 3, 22. Ebenso kündigt. er seinen Entschluß den Thurmbau zu stören den siebzig Engeln an, die vor ihm stehen, *Targ. jer.* I Gen. 11, 7. Sonach beräth Gott Alles, was er thut, zuvor mit dem engelischen Senat, der vor ihm versammelt ist. *Baba bathra* 75 sehen wir die Engel des Dienstes Einwendungen gegen Gottes Beschlüsse erheben, und nicht vergeblich. Gott wollte Jerusalem begrenzen, sie aber halten ihm vor: Für die Städte der Welt hast du kein Maß gesetzt, für deine Stadt willst du ein solches setzen? Eine ähnliche Stelle, wo die Engel Vorstellungen erheben, ja tadeln, s. *Sanhedrin* 38ᵇ. Weil des Menschen Werke böse geworden sind, heißt es *Berach. rabba* c. 31, Gott habe eingesehen, daß die Engel Recht hatten, als sie von der Schöpfung des Menschen mit den Worten Ps. 8, 5 abriethen: „Was ist der Mensch, daß du sein gedenkest?" Nach *Sanhedrin* 94ᵃ hatte Gott den König Hiskia zum Messias bestimmt und Sanherib zum Gog und Magog, aber sein Gerichtshof (die Engel) hinderte ihn, da wurde das Mem von לְמַרְבֵּה (Jes. 9, 6) geschlossen (מסתתם). Dasselbe Buch erzählt 96ᵇ, der Heilige habe auch Nebukadnezars Nachkommen unter die Flügel der Schechina führen (in die Gemeinde aufnehmen) wollen, aber die Engel des Dienstes haben es nicht geduldet. Daß Gott in diesem himmlischen Senate das Gesetz vortrage und täglich eine neue Halacha veröffentliche, wie *Beresch. rabba* c. 49 lehrt, haben wir schon oben S. 17 vgl. 154 gesehen.

Nachdem also die Vorstellung von Gott als dem schlechthin über die Engel Erhabenen und ihnen Fernen aufgegeben worden war, hat die jüdische Theologie die Ueberordnung Gottes über die Engel in eine Neben-, ja Unterordnung Gottes verwandelt. Auf abstract nomistischer Grundlage gibt es ebenso wenig ein richtiges Verhältnis Gottes zur Geisterwelt, als es einen zugleich reinen und lebensvollen Gottesbegriff gibt. Nachdem Gottes Fürsichsein in abstracter Weise betont und dann aufgegeben worden ist, verliert sich die Gottheit an die Endlichkeit, weil es an dem wahren innergöttlichen Object der Lebens- und Liebesgemeinschaft mangelt, wie es der trinitarische Gottesbegriff darbietet.

Cap. XIII. Mittlerische Hypostasen.

§ 36. Vorbemerkung und Uebersicht.

Aus dem altjüdischen Begriff Gottes als des schlechthin Jenseitigen folgt, daß es für den Verkehr Gottes mit anderen himmlischen Wesen und insonderheit für das göttliche Sein und Handeln in der irdischen Welt mittlerischer Hypostasen bedarf. Denn ein solcher Gott kann nicht unmittelbar mit den Geschöpfen verkehren oder an ihnen wirken, sondern alle Wirksamkeit und Gegenwart Gottes in der Welt muß vermittelt werden. Solche Vermittlung geschieht da, wo es sich bloß darum handelt, vorhandene Kräfte in der Natur oder in der Menschheit in Bewegung zu setzen und zu leiten, durch die Engel; wo aber die Absicht ist, schöpferisch in der Geschichte zu walten und Gottes besondere Gnade erkennbar zu machen, treten nach der jüdischen Theologie Hypostasen auf, die Gottes Wirken und Gegenwart vermöge der ihnen mitgetheilten göttlichen Macht und Herrlichkeit vermitteln, und obgleich selbst Geschöpfe, doch als Repräsentanten Gottes göttliche Attribute führen.

Solche Mittelwesen sind 1. der Metatron, 2. das Wort, *Memra* Jehova's, 3. die Herablassung, *Schechina* Gottes, 4. der Geist Gottes, *Ruach hakkodesch*, 5. die himmlische Offenbarungsstimme, *Bath Kol.*

§ 37. Der Metatron.

Der Metatron ist der Gott zunächst stehende dienstbare Geist, einerseits dessen Vertrauter und Repräsentant, andererseits ein Vertreter Israels vor Gott, Beides jedoch nur innerhalb der himmlischen Sphäre.

Die Ableitung des Namens macht einige Schwierigkeit. Es kommt in der altjüdischen Literatur auch das Wort מטטור für das lateinische *metator*, Abtheiler, Festsetzer der Grenzen vor, *Tanchuma, Ki thissa* 35. Mit diesem מטטור ist מטטרון offenbar einige Mal im Midrasch verwechselt worden, z. B. *Beresch. rabba* c. 5: die Stimme des Heiligen wurde dem Mose ein מטטרון, um ihm die Grenzen des Landes zu bezeichnen; und weiter: die Stimme Gottes wurde ein מטטרון auf dem Wasser, nämlich, um dieses zu sondern (vgl. Levy, Wörterbuch II, 31). Wenn nun an diesen Stellen מטטרון ohne Zweifel gleich *metator* ist, so geht doch Sachs zu weit, wenn er

(Beiträge I, 108) aus *Sifri* 141ᵃ folgert, das besagte Wort sei überall nichts Anderes. Der Text der angezogenen Stelle ist viel zu unsicher, und ihr Sinn dunkel, wird auch durch die Vergleichung mit der Lesart des Jalkut Schimeoni nicht so klar, daß man daraus etwas folgern könnte. Die Stelle wird wol mit Friedmann so verstanden werden müssen: Mit seinem Finger zeigte Metatron dem Mose und ließ ihn sehen das ganze Land Israel. Besser und sicherer ist es, unser Metatron zu verstehen als hebraisirtes μετάθρονος oder μετατύραννος d. h. der Nächste nach dem Herrscher. Dieser Ableitung entspricht der Inhalt der Stellen, in denen das Wort vorkommt. Zwar muß vor Allem die Vermuthung abgewehrt werden, als wenn zwischen dem Metatron und der Gottheit ein anderes Verhältnis bestände, als das des Geschöpfes zum Schöpfer, des Dieners zum Herrn. Der Metatron ist nicht ewigen oder auch nur vorweltlichen Ursprungs; die Tradition, welche im Targum Jeruschalmi I zu Gen. 5, 24 aufbewahrt ist, identificirt vielmehr den Metatron mit dem Henoch. Es heißt da: Henoch stieg in den Himmel durch das Wort Gottes und er (Gott) nannte ihn Metatron, den großen Schreiber. *Targ. jer.* I Deut. 34, 6 nennt Metatron zusammen mit den Engeln Jophiel, Uriel und Jephipbja als diejenigen welche Mose begruben; sie heißen da die Fürsten der Weisheit. *Jalkut Schimeoni, Beresch.* 44 heißt der Metatron מלאך ein Bote Gottes, wie sonst die Engel heißen. Auf der anderen Seite aber wird er über die übrigen Engel emporgehoben und Gotte näher gestellt als alle anderen Geister. So lesen wir *Chagiga* 15ᵃ: Elischa ben Abuja sah den Metatron, welchem die Erlaubnis gegeben war, zu sitzen (in der inneren Mechiza Gottes) und die Verdienste Israels aufzuschreiben, vgl. oben S. 159; deshalb ist er der „große Schreiber" als der Vertraute Gottes, sein Secretarius. Er heißt auch שר הפנים, entweder der Fürst des Angesichts, oder der Fürst der im innersten Gemache Gottes פנים sitzt. Als Secretarius Gottes hat er wol auch die Schenkungsurkunde mit unterzeichnet, welche Gott dem Adam ausgestellt hat, *Jalkut Schimeoni* Gen. 41. Er vertritt Gott in besonderem Sinne. *Sanhedrin* 38ᵇ heißt es mit Bezug auf Ex. 24, 1: Zu Mose sprach er (Gott): Steige herauf zu Jehova! Warum sagt Gott nicht: Steige herauf zu mir? Antwort: Das ist Metatron (zu dem er hinaufsteigen soll), dessen Name ist gleichwie der Name seines Herrn. Zum Metatron kommen, heißt also zu Gott kommen, jenen sehen, heißt Gott sehen. Man wird hier erinnert an Ex. 23, 21: „Mein

Name ist in ihm"; und die Commentatoren erinnern, daß der Zahlenwerth von מטטרון gleich mit dem von שדי = 314 sei, also Metatron = Schaddai, d. i. Repräsentant des Allmächtigen. In diesem Sinne trägt er *Chullin* 60ᵃ und *Jebamoth* 16ᵇ den Namen שׂר העילם Fürst der Welt; er repräsentirt Gottes Herrscherstellung in der Welt. Selbst in seinen himmlischen Geschäften tritt er an Gottes Stelle: *Aboda sara* 3ᵇ erscheint er als Lehrer der Kinder, während es sonst heißt, Gott selbst unterweise die Kinder im Gesetze. Insbesondere ist er dazu bestellt, das auserwählte Volk vor Gott zu vertreten und versöhnend auf ihn einzuwirken, *Bammidbar rabba* c. 12: „In der Stunde, als der Heilige Israel geboten, die Wohnung בשכן aufzurichten, gab er den Engeln des Dienstes einen Wink, daß auch sie eine Wohnung aufrichten sollten, und in der Zeit, wo sie unten aufgerichtet wurde, ist sie auch oben aufgerichtet worden, und das ist die Wohnung des Jünglings נער, dessen Name Metatron ist, worin er die Seelen der Gerechten Gotte opfert מקריב, um Israel zu versöhnen in den Tagen ihrer Verbannung." Sogar als Tröster Gottes finden wir ihn *Tanchuma, Waethchannan* 6; denn als Gott über den Heimgang Mose's klagte, der für Israel gebetet habe, wenn Gott über das Volk zürnte, redete ihm Metatron mit den Worten zu: Er war im Leben dein, er ist in seinem Tode auch dein.

Die übrigen mittlerischen Hypostasen vermitteln Gottes Gegenwart und Offenbarung in der Welt und besonders seine Beziehungen zu dem auserwählten Volke.

§ 38. Das Memra Jehova's.

In den Targumen findet sich eine Hypostase, welche den Namen מימרא (im Jerusch. I. II auch דבּורא) trägt und an der Stelle Gottes steht, wenn derselbe als in der Geschichte waltend und wirkend und in persönlichem Verkehr mit dem heiligen Volke erscheint.

a. מימרא ist der *Status emphaticus* von מימר, vgl. *Targ. Jon.* Jes. 5, 24, oder מאמר Dan. 4, 14. Esr. 6, 9, vom Verbum אמר sprechen, und heißt das Wort. Ueber die dem Begriff מ zu Grunde liegende Vorstellung dürfte eine Stelle aus dem Midrasch rabba zu *Schir*, fol. 3ᵃ Aufschluß geben. Hier wird geschildert, wie das דיביר bei der Verkündigung der zehn Gebote aus dem Munde Gottes hervorging und dann zu jedem Israeliten im Lager sich begab und ihn fragte, ob er es annehmen wolle, indem es ihm zugleich alle Pflichten, aber auch den Lohn vorlegte, den man mit dem Worte überkomme. Sobald ein Israelit die Frage bejaht und das Wort angenommen hatte, küßte ihn das Dibbur auf den Mund. Dies ist die Basis für das Verständnis des targumischen Memra Jehova's, des aus dem Munde Gottes hervorgegangenen Wortes, welches als göttliche Potenz innerhalb der Heilsgeschichte wirkend sich in der Anschauung des Judentums zur Person verdichtet hat und als mittlerische Hypostase zwischen Gott und seinem Volke steht. Daß wir wirklich das 'דיי מיברא analog dem דיביר uns zu denken haben, beweist *Targ. jer.* I Gen. 11, 6. 7: „Jehova sprach zu den 70 Engeln, welche vor ihm stehen: Kommet jetzt, wir wollen hinabsteigen und dortselbst verwirren ihre Sprache, damit nicht Einer mehr den Anderen verstehe. Und es offenbarte sich das Memra Jehova's über der Stadt, und mit ihm die 70 Engel." Es geht also erst ein Wort aus Gottes Mund, und dieses Wort offenbart sich alsbald als selbständiges Wesen wirkend in der Welt, und zwar an Babel; die Engel aber dienen ihm bei seinem Werk. Vor Gen. 22, 1 flicht das Targum Jeruschalmi I ein Gespräch zwischen Ismael und Isaak ein, welches damit endet, daß Isaak behauptet, er würde alle seine Glieder hingeben, wenn Gott sie forderte: „sofort wurden gehört diese Worte von dem Herrn der Welt, und sofort versuchte das Memra des Herrn den Abraham und sprach zu Abraham." Hier handelt Gott wiederum nicht unmittelbar selbst, sondern sein Wort geht aus und richtet den auf Abrahams Versuchung gerichteten Gotteswillen aus.

So ist wol die Vorstellung vom 'דיי 'ב entstanden. Es war zunächst die offenbar an Jes. 55, 11 sich anlehnende Vorstellung des von Gott ausgehenden in der Welt wirksamen Wortes. Hier wie Jes. 9, 7. Ps. 107, 20. 147, 15 wird das Wort als Bote, Sendling Gottes gedacht. „Die Personification setzt voraus, daß es kein bloßer Hall oder Buchstabe ist: aus dem Munde Gottes hervorgegangen, gewinnt es Gestalt, und in dieser Gestalt birgt es von wegen seines göttlichen Ursprungs göttliches Leben, und so läuft es, lebendig aus Gott, angethan mit göttlicher Kraft, versehen mit göttlichen Aufträgen, als ein schneller Bote durch Natur und Menschenwelt und kommt nicht eher von seinem Botengange zurück, als bis es den Willen seines Senders ins Werk gesetzt." (Delitzsch, Commentar zu Jesaia 3. Aufl. S. 511.) In dem Maße aber, als die palästinisch-jüdische Theologie die Gottheit von der lebendigen Beziehung zur

Welt abzog und verjenseitigte, in demselben Maße gestaltete sie das
Memra zum selbständigen Organ alles göttlichen Wirkens in der Geschichte. Dabei dürfen wir allerdings nicht das geschöpfliche Dienstverhältnis des Memra zu Gott vergessen. Alles Geschehen urständet
in Gott; das Memra ist nur Vollzugsorgan und Repräsentant Gottes,
wie die oben angeführten Stellen deutlich ersehen lassen.

b. Zunächst mußte das Memra bei den chaldäischen Paraphrasten
überall da eintreten, wo Gott Leiblichkeit oder leibliche Bewegungen
beigelegt werden, oder wo von Vorgängen im Innern Gottes die Rede
ist, wo das Angesicht Gottes, die Augen, der Mund, die Stimme,
die Hand Gottes genannt werden, wo von seinem Einherschreiten,
Stehen, Sehen und Geschenwerden und von seinem Sprechen die
Rede ist, vgl. *Targ. Jon.* 1 Kön. 8, 24. 50. 9, 7. Jes. 1, 16. Ez. 7,
4. 9. 8, 18. 9, 10. 20, 17. Jer. 25, 16. 13, 21. 26. Jes. 48, 3. Ez.
33, 7; Jer. 38, 20. 41, 23; *Onkelos* Ex. 33, 21. 19, 17. 21, 11. 25,
22. Deut. 23, 4. Gen. 31, 9. 3, 8. 6, 6. 8, 21. Num. 22, 20. Deut.
5, 21. Wo Gott bei sich spricht oder schwört, daß er etwas thun
werde, da spricht oder schwört er durch das Memra, denn was er
selbst in sich denkt oder thut, ist ja absolut verborgen, vgl. *Onk.*
Num. 14, 35. Ex. 32, 13; *jer.* I Ex. 3, 17. Num. 14, 30. 35. Lev. 26,
44. Wo es von Gott heißt רצה, da tritt das Memra an die Stelle,
denn Gottes Inneres darf nicht enthüllt werden, vgl. *Jon.* Jer. 6, 8.
Jes. 1, 14. 42, 1. 45, 23. Ez. 23, 18. Wo Gott bereuet, ist es das
Memra, das dafür gesetzt wird, *Jon.* 1 Sam. 15, 11. 35. Gott sagt
nicht למשני, sondern רמימרי (בגין) בדיל, *Jon.* Jes. 48, 11. Wo die Schrift
sagt, daß etwas zwischen Gott und den Menschen geschehen sei,
setzt man für ביני lieber בין במימרי, *Onk.* Ex. 31, 13. 17. Lev. 26, 46;
Jon. Gen. 17, 2. 7. 10. Auch kein Ausdruck einer unmittelbaren Beziehung des Menschen zu Gott wird geduldet. Man schwört nicht
unmittelbar bei Jehova, sondern bei dem Memra Jehova's, *Onk.*
Gen. 21, 23. 22, 16. 24, 3. Jos. 2, 12. 1 Sam. 24, 22. Ez. 17, 21 f.
20, 5 f. 36, 7. Am. 4, 2. 6, 8. Mich. 1, 2. Hab. 3, 10 u. ö. Man be-
lügt nicht unmittelbar Jehova, sondern בכ' דיי שום, vgl. *jer.* I Lev.
5, 21. Deut. 5, 11. oder במימרא דאלהא ישי vgl. Hos. 5, 7. 6, 7. Man
fällt nicht von Jehova unmittelbar ab, sondern vom ב', דיי', *Jon.*
Jes. 1, 2, und hat dann keinen Theil an diesem Jos. 22, 24 f. 27.
Man glaubt daran Deut. 1, 32, verläßt sich darauf 2 Kön. 18, 5. 30,
bekehrt sich dazu Jes. 45, 22 und bittet es Jer. 39, 18. 49, 11.

c. Wenn das Memra Jehova's solchergestalt in den älteren Tar-

gumen für Gott überall da substituirt wird, wo es gilt Anthropomorphismen von Gott abzuwehren, sein Inneres zu verhüllen, die
unmittelbaren Beziehungen zu dem Unnahbaren zu beseitigen, so
wird doch auch schon ebendaselbst, besonders aber in dem jer.
Targum zum Pentateuch, mehr und mehr überhaupt für die unmittelbare Gegenwart und Wirksamkeit Gottes ohne Weiteres die
seines Memra substituirt. In ihm hat Israel Gott gegenwärtig. Es
wird zunächst mit Gott in der Weise identificirt, daß für Gott ר״ד 'מ
gesagt wird. Es steht an Stelle von Elohim und Jahve Elohim *Onk.*
Ex. 19, 17. *jer.* I Gen. 2, 8. 3, 8. 4, 26. 5, 1. 6, 3. 6—8. 7, 16.
Jon. Jo. 2, 23. *Onk.* Gen. 15, 1. 6. Ex. 16, 8 u. ö. Daß ר״ד 'מ geradezu
als Gottesname gebraucht wird, geht aus *Jon.* Gen. 4, 26 hervor,
wo es heißt, von den Tagen des Enos an hätte der Götzendienst begonnen, und die Götzendiener hätten ihre Greuel mit dem
Namen Memra Jehova's belegt. Damit soll freilich die Berührung
des Namens Jehova's mit den Götzen abgewendet, andererseits aber
doch auch ausgesagt werden, daß sie göttlichen Namen und göttliche
Ehre auf die Götzen übertragen hätten. Selbst der Name „der
Heilige in Israel" Jes. 10, 17. 20. 29, 19. 30, 11. 31, 1. wird von
Jonathan durch דיי 'מ ersetzt.

Ueberhaupt ist nach der targumischen Anschauung der in der
Geschichte waltende Gott von Anfang an das Memra Jehova's gewesen. Wir finden es als Schöpfer und Herrn über Alles, z. B.
jer. I Num. 27, 16. *Jon.* Jes. 45, 12, als Richter *jer.* I Num. 25, 4.
33, 4, als Helfer und Erlöser *Jon.* Jes. 45, 17. 24 f. 59, 19. 63, 8.
jer. I Num. 21, 8. *Jon.* Jer. 3, 23. — Das Memra Jehova's hat gewaltet in der Vorgeschichte des Heils, wie in der Patriarchenge-
schichte; vgl. *Onk.* Gen. 6, 6. 7. 7, 16. 8, 21. 9, 12. 15—17. *jer.* I
Gen. 11, 6. 8 ff. *Onk.* Gen. 15, 1. 6. 17, 1 ff. 21, 17. 24, 3. 26, 24.
28. 28, 20. 21. 31, 24. 49 f. 35, 3 u. s. w. Es hat ferner gewaltet
in der Erlösung Israels aus Aegypten, *Onk.* Ex. 3, 12. 4, 12. 15.
Jon. Ex. 12, 23. 29. 13, 8. 15. 14, 25. 31. Es geht in der Wüste vor
Israel her *jer.* I Num. 10, 35. *Jon.* Jes. 63, 14. Jer. 31, 1. Es spricht
die 10 Worte vom Sinai *Targ. jer.* I Ex. 20, vgl. Num. 12, 6. Deut.
5, 4. 5. 21—23. Es ist im Stiftszelt gegenwärtig *Onk.* Lev. 8, 35.
26, 11, vgl. *jer.* I Lev. 1, 1. 9, 23. 26, 12. Es hat Israel zu seinem
Erbtheil erwählt *jer.* I Deut. 4, 20, die Völker Canaans verworfen,
Onk. Lev. 20, 23. Es verwirft Israel, wenn es abfällt, *Onk.* Lev.
26, 30. *jer.* I Lev. 20, 23. 26, 11. 30. 44; es segnet das bundestreue

jer. I Num. 23, 8. Seiner Hülfe und seines Schutzes genießen die Frommen, *Onk.* Gen. 21, 22. 26, 3. Ex. 3, 12. 4, 12. 10, 10. 18, 19. Num. 14, 9. Deut. 2, 7, wie es eine stehende oft vorkommende Segensformel ist: das Memra Jehova's sei deine Hülfe! oder eine Verheißung: das Memra Jehova's wird dir beistehen. Das Memra Jehova's streitet auch für Israel *Jon.* Jos. 10, 14. 42. 23, 3 vgl. V. 13 und *Trg.* Ruth 2, 4. *Jon.* Jos. 3, 7. An dem Memra Jehova's versündigt sich Israel, *jer.* I Num. 11, 20, von ihm wird es gestraft *Jon.* Jes. 8, 14. Wenn Israel Jehova verleugnet, so ist es ein Verleugnen des Memra Jehova's *Jon.* Jer. 5, 12; wenn Israel sich bekehrt, so bekehrt es sich zum Memra Jehova's, *Jon.* Jes. 45, 22.

Auch die Propheten empfangen ihre Sendung von dem Memra Jehova's. Jesaja hört die Stimme des Memra im himmlischen Heiligtum, und wird von diesem gesendet, *Jon.* Jes. 6, 8 vgl. 48, 16. Das Memra Jehova's spricht mit dem Propheten, *Jon.* Jes. 8, 5 vgl. 21, 10.

d. Wir fragen ferner nach dem Verhältnis des Memra Jehova's zum Engel Jehova's. Es ergibt sich deutlich aus *Onk.* Gen. 16, 7. *Jon.* Richt. 6, 12. Jes. 63, 8. 9. In den beiden ersten Stellen wird das hebräische ־יי ־אלאך nicht etwa durch ־יי דיד מירמא wiedergegeben, sondern wieder durch ־יי דיד אבאלם, und in der dritten Stelle wird der „Engel des Angesichts" des hebräischen Grundtextes vom Targum als „der Engel der gesandt ist von Jehova her" wiedergegeben.

Was zuletzt noch das etwaige Verhältnis des Memra Jehova's zum Messias anlangt, so spricht, obwol jenes *Jon.* Sach. 12, 5 (vgl. Trg. jer. I. II Gen. 49, 18) als Israels Erlösungsmittler erscheint, wie es dies alle Zeit in der Geschichte Israels ist, doch *Jon.* Jes. 9, 5. 6 sehr deutlich den Unterschied zwischen dem Messias und dem Memra Jehova's aus. Jener ist der gesetzestreue Knecht Gottes, der das Reich Davids als Reich des Gesetzes und des Friedens aufrichtet und regiert, das Memra Jehova's aber ist es, durch dessen Wirken es schließlich so weit kommt.

Im Memra ist Gott selbst in der Heilsgeschichte gegenwärtig und wirksam vom Anfang an bis ans Ende. Die Idee des Memra Jehova's berührt sich nicht mit der Vorstellung solcher in der Welt die göttliche Gegenwart und Wirksamkeit vermittelnder Diener Gottes, wie des Metatron, des Engels des Herrn, der Geisterfürsten oder des Messias, sondern sie ist Ausfluß des älteren reineren targumischen Gottesbegriffs, insofern dieser ohne Annahme solcher Vermittelung mit der Heilsgeschichte und dem göttlichen Walten in ihr sowie mit dem persönlichen Verkehr zwischen Gott und seinem Volke nicht vereinbar war. Sie ist mit dem älteren targumischen Gottesbegriff selbst in der jüdischen Theologie erloschen Da aber demungeachtet auch die spätere jüdische Vorstellung von Gott dessen unmittelbare Gegenwart und Wirksamkeit in der Welt ausschloß, hat sie an die Stelle des targumischen Memra Jehova's seine Schechina treten lassen.

§ 39. Die Schechina Gottes.

Nach älterem targumischen Begriff ist die Schechina im Unterschied vom Memra das unpersönliche Zeichen der Gegenwart Gottes; nach späterer talmudisch-midrasischer Auffassung repräsentirt sie Gott in seiner Gegenwart, wie in seinem Walten in der Welt.

1. Für die richtige Erfassung des älteren targumischen Begriffs der göttlichen Schechina ist es wichtig, darauf zu achten, daß dieser eng verbunden erscheint mit dem Begriff der göttlichen Herrlichkeit יְקָרָא, אִיקָר. *Targ. jer.* I hat Ex. 35, 5: Und es offenbarte sich Jehova in den Wolken der Herrlichkeit seiner Schechina; Gen. 28, 16: Es ist die Herrlichkeit der Schechina Jehova's wohnend an diesem Orte; Gen. 47, 31. 49, 1: Es offenbarte sich die Herrlichkeit der Schechina Jehova's; Lev. 26, 11: die Schechina meiner Herrlichkeit, und V. 12: die Herrlichkeit meiner Schechina. Für „Herrlichkeit der Schechina Jehova's" wird dann kurz „die Herrlichkeit Gottes" gesetzt, z. B. *Onk.* Gen. 18, 33 für Und es ging Jehova: Und es erhob sich die Herrlichkeit des Herrn; vgl. *Jon.* 1 Kön. 22, 19; *jer.* I Gen. 17, 22. 18, 33. Darum geht von der Schechina jener Glanz aus, der im Talmud und Midrasch זיו genannt wird, ganz so wie von der Herrlichkeit Gottes im Himmel, vgl. oben S. 160. In *Berach.* 64ᵃ heißt es wiederholt: Wer von einem Mahle genießt, bei welchem ein Weiser sitzt, dem ist es, als wenn er den Glanz זיו der Schechina genösse; *Pesikta* 2ᵇ: Der Glanz der Schechina erfüllte das ganze Stiftszelt, ohne daß seiner weniger wurde. Statt der Schechina wird ferner als Versichtbarung der Gegenwart Gottes *Targ. jer.* I, Ex. 33, 11 geradezu יקר אנפין genannt, der Glanz der von Gottes Angesicht ausgeht und das sichtbare Zeichen seiner Gegenwart ist; vgl. *Targ. jer.* I Ex. 34, 29; *Jon.* Ez. 43, 2. Diese enge Verbindung der Schechina mit der Herrlichkeit Gottes zeigt, daß die Schechina selbst wesentlich nichts Anderes ist, als die ursprünglich im Himmel

verborgene Herrlichkeit Gottes, welche sich auf die Erde herabläßt
und hier das sichtbare Zeichen der göttlichen Gegenwart und Wirksamkeit bildet. Daher sagt Jonathan zu Hab. 3, 4: Die Schechina
war von Anfang an den Menschen verborgen, sie war im Himmel;
auf dem Sinai offerbarte er sie; Funken gehen von dem Wagen seiner
Herrlichkeit aus. Das selbe *Targ. Jon.* zu Jes. 32, 15. 38, 14 sagt,
daß Gottes Schechina in den Himmeln der Höhe ist. Es ist nicht
die ganze und volle Herrlichkeit Gottes selbst, die auf dem Throne
Gottes im himmlischen Heiligtum ruht, sondern es ist Herrlichkeit
von der Herrlichkeit, Glanz vom Glanze seines Angesichts, derselbe
von dem die Engel im Himmel sich nähren S. 162; denn *Pesikta*
57ᵃ heißt es geradezu: die Engel des Dienstes nähren sich (נוינין)
vom זיו der Schechina. Daher steht im *Targ. Onk.* Num. 6, 25 f.
Jon. zu Jes. 8, 17. 59, 2 für das Angesicht Gottes die Schechina, und *Jon.* Jes. 1, 15 u. ö. für meine Augen: das Angesicht
meiner Schechina. In seiner Schechina kehrt er sich dem Menschen
zu, richtet seine Augen auf ihn, denn sie ist Glanz, der von seinem
Angesicht ausgeht. Dieser Glanz ist aber eingehüllt in Wolken.
Der vollständige Ausdruck für die Erscheinungsform der göttlichen
Schechina findet sich an Stellen wie *Targ. jer.* I Ex. 34, 5: Und es
offenbarte sich Jehova in den Wolken der Herrlichkeit seiner Schechina. An sich kann eine Offenbarung Gottes stattfinden auch ohne
daß die Herrlichkeit Gottes sich versichtbart. Nach der Auffassung
des *Targ. jer.* I zu Ex. 33, 11 hat Mose Stimme der Rede gehört,
aber den Glanz des Angesichts nicht gesehen; und am Schlusse der
Offenbarung heißt es: „und es erhob sich die Stimme der Rede",
während sonst der entsprechende Ausdruck lautet: die Herrlichkeit
oder die Schechina erhob sich.

   Ist nun die Schechina persönlich oder nicht? *Targ. jer.* I Ex.
34, 5 unterscheidet die Schechina und das Memra Jehova's durch
folgende zwei Sätze: 1. Jehova offenbarte sich in den Wolken der
Herrlichkeit seiner Schechina; 2. Und es rief Mose an den Namen
des Memra Jehova's. Er ruft also nicht die Schechina, sondern das
Memra Jehova's an. *Targ. Jon.* Mich. 3, 11: Auf das Memra Jehova's (Grundtext Jehova) trauen sie, indem sie sagen: Ist nicht die
Schechina Jehova's (Grdt. Jehova) in unserer Mitte? Das Targum sagt
also nicht: trauen auf die Schechina; Beten und Vertrauen als Handlungen, die auf ein persönliches Wesen gerichtet sind, haben nicht
die Schechina zum Gegenstand. Lehrreich ist auch *Targ. jer.* I, Lev.

26, 12: Und ich will wohnen lassen die Herrlichkeit meiner Schechina unter euch, und es sei euch mein Memra zum erlösenden
Gotte. Auch Deut. 5, 21 unterscheidet dasselbe Targum zwischen der
Schechina und dem Memra; das Memra lasse Israel die Schechina
Gottes schauen und spreche selbst aus dem Feuer zu Israel. Ebenso
zu Deut. 12, 5: das Memra hat das Land Israel erwählt, daselbst
die Schechina Gottes wohnen zu lassen; eben dorthin soll Israel
nach V. 11 seine Opfer bringen, wo das Memra Jehova's seine
Schechina wohnen lassen wird. Also ist das Memra Jehova's das
mit Israel handelnde Subject. Nach solchen Zeugnissen muß man
den Eindruck gewinnen, daß die ältere targumische Auffassung die
Schechina für etwas Unpersönliches ansieht; wo persönliche Bethätigung oder Beziehung Gottes zu Israel ausgesagt werden soll, tritt
das Memra Jehova's ein. Dieser Eindruck wird verstärkt durch die
Art, wie zwischen Gott und der Schechina unterschieden und der
Vorgang des Erscheinens und der Entfernung der Schechina bezeichnet wird. Wenn es z. B. Ex. 25, 8 heißt: Ich will wohnen in ihrer Mitte, so sagt das Targum dafür: Ich will meine
Schechina unter ihnen wohnen lassen. Wenn Hab. 2, 20 gesagt wird,
der Herr sei in seinem Tempel, so sagt das Targum dafür: dem
Herrn gefiel es, seine Schechina in seinem Heiligtume wohnen zu
lassen; vgl. das Targum zu Zeph. 3, 5. 15. 17. Zu Sach. 3, 2 vgl.
1 Kön. 14, 21 setzt das Targum für Jehova hat Jerusalem erwählt:
es hat ihm gefallen, seine Schechina in Jerusalem wohnen zu lassen.
Für: ich wohne in Jerusalem Sach. 8, 3 setzt das Targum: ich lasse
meine Schechina in Jerusalem wohnen, vgl. das Targum zu 1 Kön.
6, 13; für du bist Gott in Israel 1 Kön. 18, 36: du bist Jehova,
dessen Herrlichkeit wohnet in Israel; vgl. das Targum zu Hagg. 1, 8.
Sach. 2, 9. Mal. 3, 13. Der Ausdruck für die Rückkehr der Schechina
in den Himmel ist פליק, z. B. zu Hos. 5, 6. Gerade die letztere
Targumstelle scheint freilich, die Ansicht von der Unpersönlichkeit
der Schechina wieder unsicher zu machen; denn ihr zufolge hat sich
die Schechina (in den Himmel) erhoben, deshalb kann man nicht
mehr Belehrung von Jehova fordern. Da scheint es, als ob die
Schechina Belehrung ertheilte, also persönliche Acte von ihr aus-
gingen. Allein auch dann, wenn die Schechina nur als Zeichen der
göttlichen Gegenwart in Betracht kommt, bewirkt ihre Entfernung,
daß man von Jehova nicht mehr Belehrung suchen kann, weil diese
Entfernung das Zeichen ist, daß er keine Gemeinschaft mehr mit

dem Volke hat, sich also auch durch die Propheten nicht mehr
ausforschen läßt.

Das Resultat aus den Targumen ist somit, daß die Schechina
Gottes, d. i. die Herrlichkeit des Herrn, der Glanz von seinem Angesichte, die ihren Wohnsitz im Himmel hat (vgl. *Targ. jer.* I, Deut.
3, 24), sich auf Befehl Gottes zur Erde herabläßt, um als Zeichen
der Gegenwart oder besser der Gemeinschaft Gottes mit seinem
Volke zu dienen, und sich von der Erde wieder in den Himmel
erhebt, sobald Gott dem Volke seine Gemeinschaft entzieht. Der
persönliche Verkehr Gottes mit dem Volke vollzieht sich dagegen
durch das Memra Gottes, welches redend und handelnd zwischen
Gott und dem Volke erscheint.

2. Anders gestaltet sich die Anschauung von der Schechina Gottes im späteren Midrasch und im Talmud. Das Wesen der Schechina
zwar wurde nicht anders aufgefaßt; sie ist auch in diesen Schriften
der Glanz Gottes, vgl. *Berach.* 17a. 64a u. ö. Dagegen mußte dadurch eine Aenderung eintreten, daß die Vorstellung vom Memra
Gottes verschwand; denn wenn diese Idee auch im Targum Jeruschalmi I und II, welche von Onkelos und Jonathan vielleicht
Jahrhunderte weit abliegen, noch fortlebte, so sind doch diese
keine Zeugnisse für den wirklichen Glauben der Zeitgenossen,
da sie nur als gelehrte Bearbeitungen der älteren Targume deren
Anschauungen weiter ausspinnen, während die wirkliche Schul-
und Volksmeinung späterer Zeit im Talmud und Midrasch
niedergelegt ward. Diese enthalten nichts mehr vom Memra
Jehova's. Sie kennen vielmehr als Vermittlerin der göttlichen Gegenwart und Wirksamkeit in der Welt nur die Schechina. In ihr
vereinigt sich daher was im älteren Targum auseinanderliegt: die
Schechina ist nicht bloß Zeichen der göttlichen Gegenwart und Gemeinschaft, sondern auch Subject persönlichen göttlichen Wirkens,
Trägerin der segnenden Gegenwart Gottes. Wenn zehn Personen ge-
meinschaftlich beten, so ist die Schechina unter ihnen *Berach.* 6a.
Wo immer Israel in seinen Synagogen und Lehrhäusern betet oder
studirt *Pesikta* 193a b. *Wajjikra rabba* c. 11; wo Weise, Aelteste und
Propheten sind, da ist auch segnend die Schechina *Beresch. rabba*
c. 42; wenn Mann und Weib ein frommes Leben führen, so ist die
Schechina bei ihnen; sonst verzehrt sie das Feuer *Sota* 17a. Sie
besucht den Frommen in seiner Krankheit, erquickt und speist ihn
Schabbath 12a, begleitet den Gerechten allenthalben *Beresch. rabba*

c. 86. Ueberall ist das Verhältnis der Schechina zu Einzelnen und Gemeinschaften ein solches von Person zu Person. *Sota* 3^b fügt hinzu: Ehe Israel sündigte, wohnte die Schechina bei jedem Einzelnen (Deut. 23, 15^a); nachdem sie aber gesündigt, ist die Schechina von ihnen genommen (V. 15^b). *Tosefta Menach.* c. 7 finden wir die Segensformel: die Schechina wohne über dem Werk eurer Hände. Darauf deutet auch der bekannte Ausdruck: Jemand unter die Flügel der Schechina aufnehmen d. h. zum Proselyten machen; die Schechina macht den Proselyten sich zu eigen, schirmt und schützt ihn. Noch mehr tritt das persönliche Verhalten der Schechina hervor, wenn wir die Geschichte ihrer Einwohnung und ihres Auszugs aus dem Heiligtum ins Auge fassen. Nach *Beresch. rabba* c. 19 u. a. St. wohnte sie von Anfang an auf Erden, und c. 3 vgl. *Jalk. Schimeoni, Bereschith* 5 sagt, von Anfang an habe der Heilige begehrt mit den unteren Regionen Gemeinschaft zu machen. Als Adam aber gesündigt hatte, erhob sich die Schechina in den ersten Himmel, nach Kains Sünde in den zweiten, in den Tagen des Enos in den dritten, zur Zeit der Sintfluth in den vierten, zur Zeit der Zerstreuung der Menschen in den fünften, zur Zeit der Sünden Sodoms und Gomorra's in den sechsten, zur Zeit der Aegypter in den Tagen Abrahams in den siebenten. Dem entsprechen jedoch sieben Gerechte: Abraham, Isaak, Jakob, Levi, Kehath, Amram und Mose, welche sie stufenweise zurückbrachten, bis sie in den Tagen Mose's im Stiftszelt Wohnung nahm. Seitdem ist sie bleibend in der Welt, vgl. *Schir rabba* 15^d. Aber nicht immer blieb das Heiligtum Israels ihre Wohnstätte. Als sie von da schied, glich sie dem Könige, der seinen Palast verläßt und Abschied nehmend die Wände küßt und die Säulen umarmt und spricht: Lebe wol, mein Haus, mein Palast; so küßte die Schechina die Wände und umarmte die Säulen des Tempels und sprach: Lebe wol, mein Haus, mein Palast! Nach diesem Auszuge lagerte sie 13^1/2 Jahre auf dem Oelberg und sprach laut rufend dreimal: Ich will wiederkehren an meinen Ort. So erzählt *Pesikta* 115^a, und in etwas anderer Fassung *Jalkut* und *Echa rabba*. Die Schechina wandert mit Israel von Ort zu Ort, schließlich auch in das Exil *Schemoth rabba* c. 23. Wo die Thora herrscht, gelernt und geübt wird, da ist auch die Schechina, das Volk Gottes erleuchtend und heiligend, segnend und schirmend, vgl. S. 46 ff. 60. 64. Man genießt ihren Glanz, d. h. man hat in ihrer Nähe eine Leib und Seele sättigende Empfindung der Nähe

Gottes *Berach.* 64ᵃ, wie die Geister des Himmels sich sättigen vom Glanze der Schechina im Himmel.

Schon *Targ. jer.* I, Deut. 3, 24 finden wir, daß die Schechina im Himmel wohnt und auf Erden waltet שׁלים. Auch der Talmud und Midrasch kennt nicht bloß die in Israel waltende Schechina, sondern lehrt, daß sie an jedem Orte sei *Baba bathra* 25ᵃ, Alles erfüllend und durchdringend gleich der Sonne *Sanhedrin* 39ᵃ; kein Ort der Erde sei leer von der Schechina; deshalb sei Gott auch im Dornbusch und rede aus ihm *Pesikta* 2ᵇ, obwol sie im Stiftszelt wohne *Schir rabba* 15ᵈ. Darüber vgl. unten § 45. In der Schechina ist jedenfalls Gott seinem Volke wie der Welt gegenwärtig, beiden je in ihrer Weise; er hat durch die Schechina mit den unteren Regionen die von Anfang an gewollte שׁוּתפות Verbindung, ohne seine eigentliche von dem Diesseits abgeschiedene Wohnung in den oberen Regionen verlassen zu müssen.

§ 40. Der heilige Geist und die Offenbarungsstimme.

Wie das Memra und die Schechina Gottes Gegenwart und Wirksamkeit im Volke Gottes und der Welt, so vermittelt der heilige Geist im Besonderen die göttlichen Wirkungen auf den menschlichen Geist. Er ist Licht vom Lichte Gottes, von Gott ausgehendes Wort der Offenbarung, welches den Trägern des Amtes für einelne Fälle die nöthige Erleuchtung gewährt oder den Frommen besonderes Gnadenzeichen Gottes ist. Die Bath Kol dagegen ist eine Offenbarungsstimme (Orakel) aus dem Himmel zur Entscheidung in Fällen der Ungewißheit über Gesetzesfragen, ein geringer Ersatz für die Wirksamkeit des heiligen Geistes, dessen das spätere Geschlecht nicht mehr würdig war.

1. **Der heilige Geist.** Unter den 10 Dingen, welche laut *Chagiga* 12ᵃ am ersten Tage von Gott geschaffen worden sind, ist auch der Geist Gottes, der über der Fluth schwebte. Da dieser Geist Gottes von dem heiligen Geiste nicht zu unterscheiden ist, so ist dieser hienach geschöpflicher Weise aus Gott hervorgegangen. Dem entsprechen die targumischen Aussagen vom Verhältnis des heiligen Geistes zu Gott. Gleich am Anfang des Targum des Onkelos findet sich zu Gen. 1, 2 für „Geist Elohims" der Ausdruck: „Geist von Jehova her" רוח י'. Dieser Ausdruck erweckt die Vorstellung, daß der Geist dienstbereit vor Jehova ist und aus dieser

Stellung von Gott entsendet wird. Dagegen wird ein näheres Verhältnis zur Person Gottes, vermöge dessen er aus dem Wesen der Gottheit selbst stammte, durch diese Ausdrucksweise ausgeschlossen. Auch der Geist, welcher in Joseph waltet, heißt Geist der Weissagung קדם מן בן von Jehova her *Targ. jer.* I Gen. 41, 38. Das Targum des Jonathan zu Jes. 32, 15. vgl. 38, 14 nennt ihn den Geist von dem her, dessen Schechina in den Himmeln der Höhe ist, und übersetzt den Ausdruck: ich will ausgießen meinen Geist Jes. 44, 3: ich will ausgießen den Geist meiner Heiligkeit. Die Synagoge vermeidet es zu sagen „Gottes Geist". Der heilige Geist ist der Geist, der vor Gott dient und von ihm gesendet wird, um seine Befehle zu vollstrecken.

Ist dieser Geist ein persönliches Wesen? Maimonides nennt ihn bekanntlich eine göttliche Kraft, welche in den Verfassern der heiligen Schriften wirksam war. In *Wajjikra rabba* c. 6 erscheint er aber als Vertheidiger Israels, der dessen Verdienste vor Gott aufzählt, ebenso *Debarim rabba* c. 3 als *Synegor* Vertheidiger. Schriftworte werden mit den Worten citirt: der heilige Geist spricht אימר, z. B. *Debarim rabba* c. 11. Er geht aus von Gott und ruft laut aus *Bammidbar rabba* c. 17; drei Sentenzen hat er durch lauten Zuruf bestätigt *Kohel. rabba* 81ᵈ; er ruhete auf Joseph von der Jugend bis zu seinem Tode und leitete ihn in Allem, was zur Weisheit gehört, wie ein Hirte seine Heerde leitet *Pirke de-Rabbi Elieser* c. 39. Alle diese Aussagen setzen seine Persönlichkeit voraus. Bei genauerer Betrachtung ergibt sich, daß er, wie auch *Kohel. rabba* 77ᵃ bemerkt wird, bald als männliches, bald als weibliches Wesen bezeichnet wird, denn רוח ist auch im biblischen Sprachgebrauch doppelgeschlechtig. In *Sifre* 148ᵃ heißt es רוח הק' אומרת, und so wird wiederholt die Schrift citirt, vgl. *Kohel. rabba* 81ᵈ, *Pirke de-R. Elieser* c. 39, *Bammidbar rabba* c. 17 u. ö.. Man darf annehmen, daß Talmud und Midrasch ihn öfter als Femininum, denn als Masculinum bezeichnen. Wir haben also einerseits vor uns Thätigkeiten, die eine Person voraussetzen, andererseits eine überwiegend femininische Bezeichnung, die ihn als Unpersönliches, als von Gott ausgehende Kraft erscheinen läßt. Das Wirken des heiligen Geistes ist bald als das eines Lichtes von Gott, bald als das einer Stimme von Gott her, die dem Menschen zutönt oder im Menschen ertönt, dargestellt. Nach *Bereschith rabba* c. 85 ließ plötzlich an drei Orten der heilige Geist sein Licht leuchten (הופיע): im Gerichtshofe

des Sem, des Samuel und des Salomo, und leuchtete auf (נצנצה) in
Thamar, so daß sie plötzlich zu der Erkenntnis kam, daß sie die
Ahnfrau des Messias werden würde, sowie in den Brüdern Josephs
c. 91. Er kommt aber auch als offenbarendes von Gott ausgehendes
Wort von außen und ruft dem Menschen zu, z. B. *Bammidbar rabba*
c. 17: der heilige Geist ging aus und sprach, und *Kohel. rabba* 81ᵈ:
er ruft צוחת und spricht: Von mir sind alle diese Worte u. s. w.
Auch im Gerichtshofe ertönt seine Stimme. Daher wird er selbst zur
Stimme Gottes, die sich innerlich im Menschen vernehmlich macht
und ihm Offenbarung mittheilt. In dieser Hinsicht heißt er an vielen
Stellen Geist der Weissagung, רוח חנבואה. Hierher gehört es, wenn
Jakob seinen Söhnen sagt *Targ. jer.* I Gen. 43, 14: Mir ist verkündet worden durch den heiligen Geist. Diese Function scheint in
der That als die hauptsächlichste betrachtet worden zu sein, denn
das Targum des Jonathan nennt zu Jes. 40, 13 den „Geist Jehova's"
den heiligen Geist im Munde aller Propheten, und statt heiliger
Geist heißt es im Targum oft Geist der Prophetie, z. B. *Jon.* zu
2 Kön. 9, 26.

Mit diesem auf Erleuchtung oder Darreichung höherer Erkenntnis von Gott gerichteten Wirken hängt es zusammen, daß der heilige
Geist nur über Einzelne, besonders Erwählte kommt, deren Beruf
eine besondere Erleuchtung nöthig macht, oder welche dadurch
zum Lohn ihres Verdienstes ausgezeichnet werden. Zu Jenen gehören die Propheten und Lehrer, die Richter des Volkes. Mose
hatte den heiligen Geist *Pesikta* 9ᵃ, und alle Propheten *Targ. Jon.*
Jes. 40, 13. Die Richter erkennen nicht minder das Rechte durch
Erleuchtung des heiligen Geistes. So erkannte Juda im Gerichtshofe Sems die Unschuld Thamars, so erkannte Samuel zwischen Jehova und Israel und that Salomo seinen berühmten Spruch durch
Erleuchtung des heiligen Geistes *Beresch. rabba* c. 85. Weil er
zum Lehren und Rechtsprechen erforderlich ist, deshalb wird er
durch die Handauflegung in der Ordination auf den Ordinanden übertragen, vgl. S. 123. 130. Da zündet ein Weiser sein Licht an dem
des anderen an, aus einem Gefäße wird in das andere gegossen,
wie *Bammidbar rabba* c. 21 erläuternd zu Num. 27, 18. 20 von der
Semicha gesagt wird. Früher hatte Israel alle Zeit den heiligen
Geist in seiner Mitte; er leuchtete seinen Propheten und Richtern
und war im Heiligtume gegenwärtig; denn nach *Joma* 21ᵇ fehlten dem
zweiten Tempel unter fünf Dingen, die der erste hatte, auch der

heilige Geist. Im ersten Tempel also war derselbe gegenwärtig, doch wol um Israel Offenbarung zu ertheilen, wenn der Hohepriester für dasselbe fragte. Sonderlich war der heilige Geist denen gegenwärtig und in ihnen wirksam, welche die heiligen Schriften verfaßt haben, daher die bekannte Citationsweise. Von der inspirirenden Wirksamkeit des heiligen Geistes heißt es: der heilige Geist ruhete auf Salomo u. s. w. *Schir rabba* 2ᶜ u. ö.

Ist nun der heilige Geist so als Geist der Erleuchtung in denen gegenwärtig und wirksam, die einen besonderen Beruf im Volke Gottes tragen, so wird er andererseits auch als auszeichnende Gabe den Gerechten verliehen. Schon die Urväter und Patriarchen hatten den Geist der Weissagung. Durch den heiligen Geist nannte Eber seinen Sohn Peleg *Jalkut Schimeoni, Bereschith* 62. Der Patriarch Jakob besaß ihn; aber als der Bann über ihn kam, wich er von ihm c. 142. Er ist also Lohn und Auszeichnung für besondere Gerechte. *Bammidbar rabba* c. 15 sagt, wer für Israel etwas leide, werde der Ehre, der Größe und des heiligen Geistes gewürdigt, und nach *Wajjikra rabba* c. 35 wird derjenige des heiligen Geistes gewürdigt, der die Thora lernt, um sie zu erfüllen. *Tanchuma, Wajechi* 14 wird der Satz aufgestellt, daß die Gerechten Alles, was sie als Gerechte thun, durch den heiligen Geist vollbringen. Dem widerspricht es nicht, wenn *Jalkut Schimeoni, Beresch.* 62 von Simeon b. Gamaliel den Ausspruch berichtet, die Alten hätten bei solchen Acten wie Namengebung die Erleuchtung des heiligen Geistes gehabt, oder wenn *Kohel. rabba* 84ᵃ sagt, daß der heilige Geist nach der Zerstörung des Tempels sich zu Gott erhoben habe und im zweiten Heiligtum nicht mehr gegenwärtig sei, oder daß er, wie wir oben sahen, seit Maleachi's Zeiten nicht mehr inspirirend wirkt wie in den Verfassern der heiligen Schriften. Man muß diese Aeußerungen aus der Verschiedenheit seiner Gegenwart und Wirkungsweise erklären, wie sie der traurige Strafzustand Israels in der Verbannung mit sich bringt. So wenig dieser Zustand die Anwesenheit der Schechina im Volke völlig ausschließt, so wenig die des heiligen Geistes. Aber es sind jetzt nur noch besondere Fälle, in denen er mitgetheilt wird, und seine Wirkungsweise ist gegen früher mehr verborgen.

2. **Die Bath Kol.** Das zuletzt Gesagte zeigt, daß zwischen dem, was die talmudische und midrasische Literatur den heiligen Geist nennt, und der בת קול eine innere Verwandtschaft besteht, weshalb beide Begriffe in einander übergehen. Lehrreich ist die

oben angeführte Stelle aus *Bereschith rabba* c. 85, nach welcher
der heilige Geist in den Gerichtshöfen des Sem, des Samuel und
des Salomo geleuchtet, dem Salomo aber (1 Kön. 3, 27) eine Bath
Kol zugerufen hat: Sie ist seine Mutter gewiß. Ebenso heißt
es zu den Worten Samuels bei seiner Amtsniederlegung (1 Sam.
7, 5): „Jehova ist Zeuge", es sei eine Bath Kol ausgegangen
und habe gesagt: Er ist Zeuge. Was also zuerst vom Leuchten
des Geistes abgeleitet wird, wird dann zurückgeführt auf die Bath
Kol. Da auch der Geist im Offenbarungswort sich kundbar macht,
so kann man sagen: der heilige Geist rief oder: die Offenbarungsstimme ertönte; beides ist wesentlich Eins. Das ergibt sich auch aus
Sota 33ᵃ, vgl. Josephus *ant*. XII, 10, 3, wonach die Bath Kol einmal aus
dem Allerheiligsten kam. An diesem Orte ist sonst die Schechina
und der heilige Geist gegenwärtig gedacht, von welchem Offenbarung
ausgeht; diesen aber entspricht, wie es scheint, hier die Bath Kol.
Was den Ausdruck anlangt, so soll nach Levy I, 112 'ק ב' die
kleinere Gottesstimme heißen; unserer Ansicht nach dürfte das רב
andeuten, daß aus קיל der Stimme, Offenbarung Gottes im Himmel
oder im Heiligtum ein Wort hervorgeht. In der That sind es immer
kurze Offenbarungsworte oder -Sätze, die als רב קיל bezeichnet werden.
Und darin liegt wol wiederum der wesentliche Unterschied zwischen
der früheren Offenbarung durch den heiligen Geist und der späteren
durch die Bath Kol: jener lehrt als Geist der Weissagung oder als
Führer zur Weisheit nicht bloß Einzelheiten, sondern Zusammen-
hängendes, diese gibt in einzelnen Orakeln göttliche Winke und
Fingerzeige, Antworten auf Fragen, Entscheidung in schwierigen
Fällen, aber nicht stetige Unterweisung. Deshalb ist sie im Zeitalter der Verbannung als geringerer Grad göttlicher Offenbarung an
die Stelle des heiligen Geistes getreten, vgl. *Joma* 9ᵇ. Mehrere Fälle
solcher Offenbarungen haben wir schon gelegentlich angeführt, vgl.
S. 101. 102. 123. Der Ausdruck lautet םיבשה ןמ ןיב קיל תב םהילע התינ z. B.
Sota 48ᵇ. *jer. Sota* IX, 16. Als Beweise für unsere Auffassung von קיל רב
mag noch Folgendes dienen. Nach *Targ. jer.* II, Deut. 28, 15 fällt eine
Bath Kol vom Himmel. Ebenso *Targ. jer.* I, Num. 21, 6, wozu allerdings Levy I, 112 aus dem *Targ. jer.* II als Lesart gibt: Eine Bath
Kol entstieg der Erde, und die Stimme ist in den Höhen vernom-
men worden. Das Gewöhnliche ist jedenfalls, daß die קיל רב vom
Himmel ausgeht oder doch vom Himmel her ertönend vernommen wird.
Daß es sich nur um göttliche Winke, nicht um Weisheit, Lehre handelt,

ersehen wir auch daraus, daß nach *Baba mezia* 59ᵇ, *Sanhedrin* 11ᵃ
vgl. oben S. 98 in Sachen der Halacha die Berufung auf eine 'ק 'ב
nicht angenommen wird. Dagegen gab dieselbe Zeugnis über heilige
Männer, sonderlich auch über ihren Zustand nach dem Tode *Berach.*
61ᵇ (Akiba) vgl. oben S. 138; und als ein Chasid Zweifel über das
künftige Jerusalem und seine Herrlichkeit aussprach, wies ihn eine
'ק 'ב zurecht *Pesikta* 137ᵃ. Uebrigens wird der Ausdruck, der ja zunächst ganz allgemein wie unser: Ausspruch, Spruch lautet, auch von
Sprichwörtern gebraucht, vgl. *Bereschith rabba* c. 67, wo der Satz:
Viele Füllen starben, deren Felle von den Müttern getragen werden,
als 'ק 'ב bezeichnet wird, während er *Sanhedrin* 52ᵃ als Sprichwort
(אברי אינשי) wieder erscheint.

Auch die 'ק 'ב ist sonach ein Mittel für die Menschen, Einzel-
Offenbarung aus dem Jenseits zu empfangen, ohne daß Gott selbst
zum Menschen redet. Merkwürdig ist in dieser Richtung das von
Levy citirte Targum zu Threu. 3, 38. Von Gott (unmittelbar) — heißt
es da — wird das Böse nicht verhängt, sondern durch eine Bath Kol
wird es angedeutet wegen der Gewaltthätigkeiten, deren die Erde
voll ist. Wenn Gott aber Gutes über die Erde verhängen will, so
kommt es (unmittelbar) aus seinem heiligen Munde. Damit ist sehr
deutlich gesagt, daß die 'ק 'ב nur ein mittelbares Gotteswort ist.

Zweite Abtheilung.

Der kosmologische und anthropologische Lehrkreis.

Cap. XIV. Die Schöpfung und Erhaltung der Welt.

§ 41. Vorbemerkung.

Mit der zweiten Hälfte des Geonäischen Zeitalters, etwa 750 nach
Chr., beginnt eine Literatur, welche die jüdische Geheimlehre von
der Schöpfung und der Herrlichkeit Gottes zum Gegenstande hat.
Die Hauptschrift dieser Literatur ist das Buch Jezira, welches ältere
philosophische Ideen mit überlieferten Lehren und eigenen Meinungen
des Verfassers verbindet. Zwar wurde schon früher über das *Maaseh
Bereschith* und das *Maaseh Merkaba* Ez. 1 Eigentümliches vorgetragen, s. *Chagiga* 8, aber immer mit einer gewissen Beschränkung

und Zurückhaltung. Es liegt nicht in unserer Aufgabe, auf die Resultate dieser Geheimlehre einzugehen; sie gehört der Geschichte der Philosophie um so mehr an, als sie großentheils nicht aus den specifisch religiösen Grundanschauungen des palästinischen Judentums erwachsen, sondern unter mannichfachen Einflüssen fremder und späterer philosophischer Vorstellungen entstanden ist. Wir haben uns hier zu beschränken auf diejenigen Momente palästinisch-jüdischer Kosmologie, welche einerseits nicht bloß Reproduction biblischer Tradition, andererseits auch nicht bloß Erzeugnisse fremder Einflüsse, sondern aus den Grundanschauungen der palästinisch-jüdischen Theologie erwachsen sind.

§ 42. Der göttliche Schöpfungsrathschluß.

Die Weltschöpfung ist mit der vorzeitlichen Emanation der Thora aus Gott schon als nothwendig mitgesetzt. Denn die Thora als die Lebensordnung einer heiligen Menschheit kommt zu ihrer Verwirklichung nur, wenn Gott eine Menschheit herstellt, und diese hat zur Voraussetzung die Welt, welche ihr als Wohnstätte dient und die Mittel zur Erfüllung der Thora reicht. So ist die Welt für die Thora, die sich in ihr verwirklichen soll: die Thora ist das Ziel der Weltschöpfung.

Talmud und Midrasch wiederholen diesen Gedanken oft in verschiedener Gestalt. Die einfachste Form enthält etwa *Bereschith rabba* c. 1 in den Worten: Die Welt ist geschaffen בזכות התורה d. i. die Thora hat es veranlaßt, eigentlich erworben, daß die Welt geschaffen wurde. Derselbe Sinn liegt meines Erachtens zu Grunde, wenn andere Stellen dafür sagen, durch das Verdienst Mose's (denn Mose kommt da als Repräsentant der Thora in Betracht), oder wenn es *Nedarim* 31ᵃ heißt, um der Beschneidung willen (d. i. weil Gott ansah, daß Israel die Beschneidung und damit die Thora auf sich nehmen würde), oder *Pesikta* 200ᵇ, um Abrahams, Isaaks und Jakobs willen sei die Welt geschaffen, was *Bereschith rabba* c. 12 die Gestalt annimmt, daß dafür die Stämme genannt werden. Das Volk, das die Thora auf sich nehmen und erfüllen wird, hat Gott vor Augen, indem er die Welt schafft. Dies wird ausdrücklich gesagt, wenn es *Schabbath* 88ᵃ, *Schir rabba* 23ᵃ u. ö. heißt, Gott habe die Welt bedingungsweise geschaffen. Für den Fall, daß Israel die Thora annehmen würde, sollte die Welt bleibenden Bestand haben; für den Fall aber, daß Israel die Annahme der Thora weigern würde, sollte sie zum Thohu wa-Bohu zurückkehren, oder positiv *Schemoth rabba* c. 40: die Welt ist geschaffen worden, weil vorauszusehen war, daß Israel die Thora annehmen würde. Dem entspricht es, daß *Pesikta* 5ᵇ. 6ᵃ, *Bammidbar rabba* c. 12, *Tanchuma, Theruma* 9 und sonst oft gesagt wird, die Welt habe festen Bestand erst erlangt, als die Stiftshütte aufgerichtet war. Wer hat, heißt es *Pesikta* 5ᵇ, alle Enden der Erde aufgerichtet הקים? Das ist das Stiftszelt; mit ihm ist die Welt zugleich aufgerichtet, fest gegründet worden מכינן, bis dahin „schwankte" sie; die Thora ist das Fundament, das die Welt trägt und hält *Tanchuma, Beresch.* 1.

Eine weitere Aussage derselben Art ist, daß die Thora den Plan für die Schöpfung der Welt enthalte, und ihre Verwirklichung das Ziel für letztere sei. *Bereschith rabba* c. 1 sagt, Gott habe die Welt durch die Thora geschaffen, und der Midrasch *Tanchuma* hebt damit an, daß Gott sich mit der Thora berathen habe, als er die Welt schuf. Diese war gleichsam die Werkmeisterin, nach deren Ideen die einzelnen Schöpfungswerke ausgeführt worden sind. Alles was Gott schuf, sagt zwar *Schemoth rabba* c. 17, schuf er zu seiner Ehre, um mittelst desselben seinen Willen zu vollbringen, er schuf es um seinetwillen; welches aber die göttlichen Gedanken sind, die sich in der Schöpfung verwirklichen sollen, das zeigen darauf jene zwar nicht völlig, aber doch in den Hauptpunkten übereinstimmenden Stellen, welche von den sieben Dingen reden, welche Gott vor der Schöpfung der Welt ins Dasein zu rufen beschlossen hat. *Bereschith rabba* c. 1 nennt die Thora und den Thron der Herrlichkeit als wirklich vor der Zeit geschaffen, und als in der Idee Gottes vordem vorhanden (במחשבה לבי *Pesach.* 54ᵃ) die Väter, Israel, das Heiligtum und den (Namen des) Messias. Das nächste Ziel ist Israel und das Heiligtum, das letzte das Reich des Messias auf Erden. *Tanchuma, Nissa* 11 zählt auf: die Thora, den Thron der Herrlichkeit, das Heiligtum, die Patriarchen, Israel, den Messias und die Buße. In *Pesach.* 54ᵃ, *Nedarim* 39ᵃ, *Jalkut Schimeoni, Beresch.* 20 finden wir: Thora, Buße, Garten Eden, Gehinnom, Thron der Herrlichkeit, Heiligtum, Messias. Wenn die Buße *Teschuba* genannt wird, so ist sie im Sinne der Rückkehr zur Thora gemeint, ohne welche diese keinen Bestand hätte, ohne welche schließlich das Reich des Messias nicht aufgerichtet werden könnte; daher ihre Stellung bald neben der Thora, bald neben dem Messias am Schluß. Eden und

Gehinnom aber sind die Stätten der Vergeltung für Erfüllung oder
Verwerfung der Thora; deshalb schließen sie sich mit der Teschuba an
die Thora. Wenn in den drei zuletzt angeführten Stellen der Thron
der Herrlichkeit nicht wie sonst am Anfang, sondern neben dem
Heiligtum steht, so soll eben das himmlische Heiligtum dem irdischen
entsprechen. Als die wesentlichen Zielpunkte sind aber überall gedacht als Anfang die Väter, in der Mitte das Heiligtum, und das
Volk der Thora um dasselbe, und am Schlusse das Reich des Messias. Dies ist der Weltplan Gottes: in seinem Centrum steht die
Thora; mit ihr steht und fällt die Welt, nicht bloß Israel, nicht
bloß das Land Israel, auch nicht bloß die Erde; sondern wenn sie
nicht wäre, so würden Himmel und Erde nicht bestehen; *Pesachim*
68[b] vgl. *Tanchuma, Bereschith* 1: um derer willen, welche die Thora
bewahren, steht die Welt. Daher werden die Tage des Messias,
in welchen diese gegenwärtige Welt zu ihrer Vollendung kommt,
zugleich gedacht als das Zeitalter, in welchem auch die Thora zu
ihrem Vollbestand gelangen wird, vgl. oben S. 37.

Diese Grundanschauung hat zur Folge, daß die heilige Stätte
der Thora als Mittel- und Ausgangspunkt für die Schöpfung be-
trachtet wird, zu welchem sich alles Andere peripherisch verhält.
Joma 54[b] sagt z. B.: Die Welt ist von Zion aus geschaffen worden.
Zion wird der Mittelpunkt der Schöpfung, und das Heiligtum das
Herz der Welt genannt *Pesikta* 25[a]. Das Land Israel ist das erste
Land, welches geschaffen worden ist, und vereinigt Alles in sich,
was die ganze Schöpfung sonst enthält *Sifre* 76[b]. Die Länder der
Heiden werden von dem heiligen Lande getragen *Sifre* 148[b]; deshalb
ist dieses höher als alle Länder *Kidduschin* 36. Als die Sintfluth
kam, wurde es von ihr nicht getroffen, denn es wurde untersucht
und rein befunden *Bereschith rabba* c. 33. *Jalkut Schimeoni, Bere-*
schith 55. Auch die Samariter behaupteten übrigens, man müsse
auf ihrem heiligen Berg Garizim beten, weil er nicht von den Wassern der großen Fluth überfluthet worden sei, a. a. O. 57. Darum
ist das Schöpfungswort in der heiligen Sprache, der Sprache Zions,
ergangen, *Bereschith rabba* c. 18: gleichwie die Thora in der heiligen Sprache gegeben worden ist, so ist auch die Welt durch die
heilige Sprache geschaffen worden; ebenso c. 31, auch *Jalkut Schi-*
meoni c. 52. Auch die Zeit der Weltschöpfung steht in Beziehung
zu der Entstehungsgeschichte des heiligen Volkes; denn Rabbi Elieser
sagt *Rosch ha-schana* 10[b]: im Monat Tischri wurde die Welt er-

schaffen, im Tischri wurden die Erzväter geboren, und im Tischri
starben sie auch, R. Josua aber a. a. O. c. 11ᵃ: im Monat Nisan
wurde die Welt erschaffen, im Nisan wurden die Erzväter geboren,
und im Nisan starben sie auch. Nach Anderen ist die Welt am
25. Elul geschaffen worden. Die Weltschöpfung erscheint jedenfalls
deutlich als die erste That Gottes zur Herstellung des auserwählten
Volkes; daher setzt man sie in denselben Monat mit der Geburt der
Patriarchen und der ersten und letzten Erlösung; denn diese wird
gleichfalls nach R. Elieser im Tischri, nach R. Josua im Nisan geschehen.
Trotzdem ist die Einheitlichkeit des menschlichen Geschlechtes
nicht fraglich; der Israel geschaffen, hat auch die Völker ins Dasein
gerufen *Sifre* 172ᵇ.

§ 43. Die Schöpfung der Welt.

Obwol die jüdische Theologie Gott als absolute und einzige Ursache bei der Weltschöpfung festhält, faßt sie doch die Materie
nicht als bloßes Substrat für Gottes Schöpferwillen, sondern als eine
aus sich selbst heraus wirkende, blind und gesetzlos waltende Kraft,
der gegenüber Gott seine Macht entfalten muß, um seine Schöpfer-
gedanken zu verwirklichen.

Die biblische Grundlehre, daß Gott die einzige Ursache alles
Seienden ist, hat das palästinische Judentum treu bewahrt. Die Welt
ist durch das Wort Gottes geworden. So heißt es *Mechilta* 51ᵇ:
Als der Heilige, g. E., die Welt schuf, schuf er sie lediglich durch
ein Wort. Als stehende Formel kehrt in den Benedictionen der
Ausdruck wieder, daß „Alles durch sein Wort geworden ist“, z. B.
Berachoth 37ᵇ, vgl. oben S. 144 f. das über die Gottesnamen Gesagte, und dazu S. 161. Alle Creaturen sind Gottes und werden von
ihm nach seinem Willen verwendet *Bereschith rabba* c. 10.

Allein diese biblische Grundanschauung ist im Talmud und Midrasch nicht ungetrübt geblieben; vielmehr tritt hier im Allgemeinen
eine gewisse Selbständigkeit, ein eigenes Thun und Wollen des Ge-
schöpflichen an den Tag. Schon die Materie ist nicht das schlechthin willenlose Substrat für die schöpferische Thätigkeit Gottes. Die
gegenwärtige Schöpfung ist erst das Ergebnis mehrerer schöpferischer
Versuche. In *Bereschith rabba* c. 9 wird aus dem Worte: Gott sahe
an Alles, was er gemacht hatte, und siehe es war sehr gut (Gen.
1, 31) gefolgert, „daß der Heilige, g. E., Welten schuf und sie zer-

störte, und schuf weiter Welten und zerstörte sie, bis daß er diese (gegenwärtige) schuf." Das wiederholt *Kohel. rabba* c. 67ᵃ. Ausführlicher enthält diese Ueberlieferung *Schemoth rabba* c. 30 und begründet sie durch den hermeneutischen Grundsatz, daß Gen. 2, 4 wie überall, wo אֵלֶּה stehe, Früheres für untauglich und ungiltig erklärt werde, vgl. oben S. 118 f. „Und wie hebt er hier Früheres auf? denn Gott hatte geschaffen Himmel und Erde und sahe sie an, und sie gefielen ihm nicht und sie kehrten zurück ins *Thohu wa-Bohu*. Als er Himmel und Erde so wie sie jetzt sind sahe, gefielen sie ihm, und er sprach: אֵלֶּה dieses sind die Tholedoth, um zu erklären: dieses sind die (rechten) Tholedoth von Himmel und Erde, aber die ersten waren nicht die (rechten) Tholedoth." Verwandt sind die Erzählungen *Beresch. rabba* c. 17. 18, es habe mehrerer Ansätze zur Bildung des Weibes bedurft: aus הָאִשָּׁה רֵאת (Gen. 2, 23) folge, daß erst beim zweiten Male das Weib Adams Gefallen erweckte, und *Chagiga* 8, die Welt habe, als Gott sie schuf, sich weit über die ihr bestimmten Grenzen ausgedehnt, bis Gott sie schalt und zum Stehen brachte, und ebenso that das große Meer.

Diese Vorstellungen haben zur Voraussetzung die Anschauung von einem Urstoff, welcher von Urkräften bewegt wird, die, weil sie Maß und Ziel nicht in sich haben, über alle Schranken und Grenzen hinaus wirken, bis Gottes absolute Schöpfermacht sie beschränkt. Diese außer- und widergöttliche Bewegung in der Materie hat sich in den Urzeiten in den Creaturen fortgesetzt und mußte durch göttliche Machtentfaltung begrenzt werden; auch jetzt zeigt sich sogar noch eine gewisse Autonomie des Geschöpfes gegenüber dem Schöpfer. Der Mond. drang in das Gebiet der Sonne ein und mußte zurückgewiesen werden, *Bereschith rabba* c. 6: „Nachdem Gott sie (Sonne und Mond) zuerst (beide) groß genannt hat, verkleinert er sie dann wieder, indem er das große Licht zur Herrschaft über den Tag, und das kleine Licht zur Herrschaft über die Nacht bestimmt. Sonderbar! Allein weil der Mond in das Gebiet seines Genossen (der Sonne) eingedrungen ist, ist dies geschehen. Rabbi Pinchas sprach: Bei allen Opfern heißt es: ein Ziegenbock als Sündopfer. Und bei dem Opfer des ersten im Monat heißt es: ein Ziegenbock als Sündopfer für Jehova. Der Heilige sprach: Bringet ein Sühnopfer für mich, denn ich habe den Mond verringert. Denn ich bin es, der ihn veranlaßt hat, in das Gebiet seines Gefährten einzudringen." Die Erde erhob sich wider den Himmel, unzufrieden, daß ihre Bewohner sich von der Arbeit der Hände nähren müssen, während die Bewohner des Himmels vom Glanze der Schechina genießen *Jalkut Schimeoni, Bereschith* 4; Licht und Finsternis erscheinen im Kampfe miteinander, bis Gott zwischen ihnen beiden scheidet, und so Frieden stiftet a. a. O. 5; die Wasser erhoben sich wider einander und mußten eingeschlossen werden; a. a. O. 8. Hier müssen jene fabelhaften Thiergestalten erwähnt werden, deren Eigentümlichkeit ihre ungemessene Größe ist *Baba bathra* 73 f. Die bekanntesten sind der Leviathan und die Behemoth, vgl. Hiob c. 40. Der weibliche Leviathan mußte, so lautet die Ueberlieferung, geschlachtet werden, um die Vermehrung dieser Ungethüme zu verhüten, welche die Welt zu vernichten drohten; das Fleisch, welches für die zukünftige Welt aufbewahrt wird, wird zum Mahl der Gerechten verwendet *Bathra* 74—75; der männliche Leviathan dient inzwischen Gott zum Spiele *Aboda sara* 3[b]. Auch die Behemoth sind paarweise geschaffen, und müssen ebenfalls an der Vermehrung verhindert werden, weil sie sonst die Erde vernichten würden, vgl. *Bereschith rabba* c. 7. Nach der *Pesikta* 188 vermögen die Engel den Leviathan nicht zu tödten; deshalb müssen Leviathan und Behemoth auf Gottes Geheiß sich bekämpfen, um einander zu tödten; vgl. den *Machsor* zu *Schabuoth*, Ausgabe von Heidenheim S. 145, wo man die talmudische Sage vom Leviathan und Behemoth als Bestandtheil des Morgengebets zum Wochenfeste findet, und *Wajjikra rabba* c. 22, *Bammidbar rabba* c. 21. Diese riesigen Thiergestalten, die den Weltbestand bedrohen und durch Gottes Macht und Gewalt in ihre Schranken zurückgewiesen oder unschädlich gemacht werden müssen, sind aus derselben Grundanschauung erwachsen, wie die Vorstellungen von den Kämpfen jener kosmischen Theile und Potenzen, welche ihre Grenzen überschreiten und durch Gottes Machtwort in dieselben zurückgewiesen werden müssen, wobei auf die Gestaltung dieser Sagen die orientalische Phantasie und Poesie mit ihrer Neigung zum Grotesken großen Einfluß hatte.

Ein drittes Zeugnis für die Vorstellung einer gewissen Autonomie des Geschöpfes gegenüber dem Geschöpfe liegt darin, daß Gott nach *Bereschith rabba* c. 5 u. a. St. alle Creaturen nur unter gewissen Bedingungen schuf. Solche Bedingungen waren für das Meer, daß es sich vor Israel spalte, für Himmel und Erde, daß sie vor Mose stille schwiegen, für Sonne und Mond, daß sie vor Josua stehen blieben, für die Raben, daß sie Elia speisten, für das Feuer,

daß es Chananja, Misael und Asarja, und für die Löwen, daß sie
Daniel nicht beschädigten, für den Himmel überdies, daß er sich
der Stimme Ezechiels öffne, und für den Fisch, daß er Jona wieder
von sich gebe. Mögen dies immerhin dichterische Ausschmückungen
des Midrasch sein, so sind es doch auch Zeugnisse dafür, daß man
sich das Verhältnis zwischen Geschöpf und Schöpfer ebenso durch
die That des Schöpfers als durch die Selbstthat des Geschöpfes begründet dachte.

Diese Vorstellung kommt endlich zum klaren Ausdruck in *Chul-*
lin 66ᵃ (wiederholt *Jalkut Schimeoni, Bereschith* 8): Alle Schöpfungswerke wurden geschaffen in ihrer vollen Größe, „mit ihrem Wissen,
nach ihrem Willen"; Letzteres wird gesagt mit Bezug auf צבאם
Gen. 2, 1, insofern *Jalkut* erklärt, man habe nicht צבאם, sondern צביונם
zu lesen. An das sittlich Böse ist bei dem von der Materie Gesagten noch nicht zu denken; vgl. jedoch das in den folgenden
Capiteln über die Anthropologie Gesagte.

§ 44. Das Verhältnis des Himmels zu der Erde.

Die biblische Auffassung der Welt als einer einheitlichen, um
die Erde als Mittelpunkt geordneten leidet in der jüdischen Theologie unter dem Einfluß der theologischen Grundanschauung von der
absoluten Jenseitigkeit Gottes.

An Zeugnissen für eine der biblischen Lehre entsprechende Auf-
fassung des Verhältnisses zwischen Himmel und Erde fehlt es nicht.
Dazu gehören die Aussagen (S. 192), daß Israel und sein Heiligtum
Mittelpunkt der Welt seien. Dahin rechnen wir auch die schöne
Ausführung in *Schemoth rabba* c. 33 über das Thema: Alles, was
Gott oben schafft, schafft er auch unten, d. h. Allem was oben ist,
entspricht etwas in der unteren Welt, und so lieb ist Gott die untere
Welt, daß er die obere verläßt, und sich in der unteren ein Heilig-
tum errichten läßt, in dem er wohnen will. *Wajjikra rabba* c. 21:
Wie die Abtheilungen שורות der oberen Welt, so sind die der unteren.
Gott strebte von Anfang an mit den unteren Regionen Gemeinschaft
zu machen, und seine Schechina wohnte auf Erden, vgl. oben S. 181.
Aber in den kosmologischen Anschauungen von Himmel und Erde
tritt doch der Gegensatz zwischen Himmel und Erde schärfer hervor,
als die Einheit. Schon die scharf ausgeprägte Terminologie gibt
davon Zeugnis. Die Ausdrücke: die obere Welt — die untere Welt,

die oberen Regionen — die unteren Regionen, Gottes Welt — der Menschen Welt (vgl. oben S. 157 f.) tragen in die Welt eine schroffe Scheidung und stellen in Contrast, was der ursprünglichen Idee nach (z. B. Gen. 1, 1) eine Einheit bildet. Die Bibel kennt nur eine einheitliche Welt, die jüdische Theologie kennt „Welten". Im *Targ. jer.* I Gen. 18, 30 nennt Abraham Jehova Herrn aller Welten, *Aboda sara* 3ᵇ vgl. oben S. 164 zählt 18000 Welten.

Infolge der scharfen Scheidung von Himmel und Erde stritten die Schulen Hillels und Schammai's darüber, ob die Erde oder der Himmel zuerst geschaffen worden sei. Indem man Ps. 102, 26 כְּיָם = zuerst faßte, sagte das Haus Schammai, die Himmel seien zuerst geschaffen, denn Gen. 1, 1 stehe der Himmel voran; das Haus Hillels aber behauptete das Gegentheil, denn Gen. 2, 4 werde die Erde zuerst genannt. Eine solche Frage hätte ohne die dualistische kosmologische Grundanschauung schwerlich erhoben werden können. Nach *Bereschith rabba* c. 1 glich R. Jochanan im Namen der Weisen den vermeintlichen Widerspruch zwischen Gen. 1, 1 und 2, 4 so aus, daß der Himmel zuerst geschaffen, die Erde aber zuerst vollendet worden sei. A. a. O. wird die Frage noch weiter verhandelt und die Antwort darauf gesucht, warum denn bald die Erde, bald der Himmel voranstehe; die Antwort lautet nicht: weil sie Theile eines Ganzen bilden, sondern: weil beide einander im Werthe gleich kommen, eine Antwort, die wieder auf die Selbständigkeit beider hinweist.

Als drittes Moment ist die Lehre von den sieben Himmeln und ihrer Entfernung von der Erde und unter einander zu beachten. Wir folgen hier *Chagiga* 12ᵇ. Die Rabbinen sind nicht einig, wieviel Himmel zu zählen seien. R. Jehuda sagt, es gebe nur zwei Himmel; R. Schimeon ben Lakisch aber zählte deren sieben. Letztere Ansicht ist die gewöhnliche. Sie findet sich *Tanchuma, Beresch. rabba* c. 6, *Bammidbar rabba* c. 17 u. ö. Der unterste Himmel, genannt *vilun* (*velum*), ist leer, erscheint des Morgens und verschwindet des Abends; auf diese Weise erneuert Gott täglich die Schöpfung. In dem zweiten Himmel, *rakia*, befinden sich die Sonne, der Mond und die Sterne (Gen. 1, 17); im dritten, *schechakim*, die Mühle für das Manna, welches Gott für die Gerechten mahlt. Der vierte Himmel heißt *zebul*; in diesem befinden sich das himmlische Jerusalem, der Tempel, der Altar und Michael, der dort täglich opfert. In dem fünften Himmel, *maon* genannt, weilen die Engel, des Nachts Loblieder singend, aber während des Tages schweigend, damit Gott die

Loblieder Israels wahrnehmen könne. Den sechsten Himmel nennt man *machon;* da sind die Vorrathskammern des Schnees, Hagels, Regens und Thaues, sowie ein Raum, in welchem der Sturmwind eingesperrt ist, und eine Höhle, in welcher der Dunst aufbewahrt wird; vor letzteren beiden Behältnissen sind feurige Thüren. Der siebente Himmel endlich trägt den Namen *araboth;* hier sind aufbewahrt das Recht, das Gericht, die Gerechtigkeit, der Schatz des Lebens, des Friedens, des Segens, die Seelen der Frommen, welche gestorben sind, die Geister und die Seelen, welche Gott noch auf die Erde senden wird, und der Thau, mit welchem die Todten werden auferweckt werden. In diesem Himmel wohnen ferner die Seraphim, Ophannim und Chajjoth und die andern Engel des Dienstes; hier steht der Thron Gottes, und endlich weilt hier Gott selbst, auf diesem Throne ruhend, vgl. S. 158 ff. 164 f. Diese Beschreibung setzt die Himmel in Beziehung zur Erde, denn was sie bergen, ist zum Theil für die Erde und von der Erde. Trotzdem zeigen andere Stellen, daß die Himmel nach altjüdischer Vorstellung sich in unabsehbare Fernen von der Erde verlieren. In *Pesachim* 94[b] (vgl. *Chagiga* 13[a]. *Bereschith rabba* c. 4. 6. *Tanchuma Wejikchu* 9) heißt es: Von der Erde bis zur Rakia ist ein Weg von 500 Jahren; die Dichtheit der Rakia beträgt ebenfalls 500 Jahre, von einer Rakia zur andern ist ein Weg von 500 Jahren, und so von Rakia zu Rakia, d. i. vom ersten bis zum siebenten Himmel ist zwischen jedem eine so weite Entfernung, daß man immer 500 Jahre lang wandern muß, um von einem Himmel zum andern zu kommen. Sieben Himmel wölben sich über der Erde, und jeder ist so weit vom anderen entfernt; wie fern ist der Himmel Gottes, wie schlechthin jenseitig der Thron der Herrlichkeit für die Erde!

§ 45. Die Erhaltung der Welt.

1. Die erste Frage, welche hier zu besprechen ist, lautet: In welchem Verhältnis steht die creatürliche Selbständigkeit und das Wirken Gottes zur Erhaltung des durch die Schöpfung hergestellten Bestandes? Ist die Erhaltung der Welt als *creatio continua* zu denken, oder wirken natürliche und übernatürliche Causalitäten zusammen? Wir glauben nach dem, was uns vorliegt, im letzteren Sinne antworten zu sollen.

Für die Selbstbewegung der Erde zur fortwährenden Bethäti-

gung der durch die Schöpfung ihr eingepflanzten Kräfte spricht *Berachoth* 38[a], wo die Frage erörtert wird, ob מיצא in der Bene-
dictions-Formel המוציא לחם מן הארץ präsentisch (= מפיק) oder
perfectisch (= ראפיק) zu verstehen sei. Bei jener Fassung läßt Gott
durch immer neue Thätigkeit das Brod hervorgehen, bei dieser läßt
die Erde selbst die Frucht hervorgehen, nachdem ihr Gott in der
Schöpfung ein für alle Mal die Kräfte dazu angeschaffen hat. Als
allgemeine Ansicht wird zuletzt a. a. O. 38[b] die perfectische Auffassung angenommen, ganz dem S. 193 f. über die Selbständigkeit und
Selbstthätigkeit der Creatur im Verhältnis zum Schöpfer Gesagten
entsprechend.

Jedes Geschöpf hat nun im Organismus der Welt seine Bestimmung zu erfüllen. *Schabbath* 77[b] wird der Satz aufgestellt und im
Einzelnen ausgeführt: Von Allem, was der Heilige in seiner Welt
geschaffen hat, hat er auch nicht ein Einziges לבטלה vergeblich
geschaffen, so daß es nicht einen Zweck erfüllte, d. h. nicht einem
Anderen diente. *Beresch. rabba* c. 10: Selbst Dinge welche du für
überflüssig in der Welt hältst, wie Mücken, Flöhe u. s. w., auch sie
gehören wesentlich zur Schöpfung בכלל בריותי של עולם הן, und durch
jedes vollbringt der Heilige seinen Willen שליחותו. Mit dieser organischen Naturbetrachtung verbindet sich aber in sehr eigentümlicher
Weise eine göttliche Thätigkeit mehr mechanischer Art. Gott hat
sich nämlich die Einwirkung auf die Natur in der Weise vorbehalten,
daß von obenher Segens- und Verderbenskräfte herniederkommen,
und daß die Engel als mittlerische Causalitäten thätig sind, um die
Naturkräfte nach dem Willen Gottes in Bewegung zu setzen und
zu lenken, womit die Selbstthätigkeit der Natur wieder aufgehoben
zu werden scheint. Nach der oben in § 44 gegebenen Schilderung
bergen die oberen Regionen, genauer der sechste Himmel, einerseits Segenskräfte, wie Regen und Thau, andererseits verderbliche
Elemente, wie Hagel und Sturm, um je nach dem gnädigen oder
ungnädigen Beschluß Gottes auf die Erde entsendet zu werden. In
der Erhaltung der Welt waltet wie in der Schöpfung ein doppeltes
Princip, das Princip des strengen Rechtes, welches Gericht und Verderben verhängt, und das Princip der Barmherzigkeit, welches die
Erde trotz der darauf herrschenden Sünde erhält *Beresch. rabba* c. 12 f.
Als die größte Segensquelle erscheint, morgenländischen Verhältnissen
entsprechend, die „Schatzkammer der fruchtbaren Regen": Gott allein,
sagt *Taanith* 2, hat den Schlüssel zu dieser Schatzkammer. Nach

Taanith 7ᵇ ist der Regen an Werth der Schöpfung selbst gleich;
denn wo Regen fällt, entsteht neues Leben; deshalb ist der Regen
immer ein Zeichen der göttlichen Gnade und Vergebung, das Ausbleiben des Regens aber das Zeichen des göttlichen Zorns, der nur
durch kräftiges Beten um Barmherzigkeit gehoben wird. Zuweilen
läßt Gott nach *Taanith* 9ᵇ auch auf das Feld eines Gerechten allein
regnen. Besondere Segenszeiten sind diejenigen, in welchen das Volk
sich mit Werken Gottes beschäftigt, wie zur Zeit des herodeischen
Tempelbaues; da pflegte es in der Nacht zu regnen, bei Tage war
Sonnenschein; besonders regnete es in den Sabbatsnächten. Auf das
Gebet der Heiligen oder im Blick auf besonderes Verdienst öffnet
Gott die Schatzkammer des Regens und spendet aus ihr Segen, vgl.
Taanith 8ᵇ. Doch gibt es bezüglich des Ursprungs des Regens
auch andere Anschauungen im Talmud. *Taanith* 9ᵇ heißt es zuerst,
die ganze Welt trinke von den Wassern des Okeanos, dann wieder,
die ganze Welt trinke von den obern Wassern, und endlich: Thau
steigt auf und verdichtet sich zu Wolken und fällt als Regen nieder.
Allein die herrschende Ansicht ist, daß Gott den Regen seinem Be-
schlusse vorbehalten hat, so daß er ihn je nach Barmherzigkeit
spendet oder im Zorn zurückhält, wie er auch den Hagel und
anderes Verderben aus des Himmels Höhen sendet oder zurückhält,
je nachdem er Gnade oder Zorn erzeigen will.

Und wie sich hierin das göttliche Einwirken auf das Naturleben
zu erkennen gibt, so durch die Thätigkeit der Engel innerhalb des
Naturbereichs. Vgl. hierzu S. 167 f. und *Debarim rabba* c. 7. Die
spätere jüdische Theologie hat diese Thätigkeit der Engel im Natur-
bereich immer mehr ausgebildet. Bodenschatz theilt III, 160 eine
Stelle aus *Berith menucha* 37ᵃ mit, woraus ersichtlich ist, daß Je-
chiel über die wilden Thiere, Aphael über die Vögel, Ariel über
die Landthiere, Sammiel über die Wasserthiere, Mephannahel (Man-
niel) über die kriechenden Thiere, Deliel über die Fische, Ruchiel
über die Winde, Alpiel über die Fruchtbäume, Sandalphon über die
Menschen u. s. w. gesetzt seien. Sie haben alle andern Geister unter
sich, die ihren Befehlen gehorchen. Hiernach waltet die durch
Engel vermittelte göttliche Regirung und Vorsehung über allen
Kräften, Elementen und Geschöpfen der Erde. Dies steht im Widerspruch mit der Selbstthätigkeit des Welt-Organismus; nach der älteren Auffassung aber ist jene Einwirkung Gottes durch die Engel
auf außerordentliche Fälle zu beschränken, in denen Gott wunder-

barer Weise eingreifen will. Jedenfalls ist aus der älteren Literatur nicht zu erweisen, daß die Naturkräfte ordentlicher Weise, also fortwährend und regelmäßig durch die Engel in Bewegung gesetzt werden. 2. Bezüglich der Welterhaltung ist ferner zu beachten, daß auch für sie das Land Israel der Mittelpunkt bildet, ebenso wie die Schöpfung ihren Ausgang von ihm genommen hat. *Bammidbar rabba* c. 2: Wenn nicht Israel wäre, so würde die Welt nicht bestehen. *Schemoth rabba* c. 28: Durch Israels Verdienst ist die Welt geschaffen, und auf Israel steht die Welt. *Taanith* 2: Wie die Welt nicht bestehen kann ohne die Winde, so auch nicht ohne Israel. *Schemoth rabba* c. 15: Zwölf Planeten sind am Firmament; gleichwie der Himmel nicht bestehen kann ohne die zwölf Planeten, so kann auch die Welt nicht bestehen ohne die zwölf Stämme. Wir finden, daß Gott von Anfang an die Welt festhalten wollte; aber er vermochte es nicht, bis daß die Erzväter aufstanden. Die Sache gleicht dem Könige, welcher eine Stadt bauen wollte. Auf seine Anordnung suchte man eine Baustätte. Es kam zur Grundsteinlegung, aber da stiegen die Gewässer aus der Tiefe und ließen den Grund nicht legen. Er kam noch einmal, den Grund zu legen an einem anderen Orte, aber die Gewässer kehrten den Grund um, bis daß er kam an einen anderen Ort und fand daselbst einen großen Fels, und er sprach: Hier will ich die Stadt nun gründen, auf diesen großen Felsen. So war die Welt Anfangs Wasser auf Wasser, und Gott wollte ihr einen festen Grund geben, aber die Gottlosen ließen es nicht zu (diese Gottlosen sind die Zeitgenossen des Enos und das Geschlecht der Sintfluth; wegen der Enosfluth s. c. 23). Als nun die Erzväter kamen und würdig befunden wurden רבי, da sprach Gott: Auf diese will ich gründen die Welt. Sonst heißt es auch *Joma* 37: Um eines einzigen Gerechten willen wird die Welt erhalten. Nach *Tanchuma, Wajjêra* 13 und *Jalkut Schimeoni Beresch.* 61 erfordert der Bestand der Welt das Vorhandensein von wenigstens dreißig Gerechten in jedem Geschlechte. Gerecht ist aber der Bewahrer des Gesetzes. Weil nun Israel die Welt trägt, so wendet sich Gottes Fürsorge vor Allem dem Lande Israel zu. *Taanith* 25ª lesen wir von einem R. Chija b. Luliani, daß er den Wolken gebot, daß sie nicht ihren Regen über Moab und Ammon, sondern über Israel ergießen sollten, denn als Gott die Thora allen Völkern anbot, nahm allein Israel sie an. Wenn Gott regnen und seine Sonne scheinen läßt, wenn er Thau vom Himmel und Friede schenkt, daß die Welt ge-

deihen kann, so geschieht es um Israels willen: die Erhaltung Israels
hat er dabei im Auge; die Völker genießen nur mit. „Wenn nicht
Israel wäre, fiele kein Regen herab und würde keine Sonne scheinen" *Bammidbar rabba* c. 1, vgl. *Debarim rabba* c. 7 und oben
§ 18. 19. Da Gott nur von Israel Genuß hat, von den Heiden aber
nicht, so achtet er diese nicht und würde sie nicht erhalten, wenn
nicht Israel erhalten werden müßte; jene werden nur mit diesem
erhalten; die Erhaltung der Welt ist also wesentlich Erhaltung des
Landes und Volkes Israel.

Cap. XV. Die Schöpfung und der Fall des Menschen.

§ 46. Schöpfung und Urstand des Menschen.

Nach biblischer Lehre ist der Mensch Gottes Bild. Diese Lehre
hat die jüdische Theologie im Allgemeinen festgehalten, aber geschwächt,
indem sie an die Stelle des Bildes Gottes das Bild der Engel gesetzt hat. Vgl. oben S. 150.

1. Schon das Targum *Jer*. I zu Gen. 1, 26. 3, 22 legt dazu den
Grund. Daß der Mensch nach der Engel Bild geschaffen sei und
zwar nach dem Bilde der Engel des Dienstes *Schemoth rabba* 30.
32, ist dann jüdisches Dogma geworden. Raschi, der correcte Repräsentant der Tradition, spricht es z. B. zu Gen. 1, 26 aus. Ausführlich beschreibt *Bereschith rabba* c. 8, worin die Engelbildlichkeit
des Menschen bestehe: „Gott hat dem Menschen vier Eigenschaften
von oben und vier von unten anerschaffen. Er ißt und trinkt wie
das Thier, er vermehrt sich wie das Thier, er sondert ab wie das
Thier, und er stirbt wie das Thier. Von oben hat er dies: er
steht wie die Engel, er spricht wie die Engel des Dienstes, es ist
Erkenntnis in ihm wie in den Engeln des Dienstes, er sieht wie
die Engel des Dienstes", und am schärfsten *Tanchuma, Emor* 15:
Der Mensch spricht, das Thier nicht; im Menschen ist Erkenntnis,
im Thier nicht; der Mensch unterscheidet zwischen Gut und Böse,
das Thier erkennt gar nichts; der Mensch empfängt Lohn für seine
Werke, das Thier nicht; wenn der Mensch stirbt, so beschäftigt man
sich mit ihm und er wird begraben, das Thier aber wird nicht begraben. Dies lautet allgemein ausgedrückt: der Mensch ist geschaffen
aus Elementen der oberen und der unteren Welt *Wajjikra rabba*
c. 9 g. E. u. ö. Die Ebenbildlichkeit wird bezeichnet sofern sie Bild צלם

Gottes ist, durch אירקינא εἰκών oder דפוס τύπος, s. Raschi und *Targ.*
jer. I Gen. 1, 26. Beide weisen auf die äußere Aehnlichkeit. Als
Inhalt des דמות bezeichnet Raschi das Erkennen und Verstehen.
Alles von der Ebenbildlichkeit Gesagte stellt diese lediglich als
formale hin: die äußere Erscheinung, Erkenntnis und sittliches
Unterscheidungsvermögen (Vernunft und freier Wille), Unsterblichkeit — das sind die charakteristischen Züge der Gottesbildlich-
keit, die so gefaßt allerdings von der Engelbildlichkeit nicht geschieden ist. Der Inhalt, die göttliche Bestimmtheit der Erkenntnis
und des Willens, fehlt. Das Verhältnis zu Gott, in welches der
Mensch als Bild Gottes hineingeschaffen wurde, ist das der Indifferenz.

2. Der Mensch besteht aus Leib und Seele; jener ist von den
unteren Elementen, vom Staube, genommen, aber organisirt für die
Erfüllung der Thora; diese stammt von oben. Der irdische Stoff
wurde nach *Sanhedrin* 38ᵇ verschiedenen Ländern entnommen: Gott
nahm Erde zum Haupte vom Lande Israel, zum Leibe von Babel,
welches jenem an Werth zunächst steht, vgl. oben S. 63, zu den
Gliedern von allen übrigen Ländern. Auch Raschi sagt zu Gen. 2, 7:
Er sammelte seinen Staub von dem ganzen Erdboden (מִן־הָאֲדָמָה,
sagt die Genesis), von allen vier Himmelsgegenden; denn überall,
wo der Mensch stirbt, soll die Erde ihn ins Grab aufnehmen. Er
führt aber als andere Tradition an: er nahm den Staub zur Bildung
des Menschen von der Stelle, von welcher gesagt ist: einen Altar
von Erde sollst du mir machen (Ex. 20, 24), d. i. vom heiligen
Lande. In obiger Stelle sind beide Anschauungen ausgedrückt. Der
Sinn aber ist entsprechend der früher entwickelten Grundanschauung,
daß der Mittelpunkt des menschlichen Geschlechtes Israel ist, die
übrige Völkerwelt aber sich dazu peripherisch verhält. — Erst allmählich bekam der menschliche Leib seine gegenwärtige Gestalt,
vgl. S. 194. Aus Gottes bildender Hand ging nach *Bereschith rabba*
c. 14 zunächst גלם hervor, ein unförmliches Gebilde, das von der
Erde bis zum Himmel, ja nach c. 8 von einem Ende der Erde zum
anderen reichte und die ganze Erde erfüllte. Ueberdies war nach
c. 8 der Leib des Menschen doppelgeschlechtlich, bis das Weib von
ihm abgelöst wurde, und er hatte zwei Angesichte, bis in der Bildung des Weibes ihm sein Bild gegenüber und an die Seite trat.
Durch einen Umgestaltungsproceß wurde aus dem גולם der spätere
Leib des Menschen, von welchem *Targ. jer.* I Gen. 1, 27 sagt, daß
er mit 248 Gliedern und 365 Nerven ausgestattet worden sei, nach

den 248 Geboten und 365 Verboten der Thora — zum Zeichen, daß das Ziel des Menschen die Erfüllung der Thora sei.

Dagegen hat der Schöpfer dem Leibe des Menschen auch eine Macht mitgegeben, welche ihn widergöttlich bestimmen kann, den bösen Trieb יצר הרע, nach Gen. 6, 5. 8, 21 so benannt. Daß Gott selbst ihn geschaffen, bezeugen Stellen in *Sifre* 82ᵇ, *Berachoth* 61ᵃ, *Sanhedrin* 91ᵇ. Man versteht darunter den dem Leibe anhaftenden Trieb zum Vollzug der körperlichen Functionen, welche auf die Erhaltung und Fortpflanzung gerichtet sind. Daß der *Jezer hara* dem Körper seinem schöpfungsgemäßen Wesen nach innewohnt, zeigt *Beresch. rabba* c. 34. Hier wird die Frage, ob dieser Trieb im Menschen vor oder nach der Geburt entstehe, im ersteren Sinne entschieden, von der Seele aber gesagt, daß sie sich mit dem Leibe erst nach der Geburt vereinige. Nach *Bereschith rabba* c. 4 würde ohne den *Jezer hara* der Mensch kein Haus bauen, kein Weib nehmen, keine Kinder zeugen, nicht handeln noch Geschäfte treiben, vgl. *Kohel. rabba* 67ᶜ. Daß dieser Trieb ein böser genannt wird, erklärt sich daraus, daß die Sinnlichkeit als solche wie die Materie überhaupt (vgl. § 43) sich selbst überlassen blind und gesetzlos aus sich heraus wirkt und so im Sinne des Gesetzes Böses schafft, bis sie durch den menschlichen Willen beschränkt wird. Gott hat jedoch dem menschlichen Leibe andererseits auch einen יצר ט׳ eingeschaffen. Dies wird *Berachoth* 60ᵇ gefolgert aus den zwei י in וייצר Gen. 2, 7. Zwei Nieren hat der Mensch: die eine räth zum Guten, die andere zum Bösen (Ps. 16, 7), a. a. O. 61ᵃ. 61ᵇ. *Nedarim* 32ᵇ nennt daher den Leib den Sitz eines יצר ט׳ und יצר רע ט׳.

Die Seele, der andere Wesensbestandtheil des Menschen, stammt von oben her. Gen. 2, 7 hat für die Beseelung des Leibes den Ausdruck: Und Gott hauchte ihm ein נשמת Lebensodem in seine Nase. Für die Einhauchung נשמח finden wir nun in *Beresch. rabba* den Ausdruck זרק בו, er streute in ihn ein die Seele, und ebenso *Sanhedrin* 38ᵇ: מזוקקה בו נשמה. Der für die biblische Entstehungsgeschichte des Menschen charakteristische (Delitzsch, Genesis S. 119) Ausdruck für die Seele als den „unmittelbar von Gott . . in das Leibesgebilde übergegangenen Einhauch" wird also unter dem Einfluß der früher dargelegten Anschauung von dem Verhältnis Gottes zur Creatur vermieden. Die Bibel ist traducianisch; daß Talmud und Midrasch dagegen ganz entschieden den Creationismus und Präexistentianismus vertreten, zeigt sich ohne Zweifel in dem יצר

statt des biblischen נפש. Alle Menschenseelen, welche bis zur Zeit des Messias in menschliche Leiber eingehen sollen, existirten nämlich schon vor der Schöpfung; sie befinden sich in אוצר einem Vorrathshause, in einem גוף, aus welchem sie hervorgeholt werden, um sich mit den menschlichen Leibern, die sie beseelen sollen, zu vereinigen *Sifre* 143[b], *Abodá sara* 5[a] u. ö. Diese Seelen sind als wahrhaft lebende, active Wesen gedacht. Nach *Bereschith rabba* c. 8, *Ruth rabba* 29[c] u. a. St. berieth sich Gott, als er die Welt schaffen wollte, mit den Seelen der Gerechten. *Menachoth* 29[b] sieht man die Seele des R. Akiba im *Ozar* am Ende der achtzehnten Reihe sitzen. Es kann keinem Zweifel unterliegen, daß Gott, als er das materielle Gebilde beseelen wollte, nach talmudisch-midrasischer Lehre dies nicht durch seinen eigenen Hauch bewirkte, sondern daß er die im Himmel präexistente *Neschama* des Adam aus dem Ozar hervorkommen ließ und in das materielle Gebilde des Menschen einstreute. — Um das eigentümliche Wesen der menschlichen Seele zu erkennen, bemerken wir vor Allem, daß *Onkelos* und *Jer.* I נפש חיה Gen. 2, 7 mit רוח ממללא wiedergeben. Das ist so viel als „sprechender Geist". Die Sprache ist die Aeußerung der Vernunft, also ist nach den Targumen die lebendige Seele des Menschen gegenüber der Seele der Thiere vernünftiger Geist, vgl. oben S. 203. Raschi gibt die traditionelle Anschauung kurz und gut so wieder: auch die *Behema* und die Thiere des Feldes heißen lebendige Seelen, jedoch die Seele des Menschen ist die lebendige in einzigem Sinne, denn sie ist mit Erkenntnis und Sprache begabt.

3. Es erübrigt nun noch, die Eigentümlichkeit des ersten Menschen im Unterschied von jener Beschaffenheit darzustellen, wie sie später eingetreten ist. Auch der Talmud und Midrasch kennt einen Urstand des Menschen, einen Stand zwischen Schöpfung und Fall, der vor dem späteren Zustande des Menschen Vorzüge hatte. Dieser Stand wird mit dem Worte שלוה bezeichnet. Das Wort faßt den Urstand mehr von der negativen Seite, nach dem was im Vergleich mit der späteren Zeit noch nicht war. Denn es ist verwandt mit שלום und bedeutet Ruhe, ungestörtes, friedliches Sein. Die durch den Fall entfesselten Mächte des Uebels und des Todes und der Unheil anstiftenden bösen Geister störten vor dem Falle noch nicht den Frieden der ersten Menschen *Bereschith rabba* c. 18. 22. *Jalkut Schim., Beresch.* 25. Dieser Zustand dauerte nach den angeführten Stellen jedoch nur sechs Stunden.

Ueber den positiven Vorzug jenes Urstandes ergibt sich Folgendes. Adam heißt *jer. Schabbath* II, 3 eine reine *Challa* d. i. Teighebe. Delitzsch übersetzt und erläutert (Römerbrief 91) die talmudische Stelle so: „Der erste Mensch als Gottes unmittelbares Gebilde war in seinem Verhältnis zur Welt ein reiner Abhub, womit stimmt, was R. Jose sagt: Wenn das Weib da ihren Teig knetet, hebt sie ihre Teighebe empor, um sich zu erinnern, daß sie es gewesen, welche Adam um jene Reinheit gebracht und ihm den Tod verursacht hat." Dadurch bestätigt sich, daß der auch in Adam von Anfang an vorhandene *Jezer hara* nur der an sich sittlich indifferente sinnliche Trieb ist. „Du sagst: Warum hat Gott den הרע 'ר geschaffen, von welchem geschrieben steht: der Jezer des Herzens des Menschen ist böse von seiner Jugend an? Du sagst: er ist böse, wer kann ihn gut machen? Der Heilige antwortet: Du machst ihn böse. Warum? Ein Kind von fünf, sechs, sieben, acht, neun Jahren ist noch nicht sündig, aber vom zehnten Jahre an und weiter zieht es den bösen Trieb groß ... Der Heilige hat den Menschen יָשָׁר gemacht (Koh. 7, 29); da erhob sich יֵצֶר der böse Trieb und befleckte ihn." So lehrt *Tanchuma, Bereschith* 7. Der böse Trieb war also im ersten Menschen von Anfang an, aber er ruhete noch. Der Mensch war Anfangs rein und fromm, das heißt: er war noch kein Uebertreter, sein Jezer hatte ihn noch nicht gereizt. Einen bestimmteren positiven Inhalt der ursprünglichen Reinheit wird man nicht aufstellen können. Mit dieser Auffassung stimmt überein, daß es in dem angegebenen Capitel im Anschluß an Koh. 7, 29 heißt: „Der Heilige hat den Menschen, welcher gerecht und fromm heißt, nach seinem Bilde geschaffen in keiner anderen Absicht, als damit er gerecht und fromm werde." Er hat also als Bild Gottes die Anlage und Bestimmung, ein צדיק zu werden, ist es aber vermöge der Schöpfung nach Gottes Bild noch nicht. *Jer. Schabbath* II, 3 heißt der erste Mensch auch נֵר das Licht der Welt. Damit ist zu vergleichen, daß nach *Bereschith rabba* c. 11 Adam durch das Urlicht, welches in den ersten sieben Tagen leuchtete, am Sabbatabend aber von Gott der Welt entzogen und für die künftige Welt aufbewahrt wurde, von einem Ende der Erde bis zum anderen blickte, besonders aber die Ausführung *Pesikta* 34ᵃ (vgl. 36ᵇ) in Anknüpfung an 1 Kön. 5, 14: „Dieser, der weiser war, als alle Menschen, ist Adam der erste Mensch. Und welches war seine Weisheit? Du findest, als der Heilige den Menschen schaffen wollte, be-

rieth er sich mit den Engeln des Dienstes und sprach: Wir wollen
Menschen machen nach unserem Bilde. Sie antworteten: Was ist
der Mensch, daß du sein gedenkest? Er aber sprach: Dieser Mensch,
welchen ich in meiner Welt schaffen will, — seine Weisheit soll
größer sein, als die eurige. Was that er? Er führte herein alle
Thiere des Hauses und Feldes und die Vögel, ließ sie vor ihnen
vorübergehen und fragte sie: Welches sind ihre Namen? Und sie
wußten es nicht. Als er den Menschen schuf, ließ er wieder alle
diese Thiere hereinkommen und an ihm vorübergehen und fragte
nach ihren Namen. Da hob Adam an: Dieses hier soll man שור,
dieses סוס u. s. w. nennen, und so benannte er alle Thiere. Und du?
Welches ist dein Name? Er antwortete: אדם. Warum: Weil ich
von der Erde geschaffen bin. Und welches ist mein Name? Da antwortete er: Adonaj; denn du bist der Herr über alle deine Geschöpfe." Wegen dieser Weisheit, welche die der Engel übertraf,
welche ihn das Wesen der Thiere, sein eigenes und das Gottes erkennen ließ und mit welcher er der Welt die Grundbegriffe alles
Wissens überlieferte, ist er das Licht der Welt genannt.

Der erste Mensch hatte jedoch im Urstand noch andere äußere
Vorzüge. Es wird seine Schönheit gerühmt. Adam war nach *Pesikta* 37ᵇ. 101ᵃ so schön, daß seine Ferse die Sonne verdunkelte.
Wie schön war erst sein Angesicht, da schon die Ferse solchen
Glanz ausstrahlen ließ! Schön war Adam, denn der Glanz Gottes
lag auf ihm. Und er war gewaltig an Größe *Tanchuma, Tazria* 8:
als der Heilige den ersten Menschen schuf, schuf er ihn nach seinem Bilde, und zwar (so daß er reichte) von einem Ende der Erde
bis zum anderen. Und er herrschte über die ganze Erde. Alle
Creatur fürchtete ihn *Pesikta* 45ᵇ. Daselbst 37ᵃ: Dreizehn Chuppoth
(Baldachin, Brautgemache) flocht der Heilige für den ersten Menschen, nach Ez. 28, 13, wo es heißt: In Eden, dem Garten Gottes,
warest du; allerlei Edelgestein war deine Decke. Die Decke מְסֻכָּה
wird als Zelt gefaßt, und zu den zehn von Ezechiel aufgezählten
Edelgesteinen (mit Gold) werden noch drei (oder einer oder keiner)
aus den Worten „allerlei Edelgestein war deine Decke" entnommen,
und so die Zahl 13 (oder 11 oder 10) gewonnen. Genug, Adam
wohnte in Zelten, welche Gott mit Edelgesteinen geschmückt (oder
aus Edelsteinen bereitet?) hatte, jedes Zelt mit einem Edelstein, in
dessen Glanz er saß. So ehrte ihn Gott, und die Engel dienten
ihm. Sie brieten ihm Fleisch, das vom Himmel herabkam, und
schenkten ihm Wein ein *Sanhedrin* 73.

Dieser Stand der Reinheit, Seligkeit und Herrlichkeit war dem
ersten Menschen von Gott als ein dauernder gemeint. Denn nach
Bammidbar rabba c. 16 hatte der erste Mensch als Bild Gottes
ewiges Leben empfangen; erst die Uebertretung hat ihn sterblich
gemacht.

§ 47. Die sittliche Anlage des Menschen.

Was die Stellen von dem bösen Gelüsten des Menschen Gen. 6, 5.
8, 21 aussagen, kann nun von dem Standpunkt der Synagoge aus
nicht eine betrübende Erfahrungsthatsache, sondern nur eine schöpferisch gesetzte Naturanlage sein. Es scheint, daß man חאדם vom
אדם ראשון und seinem Geschlechte verstanden habe, daß er aus
Gottes Schöpferhand hervorgegangen sei, ausgestattet mit יצר הרע
und יצר הטוב, dem Trieb zum Bösen und Guten; jener wohnt nach
Bammidbar rabba c. 22 zur Linken, dieser zur Rechten in der Brust
des Menschen. יצר הטוב ist nach der letzten Stelle das weise Herz
des Menschen, also das Wissen um den göttlichen Willen. Man
wird annehmen dürfen, daß damit wesentlich dasselbe bezeichnet
werden soll, was wir Gewissen nennen, welches *Tanchuma Emor* 15
bezeichnet wird als das Vermögen, zwischen dem Guten und Bösen
zu unterscheiden, welches dem Menschen vermöge schöpferischer Anlage eignet, während das Thier lediglich vom sinnlichen Trieb bestimmt wird. *Kohel. rabba* 70[b c] wird zwar gesagt, daß der יצר טוב
erst vom dreizehnten Jahre an mit dem Menschen verbunden נזדווג
werde. Allein hier ist vom Zustande des Menschen nach dem Falle
die Rede, nicht von der schöpferisch gesetzten Anlage, wie man
daraus sieht, daß der יצר רע als der König, als der Uebermächtige,
bezeichnet wird, was er erst durch den Sündenfall, in jedem Einzelnen durch die sündige That wird; da wird dann der יצר טוב
zu der vom Menschen erworbenen Gesetzeserkenntnis, welche den
יצר 'ז zügeln kann und soll. Keiner von beiden Trieben ist als un-
bedingter die Freiheit des Menschen ausschließender Zwang zu verstehen. Die in anthropologischer Hinsicht so wichtige Stelle *Tanchuma, Pikkude* 3 sagt: Gott entscheidet גזר über alle Schicksale
קורות (äußeren Umstände), unter welchen der Mensch ins Dasein
tritt, aber ob er gerecht oder gottlos sein werde, dies bestimmt
er nicht voraus, sondern gibt es in die Hand des Menschen allein,
nach Deut. 30, 15. *Bereschith rabba* c. 67: „Es sprach R. Levi:

Sechs Dinge dienen dem Menschen; drei sind in seiner Gewalt, und drei sind nicht in seiner Gewalt. Auge, Ohr, Nase sind nicht in seiner Gewalt: er sieht was er nicht will, er hört was er nicht will, er riecht was er nicht will. Mund, Hand, Fuß dagegen sind in seiner Gewalt. Will er, so beschäftigt sich sein Mund mit der Thora; will er, so beschäftigt sich sein Mund mit Verleumdung; will er, so schmähet und lästert er; die Hand gibt Almosen, wenn sie will; wenn sie will, stiehlt sie; wenn sie will, tödtet sie. Der Fuß, wenn er will, geht in das Theater und in den Circus; wenn er will, ins Bet- und Lehrhaus." Welche Eindrücke also der Mensch mittelst der Sinne von außen her empfängt, darüber kann er nicht bestimmen; aber welche Handlungen er von sich aus vollziehen oder unterlassen will, darüber bestimmt er selbst. Er ist wahlfrei, weder zum Bösen noch zum Guten prädestinirt. Andererseits ist er jedoch bedingt, und zwar zunächst durch seinen sinnlichen Trieb, der von außen her Nahrung empfängt. *Bammidbar rabba* c. 10 u. ö. werden Auge und Herz die Unterhändler der Sünde genannt. Das Auge bietet dem הרע 'י ein Object an; doch wiederstreitet der הטוב 'י. *Nedarim* 32ᵇ: Die kleine Stadt, von der Koh. 9, 14 f. die Rede ist, ist der Körper; die geringe Anzahl Männer in ihr sind die Glieder; der große König, der über sie kommt und sie belagert, ist der רע רי; er baut um sie große Bollwerke, das sind die Sünden. Der arme weise Mann der darin gefunden wurde, bedeutet den ביצר; er rettet die Stadt durch seine Weisheit, nämlich Buße und gute Werke. Hieraus ersieht man, daß der רע 'י als der Vollbringer der Sünde gedacht ist, der טוב 'י als die Weisheit, welche zur Furcht Gottes mahnt und den יצר רע in Schranken hält; und beide Kräfte sind von Anfang an im Menschen gegenwärtig und wirksam. Damit ist zu vergleichen was *Sifre* 82ᵇ zu den Worten (Deut. 11, 18) „Und ihr sollt diese Worte legen auf euer Herz und auf eure Seele" sagt: Die Schrift zeigt, daß die Worte der Thora mit einer Arzenei des Lebens verglichen werden. Es ist gleich als wenn ein König seinem Sohne eine große Wunde geschlagen hat und legt ihm ein Pflaster auf seine Wunde und sagt zu ihm: Mein Sohn, so lange das Pflaster auf deiner Wunde ist, so iß und trink was dir Genuß schafft, bade dich warm und kalt, und du wirst nicht Schaden nehmen. Wenn du es aber wegnimmst, so ziehst du dir wildes Fleisch נימי (νομήν) zu. So sprach der Heilige zu Israel: Meine Söhne, ich habe euch den 'ר 'י anerschaffen, aber auch die Thora als Balsam für die Wunde. So lange ihr euch mit ihr beschäftigt, herrscht er nicht über euch, denn es heißt: nicht wahr, wenn du gut bist, so ist Erhebung (Sieg שׂאֵת); wenn ihr euch aber nicht mit ihr beschäftigt, so seid ihr in seine Hand gegeben, denn es heißt: wenn du nicht gut bist, so lagert die Sünde vor der Thür; ja nicht allein dies, sondern sein Streben und Wirken ist wider dich, denn es heißt: sein Verlangen ist nach dir. Und wenn du willst, wirst du über ihn herrschen, denn es heißt: und du sollst herrschen über ihn. Und anderwärts (Spr. 25, 21 f.): Wenn deinen Feind hungert, speise ihn mit Brot (der Thora); dürstet ihn, so tränke ihn mit Wasser (der Thora), denn Kohlen wirst du sammeln auf sein Haupt. Böse ist der יצר הרע; denn der ihn geschaffen hat, bezeugt es von ihm, denn es heißt: Das Gebilde des menschlichen Herzens ist böse von seiner Jugend an. Vgl. *Beresch. rabba* c. 54.

Also ist der Mensch von Anfang an sittlich bedingt durch den doppelten Trieb in ihm. Seine Aufgabe ist nun, den י' טוב zum König über den י' רע zu machen, d. h. diesen durch jenen zu lenken und in den rechten Schranken zu halten *Wajjikra rabba* c. 34. *Tanchuma Behaalothechu* 9 u. ö. Dies gelingt, wenn man sich mit der Thora beschäftigt; denn der י' טוב ist Weisheit und Erkenntnis des Gesetzes, bildet sich also durch Thorabeschäftigung. Deshalb war es nach *Jalkut Schimeoni, Beresch.* 22 die Aufgabe schon des ersten Menschen, sich mit der Thora zu beschäftigen, d. i. sich in sie betrachtend zu vertiefen, und die ihm von Gott gegebenen מצות zu erfüllen; jenes gibt die Kraft zu diesem. So wird לעבדה ולשמרה (Gen. 2, 15) erklärt. Vgl die oben angeführte Stelle *Sifre* 82ᵇ.

Daß aber der Mensch diese sittliche Aufgabe unter solcher Bedingtheit durch den י' רע überhaupt hat und erfüllen kann, hat seinen Grund darin, daß ihm auf solche Weise größerer Lohn zugewendet werden soll. Dieses Lehrstück muß dazu dienen, sein Thun recht verdienstlich zu machen; denn Gott sagt nach *Sanhedrin* 64ᵃ: Ich habe ihnen den י' רע nur gegeben, damit sie für seine Ueberwindung Lohn empfangen.

§ 48. Der Sündenfall.

1. Von der ersten Sünde der Menschen hat sich im Talmud und Midrasch folgende Sage ausgebildet. Zugleich mit Eva ist auch der Satan geschaffen worden *Beresch. rabba* c. 17. Diese Notiz deutet

auf einen Zusammenhang zwischen dem Fall und dem Satan hin.
Die jüdische Theologie nennt die Schlange Gen. 3 die alte Schlange
נחש הקדמוני und bezeichnet mit diesem Ausdruck den Teufel, vgl.
Delitzsch, Genesis 4. Aufl. 139. *Sifre* 138ᵇ werden z. B. die Heiden
Schüler des הקדמוני נחש, welcher Adam und Eva verführt habe, genannt. Vgl. *Sota* 9ᵃ. *Jalk. Schim., Beresch.* 29 u. ö., auch Apoc. Joh.
12, 9. 20, 2. In *Beresch. rabba* c. 18 u. ö. heißt die Schlange der Böse-
wicht רשע. Daß ein Geistwesen durch die Schlange wirksam war, tritt
deutlich hervor auch in der *Jalk. Schim, Beresch.* 29 aufbehaltenen
Ueberlieferung, daß Sammaël, der oberste Throneugel (S. 164), die
Schlange bestimmt habe, das Weib zu verführen. Nach *Targ. jer.* I
Gen. 3, 6 sah das Weib in dem Augenblick, als die Schlange sie
beredete, den Sammaël, den „Engel des Todes", und fürchtete sich.
Sammaël und Satan fließen in ihren Thätigkeiten überhaupt öfters
zusammen.

Ebenso sind die Vorstellungen des Satans und der Schlange nicht
streng von einander geschieden, und der Satan erscheint nicht bloß
als ein geistiges, sondern gleichzeitig als ein sinnliches Wesen; denn
die Motive, welche ihn zur Verführung des Menschen trieben,
waren Befriedigung der Herrschsucht und Befriedigung sinnlicher
Begierde. Nach *Bammidbar rabba* c. 8 sprach die Schlange: Ich
weiß, daß der Heilige zu ihnen gesagt hat: Am Tage, da du davon
issest, sollst du des Todes sterben; siehe ich will hingehen und sie
betrügen, sie werden essen und die Strafe empfangen, ich aber
werde dann die Erde für mich selbst bekommen וירש." Die Schlange
konnte es nicht ertragen, als sie sahe, daß die Engel des Dienstes den
Menschen bedienten; sie beneidete ihn um solche Ehre *Sanhedrin* 59.
Aber daneben findet sich, daß die Schlange vielmehr ein Epikuräer
war *Beresch. rabba* c. 19. Ein Commentator erklärt zwar Epikuräer
als Ungläubigen כפר, aber die auf Befriedigung der Sinneslust ge-
richtete Art des Epikuräers darf dennoch nicht übersehen werden.
Dieses Motiv zur Verführung tritt in der jüdischen Ueberlieferung
sogar stärker hervor, als die Herrschbegier und der Neid. Nach
Sota 9ᵃ sprach die Schlange, als sie Eva verführte: Ich will Adam
tödten und die Eva zum Weibe nehmen. *Beresch. rabba* c. 18: Als
die Schlange sah, wie sie (Adam und Eva) eheliche Gemeinschaft
ausübten, da gelüstete es sie nach der Eva. Nach *Beresch. rabba*
c. 24. *Jalk. Schim., Beresch.* 30 pflogen die Dämonen überhaupt während der ersten 130 Jahre nach der Schöpfung Geschlechtsverkehr

mit Adam und Eva und zeugten mit ihnen Dämonen. Auch Kain
ist nach *Jalk. Schim.*, *Beresch.* 42 vgl. *Pirke de-R. Elieser* c. 21
von Satan mit Eva erzeugt. Und wie das Verlangen nach Befriedigung der Sinneslust die Schlange der Eva näherte, so wurde die
Erweckung und Steigerung der Sinnlichkeit in Eva auch das Mittel,
sie zu verführen. Die Schlange nahete Eva und wohnte ihr bei.
Durch diesen Act warf sie in die Eva das זוהמא *Joma* 28ᵇ, *Aboda
sara* 22ᵇ, *Schabb.* 146ᵃ, *Jalk. Schim.*, *Beresch.* 28. 130. In *Aboda
sara* a. a. O. wird die Neigung der Heiden zum Incest auf den Umstand zurückgeführt, daß sie dieses זוהמא von Eva her noch in sich
haben. זוהמא *inquinamentum* ist also etwas, was den יצר הרע zum
höchsten Grad steigert, so daß er alle Schranken durchbrechend
Alles ergreift, um sich selbst Genüge zu thun; der Weg zur Verführung des Weibes war die Steigerung des im יצר הרע vorhandenen
sinnlichen Triebes zu schranken- und zügelloser Begierde. Eva hat
nun weiter das Gelüsten in Adam dadurch angereizt und entwickelt,
daß sie ihm Wein zu trinken gab *Bammidbar rabba* c. 10. Dort
heißt es erst: das ist Adam der Alte, welcher das Haupt aller
Menschen ist, denn durch den Wein ist der Tod über ihn verhängt
worden; und ferner: das ist Adam der Erste, denn durch den
Wein, welchen er getrunken hat, ist die Welt verflucht worden um
seinetwillen, denn R. Abin sagt: Wein hat Eva dem Adam gemischt,
und er trank. Nunmehr vermochte auch die nach *Targ. jer.* I Gen.
3, 6 eintretende Furcht erregende Erscheinung des Todesengels Beide
nicht mehr davon abzuhalten, die verbotene Frucht zu nehmen und
zu essen. Die Sünde war vollbracht. Was es für ein Baum war,
von dem sie aßen, wird viel erörtert; nach *Bammidbar rabba* c. 8
war es ein Oelbaum; in *Berachoth* 40ᵃ wird die Wahl gelassen
zwischen dem Weinstock (R. Meir), dem Feigenbaum (R. Nehemia) und
dem Weizen (R. Jehuda); ebenso *Sanhedrin* 70ᵃᵇ; *Pesikta* 142ᵇ aber
sagt, der Heilige habe den Baum, von welchem Adam aß, mit Absicht nicht näher bezeichnet, damit er ihm nicht zur Schande gereiche.

2. Hinsichtlich des eigentlichen Wesens der so zu Stande gekommenen Sünde fehlt es nicht an Ansätzen zu einer tieferen Auffassung. Schon wenn das Targum Jeruschalmi I Gottes Beweggrund
für sein Verbot als den Neid des Werkmeisters gegen sein Gebilde
hinstellt, erscheint die Sünde als Gegenwehr des unterdrückten Geschöpfes gegen den Schöpfer, oder als Rebellion. In der That wird
Adam *Jalkut Schim.*, *Beresch.* 47 מורד ein Rebell, und ממריד der

Andere zur Rebellion reizt genannt. Nach *Beresch. rabba* c.
19 brachte die Schlange Eva vom Glauben an die göttliche Drohung
durch דלטוריא Verleumdung ab, nämlich als wenn er durch den verbotenen Baum die Kraft zur Weltschöpfung bekommen und die
Frucht nur deshalb verboten hätte, damit die Menschen nicht auch
solcher Kraft theilhaftig würden. Esset jetzt, sprach die Schlange,
ehe andere Welten geschaffen werden, denn die späteren Welten
werden die Uebermacht gewinnen über die eurige. In *Tanchuma,
Bereschith* 8 sagen die Rabbinen: Hart ist die böse Zunge (die
Verleumdung), denn sie hat den Tod über den ersten Menschen gebracht. Denn die Schlange stand auf und sprach zu Adam und
Eva: Gewiß, Gott hat gewußt, daß an dem Tage, wo ihr von dem
Baume esset, eure Augen aufgethan werden; denn er hat von diesem Baum gegessen, als er seine Welt schuf. Und jeder Werkmeister hasset die Gebilde seiner Kunst. Aber ihr werdet sein wie
Gott. Da höreten sie auf ihn und veranlaßten den Tod sich und
ihren Nachkommen bis an das Ende aller ihrer Geschlechter. *Bereschith rabba* c. 16 wird die Sünde Adams bezeichnet mit dem
Worte: er hat den Willen Gottes verlassen und ist dem Willen der
Schlange nachgefolgt. Die Zeit vor dem Falle wird als die Zeit
bezeichnet, in welcher Adam מושלם לבוראי war. Der Commentator
erläutert das durch: שלם עם צדיק יצרו עם הקביה er lebte mit dem Allheiligen
im Frieden und Wolverhalten. Im Falle nun hat er den Frieden
gebrochen und Gottes Willen verlassen. In *Sanhedrin* 38ᵇ heißt es:
Adam war ein מין; Gott rief ihm zu: Adam, wo bist du? d. h.
wohin hat dein Herz sich gewendet? Hierzu bemerkt der Commentator: zum Götzendienst. Diese tiefere Auffassung der Sünde als
Abfall von Gott ist aber in der jüdischen Theologie nicht durchgedrungen. Das Wesen des Sündenfalls wird vielmehr vorwiegend als
Uebertretung eines einzelnen leichten Gebots aufgefaßt, die, aus einer
übermächtigen Begierde hervorgegangen, an sich gar nicht den Bruch
zwischen Gott und den Menschen herbeigeführt hätte, wenn nicht
die Weigerung der Buße von Seiten Adams hinzugekommen wäre.
Schabbath 55ᵇ wird von Adams Sünde gesagt: עבר מצוה קלה er hat
ein leichtes Gebot übertreten, und *Beresch. rabba* c. 21: Adam wurde
aus dem Garten Eden vertrieben, weil er eine מצוה קלה mißachtet
hatte. *Tanchuma, Chukkat* 16 läßt nach einer Ueberlieferung Adam
gegenüber den Gerechten sagen, er habe nur eine einzige Sünde
auf sich, jeder Gerechte aber wenigstens vier. *Beresch. rabba* c. 19

wird die Uebertretung als Entblößung von der Gebotserfüllung und deren Verdienst dargestellt; so verstehe ich die Worte: die ersten Menschen wurden selbst von der einzigen Mizwa, die sie in Händen hatten, entblößt. Sie hatten nur ein Gebot vorher erfüllt d. h. nicht übertreten, also nur diese eine Leistung vor Gott geltend zu machen; nun haben sie durch Uebertretung auch dieses einzige Verdienst verloren, sind daher von aller Gerechtigkeit entblößt. Aber diese Sünde hat im letzten Grunde Gott zur Ursache. Denn er hat die Leiblichkeit mit dem יצר הרע geschaffen, ohne welchen die Sünde nicht möglich gewesen wäre *Beresch. rabba* c. 27. *Jalkut Schim., Beresch.* 44. 47. An der letzteren Stelle heißt es: Reue überkam mich, daß ich den Menschen von irdischer Substanz מלמטה geschaffen, denn wenn ich ihn von himmlischer Substanz geschaffen hätte, so wäre er kein Rebell gegen mich geworden. Und weiter: Reue ist in meinem Herzen entstanden, sagt Gott, daß ich in ihm den יצר הרע geschaffen habe; denn wenn ich dies nicht gethan hätte, so wäre er kein Rebell gegen mich geworden. Vgl. a. a. O. 61 u. ö. Daß Adam die Buße verweigert habe, erzählt *Bammidbar rabba,* indem dort das Wort Spr. 29, 23 auf Adam angewendet wird. „Als Adam den Befehl des Heiligen übertrat und von dem Baume aß, verlangte der Heilige, daß er Buße thue und eröffnete ihm damit eine Befreiung (von der Schuld), aber Adam wollte nicht. . . Was heißt nun ויתה? Dies, daß der Heilige zu ihm sagte: Selbst jetzt noch thue Buße, und ich will dich annehmen. Aber Adam sprach: Es ist unmöglich! Da sprach der Heilige zu ihm: Und nun! Adam erwiderte: Wie kann ich! Es ist nicht möglich!" Den Sündenfall hätte also Adam sofort durch einen Bußakt wieder ungeschehen machen können; weil er dies nicht wollte, darum wurde er ausgetrieben. So mußte er nun auch die Folgen des Sündenfalls tragen.

3. Sechs Dinge hat Adam durch die Sünde verloren: den Glanz זיו, das Leben, seine Größe, die Frucht des Feldes, die Früchte der Bäume und das Licht *Beresch. rabba* c. 12. *Bammidbar rabba* c. 13. *Tanchuma, Beresch.* 6. *Jalkut Schim., Beresch.* 17. זיו ist קלסתר פנים der Abglanz der göttlichen Herrlichkeit, welcher vor dem Falle auf seinem Angesichte lag. Das Leben ist die Unsterblichkeit, welche ihm Gott im Urstande verliehen hatte, denn mit der Sünde hat er sich und seinen Nachkommen den Tod verursacht. „Gott schuf den Adam nach seinem Bilde, denn er sollte lebendig und ewig קיים sein, wie er selbst; aber er hat seine Werke ver-

derbt und meinen Beschluß vereitelt, und er hat gegessen vom
Baum, und ich sprach: Staub bist du!" *Beresch. rabba* c. 16 vgl.
Bammidbar rabba c. 10. *Kohel. rabba* 76ª. Nach *Targ. jer.* I Gen.
3, 6 und *Jalk. Schim., Beresch.* 25 trat der Todesengel hervor, sobald Eva den Baum angerührt hatte; doch vollstreckte er die Strafe
nicht alsbald, denn Gott schenkte dem Menschen einen Tag Gottes
d. i. 1000 Jahre *Beresch. rabba* c. 19. Die Größe Adams wurde
nach *Bammidbar rabba* c. 13 vgl. *Chagiga* 12ª u. a. St. auf 100 Ellen
herabgesetzt. Die Früchte der Erde und der Bäume wurden ihm
dadurch entzogen, daß die Erde verflucht ward und statt der Früchte
Dornen und Disteln trägt, a. a. O. Die באורית endlich oder אור d. i.
das Licht, durch welches die Welt geschaffen worden war, vgl. oben
S. 206, zog Gott am Ausgang des Sabbats ein und wird es erst
den Gerechten in der zukünftigen Welt wieder leuchten lassen. Zu
derselben Zeit vollstreckte Gott auch das Urtheil der Austreibung
der ersten Menschen aus dem Paradiese *Beresch. rabba* c. 12 vgl.
c. 11 u. ö. Zu dieser äußeren nach dem Sündenfall verlorenen Herrlichkeit des Menschen gehörte aber auch seine Herrschaftsstellung
über die Welt im Allgemeinen und über die Thiere insbesondere.
„Als der Heilige den ersten Menschen schuf, hat er ihn zum Herrn
über Alles gemacht; die Kuh gehorchte dem Pflüger, die Furche
gehorchte dem Pflüger; nachdem der Mensch gesündigt hatte, lehnten
sie sich wider ihn auf: die Kuh wollte dem Pflüger nicht mehr
Folge leisten, die Furche wollte sich vom Pflüger nicht mehr ziehen
lassen." *Beresch. rabba* c. 25 vgl. 19 u. ö.

Anstatt dieser ursprünglichen Herrlichkeit wurden dem Menschen
Plagen oder Flüche auferlegt, die er fernerhin tragen mußte. Sie
finden sich aufgezählt *Jalk. Schim., Beresch.* c. 27. Dem Weibe
ebenso wie dem Manne hat Gott neun Flüche und den Tod auferlegt, nämlich dem Weibe die Strafe der Menstruation, des Blut-
verlustes bei der ersten Beiwohnung, der Schwangerschaft, der Geburt, der Auferziehung der Kinder, daß sie das Haupt bedecken
muß wie eine Trauernde, und das Haar lang wachsen lassen muß
wie die Lilith und es nur bei Nacht entblößen darf, daß sie ihr
Ohr durchbohrt wie ein Knecht und wie eine Magd, die ihrem
Ehemanne dient, und daß ihr Zeugnis vor Gericht nicht gilt. Dem
Manne hat Gott seine Kraft verringert, und seine Gestalt verkürzt;
es haftet ihm die Unreinheit des Samenflusses, der Pollution und
der ehelichen Beiwohnung an; er säet Weizen und erntet Dornen,

seine Speise ist wie die des Viehes das Kraut des Feldes, sein Brot
ißt er in Kummer und seine Kost im Schweiß — und bei Mann
und Weib nach alle dem der Tod. Vgl. *Erubin* 100.
An dem Fluche Adams hat auch die Erde ihren Theil *Beresch.*
rabba c. 5. Sie ist ja mit ihnen (Adam und Eva) verflucht
worden. Deshalb bringt sie schädliche Insecten u. s. w. hervor. Es
wird aber nur ein zeitlicher, nicht ein causaler Zusammenhang zwischen dem Fluch über den Menschen und dem über die Erde angenommen, denn der Fluch über die Erde wird ganz entsprechend
dem Charakter der Autonomie, durch welche alle Creatur ihr Geschick selbst bedingt (§ 43), durch den Hinweis auf eine Ungehor-
samsthat der Erde selbst begründet, indem diese die Bäume nicht
in der von Gott gewollten Weise hervorgehen ließ. Sogar der Lauf
der Planeten ist nach *Beresch. rabba* c. 10 in Folge der Sünde
Adams verändert worden; ihre Bahn ist seitdem verlängert und ihr
Lauf verzögert.

Das Alles sind äußere Veränderungen. Es spiegelt sich aber in
ihnen eine große Veränderung im Verhältnis Gottes zu dem Menschen wieder, welche *Pesikta* 1ᵇ vgl. oben S. 183 und *Bammidbar*
rabba c. 13 einen unmittelbaren Ausdruck findet. Anfangs war die
Schechina in den unteren Regionen; aber als der erste Mensch gesündigt hatte, wich sie zurück in den ersten Himmel. Er ist in
einen Stand des Fluches eingetreten, ist des Todes schuldig, und
rechtes Verhalten gegen Gott ist nun erschwert. Mehr wird sich
nicht sagen lassen. Die Sünde, zu welcher schon durch die Schöpfung die Anlage und Neigung im Menschen gesetzt war, ist geschehen; der יצר הרע ist zum Herrn des Menschen geworden, der
ihm nur mit größter Anstrengung widerstehen kann, ihm der vor
dem Fall auch wol Macht, aber keine solche Uebermacht hatte.
Deshalb wird nun der יצר הרע ein König genannt *Nedarim* 32ᵇ,
vgl. oben S. 209 und *Bammidbar rabba* c. 15. *Kohel. rabba* 70ᵇᶜ. 80ᶜ.
Dieser Mächtige versucht Alles, um den Menschen zu Fall zu bringen
בפילו. Jochanan der Hohepriester hatte 80 Jahre als Hohepriester
gedient, und zuletzt hat ihn der ה׳ הרע noch überwältigt, daß er
noch ein Zadduki wurde. Der ה׳ הטוב dagegen heißt עני *Pesikta* 80ᵇ,
בן מסכן *Nedarim* a. a. O., דל der Arme, Kränkliche, Schwächliche *Waj-*
jikra rabba c. 34; derjenige wird selig gepriesen, der diesen דל zum
König über ה׳ הרע den Mächtigen zu machen vermag. Der ה׳ הטוב
ist dermalen der Schwächere, der ה׳ הרע der Stärkere, aber beide

Triebe trägt der Mensch auch nach dem Falle immer noch in sich. Gerechtes Verhalten ist schwerer geworden, dafür aber um so verdienstlicher. Der freie Wille auch in Bezug auf das Verhalten gegen Gott ist dem Menschen auch nach dem Fall geblieben. Es gibt eine Erbschuld, aber keine Erbsünde; der Fall Adams hat dem ganzen Geschlecht den Tod, nicht aber die Sündigkeit im Sinne einer Nothwendigkeit zu sündigen verursacht; die Sünde ist das Ergebnis der Entscheidung jedes Einzelnen, erfahrungsgemäß allgemein, aber an sich auch nach dem Fall nicht schlechthin nothwendig.

Cap. XVI. Der Zustand des sündigen Menschen.

§ 49. Entstehung und Wesen des sündigen Menschen.

1. *Tanchuma, Pikkude* 3 enthält folgende zusammenhängende Darstellung von der Entstehung des Menschen. „R. Jochanan sprach: Was heißt: der da thut Großes, das man nicht ausforschen, Wunderbares, das man nicht aufzählen kann (Hiob 9, 10)? Wisse, daß alle Seelen נשמות, welche von dem ersten Adam an gewesen sind, und welche sein werden bis ans Ende der ganzen Welt, in den sechs Schöpfungstagen geschaffen worden sind. Sie sind alle im Garten Eden und waren alle bei der Gesetzgebung zugegen (Deut. 29, 15). Und was das anlangt, daß er gesagt hat, er thue Großes, das man nicht ausforschen kann, so ist es das Große, das der Heilige vollbringt in der Bildung des Embryo ולד. In der Stunde nämlich, wo ein Mann dem Weibe beiwohnt, winkt der Heilige dem Engel, der über die Befruchtung gesetzt ist, und sein Name ist לילה, und der Heilige sagt zu ihm: Wisse, daß in dieser Nacht ein Mensch gebildet wird von dem Samen des und des Menschen; wisse es, und gib Acht auf diesen Tropfen und nimm ihn in deine Hand, streue ihn auf die Tenne und webe ihn in 365 Theile (die Sehnen und Nerven) auseinander. Und er thut also. Sofort nimmt er ihn dann und bringt ihn vor den Schöpfer der Welt und sagt: Ich habe gethan nach deinem Befehl. Und was ist nun bestimmt über diesen Samen? Sofort bestimmt der Heilige, was am Ende daraus werden soll, ob männlich oder weiblich, schwach oder stark, arm oder reich, kurz oder lang, häßlich oder schön, dick oder dünn, gering oder vornehm. Und so bestimmt er über alle Schicksale קורות der Menschen; aber ob dieser ein Gerechter oder Gottloser werden soll, das

bestimmt er nicht, das gibt er allein in die Hand des Menschen,
nach Deut. 30, 15. Sofort winkt dann der Heilige dem Engel, der
über die Geister רוחות gesetzt ist und sagt zu ihm: Bringe mir
den und den Geist aus Gan Eden; so und so heißt er, so und so
sieht er aus; denn alle Geister, welche geschaffen werden sollen, sind
vorhanden von der Schöpfung der Welt bis zum Weltende und sind
alle schon bestimmt für gewisse Menschen, denn Koh. 6, 10 heißt es:
Was ins Dasein tritt, ist längst genannt bei Namen. Sofort geht der Engel
und bringt den Geist vor den Heiligen; dieser aber, der Geist, beugt
sich alsbald und wirft sich nieder vor den Engeln des Heiligen.
Nun sagt der Heilige zu dem Geiste: Gehe ein in diese Tippa, die
in der Hand von dem und dem Engel ist. Da hebt der Geist an
und sagt: Herr der Welt! Mir genüget die Welt, in der ich wohnte,
seit du mich geschaffen hast; warum willst du mich in diesen be-
fleckten Samen טפה סרוחה eingehen lassen, mich der ich heilig und
rein bin, und ich bin (dann) verbannt von deiner Herrlichkeit?
Sofort sagt der Heilige zur Seele: Die Welt in die ich dich eingehen lasse, sei dir schöner, als diejenige, in welcher du bisher
gewohnt. Als ich dich bildete, bildete ich dich allein für diese
Tippa. So läßt ihn der Heilige eingehen in die Tippa auch gegen
seinen Willen. Und darnach kehrt der Engel zurück (auf die Erde)
und läßt den Geist (die mit der Tippa vereinte Seele) in den Uterus
der Mutter eingehen, die empfangen hat, und man bestimmt dem
Geiste zwei Engel als Wächter, damit er den Mutterleib nicht wieder
verlassen könne und damit er nicht falle. Und sie lassen ihn daselbst eingehen, eine angezündete Kerze auf seinem Haupte (nach
Hiob 29, 2. 3), und er blickt auf und sieht von einem Ende der
Welt bis zum andern. Dann nimmt ihn der Engel von dort und bringt
ihn nach Gan Eden und zeigt ihm die Gerechten, die in der Herrlichkeit sitzen mit Kronen auf dem Haupt. Und es sagt der Engel
zu ihm: Weißt du, wer diese sind? Der Geist antwortet: Nein,
mein Herr! Wieder nun spricht der Engel zu ihm: Diese, welche
du hier siehst, sind Anfangs alle gebildet worden, wie du, in ihrer
Mutter Leibe; sie sind hervorgegangen in die Welt, haben die Thora
bewahrt und die Gebote; deshalb sind sie würdig geworden, daß
man sie für dieses Gute bestimmt hat, das du siehst; wisse, daß
du am Ende von der Welt scheiden wirst, und wenn du würdig
sein wirst und bewahrest die Thora des Heiligen, wirst du solcher
Güter gewürdigt werden und der Gemeinschaft dieser Gerechten;

wo nicht, so wisse, daß du eines anderen Ortes theilhaft werden
wirst. Am Abend führt er ihn dann in das Gehinnom und zeigt
ihm dort die Gottlosen, welche die Engel des Verderbens schlagen
mit feurigen Stäben, indem sie rufen: Wehe! Wehe! und sich nicht
erbarmen über sie. Weiter sagt der Engel zu ihm: Weißt du, wer
diese sind? Nein, mein Herr! Diese vom Feuer Verzehrten, antwortet der Engel, sind solche, die in die Welt hervorgegangen sind
und die Thora und die Gesetze des Heiligen nicht gehalten haben;
deshalb sind sie gekommen in diese Schmach, die du siehest; und
du wisse, daß auch du in die Welt hervorgehen wirst, und sei ein
Gerechter, und nicht ein Gottloser, so wirst du gewürdigt werden und
wirst leben im ewigen Leben... Und so erleuchtet ihn der Heilige
über Alles und führt ihn vom Morgen bis zum Abend umher, und
zeigt ihm den Ort, wo er sterben, und den Ort, wo er begraben
werden wird. Danach bringt er ihn weiter und führt ihn auf der
ganzen Welt umher und zeigt ihm die Gerechten und die Gottlosen
und läßt ihn Alles sehen. Und am Abend führt er ihn wieder in
seiner Mutter Leib, und der Heilige macht ihm daselbst einen Riegel
und zwei Thüren... Und der Embryo liegt im Leibe seiner Mutter
neun Monate lang, .. und von Allem, was seine Mutter isset und
trinket, ißt und trinkt er zuerst und läßt keinen Unrath von sich...
Am Ende kommt seine Zeit, aus Licht der Welt hervorzugehen.
Sofort kommt der Engel und sagt es ihm. Er aber spricht zu ihm:
Warum willst du mich an das Licht der Welt herausführen? Der
Engel antwortet ihm: Mein Sohn, wisse, daß du wider deinen
Willen gebildet worden bist, und nun wisse, daß du, ob du willst
oder nicht, geboren wirst und stirbst und vor den Engeln Gottes
Rechenschaft geben mußt. Aber er will nicht heraus, bis der Engel
ihn schlägt und das Licht auf seinem Haupt auslöscht und ihn aus
Licht der Welt herausführt, wider seinen Willen. Sofort vergißt der
Säugling Alles, was er vor seinem Ausgang gesehen hat und Alles,
was er weiß. Und warum weint der Säugling bei seinem Ausgang?
Weil er den Ort der Ruhe und des Friedens verloren hat, und über
die Welt, welche er verlassen hat." Dazu vgl. im Einzelnen *Jalk.
Schim., Beresch.* 38.

2. Bei der Verwerthung dieser Stelle handelt es sich uns hier
um die Seele, den Leib und das Verhältnis beider zu einander, und
zwar unter ethischem Gesichtspunkt.

a. Die Seele. Die talmudisch-midrasische Psychologie ruht offenbar auf creatianischer Grundlage. Wie die Seele des ersten Menschen von oben her in den Leib gekommen ist, so kommt auch jetzt fort und fort zu jedem Leib, der im Mutterleibe sich bildet, eine für die neu entstehende Persönlichkeit bestimmte Seele, die als das personbildende, den Menschen sittlich bestimmende Princip רוח, in ihrer Verbindung aber mit dem Leibe und in ihrer Bedingtheit durch ihn נשמה heißt. Die Seele wird als dem Menschen geliehen oder anvertraut bezeichnet; sie geht in den Körper ein, wohnt bis zum Tod in ihm und scheidet dann wieder von ihm, um in die oberen Regionen, und zwar in den Ozar im Gan Eden (vgl. oben S. 205) zurückzukehren, von wo sie ausgegangen ist. Vgl. noch *Schemoth rabba* c. 31. *Sifre* 32[a]. Der creatianischen Anschauung, die auch in *Debarim rabba* c. 11. *Kohel. rabba* 72[b] ausgesprochen wird, steht scheinbar eine Stelle aus *Menachoth* 99[b] entgegen, wonach die Seele in den ersten 40 Tagen im Embryo gebildet wird נוצר. Aber der Ausdruck muß nach der allgemeinen Anschauung verstanden werden, wonach die Seele von oben her als eine längst fertige persönliche Hypostase in den Körper des Menschen eingeht נכנס. Auch nach *Jalk. Schim., Beresch.* a. a. O. wird die Seele in den Leib des Menschen im Moment der Bildung des Embryo, d. i. wo diese Bildung beginnt, hineingegeben הנתנ. Diese Seele nun, wie sie in den Menschen eingeht, ist rein *Mechilta* 43[b] wie Gott *Berachoth* 10[a], בשובח ושלכה *Wajjikra rabba* c. 14, wozu freilich ihre Weigerung, in den Menschen einzugehen, nicht recht stimmen will. Sie ist auch bestimmt in Reinheit wieder aus dem Menschen zu scheiden. *Kohel. rabba* 83[d]: „Diese (Seele), welche ich dir gegeben habe, ist rein, wenn du sie mir so wieder zurückgibst, wie ich sie dir gegeben habe, so ist es gut für dich, wenn nicht, so verbrenne ich sie vor dir." Vgl. *Schabbath* 152[b] die Mahnung, Gott die Seele rein zurückzugeben, wie er sie zuvor gegeben habe, und die damit stimmenden Worte des Morgengebets: „Mein Gott, die Seele, die du mir gegeben, ist rein; du hast sie geschaffen, gebildet und mir eingehaucht; du bewahrst sie in mir, nimmst sie einst von mir und gibst sie mir wieder für das zukünftige Leben."

b. Der Leib גוף heißt dagegen unrein טמא *Mechilta* 43[b]; denn er stammt nach dem Obigen vgl. *Pirke aboth* III, 1 aus einer טיפה סריחה. Das ist allerdings zunächst nur ein physischer oder doch dem gottesdienstlichen Leben entnommener Begriff. Der Same, aus dem der Leib entsteht, ist unrein insofern er im Gegensatz zu der himmlischen Seele dem Bereiche des Irdischen und Verweslichen angehört; der Unterschied zwischen Edlem und Unedlem liegt zu Grunde. Allein סרח wird doch auch von dem Falle Adams und der dadurch eingetretenen Veränderung *Chagiga* 12ª. *Aboda sara* 8ª und dann überhaupt vom Sündigen, sofern man dadurch schlecht, gemein, verächtlich wird, gebraucht. Sonach bezeichnet es sowol die physische, als auch die sittliche Verderbnis, die thatsächlich mit einander verbunden sind: Leib und Seele sind durch die Sünde verderbt worden, מְפֶּה 'ס ist also der sündliche und zugleich der verwesliche Same. Daß der Leib nicht bloß als der verwesliche unrein ist, sondern weil er der Sitz des הרע יצר ist, sehen wir aus dem, was *Bammidbar rabba* c. 13 gesagt ist: Gott habe, ehe er den Menschen schuf, gewußt, daß das Begehren seines Herzens böse von Jugend auf sein werde. „Wehe dem Teig, über welchen der Bäcker selbst das Zeugnis ablegen muß, daß er böse ist." Der Teig ist der Leib, den Gott (der Bäcker) gewirkt und gebildet hat; die Unreinheit des Leibes wird hier offenbar begründet damit, daß dieser der Sitz des הרע יצר ist, welcher im Leibe das ist, was der Sauerteig im Teig שאור בעיסה: eine gährende, treibende Macht *Berach.* 17ª; er heißt מחמיצני. In *Beresch. rabba* c. 34 wird erörtert, ob der הר' 'י vor oder bei der Geburt in dem Menschen entstehe, und es wird zunächst gesagt, daß er vor der Geburt entstehe, d. h. mit dem Embryo sich entwickele, wogegen jedoch geltend gemacht wird, daß er dann zur Geburt drängen und im Mutterleibe nicht Ruhe halten würde; er entstehe also erst, wenn das Kind zur Geburt treibe. Beides läßt sich vereinigen: er entwickelt sich mit dem Embryo, wird aber zuerst in dem Drängen zum Austritt der Frucht aus dem Mutterleib wirksam. Zur vollen Stärke und Herrschaft jedoch entwickelt er sich, eben weil er wesentlich eins ist mit dem sinnlichen Trieb, erst mit der Entwickelung der Leiblichkeit selbst. Und weil er in der geschlechtlichen Lust gipfelt, so wird die Zeit der Pubertät als die Zeit angenommen, wo seine volle Herrschaft eintritt. Darauf weist *Tanchuma, Beresch.* 7 hin, wo gesagt wird, daß תינוק der *parvulus* noch nicht sündige; erst vom zehnten Jahre an werde das Gelüsten groß. Zur natürlichen Sinneslust kam bei dem Israeliten bis zur Zeit der Gesetzgebung und bei den Heiden noch jetzt die Wirkung des זהמא vgl. oben S. 212. Von dem Eintritt der körperlichen Reife an verdient der הר' 'י den Namen זר אל ein fremder Gott im Leibe des Menschen *Schabbath* 105ᵇ. Er ver-

ursacht im Leibe die Sünden, wie *Schemoth rabba* c. 15 sagt: die
Sünden stammen מִיֵּצֶר הרע welcher in ihrem גוף ist. Die Engel sind
davon frei, weil sie die irdische Leiblichkeit nicht an sich tragen;
ihre Heiligkeit ist darum nur einfach, die des Menschen zweifach,
weil im Kampfe mit den bösen Gelüsten errungen *Wajjikra rabba*
c. 24 vgl. oben S. 162.

c. Das Verhältnis von Leib und Seele. Da die Seele für
sich selbst gelebt hat, ehe sie in den Leib einging, und für sich
selbst leben wird, wenn sie den Leib verlassen wird, und nur mit
Widerstreben in den irdischen Leib eingegangen ist, so ist und
bleibt ihr Verhältnis zu diesem äußerlich. Sie sucht sich auch
während des Lebens noch dem Leibe zu entziehen. Sie steigt während des Schlafes in den Himmel und kehrt Morgens als neue
zurück *Echa rabba* 56ᵇ. *Tanchuma, Mischpatim* 16. Sie ist es,
welche die Thora bewahrt, studirt und übt und die Gemeinschaft
Gottes pflegt; der Jezer hara des Leibes ist es, der die Sünde begehrt und vollzieht. Dennoch besteht ein näheres Verhältnis zwischen
Leib und Seele. Diese ist berufen, mit den ihr innewohnenden
Kräften der Weisheit יצר 'י zu sein gegen den הרע 'י, das Gute zu
fördern und diesen dadurch zu entkräften. Wenn sie den הרע 'י walten
läßt, so vollbringt wol er die Sünde, aber die Seele ist verantwortlich, denn ohne ihre Einwilligung hätte er es nicht thun können.
In *Tanchuma, Wajjikra* 6 vgl. *Sanhedrin* 91ᵇ. *Wajjikra rabba* c. 4
werden Leib und Seele einander bezüglich ihres Antheils am Zustandekommen der Sünde gegenüber gestellt; der Leib wird als der
von Staub Gebildete dem Dorfbewohner verglichen, welcher keine
Kenntnis der Reichsgesetze hat, die Seele aber, die von oben Ent-
stammte, dem Bürger der Residenz, welcher die Reichsgesetze wol
kenne. Jener geht frei aus, dieser wird bestraft. „Die Sache gleicht
einem König, welcher einen Garten hatte und darinnen waren reife
Trauben, Feigen und Granaten. Da sprach der König: Setze ich
einen Sehenden als Wächter hinein, so geht er hin und ißt mir die
reifen Früchte selbst weg. Was that er? Er setzte zwei Wächter,
einen blinden und einen lahmen. Diese bewachten den Garten. Sie
saßen und rochen den Duft der reifen Früchte. Da sprach der
Lahme zum Blinden: Ich sehe schöne reife Früchte im Garten,
komm, laß mich auf dir reiten, so wollen wir sie holen und essen.
Da ritt der Lahme auf dem Blinden, holte die Früchte, und sie
aßen sie beide. Einige Zeit später kam der König, suchte die reifen

Früchte und fand sie nicht. Er sprach zum Lahmen: Wer hat sie
dir gegeben? „Habe ich denn Füße?" antwortete dieser. Jener fragte
dem Blinden: Wer hat sie dir gegeben? „Habe ich denn Augen?"
sagte dieser. Da ließ der König den Lahmen auf dem Blinden
reiten und sprach: Wie ihr beide zusammen die reifen Früchte gestohlen und gegessen habt, so will ich euch auch beide zusammen
richten. So thut auch Gott. Er bringt die Seele und streut sie
in den Leib, denn es heißt: Er ruft dem Himmel von oben und
der Erde, zu richten sein Volk. Jener ist die Seele, diese der Leib."
Die Seele hat die Einsicht aber kein Mittel zur That; der Leib ist
ohne Einsicht, aber er wird das Werkzeug zum Vollzug der That.
So sind Seele und Leib, da sie bei der Sünde eng mit einander
verbunden sind, beide verantwortlich; aber höhere Verantwortlichkeit hat die Seele, weil nur von ihrer Erkenntnis die Hinderung
der That ausgehen kann und soll, während der יצר הרע des Leibes
in sich keinen Zügel hat, sondern nur den Drang sich selbst genug
zu thun.

§ 50. Die Wahlfreiheit und die allgemeine Sündhaftigkeit.

Ohne Zweifel legen Talmud und Midrasch dem Menschen im
Princip auch nach dem Falle noch Freiheit des Willens bei und
nehmen nicht nur die Möglichkeit der Sündlosigkeit des Menschen
an, sondern sehen auch wirklich einzelne Menschen, wenn auch nur
als Ausnahme, für sündlos an. Die Begehung wenigstens einzelner
Sünden bildet jedoch die Regel.

Die äußeren Umstände zunächst üben keinen unbedingten Zwang
zum Guten oder Bösen auf den Menschen aus, sondern fügen sich
nach dessen Willensrichtung. *Joma* 39: Wer sündigen will, dem
schafft man dazu die Gelegenheit, und ebenso dem, der sich rein
halten will. In *Maccoth* 10[b] wird aus der Thora, den Propheten und
den heiligen Schriften nachgewiesen, daß der Mensch auf den Weg
geführt wird, den er gehen will. Auch der Zustand des menschl-
lichen Inneren beeinträchtigt nicht die Möglichkeit, das Gute oder
das Böse zu wählen. Diejenigen, welche den יצ״ט lieber als den
יצ״ר wählen, sind nach *Kohel. rabba* 78[a] die Gerechten; welche dagegen die entgegengesetzte Wahl treffen, sind die Gottlosen. Jenes
thun heißt *Schir rabba* 78[c] den יצ״ט zum König machen המליך
über den יצ״ר, obwol man auch dann noch von den Angriffen des

רע 'ר zu leiden hat. Wer ihn in der Jugend bewältigt, hat im Alter Macht über ihn. In *Bereschith rabba* c. 22 findet sich für den freien Willen der Ausdruck רשית Gewalt, Herrschaft: die Gerechten beherrschen den Trieb des Herzens (לב), die Gottlosen sind in der Macht ihres Triebes. Vgl. dazu *Tanchuma, Pikkude* 3 und oben S. 217: nur die äußeren Schicksale bestimmt Gott schon vor der Geburt. Obgleich es daher unmöglich ist, daß Menschen ohne Reizung zum Bösen durch den ihnen innewohnenden יצר רע bleiben, ist doch wirkliche Sündlosigkeit nicht ausgeschlossen. In *Kohel. rabba* 63ᵃ ist von solchen die Rede, welche ohne den Geschmack der Sünde aus dem Leben schieden שלא טעמו חטא, und fol. 76ᶜ wird die Möglichkeit behauptet und gegen Kohel. 7, 20 vertheidigt, daß ein Gerechter ohne Sünde bleibe. Hiob 14, 1 ff. wird als Gegenbeweis *Bammidbar rabba* c. 19 und besonders *Tanchuma, Chukkat* 3 ausdrücklich entkräftet: es werde hier von Fällen geredet, wo fromme Söhne von gottlosen Vätern stammen, z. B. Abraham, der Sohn Therachs. Ohne Sünde sind vor Allem die Kinder, nach *Kohel. rabba* 66ᵇ נקי מיום לידתי rein von Geburt; sie haben noch keinen Geschmack טעם von der Sünde, kennen sie noch nicht aus Erfahrung, heißen daher *Jalkut Schim., Beresch.* 14 kurzweg טהורים. Wenn sie sterben, geschieht es nur wegen der Schuld ihrer Väter; sie befreien sogar in der zukünftigen Welt durch ihr Verdienst ihre gottlosen Väter von den ewigen Strafen, indem sie bewirken, daß sie von der Seite der Gottlosen auf die Seite der Frommen herüberkommen *Kohel. rabba* 69ᶜ. Daneben sind die Erzväter und andere große Heilige wirklich ohne Sünde durchs Leben gegangen, vgl. oben S. 53 f. Abraham erlag der Macht des 'ר הרע nicht *Jalk. Schim., Beresch.* 36; auch über Isaak und Jakob hatte er keine Macht, a. a. O. 106. Jakob war nach *Beresch. rabba* c. 98 bis ins 84. Jahr gekommen, ohne je eine geschlechtliche Unreinheit an sich wahrzunehmen קרי טפת. Auch Elia hat nicht gesündigt und ist deshalb ins Leben eingegangen, ohne den Tod zu sehen *Wajjikra rabba* c. 27. *Kohel. rabba* 68ᵇ. *Tanchuma, Emor* 9 u. ö. Und von Hiskia heißt es *Kohel. rabba* 71ᵇ, er habe alle seine Glieder gezählt, und gezeigt, daß er mit keinem derselben gesündigt hatte. Wenn von anderen großen Heiligen wie Mose Sünden zugegeben werden müssen, so sind sie doch zu zählen. Mose wollte nach *Tanchuma, Debarim* 6 nicht sterben; er behauptete, nur eine einzige Sünde gethan zu haben, die Gott ihm verzeihen könnte, so daß er des Todes ledig gehen

sollte. Gott zählte ihm aber sechs Sünden auf und bewies ihm so
die Gerechtigkeit des Todesgerichts auch für ihn. Immerhin sind
bei den Heiligen und Gerechten höchstens einzelne Sünden zu finden.
In der Regel freilich muß auch die jüdische Theologie das Ueber-
maß des Bösen anerkennen, indem sie von einer allgemeinen Sündhaftigkeit redet. Der Sinn dieses Ausdruckes ist aber: die Menschen
erliegen in der Regel der Macht des הרע 'י und begehen in Folge
dessen Uebertretungen, sei es öfter, sei es seltener, sei es ausnahmsweise, sei es immerfort. Denn einerseits ist der böse Trieb
im Menschen übermächtig, und seine Macht wird durch Satans Einwirkung und äußere Verhältnisse noch verstärkt; andererseits ist der
dagegen ankämpfende Trieb zum Guten in der Regel schwach, weil
die Seele sich nicht genug durch Betrachtung und Uebung der Thora
mit göttlicher Kraft erfüllt. Nur die Gerechten thun dies, und in
dem Maße als sie es thun, sind sie gerecht. Aber sie bilden die
Ausnahme; die Mehrzahl sind die Mittelmäßigen und die Gottlosen,
zu welchen auch die Heiden gehören.

An Belegen für die allgemeine Sündhaftigkeit fehlt es nicht.
Die Sünde geht von der Anreizung des הרע 'י aus. *Jalkut Schim.,
Beresch.* 36 sagt, daß der רע 'י die Geschlechter verdirbt. Nach
Schemoth rabba c. 31 wird Jeder zur Sünde versucht. In demselben
Capitel finden sich die Sätze: es ist kein Mensch, der nicht sündigte,
und: es ist kein Geschöpf, das sich nicht an Gott verschuldete.
Wajjikra rabba c. 14 aber heißt es mit Bezug auf Ps. 51, 7: selbst
bei dem Allerfrömmsten ist es nicht möglich, daß er nicht eine Seite
von der Sünde her habe שלא יהיה לו צד אחד בעין. Trefflich wird das
Wachstum der Macht des רע 'י *Beresch. rabba* c. 22 u. ö. geschildert.
Erst (schwach wie) ein Weib, dann (stark wie) ein Mann; erst wie ein
Faden, dann wie ein Schiffstau; erst Gast, dann Hausherr. Soll er
nicht aufkommen, so bedarf es einer Reaction, welche z. B. *Schir
rabba* 16a als שמר, שלט, התגבר bezeichnet wird. Gewöhnliche Menschen sind hierzu nicht fähig; in dieser Voraussetzung haben manche
moralische Vorschriften ihre Wurzel, z. B. daß *Pesikta* 177a u. ö. eingeschärft wird, daß man die mannbar gewordene Tochter auf jeden Fall
verheirathen müsse, und wäre es an den Knecht, damit sie nicht
ihrer und fremder Concupiscenz zum Opfer falle und in Sünde stürze,
oder daß bezüglich des Jünglings die Pflicht gilt, vom 14. bis späte-
stens zum 20. Jahre in die Ehe zu treten; wer es nicht thue, sei
beständig in Gefahr in die עבירה zu fallen, oder sich in Gedanken

mit der Sünde zu beschäftigen; einem solchen zürne Gott. Erst
heirathe man, dann studire man, um im Studium vom Jezer unbe-
hindert zu sein *Kidduschin* 29ᵇ. Der übermächtige Jezer erscheint
als der Feind des Menschen und Gottes, als der, welcher fort und
fort jenen in Sünden, besonders in Götzendienst, also in Abfall von
Gott, und in Fleischessünden sowie in Uebertretungen aller Art zu
stürzen sucht. *Succa* 52ᵃ werden sieben Namen des רהרע 'ה aufgezählt.
Gott selbst nannte ihn (Gen. 8, 21) den Bösen; bei Mose heißt er
(Deut. 10, 16) der Unbeschnittene, bei David (Ps. 51, 12) der Unreine, bei Salomo (Spr. 25, 21) der Feind, bei Jesaja (57, 14) der
Anstoß (מכשול), bei Ezechiel (36, 26) der Stein, bei Joel (2, 20) der
Verborgene. Er ist also nach den ersten drei Namen der Widergöttliche, nach den letzten vier Namen der Feind des Menschen,
der diesen zu fällen sucht, vgl. *Jalk. Schim., Beresch.* 61. In seiner
harten widergöttlichen Art heißt er auch sonst öfters der Stein oder
das steinerne Herz *Wajjikra rabba* c. 35. *Debarim rabba* c. 6 (wo
ihm das fleischerne Herz entgegengestellt wird, das künftig an seine
Stelle tritt). *Schir rabba* 22ᵈ. Als der tückisch lauernde Feind, der
den Menschen überfällt, heißt er גזלן der Räuber *Beresch. rabba* c. 54
u. ö. *Succa* 52ᵇ u. ö. führt er den Namen רשע der Frevler. Sehr
anschaulich drückt das auch *Pesikta* 80ᵃ ᵇ aus: Nach der Weise der
Welt schließt ein Mensch, der mit dem Andern zwei oder drei
Jahre lang zusammen groß geworden ist, einen Bund der Liebe und
Freundschaft; dieser aber, der הרע 'ה, ist mit dem Menschen zusammen aufgewachsen גדל von der Jugend an und hat mit ihm gelebt
bis zum Alter, aber wenn er ihn zu Fall bringen kann innerhalb
20 Jahren, so bringt er ihn zu Fall, und so innerhalb 40 Jahren,
oder innerhalb 80 Jahren, bis zu seinem Tode. Man sagt von Jochanan, dem Hohenpriester, daß er im Hohepriestertum 80 Jahre
gedient habe, und am Ende wurde er ein Zadduki. Und das ist es,
was David gesagt hat (Ps. 35, 10): Alle meine Gebeine sollen sagen:
Herr, wer ist wie du, der errettet den Elenden von dem Stärkeren,
und den Elenden und Armen von dem, der ihn beraubt. Und gibt
es denn einen ärgeren Räuber als diesen?

Das böse Gelüsten richtet sich nun insbesondere auf den Abfall
von Gott und die Uebertretung seiner Gebote, um die eigene Lust
zu befriedigen. *Schemoth rabba* c. 30 sagt aus, daß der 'ה 'ר die
Menschen zum Abfall bringt und ihr Mörder wird. *Sanhedrin* 64
vgl. *Joma* wird in derb realistischer Weise im Anschluß an Neh. 9, 4

dargestellt, wie die Juden nach dem Exil denjenigen יצ הר, der sie zum Götzendienst verführt hatte und dadurch Ursache der Zerstörung des Heiligtums und der Verbannung des Volkes geworden war, in Gestalt eines jungen feurigen Löwen aus dem Allerheiligsten hervorgehen sahen, indem ihn Gott in ihre Hände geben wollte, und wie sie ihn getödtet. Nun erbaten sie sich auch Gewalt über einen zweiten יצ הר, der zur Unkeuschheit verführt. Aber als sie ihn verwahrten, hörte in allen Geschöpfen der geschlechtliche Trieb auf. Keine Henne legte mehr ein Ei. Da sagten sie: Bringen wir auch diesen הר um, so wird die Welt nicht bestehen können. Da stachen sie ihm die Augen aus und ließen ihn laufen. Das hat nun wenigstens bewirkt, daß die Neigung zum Incest aufhörte; aber die zur Hurerei blieb. Der הר verführt also vorzugsweise zu Götzendienst und Hurerei. In *Mechilta* 75ᵃ wird geschildert wie Gott Jagd auf ihn macht, indem er alle Arten des Götzendienstes verbietet, zu denen der Jezer anreizt. Auch *Schemoth rabba* c. 41 wird er die Ursache des Götzendienstes genannt. Er macht von der Thora abwendig *Sifre* 81ᵇ, hindert die Gesetzeserfüllung *Berach.* 17ᵃ, *Bammidbar rabba* c. 17, widerspricht den Geboten Gottes *Pesikta* 38ᵇ vgl. *Joma* 67ᵇ, verleitet zum Irrtum und Zweifel *Tanchuma, Thezaweh* 6 vgl. 7, betrügt den Menschen und führt ihn in die Irre, indem er ihn zur Skepsis anreizt *Tanchuma, Emor* vgl. *Behaalothecha* 5. Erst dann wird Alles unter Gottes Flügel kommen, wenn er den יצ הר getödtet haben wird *Schemoth rabba* c. 30. Hinsichtlich der Verführung zur Unkeuschheit vgl. schon oben S. 225. Ihretwegen soll der fromme Israelit nicht viel mit einem Weibe sprechen *Pirke aboth* I, 5, auch nicht mit ihr allein sein; dies setzt eine beständige Reizung zur Unkeuschheit voraus. Der Talmud nimmt überall, wo das Zusammensein eines Mannes und einer Frau in der Schrift erwähnt wird, unkeusche That an. Joseph erscheint nach der biblischen Ueberlieferung sittenrein, nach der talmudischen nicht. *Raschi* zu Gen. 39, 11 verzeichnet die talmudische Ueberlieferung (aus dem Tractat *Sota*) wonach Joseph ins Haus der Potiphera einging, um „seine Lust mit ihr zu büßen", nur die Erscheinung des Bildes seines Vaters hielt ihn davon ab. *Jebamoth* 43 erzählt eine fleischliche Vermischung des Sisera mit der Jaël Richt. 4, 17 ff. Als Boas die Ruth in seiner Tenne übernachten ließ, quälte ihn nach *Sifre* 24ᵃ der הרצ הר die ganze Nacht, mit Ruth sich fleischlich zu vereinigen, indem er ihm vorstellte, er könne sie dadurch gesetzlich zu seinem Weibe nehmen; aber Boas

15*

beschwor die böse Lust. Man setzt weiter voraus, daß die geschlechtliche
Lust nur schwer zu bezwingen sei. Daher die Forderung, welche *Moëd
katon* 17ᵃ. *Kidduschin* 40ᵃ aufstellt. „Es ist überliefert: R.
Illai der Alte sagt: Wenn der Mensch sieht, daß sein Jezer über ihn
die Herrschaft hat, so gehe er an einen unbekannten Ort, ziehe
schwarze Kleider an, hülle sich in schwarze Gewänder und thue
wie sein Herz begehrt; aber nicht entweihe er den Namen Gottes
öffentlich. Ich bin nicht der Meinung. Siehe es ist gelehrt: Wer
eine Uebertretung begeht, stößt die Füße der Schechina von sich
weg. Aber es ist zwischen diesen beiden Meinungen kein Widerspruch. Das eine Mal ist die Rede von dem, der seinen Jezer zu
bezwingen vermag, das andere Mal von dem, der es nicht vermag.“
Alle sinnlichen Eindrücke, die durchs Auge dem Menschen zu-
geführt werden, erwecken und stärken den Jezer *Sota* 7ᵇ. Die Augen
werden *Tanchuma, Schallach* 15 vgl. oben S. 209 die Vermittler
(Kuppler) für den Körper genannt, denn „sie speisen den Körper“; sie
führen ihm die Bilder von der Außenwelt her zu, durch welche der
Jezer erweckt wird. Auf dieser Grundanschauung beruht der Ausdruck
Schabb. 62ᵇ, daß die Frauen Jerusalems (Jes. 3) den הרע 'ה in die
Jünglinge eingeführt haben בכיסיות vgl. *Joma* 5, indem sie Eindrücke
in ihnen hervorriefen, an denen sich die böse Lust entzündete; bei
dem Blinden dagegen hört nach *Tanchuma, Tholedoth* 7 der הרע 'ה
auf, weil das Auge diesem keine Vorstellungen mehr zuführt, so daß
er aus Mangel an Nahrung sterben muß.

Zur Entwicklung der gottwidrigen Macht im Menschen wirkt noch
eine andere Macht mit. Darauf deutet allgemein was *Sota* 3ᵃ sagt:
Niemand begeht eine Sünde עבירה, es sei denn zuvor der Geist
der Bethörung רוח השטות in ihn gefahren. Genauer bezeichnet wird
sie als der Satan (vgl. unten § 54). *Bammidbar rabba* c. 20 heißt
es: בער בן השטן, und dem Zusammenhang nach ist das, was der
Satan entzündet, die böse Lust. Als R. Meir hochmüthig über die
spottete, welche Uebertretungen begehen, erschien ihm Satan in Gestalt einer schönen Frau, um ihn zu Fall zu bringen *Kidduschin* 81ᵃ.
Aehnliches wird von R. Akiba erzählt. In *Baba bathra* 15ᵃ wird Satan
von dem Jezer gar nicht geschieden. Auch Levy, Chal. W. B. I, 342
nennt ihn den „bösen Engel“, aber identisch sind sie nicht. Sofern
der Jezer und der Satan die gleiche gottwidrige Absicht haben, wirkt
dieser durch jenen und ist in ihm die bewegende Kraft; so kann es
geschehen, daß Eines für das Andere steht, ohne daß Beides zusam-

menfällt. Allerdings ist die Neigung, beide Begriffe zu verschmelzen, in der späteren jüdischen Theologie gewachsen. Zu *Kidduschin* (a. a. O.) bemerkt Raschi: Es erschien ihm Satan, welcher der Jezer hara ist. Endlich wirken noch äußere Verhältnisse mit, die von Gott gefügt sind. Gott hat sich vorbehalten auf das Zustandekommen der bösen That hindernden oder fördernden Einfluß zu üben. *Jalkut Schimeoni, Beresch.* 90 heißt es, der Jezer, der den Menschen zur Sünde reizt, sei in die Hand Gottes gegeben, der ihn abhalten (מיב) könne, die Sünde zu vollbringen. In diesem Sinne konnte R. Chija *Kidduschin* 81ᵇ auf sein Angesicht niederfallen und sagen: der Barmherzige errette mich von dem Jezer hara. Fördernd wirkte Gott bei der bösen That mit bei dem sogenannten בעל הישועה d. i. bei Israels Stierdienst am Sinai, welcher als der entscheidende Sündenfall Israels von solchem Gewicht ist, daß Gott selbst wiederholt dafür verantwortlich gemacht wird, vgl. oben S. 55. So hat nach *Sanhedrin* 108ᵃ auch das Geschlecht der Fluth wie auch Sodoms sich deshalb erhoben, weil Gott ihnen das Gute im Ueberfluß gegeben hatte.

Indem also dämonische Macht und von Gott gewirkte Verhältnisse mit den natürlichen Bedingungen der Sünde zusammenwirken, entfaltet sich die Macht des Bösen und erzeugt fort und fort die Sünden, in denen sich die allgemeine Sündhaftigkeit vor Gott darstellt. Dazu tritt der Mangel im Gebrauche der Gegenmittel. Gott hat ja dem Menschen auch einen Jezer tob von Anfang an eingeschaffen, vgl. S. 208 f.; aber er ist jetzt im Verhältnis zum bösen Trieb wenig vermögend. Zu seiner Stärkung ist die Thora bestimmt, vgl. oben S. 22 f. *Baba bathra* 16ᵃ u. ö. Durch diese soll er zum König über den bösen Jezer werden. Das Thorastudium, lehrt *Sifre* 82ᵇ, überwindet die böse Begierde; wer davon abläßt, ist in ihre Hand gegeben. *Kidduschin* 30ᵇ gibt folgenden Gedankengang. Der Jezer hara erneuert täglich seine Angriffe: ohne Gottes Hülfe könnte der Mensch ihn nicht überwinden. „Wenn er dir begegnet, dieser Schändliche מנול, so ziehe ihn ins Lehrhaus, er wird zerschellen." Deshalb setzt man von dem Schriftgelehrten in erster Linie voraus, daß er ihn bewältige und nicht in Uebertretung falle, *Berachoth* 5ᵃ: der Talmid Chacham soll den Jezer hattob wider den Jezer hara erwecken und durch Beschäftigung mit der Thora oder durch die Recitation des Schema (durch die Kraft des Gottesnamens) diesen besiegen. Nach *Kidduschin* 81ᵃ hielt sich der über Andere hoch-

müthig spottende R. Meir für sicher durch das Thorastudium. Nach
Bereschith rabba c. 17 nimmt die Sünde ihren Anfang im Schlafe,
weil der Mensch da sich nicht mit der Thora beschäftigt und also
dem Jezer schutzlos preisgegeben ist. Als anderes Mittel gegen den
Jezer hara erscheint die Anwendung des Gottesnamens. So beschwor
ihn Boas *Sifre* 24ª. Drei, heißt es *Wajjikra rabba* c. 23, haben
den Jezer hara beschworen, als er übermächtig werden wollte, seinen
Willen nicht zu thun: Joseph, Boas und David. Die Zaddikim, sagt
Bammidbar rabba c. 15, beschwören ihren Jezer, wenn er sie verleiten will, bei Jehova und dämpfen ihn dadurch, vgl. *Tanchuma,
Behaalothecha* 10 u. ö. Auch die Keriath Schema (S. 41) wird in
diesem Sinne angewendet. Diese Beschwörung im Namen Gottes erscheint *Kidduschin* a. a. O. wie eine Art Exorcismus; denn es heißt
da, wenn der Mensch den Jezer beschwöre, so fahre er von ihm
aus in Gestalt einer Feuersäule. Ferner ist der Gottesdienst in der
Synagoge ein gutes Mittel, den Jezer zu bannen, da hier Thoralesung und Gebet zusammenwirkt; aber er kehrt danach an seinen
Ort zurück. Endlich soll man seinen Jezer wie ein Opfer schlachten
und über ihn beichten *Sanhedrin* 43ᵇ oder das, was zur Sünde reizt,
z. B. Schmucksachen, Gott weihen. So überwindet man ebenfalls den
Jezer, weil sein Stachel beseitigt wird *Nedarim* 9ᵃᵇ.

Durch solche Mittel besiegen ihn die Weisen und Gerechten von
Fall zu Fall. Aber da er täglich sich erneuert, und seine Angriffe
immer wieder kommen, wird auch der Weise ihm leicht einmal
erliegen. R. Chija kämpfte gegen den Jezer hara in immer neuem
Gebet. Da stellte sich ihm seine eigene Frau als geschmückte Hure
verhüllt in den Weg, und er erlag der Macht der Versuchung
Kidduschin 81ᵇ. Dennoch heißt R. Chija ein Zaddik; denn es gibt
eine Sühnung des Geschehenen, und im Leben des Gerechten ist
solcher Fall vereinzelt. Ueber R. Jochanan vgl. S. 216. 226.

Ist die Selbstbewahrung vor dem Jezer und seine Ueberwindung
so schwer, so wird es uns nicht wundern, daß es *Schir rabba* 16ᵃ
heißt: Jeder, der seinen Jezer im Zaume hält, heißt ein Held גבור.
Es gehört das Heldentum des Weisen dazu, um sich vor dem Jezer
zu bewahren. Hieraus folgt, daß der ʿAm haárez (S. 42 ff.), dessen
Sinn auf die Welt gerichtet ist, die Kräfte dazu nicht in sich hat;
daß der Mittelmäßige (S. 45 f. 49), der dem Studium der Thora und
dem Gebet nicht volle Kraft und Zeit widmet, auch nicht genügend
befähigt sein wird, den Jezer immer zu beherrschen; daß endlich

Frauen, welche die Thora nicht haben (S. 43), ihrem Jezer immer preisgegeben sind und aufs Sorgfältigste in äußeren Schranken gehalten werden müssen.

Wir fassen zusammen. Sündlosigkeit ist an sich möglich, sei es in absolutem, sei es in relativem Sinne (Reduction der Sünde auf einige wenige Fälle), aber sie liegt nicht im Bereich der Erfahrung; das Allgemeine ist die Sündhaftigkeit, wonach jeder vom Jezer überwältigt wird und Uebertretungen begeht. Je nach der Zahl und Beschaffenheit derselben bemißt sich der sittliche Werth oder Unwerth des Menschen. Für den Begriff der Sündhaftigkeit ist dabei von Belang, daß das Vorkommen einzelner Uebertretungen den Stand wesentlicher Gerechtigkeit nicht nothwendig beeinträchtigt.

§ 51. Sünde und Schuld.

Die Synagoge lehrt sonach eine schöpferisch gesetzte Anlage des Menschen zur Sünde, aber keine ererbte, vor der Thatsünde wirklich vorhandene Sündigkeit. Jeder begründet seine Sündigkeit durch seine eigenen Sünden, d. i. durch die Uebertretungen, die er begeht. Alles Gewicht liegt somit auf der einzelnen zähl- und wägbaren Thatsünde.

1. Als Thatsünde sind nicht bloß diejenigen Sünden anzusehen, welche sich im Gebiete der äußerlichen Wirklichkeit in wahrnehmbarer Weise vollziehen, auch nicht die allein, die mit Wissen und Willen geschehen. Wir haben vielmehr הרהור innere, שגגה unwissentliche äußere und עבירה wissentliche äußere Thatsünden zu unterscheiden *Tanchuma, Zaw* 7. Die ersteren Sünden sind solche, die in der Vorstellung begangen werden; הרהור, nicht mit יצר zu verwechseln *Schabb.* 56ᵃᵇ, welcher ihn erzeugt, heißt das Imaginiren. So *Targ. Jonathan* zu Jes. 62, 10: הרהור דיצרא die vom Jezer erzeugte Vorstellung einer zu begehenden Sünde oder eine vom Jezer erzeugte in der Vorstellung begangene Sünde. *Targ. jer.* I Deut. 23, 11 wird die Vorstellung הרהור genannt, die sich mit nächtlichen Pollutionen verbindet. Wenn ein Weib sich ehebrecherischen Gedanken gegen einen anderen Mann ergibt, während sie dem eigenen die eheliche Gemeinschaft leistet, so wird dies *Bammidbar rabba* c. 9 ausdrücklich als ניאוף Ehebruch bezeichnet. In *Kidduschin* 29ᵇ wird der הרהור von der עבירה unterschieden, in *Baba bathra* 165ᵃ dagegen diesem Begriffe untergeordnet: „von עבירה bleibt der Mensch

an keinem Tage frei, nicht von הרהור עבירה, von Zweifel an der Erhörung des Gebets und von Verleumdung, wenigstens einem Stäubchen
von Verleumdung; die Mehrzahl verfällt in Raub, die Minderzahl
in Blutschande, alle in Verleumdung, wenigstens in etwas Verleumdung." Die in der Vorstellung vollzogene Uebertretung ist also
Sünde; deshalb muß man ein wenn auch geringeres Sühnopfer für
sie darbringen. Nach *Targ. jer.* I Lev. 6, 2, vgl. *Schemoth rabba*
c. 7. *Tanchuma* a. a. O., muß man für die הרהוריל בא ein Brandopfer
als Sühnopfer darbringen. *Joma* 29ª dagegen sagt, daß solche in der
Vorstellung begangene Sünden härter seien als die עבירה. Es dürfte
dies so zu verstehen sein, daß es eine große Last, daß es sehr
hart ist für den Menschen, daß er durch den Jezer mit solchen
Vorstellungen geplagt wird. Leichter ist es, die Uebertretung wirklich zu vollziehen, indem man dann der Vorstellungen ledig wird, als
immer von diesen geplagt sein. — עבירה ist die Uebertretung d. i. die
auch äußerlich zum Vollzug gekommene, die mit Wissen und Willen
begangene vollendete Thatsünde. Vollendete Thatsünde ist zwar auch
die שגגה, aber ihr fehlt das Moment des Bewußten. Während die
שגגה zur Sühnung nur ein Sündopfer erfordert, so ist für die עבירה
ein אשם nöthig *Tanchuma* a. a. O. Die Abstufung in der sündigen
That ist also die, daß die erste Stufe die in der Vorstellung begangene und im Bereiche der Innerlichkeit verbliebene Sünde, die zweite
die unbewußte aber vollendete, die dritte die bewußte und vollendete
Thatsünde ist. Der Name עבירה dient jedoch auch als Collectivbe-
zeichnung für alle Thatsünden überhaupt.

2. Hinsichtlich der Beschaffenheit der Sünden ergibt sich ein
weiterer Unterschied daraus, daß das Gebot, welches übertreten
wird, ein leichtes oder schweres, ein weniger oder mehr bedeutendes
sein kann, vgl. § 65. So wird *Taanith* 8 die מצוה קלה (eine solche
war z. B. das Verbot Gottes an Adam, vgl. oben S. 213) unterschieden von der מצוה חמורה; hieraus erwächst der Unterschied zwischen
עבירה קלה und עבירה חמורה z. B. *Schebiith* I, 7, der leichten und
der schweren Sünde, ein Unterschied, der in der verschiedenen
Sühne, die erfordert wird, zum Ausdruck kommt. Beispiele von
schweren Sünden enthält *Pesachim* 25; danach kann man von allen
Sünden Heilung finden, außer von Götzendienst, Blutschande und
Mord. In *Erachin* 15ᵇ u. ö. wird לשין רע die Verleumdung als eine
besonders schwere Sünde bezeichnet; so auch öfters der Raub.

Je nach der Schwere und Zahl der begangenen Sünden hat nun

der Mensch verschiedenen Werth vor Gott. Wer nur wenig und leichte Uebertretungen begangen hat, bleibt חסיד oder צדיק; wer viele und schwere Uebertretungen begangen, ist רשע. Wer Sünden nur ganz selten, dagegen das Gute regelmäßig und in hervorragender Weise vollbringt, ist צדיק גמור; wer das Gute nur in geringem Maße und nur ausnahmsweise, das Böse aber immer und auch in großem Maßstabe vollbringt, ist רשע גמור. Dagegen ist von צדיק גמור bis zum רשע גמור eine Stufenleiter: wer wenig Gutes und viel Böses thut, doch nicht hervorragende Sünden begangen hat, ist רשע קל; wer wenig Gutes thut und schwer sündigt ist רשע חמור. Mechilta 46ᵃ führt dagegen neben den רשעים offenbar in der Richtung auf die צדיקים hin noch בינויים an, solche, die man weder als Gerechte preisen, noch als Gottlose schelten kann, die in der Mitte zwischen beiden stehen, und בקחים d. h. Kluge, Gesetzeskundige und -Beflissene; vgl. oben S. 45. Daß der Gerechte leichte Uebertretungen begehen und der Frevler leichte Gebote erfüllen, daß jener Strafe ernten, dieser Verdienst erwerben kann, lehrt z. B. *Taanith* 8. Vom רשע קל und רשע חמור spricht *Sanhedrin* 47ᵃ, vom רשע גמור wie vom צדיק גמור *Bammidbar rabba* c. 9. Vgl. § 62.

3. Daß jede Sünde für sich als einzelne zähl- und wägbare That in Betracht kommt und nach ihrer Beschaffenheit für sich beurtheilt wird, das geht in bestimmtester Weise hervor aus der Anschauung, die *Chagiga* 5 hervortritt, daß für Jeden Buch geführt wird, in dem seine Uebertretungen עבירות und Gesetzeserfüllungen מצוות verzeichnet werden. Es muß Jeder beim Abscheiden beide verlesen hören und das Verzeichnis (שטר) anerkennen und unterschreiben, damit es die Grundlage für den schließlichen Urtheilsspruch bilde.

Dies führt uns auf den der Sünde correlaten Begriff der Schuld. Um diesen Begriff festzustellen, gehen wir auf die Genesis der sündigen That zurück. Sie ist nur zum Theil eine That der Person; so kann auch die Verantwortlichkeit nur eine getheilte sein. Die Sünde kommt zu Stande, indem der Jezer reizt und für die Sünden in der Vorstellung das Herz, für die vollendeten Thatsünden die Glieder in seinen Dienst nimmt, um sein Begehren zu verwirklichen, während die Seele des Menschen mit dem Willen zustimmt oder doch sich nicht mittelst des Jezer hattob wehrt. So ist die Sünde That des Jezer hara, und die Person ist nur insoweit verantwortlich, als sie die Kraft zur Gegenwehr, die ihr gegeben ist, nicht verwendet.

Die Schuld der menschlichen Persönlichkeit besteht also in einer
Unterlassung. Das, wofür sie nicht verantwortlich ist, ist das Begehren der Sünde im Herzen, denn der Jezer, von dem dieses Begehren ausgeht, ist ja Naturanlage. Aus diesen Gründen ist die
Schuld des Menschen für die Sünde ziemlich gering: Gott ist eigentlich die letzte Ursache der Sünde und muß auch die Mittel gegeben haben, sie wieder aufzuheben.

Für diese Sätze bedarf es eigentlich keines Beweises, da sie
Folgesätze sind aus früheren. Wir erinnern daher lediglich an das
was in § 49 über das Zusammenwirken von Leib und Seele zum
Zustandekommen der Sünde gesagt wurde, besonders daran, daß
(S. 218 f.) die Seele nach *Tanchuma, Pikkude* 3 für die Bewahrung und Erfüllung des Gesetzes verantwortlich bleibt, und je nachdem sie das Gesetz erfüllt oder nicht, beim Ausgange aus dem
Leibe rein oder befleckt heißt, Lohn oder Strafe erhält. Fromm ist
und als Erfüller des Gesetzes wird geachtet und belohnt, wer die
Uebertretung, nach der sein Gelüsten geht, nicht vollbringt *Maccoth*
III, 15. Daß die Uebertretung, nach der das Gelüsten vorhanden
ist, nicht zum Vollzug komme (הרירה בשר רבע), wird von der Seele gefordert. Ob sie diese Forderung erfüllt oder nicht, danach bemißt
sich ihre Schuld oder ihr Verdienst. Nach der Größe des Verbots,
um dessen Uebertretung es sich handelt, bestimmt sich die Größe der
Schuld. Nicht verantwortlich ist dagegen der Mensch für das böse
Gelüsten, das in der leiblichen Natur wohnt. Sein physischer Bestand macht den Menschen unrein, aber nicht schuldig. Insofern
Gott selbst der Schöpfer des Jezer ist, erscheint der Mensch nicht
als Gegenstand der Strafe, sondern des Mitleids und der künftigen
Erlösung. *Tanchuma, Behaalothecha* 10 heißt es: Der Jezer ist hart
קשה, schwer zu ertragen, aber die Menschen müssen ihn in diesem
Leben behalten, bis Gott ihn dereinst ausrotten wird.

Von diesem Gesichtspunkte aus versteht man, daß die Sünden
nicht zunächst, sondern erst zuletzt als sittliche Thaten betrachtet
werden. Zunächst zieht Gott in Betracht, daß der Mensch durch den
Jezer hara in der Sünde einen Schaden erlitten hat, für den er ihm
Heilung oder Ersatz anbieten muß. Erst schließlich, wenn die von
Gott selbst gereichten Heilmittel zurückgewiesen werden, fordern
die Sünder das Gericht heraus. *Pesachim* 25 heißt es, daß die
Menschen von gewissen Sünden sich heilen (מתרפאים) können, von
anderen nicht. Ein anderer Ausdruck dafür ist תקנה, was soviel ist

als Ausbesserung des Schadens. Als Adam gesündigt hatte, heißt es *Ko-hel. rabba* 76ᵃ, verstörte er ebendamit die Welt, und es war niemand, der den durch seine Sünde angerichteten Schaden wieder heilte רְתִּיקֵן. Und zwar wäre Adams Sünde für sich allein nicht Ursache so großer Folgen geworden, wenn er sich nicht geweigert hätte, in der Buße den Ausweg פְּרָה aus der Schuld zu ergreifen, den ihm Gott bot.

Cap. XVII. Die Straffolgen der Sünde.

§ 52. Sünde und Uebel.

1. Wie die jüdische Theologie die Sünde als einzelnes Factum betrachtet, ohne den organischen Zusammenhang zwischen der That und dem gesammten sittlichen Zustand des Thäters ins Auge zu fassen, so bezieht sie auch die Strafe der Sünde durchweg auf bestimmte sündige Einzelthaten und löst sie somit vom organischen Zusammenhang mit der Sündigkeit und Verdammlichkeit der Geschlechter überhaupt los. Der einzelnen Sünde entspricht als Straffolge ein einzelnes Uebel, und umgekehrt: wo ein Uebel sich findet, da weist es auf eine bestimmte sündige That dessen hin, über welchen es gekommen ist. Die Frage Ev. Joh. 9, 2 ist aus dieser Anschauung hervorgegangen; denn da ein Kind selbst für gewöhnlich erst vom reifen Alter an eine Sünde begeht (S. 224), so kann ein Blindgeborner sein Leiden sich kaum selbst zugezogen haben, wenn nicht etwa der außerordentliche Fall vorliegt, den *Midrasch rabba* zu Ruth 3, 13 berichtet, daß ein Kind im Mutterleibe sündigte; sonst muß eine Sünde der Aeltern als Grund vorliegen. Jesu Antwort V. 3 weist alle diese Annahmen und die Anschauung, in der sie wurzeln, miteinander zurück. Die Stelle ist aber der älteste Beleg für die Auffassung der jüdischen Theologie bezüglich des Verhältnisses von Sünde und Uebel.

Im Allgemeinen wird das Uebel, sobald es wahrgenommen wird, *Schabbath* 106ᵃ u. ö., als מִדַּת הַדִּין das Walten des strengen göttlichen Rechts bezeichnet; für den Vollzug dieses דִּין Gerichtes Gottes gilt der Grundsatz *Sota* 8ᵇ: Maß für Maß d. i. die Strafe entspricht der Sünde, und zwar entweder in äußerlich sichtbarer oder dem Menschen nicht erkennbarer Weise. Ersteres ist der Fall z. B. bei der Ehebrecherin. Weil sie sich zur Sünde geschmückt hat, muß sie Beschimpfung erleiden; weil sie sich selbst zur Sünde

entblößte, so entblößt man sie nun zu ihrer Schande; weil sie mit
der Hüfte und dem Leibe gesündigt, wird sie an diesen Orten des
Leibes heimgesucht *Sota* 8[b]. Andere Beispiele enthält *Sota* 9[b].
Simson sündigte mit den Augen, denn er ließ die Augen frei
schweifen und sein Herz durch Augenlust bethören; so wurden ihm
dafür die Augen ausgestochen. Absalom sündigte mit den Haaren,
mit denen er Stolz trieb und die Sinnenlust erregte; dafür blieb er
mit ihnen an der Eiche hangen. Er beschlief zehn Weiber, und
erhielt zehn Lanzenstiche; er beging drei Diebstähle und wurde von
drei Lanzen durchbohrt.

Solche Uebereinstimmung tritt nicht überall hervor, aber auch
dann gibt es eine bestimmte Regel, nach welcher Gott jeder Sünde
ihre Strafe folgen lässt. Eine Hauptstelle hiefür ist *Schabbath*
32[b]—33[a]. Wenn Jemand plötzlich stirbt, so kann ein Gelübde gebrochen worden sein, oder der plötzlich Weggeraffte hat das Studium der Thora oder die Mesusa am Hause oder die Zizith am
Kleide vernachlässigt. Wenn Unfriede im Hause oder Fehlgeburt
eintritt, oder wenn die Kinder frühe wegsterben, so ist eine Feindschaft, die man ohne Grund gegen Jemand hegt, die Ursache.
Wenn man die Teighebe versäumt, so ist kein Segen in dem was
eingescheuert wird, sondern der Unsegen wird durch die Thore geschickt, und man säet Samen aus, und Andere genießen es. Für
die Unterlassung der Hebe- und Zehntabgaben wird der Himmel
verschlossen, daß er weder Thau noch Regen gibt, Theurung entsteht, der Verdienst hört auf, die Menschen laufen ihrer Nahrung
nach und bekommen sie nicht. Für Raub steigen Heuschrecken auf,
und es kommt Hungersnoth, daß die Menschen das Fleisch ihrer
eigenen Kinder essen müssen. Für die Beugung des Rechts und die
Vernachlässigung der Thora kommt Krieg, Plünderung, Pest u. s. w.
Für leichtfertiges und falsches Schwören, für Gotteslästerung und
Sabbatsschändung nehmen die wilden Thiere zu, die Heerde nimmt
ab, der Menschen werden weniger, die Wege werden wüste. Um
vielen Blutvergießens willen wurde das Heiligtum wüste, und erhob
sich die Schechina von der Erde in den Himmel. Für die Sünden
des Incests und den Götzendienst, für die Unterlassung der Sabbats-
und Jobeljahre kommt Verbannung, die Einwohner werden wegge-
führt, und Andere kommen und wohnen an ihrer Stätte. Für un-
züchtige Reden kommen viele Nöthe, und harte Verhängnisse erneuern sich; die Jünglinge Israels sterben, die Waisen und Wittwen

rufen zu Gott und werden nicht erhört. Für die Sünde der Hurerei
kommen Wunden und Beulen; Schlangen beißen den Unzüchtigen.
Schlangenbiß gilt immer als Zeichen besonderer Versündigung, wie
durch Hurerei, durch Zauberei u. s. w. vgl. S. 104. Vier Zeichen gibt
es nach den Rabbinen, an denen man begangene Versündigungen
eines Menschen erkennen könne: das Zeichen für Hurerei ist der
Schlangenbiß, das Zeichen grundlosen Hasses die Gelbsucht, Zeichen
der Ueberhebung Armuth und Niedrigkeit, das Zeichen der Verleumdung ist die Angina אסכרה. Hierzu kommt die allgemeine Aussage *Schabb.* 55ª: Kein Todesfall ist ohne Sünde, keine Züchtigungen
יסורין kommen ohne Sünden, und *Nedarim* 41ª: Jede Krankheit hat
eine bestimmte Sünde zur Ursache. Für den Aussatz insbesondere
nimmt man elf Sünden, voran die böse Zunge, als mögliche Ursachen
an, welche *Tanchuma, Mezora* 4 genannt werden.

Auch für die großen Gottesgerichte, die sich durch die Geschichte der Menschheit und des Volkes Gottes hindurchziehen, sind
bestimmte einzelne Sünden als Ursachen anzunehmen. Das Geschlecht
der großen Fluth wurde weggerafft um Raubes und Gewaltthat willen
Sanhedrin 108ª. Für die Missethaten von vier frechen Richtern
ist Sodom mit dem Untergang gestraft worden a. a. O. 109ᵇ. Siloh
wurde zerstört wegen Incests und Tempelraubes *Joma* 5. Jerusalem
ist nach *Schabb.* 119ᵇ zerstört worden, weil man den Sabbat nicht
hielt, das Schema nicht betete, die Schulkinder verachtete, die Scham
vergaß, Alle gleich achtete, Kleine und Große, Priester und Volk,
weil man einander nicht über seine Sünden strafte und die Weisen
nicht achtete. *Schabb.* 138ᵇ sagt, wegen der ungerechten Richter
habe die Schechina Jerusalem verlassen. Nach *Joma* a. a. O. ist der
erste Tempel zerstört worden wegen Blutvergießens, Incests und Götzendienstes; was aber hat das Volk des zweiten Tempels verschuldet,
da sie doch fleißig waren im Studium der Thora, in der Uebung
der Gebote und der Wolthätigkeit? Das Gericht führte der grund-
lose gegenseitige Haß herbei, der jenen drei Sünden gleich kommt.
Vgl. *Bammidbar rabba* c. 7 u. a. St. In der Angabe der Ursachen
der Zerstörung Jerusalems ist die Ueberlieferung nicht ganz fest;
überall aber tritt das gleiche Bestreben hervor, bestimmte einzelne
Frevelthaten als Ursache in Anspruch zu nehmen, anstatt die Ge-
sammtschuld, die in der Stellung des Volkes zu Gott beruhte, ins
Auge zu fassen.

§ 53. Sünde und Tod.

1. Der Tod ist durch den Sündenfall Adams veranlaßt worden und herrschte seitdem in der Welt und wird herrschen, bis der Messias ihn aufheben wird. Dies ist eine Haupt- und Grundlehre der Synagoge. „Herr der Welt, warum ist der erste Adam gestorben? Er (Gott) sprach zu ihnen (den Engeln): Weil er meine Befehle nicht erfüllt hat" *Sifre* 141ª. Der Tod wurde über ihn verhängt, weil er das leichte Gebot übertrat, das ihm gegeben war *Schabbath* 55ᵇ. Nach *Pesikta* 118ª sagte der erste Adam: Als ich seine Worte übertrat, veranlaßte ich mir selbst den Tod. Er starb durch den Rath der Schlange *Schabb.* 55ᵇ u. ö., die auch den Thieren den Tod gebracht hat *Bereschith rabba* c. 20. Der Mensch ist in dem Sinne sterblich geschaffen, daß er sterben konnte *Beresch. rabba* c. 14, aber erst durch die Sünde ist der Tod in die Welt gekommen. *Debarim rabba* c. 9: du stirbst durch die Sünde des ersten Menschen, welcher den Tod in die Welt gebracht hat. Denn wie über sich selbst, so hat Adam durch seine Uebertretung auch über alle seine Nachkommen bis ans Ende den Tod gebracht, *Sifre* 138ᵇ: Söhne des ersten Menschen seid ihr, welcher den Tod als Strafe gebracht קנס hat über euch und über alle seine Nachkommen, welche kommen nach ihm bis an das Ende aller Geschlechter. Und 141ª vgl. 55ᵇ *Aboda sara* 5ª: Mose hat doch deine Befehle erfüllt — warum mußte auch er sterben? Darauf lautet die Antwort: Es ist ein gleicher Urtheilsspruch גזי״ה von mir ausgegangen über jeden Menschen, denn es heißt: Und das ist das Gesetz für den Menschen, daß er sterben muß (Num. 19, 14). Als Adam sahe, heißt es *Erubin* 18ᵇ, daß durch ihn der Tod in die Welt gekommen sei, saß er 130 Jahre lang im Fasten, abgesondert von seinem Weibe.

Pesikta 118ª tritt die Neigung hervor, den Tod auf eine rein natürliche Ursache zurückzuführen. Gott habe einem Arzte gleich dem Adam gesagt, was er essen dürfe und was nicht. Weil er nun das ärztliche Verbot nicht hielt und die ihm verbotene schädliche Frucht aß, so habe er sich selbst den Tod verursacht, und Gott könne so wenig für Adams Tod, als ein Arzt für den Tod eines unfolgsamen Patienten. Wir finden aber auch mehrfach, daß der Tod in Folge göttlicher Prädestination in die Welt gekommen sei. *Kethuboth* 8ᵇ heißt es, der Tod sei נריב von der Schöpfung an. *Tanchuma, Schemoth* c. 17 sagt: Der Tod war bestimmt מיוקן in die

Welt zu kommen, denn es heißt: Finsternis lagerte über der Tiefe;
das ist der Engel des Todes, welcher das Angesicht der Menschen
verfinstert. Es heißt doch: Gott sah an Alles, was er gemacht
hatte und siehe es war sehr gut. Das gilt auch von der Finsternis, von der es heißt: Die Erde war Thohu wa-Bohu und
Finsternis. Und der Heilige brachte den Tod durch die Schlange,
denn sie war dazu bestimmt, denn es heißt: Und die Schlange war
listig, und sie war ausersehen dazu vor dem Heiligen, denn der
Mensch sollte essen von ihm (dem Baume) und sterben durch diese
List (der Schlange), denn es heißt: Am Tage deines Essens von ihm
sollst du sterben." Hiermit hängt die Lesart מות טיב היה in der Thora
des R. Meïr zusammen, s. Delitzsch, Genesis (Ausg. 4) S. 532 f.

An anderen Stellen dagegen, wie *Sifre* 138ᵇ. 141ᵃ. *Aboda sara*
5ᵃ. *Beresch. rabba* c. 21 u. ö. heißt der Tod גזרה (s. oben S. 132 f.)
ein Urtheil Gottes, und *Sifre* 138ᵇ. *Baba bathra* 20. 75ᵇ wird davon
der Ausdruck קנס strafen gebraucht. Die Anschauung, daß der Tod
auf Gottes Strafurtheil über die Sünde zurückzuführen sei, ist die
herrschende. *Beresch. rabba* c. 9 sagt sogar ausdrücklich, daß Adam
ursprünglich nicht für den Tod bestimmt gewesen sei, sondern durch
denselben bestraft wurde, und *Schemoth rabba* c. 3: nicht die
Schlange tödtet, sondern die Sünde. Daher der Satz *Schabbath* 55ᵃ
vgl. *Wajjikra rabba* c. 36, אין מיתה בלא חטא, und *Pesikta* 76ᵃ: wenn
Adam nicht gesündigt und von diesem Baume gegessen hätte, so
hätte er fortgelebt und wäre geblieben ewig, wie Elia, der nicht
gesündigt hat, lebt und bleibt ewig. Weil der Tod Strafe der Sünde
ist, darum ist er so schwer, deshalb erfolgt das Abscheiden der
Seele aus dem Leibe unter so harten Kämpfen, welche *Beresch.
rabba* c. 6 geschildert werden; daher die Todesfurcht. Wie sträubte
sich Mose zu sterben *Sifre* 129ᵇ. Er erbot sich, Züchtigungen zu
erleiden für seine Sünden, nur sterben möge ihn Gott nicht lassen.
Tanchuma, Weëthchannen 6, *Beracha* 3 gibt ein Zwiegespräch Mose's
mit seiner Seele vor seinem Tode; daraus entnehmen wir das
Grauen der Seele vor der Macht des Todesengels. Dieser erscheint
als feindliche Verderbens- und Strafmacht, der in jedem einzelnen
Falle das Todesurtheil vollstrecken muß, weil der Tod kein bloßer
Naturvorgang ist. Dieser Engel ist schon im Gan Eden hervor-
getreten, sobald Eva den Baum anreihte, *Targ. jer.* I Gen. 3, 6.
Jalkut Schimeoni, Beresch. 25. Seitdem ist er in Wirksamkeit. Gott
sendet ihn zu demjenigen, der sterben soll, mit dem Auftrag: Hole

mir seine Seele! *Sifre* 129ᵇ. *Pesikta* 199ᵇ. Ueber seine Gewalt vgl.
weiter *Berachoth* 51ᵃ. *Aboda sara* 20ᵇ, auch oben S. 167. Nach *Baba
kamma* 60ᵇ lauert er auf den Wegen, und es werden besonders für
die Zeiten wo Seuchen herrschen Winke gegeben, wie man ihm
ausweichen möge. Das beste Mittel ihn fern zu halten, ist das Studium der Thora *Moëd katon* 28ᵃ. So lange ein Mensch sich mit der
Thora beschäftigt, hat der Engel des Todes keine Gewalt über ihn.
David hielt ihn dadurch lange Zeit von sich ab. Nach *Kethuboth* 77ᵇ
scheint der Engel des Todes auch die Abgeschiedenen in Gewahrsam
zu halten; denn hier verlangen Verstorbene von ihm, aus dem Toden-
reiche in das Paradies geführt zu werden. In der zukünftigen Welt
wird er keine Macht mehr haben *Joma* 78, denn der Tod hört im
Reiche des Messias auf *Beresch. rabba* c. 26. *Wajjikra rabba*
c. 30 u. ö.

2. Aus diesen Vordersätzen ergeben sich nun Schwierigkeiten,
wenn sie mit dem in unserem XVI. Capitel über die Sünde des menschlichen Geschlechts Entwickelten zusammengehalten werden. Adams
Sünde ist ja nicht die Sünde des Geschlechts, sondern seine eigene.
Der Mensch wird nicht zum Sünder vermöge seiner Abstammung
von Adam, sondern lediglich durch seine eigene That. Wie kann,
wo die Sünde nicht auf das Geschlecht übergeht, die Strafe der
Sünde übergehen; wenn die Sünde und Schuld nicht erblich ist,
kann dann die Strafe erblich sein? Nun ist aber das menschliche
Geschlecht thatsächlich dem Tode unterworfen, es ist durch Adam
thatsächlich der Tod und der Engel des Todes in der Welt wirksam
geworden. Die Thatsachen des Lebens scheinen also mit der Gerechtigkeit Gottes in unlösbaren Widerstreit zu gerathen. Diese
Antinomie hat die jüdische Theologie durch drei Sätze auszugleichen
versucht.

a. Wenn auch der Tod seit Adam in der Welt im Allgemeinen herrscht, so wird er doch des Einzelnen nur mächtig auf
Grund eigener Versündigung desselben. In diesem Sinne ist der
schon citirte Satz aus *Schabbath* 55ᵃ gemeint: Kein Tod ohne Sünde.
Dem scheint zwar 55ᵇ zu widersprechen, wo es heißt: Vier sind
gestorben בעטיו של נחש d. i. auf Grund der durch die Schlange in
die Welt gekommenen Herrschaft des Todes, also ohne eigene Sünde.
Aber die Fassung des Satzes besagt, daß das etwas Außergewöhn-
liches, die Regel nur Befestigendes ist. Im Einzelfall setzt der Eintritt des Todes immer eine bestimmte Verschuldung als Berechti-

guugsgruud für deu Vollzug des Todesgerichts voraus. Als R. Cha-
niua starb, fragte mau: Welche Sünde hat er gethau, daß er sterben
mußte? Er hatte deu Gottesnamen Jehova ausgesprochen *Aboda
sara* 18ᵃ. R. Elieser kam in Todesgefahr. Was hatte er verschuldet,
der Fromme? Er hat sich über die Auslegung eiues Miu (Judeu-
christen) gefreut uud so mit der Minuth geliebäugelt 17ᵃ. Weiteres
enthält *Schabbath* 31ᵇ: Eiu Weib ist in der Geburtsstunde immer
in großer Todesgefahr. Vielleicht hat sie die Teighebe versäumt,
die Vorschriften nicht alle beachtet, die Sabbatslampe nicht zur
rechten Zeit augezündet: wie leicht kann es geschehen, daß ihre
Verschuldungen jetzt in Gottes Gedächtnis kommen und ihm Veranlassung gebeu, deu Todesengel zu senden oder ihm, der immer
bereit steht, Macht zu lassen, das Weib zu tödten. Ja es kann ein
Weib in der Jugend dafür sterben müssen, daß sie ihre Kinder
erst am Sabbat gewaschen oder die heilige Lade nur Lade genannt
hat. Sterben doch Idioten oft weil sie die heilige Lade und die
Synagoge nicht ehrerbietig genug beneunen. Ein Mensch, der auf
der Straße geht, soll sich stets als in Todesgefahr stehend betrachten, denn der Todesengel lauert: wehe ihm, wenn nicht Verdienste
vor Gott als Fürsprecher für ihn eintreten und wider die Anklagen
ihn schützen! So kann zu jeder Zeit eine Sünde Ursache werden,
daß der Engel des Todes Macht über einen Menschen bekommt;
ohne eine bestimmte eigene Schuld aber tritt niemals der Tod ein.

b. Da aber die Sünde bei Frommen und Gottlosen in so verschiedenem Maße vorhanden ist, so entsteht die Frage, wie für die
Gerechten und die Gottlosen eine und dieselbe Strafe des Todes bestimmt werden konnte *Beresch. rabba* c. 9. Die Lösung ist sonderbar.
Wenn die Gerechten nicht sterben müßten, so könnten die Gottlosen durch heuchlerische Buße und Werke sich als Gerechte geberden und so dem Tode entgehen. Aber der Tod hat für beide
einen verschiedenen Zweck und Erfolg. Die Gottlosen erleiden ihn,
damit sie durch ihre Sünden Gott nicht ferner reizen können, die
Gerechten aber, damit sie Ruhe bekommen von dem immerwähren-
den Kampfe mit dem bösen Gelüsten. Den Gerechten gibt er doppelten Lohn, weil sie, die nicht bestimmt sind zu sterben, um der
Gottlosen willen sterben müssen, damit diese ihre zwiefache Strafe
empfangen können. So wird anerkannt, daß der Tod der Gerechten
mit den Gottlosen wider die Regel sei und durch Entschädigung an
die Gerechten wieder ausgeglichen werden müsse. Sodann beachte

man die Art und Weise des Todes. Abraham, Isaak und Jakob,
Mose, Ahron und Mirjam, diese großen Heiligen mußten auch
sterben; aber nicht der Todesengel nahm ihre Seele hin, sondern
der Kuß Gottes נשׁיקה nahm ihre Seele aus ihrem Leibe; ohne
Schmerzen schieden sie aus der Welt *Baba bathra* 17ᵃ. Auch nach
Sifre 129ᵇ (vgl. Deut. 34, 6 Jer.) ist Mose nicht durch den Engel
des Todes weggerafft worden; als dieser kam, um sein Werk zu thun,
fand er ihn nicht mehr; Gott hatte selbst schon seine Seele (durch
den Kuß) von ihm genommen und ihn begraben.

c. Endlich bleibt die Möglichkeit, daß Sündlose in das Paradies
eingehen, ohne den Tod zu schmecken. Von Elia wissen wir dies:
er lebt noch *Jalkut Schim., Beresch.* 42. Neun sind im Stande des
Lebens (בחייהן d. i. ohne daß die Seele vom Leib getrennt worden)
in das Paradies eingegangen, nämlich Henoch, Messias, Elia, Elieser
der Knecht Abrahams, Ebed Melech der Kuschite, Hiram der König
von Tyrus, Jaabez Sohn des R. Jehuda Hannasi, Serach die Tochter
Aschers und Bithja die Tochter Pharao's (die Retterin Mose's), a. a. O.
Andere nennen für Hiram den R. Josua ben Levi. Wie es Sündlose
gibt, wenn auch nur ausnahmsweise, so folgerichtig auch solche,
die den Tod nicht schmecken. Wie es keine erbliche Sündhaftigkeit
gibt, so auch keine erbliche Sterblichkeit. Ist auch seit Adam der
Tod als Gericht für die Sünde in der Welt, so vollstreckt er sein
Urtheil doch nur an dem, der ihm durch Verschuldung selbst das
Recht hierzu in die Hand gibt. Dies nicht zu thun, steht in des
Menschen Hand. Sünde und Tod beruhen doch im letzten Grunde
bei Jedem auf seinem eigenen Thun.

§ 54. Die Sünde und die Dämonen.

1. Neben den „Engeln des Dienstes" werden böse Geister und
Halbgeister von der jüdischen Theologie angenommen und unter dem
Gesammtnamen מזיקין Beschädiger zusammengefaßt. Ihr Geschäft ist
im Gegensatz zu den himmlischen Geistern, welche Gott und den
Frommen dienen, die Menschen überall zu verfolgen und zu beschädigen. Dazu ist ihnen Macht von Gott gegeben, indem sie zwar
von Anfang an Gott und den Menschen feindlich waren, Gott aber
diesen ihren bösen Willen in seinen Dienst genommen hat. Es ist
nach *Beresch. rabba* c. 23 eine Folge des Verlustes des göttlichen

Die Sünde und die Dämonen. 243

Bildes, daß der Mensch, der erst קדש ein Unantastbares gewesen, nun חל ein Profanes geworden und der Macht der מזיקין preisgegeben ist. Bevor Salomo sündigte, heißt es *Pesikta* 45ᵇ, herrschte er über Scheda und Schedoth; nachdem er aber gesündigt hatte, ließ er sechzig Helden in seinen Palast kommen, welche sein Lager bewachen mußten. Die Massikin haben also ihre Macht als Geister der Nacht und Finsternis, des Todes und des Verderbens durch die Sünde gewonnen. Deshalb ist hier der Ort, von ihnen zu handeln.

2. Der Erste und Oberste aller Massikin ist der Satan, vgl. *Schemoth rabba* c. 20 und oben S. 228. Er ist zugleich mit dem Weibe geschaffen *Beresch. rabba* c. 17. Seinen Anschlag hat die Schlange als sein Werkzeug vollbracht. Deshalb heißt er die alte d. i. die am Uranfange der Geschichte schon wirksam gewesene Schlange *Sifre* 138ᵇ vgl. *Beresch. rabba* c. 22. In *Schabbath* 55ᵇ ist die Rede von dem „Anschlage der Schlange" עצתו של נחש. Wie Satan am Uranfang der Geschichte als Versucher der großen Massik war, so reizt er fort und fort zur Sünde, indem er den bösen Trieb erregt, mit dem er deshalb verwechselt wird. Er erscheint bald als schöne Frau, die Lüste zu erregen *Kidduschin* 81ᵃ, bald in Gestalt eines Bettlers, um durch Unverschämtheit die Barmherzigkeit auf die Probe zu stellen *Kidduschin* a. a. O.; er gesellte sich als Begleiter zu Abraham und Isaak auf ihrem Gang zur Opferung und suchte sie auf dem Wege irre zu machen, bereitete ihnen auch Hindernisse, als sie durchs Wasser gingen *Tanchuma, Wajjêra* 22. So gesellte er sich auch zu Esau und ließ das Wild, das dieser für seinen Vater zum Mahl gefangen und gebunden hatte, wieder laufen *Tanchuma, Tholedoth* 11. Nachdem es ihm gelungen, den Menschen zur Sünde zu verführen, erscheint er weiter als sein Verkläger; davon hat er den Namen Satan *Baba bathra* 16ᵃ, oder מקטרג κατήγορος *Beresch. rabba* c. 38 vgl. *Schemoth rabba* c. 53. In *Berachoth* 19ᵃ wird die Regel aufgestellt, man solle dem Satan nicht durch Selbstanklage Anlaß geben, vor Gott zu treten und uns zu verklagen. Nach *Pesikta* 176ᵃ und *Joma* 20 vgl. S. 118 darf er nur am Versöhnungstage nicht vor Gott erscheinen. Er benutzt zu seiner Anklage gern die Stunde der Noth, in welcher der Mensch ohne Zuwendung göttlicher Hülfe nicht bestehen kann *Beresch. rabba* c. 91. In solchen Stunden der Gefahr soll darum der Mensch Buße thun und gute Werke üben, damit Buße und gute Werke als seine Anwälte vor Gott treten *Schabb.* 31ᵇ. In *Baba bathra* 16ᵃ, wo sämmt-

16*

liche Functionen des Satans aufgezählt werden, erscheint er übrigens
auch als der Todesengel.

Von Sammaël (S. 211) dürfte Satan nicht zu unterscheiden sein.
Beiden werden genau dieselben drei Thätigkeiten der Versuchung,
Anklage und Tödtung nicht bloß im Allgemeinen, sondern in einzelnen Fällen zugeschrieben. Die Versuchung der Eva mittelst der
Schlange wird *Jalkut Schim., Beresch.* 25 und der Versuch, Abraham
in der Opferung Isaaks zu hindern, *Beresch. rabba* c. 56 auf Sammaël zurückgeführt. Dieser erscheint ferner z. B. *Schemoth rabba*
c. 18 als Verkläger Israels gegenüber Michael, dem Vertheidiger,
und endlich z. B. *Debarim rabba* c. 7, aber auch schon *Targ. jer.* I
Gen. 3, 6 als Engel des Todes.

Daraus ergeben sich wichtige Aufschlüsse über einige Punkte.
Zuerst über den Ursprung des Satans. Der Ueberlieferung, daß Satan
am sechsten Tage mit der Eva geschaffen sei, tritt eine andere
gegenüber. Nach *Jalkut Schim.* a. a. O. war Sammaël der oberste
Thronengel Gottes, ersah sich aber die Schlange, um durch sie Eva
zu verführen, und trat alsbald als Todesengel im Garten Eden hervor. Er ist von da ab nicht als Engel Gottes mehr zu betrachten,
sondern als ein abgefallener, widergöttlicher Geist; denn welche Absicht אבץ er hatte, ist klar: er wollte die Menschheit zu seinem
Reiche machen. Es ist nun auch ein Zweites ersichtlich. *Deut.
rabba* c. 11 heißt Sammaël „der Engel, der Frevler, das Haupt
aller Satane." Hiermit stimmt es überein, daß *Schemoth rabba* c. 20
ein Engel Satans eingeführt wird. Satan ist also Gattungsbegriff;
es gibt, sozusagen, einen Erz-Satan, d. i. Sammaël, und es gibt
Satane, welche in seinem Dienste stehen, wie die Dienstengel vor
Gott im göttlichen Dienste walten. Er ist das Haupt, und diese
Geister בלאכים bilden mit ihm und unter ihm ein Reich. Nach
Pesachim 54 waren die Massikin unter den vor der Welt ins Dasein
gerufenen Wesen. Aber diese Ueberlieferung ist der allgemein gültigen Hauptüberlieferung, die nur sieben vorzeitlich geschaffene Dinge
annimmt, worunter die Massikin nicht sind, mit einem ואם בזיקין angefügt. *Jalkut Schim., Beresch.* 44 enthält daher die andere Nachricht,
daß die Engel Assaël und Schemachsaj vom Himmel herunterstiegen,
um mit den Töchtern der Menschen zu buhlen (Gen. 6). Einer von
ihnen kehrte aber, ohne die Sünde vollbracht zu haben, wieder
zurück, während der andere sündigte. Die Erde mit ihren Bewohnern
übte also, wie Anfangs auf Sammaël, so später noch auf die Engel

eine solche Anziehungskraft aus, daß sie ihre Behausung verließen und aus Engeln des Dienstes Dämonen wurden.

Neben diesen bösen Geistern, die ursprünglich Engel Gottes waren, finden wir aber noch Massikin anderer Art und anderen Ursprungs. Als Adam nach der Uebertretung des Gebots 130 Jahre lang abgeschieden lebte und von seinem Weibe sich enthielt, sagt die Ueberlieferung, zeugte er Schedim, Lilin und Ruchin *Erubin* 18ᵇ, *Jalkut Schim.*, *Beresch.* 42 u. ö. Nach *Beresch. rabba* c. 24 waren die ersten Geschlechter die von Adam und Eva stammten רוחין, hervorgebracht durch geschlechtliche Vermischung mit den Dämonen. Weiter sagt *Jalkut Schim., Beresch.* 62, daß die Menschen jenes Geschlechtes, welches Gott zerstreute (Gen. 11) in Schedim, Ruchin und Lilin verwandelt worden seien. Da haben wir also Dämonen, welche gewissermaßen Halbgeister sind.

Am häufigsten werden die Schedim שדים ‚von שוד gewaltig sein) erwähnt, die Herumflatternden oder nach *Beresch. rabba* c. 59 die Tanzenden und Hüpfenden. Nach *Beresch. rabba* c. 7 vgl. S. 155 hat Gott sie geschaffen: als er ihre Seelen geschaffen hatte, brach der Sabbat herein; so blieben sie ohne Leiber. Hiernach hat Adam nur einen Theil der Schedim gezeugt; überdies sind später zur „Zeit der Zerstreuung" noch mehr entstanden. Zufolge *Sanhedrin* 109ᵃ wurde übrigens nur רב ein Haufe von dem Geschlechte, das Gott dann zerstreute, in Lilin, Schedim, Ruchin und Affen (קופין) verwandelt, nämlich die Schaar, welche sagte: Wir wollen in den Himmel steigen und (gegen Gott) Krieg führen. *Baba kamma* läßt Schedim auch aus Schlangen entstehen, die durch mehrfache Wandlungen hindurch zu solchen werden. Nach *Chagiga* 16ᵃ haben sie Flügel gleich den Engeln, schweben von einem Ende der Welt bis zum anderen und vermehren sich auch; es wird da „der Sohn eines Sched" genannt. In *Tanch. Mischpat.* 19 haben sie Eselsangesichter. Das Haupt der Schedim ist Asmedaj *Pesachim* 110ᵃ, *Targ. Koh.* 1, 12. Er ist nach ersterer Stelle über alle gepaarte Zahlen gesetzt, welche Schaden bringen. Ihr Aufenthaltsort (vgl. S. 166) ist vornehmlich die Wüste *Berach.* 3ᵃ, wo man sie heulen hört *Targ. jer.* I Deut. 32, 10, auch der Ort der Unreinheit *Schabb.* 67ᵃ. *Berach.* 62ᵃ. Schaarenweise machen sie sich auf zur Mittagszeit und richten Schaden an *Targ.* 2 Chron. 11, 15. Ps. 91, 7 oder necken *Targ. Jonath.* Jes. 13, 21 und geben dem Menschen böse Träume ein *Berach.* 55ᵃ. Oft ist davon die Rede, daß ihnen geopfert wird, z. B. *Targ. Onk. Lev.* 17, 7. Mit ihnen verkehrte Esau, der deshalb גבר שׂידדין heißt *Beresch. rabba* c. 65.

Den Schedim, die man als Dämonen männlichen Geschlechts bezeichnen kann, treten die Lilin als weibliche Dämonen zur Seite. לילית, *plur.* לילין, heißt Nachtgeist. Eine Lilith wird gedacht als Unholdin, die nach *Erubin* 100[b] in besonders üppiger Weise behaart ist. Diesen Geistern wird nachgesagt, z. B. *Bammidbar rabba* c. 16, daß sie die Kinder tödten. In *Schabbath* 151[b] wird jedoch auch der Erwachsene gewarnt, allein in einem Hause zu schlafen, weil ihn sonst eine Lilith ergreife. Weil sie also dem Menschen nachstellen, denkt *Targ. jer.* I Num. 6, 24 bei: „Er behüte dich" an die Lilin.

Neben diesen Unholden finden sich noch häufig רוחין oder רוחין בישׁין, böse Geister überhaupt, genannt, außer in den oben citirten Stellen z. B. *Targ.* II Esth. 1, 3, *Targ. jer.* I Deut. 32, 24 u. ö. Diese sind wol ebenfalls als Unholde zu verstehen und nicht mit den abgefallenen Engeln zusammenzunehmen. Aber Weiteres wissen wir aus der älteren Literatur nicht; die jüngere, die in der Ausbildung dieser finsteren Gestalten sehr fruchtbar ist, kommt nicht in Betracht.

3. Die Macht aller dieser Dämonen mit dem Satan an der Spitze als Beschädiger ist groß. Sie schließen sich nach *Berachoth* 51[a] zu Gesellschaften zusammen. Die Ausdrücke, welche a. a. O. sich finden, sind תכסיס, was Raschi als Genossenschaft (חבירה) von Schedim, und איסרלניא, was er als Genossenschaft von Engeln des Verderbens erklärt. Sie lauern den Menschen auf, ob diese nicht in ihre Hände fallen. Insbesondere sind durch die Dämonen gefährdet und bedürfen der Bewahrung שׁימור: Kranke, Wöchnerinnen, Bräutigame und Bräute, Trauernde und Talmîde chachamim bei Nacht *Berachoth* 54[b]. Besonders gefährdet ist der einsame nächtliche Wanderer *Pesachim* 112[h]. Ueberhaupt ist die Nachtzeit bis zum Hahnenschrei die Zeit der Dämonen; in dieser Zeit umgeben sie das Haus und schädigen den, der in ihre Hände fällt; besonders tödten sie die Kinder, die des Nachts aus dem Hause gehen. Sobald der Hahn kräht, hat diese Macht ein Ende; dann kehren sie in ihre Aufenthaltsorte zurück *Beresch. rabba* c. 36. Auch gibt es besondere Thiere, mit denen die Dämonen sich verbinden, wie die Schlangen, Stiere, Esel, Stechmücken u. a., vgl. S. 211. Bleibe nicht stehen, mahnt darum *Pesachim* 112[b], wenn der Stier von der Wiese kommt,

denn der Satan tanzt zwischen seinen Hörnern. Damit kann man *Baba kamma* 21ᵃ vergleichen, wo der Dämon der Zerstörung, Scheïja genannt, in Gestalt eines Stieres erscheint. In Aegypten verwandelten sie sich nach *Pesikta* 80ᵇ in Mücken mit bösem Stich. Völlig sicher ist man übrigens vor den Dämonen zu keiner Zeit und an keinem Orte; die ganze Welt, sagt *Tanch. Mischpat.* 19, ist voll von Geistern und Massikin. Beispiele von aus solchen Gedanken folgender Dämonenfurcht finden sich *Chullin* 105—106 vgl. *Bammidbar rabba* c. 11 u. ö.

Gott allein ist mächtig, die מזיקין zur Ruhe zu bringen, und er bringt sie zur Ruhe, indem er sie hindert, ihr Treiben zu vollbringen, bis er sie ganz von der Welt vertreibt *Sifra* 224ᵇ. Sein Schutz wird jedesmal der Gemeinde zugewendet, wenn der Priester den ahronitischen Segen spricht; denn ישמרך bezieht sich nach *Sifre* 12ᵃ auf den Jezer hara und auf die Massikin. Die Behütung geschieht durch die Schutzengel, welche Gott den Frommen beigibt (S. 166). Der Engel ruft nach *Tanch. Mischpat.* 19 dem Massik immer zu, nämlich nach dem Commentar: Gebt Ehre dem Bilde des Heiligen! So lange der Engel ruft, bleibt der Mensch im Frieden; wenn er schweigt, wird er beschädigt. Jedoch hat auch der Mensch selbst Mittel, die bösen Geister zu bannen, namentlich das Aufsagen des Schema mit dem darin enthaltenen Gottesnamen, welcher den Dämon bannt *Berach.* 5ᵃ, und das Gebet (S. 27 f.). *Berach.* 9ᵇ: Jeder der die *Geulla* an die *Tefilla* anschließt ist für den ganzen Tag gegen Beschädigung durch die Dämonen gefeit. *Berach.* 40ᵃ gibt den Rath, Salz (des Bundes) und Wasser bei und nach jeder Speise zu essen und zu trinken; so sei man gegen die Dämonen geschützt. Daneben gibt es Bannsprüche und Schriftabschnitte, die sich gegen die Dämonen besonders kräftig erweisen. *Berach.* 51ᵃ wird gegen den Todesengel, der dem Menschen in den Weg tritt, die Formel empfohlen: Jehova schelte dich, Satan (Sach. 3, 2). Der 91. Psalm gilt als שיר פגעים und wird zum Schutze in jeder Nacht vor dem Einschlafen gesagt *Schebuoth* 15ᵇ. Aus *Aboda sara* 12ᵇ vgl. *Pesachim* 112ᵃ möge Folgendes als Beispiel des Verfahrens beim Bannen dienen: „Niemand trinke Wasser in der Nacht; wer es thut, stürzt sich selbst in Gefahr des Todes; ... man hat den Schabriri (einen Dämon) zu fürchten, der den Menschen blind machen kann. Was soll man aber thun, wenn man in der Nacht Durst hat? Man soll auf folgende Weise verfahren. Ist noch Jemand in demselben

Zimmer, so wecke man ihn und sage zu ihm: Ich bin durstig; ist
man aber allein, so schlage man mit dem Deckel des Wasserkrugs
auf den Krug und sage zu sich selbst: du N. Sohn des N., deine
Mutter hat dich gewarnt und gesagt: Hüte dich vor dem Schaberiri,
Beriri, Riri, Iri, Ri, der da ist in den weißen Bechern. Dann darf
man trinken, ohne etwas zu fürchten." Die dem Namen des Dämonen folgenden Worte bilden die Bannformel. Raschi sagt: „Wenn
der Dämon hört, daß man seinen Namen ausspricht und jedes Mal
eine Sylbe weniger sagt, so fliehet er." Endlich gibt es auch einzelne
Gesetze, deren genaue Erfüllung vor den Dämonen schützt, z. B.
סכה ביצת die Erfüllung des Laubhüttengebots *Pesikta* 187ᵃ.

Welche Macht heilige Menschen über die Dämonen gewinnen
können, dafür haben wir mehrfache große Beispiele. Von Salomo
berichtet eine Ueberlieferung *Gittin* 68ᵃᵇ, daß er Asmedaj, das
Haupt der Schedim, in seinen Dienst nahm, um ihm bei dem Tempelbau zu helfen. Salomo, sagt auch *Targum* II Esth. 1, 3, regirte
über die Schedim, Ruchin und Lilin und befahl daß sie vor ihm
tanzten לבירקדא קדמי. In *Kidduschi* u29ᵇ wird überliefert, ein Massik
mit sieben Köpfen sei in das Lehrhaus des Abaji eingedrungen und
habe hier längere Zeit sein Unwesen getrieben, selbst am Tage die
Männer paarweise beschädigend; Acha bar Jakob überwältigte ihn
jedoch, indem er sieben Mal betend niederkniete, worauf dem Massik
seine sieben Häupter abfielen.

4. Schließlich kann auch die Zauberei, zu welcher noch die
Wahrsagerei *Sanhedrin* 65ᵇ. 66ᵃ, die Nekromantie *Gittin* 56ᵇ u. A.
gehören, sowie der „böse Blick" nur im Zusammenhange mit den
Anschauungen von den Dämonen gewürdigt werden. Die Grenzen
zwischen der Menschen- und Thierwelt und der Dämonenwelt erweisen sich hier wieder als fließende: wie Menschen zu Dämonen
werden, so gehen dämonische Kräfte und Neigungen auf die Menschen über. Die Zauberei ist ihrem Wesen nach ein übermensch-
liches Können und Wirken. In *Sanhedrin* 91ᵇ heißt es zu Gen.
25, 6: Was sind das für Geschenke (die Abraham den Söhnen seiner
Kebsweiber gab)? R. Jirmeja bar Aba sagt, daß er ihnen den Namen
der Unreinheit überliefert habe. Raschi bemerkt, der Name der
Unreinheit bedeute die Zauberei und das Werk der Schedim, der
Dämonen. Auch *Sanhedrin* 79 wird die Zauberei auf die שׁדים zurückgeführt und dabei auf die Macht des Teufels hingewiesen, die
in den ägyptischen Zauberern wirksam war. Wie Abraham in Besitz

dieser übermenschlichen Kraft gekommen sei, die wie oben bei Salomo als Vorzug gedacht wird, sagt jene Stelle nicht; doch versteht sich von selbst, daß Zauberei für Sünde geachtet wird; die Mitglieder des Sanhedrin mußten die Zauberkünste nur zu dem Behufe verstehen, um ihres Richteramtes an den Zauberern walten zu können *Sefer Juchasin* 17ᵃ. Wenn besonders Frauen als der Zauberei ergeben dargestellt werden *jer. Sanhedrin* VII, 13, so erinnert das an die Aussage über dieselben S. 231. Aber selbst Rabbinen waren im Besitz und in der Ausübung solcher dämonischer Künste. So erzählt z. B. *Sanhedrin* 67ᵇ von R. Jannai, er sei in eine Herberge gekommen, wo ihm von einer Frau ein Zaubertrank gereicht wurde; er dagegen verwandelte sie durch einen andern ihr gereichten Trank in einen Esel; ihre Genossin aber löste den Zauber. *Sanhedrin* 65ᵇ wird von Rabba gesagt, er habe einen Mann geschaffen ברא גברא, den darauf R. Sira durch sein Wort ins Nichts zurückversetzt habe. R. Chanina und R. Oscha schufen jeden Freitag Abend mittelst des Gebrauchs des Sefer Jezira ein Kalb und verzehrten es. Aehnliches enthält *jer. Sanhedrin* VII. In *Gittin* 48ᵃ findet sich eine Andeutung, daß auch die Töchter von Rabbinen solche Künste erbten. Hier überall scheint dieses übermenschliche Können, das sich doch von Zauberei nicht unterscheiden läßt, als Privilegium. Und doch war der Zweck solcher Werke kein anderer als das Verderben des Nächsten oder seltener Selbstverherrlichung. Nach *jer. Schabbath* XIV, 4 war die Folge einer Bezauberung ein Halsleiden. Nach *Sanhedrin* 67ᵇ kann auch die himmlische Familie, d. i. Gott und die himmlische Engelschaar, dem Bezauberten nicht helfen; das Beispiel des R. Chanina scheine zwar dem zu widersprechen, allein diesem kam die Größe seines Verdienstes zu Hülfe. Auch *Chullin* 7ᵇ wird gelehrt, daß Gott den Zauber nur lösen könne bei Männern von besonders großem Verdienst. Besser ist es, man verwahrt sich von vornherein gegen Zauberei. Wie das geschehen könne, lehrt z. B. *Beresch. rabba* c. 45, wo Amulete als Schutzmittel genannt werden; sie sind es, sofern sie den Gottesnamen enthalten.

Das „böse Auge" wird solchen Personen zugeschrieben, welche durch den Blick ihres Auges über Jemand, den sie anblicken, Unheil zu bringen vermögen *Pesach.* 56. *Baba mezia* 107ᵇ. Es wird erweckt besonders durch Eigenlob und Preis des eigenen Glückes, *Baba mezia* 84ᵃ; jeder der sagt, er habe so und so viel Kinder, sich also seines Kindersegens rühmt und freut, spreche sofort eine

Formel, etwa ברכני יי' Segne mich Jehova, damit er sich dadurch gegen das böse Auge des Neidischen schütze, welches seinen Segen verderben könnte. Die bösen Mächte des Verderbens mögen allenthalben menschliches Glück und Gedeihen nicht ersehen; sie leihen bösen Menschen ihre dämonische Macht, um durch Neidesblick das Glück zu verderben. Trotzdem ist der böse Blick wieder ein Vorrecht der Großen und Heiligen, um Verderben über ihre Feinde zu bringen, wie z. B. *Beresch. rabba* c. 45 Sara auf Hagar ein böses Auge geworfen und dieser dadurch geschadet hat — eine Parallele zu Abrahams Zaubermacht *Sanhedrin* 91ᵇ. In *Berachoth* 55ᵇ wird eine Formel zum Schutz gegen das böse Auge angegeben.

Nur Andeutungen will das Vorstehende über dieses dunkle Gebiet geben. Der Jnde weiß sich allenthalben umfangen vom Uebel, vom Tode und von der Macht der Dämonen. Die dargestellten Gedanken und Gebilde erklären das Wort aus dem Briefe an die Ebräer (2, 14. 15) von denen, so durch Furcht des Todes im ganzen Leben Knechte sein mußten; hinwiederum fällt von diesem Worte aus reiches Licht auf unser Capitel zurück.

Dritte Abtheilung.

Der soteriologische Lehrkreis.

Cap. XVIII. Die Offenbarung und Geschichte des Heils.

§ 55. Gottes Heilsrathschluß.

1. Daß der Mensch nach dem Falle noch fortlebt und für das Heil aufbehalten ist, hat seinen Grund darin, daß Gott schon im voraus, als er die Idee der Schöpfung des Menschen faßte, zwei sich gegenseitig ermäßigende Regeln für sein Verhalten dem Menschen gegenüber festgestellt hat, die sogenannte מדת הדין und die מדת הרחמים. Er verfährt mit ihm nach dem Rechte als Elohim, aber nicht eher, als bis er als Jehova die Barmherzigkeit hat walten lassen. *Beresch. rabba* c. 8: Gott sah voraus, es würden von Adam Gerechte und Gottlose abstammen; da that er die Gottlosen von seinem Angesicht und ließ sie ihren Weg gehen; mit Adam aber שׁיתה verband er מדת הרחמים. So ermöglichte sich Gott die

Schöpfung des Menschen. Als nun an dem Menschen nach der Uebertretung das Todesurtheil strengem Recht zufolge alsbald vollzogen
werden sollte, so machte die Barmherzigkeit sich geltend; es wurde
nicht sofort vollstreckt, die Gerechtigkeit mußte der Barmherzigkeit
erst Raum lassen. Gott hat gesagt, heißt es a. a. O. c. 19, am Tage
deines Essens von ihm (dem Baume) sollst du sterben. Aber ihr
wisset nicht ob es ein Tag von euren Tagen oder ein Tag von
meinen Tagen ist. Mein Tag beträgt 1000 Jahre. Siehe ich gebe
ihm einen Tag von den meinen. So lebte denn Adam 930 Jahre
lang und ließ seinen Nachkommen noch 70 Jahre über, denn des
Menschen Leben währt 70 Jahre. Durch Gottes Erbarmen und Huld
lebt der Mensch also auch nach der Sünde fort. Der Midrasch *Debarim rabba* führt den Gedanken im Anschluß an die Worte: Gedenke
deiner Barmherzigkeit und deiner Gnaden (Ps. 25, 6) so aus: David
sprach: Herr der Welt, wenn nicht deine Gnaden gewesen wären,
welche dem ersten Menschen vorangingen קדמו, so hätte er keinen Bestand עצירה gehabt, denn es heißt: am Tage deines Essens davon sollst
du des Todes sterben. Und du hast ihm nicht so gethan, sondern
hast ihn aus dem Garten Eden getrieben, und er hat 930 Jahre
gelebt und ist dann gestorben. Was hast du ihm gethan? Du hast
ihn aus dem Garten Eden getrieben . . . weil er den Tod über die
Geschlechter gebracht hat, und er war schuldig, den Tod zu leiden.
Aber du hast dich über ihn erbarmt und hast ihn vertrieben wie
den unvorsätzlichen Todtschläger, und er ist verbannt von seinem
Orte in die Freistätte. — Hier ist also als Anfang des Heils eine
Art zuvorkommender Gnade gedacht, welche das Urtheil Gottes be-
einflußt und für die Wiederherstellung des Menschen Raum gelassen
hat. Gott hat aber diese Gnade dem Adam nicht bloß um seinetwillen erzeigt, sondern er gab ihm Frist, damit die Menschheit
durch ihn aufgerichtet würde. Zu Gen. 4, 1 heißt es *Beresch. rabba*
c. 22: Gedenke deiner Barmherzigkeit und deiner Gnade, denn sie
sind von Anfang an. Nicht erst von jetzt an, sondern von Anfang
an sind sie, . . . denn nach ihnen hast du gehandelt mit Adam dem
ersten Menschen; denn du sprachst zu ihm: Am Tage u. s. w.; aber
wenn du ihm nicht einen Tag von deinen Tagen gegeben hättest,
deren einer 1000 Jahre dauert, wie sollte er sich (mit Eva) vereinigt haben, um Nachkommen zu zeugen?
    Der letzte Gedanke Gottes aber bei diesem Gnadenverfahren mit
Adam und der in ihm dargestellten Menschheit ist dessen und der

Menschheit Zurückführung zu seiner unmittelbaren Gemeinschaft. Hiervon sagt eine Stelle in *Bammidbar rabba* c. 13: Früher wohnte Adam in Gan Eden im Zelte der Schechina. Da zürnte der Heilige über ihn und trieb ihn (גירשו: wie ein Mann sein Weib verstößt) aus seiner Wohnung (מחיצה). Als dann Israel aus Aegypten zog, wollte der Heilige es in seine Mechiza wieder zurückführen. Deshalb sagte er zu ihnen, sie sollten ihm ein Heiligtum machen, daß er unter ihnen wohne, wie es denn heißt: Machet mir ein Heiligtum u. s. w. Es versteht sich, daß dann die durch die Sünde bedingten Folgen aufgehoben sind, und die ursprüngliche Herrlichkeit wieder erreicht sein wird.

2. Ueber den Weg zur Wiederherstellung und Vollendung der Herrlichkeit gewähren einige Stellen in *Beresch. rabba* folgende Anhaltspunkte:

a. Sie erfolgt durch die Buße תשובה, eine Leistung, durch welche eine begangene Sünde gut gemacht und ihre Wirkung wieder aufgehoben wird. Gott hatte schon dem Adam, ehe er ihn verstieß, die Möglichkeit dazu gelassen, aber vergeblich, c. 21 vgl. oben S. 213 f.: Adam war zu stolz; seine גאוה hinderte ihn an der Buße. Demnach fordert die חשׁ' Demüthigung vor Gott. In c. 22 heißt es von Kain, Gott habe ihn zu einem Zeichen für die בעלי תשובה gemacht. Als er von der Gerichtsverhandlung kam, in welcher er wegen Abels Ermordung vor Gott stand, begegnete ihm Adam. Was ist in deinem Proceß geschehen? fragte er ihn. Kain antwortete: Ich habe Buße gethan עשיתי תשובה, und es ist ein Vergleich geschaffen worden d. i. ein Ausgleich zwischen dem strengen Rechte und der Gnade (נתפשרתי *reconciliatus sum*). Da fing Adam der erste Mensch an und schlug sich ins Gesicht und sprach: So groß ist die Kraft der Buße, und ich wußte es nicht. — Man achte auf den Ausdruck עשׂה: die Buße ist ein Werk, eine Leistung, nicht Sinnesänderung μετάνοια. Diese Leistung kann bei Kain nur in dem Bekenntnis seiner Schuld, in der Wehklage über seine Sünde bestanden haben. Die Wirkung dieser Leistung ist Verschonung d. i. Aufhebung der Strafe. In dieser Hinsicht soll Kain ein Zeichen für Alle die sein, welche die Buße leisten. Sie ist das erste Mittel des Heils.

b. Aber die Buße macht den Menschen nicht gerecht und gibt ihm daher an sich keinen Anspruch auf das Himmelreich, auf die durch den Fall verlorene Herrlichkeit. Deshalb gibt Gott als ein zweites Mittel des Heils das Gesetz, durch welches der Mensch

Verdienst erwirbt, dessen Studium und Vollbringung ihn zum Gerechten macht. Auf חורה מתן die Gesetzesoffenbarung zielt Gottes Heilsrathschluß ab. Als Adam voraussah, erzählt c. 21, daß seine Nachkommen künftig in das Gehinnom hinabsteigen würden, enthielt er sich der Zeugung. Als er aber sah, daß Israel nach Ablauf von 26 Generationen die Thora empfangen sollte, vereinigte er sich (ehelich mit Eva) um Nachkommen zu zeugen. Alle Hoffnung ist also auf חורה מתן gerichtet. Sie ist die Offenbarung des Heils, denn sie wird Israel zum heiligen Volk machen und ihm die durch die Sünde verlorene Herrlichkeit wieder geben.

Die Thora und die Theschuba sind daher (vgl. S. 191 f.) unter den Dingen, die Gott vor der Zeit geschaffen, jene das positive, diese das negative Moment des Heilsrathschlusses *Beresch. rabba* c. 1. Die Soteriologie wird also im Geiste der jüdischen Theologie zu behandeln haben die Gesetzgebung und ihre Heilswirkung: die Rechtfertigung und das Verdienst durch das Gesetz und die Sühnung durch die Theschuba und die ihr verwandten Sühnmittel.

§ 56. Die Vorgeschichte der sinaitischen Offenbarung.

1. Nach *Beresch. rabba* c. 21 war „Adam schon dazu bestimmt (ראשי), daß durch ihn die Thora gegeben werde. Warum es nicht geschah, das sagen die Worte: זה ספר תולדיח אדם. Der Heilige sprach: Das Gebilde meiner Hände ist er, und ich gebe sie ihm nicht. Wieder sprach der Heilige über ihn: Wenn ich ihm jetzt sechs Mizwoth gegeben habe und er in ihnen nicht zu bestehen vermochte, wie soll ich ihm 613 Vorschriften, nämlich 248 Gebote und 365 Verbote geben? Und er sprach zu Adam: Nicht Adam will ich sie geben, sondern seinen Nachkommen. Darum heißt es: dies ist das Buch von den Nachkommen Adams.“ Immerhin hatte Adam also in den sechs Mizwoth gleichsam eine Zusammenfassung der Thora empfangen, in der er und seine Nachkommen sich einstweilen üben sollten. Diese sechs Gebote finden wir *Sanhedrin 56. Beresch. rabba* c. 16. c. 26. *Debarim rabba* c. 2. *Schir rabba* 2[d]. *Jalk. Schim.*, *Bereschith* 22 vgl. Maimonides, *Hilch. melachim* VIII, 1 und Buxtorf, *Lex.* 607 ff. Diese ursprüngliche Thora verbietet den Götzendienst, die Gotteslästerung, den Mord, die Blutschande, den Raub und die Widersetzlichkeit gegen die Obrigkeit; sie enthält wesentlich dasselbe wie die zehn Worte vom Sinai und ist nicht mit Unrecht ein

Compendium natürlicher Pädagogik und Moral genannt worden. Die
sechs Mizwoth ziehen jedenfalls der Willkür des Einzeluen die Schranken, welche nöthig waren, wenn das menschliche Geschlecht bestehen
und ein geordnetes Gemeinwesen erhalten bleiben sollte, indem sie die
Reste ursprünglicher Gotteserkenntnis und Gottesverehrung wahren.
Im Zeitalter Noah's kam dazu noch eine siebente Verordnung: das
Verbot, Fleisch eines noch lebenden Thieres zu genießen אבר מן החי.
Diese sieben sind nun die sieben noachischen Gebote שֶׁבַע מִצְוֹת
בְּנֵי נֹחַ Sanhedrin 56 vgl. Maimonides Hilch. melachim VIII, 10 „welche
die Synagoge jedem in Israel sich niederlassenden Heiden zur Pflicht
machte, sofern er sich nicht durch die Beschneidung dem ganzen
mosaischen Gesetze untergeben wollte." Vgl. Lev. 25, 47. Baba
mezia IX, 12. Diese ihre Verwendung zur Proselytendisciplin zeigt,
daß man in ihnen die wesentlichsten und nothwendigsten Bestimmungen der Thora erkannte.

2. Für die Söhne Noah's בני נח d. i. die außerisraelitische ada-
mitische Menschheit haben sie diesen Zweck nicht erfüllt, denn sie
sind von derselben nicht gehalten worden. Sie haben, heißt es Wajjikra rabba c. 13, die sieben Mizwoth nicht erfüllt; diese mußten
von Israel übernommen werden. Die Thora mußte sich einen engeren
Kreis suchen, innerhalb dessen sie eine Stätte finden sollte. Ueber
die gesetzlose Menschheit aber kam das Zorngericht Gottes, und
zwar in drei großen Gerichtsoffenbarungen. Die erste geschah im
Zeitalter des Enos. Nach Beresch. rabba c. 23 begann in dieser
Zeit der Götzendienst; dafür erhob sich der Ocean und überfluthete
die Erde und vertilgte die Götzendiener. Die zweite ist die große
Fluth, welche דור המבול das Geschlecht zur Zeit Noah's vertilgte,
das die Buße verweigerte und die Grundgebote Gottes verachtete.
Niemand blieb übrig, außer Noah, weil Alle dem Frevel חָמָס ergeben waren Beresch. rabba c. 38. Ein drittes Gericht erging über
die himmelanstürmenden Erbauer des Thurms zu Babel; hier blieben
aber viele übrig; denn wenn sie auch einander beraubten (גול), so
waren sie doch „Eine Zunge" d. h. friedlich; auch ihnen eröffnete
Gott die Möglichkeit zur Umkehr, aber sie verschmähten sie und
blieben in Götzendienst, Raub und anderen Sünden, a. a. O. Die
Menschen wurden damals über die Erde zerstreut, und dieses Geschlecht heißt daher דור הפלגה. Aus diesem entstanden die siebzig
Völker der Erde, welche den wahren Gott aufgaben und den Götzen
dienten. Vgl. noch S. 245.

Abraham aber wurde ausgeschieden, der Einzige aus den siebzig Völkern *Jalkut Schim., Beresch.* 95. Er war von Anfang an ein Bekenner Jehova's; nach *Jalkut Schim., Beresch.* 98 hat er schon im Alter von drei Jahren seinen Schöpfer erkannt; nach *Beresch. rabba* c. 44 versuchten die Heiden, als er noch in seines Vaters Hause war, zu wiederholten Malen mit ihm Gemeinschaft zu machen, oder ihn zum Götzendienst zu verleiten oder von den Wegen des Heiligen abzubringen, aber es ward ihm Hülfe von oben, und er widerstand. Er wurde zum Märtyrer seines Glaubens. Standhaft bezeugte er seinen Glauben vor seines Vaters Hause und selbst vor dem grausamen Nimrod; dieser ließ ihn in den Feuerofen כשׂדים אור werfen, woraus ihn aber Gott errettete, während Haran darin verbrannte *Beresch. rabba* c. 38 vgl. c. 42. Weil er der einzige Gerechte seiner Zeit war *Beresch. rabba* c. 43, so hat ihn Gott erwählt zum Vater des heiligen Volkes, welches Träger seiner Thora sein sollte. Um aber vollendet (תמים *integer, Mechilta* 66ᵃ) zu werden, mußte sich Abraham in seinem 85. Lebensjahre beschneiden, damit nichts Unheiliges (פסילת oder מים) und für den Dienst Gottes nicht Taugliches mehr an ihm wäre *Beresch. rabba* c. 46. So bedeutsam war dieser Act, daß Gott selbst bei dem Vollzug desselben mitwirkte. Nun kann *Mechilta* 66ᵃ von ihm bezeugen, daß er die Mizwoth Gottes erfüllte; er hat nach *Wajjikra rabba* c. 2 u. a. St. die ganze Thora erfüllt; zehnmal versucht, ist er zehnmal bewährt, der vollkommen Gerechte *Beresch. rabba* c. 7, dem zufolge daß er die Thora treulich studirte *Beresch. rabba* c. 57, sie gründlich kannte, und selbst die Halacha wußte, die Gott im himmlischen Sanhedrin jeden Tag vorträgt *Beresch. rabba* c. 49. Er ist daher das Haupt und der Vorgänger aller Gerechten *Schir rabba* 8ᵇ; an ihm hatte Gott endlich den gefunden, welcher Träger seiner Offenbarung werden konnte *Beresch. rabba* c. 49. Dabei läßt sich freilich die Frage nicht unterdrücken, woher Abraham die Thora hatte, die doch erst vom Sinai offenbart wurde. Diese Frage wird *Tanchuma, Wajjiggasch* 11 aufgeworfen. R. Schimeon b. Jochai sagt: Seine zwei Nieren wurden zu zwei Wassergefäßen und ließen Thora quellen (Ps. 16, 7). R. Levi hat gesagt: Von sich selbst hat er die Thora gelernt (*Midrasch Mischle*), und so lehrte er auch seine Nachkommen die Thora, denn es heißt (Gen. 18, 19): Ich kenne ihn, daß er befehlen wird u. s. w. Die Vorstellung ist, daß Abraham die Thora durch unmittelbare Anschauung empfangen hat.

Als der vermöge ursprünglicher Frömmigkeit durch Beschneidung
und Gesetzeserfüllung Vollendete wurde nun Abraham der Vater eines
heiligen Volkes. *Beresch. rabba* c. 46 sagt, daß Abraham sich deswegen mit 85 Jahren beschneiden ließ, weil Isaak aus קדושה כפה heiligem Samen hervorgehen sollte. Durch die Beschneidung ist Abrahams Nachkommenschaft thatsächlich geheiligt, denn der Stammvater
ist heilig geworden. Die Geburt Isaaks ist daher ein höchst bedeutsames
Ereignis. Schon der Name zeigt das an; denn nach dem Notarikon
(S. 120) heißt יצחק: Ausgegangen ist das Gesetz in die Welt, ausgegangen Offenbarung in die Welt. Das Volk der Heilsoffenbarung
ist damit ins Dasein gerufen, die Offenbarungsperiode beginnt: „der
Heilige begann Wunder zu thun" *Beresch. rabba* c. 53. Sara be-
durfte nicht der Erregung ihrer Lust durch Engelsdienst, sondern
empfing auf Gottes unmittelbare Wirkung hin; Abraham wurde in
seiner Natur erneuert, בריה חדשה eine neue Creatur *Bammidbar
rabba* c. 11, um die Zeugung zu vollbringen. Mit Sara wurden alle
Unfruchtbaren gesegnet, überdies alle Tauben hörend, alle Blinden
sehend, alle Blöden weise; die Welt war an diesem Tage des Lichtes
voll, vgl. *Pesikta* 146[a]. Als Isaak geboren war, stillte Sara nicht
bloß ihn, sondern von ihrer Brust tranken alle Kinder, die man ihr
brachte. Als er entwöhnt war, wurde er dergestalt vom Jezer hara
entwöhnt, daß dieser seine Macht über ihn verlor *Beresch. rabba*
c. 53. Wie Isaak, so waren auch Jakob und seine Söhne, so sind
überhaupt alle Beschnittenen thatsächlich heilig. Dies zeigt c. 49:
Abraham sitzt an der Pforte des Gehinnom und läßt keinen Beschnittenen in dasselbe hinuntersteigen; den großen Frevlern, die
das Gehinnom durch ihre schweren Uebertretungen verdient haben,
zieht er über die Beschneidung eine Vorhaut, die er von den unter
acht Tagen verstorbenen kleinen Kindern nimmt, damit sie erst
wieder zu Unbeschnittenen werden, ehe sie ins Gehinnom steigen,
vgl. oben S. 51 f. Denn die Beschneidung verleiht einen *character
indelebilis sanctitatis;* sie heiligt כמו צאת den Unreinen, aus der כפה
סריחה Erzeugten, daß er ein Heiliger wird, wie denn *Schemoth •
rabba* c. 23 bezeugt, daß Israel vermöge der מילה ohne טמאה ist.
Wie daher Abraham der Heilige, so heiligte sich auch sein Haus
Gotte durch Studium und Erfüllung des Gesetzes. Als Jakob
seine Söhne segnete, hat er ihnen das schriftliche Gesetz und die
Auslegung dazu verheißen *Jalkut Schim., Beresch.* 115. Die Thora
in ihrem ganzen Umfange zu empfangen und zu erfüllen, ist das

Ziel, zu dem dieses heilige Geschlecht ins Dasein gerufen worden ist.
Vgl. oben Cap. V und § 9.

Dem entspricht es, daß Abraham als ein Mittelpunkt für alle
diejenigen gilt, welche aus den Heiden zu Gott kommen. Den zu-
sammenfassenden Ausdruck finden wir dafür in dem Worte: er ver-
brüderte איחה Alle, die in die Welt kommen; er stiftete die große
Gemeinschaft aller Anbeter Gottes *Beresch. rabba* c. 39. *Schir rabba*
26ᵃ u. ö. Schon in Haran hat er die Männer, und Sara die Frauen
bekehrt *Beresch. rabba* c. 84. Abraham öffnet den Gerim die Thüre
ins Himmelreich *Beresch. rabba* c. 48. Deshalb heißt er ein Segen
בריכה, ein Wasserteich; wie dieser die Unreinen reinigt, so sagt
der Herr: bringe du die Fernen herzu unter die Flügel der Schechina *Bammidbar rabba* c. 11. Er ist nach *Beresch. rabba* c. 30
vgl. *Jalk. Schim., Beresch.* 26 bestimmt alle Welt auf den Weg der
Buße zu leiten. Die Könige wollten Abraham zum König und zum
Gott der Welt erheben, aber er wies sie auf Gott als den rechten
Gott und König der Welt hin *Beresch. rabba* c. 13 vgl. c. 44. Als
ein Vater der *Gerim* bewährte er sich, als die kleinen Kinder aus
Sodom nach der Errettung der Bewohner dieser Stadt aus Kedor
Laomers Hand bei Abraham zurückblieben, Proselyten wurden ניגיירו
und sich von der Unzucht ihrer Väter ferne hielten *Beresch. rabba*
c. 43. Eben dort heißen die 318 Knechte des Abraham חניכי seine
Geweihten als solche, welche von ihm חניכה die Beschneidung oder
Weihe zum Bund mit Gott empfangen und seinen Namen getragen
haben. *Tanchuma, Lech Lecha* 12 redet von dem großen Eifer,
mit welchem Abraham Proselyten machte, und lehrt, dieses sei die
Veranlassung gewesen, daß ihm sehr großer Lohn verheißen wurde.
Andererseits heißt es allerdings von ihm, er habe die Proselyten
abgehalten *Nedarim* 32ᵃ; dies setzt einen großen Zudrang von Heiden
zum Anschluß an ihn voraus. Bei Isaaks Entwöhnung versammelten
sich Og und alle Großen der Welt, alle die 62 Könige, die Josua
nachmals tödtete, bei Abraham *Beresch. rabba* c. 53. Er selbst
heißt *Bammidbar rabba* c. 15 ein König, auf ihn wird auch Ps. 110
angewendet. In seine Hand hat Gott den Segen für die Welt gelegt; früher segnete Gott selbst, nun segnet Abraham; von ihm geht
der Segen auf die Patriarchen, auf die zwölf Stämme und zuletzt
auf die Priester über, a. a. O. 11.

Eine ähnliche Stellung nehmen auch die anderen Patriarchen ein.
Die Personen, welche mit dem Hause Jakobs in Berührung kamen,

erscheinen als Proselyten. Ganz im Allgemeinen heißt es von Abraham, Isaak und Jakob *Jalk. Schim., Beresch.* 140, daß sie Proselyten machten. Von Joseph sagt die Ueberlieferung, er habe die
Egypter zur Beschneidung gezwungen ehe er ihnen Getreide gab
Beresch. rabba c. 91. *Tanchuma, Mikkez* 7. *Jalk. Schim., Beresch.*
148. Nach demselben Midrasch § 127 wollte Thimna Proselytin und
dem Hause Abrahams einverleibt werden, und bot sich dem Jakob
als Kebsweib an; Thamar nannte sich selbst גיורת eine Proselytin,
a. a. O. 145. Ebenso wollte Potiphera den Joseph nicht in fleischlicher, sondern geistlicher Absicht לשם שמים gewinnen, weil sie
erkannte, daß sie einen Sohn in die heilige Familie einfügen sollte;
aber sie wußte nicht, daß dies erst durch ihre Tochter geschehen
würde, die dem Joseph den Ephraim und Manasse gebar *Beresch.
rabba* c. 187. Das Haus Abrahams ist die Stätte der Offenbarung
und des Heils auch für die Völker der Welt; die Gott suchen,
kommen zum Hause Abrahams.

So kommt dem Abraham in der heilsgeschichtlichen Betrachtungs-
weise der jüdischen Theologie die Stellung eines Wiederherstellers
zu. *Kohel. rabba* 67[b] sagt: Abraham war würdig, vor Adam dem
ersten Menschen geschaffen zu werden. Aber der Heilige sprach:
Wenn ich ihn zuerst schaffe und er sündigt, so ist niemand da der
komme und eine Wiederherstellung bewirke יתקן. Nein, ich will
Adam zuerst schaffen, und wenn er sündigt, so wird dieser Abraham
nach ihm kommen und das Geschlecht wiederherstellen. Adam ist
der מקלקל, Abraham der מתקן. Weil Alles auf Abrahams תקנה beruht, so ist er die Säule, welche die Geschlechter vor ihm und nach
ihm trägt; deshalb erschien er in der Mitte der Geschichte באמצע,
a. a. O. Er hat die Welt wieder zusammengeheftet איחה, die durch
die bisherige Entwicklung zerrissen worden war *Tanchuma, Lech
Lecha* 2. An dieser Bedeutung für die Heilsgeschichte nehmen die
übrigen Patriarchen allerdings Theil. Abraham, Isaak und Jakob
heißen zusammen die drei großen יחידות der Welt *Beresch. rabba*
c. 45, und die Stammväter der zwölf Geschlechter Israels *Tanchuma,
Lech Lecha* תקנין של עולם. Zudem tragen die Patriarchen z. B. *Bereschith rabba* c. 58 den Ehrennamen Väter der Welt, und die
Frauen derselben heißen die Mütter der Welt. Von ihnen geht das
Volk Gottes aus, welches aus der ganzen Welt Gott ersteht; sie
sind die Begründer und Träger des Reiches Gottes. Insonderheit
aber trägt Abraham den Ehrennamen: אבינו אברהם unser Vater
Abraham, vgl. Matth. 3, 9. Luc. 16, 24. Röm. 4, 1 u. a. St.

So ist nun das Volk geschaffen, innerhalb dessen die Thora offenbart, das Reich Gottes מלכות הּשׁמים gegründet werden kann.

§ 57. Die Gesetzgebung auf dem Sinai.

1. Da also die ganze heilsgeschichtliche Entwicklung auf die Gesetzgebung abgezielt und in ihr ihren ersten Höhepunkt erreicht hat, ist es selbstverständlich, daß dieses Ereignis von der religiösen Sage mit allem möglichen Glanz umgeben wurde. Alle Berge stritten nach *Beresch. rabba* c. 99 um die Ehre, zur Stätte dieser Offenbarung erwählt zu werden; sie wurde dem Sinai gewährt, weil er der einzige Berg war, der von Götzendienst rein geblieben war. Nach *Mechilta* 54ᵇ, *Schabbath* 86ᵇ u. a. St. ist das Gesetz am Sabbat gegeben worden, als an dem Tage, an welchem Alles zur Vollendung kommt; denn das Gesetz ist Ziel und Ende der Wege Gottes. Als Gott auf dem Berge erschien, war bei ihm eine große Menge von Engeln, welche das Volk Israel beneideten (S. 162) und sogar auf Mose eindrangen, als er auf den Berg stieg. Gott aber gab ihm das Angesicht Abrahams, der einst die Engel bewirthet hatte, und so durften sie ihm nichts zu leid thun *Schemoth rabba* c. 28 vgl. 51. Nun mußten sie dennoch im Geleite Gottes erscheinen und dadurch die Gesetzgebung verherrlichen. Nach *Pesikta* 22ª stiegen 2200 Engel vom Himmel auf den Sinai hernieder; nach *Pesikta* 124ᵇ aber und der allgemeinen Annahme, die sonst Bestätigung findet, 60 Myriaden = 600,000 Engel des Dienstes. Jeder hatte eine Krone, um Israel damit zu krönen. Als Gott anhob, um die zehn Worte vom Sinai herabzusprechen, lag über der ganzen Natur ein feierliches Schweigen, *Schemoth rabba* c. 29: da zwitscherte kein Vögelein, da flog kein Vogel, da brüllte kein Rind; die Ophannim flogen nicht, die Seraphim sprachen nicht das Heilig; das Meer bewegte sich nicht, die Menschen sprachen nicht, sondern die Welt schwieg und war verstummt. Und es ging aus die Stimme: Ich Jehova bin dein Gott, und so sprach er diese Worte . . . Gott hat verstummen lassen die ganze Welt und zum Schweigen gebracht die oberen und unteren Regionen, und die Welt wurde wie ein Thohu wa-Bohu, als ob kein Geschöpf darinnen wäre . . . Er hat die ganze Welt schweigen gemacht, damit alle Creatur wisse, daß keiner ist außer ihm. Da sprach er: Ich Jehova bin dein Gott

Auch das Volk sollte der erhabenen Offenbarung würdig am

Sinai erscheinen. Als Israel aus Aegypten auszog, sagt *Tanchuma*, *Jithro* 8 vgl. *Bammidbar rabba* c. 7, gab es unter ihnen Gebrechliche בצלם מרית in Folge der Frohnarbeit, die sie in Lehm und Ziegeln machten; da war z. B. ein Stein vom Bau auf einen Arbeiter gefallen und hatte ihm die Hand gebrochen und den Fuß verstümmelt. Der Heilige sprach: Es ist nicht ziemlich, daß ich meine Thora den am Körper Beschädigten gebe. Was that er? Er winkte den Engeln des Dienstes, und sie stiegen herab und heilten sie. Woraus ersieht man, daß es unter ihnen keine Blinden gab? Es heißt: Alles Volk sahe den Donner. Woraus sieht man, daß es unter ihnen keine Tauben gab? Es heißt: Wir wollen hören. Woraus sieht man, daß es unter ihnen keine Verstümmelten gab? Es heißt: Wir wollen thun. Woraus sieht man, daß es unter ihnen keine Lahmen gab? Es heißt: Sie standen unten am Berge. Eine Andeutung dieser Ueberlieferung finden wir schon *Mechilta* 72ᵃ, wo gesagt ist, daß es keine Blinden gab. Gott hat also das Volk erst neu gestaltet חָדָשׁ und in eine würdige leibliche Verfassung gebracht, ehe er ihnen die Thora gab.

2. Die Bedeutung der Gesetzgebung besteht darin, daß durch sie Jehova sich mit Israel zu unauflöslicher Gemeinschaft vereinigt, gleichsam eine Ehe geschlossen hat. Israel war bis dahin קְטַנָּה noch minorenn, gleichsam nicht erwachsen. Am Sinai wurde es zur אִימָה שְׁלֵמָה, erreichte Volljährigkeit und Vollmaß *Pesikta* 2ᵃ vgl. *Bammidbar rabba* c. 12. *Schir rabba* 14ᶜ. Jehova aber ist herabgekommen, um Israel zu empfangen, wie der Bräutigam, der ausgeht von seinem Hause, der Braut entgegen, vgl. oben S. 252. Er hat sich ihnen zum Bunde unauflöslicher Liebe und Gemeinschaft erboten. Aber in dieser Liebesgemeinschaft bleibt er doch der König. Als Israel am Berge Sinai die Thora annahm, da übernahm es mit der Thora מלכות שמים das Königreich des Himmels, das ist das Reich, dessen Sitz ursprünglich im Himmel ist, das aber mit der Gesetzgebung auf Erden sein Dasein gewinnt, und Jehova zum Herrn und König hat.

Israel seinerseits hat den Bund mit Gott gemacht durch das große Wort: נַעֲשֶׂה וְנִשְׁמָע (Ex. 24, 7 vgl. Deut. 5, 24). Mit diesem Gelübde hat es gleichsam seine Hand zum Bunde ewiger Treue und ewigen Gehorsams in Gottes Hand gelegt, hat nach *Sifre* 143ᵇ das Joch der Thora auf sich genommen vgl. oben S. 50 f. Israel hat sich durch dieses Wort freiwillig an Jehova gebunden, freilich nach einer Ueberlieferung unter dem Drucke einer schweren Gefahr, die für den Fall der Ablehnung drohte. Denn *Aboda sara* 2ᵇ. *Schab-bath* 88ᵃ u. ö. wird berichtet, Gott habe den Berg Sinai über den Israeliten (vgl. Ex. 19, 17) sich wölben lassen wie ein Dach, oder wie ein Faß; wenn sie das Gesetz nicht annehmen würden, so sollte der Berg über sie stürzen und sie begraben. Erst in den Tagen des Achaschwerosch haben sie nach dieser Ueberlieferung die Annahme der Thora freiwillig bestätigt und so den Bund ihrer Vorfahren befestigt. Diese Ueberlieferung hat ihren Grund darin, daß man für die geschichtliche Thatsache eine Erklärung suchte, daß das Volk bis in die Tage des Exils das Gesetz nicht gehalten hat. Jedoch hat Israel jedenfalls seine Zusage wenigstens formell freiwillig gegeben, wie denn nach *Schir rabba* 2ᵈ ein Engel oder (so nach fol. 3ᵃ vgl. oben S. 174 f.) das Dibbur jedem einzelnen Israeliten die Frage der Annahme zur Entscheidung vorlegte. Nach *Schab-bath* 88ᵃ setzten die Engel denen, welche Ja sagten, eine Doppelkrone auf das Haupt, vgl. *Pesikta* 124ᵇ. Die Zusage des Volkes ist also von Gottes Seite als eine freie angesehen und so belohnt worden. Daß Gott seinerseits Alles aufbot, um Israel zur Annahme des Gesetzes zu bewegen, hat seinen Grund darin, daß der Bestand der Welt von der Annahme abhing *Schabbath* 88ᵃ vgl. oben S. 190 f.

3. Durch die Erklärung der Annahme ist Israel vollkommen חורים geworden d. i. in den Stand der sittlichen Reinheit zurückgekehrt, *Schir rabba* 19ᶜ: נרחמו ימי באפי. Dies will vielleicht auch *Pesikta* 71ᵃ sagen, indem dort erzählt wird, vor der Anbetung des Stiers am Sinai seien alle Israeliten rein gewesen, um, wie jetzt nur die Priester, die קדשים zu essen. Die Folge davon war, daß für das Volk Israel die Straffolgen der Sünde Adams aufgehoben wurden und ihm die Herrlichkeit zurückgegeben wurde, die Adam vor dem Fall besaß.

a. In *Schir rabba* 3ᵇ wird überliefert, daß in der Gesetzgebung bei den Worten: du sollst keinen anderen Gott neben mir haben (Exod. 20, 3) das böse Gelüsten in den Herzen Israels entwurzelt wurde. Als sie dann aber zu Mose kamen und verlangten, daß er an ihrer Statt mit Gott reden möchte, damit sie nicht stürben, sei es wieder an seine Stelle zurückgekehrt. Nun kamen sie wieder zu Mose um es wieder los zu werden, aber es verblieb in seiner Herrschaft und wird bleiben bis zur zukünftigen Welt, wo Gott das steinerne Herz von ihnen nimmt und ihnen ein fleischernes gibt. Ebenso wurde Israel am Sinai vom ויהרא vgl. S. 212 befreit. Und

wie die Macht der Sünde, so war auch die Herrschaft des Uebels
gebrochen. *Schir rabba* 17ᵇ heißt es zu den Worten des Hohenliedes:
du bist ganz schön, meine Freundin: In der Stunde, da Israel vor
dem Berge Sinai stand und sprach: Alles was Jehova geredet hat,
wollen wir thun und hören, in dieser Stunde gab es unter ihnen
keine Blutflüssigen, Aussätzigen, Lahmen, Blinden, Stummen, Tauben, Narren, Geisteskranke, Einfältige, oder Menschen getheilten
Herzens. Seit dieser Stunde heißt es: Du bist schön meine Freundin! *Tanchuma, Jithro* 8 wird die Thora eine Arzenei für den ganzen
Leib genannt, und es wird daselbst im Einzelnen nachgewiesen, wie
sie eine solche für jedes Glied sei. Auch die Macht des Todes
hörte auf, *Bammidbar rabba* c. 16 vgl. *Wajjikra rabba* c. 18: „Bei
der Gesetzgebung brachte der Heilige den Engel des Todes und
sprach zu ihm: Die ganze Welt ist in deiner Gewalt, ausgenommen
dieses Volk, welches ich mir erwählt habe . . . Der Engel des Todes
sprach vor dem Heiligen: So bin ich umsonst geschaffen worden in
der Welt. Da sprach der Heilige zu ihm: Ich habe dich geschaffen,
damit du herrschest über die Völker der Welt, ausgenommen dieses
Volk, denn über dieses hast du keine Macht. Siehe den Rathschluß
Gottes, welchen er über sie gefaßt hatte, daß sie unsterblich sein
sollten . . . Aber sofort haben sie die Absicht Gottes zu Nichte gemacht . . . Es sprach zu ihnen der Heilige: Ich gedachte, daß ihr
nicht sündigen, und unsterblich sein solltet, so wie ich lebe und
bleibe in alle Ewigkeit. Ich sprach: Elohim seid ihr und Söhne des
Höchsten ihr alle, wie die Engel des Dienstes, welche nicht sterben,
und ihr habt nach solchem Großen gesucht zu sterben. Fürwahr,
wie Adam werdet ihr sterben, wie Adam der erste Mensch, welchem ich ein Gebot gab, daß er es erfüllen und ewig leben und
bleiben sollte; denn es heißt: Siehe der Mensch ist geworden wie
einer von uns, und ebenso: Gott schuf den Menschen nach seinem
Bilde, daß er leben und bleiben sollte, wie er selbst. Aber er
sündigte und vereitelte meinen Beschluß und aß von dem Baum,
und ich sprach zu ihm: Staub bist du! So ist es auch mit euch.
Ich dachte, Elohim seiet ihr; ihr aber habt euch selbst verderbt
wie Adam; fürwahr wie Adam werdet ihr sterben. Und wer hat
dies ihnen veranlaßt? Ihr brechet allen meinen Rath." *Schemoth
rabba* c. 32 führt aus, daß, wenn Adam um eines einzigen Gebotes
willen den Engeln des Dienstes gleich werden sollte, es billig sei,
daß Israel, welches 613 Gebote übernahm, die Unsterblichkeit er-

lange. Das Man sollte wol die Speise der Unsterblichkeit sein;
denn es hatte die Eigenschaft der Unverweslichkeit *Bammidbar rabba*
c. 16. Dasselbe Capitel lehrt weiter, daß nach Gottes Rathschluß
das auserwählte Volk weder von einem Uebel noch vom Tode mehr
betroffen werden sollte, und so werden wir annehmen dürfen, daß
auch die Herrschaft der Dämonen gebrochen sein sollte.

Es handelte sich sonach um eine vollständige Wiederherstellung
des Urstandes der Menschheit (S. 205 ff.).

b. Und zwar auch nach seiner positiven Seite, hinsichtlich der
ursprünglichen Herrlichkeit, welche Adam besaß. Die Israeliten sahen
die Herrlichkeit Gottes, die sich ihnen in (siebenfachem) Feuer offenbarte, ohne zu erschrecken. *Pesikta* 37ª enthält als Ueberlieferung:
„Du findest, als Israel am Berge Sinai stand und sprach: Alles,
was Jehova geredet hat, wollen wir thun und hören, da gab er
ihnen vom Glanze יוי der Schechina", vgl. S. 207. Die Schechina
selbst kehrte zur Erde zurück *Pesikta* 1ᵇ u. ö. vgl. S. 183. Denn in
der Stiftshütte hatte Jehova nun eine Wohnung auf Erden, um Israel,
mit dem er sich vermählt, hineinzuführen, so wie einst Adam vor
dem Fall in seiner Mechiza hatte wohnen dürfen *Bammidbar rabba*
c. 13 vgl. S. 252. Die ursprüngliche Gottesgemeinschaft konnte wieder
hergestellt werden. Dem entsprach die Versetzung in ein neues, Gott
ähnliches Wesen, nach der oben angeführten Stelle *Bammidbar rabba*
c. 16: Ich gedachte, daß ihr nicht sündigen solltet, .. ich sprach:
Elohim seid ihr und Söhne des Höchsten d. i. himmlischen Wesens,
wie die Engel des Dienstes.

Alle diese Herrlichkeit aber gipfelt darin, daß den Israeliten
allen am Sinai die Doppelkrone von Engeln auf das Haupt gesetzt
wurde, eine für das נעשׂה und eine für das נשׁמע *Schabbath* 88ª vgl.
Pesikta 124ᵇ. Sie bezeichnet ihre Würde als Inhaber der Thora
כתר תורה, in der sie Gottes tiefste Weisheit haben, die sie befolgen,
indem sie alle (248) Glieder dem Dienste Gottes weihen und alle
Zeit (365 Tage = 365 Verbote) der Versuchung zur Uebertretung
des göttlichen Willens widerstreben.

So war das Volk Israel am Sinai bereits erlöst und verherrlicht
worden; diese Offenbarung sollte das Ende der Wege Gottes sein.
Wenn nun auch Israels Fall den Rath Gottes vereitelt hat, so ist
doch so viel gewiß, daß alle Heilsoffenbarung nicht über das hinaus-
gehen kann, sondern nur das wieder erstrebt werden muß, was am
Sinai gegeben war. Vgl. oben Cap. II.

§ 58. Israels Abfall und seine Folgen.

1. Der Ex. 32 berichtete Abfall des Volkes, welcher in der talmudisch-midrasischen Sprache gewöhnlich das Stier-Werk מַעֲשֵׂה עֵגֶל genannt wird, nimmt im religiösen Bewußtsein des jüdischen Volkes eine höchst bedeutsame Stelle ein. Wenn am Sinai das Ziel der Heilsgeschichte schon erreicht und das Reich der Herrlichkeit in Israel aufgerichtet war, so liegt in jener That Israels die Antwort auf die Frage, wodurch der Rückschritt zu dem gegenwärtig vorhandenen alten Stande der Dinge herbeigeführt worden ist. Sie hat für Israel dieselbe Bedeutung, Wirkung und Folge, wie der Fall Adams für die gesammte Menschheit: es ist Israels Sündenfall, vgl. oben S. 55. In *Pesikta* 45ᵃ u. ö. wird deshalb der Stierdienst am Sinai einfach mit den Worten bezeichnet: als sie gesündigt hatten. In den Worten *Bammidbar rabba* c. 16, die Gott dem Volke nach dem Maaseh ʿEgel sagte (S. 262), vergleicht er beide Sündenfälle ausführlich mit einander. Auch *Pesikta* 37ᵃ findet sich diese Parallele: Als Israel zu diesem כֵּ"ב sprach: dies ist dein Gott Israel, da wurden sie Feinde des Heiligen; da geschah, wie geschrieben steht: die Macht seines Antlitzes verändert er; auch hat der Heilige über sie die Worte geändert (die er erst gesprochen), denn es heißt: fürwahr wie Adam werdet ihr sterben (Ps. 82, 7). *Schemoth rabba* c. 32 heißt es von dem Volke, welches das Kalb angebetet hatte: in der Weise (בְּשִׁיבָתוֹ, אַחֵר מִדַּרְכּוֹ) des Adam seid ihr gewandelt, welcher in seiner Versuchung nicht bestand und dafür mit dem Tode bestraft wurde; darum werdet ihr auch wie Adam sterben. — Wie bei Adams Falle, so ist auch bei dem Falle Israels der Satan thätig gewesen. Durch sein Blendwerk hat er, wie *Schemoth rabba* c. 41. *Tanchuma, Thissa* 19 erzählt, das Volk getäuscht, als wenn Mose todt wäre. Letztere Stelle läßt auch die Zauberer Jannes und Jambres, die aus Aegypten mit zogen, an der Verführung des Volkes thätigen Antheil nehmen, als eigentliche Urheber der bösen That aber den ägyptischen Pöbel erscheinen, vgl. oben S. 55. Doch sagt auch diese Ueberlieferung, daß der Pöbel das Volk veranlasste mit ihm zu sündigen. Auch Ahron wird möglichst zu entlasten gesucht, als der unter dem Drucke einer Masse von 40,000 Menschen gehandelt habe; auch sei Hur, da er widerstrebte, vor seinen Augen getödtet worden, und er habe Auswege gesucht, das Volk von seiner Sünde abzubringen u. s. w. Indessen ist die Schuld des Volkes und Ahrons damit nicht aufge-

hoben. Die ältere Ueberlieferung insbesondere beläßt es einfach bei der Thatsache, daß das Volk abgefallen sei, und sieht den Kern der Begebenheit darin, daß das Volk nach eben erfolgtem Bundesschlusse sich in Gottes Feind verwandelt habe *Pesikta* 37ᵃ, und daß es durch das Werk des Stiers sein so verdienstvolles und folgenreiches Versprechen, womit es den Bund begründet hatte, wieder aufgehoben habe נעשׂה את איברו 117ᵇ.

2. So ist nun Israel am Sinai wie einst Adam aller seiner eben empfangenen Herrlichkeit wieder entkleidet worden. Der יצר הרע ist wieder an seine Stelle zurückgekehrt und hat die alte Herrschaft wieder eingenommen. Alle Gebrechen, die am Sinai aufgehoben und geheilt worden waren, stellten sich wieder ein, so daß man Ursache hatte das Lager zu reinigen *Bammidbar rabba* c. 7. Der Tod trat alsbald wieder in sein altes Recht ein *Pesikta* 37ᵃ. *Schemoth rabba* c. 32. *Wajjikra rabba* c. 18. *Bammidbar rabba* c. 16. *Tanchuma, Thissa* 16, und מלכית die Weltmacht machte ihre alten Ansprüche mit neuem Rechte geltend *Schemoth rabba* c. 32. Die geweihten Speisen durften von da an nur noch die Priester, die sonderlich Gotte Geweihten, essen *Mechilta* 71ᵇ. Gottes Herrlichkeit sah Israel nicht mehr; ja es konnte nicht einmal das Angesicht seines Mittlers ansehen. Auf ihrem Angesichte lag kein Abglanz der göttlichen Herrlichkeit mehr, und der Gottesname, mit dem sie bezeichnet waren, ging verloren *Schir rabba* 4ᵈ; dazu wurde die Ehrenkrone ihnen von denselben Engeln wieder abgenommen, welche sie zuvor damit geziert hatten *Pesikta* 124ᵇ. *Schabbath* 88ᵃ. Dagegen wurden die so der Herrlichkeit Entkleideten der Macht der Sünde und des Verderbens aufs Neue preisgegeben. Dazu kamen positive Straffolgen für diese Haupt- und Grundsünde Israels. Zwar wandte Mose das völlige Verderben ab. Fünf Engel des Verderbens zogen in dieser Stunde wider Israel aus, sagt *Tanchuma, Thissa* 20. Da erhob sich Mose und flehete oben, und es war keine Ecke זוית da er nicht gefleht hätte. Als er das Verdienst der Väter geltend machte und sprach: Gedenke Abrahams, Isaaks und Israels, da wurden von den fünf Verderbensengeln sofort drei (Kezeph, Maschchith, Haschmed) weggenommen, und es blieben nur Aph und Chema übrig. Aber auch diese wurden unschädlich gemacht: Aph wurde vom Herrn, Chema von Mose gehalten. Die Vertilger, die dem Volke den Garaus bereitet hätten, wurden sonach nicht abgesendet; Israel blieb durch seiner Väter Verdienst das Volk Gottes. Es leistete auch selbst in

dem Golde, das es für die Wohnung Gottes stiftete, Genugthuung
für das Gold, das es zum Stierbild gespendet *Tanchuma, Theruma* 8
u. ö. Allein die Sünde forderte doch noch weitere Sühne. Nach
Wajjikra rabba c. 7. *Echa rabba* 51ᵈ war der göttliche Zorn über
diesen Bruch des Bundes nur gedämpft בבישׁח, bis er durch die
Zerstörung Jerusalems sich ein Genüge that. Bis dorthin war das
Verhältnis des Volkes zu Jehova immer schwankend. Israel hätte
nach jüdisch theologischer Anschauung vom מיצוה עגל an gar keine
Existenzberechtigung gehabt, wenn nicht, wie S. 260 f. gezeigt wurde,
die erste Uebernahme des Gesetzes am Sinai nur unter dem Drucke
der höchsten Gefahr geschehen wäre, während nachmals Israel aus
eigenem Entschlusse die Thora übernahm, und wenn nicht nach dem
Exil der יצר הרע, sofern er Israel bisher zum Götzendienst gereizt,
also als Princip des Abfalls gewirkt hatte, auf Israels Verlangen getödtet worden wäre, um nur als Princip der Sinnlichkeit noch fort-
zuwirken, so daß durch eine lange und schwere Krisis hindurch die
Wirkung des מיצוה עגל aufgehoben und dadurch der Bestand Israels
gesichert werden konnte. Von den Tagen des Achaschwerosch an ist
und bleibt es das Volk der Thora, wiederhergestellt durch den
zweiten Mose, durch Esra, von nun an seinem Ziele zustrebend,
ganz Volk der Thora zu sein und das נעשה ונשׁמע vom Sinai zu
erfüllen.

3. Dies ist von da ab das Ziel der heilsgeschichtlichen Entwicklung: durch Erfüllung der Thora wieder zu erwerben, was durch
das נעשה ונשׁמע am Sinai von Gott empfangen und durch das מיצוה עגל
wieder verloren ist. Zu diesem Zwecke und in Voraussicht, daß
dieses Ziel erreicht werde, ließ Gott das Volk auch nach dem מ׳ עגל
bestehen und im Besitz der Thora bleiben. *Bammidbar rabba* c. 17
enthält den wichtigen Satz, der deutlich das heilsgeschichtliche Ziel
und den Weg dazu zeigt: „der Heilige, g. E., hat das Gesetz und die
Gebote gepflanzt, um Israel das Leben der zukünftigen Welt er-
erben zu lassen." Das Gesetz und seine Erfüllung ist das eine große
Heilsmittel, das Israel Gott gegeben hat. Weil Israel aber unter der
Macht der Sünde steht, so ist es nicht möglich, daß es in der Erfüllung des Gesetzes stetig bleibe und nicht sündige, vgl. oben S. 225 ff.
Es bedarf deshalb, wenn der Gewinn der Gesetzeserfüllung nicht
verloren gehen soll, fort und fort einer Sühne für die Gesetzes-
übertretung. Deshalb ist neben die Thora die Aboda (§ 10) d. i. der
Opferdienst mit seinen Ersatzmitteln getreten.

Hieraus ergibt sich von selbst, daß die Mittel das Heil zu erwerben Thora und Aboda, die Werke des Gesetzes und der Buße sind.

Cap. XIX. Die Gerechtigkeit vor Gott und das Verdienst.

§ 59. Der Begriff der Sechûth.

Für die talmudisch-midrasische Theologie von der Rechtfertigung ist der Begriff der זכית von größter Wichtigkeit. Es sind in demselben zwei Momente enthalten: daß der göttlichen Forderung Genüge geleistet worden sei, und daß man infolge dessen Anspruch auf Lohn habe.

Das Wort זכית ist ein Abstractum von זכה rein sein, und heißt Reinheit. Der Gegensatz ist חובה die Schuld. Von זכה wird זכאי *purus* gebildet, wovon der Gegensatz חייב ist. Diese Ausdrücke sind der Gerichtssprache entnommen. Bei einer Gerichtsverhandlung stimmen die Richter am Schlusse mit זכאי oder חייב ab. Auf Nichtschuldig und für Freisprechung des Beklagten stimmen heißt לַמֵּד עליו זכית, das Gegentheil לַמֵּד עליו חובה, d. h. eigentlich in Betreff des Angeklagten Reinheit oder Schuld lehren oder beweisen. Für rein oder nicht schuldig erklären heißt זִכָּה, für schuldig erklären חַיֵּב (vgl. Dan. 1, 10). Der richterliche Ausspruch Gottes, daß ein Mensch זכית hat, heißt זַכִּית *justificare* == *justum pronuntiare*, der entgegengesetzte Ausspruch aber חַיֵּב *damnare Erubin* 19[a]. Gott bildet mit der oberen Familie zusammen einen Gerichtshof (S. 155. 170), vor dem die Werke der Menschen ihr Urtheil erlangen. Wenn ein Mensch, sagt *Schemoth rabba* c. 31, vor Gott im Gericht steht, so übernimmt ein Theil der Engel die Anklage, der andere die Vertheidigung, vgl. *Debarim rabba* c. 3, wo Mose מלמד סינגיריא עליהם der Vertheidiger Israels vor Gott heißt. Alles Urtheil Gottes geschieht בַּדִּין, und zwar לפני יי' *Pesikta* 153[b]. Das Urtheil ergeht nach dem Gesetze. Wer ein Gebot erfüllt oder ein Verbot gehalten hat, ist in Bezug auf dieses rein, זָכָה; er ist זכאי oder זֶכָּה; wer es nicht erfüllt oder übertreten hat, חייב; er hat in Bezug auf jenes Gebot oder Verbot זכית Reinheit oder חובה Schuld. Er hat Genüge geleistet, oder er schuldet *(debet)* Ersatz oder Strafe für das nicht erfüllte Gebot oder übertretene Verbot. So viele Gebote der Mensch erfüllt hat, so viele זְכִיּוֹת hat

er daher; so viele er nicht erfüllt, so viele עבירות hat er *jer. Berachoth* IX, 4. *Bammidbar rabba* c. 10. Wenn ein Mensch seiner gesammten Gesetzespflicht genügt, so ist sein Stand vor Gott in jeder
Beziehung der eines זכאי oder זֵכֶּי, sein Gesammtverhältnis zu Gott
das der זכות, und umgekehrt *Schabbath* 31ᵇ.

Der Begriff זכות vertritt sonach in der talmudisch-midrasischen
Theologie den biblischen Begriff צֶדֶק. Dies zeigt z. B. *Tanchuma,
Schophetim* 4, wo das biblische צדק שפט משפט mit זכית עליו
wiedergegeben wird d. i. ihm ein Urtheil schaffen, das auf זכות lautet.
Der Mensch, welcher זכות hat, d. i. im Ganzen und Großen ein זכאי
ist, heißt צדיק. זכאי und צדיק decken sich zwar nicht ganz; jenes
ist Ausdruck für das Urtheil im einzelnen Fall, צדיק Bezeichnung
der Gesammtstellung des Menschen vor Gott; dennoch entspricht im
Allgemeinen זכה d. i. vor Gott gerecht befunden werden dem biblischen צָדֵק. צדקה bedeutet in der talmudischen Sprache Almosen,
weil man dadurch besonders als צדיק sich beweist und zum vollkommenen צדיק wird. Die folgenden Abschnitte werden das im Einzelnen nachweisen.

Das bisher Gesagte erschöpft jedoch den Begriff זכה noch nicht,
reicht auch nicht hin zur Begründung der Rechfertigungslehre, welche
zugleich Lehre vom Lohn ist. Der Begriff ist in erster Linie ein
forensischer, sodann aber ein soteriologischer. Das Urtheil über den
Menschen vor dem himmlischen Gerichtshof geschieht mit Rücksicht
auf die Frage, ob der Mensch leben oder sterben solle, ob er des
künftigen Gottesreiches würdig befunden werde oder nicht, ob ihm
für Wolgefallen Lohn oder für Uebertretung Strafe werden solle.
Der Begriff זכה enthält daher neben dem Moment der Reinheit im
Bezug auf das Gesetz auch das andere der Würdigkeit in Beziehung
auf ein Gut. זכה heißt dann würdig werden etwas zu erlangen z. B. *Schemoth rabba* c. 27. In *Jebamoth* 14 heißt es: ist er würdig befunden,
זכה, so legt man ihm Jahre bei; ist er aber nicht würdig befunden
worden לא זכה u. s. w. *Wajjikra rabba* c. 14: אם זכה wenn er würdig
befunden worden ist, so erbt er die zukünftige Welt; אם לא זכה
wenn nicht, muß er Strafe leiden. In *Tanchuma, Pikkude* 3 wird
die Seele ermahnt: sei צדיק und nicht רשע, damit du würdig werdest
תזכה und in der zukünftigen Welt leben mögest תחיה. Der Bettler
spricht den Reichen um eine Gabe an mit den Worten עשה לי מצוה
erfülle an mir ein Gebot, und fügt hinzu: זְכֵי לִי mache dich an mir
(einer Belohnung) würdig z. B. *Kohel. rabba* 82ᵇ, oder *jer. Schekalim*

V, 4 זכי מטו mache dich würdig, indem du mir mittheilst. Es ist
sonach keine Frage, daß der Begriff זכות in den der Würdigkeit
zur Erlangung eines Gutes übergeht, den Anspruch auf Lohn, das
Verdienst *meritum* bezeichnet *Bammidbar rabba* c. 14. Der Plural
זכיות bezeichnet dann *merita,* die Gesammtsumme dessen, was Jemand
durch seine Gesetzeserfüllung und gute Werke an Lohn erworben hat,
wie z. B. *Taanith* 19. *Jalk. Schim., Beresch.* 76 u. ö. demjenigen, welcher
ein Wunder erlebt, dafür von seinen Verdiensten מזכייתיו ein Abzug
gemacht wird. Das hat nur Sinn, wenn זכות den Schatz des Erworbenen bezeichnet, denn Gesetzesleistungen können nicht verringert
werden, wol aber die dadurch erworbenen Lohnansprüche. *Schab-*
bath 31ᵇ u. a. St. sagen in der That, daß der Mensch איצר einen
Schatz der Verdienste im Himmel hat.

Demnach wird זכות in zwiefacher Hinsicht zu betrachten sein:
als Gerechtigkeit vor Gott und als Verdienst.

§ 60. Die Gerechtigkeit aus der Erfüllung des Gesetzes.

1. Es gilt nun vor Allem den synagogalen Begriff des Gerechten
צדיק festzustellen. Zu diesem Zwecke haben wir von dem Begriffe
des Gesetzes als einer Summe von *Mizwoth* Vorschriften auszugehen.
Wenn Jemand eine מצוה erfüllt, so sagt die Synagoge: er hat eine
מצוה gethan, oder kurz: er hat eine מצוה. Die מצות heißen in
diesem Zusammenhange auch זכיות. Sie bilden den sittlichen Besitz
des Menschen und sprechen vor Gott für ihn *Aboda sara* 1ᵇ. Wenn
dagegen Jemand eine Vorschrift übertreten hat, so hat er eine
עבירה, und davon gilt die Umkehrung des Gesagten. Von der That
מעשה hat man aber die Absicht zu unterscheiden. Der Wille zur
Vollbringung einer מצוה gilt so viel als diese selbst; die Absicht
dagegen, eine böse That zu vollbringen, gilt nicht, und der böse
Gedanke wird nicht zur That hinzugerechnet *Kidduschin* 39ᵇ. 40ᵃ.
Wenn aber gar Jemand zu einer Sünde gereizt wird und der Neigung nicht folgt, so wird ihm das als מצוה angerechnet *Kidduschin* 39ᵇ.

Nun bestimmt Gott sein Verhältnis zum Menschen nach dem
Verhältnis des Menschen zur Thora, vgl. oben § 13. Wenn Gott
die Menschen richtet, bringt er das Gesetzbuch hervor, um das
Urtheil danach zu sprechen *Aboda sara* 2ᵃ. צדיק ist an und für
sich der, welcher alle מצות erfüllt hat. In diesem Sinne waren die
Erzväter Gerechte. Allein wie viele Gerechte gibt es nach diesem

idealen Maßstabe? Es ist allerdings möglich, daß Einer vom Anfang
bis zum Ende seines Lebens ein Gerechter bleibt *Beresch. rabba* c. 30;
und es gibt Menschen, welche die Thora vom א bis zum ת erfüllt haben *Echa rabba* 52ª; ja es sollte eigentlich in das Gehinnom
Jeder kommen, der auch nur eine מצוה nicht erfüllt *Sanhedrin*
111ª. Aber in Wirklichkeit ist kein Gerechter, der nicht sündigte
(1 Kön. 8, 46). Damit sich nun aus der Erfüllung der Gebote dennoch
eine Gerechtigkeit ergebe, handelt Gott nach dem Grundsatz: der
Mensch wird gerichtet אחר ריבו nach dem, was überwiegt *Kidduschin* 39ᵇ. Wenn die gesetzlichen Leistungen überwiegen, gilt der
Mensch als צדיק, im andern Falle als רשע; einen Mittelweg gibt es
nicht *Beresch. rabba* c. 53. Esau gilt daher als רשע, da er nur eine
einzige מצוה erfüllt hat, das Gebot, den Vater zu ehren *Sifre* 141;
alle seine anderen Handlungen sind Uebertretungen. Zwar entscheidet
nicht bloß das Zahlenverhältnis für den Spruch Gottes, ob Einer
צדיק oder רשע sei, sondern auch die Beschaffenheit der Thaten;
denn wenn Jemand מקלקל ein frecher Uebertreter ist, der sich
schwere Vergehen, wie Mord, Ehebruch, Raub hat zu Schulden
kommen lassen, so kann er trotz aller etwaigen מצוות nicht als צדיק
gelten. Mit der Gerechtigkeit können nur עבירות קלות zusammen bestehen *Sifre* 51ᵇ. *Tanchuma, Chukk.* 16 u. ö., und zwar diese deshalb,
weil auch der Gerechte der Reizung zum Bösen durch den יצר הרע
ausgesetzt ist und unterliegen kann. Ob aber ein Mensch gerecht
vor Gott ist, beruht im letzten Grunde dennoch auf Rechnung, in
welche der Mensch nie genaue Einsicht haben kann, vgl. S. 49 f.
Aus diesem Grunde gibt *Kidduschin* a. a. O. die Regel: ein jeder
sehe sich halb als זכאי rein, halb als חייב schuldig an, d. i. er nehme
an, daß er ebenso viele מצוות als עבירות habe; thut er nun eine
מצוה, so sehe er es so an, daß sie sein Verhältnis zu Gott לבף זכות
neigt: diese eine מצוה kann bewirken, daß er als צדיק gilt, weil
er nach der Mehrzahl der Leistungen oder Uebertretungen beurtheilt
wird und nun eine Leistung mehr hat, als die Zahl seiner Uebertretungen beträgt. Ebendaselbst wird die Frage erörtert, ob Einer,
der eine מצוה über die Zahl seiner Uebertretungen hinaus habe, sofort
den Lohn dafür empfange oder nicht: die Rechnung kann sich ja
wieder anders gestalten. Der Begriff des צדיק weist also auf eine
göttliche Berechnung des Verhältnisses der Erfüllungen und Uebertretungen des Gesetzes bei den einzelnen Menschen hin d. i. auf den
der Imputation.

2. Der Ausdruck für die Imputation ist עליו הצלות. Z. B. heißt es *Mechilta* 16ᵇ zu Ex. 12, 28, näher zu ויעשו: Haben sie denn das Passa-Gebot schon ausgeführt? Nein, aber von dem Augenblick an, wo sie die Ausführung desselben auf sich genommen haben, rechnet es ihnen Gott zu מעלה עליו, als wenn sie es ausgeführt hätten. Zu Ps. 44, 23 sagt *Sifre* 73ª: Kann denn der Mensch den ganzen Tag getödtet werden? Nein, aber Gott rechnet es den Gerechten zu מעלה עליהם als wenn sie den ganzen Tag getödtet würden. Als מצוה wird angerechnet: der gute Wille zur That, der Nichtvollzug der Sünde, zu der man gereizt worden, jeder Vollzug einer gesetzlichen Vorschrift, und endlich die Vollbringung eines guten Werks (§ 61). Dabei werden die einen מצוה höher angerechnet als die anderen; z. B. sind die מצות שש לב nach *jer.* *Berachoth* 4 an Gewicht so schwer wie alle andern zusammen. Als עבירה gilt nur die wirklich vollzogene Uebertretung eines Verbots; es gibt aber auch unter den עבירות solche verschiedenen Gewichts, leichte und schwere, so daß auch bei ihnen gerechnet werden muß. Aus der Summe und dem Gewicht der Mizwoth gegenüber der Summe und dem Gewicht der Uebertretungen ergibt sich Gerechtigkeit oder Schuld, d. i. der Stand des Menschen vor Gott; denn Beides wird in je eine Wagschale gelegt, und dann neigt sich die Wage entweder לכף זבית oder חיבה לבב. Ahab wird *Sanhedrin* 112ᵇ vgl. oben S. 56 שקול genannt, weil seine Sünden und seine Verdienste einander aufwogen. In diesem Falle, sagt *Erachin* 8ᵇ, drückt Gott auf die Wagschale des Verdienstes oder hebt die Schale der Schuld und erklärt so den Menschen für einen Gerechten. Von diesem Abwägen der verdienstlichen Werke und der Sünden sagt *Pesikta* 167ª zu den Worten רב חסד: die Wage ist genau ביציית באזנים בכף; hier die Schale mit den Verdiensten, dort die Schale mit den Sünden, aber der Heilige neigt die Wage zur Schale des Verdienstes hin. So R. Elieser. R. Chesed sagt: zur Gnade hin. R. Josua Bar Chanina sagt: die Wage ist genau, hier die Verdienste, hier die Sünden; der Heilige aber nimmt weg den Schuldschein von den Sünden, dann haben die Verdienste das Uebergewicht (wörtlich: drücken die Schale herunter מכרעת). *Jer.* *Peah* I: Gott nimmt eine von den Sünden weg, und die Verdienste haben das Uebergewicht מכריעית.

Um diesen Thatbestand festzustellen, bedarf es einer fortgehenden Aufzeichnung der Worte und Thaten *Wajjikra rabba* c. 26: alle Worte des Menschen, selbst die des Scherzes, werden ihm in sein Buch geschrieben. In *Beresch. rabba* c. 81. 84 u. ö. wird das Buch, in welches die Einträge gemacht werden, פינקס genannt. Nach *Ruth rabba* 33ᵃ ist es Elia, welcher aufschreibt, nach *Esther rabba* 86ᵈ die Engel; nach *Jalkut Schim., Beresch.* 141 waren es früher die Propheten, jetzt Elia allein und der Messias; Gott aber drückt das Siegel darauf חיתם. So hat nun der Mensch eine Rechnung חשבון im Himmel, z. B. nach *Sifra* 224ᵇ Israel eine besonders große. *Kohel. rabba* 77ᶜ fordert zur Todesbereitung, daß der Mensch seine „Rechnung" in Ordnung bringe, vgl. *Bammidbar rabba* c. 14.

3. Die Rechtfertigung des Menschen erfolgt zunächst täglich. *Tanchuma, Wajjelech* 2: die ganze Welt wird täglich gerichtet, und durch einen Menschen kann die Welt gerecht oder schuldig werden... wie die Weisen gesagt haben: die Welt ist halb schuldig, halb rein. Kommt Einer und begeht Uebertretungen, womit er den Uebertretungen das Uebergewicht gibt über die guten Handlungen, so wird die Welt durch ihn schuldig. Halten böse und gute Handlungen einander die Wage, und es kommt Einer und vollbringt eine Mizwa und bewirkt dadurch, daß die guten Handlungen die bösen überwiegen: wol ihm, denn er macht die Welt dadurch gerecht מזכה. — Das Urtheil wird also nach dem Verhältnis, in welchem die guten und bösen Handlungen augenblicklich zu einander stehen, täglich für die ganze Welt festgestellt. Sie ist dann entweder זכאי oder חייב und hat danach Anspruch weiter fort zu bestehen oder ist werth unterzugehen. Dem entsprechend wird auch für den Einzelnen sein דין immerfort festgestellt. In jedem Moment wird bestimmt oder kann doch, z. B. in Zeiten der Noth und Gefahr, festgestellt werden, als was er augenblicklich vor Gott gilt. Lehrreich hierfür ist die Stelle *Beresch. rabba* c. 53. Die Engel wollten nicht dulden, daß Gott dem Ismael, von dem sie voraussahen, daß er Israel durch Durst sterben lassen würde, einen Brunnen hervorquellen lasse מעלה, und sie verklagten ihn deshalb, Gott an seine Uebertretungen erinnernd. „Da sprach Gott zu ihnen: עכשיו מה היא צדיק או רשע Wie ist sein augenblicklicher Stand? Ist er im Augenblick ein Gerechter oder ein Frevler d. h. überwiegen die מצוות oder עבירות bei ihm? Sie antworteten ihm: Er ist צדיק. Da sprach er zu ihnen: Ich richte den Menschen (verfahre mit ihm) lediglich באשר שם nach seinem augenblicklichen Stande." Endgültig wird diese Frage aber erst zu entscheiden sein, wenn es sich am Ende seines Lebens um sein

ewiges Geschick handelt. Dann wird die Rechnung geschlossen und das Facit der guten und der bösen Handlungen gezogen und das Endurtheil festgestellt, und es wird dem Menschen שטר eine Urkunde, welche seine Mizwoth und Aberoth enthält, ausgefertigt und zur Anerkennung vorgelesen *Taanith* 32. *Wajjikra rabba* 26. *Sifre* 133 und oben S. 233, sowie 278.

Es versteht sich nun fast von selbst und wird auch oft genug ausdrücklich betont, daß der Mensch bei solcher Auffassung der Rechtfertigung vor Gott nie genau wissen kann, welchen Stand er vor Gott habe, vgl. S. 49 f. Er hat sich in Augenblicken der Gefahr zu fürchten, da Satan in solchen immer als Verkläger auftritt *Bereschith rabba* c. 91, und er weiß nicht, ob er sich der Theilnahme am ewigen Leben getrösten oder das Gehinnom fürchten müsse. Nach *Beresch. rabba* c. 76 fürchtete sich Jakob trotz der göttlichen Verheißung vor der Rückkehr aus Mesopotamien in die Heimath; „denn — dies wird dreimal wiederholt — es gibt keine Zuversicht הבטחה für den Gerechten in dieser Welt." Es können viele Ankläger aufstehen, heißt es später. Wer kann also wissen, wie sich das Urtheil gestaltet, wenn abgerechnet wird? Der Gerechte darf seines Standes vor Gott nicht froh werden; er kann in dieser Welt nie in Ruhe und Frieden בשליוה sitzen, will er die Ruhe des ewigen Lebens haben *Beresch. rabba* c. 84. Ob Gott sich zu einem Gerechten bekennen könne, wird erst nach seinem Tode offenbar; deshalb nennt er sich nie über einem Heiligen, so lange er lebt, sondern erst nach seinem Tode *Beresch. rabba* c. 94; auch der Sterbende weiß noch nicht, ob er vor Gott als Gerechter hintreten wird *Beresch. rabba* c. 96. c. 100; jeder muß den Tag des Gerichtes fürchten *Wajjikra rabba* c. 26. Darum sind auch die Thüren des Himmels dem Gebet zeitweise verschlossen *Debarim rabba* c. 10. Die Frommen, sagt *Tanchuma, Chukkat* 24, legen die Furcht nicht ab, obwol der Heilige ihnen Verheißung gibt מבטיחן.

§ 61. Die Gerechtigkeit aus den guten Werken.

1. Ein zweites Mittel, Gerechtigkeit vor Gott zu erwerben, ist die Uebung guter Werke מעשים טובים, nämlich Almosengeben und Liebeswerke.

a. Das Almosen, genannt צדקה, wird angesehen als ein Gott

dargebrachtes Opfer, welches sogar au Werth über allen andern
Opfern steht. *Succa* 49ᵇ: Größer ist der welcher Almosen gibt
עושה צדקה als alle Opfer (unter Berufung auf Spr. 21, 3). Daß Talmud und Midrasch gegen den Sprachgebrauch der heiligen Schrift
(auch gegen Dan. 4, 24), aber nach dem Vorgang der LXX (= ἐλεο-
μοσύνη), doch viel entschiedener, צדקה im Sinne von Almosen fassen,
steht außer Frage. Z. B. heißt *Aboda sara* 17ᵇ מיצי של צדקה das
Almosengeld, גבאי צדקה *Pesachim* 8ᵃ. 13ᵃ u. ö. die Almoseneinnehmer. Häufig steht das Wort parallel mit dem Fasten.

b. גמילית חסדים sind andere Liebeswerke, die nicht geboten
sind, aber das Vorbild frommer Väter für sich haben, wie Darlehen
an Bedrängte, Speisung der Armen, Bekleidung der Nackenden,
Aufnahme von Wanderern, Besuch und Pflege von Kranken *Nedarim*
24. 25, Bestattung der Todten *Kethuboth* 72ᵃ, Unterstützung armer
Bräute, Ausrichtung der Hochzeit armer Brautleute, Auslösung Kriegs-
gefangener (*Baba bathra* 8ᵃ מיצוה רבה genannt) oder in Sclaverei
gerathener Israeliten, Unterstützung armer Talmudstudirender *Baba
mezia* 22 und überhaupt der Gelehrten *Wajjikra rabba* c. 34; auch
ציון תפילה *Baba bathra* 164ᵇ vgl. *Berach.* 55ᵃ, das Nachdenken beim
Gebet (ob es erhört werden wird: die Erhörungsgewißheit) nach Jost
zu *Peah* I, 1. Im Verhältnis zur צדקה werden sie *Succa* 49ᵇ als das
Vorzüglichere gepriesen. In drei Dingen, heißt es da, übertrifft die
ג׳ ח׳ das Almosengeben. Jene wird sowol durch Hingabe des Vermögens (ממון), als auch durch persönliche Bemühung ausgeübt, letzteres bloß mittelst Geldspenden; jene wird gegen Reiche wie Arme
geübt, dieses wird nur Armen gegeben; jene wird an Todten und
Lebenden geübt, dieses nur an Lebenden. Uebrigens heißt es von
dem Almosen *Succa* 49ᵇ, es werde nur insoweit Lohn haben, als es
mit חסד verbunden ist: nur sofern es aus wahrer Güte stammt, hat
es Werth vor Gott. Daraus ersieht man, daß auch das Almosen
unter den Begriff der Liebeswerke fällt, und daß somit „gute
Werke" so viel heißt als Werke der Liebe und Barmherzigkeit
gegen den Nächsten.

2. Haben die Mizwoth alle eine unmittelbare Beziehung zu Gott,
sofern sie um seines Befehles willen erfüllt werden, so haben diese
Werke der Liebe ihre Richtung zunächst auf den Nächsten, bethätigen die Gemeinschaft mit diesem als Glied des Volkes Gottes,
und sind nur insofern Opfer vor Gott, als sie sich auf das Gottes-
volk beziehen. Die Mizwoth als Gesetzeswerke und die „guten

Werke" werden immer von einander unterschieden, z. B. *Moëd katon* 16^b. *jer. Berach.* 17. *Beresch. rabba* c. 9. c. 30. *Wajjikra rabba*
c. 4 u. ö. Den Unterschied deutet *Peah* I, 1 an, wenn es heißt, daß
die גבילות חסדים kein Maß haben: während für das Maß der gesetzlich vorgeschriebenen Leistungen Regeln gegeben sind, wird hier
der Freiheit aufbehalten, so viel zu thun als man kann und will.
Auch unter den Almosen sind nur die Beiträge zu der durch die
Gemeinde vermittelten Armenpflege Pflichtsache bei Strafe der Pfän-
dung *Baba bathra* 8^b. Man nimmt zwar nach *Baba bathra* 9^a an,
daß Jeder wenigstens 1/3 Sekel im Jahre spenden sollte; dies würde
eine Art מצוה über das Almosen sein; aber darüber hinaus kann
jeder seine Spenden so weit ausdehnen als er will. Hillel richtete
sich nach der für die Gemeinde geltenden Bestimmung, daß Arme
von vornehmer Abstammung בני טובים standesgemäß unterhalten
werden sollten, indem er einem Solchen nicht nur Pferd und Vorläufer gab, sondern auch selbst den Vorläufer machte *Kethuboth* 67^b.
Mar Ukba gab einem Armen in seiner Nachbarschaft täglich vier
Sus, einem anderen am Vorabend des Versöhnungstags alljährlich
vierhundert Sus, a. a. O. 67^b. *Jalkut Schim., Beresch.* 145 gibt
mehr Beispiele großartiger Wolthätigkeit bekannter Rabbinen. In
Uscha mußte man festsetzen, daß Niemand mehr als den fünften Theil
seines Vermögens verschenken dürfe *Kethuboth* 67^b. Wegen dieser
Freiheit der guten Werke als Bethätigung des frommen Sinnes werden
sie als Erweise der Frömmigkeit betrachtet und besonders gutgeschrie-
ben. Dennoch verlassen auch sie nicht den Boden des Gesetzes; denn
daß sie geschehen, ist geboten; nur Art und Umfang ist freigegeben.
Ueberdies übt der Vorgang der Frommen einen nicht zu unter-
schätzenden Druck aus. Deshalb wird schließlich auch für die guten
Werke der Name מצוה angewendet. *Beresch. rabba* c. 17. *Wajjikra
rabba* c. 37 u. ö. heißt das Almosengeben עבד מצוה und *Wajjikra
rabba* c. 14 עשה מצוה, sowie *Baba bathra* 5 die Auslösung Kriegs-
gefangener (פדיון שבויים) מצוה רבה. In *Wajjikra rabba* c. 34 wird
gelehrt: „Dieser Arme steht vor deiner Thüre, und der Heilige steht
zu seiner Rechten, Ps. 109, 31. Wenn du ihm gegeben hast, so wisse,
wer der ist, der zu seiner Rechten steht und dir deinen Lohn gibt;
wenn du ihm nicht gegeben hast, so wisse gleichfalls, wer der ist,
welcher zu seiner Rechten steht und es von dir fordert." Aber
selbst wenn Almosen und Liebeswerke als Mizwoth angesehen werden,
bleibt ihr Unterschied den übrigen Mizwoth gegenüber, indem ihr

18*

Werth viel größer ist, *jer. Berach.* 17: Almosen und Liebeswerke wiegen alle Mizwoth auf: sie sind בנגד כל המצוות.

3. Deshalb stehen Almosen und Liebeswerke unter den Mitteln, Gerechtigkeit vor Gott zu erwerben. Hinsichtlich des Almosens läßt sich seit Sirach erkennen, daß es als Beweis besonderer Frömmigkeit galt, Sir. 34, 11. 7, 32 ff. vgl. 12, 2 ff. 18, 14. 20, 13 ff.; es galt als besonders verdienstlich vor Gott Tob. 2, 14., ja als Sünden tilgend Tob. 4, 9—11. Sir. 29, 11 ff. Als Beweis der Gerechtigkeit und als Mittel, solche zu erwerben, heißt es im Allgemeinen, aber auch jede einzelne Spende im Besonderen צדקה, so daß ein Plural davon צדקות in dem Sinne von Almosenspenden gebildet werden kann, z. B. *Tanchuma, Wajjikhal* 1 in dem Lobpreise eines Todten: כמה צדקות עשה wie viele Almosen hat er verrichtet! Durch Almosen, rühmt nun *Rosch haschschana* 3, wird man des ewigen Lebens theilhaftig, und *Pesachim* 5: wer sagt: ich gebe diesen Thaler als Almosen, damit ich oder meine Söhne das ewige Leben erben, der ist ein vollendeter Gerechter. Wer Almosen gibt, der wird angesehen als Einer der alle מצוה erfüllt hat; von ihm heißt es: er wird nicht wanken in Ewigkeit *Tanchuma, Mischpatim* 8 vgl. *Baba bathra* 13. 15.

Auch die Liebeswerke bewirken Gerechtigkeit vor Gott. *Pesikta* 124ᵃ: „Die Vollbringer der Liebeswerke dürfen unter die Flügel der Schechina fliehen", was nur Gerechten erlaubt ist. Andererseits sind alle מעשים טובים Erweise der Gerechtigkeit. Die Gerechten werden *Wajjikra rabba* c. 27 und *Tanchuma, Emor* 5 mit den Bergen verglichen, welche Früchte und Gräser hervorbringen: so bringen die Gerechten gute Werke hervor. Auch in c. 17 werden die guten Werke der Gerechten mit den Früchten des Palmbaums, und die Gerechten mit den fruchttragenden Bäumen verglichen. Zum Bilde eines vollkommenen Gerechten wie Mose gehört, daß er alle guten Werke verrichtet *Tanchuma, Tabo* 1. Und wie die Mizwoth (S. 269) bilden sie für den, der sie verrichtet, einen Besitz für die Ewigkeit, den man unablässig vermehren soll *Wajjikra rabba* c. 4, indem man sich immer in ihnen wie in den Gesetzeswerken übt *Kohel. rabba* 78ᵈ.

Es ist in der Ordnung, daß auch über diese guten Werke, wie über die Gesetzeswerke und Uebertretungen, Buch geführt wird. *Kethuboth* 25: Als Mar Ukba starb, verlangte er seine Rechnung d. i. die Summe der Almosen, die er gegeben hatte. Sie betrug

7000 Sus. Da er nicht glaubte, daß diese Summe zu seiner Rechtfertigung ausreiche d. i. seine Uebertretungen ausgleiche, so ver-
schenkte er noch sein halbes Vermögen, um sicher zu gehen. *Baba
bathra* 7: Die Almosen summiren sich zu einer großen Rechnung
חשבון. Von dem, welcher als ein Gerechter mit einem guten Namen
abscheidet, heißt es *Tanch., Wajjikhal* 1: wie viele Almosen hat
er gegeben, wie viel Thora studirt, wie viele Mizwoth gethan; seine
Ruhe wird sein bei den Gerechten. Denn *Baba bathra* 8: Gott hat
die Armen gegeben, um den Menschen vor dem Urtheil zu bewahren, das ihn der Hölle zuweist.

§ 62. Das verschiedene Verhältnis der Einzelnen zu Gott.

Da das sittliche Verhalten der Menschen verschieden geartet
und von verschiedenem Werthe ist, so muß das davon abhängige
Verhältnis der Menschen zu Gott sich verschieden gestalten. Gewöhnlich werden (vgl. oben S. 49) dreierlei Menschen unterschieden:
רשעים, בינונים, צדיקים, die ersteren und letzteren mit der Unter-
art der גמורים. Vgl. S. 233. Auch der Standpunkt der רשעים läßt
sich als ein Verhältnis zu Gott betrachten und bildet dann die
unterste Sprosse einer Stufenleiter. Diese dreifache Abstufung findet
sich z. B. *Berachoth* 61ᵇ. Für die Gerechten, heißt es da, ist der
יצר הטוב ihr Richter d. h. das leitende sittliche Princip; sündigen sie
also, so sündigen sie wider diese bessere Einsicht, und hiernach
werden sie gerichtet. In den רשעים ist es der יצר הרע; er herrscht
in ihnen, aber durch ihre eigene Schuld, und jede That, die er
vollbringt, ist ein Zeugnis wider sie. Für die Mittelmäßigen endlich,
die bald Gutes, bald Böses thun, ist der '' הטוב eben so der Richter,
wie der '' הרע, weil sie bald von dem Einen, bald vom Anderen
sich leiten lassen. Schließlich bleibt freilich nur die Möglichkeit,
entweder צדיק oder רשע zu sein; denn alles Urtheil über den Stand
des Menschen vor Gott lautet entweder auf Annahme zum Reiche
Gottes oder auf Verwerfung. Schon beim Begräbnis bedenkt man
dies: man begräbt den רשע nicht neben dem צדיק *Sanhedrin* 47ᵃ.
Ein בינוני, dessen Verdienste und Uebertretungen sich die Wage
halten, kann man wol im Leben zeitweise sein, aber zuletzt nicht
bleiben; *Tanchuma, Wajjikra* 8: zu Gott kehrten zurück die Geister
der Gerechten und derer die (für schwere Sünde) Buße gethan
haben; vom בינוני ist keine Rede, denn er wird entweder zum רשע

oder, wie auch einem רשע möglich ist, als בעל תשובה zum צדיק,
vgl. *Schemoth rabba* c. 15. *Rosch haschschana* 17 sagt: werden
Menschen als בינונים solche, die „halb Sünden, halb Verdienste"
haben, bei der alljährlich am Neujahrstag stattfindenden Prüfung und
Entscheidung der Frage, welche Menschen auch dieses Jahr leben
sollen und welche reif sind für den Tod, erfunden, so können sie
bis zum Versöhnungstage sich noch ein Verdienst erwerben; denn so
werden sie für das Leben bestimmt; wenn sie aber eine Uebertretung
hinzufügen, so sind sie dem Tode geweiht. Was ihnen im Vergleich zu den Gerechten mangelt, ist 1. der Ueberschuß an verdienstlichen Handlungen über die sie verurtheilenden bösen Werke,
da sich beide nur die Wage halten, und 2. die מעשים טובים, welche
neben den Gesetzeswerken zur Rechtfertigung vor Gott nicht fehlen
dürfen. *Tanchuma, Emor* 17 vergleicht wegen des letzteren Mangels
die Mittelmäßigen mit Bäumen, die keine Frucht tragen, wie z. B.
Weiden am Bache. Die Haufen der Mittelmäßigen werden *Schir
rabba* 22ᶜ mit den Nebenfrauen Salomo's verglichen. Wenn sie sich
auch mit der Thora beschäftigen, so doch חוץ לעץ חיים anders als
die Weisen; daher stehen sie Gott ferner.

Drei Bücher werden nach *Pesikta* 157ᵇ. *Rosch haschschana*
17. *Bammidbar rabba* c. 13 am Neujahrstag geöffnet; im ersten
sind die vollendeten Gerechten, im zweiten die vollendeten Gottlosen, im dritten die Mittelmäßigen verzeichnet. Könnte es hiernach
scheinen, als müßte jeder Gerechte ein „vollkommener" sein, so wird
doch sonst mit diesem Ausdruck ein besonders hoher Grad von Gerechtigkeit bezeichnet. Ein vollendeter Gerechter צדיק גמור ist, wer
in der Gerechtigkeit vollendet ist, vor Allem derjenige, welcher das
ganze Gesetz erfüllt hat *Schabbath* 55ª, wie Abraham, Isaak, Jakob,
Mose und Samuel, die Typen der vollkommenen Gerechtigkeit. So
wie sie, sollten alle Söhne Israels vollkommene Gerechte sein. Aber
in dieser Vollendung sind ihnen nur Wenige nachgefolgt. *Beresch.
rabba* c. 56 sagt jedoch, daß die Väter Israels als Vorbilder der
Gerechtigkeit in jedem Geschlechte vollkommene Gerechte als Nach-
bilder haben. Nach *Pesikta* 188ª vgl. *Beresch. rabba* c. 49 schwur
Jehova dem Abraham, daß in jedem Geschlechte nicht weniger als
36 vollkommene Gerechte seines gleichen sich finden sollten, unter
18000 Unvollkommenen. Darum werden immer Einzelne als vollkommene Gerechte bezeichnet; so die Frommen, welche nach Ez. 9
vom Verderben ausgenommen und an der Stirn bezeichnet wurden

Tanchuma, Mischpatim 7; *Schabbath* 55ᵃ sagt von ihnen, daß sie
das Gesetz vom א bis zum ת erfüllt hatten. Ebenso versteht man
unter den guten Feigen des einen der beiden Feigenkörbe Jer. 24
vollendete Gerechte *Erubin* 21ᵇ. Misael, Asarja und Chananja waren
nach *Taanith* 18 vollkommene Gerechte und wurden deshalb der Wun-
dergabe gewürdigt. Nach *Debarim rabba* c. 55 wird es ihrer in der
zukünftigen Welt 55000 geben. Uebrigens ist der vollkommene Gerechte
nicht nothwendig sündlos. Nach *Sifre* 133ᵃ finden sich bei ihm עבירות,
d. i. gewiß keine grobe Verschuldung קלקיל, aber vielleicht עבירית קלית
leichte Vergehen; doch pflegt sich ein Heiliger, wie z. B. Nachum
Isch-Gamsu, wenn er eine Sünde gethan hat, die schwerste Buße aufzulegen. Der Genannte verurtheilte sich, weil er sich eines Armen
nicht erbarmt hatte, zum Verlust von Händen und Füßen und Aussatz am ganzen Leibe.

Der צדיק גמור hat große Vorrechte. Wenn am Neujahrstage die drei
Bücher aufgethan werden, in deren erstem die vollendeten Gerechten
stehen, so werden diese sofort zum Leben versiegelt *Rosch haschschana* 17. Nach *Sifre* 133ᵃ züchtigt Gott den Gerechten für alle
seine Sünden auf Erden, damit er dort lauter Lohn empfangen könne;
nach *Erubin* 22ᵃ schiebt Gott dessen Strafleiden auf, in der Absicht,
daß er seine Sünde indeß selbst abbüße und sich so die Züchtigung Gottes
erspare. Das Höchste aber, was den vollendeten Gerechten zu Theil
wird, ist: sie, 36 an Zahl in jedem Zeitalter, schauen den reinen Spiegel
der Schechina, während die Unvollkommenen die Schechina nur von
ferne sehen Succa 45ᵇ. Sie sind die Auserwählten und fürs ewige
Leben Versiegelten, während die gewöhnlichen Gerechten immer noch
רשעים werden, und des ewigen Lebens verlustig gehen können, wenn sie
im Gesetzeseifer nachlassen und ihre bösen Werke die guten überwiegen; diese sind jetzt צדיקים, aber es ist ungewiß, ob sie es auch
am Ende ihres Lebens noch sind, während die צדיקים גמורים als
die zum ewigen Leben Bestimmten und Versiegelten solchem Wechsel
entnommen sind.

Der gleiche Unterschied besteht unter den Frevlern. Der „schwere
Frevler" רשע חמור wird nach *Sanhedrin* 63 auch hinsichtlich der
Begräbnisstätte von dem קל רשע getrennt. Nach *Sifre* 133ᵃ. *Taanith* 82.
Beresch. rabba 11ᵃ u. a. St. wird dem „vollendeten Frevler"
רשע גמור für eine kleine Leistung בצוה קלה, die er etwa vollbringt,
der Lohn sofort hier ausbezahlt, damit er im Tode ewiger Strafe
überwiesen werden könne. Er hat also im Gegensatze zum צדיק ג׳

das Gesetz im Ganzen, vom א bis zum ת, übertreten, nur ausnahmsweise ein Gebot erfüllt: er hat alle, auch die schwersten Sünden,
begangen, und heißt eben deshalb auch רשע המרד. Dagegen hat er
keine בינונים בינוני Tanchuma, Emor 5. Beispiele sind Esau, der alle
Gebote bis auf ein einziges übertreten hat Beresch. rabba c. 82,
Bileam Tanchuma, Balak 10, die bösen Feigen des zweiten Feigen-
korbes bei Jer. 24 Erubin 21ᵇ und die nach Ez. 9 in Jerusalem
den Engeln des Verderbens Uebergebenen Tanch., Mischpatim 7.

Sie werden nach Rosch haschschana 17 am Neujahrstag zum
Tode versiegelt: in dem Jahre, an dessen Anfang sie im Buche
der vollendeten Gottlosen erfunden werde, haben sie zu erwarten,
daß sie der Tod wegrafft und dem Gehinnom zuführt Tanchuma,
Massae 4, wo sie Pein ohne Ende erleiden Tanchuma, Emor 5.
Doch ist damit nicht gesagt, daß dieses Geschick sie sofort ereilt;
vielmehr kann auch ein vollkommener Gottloser noch Zeit zur Buße
finden, Bammidbar rabba c. 10: wenn ein Mensch sein ganzes Leben lang ein רשע גמור war und am Ende ist er ein צדיק גמור geworden, so gilt das Wort der Schrift (Ez. 33, 12) von ihm: der
Frevler wird durch seinen Frevel nicht fallen. R. Jochanan sprach:
Nicht dies allein, sondern alle Uebertretungen, welche er begangen
hat, rechnet der Heilige ihm als Verdienste זכיות an.

§ 63. Die stellvertretende Gerechtigkeit der Väter.

1. Bei der Ungewißheit darüber, ob man vor Gott Mizwoth und
Liebeswerke in zureichendem Maße besitze, um vor ihm als gerecht
zu gelten und daher Erhörung der Gebete, Schutz in Gefahr und
Annahme zum ewigen Leben im Tode hoffen zu können, scheint
es gerathen, die eigene Gerechtigkeit nach Möglichkeit durch fremde
zu ergänzen. Dies ist möglich, weil es neben solchen, welche unzu-
reichende Gerechtigkeit haben, andere gibt, welche wirklich eine
vollkommene Gerechtigkeit besitzen und damit den Mangel Anderer
erstatten können. Es versteht sich von selbst, daß ein solches er-
gänzendes Verdienst nur bei den Vätern, nicht bei Mitlebenden gesucht werden kann; denn nur bei ihnen liegt ein Abschluß vor,
der einen Ueberschuß von verdienstlichen Handlungen ergeben hat.
Die Väter aber sollen in der That den bedürftigen Nachkommen
etwas von ihrem Verdienste zukommen lassen; denn Israel ist ein
Leib, dessen Glieder unter einander organisch verbunden sind, ein-

ander helfen und für einander eintreten, damit das Ganze seine Bestimmung erfülle, *Sanhedrin* 27ᵇ u. ö.: זה בזה ערבין ישראל כל ein Israelit
leistet für den anderen Bürgschaft. Auf diesen Grundanschauungen
beruht die Lehre von dem Verdienst der Väter אבית זבית.
Den Unterscchied zwischen solchen, die an Verdienst reich sind
und solchen, die der Ergänzung ihres Verdienstes bedürfen, spricht
z. B. *Sanhedrin* 81ᵃ aus: ein großer צדיק esse nicht אביחיו בזכות.
Der große צדיק, unterschieden von dem kleinen, bedarf also nicht
fremder Gerechtigkeit, um vor Gott zu leben und Unterhalt zu erlangen. *Kohel. rabba* 60ᶜ sagt von Salomo, daß Alles an sein eigenes
Verdienst gehängt worden sei, ehe er sündigte; aber als er in Sünde
gefallen war, mußte er Alles um des Verdienstes der Väter willen
empfangen. Die Worte (Hohesl. 1, 5): schwarz bin ich und doch
lieblich werden *Schemoth rabba* c. 23. *Schir rabba* 5ᶜ u. ö. so gedeutet: Die Gemeinde Israel spricht: schwarz bin ich durch meine
eigenen Werke, aber lieblich durch das Werk meiner Väter. A. a. O.
c. 44 wird der allgemeine Satz aufgestellt, Israel lebe und bestehe
indem es sich stütze נשׁענין auf die Väter. Nicht als ob Einzelne
oder ganz Israel bloß vom fremden Verdienste leben könnten: in
Sifre 12ᵇ wird Gebetserhörung um des eigenen wie um des väterlichen Verdienstes verheißen, und *Wajjikra rabba* c. 36 lehrt: wie
dieser Weinstock gestützt wird durch das Rohr קנה, so wird Israel
gestützt durch das Verdienst der Thora, welche mit dem Rohr geschrieben wird; und weiter: wie dieser Weinstock sich stützt auf
Stammholz, welches trocken ist, während er selbst frisch grünt, so
stützt Israel sich auf das Verdienst seiner Väter, obwol diese schon
schlafen. Das Verdienst der Väter tritt also nur ergänzend ein.

Nur die Väter können ergänzend eintreten. Dasselbe Gleichnis
vom dürren Stammholz des Weinstocks d. i. den entschlafenen Vätern
Israels findet sich in *Schemoth rabba* c. 44 mit Beispielen belegt.
„Wie viele Gebete sprach Elia auf dem Berge Karmel, damit Feuer
vom Himmel falle — und er wurde nicht erhört; als er aber die
Namen der Todten erwähnte und Jehoven den Gott Abrahams, Isaaks
und Jakobs nannte, da wurde er sofort erhört. So war es auch
bei Mose. Als Israel jenes böse Werk vollbrachte, stand Mose auf
und redete zu ihrer Rechtfertigung עליהם זבות למד vierzig Tage und
vierzig Nächte und wurde nicht erhört; als er aber die Todten erwähnte, wurde er sofort erhört, denn es heißt: Gedenke des Abraham, Isaak und Israel, wie geschrieben steht: es reuete Gott des

Bösen. Wie also dieser lebendige Weinstock sich stützt auf todtes
Stammholz, so lebt Israel und stützt sich auf die Väter בכ׳שהם מתים,
da sie todt sind." Das Gleiche erfuhr Salomo, als er sich auf David
berief, der schon entschlafen war. Denn es ist Gottes Wille, daß
die Väter ihre Kinder von dem Lohn für ihre Gesetzeserfüllung genießen lassen *Wajjikra rabba* c. 36. *Schemoth rabba* c. 44. Jeder
der eine Mizwa vollbringt und will den Lohn sofort dafür hin-
nehmen, dem wird man das Böse nicht vergeben; er ist ein Frevler,
denn er hinterläßt seinen Kindern nichts . . . Wenn die ersten Väter
den Lohn für die kleineren Gesetzeserfüllungen, die sie vollbracht
haben in dieser Welt in Empfang genommen hätten, woher könnte
denn das Verdienst aufstehen und eintreten für ihre Nachkommen?
Nach *Wajjikra rabba c.* 2 sind die Werke Abrahams, Isaaks und
Jakobs sowie der Frommen die in Aegypten lebten, ferner die
Werke Mose's, Josua's, Davids, Hiskia's, Esra's, Hillels, Rabban Jo-
chanans, R. Saccai's, R. Meïrs und ihrer in Gerechtigkeit ihnen gleich-
artigen Zeitgenossen (הבדים, הבירה) vor Gott aufbewahrt worden,
damit sie für die Nachkommen sprechen und diesen zu Hülfe kommen. Dem entspricht, daß nach *Schir rabba* 40c die Patriarchen
und Mose Gott nach der Zerstörung Jerusalems an ihre Verdienste
erinnerten und ihn baten, Israel um deren willen aus der Gefangen-
schaft zu erlösen. Und zwar entspricht dies Gottes eigenem Willen
Pesikta 153b vgl. unten S. 285. Reicht das eigene Verdienst nicht
aus so doch das der Väter, so daß man sich nicht zu fürchten
braucht *Beresch. rabba* c. 92.

2. Man wird desselben theilhaftig einfach vermöge des *Juchas*
יוחס d. i. der Abstammung, und zwar das ganze Volk und jeder
einzelne rechte Israelit als solcher des Verdienstes der gemeinsamen
Stammväter, jeder einzelne außerdem des Verdienstes seiner besonderen Ahnen: es gibt auch in dieser Hinsicht ein nationales Eigentum, an dem jeder Israelit, und je nach den Umständen einen
Familienbesitz, an dem nur der Familiengenosse Theil hat.

a. Wenn Gott seine Herrlichkeit im Lande Israël wieder wohnen
läßt, erkennt er nur משפחות ביוחסות die Familien an, welche ihre
rein israelitische Abstammung erweisen können *Kidduschin* 70b vgl.
Bammidbar rabba c. 32 u. ö. Die גרים von außen Herzugekomme-
nen können nie denen als ganz ebenbürtig erachtet werden, deren
Väter am Berge Sinai gestanden und נעשה ונשמע gesprochen haben
Kidduschin 70b vgl. oben S. 76. Die reine israelitische Abstammung

ist der Adel des Israeliten, das höchste irdische Gut desselben. Es ist eins der wichtigsten Anliegen eines frommen Israeliten, ein ihm ebenbürtiges Weib zu nehmen, d. i. רחים כ־ eine solche zu ehelichen, deren rein israelitische Abstammung nachgewiesen werden kann, a. a. O. Als solche gelten die in Babylon Zurückgebliebenen nicht mehr, sondern sie sind פסילה durch Vermischung mit heidnischen Elementen Unreine. Ein ממזר könnte mit solchen keine ebenbürtige Ehe eingehen 71ᵇ. Der Hauptgrund dieser großen Werthschätzung der Abstammung von den Vätern Israels ist eben die dadurch vermittelte Gewißheit, Antheil an ihrem Verdienste zu haben. *Bammidbar rabba* c. 9 sagt, daß Gott nur dem זרע כיהוס der reinen Nachkommen Abrahams im Kriege beistehe; deshalb dürfen keine ממזרים Leute gemischter Abstammung im Heere sein, denn sie würden Gottes Beistand unmöglich machen. Für jene aber bildet jede seiner Handlungen ein Verdienst, das auch ihnen zu gute kommt, vgl. *Bereschith rabba* c. 56. *Tanchuma, Wajjêra* 4. *Thissa* 24, und ebenso das Verdienst der übrigen Patriarchen. Das Verdienst der Väter überhaupt ist die Stütze ihrer Nachkommen *Schemoth rabba* c. 44; es ist Israels Schutz und wird ihm künftig beistehen, wenn die Erlösung herbeigeführt werden soll *Beresch. rabba* c. 70.

Ueber die Dauer seiner Wirkung für das gesammte Volk finden sich verschiedene Aeußerungen. Manche ließen die Wirkung zur Zeit des Propheten Hosea aufhören *Schabbath* 55ᵃ. Andere sagten, es habe bis Hiskia gewährt *Wajjikra rabba* c. 35. Diese Grenzbestimmungen haben ihren Grund wol darin, daß in Hosea's Tagen das Gericht für Israel, und in den Tagen des Hiskia das über Juda besiegelt wurde. Aber die Meinung der Mehrheit war, die Wirkung sei dauernd, a. a. O., bis an das Ende des Geschlechtes *Jalkut Schim., Beresch.* 61. Erweist es sich auch gegenwärtig nicht mehr als die Kraft, die den Vollbestand Israels wirkt, so erhält es doch Israel und den Einzelnen im Exil, daß sie nicht untergehen; und selbst die alte Herrlichkeit wird wieder kraft des Verdienstes der Väter erstehen, wenn die Stunde der Erlösung schlägt *Beresch. rabba* c. 70. Insofern erstreckt sich also die Wirkung bis an das Ende der Tage; auch die letzten Nachkommen Abrahams genießen, was er für sie erarbeitet hat.

b. Das einzelnen Familien eigene Verdienst der Väter entsteht durch die Verdienste eines einzelnen oder mehrerer hervorragender Ahnen. Eleasar b. Asarja hatte nach *Berachoth* 27ᵇ זכות אבות und

dadurch mächtigen Schutz als der Zehnte von Esra; und nach *Sifra*
91ᵃ verband sich (מצטרף) Ahrons und seiner Söhne Verdienst zu
einem Gesammtverdienst für sein Haus. Es ist gut, צדיק בן צדיק zu sein
d. i. als persönlich Gerechter auch einen Gerechten zum Vater zu haben,
weil man dann auch dessen Verdienst genießt *Sifre* 49ᵃ. Denn das
Verdienst des Vaters erwirbt dem Sohne Schönheit, Kraft, Reichtum, Weisheit und hohes Alter *Edijoth* 10ᵃ, und nicht bloß dem
Sohne, sondern auch allen seinen Nachkommen. Hiskia berief sich
nach *Berachoth* 10ᵇ auf das Verdienst seines Urahnen Salomo, der
das ganze Heiligtum mit Silber und Gold überzogen habe, vgl.
Pesikta 167ᵇ. Es wird überhaupt gerathen nicht auf das eigene
Verdienst sein Gebet zu stellen, sondern es „an das Verdienst Anderer zu hängen" הלה בזכות אחרים *Berach*. 10ᵇ. Diese Art des Verdienstes kann übrigens auch durch Verehelichung übertragen werden.
Deshalb soll man בת אביה eine Jungfrau, welche verdienstvolle
Ahnen hat, zur Ehe suchen. Eine solche, auch wenn sie arm oder
eine Waise ist, ist würdig das Weib des Königs zu werden; denn
sie bringt ihm das Verdienst ihrer Väter zu *Bammidbar rabba* c. 1.
So ist der Rath in *Baba bathra* 109ᵇ gemeint: immer verbinde sich
der Mensch mit Edlen טובים, nämlich mit einer Familie, die verdienstvolle Ahnen hat.

3. Das Verdienst der Väter wird zur Geltung gebracht, wenn
der Stand des Menschen vor Gott zu prüfen ist, d. h. 1. wenn der
Mensch vor Gott betet, 2. in Stunden der Entscheidung über Leben
oder Tod, und 3. sonderlich in der (alljährlichen) Gerichtszeit Gottes.

In Bezug auf Gebetserhörung heißt es zu den Worten des ahronitischen Segens: es erhebe Jehova sein Angesicht *Sifre* 12ᵇ: In
der Stunde da du stehst und betest, denn es heißt auch Gen. 19, 21
נשאתי פניך (d. i. ich habe dich erhört, woraus geschlossen wird, daß
auch im Segen נשא פנים Gebet erhören bedeute). Und siehe es ist
ein Schluß vom Geringeren aufs Größere. Wenn es bei Lot heißt:
Ich habe dich erhört um Abrahams meines Freundes willen, wie
sollte ich dich nicht erhören um deiner selbst willen מפניך und um
deiner Väter willen מפני אביה? Dazu *Jebamoth* 64ᵃ: Das Gebet eines
Gerechten, welcher Sohn eines Gerechten צדיק בן צדיק, ist nicht
gleich dem Gebete eines Gerechten, der Sohn eines Frevlers צדיק
בן רשע ist. Der Sinn dieses Wortes ist: jenes ist der Erhörung
gewisser, weil zum eigenen Verdienst das Verdienst des Vaters
kommt, welches dem anderen Gebete fehlt. Auch *Jalkut Schim.*,

Beresch. 27 lehrt, daß der Betende sich auf das Verdienst der Väter beruft.

In *Schabbath* 129^b wird besprochen, an welchen Tagen man zur Ader lassen solle, und es werden da Montag und Donnerstag ausgenommen, weil an diesen Tagen Unglück bringende Planeten Macht haben; aber derjenige, welcher אבות זכות hat, mag auch an diesen Tagen zur Ader lassen; dieses Verdienst wird ihn schützen. *Pesikta* 10^b wird zu den Worten: du bist Schild rings um mich (Ps. 3, 4) hinzugefügt בזכות אבות; David erkennt hiernach, daß er nach dem Rechte der Thora (Lev. 20, 10) allerdings auf keine Hülfe zu rechnen hat; aber Gott ist dennoch sein Schild um des Verdienstes seiner Väter willen. Und Israel ist in gleicher Lage, heißt es a. a. O. weiter, wenn es an seinen Abfall am Sinai denkt; ohne Anspruch zu haben, spricht es dennoch: du bist mein Schild, indem es hinzufügt: du hast uns geschützt בזכות אבותינו.

Hinsichtlich des göttlichen Gerichtes endlich lehrt *Pesikta* 153^b: „Der Heilige sprach zu Israel: Meine Söhne, wenn ihr wollt gerechtfertigt werden (לצדק) vor mir im Gericht (בדין), so sollt ihr vor mir das Verdienst eurer Väter erwähnen, so werdet ihr vor mir im Gerichte gerechtfertigt werden (זכים) . . . Und wann sollt ihr (bei mir) das Verdienst der Väter ins Gedächtnis bringen, daß ihr im Gericht vor mir gerechtfertigt werden möget? Im siebenten Monat." Es ist der Neujahrstag gemeint, der Tag der Entscheidung über Leben und Tod, vgl. oben S. 278, welchem der Versöhnungstag folgt, der weitere Gnadenfrist verschaffen soll. In dieser entscheidenden Zeit bringt man das Verdienst der Väter bei Gott in Erinnerung, um bei dem Mangel völliger eigener Gerechtigkeit die eigene Gerechtigkeit dadurch zu ergänzen und ein gnädiges Urtheil zu gewinnen.

§ 64. Das Verdienst der Heiligen.

Neben dem Verdienst der Väter hat auch sogar das Verdienst noch lebender großer Gerechter für die Mitlebenden vor Gott eine dreifache heilbringende Kraft. Erstlich erwirken sie den des Verdienstes ermangelnden Zeitgenossen eine Gnadenfrist; zweitens treten sie in allen öffentlichen Nöthen und für Anliegen Einzelner fürbittend ein; drittens besitzen sie selbst die Kraft, wunderbare Hülfe zu bringen. Ihre Bedeutung für die Lehre von der Sühne wird § 70 behandeln. Vgl. auch oben S. 125.

Die großen Gerechten eines Zeitalters treten für die Erhaltung ihres Geschlechtes ein. Abraham ist nach *Beresch. rabba* c. 43 der einzige Gerechte in seiner Zeit, der Augapfel der Welt, welcher הדין בדה‎ den Vollzug der Gerechtigkeit verhindert hat c. 42, was *Jalkut Schim., Beresch.* 57 von den Gerechten überhaupt gesagt wird, als welche die הדין בדה‎ in רחמים בדה‎ verwandeln. Um Abrahams willen, so wird jene Stelle commentirt, kommt alles Gute, aller Segen; er erhält durch sein Verdienst die Welt. Er ist hierin typisch für alle großen Gerechten, die ihm folgen. Die Patriarchen heißen die Väter und die Mütter *Pesikta* 22ᵃ. *Beresch. rabba* c. 58, auch die Pfeiler der Welt, a. a. O. c. 43 vgl. oben S. 258; den ersteren Ehrennamen tragen aber auch Hillel und Schammai und andere große Rabbinen *Beresch. rabba* c. 1. *Edijoth* 4ᵃ. Deshalb dürfen solche große Gerechte niemals fehlen. „An dem Tage, wo die Sonne eines Gerechten untergeht, geht die Sonne eines anderen auf." Es folgen einander Mose, Josua, Othniel, Eli, Samuel u. s. f., in späteren Zeiten Akiba, Rabbenu, Ada ben Ahaba, Abun, Hoschaja u. s. w. *Beresch. rabba* c. 58.

Der Grund dafür ist, daß ihr Verdienst auf ihr ganzes Geschlecht übertragen wird. Das ganze Volk das am Sinai stand hatte nur durch das Verdienst בזכות‎ Mose's Schutz; an die großen Heiligen wie Mose, David, Esra ist überhaupt ihr ganzes Geschlecht geknüpft worden בהם תלה: הדין כל Schir rabba‎ 16ᵃ. Der Ausdruck תלה‎ findet sich auch *Berach.* 10ᵇ u. ö. in der Verbindung mit בזכות‎. Man hängt eine Sache an das Verdienst eines Anderen so, daß dieser mit seinem Verdienst für den Genossen eintritt und durch sein Verdienst das Begehrte erwirkt. Das Verdienst der Gerechten, sagt *Succa* 39, kann die ganze Welt vom Gericht befreien. Die guten Werke der Gerechten, lehrt *Tanchuma, Emor* 5, halten die Züchtigungen von der Welt ab.

Der Heilige wollte die Welt vertilgen um des Geschlechtes willen das zur Zeit des Zedekia lebte, aber als er den Zedekia ansah נסתכל‎, wurde er wieder besänftigt *Erachin* 17ᵃ. So lange Jeremia in Jerusalem war, wurde es nicht zerstört; sobald er aber herausging, sank es dahin *Pesikta* 115ᵇ. Am lehrreichsten ist aber folgende Stelle aus *Tanchuma, Schophetim* 4: Die Schrift sagt (Deut. 16, 18): und sie sollen richten das Volk mit gerechtem Gericht; denn sie sollen das Volk wenden משיב‎ zur Seite der Gerechtigkeit hin צדק לכף‎. Das heißt: sie sollen suchen es vor Gott zu rechtfertigen. R. Jehuda sprach im Namen des R. Schalom: sie sollen es wenden und sollen geltend machen für sie das, was sie rein spricht מלמדים עליהם זכות vor dem Heiligen. Von wem kannst du das lernen? Von Gideon, dem Sohne des Joas. Denn in seinen Tagen waren die Israeliten in Bedrängnis, und der Heilige suchte einen Menschen, der ihre Vertheidigung vor Gott führte. Und er fand Niemand, denn das Geschlecht דור war arm an Gesetzes- und Liebeswerken. Als nun die Rechtfertigung gefunden wurde durch Gideon, welcher sie vertheidigte, so offenbarte sich ihm alsbald der Engel, denn es heißt: und es kam zu ihm der Engel des Herrn und sprach zu ihm: Gehe in dieser deiner Kraft, d. i. in der Kraft des Verdienstes, welches du geltend gemacht hast für meine Söhne." Gideon rettete also das ganze verdienstlose Geschlecht, wie der Commentar sagt: מבה הדין davon, daß es verurtheilt wurde.

Das Zweite ist die Fürbitte bei Gott in öffentlichen und privaten Nöthen und Anliegen. *Pesikta* 21^b heißt es, daß die Gerechten frühe aufstehen, um betend für die Bedürfnisse der Gemeinde zu sorgen. Auf Abrahams Gebet fiel Regen und Thau vom Himmel *Beresch. rabba* c. 38. Diesem ersten folgten später viele Fälle derselben Art. Nach *Baba bathra* 147^b betete der Hohepriester am Versöhnungstage um erspießliche Witterung für das Jahr; danach ob die Anzeichen auf nasses oder trockenes, kaltes oder heißes Wetter hindeuteten, richtete er sein Gebet, um schädliches Wetter abzuwenden. Diese Obliegenheit ging nach der Zerstörung des Tempels auf die großen Rabbinen über; nach *Joma* 53 ist deren Gebet einem hohepriesterlichen an Werth und Wirkung gleich zu achten; durch dasselbe veranlaßt kommt oder schwindet der Regen. Schon in älterer Zeit war es geschehen, daß Nakdimon b. Gurion erhört ward sowol da er um Regen als auch da er um der Festpilger willen um Sonnenschein gebetet hatte *Taanith* 19^b. Die Hauptstelle in Bezug auf spätere Begebnisse dieser Art ist a. a. O. 23 f. Daselbst wird ausführlich erzählt, daß Choni der Kreiszeichner durch sein Gebet Regen kommen ließ, und zwar in dem Maße als er wollte; daß man später, wenn die Welt Regen brauchte, zu Abba Hilkia dem Enkel des Choni ging, damit er um Regen bitte; daß zu Chajim Hannachba, dem Tochtersohn des Choni, die Rabbinen die (nach talmudischer Lehre sündlosen) Schulkinder zu gleichem Zwecke sandten, die seinen Rockzipfel faßten und sprachen: Vater, gib uns Regen. Weiter erzählt c. 21 das Gleiche von Chanina, Chama und Levi. Chanina's Gebet war

mächtiger, als das des Hohepriesters. Täglich hörte man eine Stimme,
die sprach: die ganze Welt wird nur Chanina's wegen gespeist, und
mein Sohn Chanina selbst hat genug an einem Kab Johannisbrot
von einem Freitag bis zum andern. Chama aber, der Sohn des
Chanina, und Levi schalten den Himmel, weil er sich nicht mit
Wolken überziehen wollte; da geschah nach ihrem Wunsche.

Begreiflicherweise wenden sich nun auch die Einzelnen in ihren
Nöthen an die Heiligen in der Gemeinde. *Baba bathra* 116ᵃ stellt
die Regel auf: jeder der eine Noth oder einen Kranken in seinem
Hause hat, gehe zu einem Chacham (§ 28) und suche bei ihm Barmherzigkeit. *Berachoth* 34ᵇ erzählt Fälle, wo das Gebet großer Heiliger auch aus der Ferne auf die Kranken wirkte und sie gesund
machte. *Chagiga* 3ᵃ berichtet, daß durch das Gebet des Rabbi Taub-
stumme wieder hörend und redend wurden, und *Pesikta* 147ᵇ, daß
Schimeon ben Jochai für ein lange kinderlos gebliebenes Ehepaar
Kindersegen erbat. Auch Gnade bei Gott und Theil am ewigen Leben wird durch die Fürbitte der Gerechten erlangt, wenn man gesündigt hat, *Berachoth* 35ᵇ: wenn Jemand eine Benediction unterlassen und dadurch Gott seine Ehre geraubt hat, so gehe er zu
einem Weisen, um durch seine Fürbitte Barmherzigkeit zu erlangen.
Auch in *Kohel. rabba* 67ᵃ ersuchte Jemand einen verdienstvollen
Rabbi, für ihn zu beten, daß sein Theil bei ihm sein möge in der
zukünftigen Welt. Nach *Berachoth* 18ᵇ versetzte die Fürbitte eines
חשיב d. i. vor Gott um seines Verdienstes willen Hochangesehenen
den Levi in den Himmel.

So große Macht besitzt die Fürbitte der Heiligen. Aber noch
mehr: schon durch die bloße Gegenwart vermögen sie von einem
Orte drohendes Unheil abzuwenden, *Taanith* 19: wer in Gesellschaft
eines Mannes geht, der viel Verdienst hat, braucht kein Unglück
zu fürchten. Rab Huna hatte seinen Wein in einem Hause, dessen
Einsturz man jeden Augenblick befürchtete. Er rettete den Wein
dadurch, daß er den durch unablässiges Thorastudium an Verdienst
überaus reichen R. Ada in das Haus mitnahm und dort durch halachische Gespräche so lange festhielt, bis der Wein geräumt war;
denn so lange dieser große Heilige gegenwärtig war, konnte das
Haus nicht einstürzen.

Nach *Taanith* 18 ist es ein Vorrecht der vollkommenen Gerechten
צדיקים גמורים, daß Gott für sie Wunder thut, wie er solche einst zur
Errettung von Misael, Asarja und Chanania that; aber nicht allein

dies, sondern er gibt ihnen sogar die Macht selbst Wunder zu thun und Hülfe zu spenden. Wenn *Sanhedrin* 65[b] den צדיקים die Macht beilegt, eine Welt zu schaffen, und Beispiele schöpferischer Thätigkeit großer Rabbinen anführt, so erscheint das zunächst als rednerische Uebertreibung. Allein dieses Urtheil ändert sich, wenn wir Stellen wie *Kohel. rabba* 68[a] ins Auge fassen. Hier wird in einer Reihe von Beispielen gezeigt, wie die großen Heiligen die Naturordnung aufhoben und das Gegentheil des schöpferisch Gesetzten herbeiführten. „Der Heilige hat geordnet, daß das Meer Meer und das Trockene Trockene sei. Da stand Mose auf und machte ויבש das Meer zum Trockenen." Hier wird nicht unterschieden zwischen dem was Gott durch Mose that und dem was Gott selbst that: das Wunder erscheint als Mose's eigne That. Elisa, der Schüler des Schülers Mose's, machte gleichfalls das Trockene zum Meer. Beispiele von Josua sind bekannt. Samuel hat den Sommer zum Winter gemacht (1 Sam. 12), Elia aber machte den Winter zum Sommer (1 Kön. 17); Jakob hat meist den Tag zur Nacht gemacht (Gen. 28), Debora und Barak machten die Nacht zum Tage (Richt. 4). Wehe dem Menschen, sagt *Berachoth* 33[a], dem ein wilder Esel begegnet, aber wehe auch dem wilden Esel (*jer.* hat eine Schlange), dem R. Chanina b. Dosa begegnet: er tödtete denselben durch seine Wundermacht. In *Aboda sara* 10[b] werden dem Kaiser Antoninus die Worte an R. Chanina in den Mund gelegt: Ich weiß, daß es euch ein Kleines ist, Todte aufzuerwecken. So wird es schließlich nicht befremden, daß man nach *Sanhedrin* 47[b] Staub vom Grabe des Rab, des großen Heiligen, nahm, um Fieber zu heilen, und zwar nicht heimlich: R. Samuel billigte es. War es doch auch, wie *Jalkut Schim., Beresch.* 156 lehrt, überliefert, die Gebeine Jakobs hätten deshalb nicht in Aegypten bleiben dürfen, weil sonst die Aegypter durch sie hätten erlöst werden können, da auch von den Gebeinen geringerer Heiligen, ja vom Staube ihrer Gräber wunderbare heilkräftige Wirkungen ausgehen.

Doch nennt *Tanchuma, Lech Lecha* 4 den Größten, den Abraham, עשיר על הברכות: während Gott vorher selbst gesegnet hatte, sollte nun Abraham an seiner Statt Segen spenden. So bleibt doch zuletzt Gott der Urheber solcher Wunderkraft. Dies stellt die obigen Erzählungen ins rechte Licht.

§ 65. Der Lohn der Werke.

1. Der menschlichen Erfüllung der göttlichen Gebote entspricht göttliche Erweisung von Wolthaten, welche mit Rücksicht auf jenes menschliche Thun שכר מתן Ertheilung des Lohnes genannt wird, z. B. *Debarim rabba* c. 2. Die Thora enthält viele Vorschriften, damit Israel viel זכיות d. i. nach § 59 Anspruch auf Lohn erlange *Maccoth* 23ᵇ. Jede Vorschrift hat ihren bestimmten verhältnissmäßigen Lohn; für jede gute That hat Gott אוצר של שכר ein eigenes Schatzhaus *Schemoth rabba* c. 45, obwol nicht für jedes Gebot die Lohnbestimmung offenbart ist, damit der Mensch für die Erfüllung sich nicht diejenigen Gebote aussuche, auf welche der höchste Lohn gesetzt ist *Debarim rabba* c. 6. Für das Thun des Menschen soll also der Lohngedanke nicht maßgebend sein, aber der Lohn ist der thatsächliche Erfolg seines guten Handelns. Gibt es doch nach *Tanchuma, Bo* 11 viele Gesetzesbestimmungen in der Thora, die offenbar zu keinem anderen Zweck gegeben sind, als לקבל שכר damit Israel Lohn empfange. Selbst die Gottlosen erhalten für ihre Erfüllung von leichten Geboten — denn schwere erfüllen sie nicht — den bestimmten Lohn *Beresch. rabba* c. 33; sogar Balak wurde für die 42 Opfer belohnt, die er dargebracht hatte *Sanhedrin* 105ᵇ. Der Lohn ist nicht für jede Mizwa gleich, weil die Leistung verschieden ist. Man unterscheidet schwere Gebote, deren Erfüllung hohe Anforderungen stellt und leichte, die keine Opfer auferlegen, vgl. S. 232. Als das schwerste Gebot gilt das vierte, als das leichteste das vom Vogelnest *Tanchuma, Teze* 2. Selbst für das leichteste ist Wolergehen und Verlängerung des Lebens verheißen, wie viel mehr bei solchen Geboten, deren Erfüllung Aufwand, Mühe oder Lebensgefahr mit sich bringt *Tanchuma* a. a. O. Wenn dem Esau, heißt es *Beresch. rabba* c. 82, „der nur e i n e Mizwa in seiner Hand hatte (die Ehrenbezeigung gegen seinen Vater, indem er ihn mit Jakob zusammen begrub), sich Königreiche und Herrscher anschließen wollten, um wie viel mehr werden sie sich Jakob, unserem Vater, dem Gerechten anschließen wollen, der die ganze Thora erfüllt hat." Die Erfüllung des vierten Gebotes kommt, wie *jer. Berachoth* IX, 5 zeigt, deswegen besonders in Betracht, weil sie großen Aufwand erfordert; sie vergleicht sich darin der Ehre Gottes, die dem Menschen Opfer kostet. Eine andere schwere Mizwa ist das Sabbatsgebot. Wer die drei Sabbatsmahlzeiten innehält, wird nach *Schab-*

buth 118ᵃ damit belohnt, daß er den Drangsalen der messianischen
Zeit, ja dem Gehinnom und dem Kriege des Gog und Magog entnommen ist; wer aber vollends den Sabbat zu עֹנֶג seiner ·Ergötzung
macht, der bekommt zum Lohn dafür ein Erbe ohne Grenze 118ᵇ:
Gott wird ihm Freiheit vom Joch der Fremdherrschaft geben und
alle Wünsche seines Herzens erfüllen. Das kostet freilich Opfer:
er muß zu Ehren des Sabbats kostbare Gerichte auftragen u. s. w.;
aber — „wer auf den Sabbat etwas wendet, dem wird es der Sabbat
bezahlen" 119ᵃ. Die Leute im Lande Israel werden reich durch
den Zehnten, die in Babylon durch die Thora (Thorastudium und
Förderung desselben), die in alle Welt Zerstreuten durch die Sabbatfeier, a. a. O. Endlich steht eine besonders große Gegenleistung
Gottes auf dem Almosen *Schemoth rabba* c. 30: man erwirbt sich
dadurch das zukünftige Leben (עוֹלם הבא) *Baba bathra* 10ᵇ. 11ᵃ.

So erscheint die menschliche Pflichterfüllung als Gabe an Gott,
und der Lohn als Gottes Gegengabe. Wie sich die Leistung messen
und wägen läßt (S. 270 f.), so auch der Lohn. In diesem Geben und
Empfangen, Leisten und Gegenleisten vollzieht sich das Gemeinschaftsverhältnis zwischen Gott und Israel. Dabei ist das Verhältnis beider
Theile zu einander als das gleichstehender Parteien gedacht. Zwar
ist das Bewußtsein, daß Gott, der Herr, von dem Menschen die
Pflichterfüllung zu fordern habe, nicht erloschen, *Tanchuma, Elh-
channen* 3: Gott sprach zu Mose: Ich bin der Creatur nichts
schuldig; Alles was der Mensch thut ist Gebot; aus Gnaden (חִנָּם,
vgl. den Ausdruck בְּמֵּגָּה z. B. *Schemoth rabba* c. 41 im Gegensatz
zu בזיר) gebe ich es ihm, nicht daß ich irgend einer Creatur etwas
schuldig wäre, sondern aus Gnaden gebe ich es ihnen, denn es
heißt (Ex. 33, 10): Wem ich gnädig bin, dem bin ich gnädig, und
weß ich mich erbarme, deß erbarme ich mich." *Beresch. rabba*
c. 60 im Anschluß an Gen. 24, 12: Alle bedürfen der Gnade חסד,
selbst Abraham, um dessen willen (in und mit welchem) die Gnade
sich durch die Welt bewegt בחגבל, auch er bedarf der Gnade צרך
לחסד. In *Schemoth rabba* wird von einem Schatze gesprochen, aus
dem er חִנָּם aus freier Gnade gibt dem, dessen er sich erbarmt.
Aber solche Aeußerungen stehen unvermittelt neben der Lohnlehre,
und die Consequenzen werden nicht gezogen. Gott hat es vielmehr
wesentlich so geordnet, daß seine Gnadenbeweise von vorheriger Leistung des Menschen abhängen. Der ordentliche Weg zum Heil ist,
daß man sich dafür durch sein Verhalten würdig mache, der Gnaden-

weg ist der außerordentliche. Das Recht soll walten zwischen Gott und dem Menschen. Nach *Jalkut Schim., Beresch.* 109 ist es das משפט des Menschen, daß er durch die in Gan Eden aufbewahrten Schätze und Güter belohnt werde, denn er hat sie erarbeitet יגע. Diese Heilsordnung ist aber erst mit der Gesetzgebung zur Geltung gekommen. Nach einer Stelle in *Bammidbar rabba* waltete bis zur Uebernahme der Thora חֶסֶד die Gnade; denn bis dahin hatte Israel kein זכות, das durch die מצות erworben wird; von da an aber entscheidet die זכות über Gottes Verhalten gegen Israel. In *Pesachim* 118 wird die Frage, warum im großen Hallel 26 mal כי לעולם חסדו stehe, beantwortet: dies weise hin auf die 26 Geschlechter, die vor der Thora durch Gottes Gnade חסד lebten. Adam lebte nur vermöge göttlicher Gnade weiter, als er gesündigt hatte *Bammidbar rabba* c. 23 vgl. S. 251. Verdienst steht immer an erster Stelle; nur wo kein Verdienst vorhanden ist, tritt die Gnade als Nothbehelf ein, wie *Schemoth rabba* c. 30 ausspricht: wenn ihr kein זכות habt, so will ich es um mein selbst willen thun (euch erlösen) — erst also fragt Gott, ob Verdienst vorhanden sei. Ebenso *Ruth rabba* 30ª: wenn Israel selbst würdig ist (זכאין), dann handelt Gott zu seinem Heil בעבור עמי; wenn sie es selbst aber nicht werth sind, so handelt er בעביר שמי הגדול, und *Schir rabba* 24ª, wo der Prophet an den Bund Gottes oder die Verheißung erst dann erinnert, wenn Israel nicht selbst ein זכות oder Verdienst und Würdigkeit besitzt.

Der Glaube אמונה kommt nicht in dem Sinne in Betracht, daß etwa um seinetwillen Gott Heil erzeigte. Es fehlt nicht an der Werthschätzung des Glaubens als der vertrauensvollen Hingabe an Gottes Verheißung; aber er wird auch als Leistung betrachtet, welche wie die Erfüllung der Thora זכות erzeugt, so daß זכות תורה und זכות אמונה einander beigeordnet werden *Beresch. rabba* c. 74. Das eigentliche Mittel zur Erlangung des Heils ist und bleibt die Thora; die Bedingung Heil zu erlangen ist die Erfüllung der Gebote; alles Heil wird als Erwiderung der menschlichen Leistung, als Lohn des gesetzlichen Gehorsams dargereicht.

2. Der Lohn ist theils ein zeitlicher, theils ein ewiger. Die talmudisch-midrasische Theologie unterscheidet (s. S. 50) zwischen קרן dem Kapital oder der Hauptsumme des Verdienstes und פירות den Früchten oder den Zinsen des Kapitals. Jenes wird für die zukünftige Welt aufbewahrt צפן, diese genießt man schon hier. Sechs Dinge gibt es, deren Früchte der Mensch in dieser Welt genießt, während

ihm das Kapital selbst für die zukünftige Welt verbleibt, nämlich Beherbergung der Wanderer, Krankenbesuch, genaue Beobachtung des Gebets, frühzeitiger Besuch des Lehrhauses, Erziehung der Söhne für das Talmudstudium und Beurtheilung des Nächsten nach der guten Seite בל לבם *Schabbath* 127ª vgl. *Kidduschin* 39ᵇ. *Jalkut Schim., Beresch.* 82. Dasselbe sagt *jer. Peah* I, 1 von dem Almosen und den Werken der Liebe aus. Daselbst heißt es, daß Almosen und Werke der Liebe alle Mizwoth aufwiegen. Nimmt man diese Worte wörtlich, so entspricht das Kapital, das für die guten Werke erworben wird, genau dem Kapital, das für sämmtliche Gesetzeswerke gewonnen wird. *Schemoth rabba* c. 30: In dieser Welt weiß derjenige, welcher Gebote erfüllt, noch nicht, welcher Lohn ihm für dieselben gegeben werden wird; aber in jener Welt, wenn sie den Lohn derselben sehen, werden sie staunen; denn die ganze Welt kann ihn nicht fassen. Doch fehlt sonst auch der zeitliche Lohn nicht, *Erubin* 22ª: heute die Mizwa, morgen der Lohn. Dem Ausdruck קרן für den im Himmel aufbewahrten Lohn entspricht der Ausdruck צפון vom צבר. Ihr bewahret mir, heißt es *Debarim rabba* c. 7, Thora und Mizwoth in dieser Welt, und ich bewahre euch guten Lohn in jener Welt. Die Größe des Lohnes entspricht der Größe der Arbeit: wer die ganze Thora erfüllt, hat auch den ganzen Lohn *Tanchuma, Teze* 2. — Entsprechend ist auch die Strafe für die bösen Werke als ein Kapital zu denken, das für die Ewigkeit aufbewahrt ist; *jer. Peah* I, 1 braucht davon dieselben Ausdrücke; die Zinsen הפירות werden aber auf den Fall eingeschränkt, daß die Uebertretung selbst böse Frucht bringt: sonst ist bei den Uebertretungen nur von einem קרן der Strafe die Rede, vgl. *Kidduschin* 40ª, wonach es für Uebertretungen in der Regel nur die zukünftige Strafe gibt.

Damit der im Himmel aufbewahrte Lohn den Gerechten ungeschmälert für das zukünftige Leben verbleibe, erhebt Gott für die gewöhnlichen Wolthaten, die er den Gerechten erzeigt, keinen Anspruch an den himmlischen Lohn; nur wenn er ihnen außerordentliche d. i. wunderbare Wolthaten erweist, dann wird der himmlische Lohn dafür verringert (גרעו), z. B. *Schabbath* 53ᵇ dem Manne, der durch ein Wunder den ihm von seinem verstorbenen Weibe zurückgelassenen Säugling selbst zu stillen vermochte, der aber deshalb beinahe mehr bedauert als bewundert wird.

Ferner empfängt der Gerechte, um keine Einbuße im Himmel

zu erleiden, für רעת בעשבת ריעים die im Vergleich mit seinen guten
Werken in Minderzahl geschehenen bösen Werke auf Erden die
entsprechende Züchtigung, wie der Gottlose hienieden den Lohn für
sein geringes Gute empfängt, damit er dort die volle ihm bestimmte
Strafe erleide *Beresch. rabba* c. 33 vgl. *Taanith* 8. Es handelt sich
bei dem Gerechten natürlich nur um leichte Uebertretungen, die sie
begehen, wie bei den Gottlosen nur um leichte Gebote, die sie erfüllen, a. a. O. Jene Strafen oder Züchtigungen ייסורין (vgl. § 69)
ermöglichen insbesondere, daß dem Volke Israel der Lohn für seine
Mizwoth ungeschmälert aufbewahrt wird. *Debarim rabba* c. 3 heißt
es deshalb: Alles, was Israel in dieser Welt ißt, isset es vermöge
(בכח) der Züchtigungen, die es erduldet; der Lohn der Mizwoth ist
ihm aufbewahrt. Gesetzt den Fall, es würde nicht Züchtigungen für
seine Sünden erdulden, so müßte ihm vom Schatz seiner Verdienste
im Himmel so viel abgezogen werden, als zur Gutmachung der
Sünden erforderlich ist. Solchen Abzug will Gott nicht, deshalb
züchtigt er Israel lieber für seine Sünden und läßt ihm den Schatz
seines Verdienstes im Himmel ungeschmälert.

§ 66. Das Verdienst als heilsgeschichtliches Motiv.

1. Wie das Heil des Einzelnen durch sein Verdienst bedingt wird,
so auch das Heil des Ganzen. Jede Heilsthat Gottes hat zur Voraussetzung ein menschliches Verhalten, durch welches die Empfänger
derselben würdig geworden sind. Dieser Grundsatz waltet in der
Heilsgeschichte vom Anfang bis zum Ende; es tritt schon bei der
Schöpfung und in der Urgeschichte, dann wieder in der Entstehungsgeschichte des Volkes Gottes hervor und wird auch bei der Vollendung
zur Geltung kommen.

Der Grundsatz selbst wird z. B. *Bammidbar rabba* c. 14 gelegentlich der Besprechung der Frage, warum Joseph in Aegypten
erhöht wurde, so ausgesprochen: מדה כנגד מדה die eine Verhaltungs-
weise entspricht der anderen, Gottes Verhalten bemißt sich nach
dem menschlichen, und *Schemoth rabba* c. 41: (nur) drei Dinge sind
בחנם als Geschenk ohne vorheriges Verdienst gegeben worden: die
Thora, die Lichter am Himmel und der Regen; oder *Debarim rabba*
c. 2, wo Abraham zu Gott spricht: Gib mir Söhne בדין nach dem
Recht, da ich sie verdient habe; wo nicht (also erst in zweiter

Linie), gib sie mir ברחמים nach Barmherzigkeit. Vgl. auch *Jalkut Schim., Beresch.* c. 83 am Anfang.

Dieses Princip findet nun seine Anwendung erstlich in der Schöpfungs- und Urgeschichte der Menschheit (vgl. § 42). In der *Pesikta* heißt es (200ᵇ): בזית אברהם ברא הקב׳׳ה ע׳ um des Verdienstes Abrahams willen hat der Heilige seine Welt geschaffen d. h. Abraham für sich allein hatte vor Gott solche Würdigkeit, daß er im Hinblick auf ihn die Welt schuf. Adam ist ohne Verdienst aus Gnaden בחסד, aber doch im Blick auf die Buße erhalten worden, die er leisten würde, s. S. 252. Kain sollte um seines Frevels willen sterben; aber Gott sah an, daß er den Sabbat gehalten hatte, und machte ihm um dieses Verdienstes willen das Zeichen *Tanchuma, Beresch.* 10. Als die alte Welt im Wasser unterging, fragte es sich, ob ein זכות vorhanden sei oder in Aussicht stehe, um dessen willen sich Gott bewogen finden könnte, sie aus den Fluthen wieder hervorgehen zu lassen. Da sprach vor Allem Noahs Verdienst für seine Errettung und die Erhaltung der Welt. Jedoch ist über seine Gerechtigkeit Streit: gegen die Gerechten des Geschlechtes von Mose und Samuel gehalten, lehrt *Beresch. rabba* c. 30, war Noah kein Gerechter; er hatte bloß eine Unze Verdienst, und die reichte zu seiner Rettung nicht aus, so daß er aus Gnaden חן gerettet werden mußte, c. 29. Andere dagegen erheben seine Gerechtigkeit, weil er sie, so klein sie war, doch in so verderbtem Geschlechte sich erwarb, c. 30. Man sieht, daß allenthalben die Gerechtigkeit Noahs für sich allein als unzureichend gilt, obgleich sie ihm nirgends völlig abgesprochen wird. Einige erklären seine Errettung durch das rückwirkende Verdienst der Späteren אחרונים, eines Abraham, eines Mose, c. 26. 29. *Jalkut Schim., Beresch.* 47. Die Welt ist aber erhalten worden um des Wortes willen, mit welchem Israel am Sinai die Thora auf sich nahm, vgl. oben S. 260. Es tönte in Gottes Ohren, und der Wohllaut dieses Wortes bewog sein Herz, die Welt aus den Fluthen, in die sie versunken war, zu neuem Leben emporsteigen zu lassen, vgl. *Schir rabba* 9ᵇ.

Abraham empfing laut Gen. 15, 6 diese und die zukünftige Welt durch das Verdienst des Glaubens (אֱמוּנָה) בזית אֱמָנָה. Denn auch der Glaube ist זכות eine Leistung, die entsprechenden Lohn findet. Er ist ein Werk wie die Erfüllung der Thora, *Mechilta* 40ᵇ vgl. oben S. 292. Uebrigens wird der Glaube Abrahams im Unterschied von der אמנה des Fürwahrhaltens in *Beresch. rabba* c. 52 ausdrücklich הבטחה eine feste

Zuversicht, ein rückhaltloses Vertrauen auf Gott genannt. Darin mag das besonders Verdienstliche liegen. Den Segen hat Abraham nach *Bammidbar rabba* c. 14 dadurch verdient, daß er den Namen Gottes bekannt machte. Und Sara wurde nach *Beresch. rabba* c. 53 von Gott heimgesucht um ihrer Gesetzes- und Liebeswerke willen; nach *Jalkut Schim., Beresch.* 91 hatte sie diese bei Gott vorher als Pfand ihrer Würdigkeit niedergelegt (פקדה אצלו = *deposuit*) und wurde darauf hin von Gott heimgesucht.

Der Höhepunkt in der Geschichte Jakobs ist seine Errettung aus den Händen Esau's, zugleich typisch für die Errettung seiner Nachkommen aus den Händen der Weltmacht. Als er vor dem Herrn weinend um Hülfe flehte, gab ihm dieser die Gewißheit, daß er ihn (und seine Söhne) aus allen Bedrängnissen erretten werde בזכות של יעקב durch Jakobs eigenes Verdienst *Beresch. rabba* c. 75. Auch Lea und Rahel wurden der Ehre, die Frauen Jakobs und die Stammmütter Israels zu werden, nicht gewürdigt ohne Verdienst: Lea, weil sie Esau's böse Werke haßte und ihn nicht heirathen wollte; Rahel, weil sie schwieg, als Laban damit umging, nicht sie, sondern Lea dem Jakob zu geben. Dieses Schweigens „gedachte" der Herr und segnete sie *Beresch. rabba* c. 84. *Tanchuma, Waj-jēzē* 4. 6. Und warum ist Joseph in Aegypten erhöht worden? Er wurde geschmückt, weil er die für ihn geschmückte Buhlerin abwies, erhöht, weil er immer und sonderlich gegen die Potiphar züchtig war *Beresch. rabba* c. 90. *Bammidbar rabba* c. 14. Juda ist des Königtums gewürdigt worden *Mechilta* 38ᵃ nach Einigen, weil er Joseph retten wollte, nach Anderen, weil er Thamar für gerecht erklärte (so auch *Beresch. rabba* c. 99), nach Etlichen, weil er sich für Benjamin als Bürgen darbot, oder weil der Stamm Juda sich zuerst in die Wellen des rothen Meers stürzte, als das Volk aus Aegypten floh. In *Baba bathra* 123ᵃ wird erörtert, warum die Erstgeburt von Ruben auf Joseph überging: nicht wegen Rubens Frevel, sondern weil Rahel, Josephs Mutter, sich Verdienst erwarb, als sie in Lea's Brautnacht dieser die ihr von Jakob gegebenen Zeichen gab und so sich züchtig zurückhielt. Weil aber wiederum Lea das Verdienst hatte, daß sie Esau haßte und Jakob liebte, so gebar sie Juda und Levi, von denen jener das Königtum, dieser das Priestertum empfing. Letztere Auszeichnung wird *Schemoth rabba* c. 19 damit begründet, daß der Stamm Levi in Aegypten die Beschneidung festhielt, während die anderen Stämme sie vernachlässigten. Und Benjamin wurde vor

allen Stämmen gewürdigt, daß in seinem Gebiete das Heiligtum
gebaut würde, weil er allein bei Josephs Verkauf nicht Antheil nahm
Bereschith rabba c. 99.

2. Die Erlösung aus Aegypten wiegt nach *Mechilta* 56ᵇ alle
Wunder auf, die Gott je an Israel gethan hat.   Als die Zeit der
Erlösung kam, heißt es a. a. O. 6ᵃ, fand Gott an Israel nicht die
dazu nöthige Würdigkeit רבות, vgl. *Schir rabba* 11ᵃ, wonach der
Götzendienst Israel besorgt machte, ob Gott es erlösen könne.   Da
beschaffte er ihm dieselbe, indem er ihnen das Gebot der Beschneidung erneuerte, das sie vernachlässigt hatten, und das Gebot des
Passa neu gab; dadurch konnte der Mangel an רבות ersetzt werden.
Ueberdies hatten sie nach 6ᵇ vier Gebote in Aegypten gehalten:
sie trieben nicht Incest, änderten den Namen nicht, lästerten nicht
und blieben ihrer Sprache treu, vgl. *Wajjikra rabba* c. 32; dagegen
waren sie Götzendiener und wollten sich auch nach 7ᵇ vom Götzendienst nicht trennen.   Nach 10ᵇ sagt Gott: Zum Lohne dafür, daß
Israel das Gebot des Passa erfüllt hat, offenbare ich mich euch und
verschone euch.   Auch sah er, als er das Passablut gewahrte, auf
das Blut, das Isaak zu vergießen bereit war, da er gebunden wurde.
Nach *Mechilta* 30ᵇ gedachte er bei der Verschonung Israels an Abraham, wie er vor den drei Gästen im Haine Mamre stand (Gen. 18, 8),
nach *Schemoth rabba* c. 15 an die Opferung Isaaks, an Abrahams,
Sara's und Jakobs Verdienste. — Daß weiter Israel auf der Flucht
von den Aegyptern nicht überfallen wurde, geschah, weil Gott des
Wortes schon im Voraus gedachte, mit dem sie am Sinai die Thora
übernahmen *Mechilta* 39ᵇ vgl. 50ᵃ.   Doch werden in *Bammidbar
rabba* c. 3. 20 verschiedene andere Verdienste als Grund namhaft gemacht; nur Levi zog durch sein eigenes Verdienst aus (c. 3), alle
anderen Stämme bedurften der Hülfe fremden Verdienstes. *Debarim
rabba* c. 5 kennt fünf Gründe, die auch für die künftige Erlösung
gelten (c. 3).   Das größte Wunder, die קריעת ים סוף Zerreißung des
Schilfmeers, wird *Mechilta* 35ᵃ besprochen.   Da heißt es erst: „um
Jersalems willen werde ich ihnen das Meer zertheilen", sodann:
„um der Verheißung willen, die ich Abraham eurem Vater gab",
drittens: „durch das Verdienst der Mizwa, welche Abraham gethan,
als er das Opferholz spaltete (Gen. 22), will ich seinen Nachkommen das Meer spalten" (בקע); zum vierten wird auf das Verdienst
der Beschneidung hingewiesen.   Die Weisen fügten als fünften Grund
hinzu, er habe es um seines Namens willen gethan; eine sechste

Erklärung weist auf ihren Glauben, da sie ohne Vorräthe in die Wüste zogen (vgl. *Mechilta* 19ᵃ), eine siebente auf Abrahams, eine achte auf der Stämme Verdienst hin. Endlich hören wir hier, wie auch *Beresch. rabba* c. 87, daß das Meer sich vor den Gebeinen des heiligen Joseph zertheilte. Wie mannichfaltig diese Antworten auch sind, aus allen geht hervor, daß solche große That Gottes ein großes Verdienst voraussetzt. Wenn hier und *Schemoth rabba* c. 21 besonders der Glaube Israels betont wird, so ist dieser Glaube (vgl. c. 22. 23) eine verdienstliche Leistung wie eine andere, und der Gedanke, daß Gottes Thun ein menschliches zur Voraussetzung hat, wodurch es verdient und erworben wird, wird damit nicht aufgegeben. — Es folgen nun die Wolthaten Gottes in der Wüste. *Mechilta* 30ᵇ: Mit welchem Maße man misset (wie man sich verhält), so mißt man Einem wieder. Abraham begleitete die Engel, dafür begleitete Gott seine Nachkommen vierzig Jahre lang in der Wüste. Abraham brachte Brot für die Gäste; dafür ließ der Heilige seinen Nachkommen das Man vom Himmel fallen. Abraham reichte seinen Gästen Wasser, dafür ließ Gott seinen Nachkommen den Brunnen emporsteigen (Num. 21, 17). Abraham schlachtete ein Kalb; dafür schickte Gott seinen Nachkommen die Wachteln. Abraham sagte seinen Gästen: Setzet euch unter den (vor der Hitze schützenden) Baum; dafür hat der Heilige über seine Nachkommen die sieben Wolken der Herrlichkeit (als Decke) ausgebreitet u. s. w. Vgl. *Wajikra rabba* c. 34. Eine andere häufig wiederkehrende Anschauung ist, daß das Man um Mose's, der Brunnen um Mirjams, die Wolke um Ahrons willen gegeben ward *Mechilta* 60ᵃ. *Sifre* 24ᵇ. 129ᵃ. *Taanith* 8. *Wajjikra rabba* c. 27 u. ö. Hiernach dauerte die Wolke bis zu Ahrons, der Brunnen bis zu Mirjams Tod; um des Verdienstes Mose's willen kehrte aber Beides zurück; als jedoch Mose starb, hörte das Man, die Wolke und der Brunnen auf. — Vom Sinai sagt *Schemoth rabba* c. 28, das Gesetz sei Israel בּמתנה geschenkweise gegeben worden, gibt aber doch später ein Verdienst für die Gesetzesübergabe an, nämlich das Wort der Uebernahme der Thora. Daß Mose zu Gott hinauf und von ihm wieder heil herabsteigen dürfte, geschah nach derselben Stelle בזכות אבות (vgl. dagegen c. 3); daß er zum Mittler des Gesetzes erwählt wurde, hatte ihm seine Mutter Jochebed erworben, die (als Hebamme (Ex. 1) Gott mehr fürchtete, als den Pharao *Schemoth rabba* c. 1. In diesem Capitel finden wir auch, daß Gott zum Lohne dafür, daß Mose seine

Herrlichkeit verlassen hatte, um nach seinen Brüdern zu sehen und sich ihrer anzunehmen, auch seinerseits den Himmel verlassen habe, um mit ihm zu reden. Auch daß Ahron ins Heiligtum eingehen durfte, wird c. 39 durch seine Verdienste רתבזי begründet.

Daß die Israeliten durch den Jordan hindurchziehen konnten, dazu half ihnen (עבדה trat auf, sprach für sie) nach *Pesikta* 55ᵇ der Gehorsam, mit dem sie das Passalamm am 10. Nisan aussonderten. Josua durfte sie in das gelobte Land führen um seines Thorastudiums willen *Bammidbar rabba* c. 12; auch nach c. 25 wurde die Führerschaft גדולה ihm und nicht Mose's Söhnen übertragen zum Lohne dafür, daß er im Lehrhause Mose's so eifrig diente, d. i. dem Studium oblag. — Das Eindringen Israels in Kanaan hat nach *Mechilta* 16ᵇ die Schrift an die Aboda gehängt הלה d. i. zum Lohn für den Gottesdienst hat Israel das Land Kanaan bekommen, nach *Pesikta* 70ᵇ aber בזרית עשי zum Lohne für die Gerstenerstlingsgarben (Lev. 23). Schon dem Abraham war das Land verheißen unter der Bedingung, daß das Volk den 'Omer geben würde. Der 'Omer stand Israel zu allen Zeiten bei, besonders zur Zeit des Gideon, des Hiskia, des Ezechiel, des Haman, a. a. O. 71ᵃ. Nach *Schemoth rabba* c. 6 aber besitzt Israel das Land um des Verdienstes der Väter willen.

3. Und wie also die erste Erlösung Israels Zug für Zug durch vorausgehende oder sicher vorauszusehende Verdienste begründet war, so wird es auch die letzte sein. Nach *Mechilta* 19ᵃ hängt die Erlösung ab von der Buße, die das Volk zuerst thun muß. Wie Israel in Aegypten erst die Beschneidung wieder ausführen und sich reinigen mußte, so wird es auch am Ende sein. Dazu muß die vollkommene Gesetzeserfüllung kommen, damit sich Israel der künftigen Erlösung würdig mache. *Schabbath* 118ᵇ lehrt daß Israel erlöst werden würde, wenn es nur zwei Sabbate hielte, wie es sich gebührte; nach *Debarim rabba* c. 2 wird sich Gott durch fünf Gründe zur Erlösung bringen lassen: Israels Noth, seine Buße, das Verdienst der Väter, seine eigne Barmherzigkeit und das Ende (קץ). Selbst die großen Schlußthaten Gottes, wie die Auferweckung der Todten, haben verdienstliche Handlungen zur Voraussetzung. Durch das Verdienst Isaaks, sagt *Pesikta* 200ᵇ, welcher sich selbst auf dem Altar geopfert hat, wird der Heilige die Todten auferwecken. Gott wird auch nicht eher wieder Wohnung nehmen unter seinem Volk in Zion, als bis er an diesem Verdienst gefunden hat, *Schemoth rabba* c. 30: Wenn

er sieht, daß Israel seine Gebote erfüllt, so läßt er sich gereuen
was er an Zion gethan hat und sucht an ihr wieder Verdienst: er
fragt, was sie würdig machen könne, daß er in ihr wohne, und
kehrt um der Mizwoth willen zu ihr zurück ... Wenn sie wieder
das Recht üben, so stellt er das Volk wieder her und gibt ihnen
ihre בתי דיני Gerichtshöfe wieder; denn Zion wird durch Recht
(um seiner Rechtsübung willen, zu der es zurückkehrt) erlöst.
So ist alle Heilsthat Gottes bedingt durch Würdigkeit, sei es,
daß die der Väter eintritt, oder die eigene genügt. Ohne Verdienst
gibt es kein Heil.

Cap. XX. Die Versöhnung.

§ 67. Der Begriff der Sühne.

Das Bewußtsein, daß für die Uebertretung die göttliche Vergebung
חנם d. h. ohne gutmachende Leistung (S. 291) gewährt werden könne,
fehlt nicht ganz in der Theologie der Synagoge. Aber wo es sich
ausspricht, wie Sifre 70[b], ist es auf solche eingeschränkt, welche die
begangenen Sünden nicht durch eigne Thaten wieder gut machen
können. Es wird also auch hier der Gedanke an eine vergebende
Gnade sofort durch den anderen aufgehoben, daß Sünden durch entsprechende Leistungen zu sühnen seien. Diesen Grundsatz finden wir
ebenso Berachoth 17[a], wonach die Tilgung der Sünden entweder
durch Gottes Barmherzigkeit oder durch Leiden geschieht, als Kidduschin 81[b], wonach jede Uebertretung כפרה und סליחה erfordert; die
Büßung ist wesentlich Bezahlung, Acquivalent Pesikta 19[b]. 20[b]. Gott
läßt sich die Schuld der Sünde bezahlen פרע, fordert sein Guthaben
ein גבה, und zwar von Gerechten und Ungerechten, von jenen noch
in dieser, von diesen erst in jener Welt Pesikta 161[b]. Vergebung
ohne Bezahlung gibt es nicht.

Der talmudisch-midrasische Begriff der Sühnung ist daher nicht
der biblische. Die biblische כפרה ist die Bedeckung der Sünde,
durch welche sie dem Angesichte Gottes entzogen und bis dahin
unter die göttliche Geduld gestellt wird, wo Gott selbst eine Sühne
schafft, die der sühnebedürftige Sünder sich im Glauben zueignet.
Dagegen soll die Sühnung nach talmudisch-midrasischem Begriffe die
Sünde ungeschehen machen und den Menschen in den Stand wieder
zurückversetzen, welchen er vor der zu sühnenden Uebertretung hatte.

Daher heißt die Sühne תקפא oder תקנה, von תקן *restituere*, *reparare*, Wiederherstellung des früheren Standes, und es wird *Bammidbar rabba* c. 9 ausgeführt, daß es für die Sünde des Stierdienstes am Sinai keine תקנה gegeben habe, weil sie nicht ungeschehen gemacht, der Stand Israels vor diesem Fall also nicht wiederhergestellt werden konnte. Ebenso heißt die Sühnung תקפא im Sinne der Gutmachung *Baba bathra* 4ᵃ, des Ungeschehenmachens *Sanhedrin* 6ᵇ, der Aufhebung der Sünde *Arachin* 15ᵇ. Synonym ist der Ausdruck רפואה Heilung, welche *Jalkut Schim., Beresch.* 157 so erklärt, daß sich der Mensch vermöge derselben vor Gott wieder זכאי im Stande der Würdigkeit befinde, indem ihm die Sünde vergeben sei. Die Sünde wird als zu heilender Schade hinsichtlich des menschlichen Verhältnisses zu Gott gedacht. Wird aber die Sühnung insofern betrachtet, als sie durch Aufhebung der Sünde Gottes Verhalten gegen den Menschen ändert, so wird sie פיּיס und פּשׁרה genannt. Jenes, von פיּיס (Levy II, 262 f.), heißt Besänftigung, Begütigung, und wird gebraucht wenn ein Zürnender durch Zureden oder sonstwie beruhigt wird. Gott läßt nun (*jer. Taanith* II, 1) die Engel des Zorns nicht mehr bei sich wohnen, damit er sie nicht alsbald entsenden, sondern dem Sünder Zeit lassen könne, Gottes Zorn durch Buße zu besänftigen, bis sie herbeigeholt werden; er gleicht einem zürnenden Könige den man besänftigt מפיּיסין, und der sich die Besänftigung פיּיס gefallen läßt. פּשׁרה d. i. ein Vergleich zwischen streitenden Parteien vor Gericht findet sich beispielsweise *Tanchuma, Bammidbar* 14: Wenn ich, sagt der Heilige, über meine Söhne zürne בבּני, so werden sie (Ahron und seine Söhne, durch Opfer) eine פּשׁרה zwischen mir und meinen Söhnen stiften.

Unter den Mitteln der Sühne ist zu unterscheiden zwischen solchen, welche negativ die Sünde tilgen, theils subjectiv durch Buße, Bekenntnis und Selbstkasteiung, theils objectiv durch Strafleiden, göttliche Züchtigungen und Tod, und solchen, welche den Sünder positiv vor Gott rehabilitiren und wieder zum Gerechten machen, indem an die Stelle der bösen gute Werke treten. *Mechilta* 76ᵃ vgl. *Joma* 86: „Du hast gehört von vier Stücken der Sühne, denn Rabbi Ismael trug vor und sprach: Eine Schriftstelle (Jer. 3, 22) sagt: kehret zurück, ihr bußfertigen Kinder; aus dieser Stelle lernst du, daß die Buße sühnt. Eine andere Schriftstelle (Lev. 16, 30) sagt: an diesem Tage wird er euch versöhnen; hieraus lernen wir, daß der Versöhnungstag versöhnt. Eine dritte Stelle (Jes. 22, 14) lautet:

diese Sünde soll euch nicht vergeben werden, bis ihr sterbt; hier erfährst du, daß der Tod versühnt. Ferner sagt die Schrift (Ps. 89,33): ich will heimsuchen mit dem Stab ihre Sünde und mit Plagen ihr Vergehen; da hören wir, daß Züchtigungsleiden sühnt. Wie werden diese vier Schriftstellen mit einander bestehen? Wer ein Gebot übertritt und Buße thut und weicht nicht von der Stelle, bis man ihm vergibt, auf den bezieht sich das erste Wort. Wer ein Verbot übertritt und Buße thut, dessen Buße hat keine sühnende Kraft, sondern die Strafe bleibt vorbehalten, und erst der Versöhnungstag sühnt; auf diesen bezieht sich das zweite Wort. Wer freventlich solche Sünden begeht, auf welche die Ausrottung und die Todesstrafe durchs Gericht gesetzt ist, den versühnt die Buße nicht, daß ihm die Strafe bis zum Versöhnungstage aufgeschoben würde; sondern die Buße und der Versöhnungstag sühnen seine Sünde zur Hälfte, und die Leiden tilgen und sühnen zur andern Hälfte; auf ihn bezieht sich das dritte Wort. Wer endlich den Namen Gottes entweiht und Buße thut, dessen Buße hat für sich allein keine Kraft, die Strafe aufzuschieben, und der Versöhnungstag versühnt ihn auch noch nicht; selbst die Leiden allein tilgen die Sünde noch nicht, sondern nur die Buße und der Versöhnungstag zusammen schieben die Strafe auf, und der Todestag und die Leiden tilgen erst vollends die Sünde; auf einen solchen bezieht sich das vierte Wort." Als Compensation der bösen Werke, durch welche die Reinheit זכות auch positiv wieder hergestellt wird, wurde schon das Opfer angesehen. Da wo ganz summarisch bezeichnet wird was dem Menschen Vergebung schafft, werden jedoch תשובה und מעשים ט׳ genannt Schabbath 31[b]; das sind die großen פרקליטין (παράκλητοι); vgl. auch Joma 85. Taanith 15. Schemoth rabba c. 23. Pesikta 191[a] nennt Bußgebet und Almosen, aber auch die מצות werden als Sühnmittel oft genannt, z. B. Schabbath 63[a].

Der Erfolg der Sühnung ist ein doppelter: sie hebt den גזר דין Schemoth rabba c. 45 u. ö. auf und bewahrt vor dem Gehinnom. גזר ד׳ ist das richterliche Urtheil Gottes, kraft dessen der Mensch den Lohn der Sünde im Tode erhält. Der Vollzug des Urtheils kann zunächst aufgeschoben werden (תלה suspendere), sonderlich wenn der Mensch in den zehn Tagen zwischen Neujahr und Versöhnungstag Buße thut (oben S. 285); und diese Aufschiebung wird am Versöhnungstag zur Vergebung (פָּקַח los, reinsprechen von Schuld und Strafe, z. B. Joma 86; מהר abwaschen, wie durch das Wasser den Schmutz Joma 85). Die Sünden sind dann getilgt (מרק abstergere) oder gelöscht aus dem Schuldbuch (פינקם *Beresch. rabba* c. 81. 84). Dies ist der Zweck der Sühnung; ist derselbe am Versöhnungstag noch nicht erreicht, so müssen Leiden und endlich der Tod helfend hinzutreten. Der Erfolg der Sühnung beschränkt sich jedoch nicht auf die Verlängerung des irdischen Lebens, sondern erstreckt sich auch auf die Befreiung vom Gehinnom und den Antheil an עילם הבא dem ewigen Leben und den ungetrübten Genuß des dem Gerechten aufbehaltenen Lohns, sofern sie die Schuld als das Hinderniss für die Geltendmachung des זכות wegräumt. Deshalb bildet die Sühnung neben der Thora (oben S. 252 f.) den Weg zum Leben.

§ 68. Die Buße und der Versöhnungstag.

1. Da die Buße vor der Welt geschaffen ist (S. 191), bildet sie offenbar einen wesentlichen Bestandtheil des göttlichen Heilsrathschlusses. Sie ist die Thür *Schir rabba* 19ᶜ, welche der Mensch aufthut, damit Gott ihm das Heil schenken könne, und die Pforte, welche Gott dem Menschen zum Heile geöffnet hat (S. 252). Beide Aussagen einigen sich darin, daß Gott die Buße als den Heilsweg geordnet hat, der Mensch aber ihn gehen und es damit ermöglichen muß, daß Er ihn rette. Auch die Vollendung des Heils wird nur dann erfolgen können, wenn die Menschen durch die Buße sich vorbereitet haben *Pesikta* 163ᵇ. *Schir rabba* 19ᶜ. Daher wendet Gott nöthigenfalls scharfe Mittel an, um den Menschen zur Buße zu bewegen, *Tanchuma, Sinai* 3: er straft ihn zu diesem Zwecke an seinem Vermögen oder an seinem Leibe und rafft ihn erst dann hinweg, wenn alle diese Mittel keine Buße bewirken. Als Beispiel wird Elimelech *Ruth* c. 1 angeführt. In *Pesikta* 117ᵃ wird die Armuth Israels gepriesen, weil sie zur Buße leitet. Gott thut auch alles Mögliche, sie dem Menschen zu erleichtern und erlaubt deshalb selbst in Fällen öffentlicher Versündigung geheime Buße *Pesikta* 163ᵇ.

Buße תשובה ist dem Wortlaute nach die Rückkehr des Sünders von der Gesetzeswidrigkeit zur Gesetzeserfüllung. Sie wird wesentlich als Thun aufgefaßt. Wo sie näher beschrieben wird, findet sich als erster Wesensbestandtheil וידוי Bekenntnis der Sünden. So that nach *Tanchuma, Balak* 10 Bileam Buße um dem Schwert des Engels des Herrn zu entgehen, indem er sagte: חמאתי, ich habe gesündigt. „Denn wenn Jemand gesündigt hat und sagt: Ich habe gesündigt, so hat der Engel keine Macht auf ihn einzudringen."

Doch hat solches Bekenntnis eigentlich zur Folge, daß in Fällen,
wo es sich um unrechtmäßigen Erwerb handelt, das geraubte Gut
wiedererstattet wird, *Tanchuma, Noach* 4: zu einem Manne, der
Buße thun wollte (עשׂית הַשׁוּבה), sprach sein Weib: *Reka* (Matth.
5, 22) d. i. du Thor, wenn du Buße thun willst, so ist ja nicht der
Gurt mehr dein, mit dem du dich gürtest, d. h. du mußt ja Alles
herausgeben. Doch wurde bestimmt, daß man Solchen, welche geraubt hatten und Buße thun wollten, das Geraubte lassen könne,
um ihnen die Buße zu erleichtern. Das Bekenntnis gewährt nach
Jalkut Schim., Beresch. 159 ein Verdienst und ist förderlich für dieses
und das ewige Leben; es ist nach *Sanhedrin* 103ᵃ sühnend und gibt
auch dem todeswürdigen Verbrecher, z. B. Manasse und Achan, Antheil
am ewigen Leben. Zur Voraussetzung hat es einen inneren Vorgang:
Scham und Reue über die Sünde. Die Scham nennt *Berachoth* 12ᵇ
als Vorbedingung der Vergebung, die Reue *Chagiga* 5. Darauf wird
sich *Pesikta* 163ᵇ beziehen: die Buße braucht nicht lange zu
dauern; es genügt wenn sie einen Augenblick währt בהרף עין. Auch
diese innere Bewegung der Seele ist eine Leistung, die um so verdienstlicher ist, je länger sie dauert und je stärker sie ist. R. Elasar
ben Durdaja that Buße, denn er hatte Hurerei getrieben. Er rief
Berge und Hügel, Himmel und Erde, Sonne und Mond, Planeten
und Sterne vergeblich an, daß sie bei Gott für ihn um Erbarmung
flehen sollten. Da sagte er: Ich muß selbst für mich beten, legte
sein Haupt zwischen seine Kniee und weinte Thränen der Reue, bis
seine Seele ihn verließ. Da wurde eine Stimme gehört, die sprach:
R. Elasar ben Durdaja hat das ewige Leben erworben. Als Rabbi
(Juda der Heilige) diesen Vorfall hörte, weinte er und sagte:
Mancher erwirbt das ewige Leben in wenigen Augenblicken, während
Andere das ganze Leben hindurch dafür arbeiten müssen. Ferner
sagte Rabbi: Und nicht nur wurde dieser Bußfertige angenommen,
sondern er wird selbst noch Rabbi von der himmlischen Stimme
genannt *Aboda sara* 17ᵃ. Die Betrübnis des Herzens und das Bekenntnis des Mundes nennt zusammen als zur Buße gehörig *jer.*
Taanith III, 6: als Israel in Mizpa Buße that (1 Sam. 7), gossen sie
Wasser, zum Zeichen, daß sie ihr Herz ausschütteten, trauerten und
verzagten ob ihrer Sünde; aber wie konnte Gott sie richten, da sie
sprachen: wir haben gesündigt?

Die Buße als Selbstverurtheilung des Sünders findet einen that-
sächlichen Ausdruck in dem, was der Sünder sich selbst anthut,

um seine Sünde an sich zu strafen. Nach *Pesikta* 160ᵃ gehört zu ihr das Fasten, welchem gleichfalls die Aufhebung des göttlichen Strafbeschlusses als Wirkung beigelegt wird *Beresch. rabba* c. 14, und welches c. 33 als verdienstlich רצו und als Bedingung für den göttlichen Strafnachlaß bezeichnet wird, an beiden Stellen in Verbindung mit den Almosen (S. 273). Wenn Gottes Zorn auf der Gemeinde lastet und sie mit Dürre heimsucht, so besänftigt es neben dem Gebet den göttlichen Zorn *Taanith* 8ᵇ. Durch Fasten bewahrt man sich nach *Baba mezia* 85ᵃ vor dem Feuer des Gehinnom und macht sich positiv der Erhörung des Gebets würdig; gewisse Bitten werden ohne Fasten gar nicht erfüllt. Seine sühnende Kraft wird in sehr äußerlicher Weise *Berachoth* 17ᵃ aus der Analogie mit dem Opfer erklärt, welches Fett auf den Altar und Blut an denselben bringe; denn auch das Fasten verringere des Menschen Fett und Blut: er opfere es fastend auf für seine Sünde. Mit dem Fasten ist die Selbstkasteiung verbunden, von welcher *Baba mezia* 84ᵃᵇ Beispiele erzählt, namentlich von R. Elasar, der in den Nächten sich bis aufs Blut peinigte, während er den Tag über im Lehrhause dem Studium des Gesetzes oblag. Hierzu gehört die Enthaltung von allen irdischen Freuden, namentlich von der ehelichen Gemeinschaft, vgl. S. 238.

Fragen wir nun nach der Wirkung der Buße, so ist sie allein schon hinreichend, Gott zu versöhnen und seine Vergebung zu erlangen, wenn es sich bloß um Nichterfüllung eines Gebotes handelt; in einem solchen Falle soll der Bußfertige nicht von der Stelle weichen, bis man ihm vergeben hat. Hat aber Jemand ein Verbot übertreten, so schiebt sie nur die Strafe bis zum Versöhnungstage auf, vgl. S. 302. Wenn daher *Mechilta* 45ᵇ. *Sifre* 12ᵇ. *Rosch haschschana* 17 der Buße die Kraft zugeschrieben wird, den göttlichen Strafbeschluß aufzuheben, so bezieht sich das nur auf Unterlassungssünden. Uebrigens wird *Joma* 86 angenommen, daß wegen einer geheimen Sünde Bittworte genügen, um Vergebung zu erlangen. Während die Uebertretungen überall das Leben des Menschen bedrohen, ist die Buße der Fürsprecher (Paraklet) für den Menschen bei Gott *Schabbath* 31ᵇ. Am Ueberschwänglichsten wird die Wirkung der Buße geschildert *Joma* 86: „Groß ist die Buße. Sie bringt der Welt Heilung, sie reicht nach Hos. 14, 2 bis zum Throne Gottes und vermag das Verbot Jer. 3, 1 aufzuheben; denn Gott nimmt das verstoßene, aber bußfertige Israel wieder an. Sie bringt Er-

lösung und bewirkt, daß Gott freventliche Sünden als unbewußt geschehen, ja als זכיות rechte Werke und Verdienste ansieht. Sie
verlängert die Tage und Jahre des Menschen." Nur dem hilft sie
nicht, der etwa im Blicke auf sie oder den Versöhnungstag vorsätz-
lich sündigt a. a. O. 85. Jene Wirkungen, welche der Buße beigelegt werden, kommen ihr jedoch in der Regel nur zu, insofern sie
der Anfang zu jeder weiteren Sühne ist.

2. Der Versöhnungstag wirkt Vergebung für alle gewöhnlichen
Unterlassungs- und Begehungssünden und hebt den göttlichen Strafbeschluß für das mit Neujahr begonnene Lebensjahr auf. Nach
Schabbath 152ᵃ soll der Mensch alle Tage Buße thun; denn für
gewisse Sünden reicht ja die einfache Buße hin. Dennoch bleiben
andere Sünden ungetilgt, und das Schuldbuch des Menschen wird
trotz der täglichen Buße mit neuen Uebertretungen belastet. Wenn
sie am Neujahrstag als dem allgemeinen Gerichtstage nicht sämmtlich getilgt sind, wird das Todesurtheil über den Sünder gefällt,
vgl. oben S. 278, aber bis auf den Versöhnungstag suspendirt S. 302.
Nach *Pesikta* 156ᵇ werden am Laubhüttenfeste (חג) und am Passa
דיני במזונית im himmlischen Gerichtshofe entschieden, d. h. die Urtheile
über den Besitz des Menschen, dagegen am Neujahr דיני נפשות die
Urtheile gesprochen, in denen es sich um das Leben des Menschen
handelt. Aber das Schopharblasen am Neujahr bewegt Gott nach
Wajjikra rabba c. 29, vom Stuhl der Gerechtigkeit aufzustehen und
sich auf den Stuhl der Barmherzigkeit zu setzen. Erst am Versöhnungstag wird das Urtheil besiegelt *Pesikta* 189ᵃ. Man trachte es
durch Buße wieder aufzuheben, ehe es besiegelt ist נחתם *Sifre* 12ᵇ,
denn danach gibt es kein Erbarmen mehr *Tanchuma, Zaw* 5. In
diesen zehn Tagen, welche dem Neujahrstage folgen, sagt *Pesikta* 156ᵇ,
ruht die göttliche Schechina in Israel; da ist Buße zu thun, und sie wird
von Gott angenommen. Wer in dieser Zeit Buße thut, dem wird
vergeben; wer aber in dieser Zeit nicht Buße thut, dem wird nicht
vergeben, wenn er auch alle Böcke Nebajoths (Jes. 60, 7) die in
der Welt sind als Opfer darbrächte *Rosch haschschana* 17ᵇ. Unter
Voraussetzung der Buße versöhnt der Versöhnungstag nach *Schebuoth* 13ᵃ alle leichten und schweren Sünden, sowol die gegen das
עשה Thue, als die gegen תעשה לא Du sollst nicht thun, und sogar die, auf welche Ausrottung durch Gott selbst oder Todesstrafe
durch das Gericht gesetzt ist, mit der S. 302 angeführten Einschränkung. Der Zeitraum für welchen der Versöhnungstag Sühne ge-

währt ist das ganze abgelaufene Jahr *Beresch. rabba* c. 11 vgl.
Schir rabba 26ᵃ.
Die Weise der Vergebung wird näher angegeben *Tanchuma*,
Emor 22. „Die Kinder Israel häufen das ganze Jahr hindurch Sünden. Was thut der Heilige? Er sagt ihnen: Thuet Buße von Neujahr an. Und sie treten ein und kommen in die Synagoge und
demüthigen sich מתענים und thun Buße, und der Heilige vergibt
ihnen. Und was thun sie am Vorabend des Neujahrs? Die Großen
des Volkes demüthigen sich, und der Heilige vergibt ihnen ein
(anderes) Drittel von ihren Sünden. Und von Neujahr au bis zum
Versöhnungstag demüthigen sich die Einzelnen und der Heilige vergibt
ihnen ein (drittes) Drittel von ihren Sünden. Ja am Versöhnungstag
demüthigt sich ganz Israel, und es suchen Barmherzigkeit die Männer und Weiber und die kleinen Kinder, und der Heilige vergibt
ihnen Alles. Was thut Israel? Sie nehmen Lulab's am ersten Laub-
hüttenfeiertag und sagen Lob und Preis vor dem Heiligen, und er
versöhnt sich ihnen und vergibt ihnen und sagt zu ihnen: Siehe ich
habe euch die ersten Sünden alle vergeben. Aber von nun an
wird aufs Neue gezählt werden היא ראש הוצבין“. Eine neue Seite
im Schuldbuch wird in Gebrauch genommen, vgl. *Kohel. rabba* 78ᶜ.
Hier haben wir zugleich das Mittel, durch welches am Versöhnungstag Vergebung erlangt wird: die Buße, welche auch Selbstdemü-
thigung genannt wird. *Schemoth rabba* c. 52 betont, daß sie, wenn
sie Versöhnung wirken soll, aufrichtig sein müsse. Die ganze Gemeinde ist es, die bekennt, und die Beichte umfaßt die ganze Schuld
Israels, und das Fasten ist ein strenges und allgemeines. Die Bekenntnisse (וידוי von ידה oder ידה *hiph.* הירה bekennen) erstrecken
sich, wie *Joma* 86 lehrt, auf die seit dem letzten Versöhnungstag
begangenen Sünden; die früher bekannten soll man nur dann wieder
bekennen, wenn man sie seit dem letzten Versöhnungstag wieder
begangen hat. Fraglich ist, ob man alle Sünden einzeln benennen
soll oder nicht. Die Einen bejahen, die Anderen verneinen es.
Diese Einzel-Beichte geschieht nach *Wajjikra rabba* c. 3 am Vorabend
des Versöhnungstages. Dieselbe Stelle gibt folgende Beichtformel.
„Ich bekenne alles Böse, was ich gethan habe vor dir auf dem
Wege und wenn ich bin böse gewesen stehend; Alles was ich gethan
habe, dergleichen will ich ferner nicht mehr thun. Es sei dein
Wolgefallen o Herr mein Gott, daß du mir alle meine Sünden ver-
gebest und alle meine Missethaten verzeihest und mir bedeckest alle

meine Sünden." Diese allgemein gehaltene Beichte hat sich sicher-
lich durch Aufzählung einzelner das Gewissen belastender Sünden
erweitert. Der Beichte folgt das Fasten als Vollzug des Selbstge-
richts über die Sünde (תענית, Synon. von צום, bedeutet Demüthigung,
Kasteiung). „Der Zweck (שׁיקר die Wurzel) des Fastens ist Vergebung
und Barmherzigkeit" *Tanchuma, Beresch.* 3. Das Fasten des Versöhnungstags ist naturgemäß nach Dauer und Schärfe das schwerste
im Jahre.

Das Opfer (vgl. § 10) ist mit dem Heiligtum hinfällig geworden,
wird aber nach *Wajjikra rabba* c. 7 durch die Buße ersetzt: „Woher
weiß ich daß dem, welcher Buße thut, solche Buße zugerechnet
wird, als wenn er nach Jerusalem hinaufgezogen wäre, das Heiligtum und den Altar gebaut und alle Opfer der Thora darauf dargebracht hätte? Durch Schluß. Denn die Schrift sagt (Ps. 51): die
Opfer Gottes sind ein zerbrochener Geist."

§ 69. Leiden und Tod als Mittel der Sühne.

1. Buße und Versöhnungstag allein sühnen nicht völlig; es müssen noch Leiden hinzutreten. Erst zu בעלי ייסורין den Duldern
bekennt sich Gott als ihren Gott *Beresch. rabba* c. 94. Es ist
aber hier von Strafleiden zur Sühne die Rede, von denen jene
Züchtigungsleiden unterschieden werden müssen, die nur insofern zur
Sühne führen, als sie den Menschen zur Buße antreiben *Sanhedrin* 101ª.
Von diesen Leiden dürfte der Satz gelten *Arachin* 16ᵇ. 17ª: Jeder der
40 Tage lang ohne Leiden geblieben ist, hat seine (zukünftige) Welt
d. i. die Seligkeit verloren. Zu allen Heilsgütern, **zur Thora, zum**
Besitz des Landes Kanaan, auch zum ewigen Leben, gelangt Israel
nach *Mechilta* 79ᵇ nur vermittelst der Züchtigungsleiden. „Welches
ist der Weg, der den Menschen zum ewigen Leben führt? Sage:
es sind die Züchtigungen (vgl. *Wajjikra rabba* c. 28). R. Nehemja
sagt: Werth geachtet sind die Züchtigungen; denn gleichwie die
Opfer sühnen מרצין, so sühnen die Leiden. Was sagt die Schrift
von den Opfern? Und es soll ihm gesühnt sein (ונרצה), ihm zu vergeben (Lev. 1, 4). Was aber sagt sie von den Leiden? Und alsdann
werden sie ihre Sünde sühnen (Lev. 26, 41). Und nicht bloß das, sondern
die Züchtigungen sühnen weit mehr als die Opfer, denn diese sühnen
mittelst (der Dargabe) der Habe, die Leiden aber mittelst (Dargabe)
des Leibes. Darum der Rechtssatz (Hiob 2, 4): Haut für Haut."

Ganz ebenso *Sifre* 73ᵇ. *Tanchuma, Jithro* 16: Der Mensch freue sich über die Züchtigungen mehr als über das Gute, denn wenn er sich alle Tage seines Lebens im Glücke befände, so würde ihm die Sünde, die er hat, nicht vergeben. Und wodurch erlangt er die Vergebung? Durch die Züchtigungen wird ihm vergeben ל׳ נמחל. Daß diese zur Sühne bestimmten Leiden Strafleiden sind, dürfte aus *Horajoth* 10ᵇ hervorgehen, wo es heißt: Wol den Gerechten, denen in dieser Welt etwas von der Art begegnet, wie es den Gottlosen jener Welt geschieht — also Strafe, nicht Züchtigung. Denn nach *Pesikta* 73ᵃ, vgl. 161ᵇ. 151ᵇ. 157ᵃ. *Beresch. rabba* c. 33 und oben S. 293 f. nimmt es ja der Heilige mit den Gerechten genau, um sie zukünftig nur belohnen zu können. Hiermit stimmt, daß (*Pesikta* 171ᵇ) Gott von den Gerechten erhebt (גבה == נפרע sich bezahlen lassen) was sie ihm für die bösen Werke schuldig sind, und daß (*Beresch. rabba* c. 65) Isaak sich Leiden erbat, um מדת הדין das Gericht der zukünftigen Welt von sich abzuwenden.

2. Im Einzelnen gibt es zunächst Leiden, die den Einzelnen als solchen treffen. Dazu gehören Krankheiten. Zu dem in *Mechilta* 79ᵇ, *Sifre* 73ᵇ, *Tanchuma, Jithro* 16 gleichmäßig überlieferten Ausspruch über die Strafleiden und ihre sühnende Kraft wird als Beleg *Mechilta* 80ᵇ folgende Erzählung beigefügt: Schon lange war R. Elieser krank; da gingen zu ihm vier Aelteste, ihn zu besuchen, R. Tarphon, R. Josua, R. Elieser ben Asarja und R. Akiba. R. Tarphon hob an: Du bist Israel werther als die Sonne; siehe du hast gelehrt, daß die Züchtigungen werth geachtet sind. Weiter wird gelehrt, daß die Größe der Krankheit von der Art der Sünde abhängt. Auf schwere Sünden folgt Aussatz *Arachin* 16ᵃ. Von den „ersten Frommen" erzählt *Beresch. rabba* c. 72, daß sie alle an חולי מעים Krankheiten des Unterleibes starben, um damit ihre Sünden abzubüßen, und von Jakob berichtet c. 65, daß er nicht von der Erde scheiden konnte ohne Krankheit, daß er aber sich eine solche erbat, die ihm Zeit ließe mit seinen Söhnen zu berathen. — Ein zweites Strafleiden zur Abbüßung der Sünde ist Armuth. Nach *Pesikta* 165ᵃ begnügt sich Gott oft für Sünden, die des Todes werth sind, mit einem Schaden, den er den Menschen am Besitze oder am Leibe erleiden läßt; ein Theil des Lebens (מקצת הנפש) wird dann dem Ganzen gleichgeachtet. In *Schemoth rabba* c. 31 wird geurtheilt: härter ist die Armuth als alle Züchtigungen. Dagegen lautet ein Sprüchwort *Wajjikra r.* c. 35: Israel bedarf חרובא des Johannisbrotes des Armen, alsdann thun sie

Buße, und ein anderes: Israel steht die Armuth so wol an wie der rothe
Zügel dem Nacken des weißen Pferdes *Pesikta* 117ᵃ. Eine andere
schwere Heimsuchung ist Kinderlosigkeit oder der Verlust von Kindern,
namentlich erwachsenen Söhnen; der Kinderlose wird nach *Moëd*
katon 16 bei seinem Tode besonders beklagt. — In zusammenfas-
sender Weise aber benennt Jakob Alles was er erlitten mit dem
Worte רגז *Beresch. rabba* c. 84. Wenn nämlich der Gerechte Wol-
sein שלוה in dieser und auch in jener Welt genießen will, so erhebt
sich der Verkläger wider ihn; daher mußte Jakob dem Satan beweisen, daß er in dieser Welt durch Esau, Laban, Dina und zuletzt
durch Joseph viel Verdruß hatte, um sich dem Satan gegenüber
seinen Anspruch auf die zukünftige Welt zu sichern.

Es gibt aber auch Heimsuchungen für das Ganze des Volkes,
an denen der Einzelne zu tragen hat, und die ihm als Sühne seiner
Sünden zugute kommen. Solche sind die Zerstörung Jerusalems und
die Verbannung aus dem heiligen Lande vgl. S. 59 ff. 76 f. *Beresch.*
rabba c. 42 (vgl. S. 62) geht sogar so weit, zu sagen, die Zerstörung
Jerusalems gereiche Israel zur Freude, insofern es an dem Tage, da
das Heiligtum zerstört ward, eine Quittung über seine Sünden
על שוגגותיהם, und zwar eine große „Hauptquittung" erhalten habe
(נוטלי). Gott hat sich gleichsam durch diese Strafe für Israels Sünden
bezahlt gemacht, vgl. *Wajjikra rabba* c. 11. In einer anderen Fassung dieser Ueberlieferung *Echa rabba* 59ᵇ wird diese Quittung שְׁלֵימָה
eine vollständige genannt; vgl. noch *Tanchuma, Schemoth* 14. Das
Heiligtum מִשְׁכָּן, lehrt *Tanchuma, Mischpatim* 11, hatte Gott in Israel
errichtet, um מַשְׁכּין ein Pfand für Israels Sünden zu haben, und
durch seine Zerstörung machte er sich bezahlt für Israels Sünden.
Nicht bloß den vor der Zerstörung Jerusalems begangenen Sünden
gilt die Vergebung, sondern die Ruinen des Heiligtums sühnen Israel
fort und fort: Gottes Wohnungen משכנות sind nach derselben
Stelle nicht bloß in ihrem Bestande בבנינה, כשהן, sondern auch
als Ruinen כשהן חרבין noch lieblich; denn der zwiefache Ausdruck in Num. 24, 5 (Wie lieblich sind deine Zelte, Jakob, und
deine Wohnungen Israel) weist auf einen zwiefachen Zustand des
Heiligtums hin. Auch die Verbannung גלות hat nach *Sanhedrin* 37ᵇ.
38 sühnende Wirkung. Wie schon Kain durch seine Verstoßung
vom Angesichte Gottes seine Sünden abgebüßt hat, so büßt nun
Israel; es ist durch das Exil vor Schwert, Hunger und Pestilenz
geschützt, ja Andere sagen: מכפרת על כל es wehrt alle Strafen von
Israel ab.

3. Um die schwersten Sünden zu sühnen, muß endlich der Sünder sterben. Der Tod hat für alle Menschen, die der Gerechtigkeit nachtrachten, eine sühnende Bedeutung, insofern er die Sühnung, welche wie die Sünde durchs ganze Leben hindurchgeht, zum Abschluß bringt. *Sifre* 33ᵃ spricht den Grundsatz aus: ‏כל המתים‎ ‏במיתה מתכפרים‎ alle Todten werden durch den Tod versöhnt. Und zwar ist es nach 33ᵇ und *Sanhedrin* 47ᵃ ein gutes Zeichen, wenn das Leid des Todes dadurch gesteigert wird, daß der Todte nicht beklagt oder nicht begraben wird, oder daß keine Leichenpredigt über ihn gehalten wird, wenn er er von einem wilden Thiere gefressen oder wenn der Sarg beregnet worden ist: nur um so gewisser ist dann sein Tod eine Bezahlung für seine Sünden. Wer durch einen Gang ins Badehaus sich in Todesgefahr begibt, spricht nach *Berachoth* 60ᵃ die Formel: der Tod sei eine Sühne für alle meine Sünden. Ob auch das Begräbnis der Sühne ‏כפרה‎ diene, wird *Sanhedrin* 46ᵇ in Frage gestellt; *Sota* 14ᵃ heißt es aber, Mose sei bei dem Hause Peors begraben worden, damit sein Grab Israels Sünde mit Baal Peor versühne. Uebrigens wird zuweilen der Tod des Gerechten auch unter dem Gesichtspunkt aufgefaßt, daß er ihm die Ruhe von dem Streite mit den bösen Gelüsten bringt *Beresch. rabba* c. 9.

Ist der Tod für alle Sünden die abschließende Sühne, so auch für bestimmte auffallende Sünden, wenn er in auffallender Weise eintritt, vom Gerichtshof verhängt oder freiwillig übernommen oder durch göttliches Verhängnis veranlaßt. Den Uebergang von der allgemeinen Sühne zu dieser besonderen finden wir in den Erzählungen *Sanhedrin* 44ᵇ, daß ein zum Tode Verurtheilter auf dem Weg zur Hinrichtung sagte: „Wenn ich diese Sünde, die mir das Todesurtheil brachte, wirklich begangen habe, so sei mein Tod nicht die Sühne für alle meine Sünden (so will ich keinen Theil am ewigen Leben haben); wenn ich sie aber nicht begangen habe, so sei mein Tod die Sühnung für alle meine Sünden. Ganz Israel und der Gerichtshof sei rein, den Zeugen aber soll in Ewigkeit nicht vergeben werden." *Beresch. rabba* c. 65 erzählt vom Schwestersohn des Jose ben Joezer aus Zereda, daß er als Sabbatschänder des Todes schuldig geworden und nun alle vier Todesstrafen an sich vollzogen habe, welche der Gerichtshof aussprach, um zu büßen. Nicht immer tritt die Todesstrafe alsbald ein. Hat aber Jemand solche Sünde auf sich, welche die Todesstrafe oder Ausrottung durch Gottes Eingreifen nach sich ziehen soll, so darf er nach *Mechilta* 75ᵇ sich nicht für gesichert halten, ehe er nicht diese Sünde mit seinem Tode gebüßt hat. Und weil diese Sünde allein schon den Tod fordert, so geht er ohne Gesammtvergebung aus der Welt, wenn er für seine übrigen Sünden sonst keine Sühnung geleistet hat. Solche gefährliche Sünde ist aber obenan die Ketzerei. Von ihr heißt es *Aboda sara* 17ᵃ daß derjenige, der für sie Buße thut, nach Spr. 2, 19 dennoch sterben muß. Das Gleiche wird gesagt vom Incest und lange fortgesetzter Hurerei. *Chagiga* 9ᵃ wird ebenfalls vom Incest und Ehebruch gesagt, daß es für sie keine הנקת gibt d. h. daß sie nicht durch Buße und Leiden, sondern nur durch Tod gesühnt werden können. Auch der Abfall des Gelehrten vom Thorastudium gehört hierher, und nach einer Stelle in *Jebamoth* der vorsätzliche Mord. Nach *Schemoth rabba* c. 16 sind mit dem Tod zu büßen vorsätzlicher Mord, Incest und Götzendienst; auch in *Pesikta* 176ᵃ werden diese drei Sünden als solche genannt, für welche Satan das Gehinnom fordert.

Vorausgesetzt, daß sonst Buße und Verdienst vorausging, wie bei R. Elasar ben Durdaja (S. 304), kann Einer der für Todsünden mit seinem Leben bezahlt dennoch am ewigen Leben Antheil haben. Und daß es trotz entgegengesetzter Aeußerungen auch für Todsünden andere sühnende Leistungen gibt, zeigt z. B. *Sifre* 131ᵇ: gleichwie die Kuh (עגלה ערופה Deut. 21, 6) den vorsätzlichen Mord (שפיכת דמים) sühnt, so sühnt ihn auch die Beschäftigung mit der Thora. Vielleicht ist anzunehmen, daß Gott das Thorastudium als Ersatz für den Tod annimmt, weil das ihm verfallene Leben durch das Studium dem eigenen Willen entzogen und ihm allein geweiht wird. Dann würde ein der Thora Ergebener als ein der Welt Abgestorbener betrachtet, der durch den Eintritt in das Studium die Buße vollzog, die ein Anderer durch den Tod leistet.

Es fehlt jedoch nicht an Aeußerungen, welche eine schlechthinige Unvergebbarkeit gewisser Sünden, namentlich des Ehebruchs, behaupten. So wird nach *Baba mezia* 8 der Ehebrecher, der im Gehinnom gebüßt hat und in den Garten Eden hinaufsteigen will, wieder zurückgestoßen. *Sota* 4ᵇ: Ein Ehebrecher kann nicht vom höllischen Feuer errettet werden, selbst wenn er wie Abraham Gott als seinen Schöpfer bekännte, wenn er wie Mose das Gesetz mit der Rechten empfangen oder dem Armen im Verborgenen Almosen gegeben hätte; vgl. *Bammidbar rabba* c. 9, *Kohel. rabba* c. 64, *Tanchuma, Beresch.* 12 u. ö. In einigen Stellen, z. B. *Bammidbar rabba*

c. 14, *Tanchuma*, *Waëre* 1, werden gewisse Personen genannt, wie
Jerobeam, Ahab, Manasse, Bileam, Ahitophel, Gehasi, Doëg, die
keinen Theil am ewigen Leben haben, und Sünden, die schlechthin
vom ewigen Leben ausschließen, wie die Leugnung der Auferstehung
welche Lehre der Thora, des himmlischen Ursprungs der Thora, der
Epikuräismus (Verachtung der Gelehrten), die Zauberei, die Ent-
weihung des göttlichen Namens. Aber die Eschatologie wird zeigen,
daß die talmudische Lehre vielmehr zur Annahme der Wieder-
bringung aller Glieder vom Hause Israel als ihrer ewigen Verwerfung neigt, und daß die Sühnung der Sünde, wenn sie hier nicht
vollendet werden sollte, ihren Abschluß im Gehinnom finden kann.

§ 70. Das stellvertretende Leiden der Gerechten.

1. Der Ergänzung der eigenen Gerechtigkeit durch fremde
(§ 63. 64) entspricht eine Ergänzung der eigenen Sühne durch fremde.
Es bewährt sich auch hier daß Israel ein Organismus ist, dessen
Glieder für einander eintreten. Die Idee einer Stellvertretung lehnt
sich an Jes. 53 an. Während aber dort der Gerechte, der ein Sühnopfer für die Ungerechten ist, ein Erlöser für die Welt sein soll,
einzig in seiner Art, läßt dagegen die talmudische Theologie jeden
großen Gerechten für sein Volk eintreten. Die prophetische Stelle
wird z. B. *Sota* 14ᵃ—15ᵇ auf Mose angewendet; andere Stellen zeigen
noch andere Deutungen. Demgemäß erscheinen *Schemoth rabba*
c. 43 die Gerechten als Bürgen für die Verschuldung der Anderen.
Der Tempel und die Gerechten müssen Gott als משכון Pfand
für die Sünden des Volkes dienen *Echa rabba* 52ᵃ. Ebenso
nennt *Tanchuma*, *Wajjikhal* 9 die Gerechten das Pfand Gottes für
ihre Zeitgenossen. Sie halten die Strafen Gottes von ihren Zeitgenossen ab *Wajjikra rabba* c. 2. Deshalb ist es eine göttliche Strafe
für den Ungehorsam des Volkes, wenn Gott die Gerechten aus seiner
Mitte wegnimmt; denn wer wird nun für das Volk eintreten und
Gottes Zorn über sie versöhnen? *Schir rabba* 21ᶜ. So treten die
lebenden Gerechten für ihre Zeitgenossen ein; aber auch Verstorbene,
Patriarchen und Rabbinen, wirken noch sühnend fort. *Pesikta* 154ᵃ
sagt von Abraham: alle Thorheiten und Lügen, welche Israel in
dieser Welt begeht, vermag unser Vater Abraham zu sühnen; und 88ᵃ
von R. Schimeon ben Jochai, daß er sagte: Abraham versöhne (ויכפר)
von ihm an bis auf mich, so will ich versöhnen von mir an bis

zur Ankunft des Messias; und wenn nicht, so verbindet sich mit mir
Achija von Silo, so wollen wir versöhnen die ganze Welt. Vgl. *Bereschith rabba* c. 35.

2. Unter den Mitteln, deren die Gerechten sich bei der Sühne
bedienen, steht obenan die Fürbitte. Das Gebet der Gerechten
kann den Zorn Gottes in Gnade *Succa* 14, und הדין מדת das Verfahren nach strengem Recht in הרחמים מדת das nach Barmherzigkeit
umwandeln *Jebamoth* 64ª. Solche Fürbitter sind große Lehrer auch
noch nach ihrem Tode. Aber noch mehr: die Gerechten leiden auch
für ihr Volk. Alle Leiden der Patriarchen kamen dem Volke Israel
zugut *Schemoth rabba* c. 44; selbst Hiobs Leiden c. 21 und *Beresch.
rabba* c. 57. Gott hat den Ezechiel in seiner Barmherzigkeit für Alle
gezüchtigt, damit er ihre Sünden büße *Sanhedrin* 39ª, und *Tanchuma,
Wajechi* 3 erzählt, daß Rabbi dreizehn Jahre lang an Zahnweh litt;
dafür ist während dieser ganzen Zeit im Lande Israel keine Gebärerin gestorben und hat keine Schwangere abortirt; so dienten seine
Leiden den Frauen, ja dem ganzen Volke. Noch wichtiger ist es, daß
die Gerechten für ihr Volk das Leben als Sühnopfer geben, *Moëd
katon* 28ª: „Warum folgt der Tod Mirjams auf den Abschnitt von
der rothen Kuh? Um dir zu sagen, daß ebenso wie die rothe Kuh
sühnt, so sühnet auch der Tod der Gerechten. R. Elieser sagt:
Warum folgt der Tod Ahrons auf den Abschnitt von der Priester-
kleidung? Um dir zu sagen, daß wie die Priesterkleider sühnen, so
sühnt auch der Tod der Gerechten." Vgl. *Wajjikra rabba* c. 20.
Der Grundsatz steht fest: Der Tod der Gerechten sühnt צדיקים מיתת
מכפרת *Tanchuma, Mezora* 7. Deshalb ist יצחק עקדת die Opferung
Isaaks eine Sühne für sein Volk und kommt diesem zugut. *Schabbath* 89ᵇ sagt zu den Worten: Kommt, laßt uns rechten mit einander
(Jes. 1, 18) Folgendes. Weil sich Israel nicht an die Erzväter, sondern allein an Jehova hängt, deshalb werden ihm alle seine Sünden
vergeben. Abraham und Jakob sagen vor Gott, Israel solle seiner
Sünden wegen ausgetilgt werden, Isaak aber, es seien ja seine
Kinder: als sie das ישראל נעשה (§ 57) sprachen, nanntest du sie
deinen erstgebornen Sohn. Und wie viel würde von den Jahren
übrig bleiben, für welche sie zu strafen wären? Ihre Lebensdauer
beträgt 70 Jahre; hiervon kommen 20 auf die Zeit der Nichtzu-
rechnung oder der Straflosigkeit (Num. 14, 29), 25 auf die Ruhe in
den Nächten, 12½ auf das Gebet sowie das Essen und andere leibliche Nothdurft. Willst du alle (für die Sünde übrigbleibenden)

Jahre auf dich nehmen (סבל vgl. Jes. 53, 4. 11), so ist es gut; wenn nicht, so lege es halb auf dich, halb auf mich; willst du aber sagen, sie sollen alle auf mich kommen, so habe ich ja mein Leben vor dir geopfert (Gen. 22). Darum sprechen die Israeliten zu Isaak: du bist unser Vater und unser Erlöser גאל, und beharren dabei, obwol er sie von sich weg auf Gott hinweist. Vgl. *Beresch. rabba* 57 und die oben S. 313 f. berichteten Ueberlieferungen aus *Pesikta* 88ᵃ. 154ᵃ. Der Tod der Frommen wird in seiner sühnenden Kraft dem Versöhnungstag gleichgestellt *Pesikta* 174ᵇ. Diese Versöhnung wird, wie in der a. a. St. aus *Schabbath* 89ᵇ, so auch *Beresch. rabba* c. 93 als That eines Goël, als גאולה bezeichnet. Nach der letzteren Stelle gibt Einer sein Leben für den Andern als פיוס d. i. um Gottes Zorn zu begütigen, und löst ihn damit von Gottes Zorn, dem er sonst verfallen wäre. Hierbei ist ohne Zweifel die Meinung, daß die Gerechten ihr Leben als Sühnopfer für Andere hingeben können, weil sie es zur Sühnung für die eigenen Sünden nicht oder nicht allein bedürfen, *Schabbath* 33ᵃ: zur Zeit, wo es Gerechte gibt, läßt Gott sie für die Anderen sterben; zur Zeit aber, wo es Gerechte nicht gibt, läßt Gott die Schulkinder für die Anderen sterben; denn diese, in denen der Jezer hara noch nicht mächtig ist, sind für eigene Sünden des Todes noch nicht schuldig, und so auch die Gerechten.

3. Wenn von den Gerechten gesagt wird, sie versöhnen die Anderen, so sind entweder alle Geschlechter von Abraham bis zu den letzten gemeint, welchen Leiden und Tod der Patriarchen und der Großen Israels die Sühnung bieten, oder דור die Zeitgenossenschaft, der sie angehören. So in den oben mitgetheilten Stellen *Schabbath* 33ᵃ, *Beresch. rabba* c. 93, *Pesikta* 174ᵇ, *Sanhedrin* 39ᵃ, *Jebamoth* 64ᵃ. So lesen wir *Sanhedrin* 103ᵃ, daß der Gerechte, auch wenn er nur Einer ist, den Zorn Gottes über das ganze Geschlecht (דור) stillen könne; und *Kethuboth* 8ᵇ, daß der Gerechte für sein ganzes Geschlecht (דור) büße. Aber das sühnende und erlösende Thun der Gerechten erstreckt sich auch auf die Todten, *Tanchuma, Haasinu* 1: „Die Lebenden erlösen (פידין) die Todten; deshalb pflegen wir am Versöhnungstag die Todten zu erwähnen und für sie Almosen zu geben (damit auch ihnen die Versöhnung dieses Tages zugut komme); denn so haben wir es gelernt in Thorat Kohanim. Vielleicht könnte Einer denken, nach dem Tode nütze ihnen das Almosen nichts mehr; deshalb sagt Deut. 21, 8: אשר פדית, woraus folgt, daß wenn man Almosen austheilt um ihrer (der Verstorbenen) willen,

man sie herausführt (aus dem Gehinnom) und hinaufführt (in das Gan
Eden), wie (man) den Pfeil vom Bogen (entsendet). Sofort wird der
Verstorbene jung רך und unschuldig, wie das junge Böckchen (גדי)
und man reinigt ihn, wie in der Stunde, da er geboren ward, und
man sprengt über ihn reine Wasser; er wird erhoben und groß
durch die Fülle des Genusses; wie der Fisch, der des Wassers genießt, so taucht er unter zu aller Zeit in den Strömen von Balsam
(אפרסמין) und in Milch, Oel und Honig; er isset von dem Baume
des Lebens immerfort, der gepflanzt ist in der Mechiza der Gerechten, und seine Zweige ragen herein über den Tisch eines jeden
Gerechten, und er lebt ewig.“

Zum Schlusse sei noch auf eine stellvertretende Sühnung hingewiesen, welche Gott selbst bereitet. Wie nämlich im Anfang der
Geschichte Israels Aegypten פדיון das Lösegeld für Israel wurde,
indem Gott die Plagen, welche Israel verschuldet hatte, auf Aegypten
legte und Israel frei ausgehen ließ, so werden am Ende die Völker
wieder פדיון für Israel sein, indem Gott sie für Israel תחת ישראל
ins Gehinnom werfen wird Schemoth rabba c. 11.

§ 71. Die Sühnung durch gute Werke.

Die Sühnung der Sünden geschieht endlich auch auf dem Wege
der Ausgleichung böser Werke durch gute, und zwar auf dreifache
Weise: durch מצות und זכיות im gewöhnlichen Sinne, durch מעשים ט'
und תורה im Allgemeinen und צדקה insbesondere, und drittens durch
einige Gott besonders gefällige Leistungen.

1. Hinsichtlich der מצות sagt Schabbath 63ª, daß man durch sie
das göttliche Strafverhängnis wieder aufhebe, und 49ª, daß wie die
Taube durch die Flügel, so Israel durch seine מצות (vor Gottes
Zorn und Strafe) geschützt werde. Deutlicher zeigt sich die Idee der
Compensation, wenn es Wajjikra rabba c. 21 heißt: wenn Israel
auch חבילות עבירות Haufen von Uebertretungen hat, so hat es auch
חבילות מצות Haufen von Gesetzeswerken. Genauer liegt dabei der
Gedanke zu Grunde, daß diese Gesetzeswerke gerade denjenigen
Willen Gottes zur Erfüllung bringen, der durch die Uebertretung
verletzt worden ist. In diesem Sinne hat Gott der Frau zur Sühne das
dreifache Gebot der הדלקת הנר (Anzünden der Sabbatslampe), der חלה
(Abschneiden der Teighebe) und der נדה (Beobachtung des Menstrual-
blutes) gegeben; damit sühnen die Frauen die Sünde, die Eva beging, als

sie sündigte und Adam zur Sünde brachte *Jalkut Schim., Beresch.* 32.
Von dieser Ausgleichung einzelner Uebertretungen durch einzelne
Gesetzeswerke, die womöglich mit denselben Gliedern vollbracht
werden wie die Uebertretung, handelt am Ausführlichsten *Pesikta*
176ᵃ: „Wenn du Mengen von Uebertretungen begangen hast, so ver-
richte ihnen entsprechend בנגד auch ebenso viel gesetzliche Werke
מצוה; dafür daß du die Augen hoch erhoben hast, sollen sie (die
Gesetzesworte) sein als Totaphoth zwischen deinen Augen (Deut. 6, 8,);
für die Lügenreden sollt ihr sie (die Gebote) eure Kinder lehren
(Deut. 11, 19); dafür daß die Hände das Blut des Unschuldigen vergießen, sollst du sie binden zum Zeichen an deine Hand (Deut. 6, 8);
dafür daß das Herz mit trügerischen Gedanken umgeht, sollen diese
Worte in deinem Herzen sein (Deut. 6, 6); dafür daß die Füße eilen,
um zu laufen zum Bösen, laufe der Beschneidung nach, welche ge-
schiehet zwischen den Knieen (indem man das Kind zwischen den
Knieen hält); dafür, daß der Lügenzeuge Lügen hervorbringt, gilt:
ihr seid meine Zeugen, spricht Jehova (Jes. 43, 10); dafür daß man
Streitigkeiten unter Brüdern erweckt, heißt es: suche Frieden und
jage ihm nach (Ps. 34, 15)." Göttliche Gaben, die erst zum Bösen
verwendet wurden, sollen nun entsprechend zur Ehre Gottes angewendet werden. Wie das Volk am Sinai das Gold erst mißbrauchte
zum gegossenen Stierbild, also zur Beleidigung Gottes, so soll es
beim Bau des Stiftszeltes das Gold verwenden zum Heiligtum: es
komme das Gold des Heiligtums und sühne das Gold des Stierbilds
Sifre 64ᵇ.

2. Nicht immer ist es möglich, in so genau entsprechender Form
die bösen Werke durch gute auszugleichen; aber die Idee kann
durchgeführt werden, wenn man im Allgemeinen sich und das Seinige
Gott weihet und heiliget, nachdem man erst sich dem Dienste Gottes
entzogen oder die Ehre Gottes geradezu verletzt hat. Dies geschieht
durch Thora, gute Werke, sonderlich Almosen und einzelne besonders Gott gefällige Handlungen besonderer Art.

Das Thorastudium ist eine solche Selbstdargabe des Menschen an
Gott, welche sühnende Wirkung hat. Selbst den vorsätzlichen Mord
(שפיכת דמים) sühnet die Beschäftigung mit der Thora (דברי תורה),
nicht weniger als die עולה כליל (oben S. 312). Die Uebertretung kann nach *Sota* 21ᵃ die Mizwa auslöschen, aber nicht die
Thora, d. h. wenn ein Mensch Uebertretung begeht, so kann das
bewirken, daß Gott seiner Gesetzeserfüllung nicht mehr gedenkt,

aber nicht, daß er auch das Studium der Thora vergäße und es
dem Menschen nicht zugute kommen ließe. *Jebamoth* 105ª sagt deshalb, daß die Beschäftigung mit der Thora רבוי ירית besser sühne,
als (רבוי) das Schlachtopfer, und *Tanchuma, Mezora* 10, daß seit
der Zerstörung des Tempels Gott anstatt durch Opfer durch Studium
der Thora versöhnt werde, vgl. S. 39 ff. In *Wajjikra rabba* c. 25
wird endlich gelehrt, daß das Lernen der Thora Vergebung der
Sünden bewirke; wer aber nicht im Stande sei die Thora zu lernen
d. i. zu studiren, der möge wenigstens nach Kräften zu ihrem Studium durch Andere mitwirken und dieses so aufrecht erhalten רקים,
vgl. oben S. 31; auch so erwirbt man sich Sühnung seiner Sünden.
Aber sühnkräftiger wirkt nach *Aboda sara* 17ᵇ das Studium, wenn
gute Werke, besonders Almosen damit verbunden sind. Wer seine
Sünden sühnen will, muß eben Leib und Geist und Vermögen, kurz
Alles was er ist und hat in Gottes Dienst geben. Die Hure Rahab
bat Gott um Vergebung für drei Sünden die sie begangen, indem
sie die drei guten Werke namhaft machte, die sie an den Kund-
schaftern gethan hatte: חבל, חלון, חיצה, indem sie die Kundschafter
am Seil durchs Fenster an der Mauer mit eigner Gefahr herabließ. Nach *Sifre* 70ᵇ können große Gerechte ihre Uebertretungen
an ihre guten Werke hängen, während Andere, die solche gute
Werke nicht thun können, die Vergebung ohne Entgelt erbitten
müssen. Vgl. *Jalkut Schim., Beresch.* 76. Hierbei ist die Sühnung
durch Abbüßung vorausgesetzt. Daß bei den טובים מעשים die Buße
nicht ausgeschlossen ist, zeigt *Schabbath* 31ᵇ. *Taanith* 15. *Schemoth
rabba* c. 23 ganz deutlich, wo beide als Fürsprecher bei Gott in der
Gefahr neben einander genannt werden. An der zuletzt genannten
Stelle treten beide Sühnmittel neben die großen Gerechten: in Wirklichkeit mangelt ja den gewöhnlichen Menschen die Kraft, gute
Werke in genügender Anzahl zu thun; daher müssen die Gerechten
auch bei dem Compensationswerke helfend mit eintreten. *Tanchuma,
Emor* 5 sagt nicht nur, daß die guten Werke der Gerechten die
göttlichen Strafen von der Welt abhalten, sondern auch vorher, daß
die Gerechten Gutes thun für sich und für Andere d. i. ihnen zugut.
Mechilta 32ª erzählt von den heilkräftigen Wirkungen der guten
Werke des Abraham und Joseph. Als Bileam sich eifrig anschickte
seinen Esel zu jener Reise zu gürten, die Israels Verderben be-
zweckte, da kam das freudige Schirren des Esels durch Abraham,
als er Isaak opfern wollte, und stand wider (על ריצמה) Bileams Eifer

Israel zu verderben; als Pharao der Frevler lustig Rosse und Wagen schirrte, Israel nachzujagen, kam Josephs Eifer den Wagen zu schirren, als er seinen Vater einholte und stand wider Pharao's Eifer. Die Werke der Gerechten, heißt es darum *Pesikta* 73ᵇ, legen der göttlichen Strafheimsuchung (פְּרָעֵנִיה von נפרע sich bezahlt machen) Hindernisse in den Weg, daß sie nicht in die Welt kommen kann d. i. sie erwirken den Anderen Schonung.

Unter den guten Werken wird das Almosen besonders genannt. Auch hier ist die Idee der Hingabe des Seinigen zum Opfer die leitende Idee. Daher wird eine Parallele gezogen zwischen dem Almosen und dem Opfer: jenes hat im Verein mit der Rechtspflege (דְּרִינִין) größere Sühnkraft; denn dieses versöhnt bloß den Sünder der ohne Bedacht (שׁוֹגֵג) sündigt, jenes auch den vorsätzlichen (מֵזִיד); dieses versöhnt nur für diese, jenes auch für die zukünftige Welt. *Baba bathra* 9ᵃ: Wie einst der Sekel sühnte, so sühnt jetzt das Almosen. Wie man die Verstorbenen durch Almosen aus dem Gehinnom erlöst, so bewahrt man sich selbst durch Almosen vor der Strafe des Gehinnom *Gittin* 7ᵃ. *Baba bathra* 9ᵇ. Selbst der Heide kann durch Almosen die Strafen Gottes von sich abwenden, wenn auch nur die zeitlichen; Israel aber wendet damit die ewige Verdammnis von sich ab *Baba bathra* 10ᵃ. Wenn Satan Israels Sünden vor Gott aufdeckt, um es dem Gericht zu überliefern, so zeigen Andere dessen Verdienst, sonderlich dasjenige, welches es sich durch seine Almosen erworben, um die Strafen abzuwenden *Schemoth rabba* c. 31. Das Almosen, sagt *Wajjikra rabba* c. 26, erhält die obere und untere Welt, d. i. um derselben willen schont Gott die ganze Welt und erhält sie in ihrem Bestande. — Und wie das Almosen den Sünder vom Tode und vom Gehinnom errettet, so wird es einst auch die Erlösung herbeiführen *Baba bathra* 10ᵃ. Aber auch das Almosen soll nicht losgelöst gedacht werden von den Bußwerken. Almosen und Fasten sind mit einander verbunden. Am Fasttag und am Versöhnungstag insbesondere gibt man Almosen; in *Sanhedrin* 35ᵃ heißt es, man solle das Almosen nicht über Nacht im Hause lassen, sondern am Fasttage selbst geben; und in *Pesikta* 19ᵃ finden sich als Sühnmittel verbunden Buße, Gebet und Almosen. Von ihnen heißt es: מבטלין את הגזרה sie heben das göttliche Strafverhängnis auf.

3. Die höchste Dargabe zur Ehre Gottes aber ist das Selbstopfer d. i. das Martyrium. Mit diesem sühnen die Gerechten ihre Sünden, während Israel, wenn es ungesühnte Sünden in die Ewigkeit hinüber-

bringt, ins Gehinnom hinabsteigen muß *Sifre* 140ᵃ. Nach *Baba bathra* 10ᵇ haben die Märtyrer einen Ehrenplatz im Himmel.

Als sühnende Opferleistung wird es auch angesehen, wenn man seine Wohnung und die damit verbundenen Vortheile aufgibt und ins Land Israel zieht um hier zu wohnen *Sifre* 140. *Kethuboth* 111ᵃ vgl. S. 63 f. Kann man aber nicht im Lande Israel wohnen und hier sterben, so soll man wenigstens im Tode im Lande Israel ruhen; denn das Begräbnis im Lande Israel sühnt das Sterben außerhalb desselben *jer. Kilajim* IX, 3; es ist מכברת הארץ d. i. ersetzt die Sühnopfer, die auf dem Altar dargebracht werden *Kethuboth* a. a. O. *Tanchuma, Wajechi* 3 sagt ebenfalls, daß dem im Lande Israel Begrabenen der Heilige vergibt מכפר.

Endlich will hier noch angemerkt sein, daß dem Proselyten wenn er in die Volksgemeinde, dem Gelehrten wenn er in sein Gemeindeamt (S. 130), dem Bräutigam wenn er in den Ehestand, dem König oder Fürsten wenn er in sein Regentenamt eintritt, alle vor dem Amtsantritt begangenen Sünden erlassen werden (*jer. Terumoth*). Ingleichen wird auch der Aenderung (שיני) des Namens, des Berufes (מעשי), des Wohnorts, in Verbindung mit dem Fasten, Almosen und Beten eine sündentilgende Kraft beigelegt *Pesikta* 191ᵃ. *Rosch haschschana* 16. Man büßt das Alte ab und heiligt sich ein Neues beginnend aufs Neue Gott. So tritt überall die Idee hervor, daß zur Sühne Buße für die Sünde und Heiligung der Person und ihres Besitzes an Gott nöthig ist. Beide Momente zusammen bewirken die Sühne.

§ 72. Ergebnisse der Lehre von der Rechtfertigung und Versöhnung.

Zwei Thatsachen treten am Schlusse der Heilslehre als Ergebnisse entschieden hervor: die Vielheit der Mittel, die zur Erwerbung der Gerechtigkeit und der Sühnung angewendet werden, und die trotz, ja vielleicht wegen dieser Vielheit vorhandene Unsicherheit des Sünders über sein Verhältnis zu Gott.

Was das Erste anlangt, so werden zur Erlangung der Gerechtigkeit nicht bloß die Erfüllung der Gebote, sondern auch noch sonderliche gute Werke erfordert, und genügen nicht bloß eigene Leistungen, sondern auch die Verdienste der Väter, sowie der mitlebenden größeren Gerechten werden in Anspruch genommen. Und zur Sühnung genügt nicht die alltägliche Buße noch die große des Versöhnungstages: es bedarf zur Abbüßung gewisser Sünden noch besonderer Leiden, ja des Todes; es müssen überdies besondere gute Werke Ersatz leisten für begangene Sünden; und alle diese Leistungen kann der Einzelne für gewöhnlich nicht aufbringen, sondern es fordert auch die Sühne die Mitwirkung der Gerechten, deren Leiden, Tod und gute Werke für die Anderen eintreten.

So groß ist die Menge der Werke, durch welche Gerechtigkeit vor Gott und damit Gewißheit des Heils erstrebt wird. Und welches ist der Erfolg? Die Heilsgewißheit wird nicht erlangt, die Sicherheit des religiösen Bewußtseins, die Freudigkeit zu Gott mangelt dem Sünder, und die Furcht begleitet ihn bis zum Tode, ja über diesen hinaus. Von dieser Furcht legen Talmud und Midrasch manches beredte Zeugnis ab. Zuerst von der Furcht vor dem Verkläger (קטיגיר, מקטרג) und dem Gericht des Todes. *Kohel. rabba* 67ᶜ sagt, Gott habe den ersten Menschen die Furcht vor dem Engel des Todes in das Herz gegeben; sie erscheint also als dem Menschen wesentlich. Fol. 66ᵇ: der Engel des Todes wird selbst der Ankläger der Gebärerin. R. Samuel b. Nachman sagte: Wegen dreier Uebertretungen müssen die Frauen sterben in der Stunde der Geburt (S. 241. 316). Und wegen dreier Dinge müssen die Männer sterben. Der Todesgefahr ist ausgesetzt, wer in einem baufälligen Hause בית מרועע verweilt, wer auf einsamem Wege geht, wer auf hoher See fährt. Gegen diese erhebt Satan die Anklage, denn in solchem Hause, auf solchem Wege, auf solcher Fahrt ist מצוי השטן der Satan gegenwärtig um anzuklagen ... Alle Wege sind בחזקת סכנה im Bereich der Todesgefahr ... Alle Kranken sind umfangen von der Gefahr. *Jer. Schabbath* II: Wer in einem baufälligen Hause wohnt, macht den Todesengel zu seinem Gläubiger (דניסטיס = δανειστής) und ist ihm alsbald verfallen. Wol dem der dann Buße und gute Werke zu Anwälten hat, die Todesgefahr von ihm zu wenden. Aber wer ist dessen gewiß? Vgl. *Jalkut Schim., Beresch.* 31. Diese stete Furcht vor der Anklage Satans und dem Tode läßt keine Freudigkeit im Leben zu. *Tanchuma, Wajechi* 3: Der Heilige sprach: In diesem Leben läßt der Tod dem Menschen nicht zu, daß er sich freue; aber vom ewigen Leben heißt es: der Tod ist vernichtet für immer. Und dann geht in Erfüllung das Wort: ich will jubeln in Jerusalem und jauchzen in meinem Volk, und nicht mehr wird in ihr gehört werden Stimme des Weinens und des Geschreies (Jes. 65, 19). Wenn große Heilige sterben, wie die Patriarchen oder große Rabbinen, so erweckt Gott a. a. O. 4 die Sterbensfreudigkeit dadurch, daß er ihnen einen Blick in die Ewigkeit gönnt und ihnen den künftigen Lohn (שכר מתן Lohngebung μισθαποδοσία) zeigt. Erst diese besondere Offenbarung macht sie sterbensfreudig, nicht aber das Bewußtsein vor Gott gerecht und mit ihm versöhnt zu sein.

So weist die synagogale Rechtfertigungs- und Versöhnungslehre über sich hinaus. Die Eschatologie muß die Heilsvollendung für das Ganze und für den Einzelnen bringen.

Vierte Abtheilung.

Der eschatologische Lehrkreis.

Cap. XXI. Die Vollendung der Einzelnen.

§ 73. Tod und Todeszustand.

1. Der am Neujahrstag gefaßte und am Versöhnungstag besiegelte Beschluß Gottes, daß ein Mensch sterben soll (S. 302), ist für die Gottlosen unwiderruflich, wenn das Maß der Sünden voll ist *Bammidbar rabba* c. 11. c. 14 u. ö. Da ist der Tod einfach Strafvollzug. Der Tod der Gerechten dagegen, welcher sowol deren eigene Sünde, als auch die der Gemeinde sühnt, erfolgt zu der Zeit, wo es der Rathschluß Gottes zum Besten der Gemeinde erfordert, und wenn der Gerechte selbst vollendet ist, d. i. alle seine Sünde abgebüßt hat und den Lohn seiner Gerechtigkeit ohne Abzug empfangen kann. Wir entnehmen dies der S. 314 f. gegebenen Darlegung vom Tod des Gerechten. Dazu tritt die schöne Stelle *Kohel. rabba* 72c: wer einen Feigenbaum besitzt, weiß wann es Zeit ist, die Feigen abzunehmen, und dann liest er sie ab; so weiß auch der Heilige, wann die Zeit des Gerechten gekommen ist; dann nimmt er ihn weg (בסלקו). Gott wartet also bis zur Reife der Gerechten, d. i. bis die Buße vollendet und die Vollzahl der guten Werke erreicht ist, die ihm den Lohn der zukünftigen Welt einbringt. Hier ist der Tod zwar auch bedingt durch die Sünde, aber nicht einfach Strafvollzug. Deshalb wird er nicht durch den Todesengel, sondern durch den Kuß Gottes (נשיקה) vollzogen (S. 242). So starben die Erzväter,

Mose, Ahron, Mirjam, so sterben auch alle übrigen Gerechten ושאר
כל הצדיקם Schir rabba 3ᶜ. Aus Tanchuma, Mikkez 10, wo der
Tod בנשיקה dem durch אסכרה Angina (S. 237) gegenübergestellt wird,
ersieht man, daß jener schmerzlos ist; deshalb wird er auch ein
guter Tod genannt. 2. Seinem Wesen nach wird der Tod am kürzesten Tanchuma
a. a. O. bezeichnet als יציאת נפש Ausgang der Seele aus dem Leibe;
er wird daselbst als das härteste bezeichnet was es gibt. Wie die
beigefügten Gleichnisse zeigen, geht dieser Ausgang der Seele aus
dem Leibe sehr schwer vor sich (S. 239), wenn sie nicht Gott durch
seinen Kuß vom Leib erlöst. Debarim rabba c. 11 schildert ihn in
sehr anschaulicher Weise an dem Beispiel des Mose. „In dieser
Stunde rief der Heilige die Seele aus dem Leibe und sprach zu
ihr: Meine Tochter, 120 Jahre hast du im Leibe des Mose wohnen
sollen; jetzt ist die Zeit gekommen, ihn zu verlassen. Gehe aus,
säume nicht! Sie aber sprach vor ihm: Herr der Welt, ich weiß, daß
du der Herr aller Geister und Seelen bist; die Seelen der Lebendigen und der Todten sind in deine Hand gegeben, und du hast
mich geschaffen und gebildet und in den Leib Mose's gegeben auf
120 Jahre; aber nun: gibt es einen Leib in der Welt, der reiner
wäre als der Leib Mose's, an dem niemals ein unreiner Hauch gesehen ward, noch ein Wurm? Desbalb liebe ich ihn und will ihn
nicht verlassen. Er aber sprach zu ihr: Seele, gehe aus, säume
nicht, und ich will dich hinaufführen in die obersten Himmel und
dich wohnen lassen unter dem Thron meiner Herrlichkeit bei den
Cherubim und Seraphim und himmlischen Schaaren ... Sie aber
sprach: Ich bitte dich inständig, laß mich wohnen im Leibe des
Mose! Da küßte ihn der Heilige und nahm seine Seele durch den
Kuß des Mundes weg, und der Heilige weinte." Joma 21 sagt,
man höre im Augenblicke des Wegganges die Stimme der Seele von
einem Ende der Erde bis zum anderen. Wohin die Seele geht, sagt
Schabbath 152ᵃ: Gib den Geist Gottes in Reinheit wieder, der ihn dir
in Reinheit gegeben hat. Nach Beresch. rabba c. 12 und Jalkut
Schim., Beresch. 19 steigen zwar alle Todten zum Scheol hinab und
werden künftig wieder heraufsteigen; auch Erubin 54ᵃ wird dies
vorausgesetzt. Diesen Aussagen steht aber eine Reihe anderer gegenüber.
Z. B. Tanchuma, Wajjikra 8: „Wenn die Gerechten aus der Welt
gehen, so steigen sie sofort empor und stehen in der Höhe Ps. 31, 20.
Die Seelen der Gottlosen aber irren umher in der ganzen Welt und

werden keine Stätte für ihren Fuß finden. Ihre Seele geht nicht ein
zu dem Ort, der ihr bestimmt ist, von da an bis zwölf Monate ver-
gangen sind, nämlich bis der Leib verwest ist. Was thut sie? Sie
geht und kommt wieder, immer um das Grab herum, und es ist ihr
hart den Leib zu sehen, der begraben ist und den die Würmer
bedecken." A. a. O. heißt es früher: Welches ist der Geist, der zu
Gott zurückkehrt, der ihn gegeben hat? Das sind die Geister der
Gerechten, der Frommen und der Bekehrten בעלי תשובה, welche vor
ihm stehen in großer Höhe. Dagegen finden die Gottlosen ihre Stätte
nach *Kethuboth* 104ª bei den Unbeschnittenen d. h. in der Hölle.
Kohel. rabba 69ᶜ: Es ist überliefert: Eins gilt von den Seelen der
Gerechten und den Seelen der Gottlosen: sie steigen alle auf zur
Höhe. Doch nein! Die Seelen der Gerechten kommen in den Ozar
(S. 158. 198. 220), aber die Seelen der Gottlosen werden durch die
Erde verschlungen. Auch *Schabbath* 152ᵇ heißt es: Die Seelen der
Gerechten sind aufbewahrt unter dem Throne der Herrlichkeit, die
der Gottlosen sind וממת יחילבת baumelnd und irrend; ein Engel steht
an einem Ende der Erde, der andere am anderen; der eine jagt die
Seele hin, der andere jagt sie her. Und zwar sind nebst den Gottlosen auch die Unentschiedenen dem Engel übergeben, der über die
Geister gesetzt ist; doch haben diese Ruhe. Selbst von der Seele
der Gerechten heißt es *Schabbath* 152ᵇ, daß sie noch zwölf Monate
lang auf und niedersteige, bis sie für immer bei Gott ruhe. Deshalb
konnte die Todtenbeschwörerin von Endor Samuels Geist herbeirufen,
weil er bei seinem Grabe weilte. Nach *Beresch. rabba* c. 100 hält
sich die Seele hier noch 30 Tage lang auf, indem sie meint, sie
kehre wieder zum Leibe zurück. — Die Sache stellt sich also folgen-
dermaßen. Die Seelen der Gerechten gehen hinauf zu Gott, dorthin,
woher sie ausgegangen sind, obwol auch sie noch eine Zeitlang von
Sehnsucht nach dem Leib gezogen öfters zum Grabe zurückkehren.
Die der Gottlosen irren unstät, bis sie endlich ihren Aufenthalt im
Scheol finden. Die der Unentschiedenen gehen alsbald in den Scheol
ein. Wenn es daher a. d. a. St. heißt, daß alle Todten in den Scheol
gehen, so muß das so verstanden werden, daß Jeder sich so anzusehen
habe, als ob er im Tod den Weg zum Scheol gehen müsse (S. 273).
Dem entsprechend sind im Tode zweierlei Engel bereit die Seelen
zu geleiten. *Sifre* 149ᵇ sagt: wenn Gott die Seele der Gerechten
wegnimmt, so nimmt er sie in Ruhe בנחת היה weg; aber wenn Gott
die Seele der Gottlosen wegnimmt, so übergibt er sie den bösen

Engeln כראבים רעים, den grimmigen Engeln Spr. 17, 11., damit sie
die Seele peinigen ישימו. Nach *Kethuboth* 104ᵃ und *Bammidbar rabba*
c. 11 g. E. gehen drei Schaaren Engel vom Throne Gottes aus, wenn
ein Gerechter stirbt, und grüßen ihn mit dem Gruße des Friedens,
eine jede Schaar mit einem anderen Wort des Grußes; stirbt aber
ein Gottloser, so gehen drei Schaaren Engel aus und verkünden
ihm, daß es für ihn keinen Frieden gibt, und daß er hingehen
muß an den Ort der Unbeschnittenen.

Eine religiöse Anschauungsweise, die so wenig objectiven Halt
für die Heilsgewißheit bietet, wird selbstverständlich auf äußere
Anzeichen großen Werth legen, um aus ihnen Schlüsse auf das
Schicksal des Verstorbenen zu ziehen. Als gutes Vorzeichen wird
es betrachtet, wenn Jemand unter heiteren Gesprächen (מיתיך טובים)
der Umgebung abscheidet; wenn sein Angesicht im Sterben nach
oben oder gegen die Umgebung gerichtet ist; wenn das Gesicht ge-
röthet ist; wenn er am Beginn des Sabbats oder am Ausgang des
Versöhnungstages stirbt, endlich wenn er an Unterleibskrankheit
(חלי מעים) stirbt, weil die meisten Chachamim an dieser leiden. Als böses
Zeichen betrachtet man es, wenn Jemand unter dem Weinen der
Seinigen scheidet, wenn sein Angesicht im Sterben nach unten oder
gegen die Wand gekehrt ist, wenn es nach dem Tode gelblich blaß
aussieht, wenn man am Ende des Sabbats oder am Anfang des
Versöhnungstages stirbt *Kethuboth* 103ᵇ.

3. Ueber den Zustand des Leibes und sein Verhältnis zu der
Seele lehrt *Schabbath* 152ᵇ, daß der Leichnam den Wurm empfinde,
der an ihm nagt, ja daß ihm ein Bewußtsein eigne, welches nach
der Meinung Einiger so lange währt, bis die Bahrdecke den Sarg
bedeckt, nach Anderen aber so lange, bis der Leib verwest ist.
Dabei besteht ein Unterschied: die Leiber der Gerechten und der
Mittelmäßigen ruhen im Frieden; die Leiber der Gottlosen haben
keinen Frieden, a. a. O. und *Kethuboth* 104ᵃ. Die Leiber der Gottlosen
zerfallen bald, die der Gerechten aber erst eine Stunde vor der
Auferstehung. — Eine andere Eigentümlichkeit des Todeszustandes
ist ein schattenhaftes Dasein. *Beracholh* 18ᵇ wird die Frage erörtert, ob die Todten mit einander reden מספרים זה עם זה, und erzählt, wie Mädchen sich in der Neujahrsnacht im Grabe mit einander
unterhielten, wie Seëri seine auf dem Begräbnisplatze erschienene
Wirthin nach seinem Gelde fragte u. s. w. *Schabbath* 152ᵇ berichtet
ein Zwiegespräch zwischen Achai bar Josia, der todt im Grabe lag,

und Bar Nachman. *Jalkut Schim., Beresch.* 15 sagt, daß Adam und
die Patriarchen in ihren Grabhöhlen eine schattenhafte Existenz
führen. Hieran reihen sich die Erzählungen von Todtenauschauungen
z. B. *Moëd katon* 28ª. *Kohel. rabba* 79ª. „R. Seêra begehrte den
R. Jose b. Rabbi Chanina zu sehen, und er erschien ihm." Beide unterhielten sich dann über abgeschiedene große Rabbinen. Als R. Jehuda starb, versprach er, jeden Freitag Abend den Seinen zu erscheinen und ordnete an, daß man die Sabbatlampe anzünde, das
Mahl bereite und das Lager zurecht mache *Kethuboth* 103ª. So ergibt
sich, daß der Zusammenhang der Seele mit dem Leibe, also diese
irdische Existenzweise in dem Bewußtsein des Judentums höher geschätzt und darum fester gehalten wird, als die Hoffnung auf eine
Vereinigung der Seele mit Gott. Selbst die Seelen der Gerechten
scheiden nur allmählich ganz vom Leibe, die Seelen der Anderen
suchen ihn immer wieder. Es spiegelt sich darin die Ungewißheit
des Heils nach dem Tode ab: an der Erde hält fest, wer des Himmels nicht gewiß ist. Der Eingang in den Himmel ist nur Wenigen
gewiß; die Mehrzahl ist mit dem Tod noch nicht reif für den
Himmel, und doch soll sie nicht absolut von ihm ausgeschlossen
sein. Damit sind wir auf einen Zwischenzustand hingewiesen, ein
Stadium zwischen Tod und ewigem Leben, das der letzten Vollendung
dient.

§ 74. Der Aufenthalt der Seelen im Gehinnom.

Das gemein religiöse Bewußtsein verweist die Seelen, wenn sie
abscheiden, in den Scheol als ihren nunmehrigen Aufenthaltsort. Nur
diejenigen, welche bei ihrem Abscheiden vollendete Gerechte sind,
steigen auf zu Gott und empfangen ihr Theil im Himmel. Der
Scheol aber ist in der talmudisch-midrasischen Theologie von dem
Gehinnom nicht zu unterscheiden. Unter sieben Namen des letzteren
nennt *Erubin* 19ª als ersten Scheol. Die mittelalterliche kabbalistische
Theologie, welcher Eisenmenger folgt, theilt den Scheol in zwei
Theile, das Gehinnom und das untere Paradies, welches letztere
vom himmlischen unterschieden wird. Auch Luc. 16, 22 ff. glaubt
man eine solche Unterscheidung aus alter Zeit her annehmen zu
dürfen. Aber mit Unrecht. Denn hier sind Hades und Paradies
durch eine unübersteigliche Kluft wie zwischen Himmel und Erde
getrennt, in der Kabbala dagegen Gehinnom und unteres Paradies

nur durch eine Wand, und die Hölle erscheint wie ein das Paradies
umgebender Vorhof, den auch die Gerechten durchschreiten müssen,
um in das Paradies zu gelangen. Davon weiß die ältere Anschauung
nichts. Die ältere Auffassung kennt nur ein Gehinnom für die Gottlosen und ein Gan Eden für die Gerechten, keinen Zwischenort
zwischen beiden; *Chagiga* 15ᵃ: „Er hat Gerechte geschaffen, er hat
Gottlose geschaffen; er hat Gan Eden geschaffen, er hat geschaffen
Gehinnom; Jeder hat zwei Theile, einen in Gan Eden, einen in
Gehinnom. Ist der Gerechte (im Tod) würdig befunden worden זָכָה,
so empfängt er seinen Theil und des Anderen (des Gottlosen) in
Gan Eden; ist der Gottlose (beim Abscheiden) schuldig befunden
worden נתחייב, so nimmt er seinen und des (gerechten) Genossen
Theil im Gehinnom."

Das Gehinnom hat seinen Namen nach Kimchi (zu Ps. 27, 13)
von dem Thale Hinnom bei Jerusalem, wohin man alles Unreine,
besonders alle Gebeine zu bringen pflegte, wo man auch ein be-
ständiges Feuer unterhielt, um das Unreine zu verbrennen. Das
Gehinnom ist also der Ort für die Unreinen, wie Gan Eden der
Ort für die Reinen, und die Bestimmung mit welcher die Seelen
hinabsteigen ist die, von diesem Feuer entweder gereinigt oder verzehrt zu werden; die erstere Bestimmung gilt für die Glieder des
Hauses Israel, die letztere für die Heiden (§ 88). Die Hauptstelle
über die vom Hause Israel ist *Rosch haschschana* 16ᵇ. 17ᵃ. In
Erubin 19ᵃ sprach Resch Lakisch, über die Abtrünnigen Israels,
und in *Chagiga* 27ᵃ R. Elieser, über die Gesetzesgelehrten habe das
Feuer des Gehinnom keine Gewalt אין שולטת בם. Der *Jalkut Chadasch*,
der die erstere Stelle 55ᶜ commentirt, setzt zu אין שׁ ׳לבם hinzu בלבם
sie zu vernichten. Die Voraussetzung für den Gedanken, daß das
Gehinnom für Israel ein Purgatorium sei, bildet die Anschauung,
daß alle mit der Beschneidung als dem Zeichen des Bundes Ver-
sehenen nicht ewig von Gott geschieden bleiben, sondern schließlich
der Gemeinde Gottes wieder hinzugefügt werden sollen. *Jalkut
Schim., Beresch.* 106 stellt den Satz auf, daß die Beschneidung
Israel künftig aus dem Gehinnom erlösen werde. Im Abschnitt 19 heißt
es sogar, daß Alle im Tode in den Scheol hinabsteigen, einst aber
in den Himmel, und 31, Alles werde am Ende wiederhergestellt,
außer der alten Schlange (S. 243) und den Gibeoniten. *Tanchuma,
Lech Lecha* sagt: kein Beschnittener soll (für immer) in das Gehinnom steigen; wer Gott verleugnet hat (und somit ewiger Höllen-

strafe theilhaft werden soll), denn zieht Gott erst die מילה hinauf
(ἐπισπᾷ); dann erst stößt er ihn ins Gehinnom. Vgl. oben S. 256.
Selbst alle die werden schließlich am Heil Theil haben, welche nach der
Schrift dem gerechten Strafgericht Gottes verfallen und vertilgt worden sind; nach *Bammidbar rabba* c. 16 vgl. c. 19 wird das Geschlecht der Wüste künftig Theil haben am Erbe Israels; nach c. 18
steigt die Rotte Korah zuletzt aus dem Scheol herauf; nach c. 23 vgl.
Tanchuma, Wajjescheb 2 hat Achan Theil an der zukünftigen Welt,
wie auch Jakob mit Esau wieder vereinigt sein wird *Tanchuma,
Wajjikchu* 9. *Debarim rabba* c. 2 läßt Manasse zuletzt noch aus
dem Gehinnom zur himmlischen Herrlichkeit hinaufsteigen, wenn auch
unter dem Widerspruch der Engel, weshalb er heimlich durch eine
Lücke, die ihm aufgethan wird, in den Himmel eingeht; heißt es
daher ein andermal *Bammidbar rabba* c. 13 von ihm, wie von
Anderen, er habe keinen Theil am zukünftigen Leben, so kann,
wenn man nicht verschiedene Ansichten und Inconsequenzen im Einzelnen annehmen will, damit nur gemeint sein, daß er nicht als Gerechter im Tode zu Gott eingehen durfte, sondern erst durch die
Pein der Hölle hindurchzugehen hatte.

In der Hölle erleiden diejenigen, welche hier noch nicht als
gerecht befunden worden sind, die Pein des Feuers, und diese Pein
ist ihre Buße. *Erubin* 19ª wird gefragt, ob die פושעים an den
Pforten des Gehinnom Buße thun; die Frage wird bejaht: als Büßer
gehen sie in das Gehinnom ein. Da wo von Manasse *Debarim rabba*
c. 2 gesagt wird, daß auch er am Ende erlöst werde, heißt es,
Allen stehe der Weg der Buße offen: der Weg Manasse's durch das
Gehinnom zum Himmel ist der Weg der Buße. Die Gottlosen müssen
in der Hölle bezahlen was das Recht erfordert. *Beresch. rabba*
c. 11 heißt es von denen, die in der Hölle sind, daß sie alle Tage
der Woche hindurch das Gericht erleiden (נידונין); aber am Sabbat
ruhen sie נוחין. Der Frevler weiß wofür er im Gehinnom leidet;
denn (*Sifre* 133ª) im Tode sind ihm seine (im Leben nicht ge-
sühnten) Sünden einzeln namhaft gemacht worden פורעים, und er hat
sie, ehe er hinfuhr, anerkennen müssen. Diese Buße dauert nach
Edijoth II, 10. *Pesikta* 97ᵇ. *Echa rabba* 48ª im Allgemeinen zwölf Monate lang, sechs Monate in der Gluth und sechs Monate in der
Kälte. Die zwölfmonatliche Dauer scheint aus der Analogie des
Gehinnom mit der Sintfluth, welche zwölf Monate währte, entstanden zu
sein. *Beresch. rabba* 28 sagt, das Geschlecht der Fluth habe durch˙

sie sein דין empfangen, der Regen habe zugleich etwas vom Feuer
an sich gehabt; deshalb habe das Geschlecht der Fluth auch Theil
an der zukünftigen Welt. Nach *Edijoth* II, 10 ist die zwölfmonatliche
Dauer für Gerichtszeiten überhaupt typisch; auch das Gericht über
Hiob, Aegypten, Gog und Magog dauert zwölf Monate. Die Strafe
kann jedoch auch kürzere oder längere Zeit in Anspruch nehmen.
Woher aber nimmt der Frevler, wenn er im Gehinnom ist, die
Würdigkeit für den Gan Eden? Zunächst von der Beschneidung,
vgl. *Jalk. Schim., Jesaja* 269. Nach *Erubin* 19ª steigt Abraham hinab
und holt die Büßer herauf בסים und nimmt sie auf מקבל. *Jalkut
chadasch* 35 führt diese Ueberlieferung weiter so aus: „Danach,
wenn die Gottlosen gebüßt haben, fährt Abraham in das Gehinnom
hinab, er, welcher alle Gebote gehalten hat und um den Namen
Gottes zu heiligen sich in das Feuer der Chaldäer איר בשדים hat
werfen lassen, und holt sie durch sein Verdienst heraus ובזכותי כילה
כשם איים um das zu vollziehen, was ihm zwischen den Stücken
(Gen. 15) verheißen worden ist; denn der Heilige hat ihm das Exil
und die Hölle gezeigt, und er hat das Exil erwählt, damit seine
Kinder aus der Hölle erlöst würden." Wir erinnern aber auch an
Aussprüche wie *Erubin* 19ª. *Sanhedrin* 39ª u. ö., daß selbst die Ge-
ringsten in Israel שבך ריקנין voll seien von מצוות wie ein Granat-
apfel von Kernen, daß auch die ביגדים in Israel noch einen ריח
haben d. i. daß auch die Abtrünnigen Gott wolgefallen, wenn er der
מצוה gedenke, die auch sie verrichten. Und so ist es begründet,
wenn *Jalkut Schimeoni* 88ᶜ überliefert ist: Die Gottlosen werden in
der Hölle zwölf Monate lang gestraft; danach kommen die Gerechten
und sagen: Herr der Welt, das sind die, welche früh und spät in
die Synagoge gegangen sind und das Höre Israel gelesen, die Gebete verrichtet, auch die übrigen Gebote gethan haben. Hierauf
spricht der Heilige: Wenn dem so ist, so gehet hin und heilet sie.
Sofort gehen die Gerechten hin, treten auf die Asche der Gottlosen
und bitten für sie um Erbarmen, und der Heilige macht, daß sie
aus ihrer Asche, welche unter den Fußsohlen der Gerechten ist,
auf ihre Füße treten, und führt sie zum ewigen Leben, nach Mal.
3, 21. Dies Alles ist verständlich, wenn man im Auge behält, daß
die „Gottlosen" im Gegensatz zu den „Gerechten" diejenigen sind,
bei welchen das Maß der Gesetzeserfüllung nur hinter den Uebertretungen zurückbleibt, die עבירות die מצוות weit überwiegen, die
erfüllten מצוית überall zu den leichten gehören (*Sifre* 133ª),

während ihre צבדיות schwer sind, und die guten Werke ganz fehlen. Hier ist keine ביאה zum Himmelreich, es sei denn daß erst
die Uebertretungen gebüßt sind und die מצות dann sich geltend
machen können, und daß diese durch das Verdienst Abrahams ergänzt werden; aber der Unterschied ist doch nur ein gradueller.

Alle (Israeliten), sagt *Baba mezia*, welche in das Gehinnom
hinabsteigen, steigen herauf (in das Gan Eden), mit Ausnahme von
dreien, welche nicht heraufsteigen, nämlich mit Ausnahme des Ehe-
brechers, dessen der den Nächsten beschämt und dessen der dem
Nächsten einen schimpflichen Namen beilegt.

§ 75. Das Loos der Seligen im Gan Eden.

Das Paradies ist für die Gerechten bestimmt, um ihnen hier
den Lohn ihrer Werke zu geben. Es ist nach *Pesachim* 54ᵃ und
Nedarim 39ᵇ vor der Welt erschaffen, das heißt, es bildet einen
Bestandtheil des ewigen Heilsrathschlusses Gottes; denn hier kommt,
wenigstens zunächst für die Einzelnen, die Heilsmittheilung zu ihrem
Abschluß. In der spätern jüdischen Theologie hat es sieben Namen.
Es heißt nach 1 Sam. 25, 29 צרור החיים, weil hier diejenigen vereinigt werden, welche des ewigen Lebens theilhaftig geworden sind,
nach Ps. 15, 1. 2 das Zelt Jehova's und der heilige Berg, nach Ps.
24, 3. 4 der Berg Jehova's und der heilige Ort, nach Ps. 84, 11
Vorhöfe und Haus des Herrn. Die Mehrzahl dieser Namen weist
darauf hin, daß das Paradies die Stätte ist, wo Gott sich den Gerechten zur Gemeinschaft dargibt, und die Gerechten seiner Anbetung sich weihen. In der That sagt *Chagiga* 14ᵇ, daß Rabbi
Akiba, als er mit Anderen in das Paradies eindrang, gewürdigt
worden sei die Herrlichkeit Gottes zu genießen. Auch der Midrasch
zu den Psalmen (11, 7) sagt von den Bewohnern des Paradieses,
daß sie das Angesicht Gottes sehen. Diese Gemeinschaft ist eine
so innige und unmittelbare, daß die Gerechten Gott näher als die
Engel sind (S. 158) und daß *Sifra* 225ᵃ gesagt wird: Künftig wird
der Heilige, gebenedeit sei er, mit den Gerechten im Paradiese
lustwandeln. Die Gerechten sehen ihn und erbeben vor ihm, er aber
sagt zu ihnen: Siehe ich bin wie euer Einer (כמוכם) geworden.
Taanith 31ᵃ u. *Midrasch* zu Koh. 1, 11 ist die Rede von dem Reigen der
Gerechten im Paradiese; daran nimmt Gott Antheil. *Wajjikra rabba*
c. 11 sagt, einst werde der Heilige, g. E., das Haupt bei dem Reigen der

Gerechten sein (Ps. 48, 14), und der Ausleger bemerkt dazu: er
wird gehen und tanzen an ihrer Spitze und sie führen. Die Späteren, welche dies weiter ausmalen, verlegen diesen Reigen ausdrücklich in das Paradies. Dagegen bethätigen die Gerechten ihre Gemeinschaft mit Gott durch stetes Lob Gottes, mit allen Engeln wie
mit den Bewohnern des Gehinnom wetteifernd *Wajjikra rabba* c. 6.
Betrachten wir nun die Herrlichkeit des Paradieses, wie sie
Jalkut Schim., Beresch. 20 beschrieben wird. Zwei Pforten von Rubin
führen in das Paradies; über denselben stehen sechzig Myriaden
heiliger Engel, und eines jeglichen Angesicht glänzt wie der Glanz
des Himmels. Wenn nun ein Gerechter kommt, so ziehen sie ihm
die Todtenkleider aus und ziehen ihm acht Kleider an von den
Wolken der Herrlichkeit und setzen ihm zwei Kronen auf sein Haupt,
deren eine von Perlen und Edelgestein, deren andere aus Gold von
Parvaim (2 Chron. 3, 6) ist; auch geben sie ihm acht Myrthen in seine
Hand, preisen ihn und sagen zu ihm: Gehe hin, iß dein Brod mit
Freuden. Sie führen ihn an einen Ort, wo Wasserbäche fließen, umgeben von achthundert Arten von Rosen und Myrthen; und Jeder hat
ein Zelt für sich, je nach dem Grade seiner Herrlichkeit Jes. 4). Und
es fließen daraus hervor vier Flüsse, einer voll Milch, einer voll
Wein, einer voll Balsam und einer voll Honig. Ueber jedem Zelte
ist ein goldener Weinstock, und daran sind dreißig Perlen, deren
jede wie der Morgenstern glänzt. Unter jedem Zelte aber steht ein Tisch
von Edelgestein und Perlen, und sechzig Engel stehen über dem
Haupte jedes Gerechten und sprechen zu ihm: Gehe hin und iß
Honig mit Freuden; denn du hast das Gesetz studirt, welches süßer
denn Honig und Honigseim ist (Ps. 19, 11); trinke den Wein der in
seinen Trauben seit der Schöpfung aufgehoben ist, denn du hast in
dem Gesetz studirt, das dem Weine gleicht (Hohesl. 8, 2). Und der
Häßlichste unter ihnen ist (so schön) wie Joseph (Rabbi Jochanan,
vgl. *Baba mezia* 84ᵃ) an Gestalt. Stücke von silbernen Granatäpfeln
sind gegen die Sonne ringsherum gehängt, und es ist keine Nacht
bei ihnen (Spr. 4, 18). Es wird auch Jeder in den drei Nachtwachen
erneuert. In der ersten wird er klein und gehet an den Ort, wo
die kleinen Kinder sind und freut sich wie die kleinen Kinder sich
freuen; in der zweiten wird er ein Jüngling und geht an den Ort
der Jünglinge und freut sich wie die Jünglinge sich freuen. In der
dritten wird er alt und gehet an den Ort der Alten und freut sich
wie die Alten. Es sind auch in dem Paradiese 800,000 Arten von

Bäumen in allen seinen Ecken, und der geringste unter ihnen ist
mehr zu preisen als alle Gewürzbäume. In jeder Ecke sind sechzig
Myriaden heiliger Engel, die mit lieblicher Stimme singen. Und in
der Mitte ist der Baum des Lebens, dessen Aeste das ganze Paradies bedecken. Er hat 500,000 Arten von Geschmack, von denen
keiner dem andern gleicht; auch ist der Geruch bei jedem anders
als bei dem andern. Sieben Wolken der Herrlichkeit breiten sich
über dem Baume aus, und man schlägt von vier Seiten her an seine
Aeste, damit sein Geruch von dem einen Ende der Welt bis zum
andern wehe. — Man sieht aus dieser Beschreibung, daß die Paradiesesfreuden nicht als bloß geistige aufgefaßt werden. So kann es
nicht befremden, daß *Aboda sara* 65ᵃ in einem Gespräch mit einem
wollüstigen Heiden Rabba die Freuden des Paradieses in Vergleich
bringt mit der Sinneslust des Heiden, die nach seiner Hoffnung von
den Paradiesesfreuden übertroffen werden wird.

Innerhalb dieser Paradiesesherrlichkeit nun gibt es nach dem
Grade der Würdigkeit Abstufungen, vgl. *Baba bathra* 75ᵃ. Auch nach
Schabb. 152ᵃ wird jedem Gerechten eine Wohnung nach dem Grade
seiner Herrlichkeit gemacht. Nach dem Midrasch zu Ps. 11, 7 gibt
es im Paradiese sieben Ordnungen der Gerechten. Die vornehmsten
derselben sind diejenigen, welche das Angesicht der Schechina sehen.
Dies ist der Haufe der Frommen von denen gesagt ist: die Frommen werden sein Angesicht schauen. Ps. 140, 13 (die Frommen
werden vor deinem Angesicht bleiben) deutet auf die sieben Ordnungen der Gerechten. Denn Dan. 12, 3 stehet geschrieben: „Die
Weisen (משכילים) werden leuchten wie der Glanz des Firmaments.“
Sie leuchten also wie Sonne und Mond, wie das Firmament, wie die
Sterne und Blitze, Lilien und Fackeln. Die erste Ordnung sitzt
vor dem König und sichet des Königs Angesicht nach Ps. 140, 13.
11, 7. Von dem zweiten Haufen heißt es Ps. 84, 5: Wol denen,
die in deinem Hause wohnen. Vom dritten Haufen sagt Ps. 24, 3:
Wer wird auf den Berg des Herrn gehen? Vom vierten Haufen
lesen wir Ps. 65, 5: Wol dem, den du erwählest und zu dir lässest;
Ps. 15, 1 vom fünften: Herr, wer wird wohnen in deiner Hütte?
und vom sechsten: Wer wird bleiben auf deinem heiligem Berge?
Vom siebenten sagt Ps. 24, 3: Wer wird stehen an seinem heiligen
Orte? Jede dieser Ordnungen hat ihre besonderen Wohnungen im
Paradiese. Vgl. *Wajjikra rabba* c. 30.

Den äußeren Umfang des Paradieses sucht *Taanith* 10ᵃ im Ver-

hältnis zur Welt und zur Hölle zu bestimmen. „Unsere Rabbinen
haben überliefert: Aegypten ist 400 Parasangen lang und breit,
und es ist nur so groß wie der 60. Theil von Kusch, und Kusch
ist der 60. Theil der Welt, und die Welt ist der 60. Theil
des Gartens, und der Garten der 60. Theil Edens, und Eden der
60. Theil der Hölle. Man findet also, daß die ganze Welt hinsichtlich der Größe nur ist wie der Deckel eines Topfes im
Verhältnis zu der Hölle. Einige sagen, es gebe gar kein Maß
für die Hölle, andere meinen, es gebe kein Maß für das Paradies.“
Was aber das innere Verhältnis zwischen Paradies und Hölle anlangt, so sagt *Wajjikra rabba* c. 6, daß die Thränen der Gerechten
die Pein der Hölle kühlen, und daß die Einwohner der Hölle mit
denen des Paradieses das Geschäft gemein haben, Gott zu loben.
Beide Welten sind also trotz des Gegensatzes gegen einander doch
in Beziehung zu einander, bis zuletzt die absolute Scheidung erfolgt.

Cap. XXII. Die Erlösung Israels durch den Messias.

§ 76. Der Messias.

1. Zu dem, was Gott vor der Welt geschaffen hat, gehört nach
Beresch. rabba c. 1 auch der Name des Messias. Er ist ein wesentlicher Bestandtheil des göttlichen Heilsrathschlusses. Denn es ist die
Bestimmung des Messias, am Ende der Weltgeschichte, wenn alle
präexistenten Seelen in menschliches Dasein eingetreten sein werden,
gleichfalls hervorzutreten und sie zum Abschluß, Israel zu der von
Gott gewollten Vollendung zu bringen. Seine Ankunft ist der Gegenstand des Glaubens und Hoffens und unablässigen Betens Israels.
In dem Gebet der achtzehn Segnungen wird in der ersten Beracha
um das Erscheinen des Goël gefleht. Der Goël ist aber der Messias
(z. B. *Beresch. rabba* c. 85 גיאל אתריך). Zunz setzt den Ursprung der
drei ersten und drei letzten Beracboth in die Zeit des zweiten Tempels
(Gottesd. Vorträge 367). Es ist somit die Hoffnung auf den Messias
und das Gebet um denselben ein wesentlicher Bestandtheil altjüdischer Religion und Theologie.

Die Vorbedingung für die Erscheinung des Messias sind Buße
und gute Werke. *Sanhedrin* 97[b] sagt: Alle Termine (an denen der
Messias hat kommen sollen) sind abgelaufen (ohne daß er kam), nun
hängt die Sache (seine Ankunft) nur noch an der Buße und den

guten Werken Israels. R. Elieser spricht: Thut Israel Buße, so werden
sie erlöst, wo nicht, so werden sie nicht erlöst. R. Josua sagt zu
ihm: Wenn sie nicht Buße thun, werden sie nicht erlöst; allein
der Heilige setzt ihnen einen König, dessen Maßregeln härter sind
als die Hamans: dann thut Israel Buße, und er bringt sie zur Bes-
serung. *Pesikta* 103^b: Wenn ganz Israel zusammen einen Tag lang
gemeinsam Buße thäte, so würde die Erlösung durch den Messias
erfolgen. *Beresch. rabba* c. 2: Der Geist des Messias wird wehen
am Ende des römischen Reiches; er wird kommen בזכות תשובה,
wenn Israel durch Buße des Messias sich würdig gemacht hat. Die
ungerechten Richter, die stolzen Geister, das tyrannische Regiment
muß weg sein ehe die Erlösung kommt *Sanhedrin* 98^a; מדת הדין
das richterliche Verhalten Gottes erlaubt sonst das Kommen des
Messias nicht c. 35. Israel muß erst vollständig zur Erkenntnis seiner Sünde kommen und diese auch vollkommen durch Leiden ab-
büßen, nach *Pesikta* 48^a durch das Exil unter allen 70 Völkern der
Welt. — Zur Buße aber kommt der Eifer in der Gesetzeserfüllung.
Wajjikra rabba c. 3 sagt, Israel werde nicht erlöst, außer בזכות שבת
d. i. bis es sich durch die Erfüllung des Sabbatgebots der Erlösung
würdig gemacht hat; *Schabbath* 118^b, wenn Israel nur zwei Sabbate
hielte, wie es sich gebührt, so würden sie sofort erlöst; ja *Wajjikra
rabba* c. 2, wenn Israel den Sabbat auch nur einmal vollständig heiligte. Ist hier auf den Sabbat besonderes Gewicht gelegt, so ist
das Kommen des Messias nach c. 63 durch das Verdienst Israels im
Allgemeinen bedingt. Es hängt (*Sanhedr.* 98^a) von Israels זכות ab,
ob Messias eher oder später, herrlich oder in Niedrigkeit komme.
Die Sabbatserfüllung wird hervorgehoben als die schwerste Leistung,
wenn sie vollständig sein soll. Wo sie vorhanden ist, da wird sicher
auch das ganze andere Gesetz gehalten. Wird es dahin kommen?
Es lautet wie eine Verzweiflung daran und wie eine Kritik des
eigenen Princips, welches die Erlösung von der vollkommenen Würdigkeit abhängig macht, wenn *Pesikta* 52^a sagt, Israel würde nicht
erlöst, wenn Gott sich nicht selbst durch einen Eid gebunden hätte,
und wenn *Sanhedrin* 98^a erklärt, das Geschlecht müsse entweder ganz זכאי oder ganz חייב sein, wenn der Messias kommen
solle. In *Sanhedrin* 97^a scheint Letzteres angenommen zu sein.

2. Man nimmt an, daß die Weltzeit den Tagen der Woche
entsprechend sechs Jahrtausende umschließt, denen der ewige Sabbat
folgt. Sie werden *Aboda sara* 9^a und *Sanhedrin* 97^a so eingetheilt,

daß die ersten zwei die Zeit ohne Gesetz (חיהו), das dritte und vierte
die unter dem Gesetze (תורה), gezählt von der Zeit an, wo Abraham
in Harran die Thora lehrte, und das dritte Paar die Tage des Messias ימות המשיח umfassen. Nach *Sanhedrin* 97ª ist das siebente
Jahrtausend dem שביעית (Erlaßjahr) zu vergleichen. Daß von den
Tagen des Messias schon viele abgelaufen sind ohne daß der Messias
erschien, ist Folge der Sünde Israels, *Joma* 20: Warum kommt der
Messias nicht? Weil selbst in der Nacht des Versöhnungstages
so viele Jungfrauen in Nehardea geschwächt werden. Genauer
rechnet man den Beginn der Tage des Messias vom Jahre 172 nach
der Zerstörung des Tempels an, da diese im Jahre 3828 nach Erschaffung der Welt erfolgte. Von da an suchte man die Zeit der
Ankunft des Messias zu bestimmen, *Aboda sara* 9ᵇ: R. Chananja
sagt: Wenn Jemand dir 400 Jahre nach der Zerstörung des Tempels
sagen würde: Kaufe dieses Feld für 1 Denar, obschon es 1000
Denar werth ist — so kaufe es nicht; denn in dieser Zeit wird der
Messias kommen, und wir werden erlöst werden; warum sollst du
einen Denar verlieren? Eine andere Stelle gibt denselben Rath für
das Jahr 4231 nach Erschaffung der Welt; zwischen beiden Annahmen aber, wird a. a. O. angemerkt, ist ein Unterschied von drei
Jahren. Nach *Sanhedrin* 97ᵇ währt die Welt 85 Jobelperioden ==
4250 Jahre; in der letzten derselben soll der Messias kommen.
Einer fand eine Rolle, worauf stand, 4291 Jahre nach der Erschaffung der Welt beginne die Zeit des Messias, a. a. O.; daselbst
werden noch andere Versuche zur Berechnung gemacht; sie miß-
lingen aber, und die Erörterung geht in die Mahnung aus, weiter
zu hoffen und zu harren. Dazu wird gesagt, Gott halte das Kommen
des Messias auf, um Israel für sein längeres Hoffen und Harren um
so größeren Lohn zu geben. Der Verzicht auf alle nähere Bestimmung
spricht sich *Beresch. rabba* c. 24. *Wajjikra rabba* c. 15. *Jebamoth*
62ª. *Aboda sara* 5ª in dem Satze aus, Messias komme nicht eher,
als bis alle Seelen die im גיה הגשמיה weilen und im כפר תילדות des
Adam (nach *Schemoth rabba* c. 39 vgl. *Aboda sara* 5ª einem Verzeichnis aller Geschlechter von Anfang bis zur Auferstehung der
Todten) enthalten seien, durch Verbindung mit menschlichen Leibern
in menschliches Dasein getreten sind: damit wird nur allgemein gesagt, daß die Ankunft des Messias den Schluß der Weltgeschichte
einleitet, vgl. Tob. 14, 5. Das Targum zu Koh. 7, 25 sagt daher:
Es ist ein Geheimnis (רז) an welchem Tage der König Messias kom-

men wird vgl. 4 Esr. 6, 7—10. 13, 51. 52. Nur daß er an einem
Sabbat komme, schließt *Erubin* 43ᵃ aus, weil auch im Himmel, wo der
Messias präexistirt, die Techûmim (Sabbatgrenzen) beobachtet werden.
Dagegen wird es Anzeichen seiner Ankunft geben, innerhalb
der Völkerwelt und innerhalb der Gemeinde Israels. Die dem Messias
vorangehende Zeit wird eine Zeit der Auflösung für die Völkerwelt sein, die Zeit der חֶבְלֵי הַמָּשִׁיחַ *Schabbath* 118ᵃ vgl. Ev. Matth.
24, 8. Unter Wehen wird der Messias geboren. Ein Reich ist
wider das andere; so zerrütten sie einander *Beresch. rabba* c. 42.
Jalkut Schim., Beresch. 72. Dazu kommen Plagen für die Menschheit, unter denen auch Israel leidet: Schwert, Hunger, Seuchen,
Wirrsal aller Art, 4 Esr. 15, 5. 16, 21 f. 33 ff. *Sota* IX, 15. *Pesikta rabba* 2ᵃ. 28ᶜ; zuletzt Erdbeben und andere schreckliche Natur-
erscheinungen 4 Esr. 16, 12. 15, 34 ff. In der letzten Jahrwoche der
Welt, ehe Davids Sohn kommt, hat jedes Jahr seine eigene Plage,
bis endlich beim Ausgang des siebenten Jahres der Messias kommt
Sanhedrin 97ᵃ. In diesen Zeiten der Wehen und der Bedräng-
nisse (צרות) wird Israel errettet werden durch Hingabe an die Thora
und die Werke der Barmherzigkeit, a. a. O. 98ᵇ. — Aber auch
in Israel selbst ist, wenn der Messias kommt, Alles aufs Tiefste
herabgekommen. Es ist ganz schuldig חייב; die Sitten sind verfallen, *Sota* IX, 15: kurz vor Ankunft des Messias wird die Scham-
losigkeit sich mehren; ausgezeichnete Männer werden von Stadt zu
Stadt gehen und keine Gnade finden, vgl. *Schir rabba* 15ᶜ. *Sanhedrin* 77ᵃ; der Sohn wird den Vater verspotten, die Tochter sich
wider die Mutter erheben, die Schnur gegen die Schwieger; die
eigenen Hausgenossen werden Feinde sein; das Ansehen des Zeitalters ist wie das eines Hundes (פני הדור כפני הכלב); keine Treue,
keine Wahrheit wird mehr gefunden, *Sota* a. a. O.; dagegen treten
falsche Messiasse auf *Sanhedrin* a. a. O. Die Weisheit der Schriftgelehrten wird verachtet und die sich vor Sünden fürchten werden
verspottet, die Thora wird nicht mehr studirt werden. Alles verarmt,
verfällt der Ketzerei und gibt die Hoffnung auf den Messias auf
Sanhedrin 96ᵇ. — Hier übt die Prophetie Gericht über die
Theologie der Gesetzesgerechtigkeit, indem sie bekennt, daß nur
Gottes Eid die Erlösung verbürge, wie oben in der Soteriologie dem
זכות das חם gegenüber trat. Unsere Darstellung würde nicht vollständig sein, wenn sie diese Selbstkritik des Systems verschwiege.

§ 77. Elia, der Vorläufer des Messias.

Bei dieser Antinomie, daß im Geiste des Systems als Vorbedingung der Erlösung die Buße und Gesetzeserfüllung, also die Würdigkeit für die Erscheinung des Messias, genannt war, und doch die Zeit vor der Ankunft des Messias als eine Zeit tiefsten sittlichen Verfalls geschildert wird, kann der religiöse Geist des Judentums nicht verharren. Die Lösung liegt in der Lehre von der dem Messias vorangehenden Erscheinung und Wirksamkeit des Elia. Daß Elia dem Messias vorangehen werde ist Schriftlehre Mal. 3, 23. Demgemäß lehrten die Schriftgelehrten, Elia müsse zuvor kommen, ehe der Messias kommen könne, vgl. Ev. Matth. 17, 10. 11; 11, 14. Auf seine Ankunft weist schon Sirach voll Sehnsucht hin 48, 10. 11. Das *Targum jer.* I zu Ex. 40, 10 nennt Elia den Hohenpriester, welcher am Ende des Exils gesandt werden soll. Von der Zeit seiner Erscheinung sagt eine Ueberlieferung im *Jalkut Schimeoni* zu Jesaja, fol. 53ᶜ: In der Zeit, da der Heilige, gebenedeit sei Er, Israel erlöst, drei Tage, ehe der Messias kommt, erscheint Elia. Nach *Erubin* 43ᵃ wird er nicht an einem Freitag kommen, um dem Volke in den Vorarbeiten für den Sabbat nicht hinderlich zu sein. Wenn er aber kommt, so wird er seine Ankunft erst beim hohen Rathe (בית דין הגדול) anzeigen (vgl. Ev. Joh. 1, 19 ff.). Auch erhebt er seine Stimme auf den Bergen Israels, wenn er der Welt den Frieden verkündet, so laut, daß man sie von einem Ende der Erde bis zum andern hört, *Jalkut* a. a. O.

Seine Thätigkeit wird die Wegbereitung sein, welche der Prophet von ihm weissagt. Nach *Edijoth* I, 5 wird er die Abstammung der Familien (ייחוס) aufhellen, so daß jede Familie wissen wird, welchem Stamme, Geschlechte und Hause sie angehört. Nach *Kidduschin* 71ᵃ wird er Alle, die nicht reiner Abstammung sind (ממזרים *filios spurios*), reinigen, damit sie der Gemeinde Gottes hinzugefügt werden können. Diese Thätigkeit hat auch Sirach schon (48, 11) angegeben, wenn er von Elia ein καταστῆσαι φυλὰς Ἰακώβ aussagt. Sie liegt auch in ἀποκαθιστάνει Ev. Marc. 9, 12 und in דְּקֵם האיבמה, womit R. Saadia Gaon im 8. Tractat seiner Glaubenslehre die Thätigkeit des Elia bezeichnet. Neben dieser auf die äußere Wiederherstellung des Volkes gerichteten Thätigkeit wird aber Elias den religiös-sittlichen Zustand des Volkes zu reformiren streben. Trotz aller Arbeit, welche die Weisen bis dahin an die Thora gewendet haben, ist doch

Vieles ungelöst geblieben und Vieles aus der Rechtspflege ist streitig. Zufolge *Edijoth* I, 5. *Menachoth* 45ᵃ vgl. oben S. 102 wird Elia alle Streitigkeiten schlichten. Bis dahin bleiben nicht bloß Gesetzesfragen sondern auch Rechtssachen unerledigt, die Elia ordnen wird. *Baba mezia* III, 4 lautet z. B. eine Formel: (das Geld, um welches zwei sich streiten) bleibe deponirt (מונח), bis daß Elia kommt. Die Hauptsache aber ist, daß Elia Israel zur Buße anleitet, und zwar zu einer Buße, welche die große heißt, *Pirke de-R. Elieser* c. 43: Israel wird nicht eher die große Buße vollbringen, als bis Elia kommt. Das erinnert an Ev. Luc. 1, 16. 17 vgl. Mal. 3, 24. Dies wird die andere, die innere Seite des ἀποκαθιστᾶν Marc. 9, 12 sein: die sittliche Wiederherstellung des Volkes, welche R. Saadia Gaon a. a. O. תקּנה nennt. So wird dem Messias der Weg bereitet d. i. von Steinen gereinigt בסיקל הדרך. In der aus *Jalkut Schim.* zu Jesaja citirten Stelle heißt es: Elia wird weinen auf den Bergen Israels und ihnen klagend zurufen: Wie lange wollet ihr stehen in einem verschmachteten und öden Lande? Dann aber wird er drei Tage nach einander verkünden: Es kommt der Friede für die Welt. Da freuen sich auch die Gottlosen; aber ihnen verkündet er, daß das Heil für Zion und ihre Kinder, nicht für die Gottlosen kommt.

Hiermit löst sich die Antinomie, von der wir sprachen. Israel wird in Verfall gerathen sein, ehe der Messias kommt; Elia aber richtet es auf und macht es äußerlich und innerlich würdig für die Erscheinung des Messias. Und dieser zukünftigen Thätigkeit des Elia entspricht jetzt schon sein Wirken für das Volk; denn er ist es, der die מצוות, welche Israel erfüllt, aufschreibt und also Israel im Himmel vertritt *Ruth rabba* 33ᶜ. Schließlich dürfen wir aber nicht unerwähnt lassen, daß an der vorbereitenden Thätigkeit des Elia auch andere große Propheten des alten Bundes theilnehmen. Aus Jes. 52, 6—9 schloß man, daß bei dem Anbruch des messianischen Zeitalters noch drei andere alte Propheten auferstehen und erscheinen würden, um den Messias in seinem Werke zu unterstützen. Zu ihnen gehört Mose, *Debarim rabba* c. 3 g. E.: Gleichwie du dein Leben für sie in dieser Welt gegeben hast (sprach Gott zu Mose), so soll es auch in der zukünftigen לעתיד לבא geschehen: wenn ich ihnen den Propheten Elia senden werde, so sollt ihr beide zusammen כאחד kommen. *Targ. jer.* II in der Parasche *Bo*: In der vierten Nacht, wenn die Welt ihre bestimmte Zeit vollendet, um erlöst zu werden, und das eiserne Joch zerbricht, wird Mose aus der Wüste und der König Messias aus Rom herauskommen. So auch *Tanchuma*, s. Schöttgen I, 148. II, 544. Vgl. Luc. 9, 30. Als zweiter Prophet, der solcher hohen Ehre theilhaft wird, erscheint Jeremia, der 2 Makk. 15, 14 der Prophet Gottes in besonderem Sinne genannt wird, der φιλάδελφος, der viel für sein Volk erbittet und für die heilige Stadt. Er wird Ev. Joh. 1, 21. 25. 7, 40. Marc. 6, 15 unter ὁ προφήτης zu verstehen sein. Daß neben dem Elia auch Jeremia als Vorläufer des Elia erwartet wurde, zeigt Ev. Matth. 16, 13 f. deutlich. Aber auch Jesaja erscheint wenigstens 4 Esr. 2, 18 neben Jeremia als Vorläufer und Helfer des Messias, wol wegen seiner messianischen Weissagungen. Schließlich ist aus Matth. 16, 14. Marc. 6, 15. 8, 28. Luc. 9, 8 ersichtlich, daß man zur Zeit des Messias auch die Auferstehung anderer alter Propheten erwartete, die wie Elia, Mose, Jeremia und Jesaja dem Messias ihre Dienste leisten sollten.

§ 78. Der Eintritt des Messias in die Welt.

1. Der Messias ist in keiner Weise mit dem Memra Jehova's der Targume (S. 178) oder mit der ewigen Weisheit zu verwechseln, wie auch Bertholdt in seiner *Christologia Judaeorum* thut. Daß das מימרא דיי׳ vom Messias unterschieden werden muß, zeigt *Targ. Jonathan* zu Jes. 9, 5 ganz unwiderleglich. Nachdem hier die Geburt, die Person und das Werk des Messias verkündet ist (und das Targum faßt die Weissagung entschieden als Verkündigung von dem Messias auf), werden die Schlußworte des Propheten: der Eifer Jehova Zebaoths wird es thun, wiedergegeben: durch das Memra Jehova's wird dies gethan werden. So gewiß Jehova Zebaoth ein Anderer ist als der verheißene Sohn Davids, dessen Erscheinen und Wirken sein Eifer verbürgt, so gewiß ist das Memra nach targumischer Auffassung Jehova's ein Anderes, in welchem Jehova Zebaoth in der Welt gegenwärtig und wirksam ist. Aber das ist richtig, daß der Messias vor seinem Eintritt in die Welt jenseits im Himmel präexistirt, und zwar zunächst sein Name *Beresch. rabba* c. 1 vgl. *Targ. jer.* I Jes. 9, 5: es wurde sein Name genannt כִּן קֶדֶם von Anfang an. Auch der Midrasch zu den Proverbien fol. 67ᶜ nennt den König Messias geschaffen vor der Schöpfung der Welt; denn es heiße (Ps. 72, 17): sein Name ist ewig. Der Sinn ist, daß es Gottes Wille von Ewigkeit her war, den Messias zu schaffen und in die

Welt zu senden, sowie auch die mit ihm als präexistent genannten Väter, das Volk Israel und das Heiligtum (S. 191) nicht wirklich, sondern in Gottes ewigem Heilsrath vorhanden waren. Von dieser ideellen Präexistenz ist die reale Präexistenz der Seele des Messias im הנשמות גיב zu unterscheiden. Eine andere Präexistenz ist nach dem älteren jüdischen System nicht denkbar; erst die spätere jüdische Theologie läßt den Messias wirklich in Gan Eden vorhanden sein. Nach Bertholdts Mittheilung (Christologia Judaeorum p. 138) sagt Kolbo 137ᵃ: Im fünften Hause des Paradieses wohnen der Messias, Sohn Davids, und Elia, und Abodath Hakkodesch c. 43: der Messias, Sohn Davids, existirt als ein Lebendiger (חי איש) im Paradiese bis auf diesen Tag. An der ersteren Stelle heißt es: „Elia hebt des Messias Haupt auf und legt es in seinen Schoß und spricht zu ihm: Schweige still, denn das Ende ist nahe. Es kommen die Väter der Welt (die Patriarchen) und alle zehn Stämme Israels, wie auch Noah, Mose, Ahron, David und Salomo, sammt allen Königen von Israel und von dem Hause Davids, an jedem zweiten und fünften Tag der Woche sowie an jedem Sabbat und Feiertag zu ihm, und weinen mit ihm und sprechen zu ihm: Schweige still und verlasse dich auf deinen Schöpfer, denn das Ende ist nahe. Es kommt auch Korah und seine Rotte, Dathan und Abiram an jedem Mittwoch zu ihm und fragen ihn: Wann wird das Ende der Wunder sein? Wann wirst du uns wieder auferwecken und uns aus den Abgründen der Erde wieder heraufbringen? Er aber antwortet ihnen: Gehet hin zu euren Vätern und fraget sie. Wenn sie nun dies hören, werden sie beschämt und fragen nicht. Als ich aber zu dem Messias kam, fragte er mich: Was thun die Israeliten in der Welt, von welcher du hergekommen bist? Ich antwortete ihm: Sie warten täglich auf dich. Da erhub er alsbald seine Stimme mit Weinen." Solche Schilderungen sind Ergüsse der unter dem Drucke harter Verfolgungen aufs Höchste gesteigerten Sehnsucht nach Erlösung. Aber sie haben keinen Grund in der Ueberlieferung. Die ideelle Präexistenz ist auch der Inhalt einer merkwürdigen Stelle in Beresch. rabba c. 85. Hier heißt es von Juda's Gang hinab zu Adullam: „Juda war beschäftigt, sich ein Weib zu nehmen, und der Heilige war beschäftigt das Licht des Königs Messias zu schaffen. Und es geschah in dieser Zeit, da Juda hinabging, da ist erfüllt das Wort Jes. 66, 7: ehe sie kreiset hat sie geboren d. h. ehe der erste Tyrann (משעבר, nämlich Pharao) geboren war, ist schon der letzte Goël (der Messias) geboren." Der Sinn der Worte ist: Juda meinte, ein Weib zu nehmen, sonst nichts; Gott aber hat damit, daß Juda ein Weib nahm und in der Folge den Perez zeugte, denjenigen geschaffen, der der Ahn des Messias werden sollte. Dieser ist in seinem Ahn Perez früher vorhanden, als der erste Tyrann; denn die Schöpfung des Messias wird als Folge der Ehe des Juda dargestellt. So kann nichts Anderes gemeint sein, als daß mit Juda's Ehe der Anfang zu des Messias Erscheinen gelegt war.

Ueber den Eintritt des ideell präexistenten Messias in das reale irdische Dasein sagt diese Stelle, daß derselbe auf dem Wege der Zeugung aus dem Hause Davids hervorgehen wird, weshalb er seiner Abstammung nach nie anders als der Sohn Davids oder allenfalls Sohn Perez (Gen. 18, 48) *Beresch. rabba* c. 12. *Bammidbar rabba* c. 13. *Jalkut Schim.*, *Beresch.* 18 genannt wird. Dies wird bestätigt durch *Pesikta* 149ª, wo es heißt: „Glückliche Stunde, da der Messias geschaffen ward! Glücklich der Leib, aus welchem er hervorging! Glücklich das Geschlecht derer, die ihn sehen; glücklich das Auge, das gewürdigt ist, ihn zu sehen!" Hiernach tritt er durch Geburt von einem Weibe in das irdische Dasein. Er soll aber ein Sohn Davids, *Sanhedrin* 93ªᵇ ein Nachkomme der Ruth sein. *Beresch. rabba* c. 98 bemerkt zu Gen. 49, 10: „Schilo ist der König Messias; die Herrschaft bleibt bei dem Stamme Juda, bis zur Ankunft des Schilo d. i. des Messias. Das zeigt sich an Hillel dem Nasi. Man stimmte ab über die Frage: Von wem stammt Hillel? Die Antwort lautete: Von David." Also setzt sich Davids Herrschaft in Hillel und seinen Nachfolgern fort, und wird sich fortsetzen, bis endlich der Messias die Reihe schließt. Daß der Messias ein Sohn Davids in keiner anderen Weise als alle andern Söhne Davids ist, sehen wir z. B. aus *Targ. Jonath.* Jes. 11, 1: Messias von den Söhnen der Söhne des Isai, und daraus, daß *Schir rabba* 18ª vgl. *Sanhedrin* 94ª und oben S. 171 gesagt wird: Wenn Hiskia über den Fall des Sanherib einen Lobgesang angestimmt hätte, so wäre er der König Messias geworden, und Sanherib Gog und Magog. Ueberhaupt heftet sich die messianische Idee an die Person des Hiskia. *Berachoth* 28ᵇ berichtet, daß des R. Jochanan ben Sakkai letztes Vermächtnis lautete: Bereitet dem Hiskia einen Stuhl d. h. haltet euch bereit, den Messias zu empfangen. Der Messias wird als ein anderer Hiskia angesehen. In *Bammidbar rabba* c. 14 wird er parallelisirt mit Abraham, Hiob und Hiskia, als welchen er darin gleichkomme,

daß er wie sie Gott von sich selbst durch innere Erleuchtuug er-
kenne. Zusammenfassend sagt *Jalkut Schim., Beresch.* 160 von seiner
Abstammung aus: „Ein junger Löwe ist Juda (Gen. 49, 9). Das ist
Messias der Sohn Davids, denn er wird hervorgehen aus zwei Stämmen. Sein Vater stammt aus Juda, seine Mutter aus Dan. Und
beide Stämme tragen den Namen Löwe." Selbst da, wo die Erhabenheit des Messias über Abraham gelehrt wird, kommt die jüdische Theologie nicht über den rein menschlichen Ursprung des Messias hinaus. *Beresch. rabba* zu Gen. 18, 1 sagt: Künftig wird Gott
den Messias zu seiner Rechten sitzen lassen, wie geschrieben steht
Ps. 110, 1: Der Herr sprach zu meinem Herrn: Setze dich zu
meiner Rechten. Abraham aber wird sitzen zu seiner Linken. Da
wird Abrahams Angesicht erblassen in Scham, und er wird sagen:
Der Sohn meines Sohnes sitzt zu deiner Rechten, und ich sitze zu
deiner Linken. Gott aber wird ihn befänftigen und zu ihm sagen:
Der Sohn deines Sohnes sitzt zu meiner Rechten, und ich sitze zu
deiner Rechten." Darauf daß dem Messias eine Erhabenheit über
die Engel beigelegt wird, folgt kein übernatürliches Wesen desselben.
Denn selbst die Gerechten sind nach *Sanhedrin* 93ᵃ größer als
die heiligen Engel. Und wenn *Baba bathra* 75ᵇ gesagt wird, der
Messias werde nach dem Namen Jehova's צדקנו יהוה genannt, so
stehen an dieser Stelle in gleicher Beziehung die Gerechten und
Jerusalem.

Hier ist nun noch einer dunklen Stelle Erwähnung zu thun, die
sich bezüglich des Ursprungs des Messias findet. *Beresch. rabba*
c. 23. c. 51. *Ruth rabba* 35ᵈ u. ö. wird er mit Bezug auf Est. 4, 14
der genannt, der da kommt אחר ממקים, und das wird erklärt von
moabitischem Ursprung. Diese Erklärung hat jedoch keinen Werth.
Es spricht sich in dem Ausdruck אחר ממקים בא aus, was Ev. Joh.
7, 27 sagt: Ὁ Χριστὸς ὅταν ἔρχεται, οὐδεὶς γινώσκει πόθεν ἐστίν.
Das heißt: Alles Nähere über seine Familie, deren Wohnort und
Umstände wird unbekannt sein, wenn der Messias erscheint. Als
ein Unbekannter tritt er sein großes Werk an. Deshalb heißt er
der aus anderem d. i. fremdem, unbekanntem Orte Hervorgehende.

§ 79. Das verborgene Werden und Wirken des Messias.

1. Ganz entsprechend der alten Ueberlieferung, die den Messias
als einen Unbekannten auf dem Schauplatze seiner Thätigkeit er-

scheinen läßt, sagt nun die jüdische Theologie, daß er aus dem
Norden kommen werde, wenn er öffentlich auftreten wird, um Israel
wieder herzustellen *Wajjikra rabba* c. 9. *Bammidbar rabba* c. 13.
An beiden Orten heißt es unter Berufung auf Jes. 41, 25., daß der
Messias, welcher im Norden gegeben wird שׂיתין בצפון, das Heiligtum bauen wird, welches im Süden gegeben ist שׂיתין בדרום. Es ist
kein Zweifel, daß von dem Messias die Rede ist, der Israel wieder-
herstellt: er soll ja den Tempel bauen. *Tanchuma, Schemoth* 8 bestimmt schon näher: Auch der Messias, welcher einst die Götzendiener strafen wird, wächst dort mit ihnen in der Hauptstadt des
Reiches (מדינה) auf. Daß wir die Stelle richtig auffassen, zeigt die
Glosse, welche auf *Sanhedrin* 98ᵃ verweisend die Medina für Rom
erklärt. Und wie *Tanchuma* a. a. O. eine Parallele zwischen Mose
und dem Messias zieht, so auch *Schemoth rabba* c. 1. Wie Mose
in Pharao's Hause aufwuchs, ohne daß dieses wußte, daß es den
künftigen Rächer Israels beherberge, so wird auch der Messias, der
an Edom (dem römischen Reiche) Vergeltung üben soll, in der
Hauptstadt des Reiches wohnen, ohne daß diese etwas davon weiß.
Israel aber wird nach *Jalkut Schimeoni* 125 auch nach der Geburt
seines Erlösers noch eine Zeit lang geknechtet werden.

Diese Zeit stillen und verborgenen Daseins ist aber für den
Messias und sein Werk nicht verloren. Er reift und wird würdig
für sein Erlösungswerk. Denn erstlich widmet sich der künftige Erlöser selbst mit allem Eifer der Erkenntnis Gottes und seines Gesetzes, sowie auch der Uebung des Gesetzes, wiewol er zufolge *Bammidbar rabba* c. 14 gleich Abraham, Hiob und Hiskia Gott von selbst,
d. i. ohne fremde Unterweisung durch unmittelbare göttliche Erleuchtung erkennt, also in ihm alle Fülle der Erkenntnis ist. Er widmet
sich besonders dem Gesetze. Aus Targum Jonathan zu Jes. 53, 5.
10—12 geht hervor, daß er das Gesetz lehren wird. Was er erkannt hat, das übt er aber auch. Dasselbe Targum sagt zu Jes. 9, 3:
Er nimmt das Gesetz auf sich, um es zu halten. *Sanhedrin* 93ᵇ
sagt, der Messias sei voll von מצות wie eine Mühle. Ueberdies ist er
auch voll von יסורים Züchtigungsleiden; denn die Leiden sind nöthig,
um ein vollendeter Gerechter zu werden. Nirgends ist angedeutet,
daß der Messias sündlos sei. Auch er sündigt, auch er büßt und
wird auf diesem Wege durch Thun und Leiden ein vollendeter Gerechter. Endlich lesen wir *Sanhedrin* 98ᵃ, daß der Messias an den
Thoren Roms sitze unter den Armen, Kranken, Verwundeten; er

dient ihnen, indem er sie verbindet. Er ist also auch גומל חסדים ein Wolthäter der Armen und Elenden, voll guter Werke, also in jedem Betrachte צדיק גמור ein vollkommener Gerechter, würdig sein Volk zu erlösen.

2. Der Berufsname, den der Messias trägt, ist Erlöser גיאל, neben Mose, dem גיאל הראשון *Ruth rabba* 33[a], גיאל אחרון z. B. *Beresch. rabba* c. 85. Wie Mose Israel aus Aegypten führte, so soll der Messias die letzte גאלה vollbringen und Israel aus dem גלות in sein Land heimführen *Beresch. rabba* c. 85. *Tanchuma, Schemoth* 8. *Schemoth rabba* c. 1. Dies wird nicht geschehen, ohne daß ein Gericht über die Weltmacht ergeht, wie einst über Pharao, damit das Joch zerbrochen werde, das die Völker gefangen hält, a. d. a. O. Nach der Erlösung und Heimführung Israels wird der Messias Jerusalem und das Heiligtum wiederherstellen, das Reich aufrichten über die Völker, Israel aber durch das Gesetz erneuern *Targ. Jonathan* zu Jes. 9, 5—5. 52, 13—53, 12. Das Letzte wird dann sein, daß die durch Adams Fall einst verlorene Herrlichkeit dem Volk wiedergegeben wird, und damit geht dann die zeitliche Herrlichkeit der Tage des Messias schon über in die Glorie der Ewigkeit, vgl. *Beresch. rabba* c. 12. *Bammidbar rabba* c. 13. *Jalk. Schim., Beresch.* 17.

Damit haben wir den Verlauf des messianischen Werkes kurz skizzirt. Hier ist nun keine Unterbrechung durch Leiden und Sterben; dieses bildet keinen Bestandtheil des messianischen Werkes. Wie verhält sich die jüdische Christologie gegenüber dem Bilde vom Messias und seinem Werke in Jesaja c. 53? Das Targum des Jonathan, welches hier maßgebend ist, und welchem nach dem Zeugnis von Aben Esra und Abarbenel in ihren Commentaren zu Jes. 53 die Weisen lange folgten, bezieht den Abschnitt Jes. 52, 13 — 53, 12 auf den Messias. In 52, 14 ist nach Jonathan ausgesagt, daß auf ihn das Haus Israel lange wartete, indem es unter den Völkern eine dunkle, glanzlose Existenz führte. Nun aber wird der Messias, wenn er kommt, nach V. 15 viele Völker zerstreuen und Könige zum staunenden Stillschweigen bei seinen großen Thaten bringen. 53, 2 sehen wir den Messias heranreifen als den Gerechten. Dann folgt weiter eine Schilderung seiner Kraft und Majestät. In dieser wird er den Reichen der Welt ein Ende machen und damit auch der Schmach Israels V. 3. Der vierte Vers drückt nach dem Grundtext das stellvertretende Leiden des Messias für das Volk aus; Jo-

nathan sagt aber dafür: er wird bitten für unsere Schulden und
Missethaten, und um seinetwillen werden sie vergeben werden. Und
sofort folgt in V. 5., daß er das Heiligtum bauen werde, das durch
Israels Sünden entheiligt worden ist, und daß durch seine Lehre
(des Gesetzes) der Friede sich mehrt und die Sünden vergeben
werden. In V. 6 wird wieder „Jehova ließ ihn treffen unser aller
Sünde" abgeschwächt in: es war das Wolgefallen Jehova's unser aller
Sünden zu vergeben um seinetwillen. Auch in V. 8 ist nicht von des
Messias Leiden die Rede, sondern von den Leiden des Exils, denen
der Messias ein Ende macht, von den Wundern, die in seinen Tagen
geschehen, daß der Fremdherrschaft ein Ende gemacht wird, und
daß Israels Sünden sich den Heiden zuwenden, welche sie büßen
müssen. V. 9 schildert ihn als Richter der Gottlosen, V. 10 als den
in dessen Tagen Gott die Uebrigen des Volks reinigt und rechtfertigt und das Reich des Messias schauen läßt, wo sie durch gesetzlichen Wandel Gottes Wolgefallen haben und glücklich sind. Errettet von der Fremdherrschaft dürfen sie (V. 11) erleben, wie Gott
ihre Feinde straft und sie selber reich macht durch die Beute von den
Königen, und wie der Messias viele Fromme würdig macht und
zum Gesetz bekehrt, auch für die Sünder bittet. Der letzte Vers
heißt: Deshalb will ich ihm die Beute vieler Völker geben und das
Vermögen mächtiger Städte wird er als Beute vertheilen, dafür daß
er sein Leben dem Tode hingegeben; und die Abtrünnigen hat er
dem Gesetze unterworfen und für die Sünden Vieler bittet er, und
den Abtrünnigen werden sie vergeben um seinetwillen."

Ueberall, auch im letzten Verse findet das Targum kein stell-
vertretendes Leiden und Sterben des Messias zur Sühnung der Sünden seines Volkes (s. dagegen Delitzsch, Römerbrief S. 82 u. 83);
denn der Ausdruck בְּסַר נַפְשֵׁיהּ לְמוֹתָא geht nicht darüber hinaus,
daß er im Kampf mit den Abtrünnigen sein Leben daran wagt,
um sie zum Gehorsam gegen das Gesetz zu bringen (שִׁעֲבֵד mit
Gewalt unterwerfen; vgl. Pesachim 53^b, wo מְסַר נַצְמוֹ עַל קְדוּשַׁת
הַשֵׁם das Martyrium bezeichnet. Da wo vom stellvertretenden Sühn-
leiden bei Jesaja die Rede ist, weiß das Targum nur von einer
versöhnenden Fürbitte. Auch wo sonst z. B. Ruth rabba 33^b Worte
des Propheten wie וְהִיא מְחוּלָל auf den Messias gedeutet werden, geschieht es nicht im Sinne eines stellvertretenden Strafleidens, sondern
es wird auf יִסוּרִין die Leiden, die er besteht um ein vollendeter
Gerechter zu werden, bezogen. Das Werk des Messias, die Erlösung

Israels von der Fremdherrschaft, die Aufrichtung der Herrschaft
über alle Völker, die Erneuerung Israels als Volk Gottes — vollzieht
sich nach altpalästinisch-jüdischer Theologie ohne durch ein sühnendes
Leiden und Sterben des Messias unterbrochen zu werden. Seine Kraft
beruht nicht wie der Prophet lehrt auf seinem Sühnopfer, sondern
auf der persönlichen Gerechtigkeit, die ihn würdig macht, das Werk
des Messias zu vollbringen. Diese hat er sich durch Selbstheiligung
für den Dienst Gottes vor seinem Auftreten in der Oeffentlichkeit
erworben, wie er denn auch unter anderen Namen den Ehrennamen ישראל של וקדישן בלבן trägt *Beresch. rabba* c. 85.

§ 80. Der Messias Sohn Josephs.

Hier ergab sich nun eine gewisse Verlegenheit, da offenbar nach
Jes. 53 der Knecht Gottes oder der Messias für sein Volk leiden
und sterben muß. Konnte man das von dem Sohne Davids nicht
glauben, so mußte ein Messias von geringerer Würde ihm vorausgehen, welcher durch seinen Tod die Sünden Israels büßte und
sühnte und dem König Messias sammt seinem Volke den Weg zur
Errichtung des Reiches der Herrlichkeit eröffnete. Das ist Messias
der Sohn Josephs, auch Sohn Ephraims genannt.

Die Ueberlieferung *Succa* 52ª unterscheidet Beide. „Unsere Rabbinen lehren, daß der Heilige, g. E., zu dem Messias, welcher künftig
geoffenbart werden wird — möge es bald in unseren Tagen geschehen —
sagen wird: Heische von mir irgendetwas, ich will es dir geben (Ps. 2,8).
Wenn er nun siehet, daß Messias der Sohn Josephs umgebracht ist,
so wird er zu ihm sagen: Ich begehre von dir nichts Anderes, als
das Leben.“ Ein Sohn Josephs heißt dieser Messias, weil er vom
Stamme Ephraim ist; nur *Bammidbar rabba* c. 14 wird seine Her-
kunft aus dem Stamme Manasse abgeleitet; er wird da als Messias
Sohn Manasse's bezeichnet und von הגדול גיאל dem großen, rechten
Erlöser unterschieden. Das *Targum* zum Hohenl. 4, 5 z. B. sagt dagegen: Zwei sind die dich erlösen werden, Messias der Sohn Davids
und Messias der Sohn Ephraims. Andere Stellen siehe bei Bertholdt,
Christologie 77 f. Noch näher wollte man später den Ursprung dieses
anderen Messias bestimmen, indem man ihn (*Emek Hammelech* 137ᶜ)
als Nachkommen Jerobeams bezeichnete, wie denn spätere Schrift-
steller ihn als Erlöser speziell der zehn Stämme betrachten.

Indeß steht dieser Messias nach der gewöhnlichen Anschauung

ganz und gar im Dienste des eigentlichen Messias. Das Targum a. a. O. vergleicht die beiden Messiasse in ihrem Verhältnis zu einander mit Mose und Ahron: wie der Messias als letzter Erlöser Mose dem ersten entspricht, so der Sohn Josephs dem Gehülfen Mose's; dasselbe Targum sagt demgemäß (7, 3): Es wird zu dieser Zeit ausgehen Messias der Sohn Davids; er wird aber nicht allein gelassen werden, sondern es wird ihm ein anderer Messias beigegeben werden, der Sohn Josephs. Der jüdische Dogmatiker, welcher das Werk *Menorath Hammaor* schrieb, gibt als Lehrüberlieferung genauer an, der Sohn Josephs werde dem Sohn Davids vorausgehen יקדימני, vgl. Bertholdt a. a. O. Nach Belegen die Bertholdt aus späteren Quellen beibringt sammelt der Sohn Josephs die zehn Stämme und führt sie erst in die dem Lande Israel benachbarten Länder Assyrien und Aegypten, und von da in das heilige Land; oder er versammelt sie in Galiläa, um sie zuletzt nach Jerusalem zu führen. Er ist hiernach das Haupt über die zehn Stämme, wird aber durch Gog und Magog getödtet, und zwar um der Sünde des Hauses Jerobeams willen.

Diese vermuthlich durch die Polemik gegen die auf Jes. 53 sich berufenden Christen veranlaßten späteren Gebilde, die mit der ursprünglichen Messiasidee, nach welcher dem Sohne Davids das ganze Werk der Erlösung und Wiederherstellung zukommt, sich nicht vereinigen, lassen wir auf sich beruhen, indem wir aus der Ueberlieferung von einem anderen Messias neben dem großen Erlöser nur das Moment hervorheben, daß dieser Messias Sohn Josephs getödtet wird im Dienste seines Volkes, während der Sohn Davids unsterbliches Leben hat *Succa* 52ª. *Menorath Hammaor* 81ᵇ. Daß dieser Tod sühnende Bedeutung haben und der jesajanischen Weissagung vom Opfer des Knechtes Gottes Genüge leisten soll, geht aus einer Stelle der *Luchoth Habberith* 242ª (Bertholdt, a. a. O. S. 259) hervor, wo es heißt: denn der Messias Sohn Josephs wird nicht kommen zu seinem eigenen Nutzen, sondern um des Messias Sohnes Davids willen. Denn Jener wird sich selbst und sein Leben dem Tode überliefern, und sein Blut wird das Volk versöhnen ידמו ויכפר על עמו. Vgl. Delitzsch, Römerbrief S. 78.

§ 81. **Die Erlösung Israels und die erste Auferstehung.**

1. Im Verhältnis zu Mose heißt der Messias der zweite, im Vergleich mit allen anderen Helfern der große Goël (aram. פריק). Die

durch ihn bewirkte Erlösung (גאילה) wird auch z. B. *Mechilla* zu
Ex. 15 ישועה genannt. Israel wird durch den Messias erlöst von שעביד
der Knechtschaft der Völker, unter welche es seit der Zerstörung
des Tempels durch Nebukadnezar zerstreut ist. „Wenn die Hülfe
kommt, die für das Ende verheißen ist, so wird es keine Knechtschaft mehr geben" *Mechilla* 41ᵇ. Wie der Erlöser an Mose, so
hat daher die Erlösung an der Befreiung aus Aegypten ihr Vorbild.
Demgemäß beginnt der Messias wie Mose damit, daß er sich
seinem Volke zuerst offenbart und dann wieder verbirgt *Pesikta* 49ᵇ.
„Wie der erste Goël (Mose) sich Israel offenbarte und sich dann
wieder vor ihnen verbarg, so offenbart sich ihnen der letzte Goël
zuerst und verbirgt sich dann wieder vor ihnen. Wie lange? —
45 Tage, nach Dan. 12, 11. 12. Und wohin führt er sie? Einige
sagen in die Wüste Juda, Andere in die Wüste Sihon und Og, nach
Hos. 2, 16. Wer an ihn glaubt, ißt Salzkraut und Ginsterwurzeln, nach
Iob 30, 4. Und wer nicht an ihn glaubt, trennt sich und geht zu
den Heiden, und sie tödten ihn. Und am Ende der 45 Tage
offenbart sich ihnen der Heilige, g. E., und läßt ihnen Man herab-
fallen, denn es ist nichts Neues unter der Sonne, und weshalb?
weil es Mich. 7, 15 heißt: wie in den Tagen, da du aus Aegyp-
tenland zogest, will ich ihn Wunder schauen lassen", vgl. *Bammidbar rabba* c. 11. Auch *Schir rabba* 11ᵇ sagt, daß der letzte Erlöser
nach seinem ersten Auftreten auf 45 Tage wieder verschwinden
werde. Diese Zeit ist eine Zeit der Sichtung Israels: nur die Gläu-
bigen d. i. die, welche bereit sind, im Glauben an die nahende Erlösung mit dem Messias die Speise der Trübsal zu essen, werden
der Erlösung gewürdigt. Nach *Kidduschin* 66ᵃ aßen auch die Väter
beim Bau des (zweiten) Tempels מליחים Salzkraut d. i. Speise der
Armen. So rüstet sich die Gemeinde der Auserwählten für die
Erlösung.

Der Erlöser tritt dann wieder hervor, um sein Werk zu vollbringen. Zuerst muß die Weltmacht zertrümmert werden. Diese ist
in der altjüdischen Theologie als das vierte und letzte Weltreich
gedacht *Aboda sara* 1ᵇ, d. i. als die römische Universalmonarchie;
vgl. über die vier Reiche *Tanchuma, Theruma* 7. Dieses Reich
nennt die jüdische Theologie z. B. *Bammidbar rabba* c. 14. *Debarim
rabba* c. 1 gewöhnlich das Reich Edom; denn Esau ist als Wider-
sacher Jakobs Typus der Israel feindlichen Macht. Als Reich der
Gottesfeindschaft und aller Gottlosigkeit heißt es Reich der Bosheit

מלכות הרשעה im Gegensatz zum messianischen Reich als dem Himmelreich מלכות שמים z. B. *Pesikta* 51ᵃ, auch בלבית חייבת *Mechilta* 59ᵇ vgl. *Pesachim* 54ᵃ. Dieser Ausdruck findet seine Erklärung darin, daß es *Aboda sara* 1ᵇ zu Dan. 7, 23 heißt: Das ist das gottlose Rom רומי חייבת, dessen Schuld ausgegangen ist in die ganze Welt. Hier überall begegnen wir zugleich dem Gedanken, daß das römische Weltreich ausgerottet werden muß, wenn das messianische Reich aufgerichtet werden soll. Nun wird in den Tagen des Messias an der Spitze dieses Weltreichs ein gewaltiger Herrscher stehen, der alle Gottesfeindschaft und allen Haß gegen Gottes Volk in sich vereinigt. Er heißt Armilus und ist der רשיעא κατ᾽ ἐξοχήν. Auf ihn zielt wol *Pesikta* 51ᵇ: „In dem Zeitalter, da der Messias kommt, werden der Weisen wenige sein, und die noch übrig sind, deren Augen schwinden vor Kummer und Seufzen. Und viele Drangsale kommen über die Gemeinde, und harte Gesetze werden erneuert; während das eine noch in Kraft ist, folgt schon ein anderes und schließt sich an"; vgl. die Ausführung in *Schir rabba* 11ᵃ, daß die Reiche der Welt, indem sie Israels Joch hart machen, das Ende beschleunigen, so daß es vor der Zeit herbeikommt. Diesen Armilus, den letzten und größten Dränger der Gemeinde, wird nun der Messias durch das Wort seines Mundes und den Hauch seiner Lippen tödten *Targ. Jonathan* zu Jes. 11, 4. Armilus ist wahrscheinlichster Ansicht nach Romulus im Spiegel der Zukunft.

Auch die Hauptstadt Rom selbst kommt zu Falle, nach Einigen durch die Ismaeliten *Pirke de-R. Elieser* c. 30, nach Anderen durch die Perser *Joma* 10ᵃ, wie denn nach *Aboda sara* 1ᵇ Rom und Persien die vornehmsten unter den Nationen sind, weil deren Reiche bleiben, bis daß der Messias kommt; nach einer dritten Ansicht *Pesikta sutarta*, Parasche *Balak*, durch die Juden selbst. Jedenfalls steht außer Zweifel, daß vor Beginn des messianischen Reichs das Weltreich fällt, und darin wird die Vernichtung Roms sicher inbegriffen sein. *Debarim rabba* c. 1: Israel sprach vor dem Heiligen, gebenedeit sei Er: Herr der Welt, wie lange werden wir geknechtet werden durch seine (Esau's = des römischen Reiches) Hand? Er sprach: So lange bis der Tag kommt, von welchem geschrieben steht: Es geht hervor ein Stern aus Jakob und es erhebt sich ein Scepter aus Israel. Wenn hervorgehen wird der Stern aus Jakob, und verbrennen wird die Stoppeln Esau's, laut Ob. 18, dann will ich hervorgehen lassen mein Reich und einen König über euch setzen. *Pe-*

sikta 51ᵃ sagt in einer allegorisch-eschatologischen Auslegung zum
Hohenl. 2, 10 ff.: Dann ist die Zeit des Reiches des Frevels herbeigekommen, daß es ausgerottet werde von der Welt שתעקר בן העולם;
herbeigekommen ist die Zeit des Himmelreichs, daß es geoffenbart
werde. Und *Mechilta*: Es ist unbekannt, wann das Reich Davids
wieder an seinen Ort zurückkehren und das zur Verdammnis bestimmte
Reich ausgerottet werden wird חיּקר. Diese Vernichtung Roms ist
der Abschluß aller großen Gottesgerichte über die feindlichen Welt-
mächte. *Bammidbar rabba* c. 14: Der Heilige führte Krieg mit
Pharao, Amalek, Sisera, Sanherib, Nebukadnezar, Haman, den grie-
chischen Königen, und sein Gemüth kühlte sich nicht (נתקררה), bis
daß er Rache üben sollte an Edom durch eigene Hand (בעצמו),
laut Ps. 60, 10. Näheres ergibt sich aus der Analogie des Straf-
gerichtes Gottes über Aegypten: nach *Pesikta* 67ᵃ wird das römische
Reich mit denselben Plagen heimgesucht werden; *Schemoth rabba*
c. 15: wie jenes, so wird dieses zur Wüste, laut Jo. 4, 19.

2. Nun ist Israel frei und kann gesammelt und aus der Zerstreuung unter alle Völker *Pesikta* 48ᵃ in die Heimath zurückgeführt
werden. „Wozu ist der Messias gekommen? zu sammeln die Zerstreuten Israels גליותיהן של יש׳יאל" *Schir rabba* 11ᵃ. Wiederum
wird dabei die göttliche Macht sich wunderbar offenbaren, *Jalkut
Schim.* zum Hohenl. 988: „Die Winde werden mit einander streiten; der Nordwind wird sagen: ich will die Vertriebenen herbei-
bringen; der Südwind wird sprechen: ich will sie holen. Aber der
Heilige, g. E., wird unter ihnen Frieden stiften und sie werden zusammen wehen." Dann werden, wenigstens überwiegender Ansicht
zufolge, die zehn Stämme wieder mit den zweien vereinigt werden,
Jalkut Schim. a. a. O. 985. „Das Wort ערישׂו (unser Bett, Hohesl. 1, 16)
bedeutet die zehn Stämme, welche jenseits des Flusses Sambatjon
(so nennen die jüdischen Weisen den Fluß Gosan) gefangen geführt
wurden; zu ihnen werden die beiden Stämme Juda und Benjamin
gehen, um sie heimzuführen, damit sie gleich ihnen der Tage des
Messias und des zukünftigen Lebens theilhaftig werden, laut Jer.
3, 18." Dagegen lautet eine andere Ueberlieferung *Sanhedrin* 110ᵇ:
Die zehn Stämme kommen nicht wieder zurück, laut כיום הזה Deut.
29, 27. Gleichwie der Tag dahin geht und nicht wieder kommt,
so sind sie auch dahin gegangen und kommen nicht wieder. So die
Worte des R. Akiba. R. Elieser aber sagt, jene Worte seien so zu
verstehen: wie der Tag erst dunkel ist und dann helle leuchtet,

so wird auch für die zehn Stämme der Tag, wie er erst dunkel war, künftig wieder leuchten. Weiter heißt es: Unsere Rabbinen lehren, daß die zehn Stämme keinen Theil an dem zukünftigen Leben haben, laut Deut. 29, 27. Die Worte: „er hat sie aus ihrem Lande gestoßen" sind von dieser Welt zu verstehen, die anderen Worte: „er hat sie in ein ander Land geworfen" weisen auf die zukünftige Welt hin. Dies die Worte Akiba's. Schimeon ben Jehuda vom Flecken Akko aber sagte: Wenn ihre Werke sind, wie sie an dem Tage (ihrer Gefangenführung) waren, so kommen sie nicht wieder; wenn aber nicht, so kehren sie wieder. Rabbi sagt: Sie kommen in die zukünftige Welt, weil Jes. 27, 13 sagt: Zur selben Zeit wird man mit einer großen Posaune blasen. Vgl. *Sanhedrin* XI, 1: כל ישראל יש להם חלק לעילם הבא.

3. Soll aber ganz Israel im messianischen Reiche vereinigt werden, so dürfen auch die nicht fehlen, welche vor dieser Zeit in den Scheol hinabgestiegen sind und dort der Erlösung warten. Alle die das Zeichen des Bundes tragen, haben Anspruch auf Erlösung und Theilnahme am messianischen Reiche, *Jalkut Schim.* zu Jesaja 269: Zur Zeit, da die zukünftige Welt anbricht wird der Heilige, g. E., Israel aus dem Gehinnom erlösen um der Beschneidung willen, und zwar nach *Beresch. rabba* (vgl. Jellinek II, 50) durch den Messias Sohn Davids. „R. Josua ben Levi sprach: Ich ging mit dem Engel Kippod (?) und es ging mit mir Messias, der Sohn Davids, bis ich an die Pforten des Gehinnom kam — —. Als aber die Gebundenen, die im Gehinnom sind, das Licht des Messias sahen, freuten sie sich, ihn zu empfangen und sagten: dieser wird uns aus dieser Finsternis herausführen, laut Hos. 13, 14 und Jes. 35, 10. Denn unter Zion ist hier nichts anderes zu verstehen, als das Paradies." *Bereschith rabba* zu Gen. 44, 8 heißt es: Das ist es, was geschrieben steht: Wir werden jauchzen und uns freuen in dir. Wann? Wenn die Gefangenen aus der Hölle heraufsteigen und die Schechina an ihrer Spitze, wie es heißt Mich. 2, 13: Und ihr König wird vor ihnen hergehen und Jehova an ihrer Spitze.

Nachdem die Gefangenen aus dem Scheol durch den Messias heraufgeführt worden sind, folgt ihre und aller Gerechten, die auf die Erlösung warten, Wiederherstellung in dieses zeitliche Leben, d. i. die Auferstehung von den Todten. Daß diese nach jüdischer Ueberlieferung geschehen werde, nachdem die Exulanten in die Heimath zurückgeführt worden sind, bezeugt Abarbanel in seinem Com-

mentar zu Jes. 18, 3., ferner Kimchi zu Jes. 66, 5. Andere lassen
die Auferstehung der Todten nicht zu Beginn des messianischen Zeitalters, sondern im Verlauf desselben erfolgen. Siehe Eisenmenger
II, 895. Dem Messias gibt Gott den Schlüssel (κλεῖδα) der Auferweckung der Todten (אקליבא דתחיית המתים) Sanhedrin 113ᵃ, vgl. Beresch. rabba c. 73. Nach Midrasch Mischle 67ᶜ heißt der Messias Jin-
non, weil er die Todten auferwecken wird, vgl. Pirke de-R. Elieser c. 32.
Zwar legt Pesachim 68ᵃ den Gerechten die Macht bei, die Todten aufzuerwecken; dagegen wird von den Rabbinen, z. B. R. Levi
ben Gerschom zu Deut. 34, 10., bemerkt, daß gerade die Auferweckung der Todten das Mittel sein werde, durch welches der
Messias die Völker zur Anbetung Gottes bringe.

Der Ort, wo die Auferstehung erfolgt, ist das heilige Land.
Dieses heißt nach Jalkut Schim., Beresch. 130 deshalb ארץ חיים,
weil hier die Todten in den Tagen des Messias wenigstens zuerst
auferstehen. Vgl. oben S. 61. Dann aber werden die außerhalb des
Landes Begrabenen unter der Erde hergewälzt (מתגלגלים), um im
heiligen Lande aus der Erde hervorzugehen jer. Kilajim IX, 3. Um
die Schmerzen des גלגול zu ersparen, will man im Lande Israel begraben sein, wie denn Rabbinen, die man sonderlich ehren wollte,
zum Begräbnis in das Land Israel geführt worden sind, a. a. O.
Davon ist auch Kethuboth 111ᵃ die Rede. Hier wird ausdrücklich gesagt, daß die Gerechten, die außerhalb des Landes Israel sterben
und begraben werden, auferstehen על ידי גלגול = mittelst der Wäl-
zung, denn מחילות נעשית להם בקרקע es werden ihnen Höhlungen gemacht in der Erde, also unterirdische Gänge, in denen sich ihre
Leiber herwälzen. Diese unterirdische Reise ist schmerzvoll; deshalb wollte Jakob nach Kethub. 111ᵃ im Lande Israel begraben sein.
Vgl. Jalkut Schim., Beresch. 156. Daran aber, daß auch die außerhalb des Landes Israel Begrabenen auferstehen werden, ist nicht
zu zweifeln; denn Tanchuma, Waëthchannen 6 bezeugt ausdrücklich,
daß Gott den Mose außerhalb des Landes Israel begrub, damit die
Todten, welche außerhalb des Landes Israel sterben durch sein
Verdienst (בזכותו) auferweckt werden. Mose verbürgt durch sein
Begräbnis und seine Auferstehung außerhalb Kanaans allen Anderen,
die außerhalb des Landes schlafen, die Auferstehung.

Nach 4 Esr. 6, 23 f. wird die Posaune ertönen, und bei ihrem
Schalle werden die Todten erheben. In den Othioth des R. Akiba 17ᶜ wird dies näher so geschildert. Der Heilige nimmt eine

große Posaune, welche nach göttlichem Maße 1000 Ellen lang ist, und bläst mit derselben, und ihre Stimme wird von einem Ende der Erde bis zum anderen gehen. Bei dem ersten Blasen wird die ganze Welt sich bewegen, bei dem zweiten wird der Staub abgesondert, bei dem dritten werden die Gebeine der Todten gesammelt, bei dem vierten werden die Glieder derselben erwärmt, bei dem fünften wird die Haut übergezogen, bei dem sechsten gehen die Seelen und die Geister in ihre Leiber ein, bei dem siebenten werden sie lebendig und stehen auf ihren Füßen, in ihren Kleidern laut Sach. 9, 15. 16. Nach einer Sage, die *Beresch. rabba* c. 28 und sonst sich findet, bleibt von dem menschlichen Leibe ein Bein unverwest, welches לוז heißt und für das unterste Bein des Rückgrats gilt. Es läßt sich weder zermahlen, noch verbrennen, noch im Wasser erweichen, noch auf dem Ambos mit dem Hammer zerschlagen. Dieser unzerstörbare Theil des Leibes wird künftig der Ausgangspunkt für die Bildung des neuen Leibes sein. Aus ihm erbaut sich der übrige Leib. Vgl. *Wajjikra rabba* c. 18. Nach *Schabbath* 88[b] wird göttlicher Thau (nach Jes. 26, 19) vom Himmel in den Tagen des Messias die Todten wieder lebendig machen. Vgl. *Chagiga* 12[b]. *Pirke Eliezer* c. 34. — *Beresch. rabba* c. 14 enthält im Anschluß an Ez. 37 (aus welcher Stelle auch *Sanhedrin* 92[b] gefolgert wird) eine Erörterung darüber, ob die Bildung des Leibes künftig dieselbe sein werde, wie jetzt, d. i. ob die Reihenfolge der Bildung sein werde: Haut, Fleisch, Sehnen, Knochen, oder: Sehnen, Knochen, Haut, Fleisch. Daraus ergibt sich, daß der künftige Leib dem Stoffe und der Organisation nach wesentlich von gleicher Beschaffenheit gedacht wird, wie der jetzige, obwol nach *Sanhedrin* 92[a] die durch den Messias auferweckten Gerechten nicht mehr zu Staub werden. Nach *jer. Kilajim* IX, 3 vgl. *Tanch.*, *Emor* 2 ersteht man in denselben Kleidern, in denen man ins Grab gelegt wurde. In *Sanhedrin* 90[b] wird die Auferstehung in Kleidern aus der Analogie des Weizenkorns erwiesen, das nicht nackt, sondern umhüllt aus der Erde wieder hervorgehe: wie viel mehr der Leib des Menschen! Sterbende Rabbi's geben daher genaue Befehle über ihre Todtenkleider. Doch beschränkt *Beresch. rabba* c. 95 die Identität insoweit, als der Heilige Alles, was er in dieser Welt geschlagen hat, in der zukünftigen heilt; der Mensch steht zwar mit den alten Gebrechen als Blinder, Lahmer u. s. w. auf, damit seine Identität festgestellt werden könne, aber diese Gebrechen werden

alsdann sofort geheilt. Dies vertritt hier die Hoffnung der Verklä-
rung: die Versetzung in einen normalen, gesunden Zustand. Dem
entspricht auch, daß die Auferstandenen ein dem bisherigen entsprechendes materielles Leben führen und keine absolute, sondern
nur relative Unsterblichkeit haben. Die von Jellinek herausgegebe-
nen kleinen Midraschim malen das ähnlich aus wie die moslemische
Sunna. So ist die Gemeinde Israel wieder hergestellt ihrem Bestande
nach. Aus der Diaspora sind die Lebenden, aus den Gräbern die
Todten wiedergekehrt, um nun im heiligen Lande die verheißene
Herrlichkeit des messianischen Zeitalters zu genießen.

.

Cap. XXIII. Das Reich des Messias.

§ 82. Das messianische Zeitalter.

Das gesammte Volk Israel wird der Messias zu äußerer Verherrlichung und Herrschaft und zu geistlicher Vollendung bringen.
Dieses Dreifache bildet den Inhalt der Tage des Messias oder des
messianischen Zeitalters. Mit diesem messianischen Zeitalter beginnt
עולם הבא oder עתיד לבא, das ewige Leben, das von den Propheten
geweissagt ist. Am Ende des messianischen Zeitalters folgt das letzte
große und allgemeine Gericht; damit geht die Zeit in die Ewigkeit über.

Der עולם הבא steht gegenüber dieser unserer Weltzeit, dem
עולם הזה. Dieser umfaßt die Zeit von der Schöpfung bis zum Beginne des messianischen Zeitalters; vgl. ὁ αἰὼν οὖτος Ev. Luc. 20, 34.,
ὁ νῦν αἰών Tit. 2, 12., ὁ καιρὸς οὖτος Luc. 18, 30. Der עולם הבא
aber umfaßt die mit den Tagen des Messias beginnende Endzeit,
welche in die Ewigkeit ausgeht; vgl. Luc. 12, 30., wo ὁ καιρὸς οὖτος
von ὁ αἰὼν ὁ ἐρχόμενος unterschieden wird, und Luc. 20, 35 ὁ αἰὼν
ἐκεῖνος. Mit dem Ausdruck עולם הבא wechselt עתיד לבא, z. B. Pesikta 137[b]. Daß der עולם הבא oder עתיד לבא mit den Tagen des
Messias beginnt, sieht man aus Stellen wie Mechilta 23[b], wo die
ימות המשיח von dem עולם הזה abgegrenzt werden, vgl. Schabbath 63[a].
Sanhedrin 91[b]; Targum 1 Kön. 5, 13: בעלמא הדין ובעלמא דאתי
דמשיח; Beresch. rabba c. 98: לעתיד לבא בימות המשיח וג׳ in der künftigen Welt, in den Tagen des Messias, wird die Schechina unter
ihnen wohnen. Aber das messianische Zeitalter fällt mit dem עולם הבא
nicht einfach zusammen. Schabbath 113[b] unterscheidet עולם הזה,

ימות המשיח und עתיד לבא; ebenso *Pesachim* 68ª und *Sanhedrin* 91ᵇ
ימות המשיח und עולם הבא. Jedenfalls verbürgt die aus *Beresch.*
rabba c. 98 angeführte Stelle, daß die ימות המשיח in den עולם
הבא fallen. Sie bilden somit die Einleitung zu diesem; dieser
selbst aber schließt Zeit und Ewigkeit in sich. Das Verhältnis der
ימות המשיח zum עולם הבא oder die Bestimmung des messianischen
Zeitalters ist wol damit bezeichnet, daß dieses als אחרית הימים
Beresch. rabba c. 98 oder als הקץ bezeichnet wird *Midrasch Tillim*
Ps. 97, 1 oder als סיף דרייא *Targ. jer.* I Num. 25, 12. Es beginnt
nach *Beresch. rabba* c. 98 mit dem Bau des Tempels und schließt
mit Gog und Magog. Das messianische Zeitalter ist die Zeit der
Hochzeit; die Jetztzeit vergleicht sich mit dem Brautstand אירוסין
und seinen kleinen Geschenken; die Tage des Messias sind die
Zeit der Heimführung נשואין, wo ihm die ganze Fülle von Jehova
geschenkt wird *Schemoth rabba* c. 15 g. E. Den Inhalt des messianischen Zeitalters bildet die Erfüllung der Prophetie, welche die
Wiederherstellung und Vollendung Israels im Auge hat. Dies wird
ausgedrückt in der bedeutsamen Stelle *Schabbath* 63ª u. ö.: Alle Propheten haben nur geweissagt von den Tagen des Messias, aber was
den עולם הבא betrifft, so gilt von ihm das Wort: Mein Auge hat ihn
gesehen. Schön sagt Joseph Albo in *Sefer Ikkarim* IV, 31: der
עולם הבא kommt stufenweise (מדרגה) für den Menschen. Die erste
Stufe ist das messianische Zeitalter. Daher heißt auch der עולם הבא die
Welt der Vergeltung und Vollendung עולם הגמול *Sefer Ikkarim* IV, 31.
Ueber die Dauer des messianischen Zeitalters gehen die Ueberlieferungen weit auseinander. Nach *Sifre* 134ª und *Pesikta* 29ª umfaßt es drei Geschlechter הדורות; letztere Stelle citirt dafür Ps. 72, 5.
Es wird freilich nicht gesagt, wie lange ein Geschlecht dauere.
Berachoth 9ª sagt, daß die Tage des Messias zwei Jahrtausende
umfassen, nämlich die fünfte und sechste der sechs Jahrtausende der
Welt. Diese Bestimmung verdankt ihren Ursprung dem Bedürfnis
nach Gleichmaß. Wie zwei Jahrtausende vor dem Gesetz und zwei
Jahrtausende unter dem Gesetz, so sollen zwei Jahrtausende unter
dem Messias verfließen, damit sich eine Weltwoche von sechs Jahr-
tausenden ergebe. Die verschiedenen Meinungen finden sich wol am
Vollständigsten zusammengestellt *Tanchuma, Ekeb* 7: „Wie lange
dauern die Tage des Messias? R. Akiba sagt: Vierzig Jahre, sowie Israel
vierzig Jahre zubrachte in der Wüste." Hiernach ist der עולם הבא
gleichsam das gelobte Land, und die Erlösung und das messianische

23*

Zeitalter die Ueberleitung vom gegenwärtigen Weltlauf zum עולם הבא.
„Und er (der Messias) zieht sie und führt sie in die Wüste und
läßt sie Salzkraut und Ginsterwurzeln essen, nach Iob 30, 4 . . .
R. Eliescr sagt, das messianische Zeitalter währe hundert Jahre.
R. Berechja im Namen des R. Dosa sagt: sechshundert Jahre, und
auch die Tage des Messias betragen 600 Jahre. Rabbi sagt: Vier-
hundert Jahre, nach den Worten Mich. 7, 15: Gleich wie in den
Tagen des Auszugs aus Aegypten will ich ihn Wunder sehen lassen. Wie
also der Aufenthalt in Aegypten vierhundert Jahre dauerte, so dauert
auch das messianische Zeitalter vierhundert Jahre. R. Elieser sagt:
Tausend Jahre, denn es heißt (Ps. 90, 15): Erfreue uns gleich den
Tagen, die du uns geplagt hast. R. Abahu sagt: Siebentausend Jahre,
denn es heißt (Jes. 62, 5): Wie sich vermählt der Jüngling die
Jungfrau, so werden dich deine Kinder in Besitz nehmen. Wie die
Tage des Hochzeitmahles sieben sind, so sind auch die Tage des
Messias siebentausend Jahre. Unsere Rabbinen haben gesagt: Es
sind zweitausend Jahre, denn es heißt (Jes. 63, 4): Ein Tag der
Rache ist in meinem Herzen, und das Jahr meiner Erlösung ist gekommen. Und nach den Tagen des Messias kommt der עולם הבא,
und der Heilige erglänzt in seiner Herrlichkeit und läßt seinen Arm
sehen, denn es heißt (Jes. 52, 10): Jehova hat seinen heiligen
Arm entblößt vor den Augen aller Völker, und alle Enden der Erde
haben das Heil unsers Gottes gesehen. In dieser Stunde sieht Israel
den Heiligen in seiner Herrlichkeit" laut Jes. 52, 8.

Hier tritt hauptsächlich die Analogie zwischen der ersten und
letzten Erlösung — daher vierzig oder vierhundert Jahre — dann
die Symmetrie der Endzeit im Verhältnis zu den anderen Perioden —
daher zweitausend Jahre — endlich auch der Gedanke hervor, daß
die messianische Zeit Israels Freudenzeit, seine Hochzeit sei — daher
tausend oder siebentausend Jahre. Jedenfalls ist das messianische
Zeitalter als ein begrenzter Zeitraum gedacht, der die diesseitige
Geschichte Israels zum Abschluß bringt, um die Ewigkeit vorzubereiten, als der Vorsabbat des ewigen Sabbats.

§ 83. Der Bau Jerusalems und des Heiligtums.

1. Seit Jerusalem, die Stadt Gottes, in Trümmern liegt, hat
Israel die Hoffnung nicht aufgegeben, daß es einst wieder in der
neuerbauten Stadt Gottes wohnen werde; *Berachoth* 58ᵇ: der Heilige

wird den Berg Zion wieder in den Stand der Bewohnbarkeit בישוב versetzen, und auch die Gerechten werden ihre zerstörten Häuser einst wieder bewohnen; *Echa rabba* 59ᵈ: Jerusalem der Fußschemel Gottes wird nicht immer wüste liegen, sondern in neuem Glanze erstehen. *Baba bathra* 75ᵇ wird das Jerusalem dieser Welt von dem Jerusalem der zukünftigen Welt d. i. des messianischen Zeitalters unterschieden. In *Schemoth rabba* c. 31 wird ausdrücklich die Ankunft des Messias als die Zeit bestimmt, in welcher Jerusalem wieder aufgebaut wird.

Und dieses wieder erstandene Jerusalem zieht die längst verheißene Herrlichkeit an und gestaltet sich so, wie es seine Bestimmung als Metropolis der ganzen Welt erfordert. Der kostbarste Sapphir ist Jerusalems Schmuck *Pesikta* 135ᵇ. Ebend. 137ᵇ: Während man in dieser Welt die Sabbatgrenzen התחום mit Steinen und Bäumen bezeichnet (vgl. *Baba bathra* 56ᵃ), gibt man sie in der zukünftigen Welt durch Edelsteine und Perlen an. R. Levi sprach: Einst werden die Sabbatgrenzen von Jerusalem zwölf Meilen im Geviert voll Edelsteinen und Perlen sein. Wenn in dieser Welt einer dem andern etwas schuldig ist, so sagt er ihm: Komm, wir wollen zum Richter gehen und Recht suchen. Zuweilen stiftet dieser Frieden zwischen ihnen, zuweilen auch nicht; denn wenn zwei aus dem Gerichtshause herausgehen, kommen sie meist nicht als Freunde heraus. Aber in der zukünftigen Welt, wenn Einer dem Andern schuldig ist, so sagt er zu ihm: Wir wollen gehen und den Handel vor dem König Messias in Jerusalem ausmachen. Wenn sie nun an die Sabbatgrenzen von Jerusalem kommen, so finden sie dieselben voll von Edelsteinen und Perlen. Da nimmt der Schuldner zwei davon und sagt zum Gläubiger: Bin ich dir mehr schuldig als diese? Er aber sagt: Nicht einmal soviel; es sei dir die Schuld erlassen, es sei dir quittirt! Das ist, was geschrieben ist Ps. 147, 14: er schafft deiner Grenze Frieden!" So reich ist Jerusalem.

Noch mehr sind die Höhe und der Umfang Jerusalems erstaunlich. Nach *Baba bathra* 75ᵃᵇ ist das Jerusalem der Endzeit um drei Parasangen (1 Par. d. i. persische Meile = ³⁄₄ deutsche Meile) über seine gegenwärtige Höhe erhöht. *Pesikta* 143ᵇ läßt Jerusalem künftig in die Höhe wachsen und sich erstrecken bis an den Thron der Herrlichkeit, laut Jes. 49, 20. Hoch ragt die Stadt Gottes über Alles empor. Von ihrem Umfang aber wird gerühmt, daß sie bis an die Thore von Damaskus reiche nach Sach. 9, 1 *Pesikta* 143ᵃ;

sie wird sich in die Breite ausdehnen und in die Höhe wachsen,
denn sie soll Alle aufnehmen welche aus dem Exil heimkehren, und
den Völkern eine Wohnstätte sein; sie wird also bis Damaskus im
Norden und bis nach Jaffa am Meer, bis an den Okeanos sich ausdehnen, a. a. O. Auch *Schir rabba* 24ª lehrt die Ausdehnung des
künftigen Jerusalem bis nach Damaskus, und *Sifre* 65ª fügt hinzu,
daß „das Land Israel in die Breite und in die Höhe wächst nach
allen Seiten wie der Feigenbaum, der unten kurz ist."

2. In Jerusalem aber ragt wieder über Alles empor das Heiligtum. Die Stadt Gottes ersteht aufs Neue eben um des Heiligtums
willen. Deshalb heißt es ebenso, daß der Messias Jerusalem, als
daß er den Tempel bauen werde; der letztere gibt Jerusalem seinen Werth und seine Bedeutung. Schon das Targum zu Jes. 53, 5
sagt: der Messias wird das Heiligtum bauen, das durch unsere
Schuld entweiht und durch unsere Sünden (den Heiden) überliefert
worden ist, und *Wajjikra rabba* c. 9. *Bammidbar rabba* c. 13: der
Messias kommt vom Norden und baut den Tempel, der im Süden
gelegen ist. A. a. O. c. 14 heißt es, daß der Tempel in den Tagen
des Messias wieder aufgebaut werden wird, wie er einst in den
Tagen Salomo's und nach dem Exil gebaut wurde. *Jalkut Schim.*,
Beresch. 159 sagt, der Messias werde den dritten Tempel bauen.
Denn dies ist das Schicksal des Tempels, das Gott von Anfang an
vorausgewußt: er wird gebaut in Herrlichkeit, zerstört und wieder gebaut kümmerlich, und zuletzt in Herrlichkeit wieder aufgebaut *Beresch.*
rabba c. 2. *Pesikta* 145ª. Daß es geschehe, darum wird seit den
Tagen der zweiten Tempelzerstörung unablässig gebetet; der Vorbeter
muß im Gebete den Tempelbau vor Gott erwähnen *Pesikta* 158ª.

Und zwar wird der Tempel dann wie Alles im messianischen
Zeitalter in seiner Vollendung dastehen. Nach *Bammidbar rabba*
c. 15 sind bei der Zerstörung des salomonischen Tempels fünf Dinge
weggenommen und aufbewahrt worden, so daß sie dem zweiten
Tempel fehlten, nämlich: der Leuchter, die Lade, das Feuer, der
heilige Geist und die Cherube. „Wenn aber der Heilige, g. E., in
seinem Erbarmen sein Haus und seinen Tempel wieder bauen wird,
so wird er auch die fünf Dinge wieder an ihren Ort zurückbringen,
Jerusalem zu erfreuen." Das letzte Heiligtum wird aber unendlich
herrlicher noch als das erste sein. Seiner Bestimmung, der Mittelpunkt aller Völker zu werden, wird es dadurch genügen, daß es
in Jerusalem Alles überragt, ja eine Höhe einnimmt, die es der

ganzen Welt sichtbar macht. Denn der Heilige wird drei Berge, den Karmel, den Tabor und den Sinai auf einander thürmen, und auf dem Gipfel dieser Höhe wird er das Heiligtum aufbauen *Pesikta* 1·14ᵇ. Vom Heiligtum wird das Licht ausgehen in die ganze Welt und sie erleuchten 145ᵃ ᵇ. Und der Tempel wird die Stätte des Lobes werden: er wird שירה Hymnen erklingen lassen, und alle Berge und Hügel werden antworten 144ᵇ. So erfüllt das Heiligtum der Endzeit seine herrliche Bestimmung.

§ 84. Tempeldienst und Gesetz im messianischen Zeitalter.

Die Sprüche der Väter sagen, daß die Welt getragen werde durch drei Dinge: durch Thora, Aboda und Gemiluth-Chasidim. Das erste und dritte ist dauernd geblieben, das zweite wurde seit der Zerstörung des Heiligtums eingestellt. Wenn aber das Heiligtum wieder erstehen wird, dann wird auch die Aboda d. i. der Tempeldienst wieder hergestellt und hiermit das geistliche Wesen des Volkes Gottes vollkommen werden.

Joma 5ᵇ wird gefragt: wie wird man (den Hohenpriester und die Priester) לעתיד לבא im messianischen Zeitalter ankleiden? Die Antwort lautet: Im messianischen Zeitalter wird, wenn Ahron und seine Söhne erscheinen, auch Mose mit ihnen kommen. Also stellt Mose den Tempeldienst wieder her und kleidet die Priester zu demselben ein. Auf die Frage, ob man die herkömmlichen Vorschriften הלכות über den Tempeldienst jetzt noch erörtern soll, wird eine doppelte Antwort gegeben, deren erste lautet: Für (die Tage des) Messias d. i. im Blick auf die Anwendung, welche man dann machen wird, soll man allerdings diese Halachoth behandeln. Man wird also in dem Heiligtum der messianischen Zeit Gotte dienen nach der Weise, wie das schriftliche Gesetz und die mündliche Ueberlieferung es festgestellt haben. Der Unterschied zwischen dem ersten und zweiten Tempeldienst kann nur darin bestehen, daß Jerusalem laut *Pesikta* 143ᵃ u. a. St. die Stätte sein wird, wo alle Nationen sich versammeln, und das Heiligtum somit eine Bestimmung nicht bloß für Israel, sondern für alle Völker der Welt haben muß. Doch wird von dem Heiligtum gelten, was von der Stadt Jerusalem gilt. Denn, sagt *Baba bathra* 75ᵇ, der Unterschied zwischen dem Jerusalem dieser Welt und dem der zukünftigen ist der, daß in jenes Jeder hinaufgehen kann, der will; in dieses aber dürfen nur מזומנים die hinauf-

gehen, die dazu bestimmt sind. Es ist wol die Auswahl derer gemeint, welche durch die sichtenden Gerichte Gottes hindurchgegangen
sind und Theil empfangen haben am הבא עילם‎ und somit auch an
Jerusalem. Diese Auswahl allein, die geheiligte Schaar Gottes aus
Israel und den Heiden wird Zugang zum Tempel haben.

Dieses Volk Gottes lebt und bewegt sich in dem Tempel in voll-
kommenem Gesetzesdienst. Die Thora des neuen Jerusalems ist nach
Baba bathra 75ª mit Edelsteinen geschmückt, so werth gehalten ist
sie in dieser Zeit. Denn der Herr selbst wird Israel die Thora
lehren. „In dieser Welt habe ich auch die Thora gegeben, und sie
sollen allein sich mit derselben abmühen (um sie zu verstehen), aber
in der zukünftigen Welt לעתיד לבא‎ will ich selber sie ganz Israel
lehren, und sie werden sie lernen und nicht mehr vergessen“ *Pesikta* 107ª. Das schließt nicht aus, daß in den Tagen des Messias
sogar Synagogen und Lehrhäuser vorhanden sind, *Debarim rabba*
c. 7: „R. Judan sprach: Jeder der Amen respondirt (in der Synagoge
dem Vorbeter), wird gewürdigt zu respondiren auch in עתיד לבא‎
der zukünftigen Welt. Eine andere Ueberlieferung: R. Josua
ben Levi sprach: Jeder der in die Synagogen und Lehrhäuser in
dieser Welt eintritt, wird gewürdigt, in die Synagogen und Lehrhäuser auch der zukünftigen Welt einzutreten.“ Und nach dem
Targum zu Jes. 53, 5 wird derselbe Messias, der das Heiligtum
wieder baut, auch durch seine (Gesetzes-) Lehre wirksam werden,
auch nach V. 11 und 12 Viele dem Gesetze unterwerfen. Nicht mehr
wird man also auf sich selbst angewiesen sein, sondern Gott wird
das Verständnis geben; in diesem Sinne wird die Thora eine neue
sein, neu durch die Lehre Gottes und des Messias.

Oder sollte der Sinn jener Stellen ein anderer sein, die von
einer neuen Thora im messianischen Zeitalter sprechen? Die Hauptstellen sind folgende: „Es sprach R. Chija: Es ist dies auf die Tage
des Messias zu beziehen. Da kommt nämlich etwas Großes in die
Welt: die Thora wird wieder wie eine neue (תיזרת לחדושה‎) sein;
sie wird erneuert für Israel“ *Schir rabba* zu 2, 13. Und *Jalkut
Schimeoni* zu Jes. § 296: Der Heilige, g. E., wird sitzen und lehren
דרש‎ eine neue Thora, welche er durch den Messias geben wird.
Die erste Stelle geht nicht über den Sinn hinaus, daß ein neues
Verständnis der Thora gegeben wird; die zweite Stelle scheint eine
andere als die alte Thora in Aussicht zu stellen. Aber der Ausdruck דרש‎ besagt, daß es nicht um Promulgation einer neuen Thora

sich handelt, wie einst vom Sinai, sondern um eine durch Erklärung (רושׁ) gegebene neue Thora, also um neues Verständnis der alten Thora; vgl. oben § 4—6. So dürfte auch die spätere jüdische Theologie das neue Gesetz des Messias verstanden haben. Wenigstens sagt *Emek Hammelech* 196ᵃ zu Jes. 12, 3: Die Wasser sind nichts Anderes als das Gesetz, und die Wasser des Heils nichts Anderes als das Gesetz des Messias; es sind aber jene Geheimnisse, welche der Alte der Tage (Dan. 7, 9. 13) verborgen und verschlossen hat, damit sie nicht (eher) offenbart werden sollten, bis zur Ankunft des Erlösers." In der Thora gibt es sonach Geheimnisse, welche inskünftige offenbart werden; wenn diese Geheimnisse von der Thora Mose's unabhängig wären und etwas schlechthin Neues, so könnten sie nicht unter dem Namen Thora befaßt werden. Dem entspricht, daß (oben S. 34. 359) die Halachoth über den Tempeldienst auch im messianischen Zeitalter gelten, und daß (S. 338) in der Gesetzeslehre eine Menge ungelöster Fragen bleiben, für deren Lösung man auf Elia's Ankunft, also auf das messianische Zeitalter vertröstet wird. Die Thora wird eine neue sein, weil sie in neuem von Gott gegebenen Lichte erscheinen, neu und völlig verstanden werden wird. Daß zum Mindesten zur neutestamentlichen Zeit bei den jüdischen Theologen keine Rede war von einer anderen als der mosaischen Thora im messianischen Zeitalter, geht aus Ev. Matth. 5, 17 ff. Luc. 16, 17. Apostelgesch. 6, 14 deutlich hervor.

Aber nicht bloß gelehrt und in ihrem vollen Umfang wie in ihrer ganzen Tiefe neu erkannt wird die Thora, sondern auch erfüllt. Der Messias hat selbst die Thora auf sich genommen, um sie zu erfüllen *Targum* Jes. 9, 5; nach V. 6 wird der איריתהא עבדי in den Tagen des Messias eine große Menge sein. Er hält auch darauf (*Targum* zu 53, 11. 12), daß man dem Gesetze Gehorsam leiste. Es wird auch in dem neuen Jerusalem einen Sanhedrin geben, einen obersten Wächter über die Erfüllung des Gesetzes. Denn nach *Wajjikra rabba* c. 11 werden auch im neuen Jerusalem die Aeltesten auf dem Zion als Sanhedrin Gott umgeben, während er auf seinem Throne sitzt. Es erweitert sich aber der Kreis derer, die da Aufsicht über die Gemeinde halten, indem nach derselben Stelle die Gerechten überhaupt, die Gott umgeben, den Sanhedrin bilden.

§ 85. Die Gerechtigkeit und der Segensstand der Gemeinde.

Der Messias heißt u. A. צִדְקֵנוּ מָשִׁיחַ (s. Delitzsch, Römerbrief 78),
weil er dem Volke צֶדֶק Rechtbeschaffenheit vor Gott schafft, nämlich
(oben S. 343 ff.) durch seine persönliche Heiligkeit, denn er ist der
Heilige Gottes; ferner durch seine Fürbitte vor Gott und durch die
Anleitung des Volkes zur Erfüllung des Gesetzes. Durch den Messias
ist Friede zwischen Gott und seinem Volke. Dieser Stand des Volkes
vor Gott ist nicht dem Wechsel unterworfen. Das finde ich besonders ausgesprochen in dem wiederholt vorkommenden Satze, daß
es in den Tagen des Messias weder זְכוּת noch חוֹבָה gebe Schabbath
151ᵇ. Wajjikra rabba c. 78. Der Sinn dieser Worte ist nicht der,
daß im messianischen Zeitalter durch das Gesetz kein Verdienst erworben werde, und Niemand durch Gesetzesübertretung eine Schuld
auf sich lade. Beides ist der Fall. Aber das messianische Zeitalter
ist einerseits die Zeit der Vergeltung und Belohnung; jede Gesetzeserfüllung wird hier sofort belohnt, und so gibt es keine זְכוּת im
früheren Sinne, keine Anwartschaft auf künftigen Lohn. Andererseits
aber ist das messianische Zeitalter eine Zeit beständigen Vergebens
und steten Friedens, da der Messias durch sein Verdienst und seine
Fürbitte immerfort wirksam für Israel eintritt. Dadurch ist die Häu-
fung der Schuld, die der Sünder zu büßen hätte, unmöglich geworden. Die Gesetzeserfüllung wird alsbald belohnt, die Sünde alsbald vergeben. Wenn in Schabbath 151ᵇ gesagt wird, daß dies
Tage seien, die Einem nicht gefallen, so klingt das sonderbar,
ist aber unter dem Gesichtspunkte verständlich, daß der Erfüller des
Gesetzes die Erwerbung eines Lohnkapitals für die Zukunft (S. 292)
höher schätzt als den momentanen Genuß der Frucht der Gerechtigkeit ohne zurückbleibenden Anspruch. Hinsichtlich des Fehlens
sich häufender Schuld kommt auch in Betracht, daß der Opferdienst
wieder im Schwange geht und seine sühnende Wirkung übt. Wenn
Pesikta 55ᵇ. 61ᵇ. 122ᵃ dem Tamidopfer die Wirkung zuschreibt,
daß „Niemand in Jerusalem weilte (לָן), in dessen Hand Sünde war" —
das Morgenopfer sühnte die Sünden der Nacht, das Abendopfer die
des Tages — so wird das Tamidopfer des messianischen Heiligtums
dieselbe Sühnkraft haben. Es ergibt sich also auch von Seiten der
Aboda die Gewißheit, daß den Bewohnern des neuen Jerusalems ein
ungetrübter Gnaden- und Friedensstand vor Gott beschieden ist, und
jene bangen Stunden nicht wiederkehren, wo nach Abwägung des

Verdienstes und der Schuld das Urtheil festgestellt wird, das auf זכאי oder חייב lautet und über Leben oder Tod des Menschen entscheidet.

Nachdem der volle Friedensstand für die Gemeinde hergestellt ist, kann der Segen Gottes über Volk und Land ungehemmt in seiner ganzen Fülle sich ergießen. Nach außen hin genießt die Gemeinde Gottes volle Freiheit. Der wesentliche Unterschied zwischen dem gegenwärtigen und dem messianischen Zeitalter ist der, daß dann kein Weltreich mehr besteht, welches Israel drückt *Berach.* 34b. Und *Schabbath* 63a. *Pesachim* 68a: „Es ist kein anderer Unterschied zwischen der gegenwärtigen Welt und den Tagen des Messias, als die Knechtschaft (שעבוד) durch die Reiche (der Welt) allein". (Vgl. § 86.) Diese Freiheit genießt das Volk in einem Lande, welches nun ganz sein eigen ist und ihm reiche Frucht trägt. Die physische Weltordnung ist in den Tagen des Messias im Allgemeinen dieselbe, wie gegenwärtig; es ist in dieser Hinsicht nach *Pesachim* 68a zwischen den Tagen des Messias und dem ימי הבא zu unterscheiden. Das ist der Sinn des soeben aus *Schabb.* 63a und *Pesachim* 68a citirten Ausspruchs, der eine principielle Bedeutung hat. Aber die Leistungsfähigkeit des neu gesegneten Landes ist doch eine sehr erhöhte. Die Schilderungen der Fruchtbarkeit sind häufig und überschwänglich. So sagt *Schabbath* 30a, daß in der messianischen Zeit die Bäume alle Tage neue Früchte tragen und ein solcher Reichtum der Producte vorhanden ist, daß man Kuchen ißt und in Seide sich kleidet. Auch die Frauen werden nach dem Worte Jer. 31, 8 הרה ויולדת יחדיו jeden Tag gebären, denn Schwangerschaft und Geburt fällt zusammen. Wenn sonst nach *jer.* *Schekalim* VI, 2 das Getreide sechs, das Obst aber zwölf Monate zur Reife bedarf, so wird in der messianischen Zeit das Getreide in je zwei, das Obst aber in jedem Monate reifen. Auch die Lebensdauer ist sehr erhöht; ja für das Volk Gottes selbst ist der Tod aufgehoben. *Pesachim* 68a wird gesagt, daß die Schrift einerseits Jes. 25 weissage, der Tod werde verschlungen sein für immer, und andererseits davon rede, daß wer hundertjährig sterbe, gleichsam nur das Knabenalter erreicht habe; einmal sei also die Herrschaft des Todes schlechtweg verneint, und dann sei doch wieder vom Sterben die Rede. Dieser Widerspruch wird in der Weise gelöst, daß eine Sterblichkeit bei erhöhter Lebensdauer von den Heiden gelten werde, welche dem Volke Gottes als Bürger und Ackerleute dienen, während die Glieder des Volkes

Gottes selbst den Tod überhaupt nicht mehr schmecken werden.
Damit stimmt überein, daß wiederholt vom messianischen Zeitalter
gesagt wird, es ersetze den durch Adams Sündenfall erlittenen Verlust *Beresch. rabba* c. 12 vgl. *Jalkut Schim.*, *Beresch.* 17. „R. Be-
rachja sprach im Namen des R. Schemuel: Obwol die Dinge in ihrer
Vollgestalt geschaffen worden sind, wurden sie doch verderbt, als
Adam der Erste sündigte. Und sie werden nicht zu ihrem Urstand
(תקון *reparatio*) zurückkehren, bis der Sohn des Perez (Messias)
kommt. Denn es heißt (Ruth 4, 18) אלה תולדות פרץ, und תולדות
ist *plene* geschrieben. Diese *scriptio plena* geschah um der sechs
Dinge willen, die zurückkehren werden (nachdem sie Adam dem Ersten
weggenommen wurden S. 214 f.), und das sind sie: der Abglanz der
göttlichen Herrlichkeit auf Adams Antlitz, sein Leben, seine Größe, die
Früchte des Landes und die Früchte des Baumes, und die Lichter."
Diese Wiederherstellung stellt also den Urstand für Israel wieder
her (S. 206 f.); Gottes Gegenwart stellt sich dar in dem Glanz, der
auf eines Jeden Angesicht liegen wird; das Leben ist vom Tod nicht
mehr bedroht, Unsterblichkeit ist wieder geschenkt. Der Mensch
entfaltet sich zu einer Größe, die ihn auch äußerlich als Herrn der
Schöpfung zu erkennen gibt. Das Land gibt frei vom Fluch ohne
die peinliche Arbeit des Menschen sein Gewächs, der Baum gibt
nicht bloß Holz, sondern Frucht, das Licht leuchtet wieder ohne
Trübnis, so daß der Mensch wie vor dem Fall in diesem Lichte
ungemessene Fernen schauen kann. In dieser wiederkehrenden Glorie
des Urstands vollendet sich, was Gott in den Tagen des Messias
schafft, und was diese Zeit zum Gegenstand des Wünschens und
Hoffens der Gemeinde macht.

§ 86. Die Herrschaft des Messias über die Völkerwelt.

Der Messias, Sohn Davids, ist bestimmt Weltherrscher zu werden.
Alle Weissagungen, welche von einem Reiche Gottes reden, das die
ganze Welt umfassen soll, werden auf die Weltherrschaft des Messias
bezogen. So Gen. 49, 10 ff. Das Scepter Juda's ist der Thron des
Königs, der Thron den Gott nach Ps. 45 für ewig aufrichtet.
Schilo ist der, dem das Reich gegeben werden wird, der Messias.
יקהת עמים wird ihm gegeben d. h. er wird allen Völkern die Zähne
stumpf machen יקהה, so daß sie nicht mehr werden widerstreben
können, und alle Völker werden sich um ihn (als Panier der Völker)

sammeln. So *Beresch. rabba* c. 99. *Tanchuma, Wajechi* 10. Auch
der Stern aus Jakob wird vom Messias gedeutet, der Edom (das
römische Weltreich) vernichte. Wenn er erscheint, so will Jehova
sein Reich aufrichten, das an die Stelle des römischen Weltreichs
treten wird, und einen König über Israel setzen *Debarim rabba* c. 1.
In Ps. 2 ist der Messias als Herrscher über alle Völker verkündet
Jalkut Schim., Beresch. 76, obwol *Bammidbar rabba* c. 10 das
בר נשקו nicht mit „küsset den Sohn", sondern „küsset (nehmet ehrfurchtsvoll an) die Gebote der Thora" wiedergegeben wird. Der
110. Psalm wird zwar *Tanchuma, Lech Lecha* auf Abraham bezogen;
ebenso *Wajjikra rabba* c. 10; Ps. 110, 4 wird mit Gen. 14, 19 com-
binirt und jene Stelle aufgefaßt: Du Abraham bist ein Priester nach
dem Ausspruch, den Melkizedek über dich gethan hat. Aber nach
Jalkut Schim., Beresch. 145 deutet das Scepter, das von Zion ausgeht
(Ps. 110, 2) auf die Weltherrschaft des Messias. In Sach. 9, 1 wird
חדרך als Bezeichnung des Messias gefaßt und so erklärt: er ist scharf
(חד) für die Völker, mild (רך) für Israel *Pesikta* 143ᵃ. Auch der
עני רכב על חמור Sach. 9, 9 wird als der Messias verstanden, z. B.
Beresch. rabba c. 56 c. 75. Jes. 9, 1 ff. wird in *Debarim rabba* c. 1
auf den Messias gedeutet, und somit auch die dort verkündigte
Weltherrschaft ihm beigelegt.

Die Targume enthalten nicht wenige Hinweisungen auf die Herrschaft des Messias. Bemerkenswerth ist schon, daß der Messias
immer מלכא משיחא genannt wird. Auf die Weltherrschaft des Messias
weist nach dem *Targ. jer.* I und II Gen. 49, 11 hin. „Wie schön
ist der König Messias, welcher aus dem Hause Juda aufstehen wird,
gegen seine Feinde streitet und die Könige tödtet". Num. 24, 7 weissagt
nach *jer.* I: Und siehe, sehr groß und mächtig wird das Reich des
Königs Messias sein. Num. 24, 17 lautet nach *Targ. Onkelos* und *jer.* I:
Herrschen wird ein starker König aus dem Hause Jakob und mächtig
wird werden der Messias aus Israel. Von geringem Anfange aus (2 Sam.
2, 10) wird Gott erhöhen das Reich seines Messias; in 2 Sam. 23, 3
sagt David nach dem *Targ.*: Er (der Herr) sagte mir, er wolle
mir aufstellen einen König, das ist der Messias, welcher aufstehen
und herrschen wird in der Furcht des Herrn. Jes. 10, 17 verheißt
nach dem *Targ.*, daß die Völker durch den Messias zerbrochen werden.
In Jes. 53, 10 ist der זָרַע den der Messias sehen wird das Reich
des Messias. Mich. 4, 8 gibt *Targ.* wieder: Du aber Messias Israels,
der du um der Sünden Israels willen verborgen gewesen bist, dir

wird zukommen das Reich. Die Hauptstelle aber ist Sach. 4, 7, welche
nach dem *Targum* lautet: Und er wird offenbaren den Messias, dessen
Name von ewig genannt ist, und er wird herrschen über alle Reiche.
Es ist daraus klar, daß wo vom מלכות des Messias die Rede ist,
nicht bloß die Herrschaft über Israel, sondern die Herrschaft über
die Völkerwelt gemeint ist.

Das Weltreich welches der Messias aufrichtet tritt an die Stelle
des letzten d. i. des römischen Weltreichs. Nach *Aboda sara* 2ᵇ löst
ersteres das letztere ab. Nach *Pesachim* 54ᵃ entspricht die Frage,
wann das Reich des Hauses David wieder an seine Stelle zurückkehren werde, der anderen, wann das Weltreich verschwinde. Was
sollte auch nun noch ein heidnisches Weltreich, nachdem Israels
Sünde vergeben und zwischen ihm und Jehova durch den Messias
Friede geworden ist? Das Weltreich ist nach *Sifre* 86ᵃ nur um der
Sünde Israels willen, zur Strafe derselben ins Dasein gerufen worden:
„An dem Tage, da Salomo mit der Tochter Pharao's sich verehelichte,
stieg Gabriel herunter, schnitt ein Rohr am Meer ab und brachte
Schlamm (aus dem Meeresgrund) herauf, und darauf ward die Stadt
Rom erbaut. Und an dem Tage, da Jerobeam die zwei Stierbilder
aufstellte, standen Remus und Romulus auf und erbauten zwei Burgen
(כרכין) in Rom." (Vgl. die Sage von Romulus und Remus in midrasischer Form *Esther rabba* 89ᶜ.) Rom heißt im Targum zu Ps.
111, 8 (s. Levy u. פְּרַךְ) כרכא רשיעא die Frevelstadt. Ohne die Sünde
Israels wäre das Weltreich nicht entstanden, sondern das davidisch-
salomonische Reich hätte sich weiter zum Weltreich entwickelt.
Nachdem nun endlich die Sünde vergeben und Friede geworden ist,
hat das heidnische Weltreich seine Bestimmung erfüllt; das davidisch-
salomonische kann wieder erscheinen, und zwar nun als Weltreich.
Denn das Weltreich des Messias ist die Erneuerung und Vollendung
des davidisch-salomonischen. Das Reich des Hauses David, heißt es
Pesachim 54 (s. oben), wird wieder an seine Stelle treten (למלכות בית
דוד תחזור למקומו). Sehr bezeichnend ist *Bammidbar rabba* c. 18 g. E.,
wo erst vom Königsscepter und den Wundern, die an diesem geschehen,
die Rede ist, und dann fortgefahren wird: Und dieser Stab war
in der Hand eines jeden Königs, bis das Heiligtum zerstört wurde,
dann wurde er verborgen (נגנז). Und dieser selbe Stab wird künftig
sein in der Hand des Königs Messias (ביד מלך המשיח), der bald in
unseren Tagen erscheinen möge, laut Ps. 110, 2. Daß schon das
Reich Davids Weltreich sein sollte, zeigt *Esther rabba* 86ᵇ, wo es

heißt, daß David Salomo und Ahab über die 252 Exarchieen der Welt geherrscht haben. Und 87ᵃᵇ lesen wir, daß auf Salomo's Thron nur ein κοσμοκράτωρ sitzen dürfe. Nach *Bammidbar rabba* c. 13 wird das Reich des Messias wirklich universal sein: „es hat keine Grenzen". Und *Schir rabba* 5ᵈ sagt, daß Jerusalem künftig die Metropolis aller Städte der Welt sein werde. Die ganze Erde ist Israels Herrschaftsgebiet. Israel selbst aber wird nicht in der Völkerwelt aufgehen, die Welt wird nicht sein Wohngebiet sein. Das sagt ebenfalls *Sifre* 135ᵃ: Es sprach Jehova zu Israel: Gleichwie ihr in dieser Welt abgesondert (יחידים) gewohnt und durchaus Nichts von Heiden genossen habt, so werde ich euch in der Zukunft (לבתיד לבא) abgesondert wohnen lassen, und keiner der Heiden soll etwas von euch mehr genießen. Ferner heißt es: Unter euch wird Niemand wohnen, der dem Götzen dient — dadurch wird Jakobs Sünde gesühnt werden (Jes. 27, 9. Schön faßt die künftige Hoheitsstellung des Messias und Israels *Schemoth rabba* c. 7 zusammen, wo es heißt: der Heilige wird dereinst den König Messias mit seiner Krone bekleiden, dem פב ־רב; Israel aber wird sich kleiden in Jehova's Kleid, in Jehova's Macht. Aehnlich *Pesikta* 149ᵇ: die Gemeinde Israels wird künftig mit ihrem Glanz Alles bescheinen. *Banmidbar rabba* c. 14: Gott zieht dem Messias היד יהדר als Kleid an. Der Messias wird auch Gottes Erstgeborner genannt; Gott gibt ihm das Erstgeburtsrecht wie einst dem Jakob, laut Ps. 89, 28; er gibt ihm das Erbe, den Besitz der Welt *Schemoth rabba* c. 19. Nach *Schir rabba* 24ᵃ ist מניחה der Ort, wo der Messias wohnt oder residirt, בית המקדש das Heiligtum in Jerusalem. Er thront demnach zur Rechten Gottes. Dem entspricht *Sanhedrin* 98, daß die Welt auf den Messias hin geschaffen ist.

Treten wir nun an die Frage heran, wie sich diese Weltherrschaft vollzieht, so ist schon mit dem Vorigen gesetzt, daß die Weltvölker auch im messianischen Zeitalter als solche weiter existiren. Sie werden nicht judaisirt, wie etwa einst die Idumäer judaisirt wurden. Denn diese zwang Johannes Hyrkanus 129 v. Chr. zur Beschneidung und einverleibte sie dem jüdischen Staate. Idumäa stand seit der Zeit unter einem jüdischen Präfecten. Im messianischen Zeitalter dagegen werden die Völker ihre eigentümliche Gestalt und ihre Sonderexistenz bewahren *Sifre* 135ᵃ. Dabei gehen die Aussagen über Israel, was sein religiöses Verhältnis zu den Völkern betrifft, sehr auseinander. Nach *Aboda sara* 24ᵇ werden in den

Tagen des Messias sich alle Heiden selbst zu Juden machen. (Näheres
Aboda sara Ewald S. 16 ff.) Nach *Sifre* 76ᵇ wird Jeder begehren, im
Lande Israel eine Wohnung zu haben, wie die Großen und Mächtigen der Völker jetzt nicht ruhen, bis sie einen Palast in Rom
haben. Solche Anziehungskraft auf die Völker übt die Herrlichkeit
des Landes Israel. Dem entspricht die missionirende Thätigkeit, die
vom Volk Israel auf die Heiden ausgeht. Vom Messias selbst heißt
es *Schir rabba* 24ᵃ, er heiße חדרך Sach. 9, 1 weil er alle Bewohner
der Erde (בא ־ העולם כל) zur Buße vor dem Heiligen leite (הדריכן).
Von den Juden lesen wir, daß sie in der messianischen Zeit in den
Circus und Theatern der Heiden das Gesetz lehren: an den Mittel-
punkten heidnischen Lebens und Wesens ist dann die Thora Gottes
die herrschende Macht. Andererseits aber finden sich Stellen, wonach im messianischen Zeitalter die Proselyten (גרים) aus den Heiden
nicht angenommen werden. *Aboda sara* 3ᵇ: Sie kommen wol und
übernehmen die Gebote, wenn aber dann Gog und Magog aufstehen,
so schließen sie sich ihm an und geben jene wieder auf. Ebenso
sagt *Jebamoth* 24ᵇ: Man nimmt in den Tagen des Messias keine
Proselyten an. Hier offenbart sich das tiefe Mißtrauen, die tiefe
Abneigung gegen die Völkerwelt und eine Gemeinschaft mit ihr, und
zugleich die Empfindung, daß das Volk des Gesetzes mit dem Gesetze allein an den gesetzlosen Weltvölkern keine geistliche Mission
zu erfüllen im Stande sein werde. Beide Strömungen gehen immer
durcheinander, wo es sich um die Heiden handelt: das Verlangen
sie sich unterthan zu machen, und die Abstoßung, sobald es sich
um die Gemeinschaft auch der Heiligtümer handelt, vgl. oben S. 69 ff.
Indeß bleiben doch die obigen Aussagen in Kraft, und als wirkliche
Meinung wird man annehmen dürfen, daß eine Auswahl der Heiden
dem Judentum auch in religiöser Hinsicht einverleibt wird. Diese
lösen aber dann auch den socialen Verband mit der Völkerwelt und
werden Insassen des heiligen Landes und Jerusalems, welche ja
unendlich erweitert werden, um die Menge der Heiden aufzunehmen.
Die Masse der Völker dagegen verbleibt, wenn auch unter dem
Einfluß der Thora und verhindert Etwas gegen sie zu thun, in ihrer
eigentümlichen religiösen Verfassung, so lange Gott sie überhaupt
noch duldet.

Um so einheitlicher sind diejenigen Aussagen, welche das politische Verhältnis der Völker zum Messias betreffen. Die Völker sind
offenbar gedacht als Tributärstaaten, vgl. das *Targum* zu Jes. 16, 1:

die Völker werden dem Messias Tribut (מסין) bringen; *Schemoth.
rabba* c. 35: alle Reiche der Welt müssen dem Messias am Ende
Geschenke bringen. *Tanchuma, Schophetim* 19: Jedes Volk wird
Israel לכם tributär sein, ihm dienen, indem es ihm Geschenke bringt
דורון לו מביאין שיהיו כבדוך Ps. 68, 32. Dasselbe wird es besagen, wenn
Pesachim 118 steht, daß Aegypten dem Messias ein דירון (δῶρον)
sendet. Es ist überhaupt oft davon die Rede, daß alle Schätze, die
Israel einst hatte und an die Weltvölker verlor, ihm am Ende
zurückerstattet werden müssen. A. a. O. heißt es von Joseph, daß er
alles Geld der umliegenden Länder nach Aegypten zog. Israel nahm
es dann bei seinem Auszug mit; aber später kam sein Reichtum in
die Hände der Weltmacht. Einst werden alle diese Schätze wieder
zu Israel kommen und bei ihm bleiben, vgl. *Jalkut Schim., Beresch.*
154. Ebenso sagt *Beresch. rabba* c. 78, daß alle Geschenke, welche
Jakob einst dem Esau (Weltreich) gab, dereinst dem König Messias
zurückgegeben werden müssen; und c. 83: Edom (das Weltreich)
muß dem Messias einst alle seine Schätze entdecken und herausgeben; *Schemoth rabba* c. 31: Israel wird am Ende die Güter Roms
erben. Vgl. noch *Schir rabba* 5^d.

Darin also erweist sich die Abhängigkeit der Völker von dem
Messias und Israel, daß sie den Einfluß des Gesetzes sich gefallen lassen, Tribut oder große Geschenke nach Jerusalem bringen
und allen Raub erstatten müssen; und die Heiden, die unter Israel
wohnen, sind dessen Knechte und Arbeiter.

§ 87. Gog und Magog und das Ende des messianischen Zeitalters.

Daß man nach *Aboda sara* 3^b im messianischen Zeitalter Proselyten mit Mißtrauen ansehen wird, hat seinen Grund darin, daß
man fürchtet, sie möchten wieder abfallen, wenn Gog und Magog
aufstehen. Denn der messianischen Weltherrschaft steht ein letzter
Angriff bevor, welcher das Ende derselben herbeiführt, weil in diesem
letzten Krieg der Völker gegen den Messias die Heiden, indem sie
das Maß der Sünde erfüllen, das Gericht und damit das Ende der
Welt herbeiführen. Diese letzte Katastrophe leitet aus der Zeit über
zur Ewigkeit, zum הבא עלם im engeren Sinne des Wortes.

Wajjikra rabba c. 30 wird das Zeitalter des Messias und des
Gog und Magog so unterschieden, daß letzteres auf das erstere folgt,

nicht umgekehrt. *Beresch. rabba* c. 85 wird כום ישועית Ps. 116, 13
erklärt von einem Becher des Heils für die Tage des Messias und
von einem Becher des Heils für die Tage des Gog und Magog; damit
dürfte erst die Hülfe wider die römische Weltmacht gemeint sein,
die vom Messias gestürzt werden muß, damit er sein Reich aufrichten kann, und dann die Hülfe, die Messias zuletzt im Krieg
mit Gog und Magog am Ende des messianischen Zeitalters findet.
Jedenfalls folgt auch hier die Zeit des Gog auf die messianische.
Die Dauer der Zeit des Gog ist sieben Jahre *Wajjikra rabba* c. 11.
Tanchuma, Schophetim 19, g. E., wird deutlich gesagt, daß die
Völker dem König Messias erst dienen als tributäre Staaten. Zuletzt
aber „dringt ein böser Geist (רוח חזיית) in sie ein, und sie rebel-
liren wider den König Messias. Sofort aber tödtet er sie laut Jes.
11, 4: er wird schlagen das Land mit dem Stab seines Mundes, und
durch den Hauch seiner Lippen wird er den Frevler tödten. Und
er läßt nichts übrig als Israel, laut Deut. 32, 12." Dies ist offenbar
der letzte Entscheidungskampf zwischen Israel und der Völkerwelt.
Es bleibt hier am Ende nur Israel übrig, während aus den Straf-
gerichten, die dem römischen Weltreich ein Ende machen und das
messianische Zeitalter vorbereiten, die Völker übrigbleiben, um nun
dem König Messias zu dienen. Dabei darf jedoch nicht verschwiegen
werden, daß dem Gog und Magog an andern Orten eine andere
Stellung angewiesen wird, nämlich vor Beginn des messianischen
Zeitalters. So im *Targum jer.* II Num. 11, 26., wo es heißt: Eldad
und Medad weissagten zugleich und sprachen: Am Ende der Tage
(בסוף עקב יומיא) werden Gog und Magog und seine Heere herauf-
kommen gegen Jerusalem, aber durch die Hände des Königs Messias
fallen sie. *Targ. jer.* I zur selben Stelle sagt noch deutlicher: Jene
beiden weissagten zugleich und sprachen: Siehe ein König wird
heraufsteigen aus dem Lande Magog am Ende der Tage (בסיף יומיא)
und wird sammeln die Könige mit Kronen geschmückt und die
Fürsten mit Panzern angethan, und alle Völker werden ihm gehorchen und werden zur Schlacht rüsten im Lande Israel gegen die
aus dem Exil Heimgekehrten (בני גלותא); aber schon längst ist ihnen
die Stunde des Seufzens bereitet, und er tödtet sie alle durch Verbrennung der Seele mit einer Flamme, die vom Thron der Herrlichkeit ausgeht, und es werden ihre Leichname fallen auf den Bergen
des Landes Israel; dann werden alle Todten Israels auferstehen und
das köstliche Mahl des Leviathan, der von Anfang an für sie auf-

bewahrt ist, genießen, und den Lohn ihrer Werke empfangen. So scheint auch *Sifre* 143ᵇ gefaßt werden zu müssen: Vier Erscheinungen (הופעית von הופיע z. B. Ps. 80, 2) Gottes gibt es: in Aegypten, bei der Gesetzgebung, in den Tagen des Gog und Magog und die vierte in den Tagen des Messias. Allein diese Auffassung gibt sich von selbst als mit dem System der jüdischen Theologie nicht übereinstimmende vereinzelte Anschauung zu erkennen, da ja, wenn die Völkerwelt vertilgt ist, vor der messianischen Zeit kein Object für die messianische Universalherrschaft übrig bleibt.

Der Krieg des Gog und Magog wider den Messias ist nach *Aboda sara* 3ᵇ eine Auflehnung der Völker wider den Messias nicht bloß, sondern auch gegen das Gesetz Gottes, das die Völker nicht mehr ertragen wollen. Ein böser Geist drang nach *Tanchuma*, *Schophetim* 19 in die Massen der Völker und bewegte sie zum Abfall und zur Auflehnung wider Gott. Diese Feindschaft schreitet aber weiter zu dem Plane fort, Israel ganz zu vertilgen. In *Pesikta* 79ᵃ wird Gog und Magogs Streben parallelisirt mit Esau's, Pharao's und Hamans Vorhaben, alle Juden auszurotten. Einer dachte es immer klüger anzufangen wie der Vorgänger. „So, sagt R. Levi, wird auch Gog und Magog in der Zukunft לבא בעתיד also sprechen: Thoren sind jene Ersten gewesen, denn sie erhoben sich mit bösen Anschlägen wider Israel und wußten nicht, daß Israel im Himmel einen Schutzherrn hat. Ich thue nicht so, sondern ich binde erst mit ihrem Schutzherrn (Jehova) an, dann mit ihnen (ihrem Messias), laut Ps. 2, 2. Da spricht Jehova zu ihm: Frevler, du kommst um mit mir dich einzulassen! So wahr du lebst, ich will mit dir Krieg machen, laut Sach. 14, 3 und Jes. 42, 13." Auch *Mechilta* 48ᵇ wird der 2. Psalm auf Gog und Magog angewendet: Jehova lachet ihrer; das Loos Pharao's und seines Heeres wiederholt sich an ihnen, sie werden in die Tiefe versenkt, daß die Fische des Meeres erbeben (Ez. 38, 20). Jehova selbst also streitet wider Gog und Magog, und das Völkerheer wird vernichtet; Israel bleibt allein übrig.

Cap. XXIV. Die schließliche Vollendung.

§ 88. Auferstehung und Weltgericht.

Durch die Auflehnung der Völker der Welt wider den Messias ist das messianische Reich zum Ende gekommen, und nun beginnt

das Weltgericht und die Ausscheidung der widergöttlichen Völker
von der Erde, die erneuert und dem Volke Gottes als alleiniger
Wohnort angewiesen wird. 1. Ehe wir an das Einzelne herantreten, müssen wir die
Vorfrage erledigen, ob es eine allgemeine Auferstehung gibt oder
nicht, und wer demnach den Gegenstand für das Weltgericht bildet.
Aus der talmudisch-midrasischen Literatur läßt sich die Auferstehung
der Todten im Sinne einer Auferstehung aller Todten nicht erweisen. Vielmehr wird gelehrt, daß die Auferstehung ein Vorzug
Israels ist. Maimonides schreibt in seinem Mischna-Commentar zu
Abschnitt XI des Traktats *Sanhedrin* Folgendes: „Die Auferstehung der Todten ist ein Fundamentalartikel Mose's unseres Lehrers, Friede über ihm! ... Dieselbe kommt aber nur den Gerechten
zu." Und so heißt es in *Beresch. rabba:* „Die Macht Regen zu
geben gehört allein den Gerechten, und die Auferstehung von den
Todten gehört ebenfalls nur den Gerechten ... Wie sollten die
Gottlosen wieder lebendig werden? sie sind doch selbst in ihrem
Leben todt. Und so haben sie gesagt: Die Gottlosen heißen schon
im Leben Todte, und die Gerechten heißen auch im Todte Lebendige." Ferner *Taanith* 7ª: „Größer ist der Tag des Regens als der
Tag der Auferstehung; denn dieser gehört nur den Gerechten, jener
gehört den Gerechten und den Gottlosen." Diese Auferstehung der
Gerechten ist aber keine andere als die schon oben besprochene
am Eingang des messianischen Zeitalters. Sie erstreckt sich nur auf
die Gerechten von Israel, denen der Antheil am עולם הבא, am Reich
Gottes beschieden ist, und vollzieht sich nur im heiligen Lande.
Deshalb sagt der *Jalkut chadasch* 60ª, ganz im Sinne alter Anschauung: תחיית המתים לישראל die Auferstehung von den Todten ist
ein Vorrecht Israels. Und *Kethuboth* 111ᵇ sagt ausdrücklich: עמי
הארצות אינך חיים „die Ungelehrten d. i. die sich mit dem Gesetze
nicht beschäftigt haben, werden nicht auferstehen. Die Ueberlieferung lautet ebenso הכי נמי תניא.הני." Es ist also nicht eine Einzel-
meinung, sondern allgemeine Lehre. Als Schriftgrund wird Jes. 26, 14
geltend gemacht. *Pirke de-R. Elieser* c. 39 werden die Kuthäer
(Samariter) ausdrücklich von der Auferstehung ausgeschlossen, an
andern Orten jedenfalls die Heiden; so *Jalkut Schim., Beresch.* 44
das Geschlecht der Fluth, und *Ruth rabba* zu 4, 7 wird von den
Völkern der Welt gesagt, Gott habe ihnen keine תקומה (Auferstehung) gegeben, weder in dieser noch in jener Welt, laut Jer.

10, 11 und Jes. 26, 14. Die sehr späten *Pirke de-R. Elieser* c. 34 geben zwar eine Auferstehung auch der Heiden zu, behaupten aber, die Heiden die von den Todten auferstünden, verblieben nicht im Leben, sondern sänken wieder in den Tod zurück. Die Auferstehung der Todten ist also nach der jüdischen Theologie ein Vorrecht derer, die am Reich Gottes Antheil haben sollen; denn sie steht mit diesem in engster Verbindung, ist ein Theil des Lohnes der Gerechten; daher finden wir *Kidduschin* 39[b] den Satz, daß wo bei einer כציה angemerkt sei, daß sie Lohn habe, darunter die Auferstehung von den Todten gemeint sei. Wer keinen künftigen Lohn hat, wird auch an der Auferstehung nicht Theil haben. Er bleibt im Tode und ist bereits im Tode gerichtet worden.

2. Das Gericht über die Heiden und diejenigen von Israel, welche ihnen gleich geachtet werden, vollzieht sich zunächst fort und fort, indem sie sterbend in das Gehinnom eingehen, um die gerechte Strafe zu empfangen. Dies ist auch die Anschauung, welche in Ev. Luc. 16, 23 waltet: der Reiche geht im Tode in die Hölle, an den Ort der Qual. Zwar scheint es dem zu widersprechen, daß z. B. *Pesikta* 73[a]. *Aboda sara* 3[b]. *Mechilta* 37[a]. 38[b]. *Kohel. rabba* 3[b] die Bestrafung der רשעים in den לבא עתיד verlegt wird; allein dieser Ausdruck will dem Zusammenhang nach nur den Gegensatz zwischen dem irdischen Leben der Gottlosen und dem danach folgenden, für die Lebenden zukünftigen Zustand bezeichnen. Das Gehinnom, welches für Israel (§ 74) ein Purgatorium ist, ist für die Heiden der Ort der Strafe; es ist seiner ursprünglichen Bestimmung nach nicht für Israel gemeint. *Schabbath* 104[a] sagt Gott zum Gehinnom: „Warte nur, ich habe Schaaren der Völker der Welt, welche ich dir gebe", — im Gegensatz zum Volke Gottes, welches nicht für das Gehinnom bestimmt ist. Weshalb die Heiden für das Gehinnom bestimmt sind sagt *Sanhedrin* 105[a], nämlich als שכחי אלהים Gottesvergessene, Götzendiener. Indeß gibt es Solche in Israel, die dem Gehinnom ebenso ohne Hoffnung verfallen, weil sie als Heiden angesehen werden. So heißt es *Erubin* 19[a], daß alle Israeliten von Abraham aus dem Gehinnom wieder herausgeführt werden, „mit Ausnahme dessen, welcher zur Kuthäerin gekommen ist, und dessen, welcher seine Vorhaut übergezogen hat, so daß man ihn nicht mehr (als Juden) erkennt (ולא בבשקר ליה)." Wer sich also selbst des Bundeszeichens entkleidet hat, gilt naturgemäß als Heide; ihn behält daher das Gehinnom, wie den Heiden; vgl. *Jalkut Schim., Beresch.*

144 und oben S. 330. Es gibt unvergebbare Sünden, die auch den
Israeliten für immer dem Gehinnom überliefern.

Die dem Gehinnom Verfallenen erwartet fürs Erste Qual und
Pein, am Ende aber völlige Vernichtung. Die Pein, welche die im
Gehinnom Befindlichen erleiden, wird verursacht durch das Feuer
der Hölle. Siehe *Kohel. rabba* 66ᵈ. 67ᵃ wo die Gottlosen in der
Hölle אש קדחי וכאזרי ביקתה heißen, welche im Lichte ihres Feuers
hingehen und verzehrt werden בויקתה vgl. Jes. 50, 11. Nach *Bera-*
choth 15ᵇ soll dem, der der Recitation des Schemagebets besondere
Sorgfalt zuwendet, das Gehinnom gekühlt werden (מצנין ליה גהינם).
Nach *Schemoth rabba* c. 6 kühlen die Thränen des Gerechten, die
ins Gehinnom fallen, des Feuers Pein. *Mechilta* 37ᵃ lehrt, daß der
Ostwind die Flamme anfache, und 38ᵇ, daß jeden Morgen diese
Qual und Pein erneuert werde. *Pesikta* 103ᵃ sagt, daß der Schwefel
bestimmt sei zur Strafe des Menschen. „R. Jochanan sprach: Warum
empfindet der Mensch am Geruch des Schwefels solchen Ekel? Weil
die Seele weiß, daß sie damit gerichtet (gestraft) werden wird
(Ps. 11, 6).“ *Aboda sara* 3ᵇ wird von der Sonne gesagt, daß sie mit
ihren heißen Strahlen die Gottlosen quält, während sie die Frommen
erquickt. Hinwiederum ist auch die Finsternis genannt als Mittel
der Höllenpein. *Pesikta* 73ᵃ sagt: So sprach der Heilige: das Gehinnom ist Finsternis und die Gottlosen sind Finsternis; es komme
die Finsternis und decke zu die Finsternis mit Finsternis, Koh. 6, 4
vgl. *Wajjikra rabba* c. 27. Daher heißt es *Schemoth rabba* c. 14,
daß die Gottlosen im Gehinnom sich mit Finsternis zudecken, vgl.
Bammidbar rabba c. 1. *Tanchuma, Bo* 2. Nach *Esther rabba* 90ᵇ
werden die רשעים im Gehinnom nackt gepeinigt (נידונין). Und so schwer
ist die Strafe der Gottlosen, daß es *Pesikta* 73ᵇ heißt: Wie das
Thebom nicht zu ergründen ist (אין לו חקר), so läßt sich auch das
Maß der Strafen der Gottlosen in der zukünftigen Welt nicht ergründen.“

Wie aber wird das Gericht über die Heiden und Gottlosen
enden? Gibt es ewige Höllenstrafen, oder geht die Strafe in Vernichtung aus? Die Hauptstelle für diese Frage dürfte sich *Rosch*
haschschana 17ᵃ finden. „Haus Hillel sagte: ... Die Abtrünnigen
Israels (die ihren Abfall) an ihrem Leibe (durch Unterlassung
des Tefillinlegens) und die Abtrünnigen aus den Völkern der Welt
(die ihren Abfall von Gott durch schwere Versündigung) an ihrem
Leibe (kund gegeben haben) steigen hinab in das Gehinnom und

werden zwölf Monate lang gestraft (ניידינין); nach zwölf Monaten wird ihr Leib ganz und ihre Seele verbrannt, und der Wind verweht die Asche unter den Fußsohlen der Gerechten, laut Mal. 3, 21. Aber die Minim und die Verräther (ihres Volks), die Epikuräer, welche den göttlichen Ursprung der Thora und die Auferstehung der Todten leugnen und sich trennen von den Wegen der Gemeinde und welche (wie harte Vorsteher) ihren Schrecken im Lande der Lebendigen (offenbart haben), welche gesündigt und die Menge sündigen gemacht haben, wie Jerobeam der Sohn Nebats und seine Genossen, die steigen hinab in das Gehinnom und werden in ihm gestraft in alle Geschlechter (לדורי דורות)." Ein anderer Beweis für die Vernichtung der Seelen durch das Feuer des Gerichts ist *Targ. jer.* I zu Num. 11, 26., wonach die unter Gog herangezogenen Feinde Israels durch Verbrennung der Seelen sofort vernichtet werden. Ueber die Heiden insonderheit sagt *Bammidbar rabba* c. 2 ganz bestimmt, daß sie im Unterschiede von Israel das Gehinnom nicht mehr verlassen, sondern in demselben umkommen (אובדות). Indeß wird auch die gänzliche Vernichtung der רשעים גמורים gelehrt, z. B. *Sanhedrin* 106^b die des Doeg; *Sanhedrin* X, 3 wird gesagt, daß das Geschlecht der großen Fluth keinen Theil am zukünftigen Leben habe, ja gar nicht im Weltgericht stehe, sondern längst vernichtet sei; die Sodomiten haben ebenfalls keinen Theil am ewigen Leben, stehen aber nach Einigen künftig im Gericht, sind also jetzt noch nicht vernichtet. Daß es sich wirklich um gänzliche Vernichtung handelt, sagt *Kohel. rabba* 69^b: wie das Vieh durch den Schlächter getödtet nie wieder zum Leben kommt, so kommen auch die Gottlosen, durch die הריגה gerichtet, nicht mehr zum Leben. Voraussetzung ist dabei, wie *Rosch haschschana* 17^a zeigt, daß das Feuer allmählich den Leib des Menschen verzehrt, und zwar nach *Kethuboth* 5^b zuerst die Ohren.

Es fehlt aber auch nicht an Stellen, welche davon reden, daß die Höllenpein der Gottlosen ewig währt. *Pesachim* 54^a: Das Feuer der Hölle איר הגיהנם erlöscht nie ליולם כבייה לו אין. Daraus geht jedoch nur hervor, daß bei einem Theil der Gottlosen die Qualen ewig dauern.

3. Wenn nun das Gericht sich fort und fort im Tode des Einzelnen vollzieht, so steht doch am Schlusse der diesseitigen geschichtlichen Entwickelung ein Gericht universaler Art, das wir als Weltgericht bezeichnen können. Von diesem Weltgerichte spricht *Mechilta* 46^a indirect, indem dort an den typischen Gerichten über das

Geschlecht der großen Fluth und über die Sodomiten gezeigt wird,
daß Gott בלייה die Vertilgung nicht eher über sie kommen läßt,
als bis sich gezeigt, daß sie nicht Buße thun wollen und ihr
Böses vollendet haben הׁשלימו. Schemoth rabba 30 ist das Gericht
über die Völker angekündigt für die Zeit, wo sie den Trauben gleich
reif sind, abgeschnitten und in die Kelter geworfen zu werden. Denn
für die Völker ist mit der messianischen Periode eine Heilszeit ange-
brochen; diese wollen sie aber nicht mehr gebrauchen zur Rettung,
sondern sie vollenden im Zug Gogs und Magogs wider Gottes Eigen-
tumsvolk ihren Frevel. Da bricht das letzte abschließende Gericht
über die Völkerwelt herein. Nach dem Sefer Ikkarim c. 31 ist der
große Gerichtstag יום הדין הגדול nach der Auferweckung der Todten,
wie die im Volke geltende Ueberlieferung laute הבית באימה. In
Beresch. rabba zu Gen. 49, 10 wird der Messias als der bezeichnet,
welcher die ganze Welt richten wird. Ebendort zu 49, 16 heißt es,
der Messias werde in Zukunft richten, wie der Heilige, welcher
Einer genannt wird. Vgl. 4 Esr. 13, 26. 7, 32 f. Nach Tanchuma,
Schemoth 29 werden die Aeltesten Israels das בית דין Gottes bilden, wenn
er die Völker richtet. Midrasch Mischle 68ᵈ: Der Heilige wird
künftig richten, und zwar die ganze Welt im Thale Josaphat.

Mechilta 63ᵃ gibt nun den Endzweck des Weltgerichts an. Amalek der Typus aller Feinde des Volkes Gottes wird einst in der Stunde
völlig untergehen, da der Götzendienst und seine Anhänger ausgerottet werden, „damit Gott (הבימם) der Alleinige (יחיד) in der Welt
sei und sein Reich von da an aufrichte לעולם ולעולבי עולבים in alle
Ewigkeiten." Hier eröffnet sich der Ausblick in die Ewigkeit; die
Vorbedingung derselben aber bildet die Ausrottung der Heiden, die
sich durch das Weltgericht vollzieht. Die Vollzugsweise des Gerichts selbst wird sehr anschaulich geschildert Aboda sara 2ᵃ. 3ᵇ.
„Dereinst wird Gott das Gesetzbuch hervorbringen und ausrufen:
Wer sich damit beschäftigt hat, komme und empfange seinen Lohn!
Hierauf werden alle Nationen im bunten Gemische vor Gott treten,
laut Jes. 43, 9. Dann wird Gott sagen: Kommet nicht zu mir in
solcher Unordnung, sondern jede Nation einzeln und deren Gelehrten
mögen erscheinen nach dem Ausspruch des Propheten: Lasset die
Völker sich versammeln. Unter einem Volke wird aber immer ein
Reich gemeint, wie man aus Gen. 25, 23 sieht ... Die Römer
werden alsdann zuerst erscheinen, weil sie den ersten Rang unter
den Völkern einnehmen nach Dan. 7, 23 ... Wenn also Rom er-

scheinen wird, so wird Gott die Römer fragen: Womit habt ihr euch beschäftigt? Rom wird antworten: Herr der Welten, wir haben viele Straßen gebaut, viele Bäder angelegt, viel Gold und Silber aufgehäuft, und dieses Alles nur um der Israeliten willen, damit sie sich mit dem Gesetze beschäftigen könnten. Hierauf wird aber Gott antworten: Ihr Erzthoren, nur um eurer selbst willen habt ihr Alles gethan: Straßen habt ihr aufgeführt, um darin Buhlerinnen aufzunehmen; Bäder habt ihr angelegt, um euch darin zu vergnügen; das Silber und Gold aber ist mein, Hagg. 2, 8. Ist aber einer unter euch, der sich auf dieses, nämlich das Gesetz, berufen kann? Sofort gehen sie heraus betrübten Herzens. Nach dem römischen Reich erscheint das persische ... Da spricht der Heilige, g. E., zu ihnen: Womit habt ihr euch beschäftigt? Sie antworten vor ihm: Wir haben viele Brücken gebaut, Städte unterworfen, Kriege geführt, und dies Alles nur damit Israel das Gesetz studiren könne. Da antwortet ihnen der Heilige, g. E.: Alles was ihr gethan habt, habt ihr zu eurem eignen Nutzen gethan. Ihr habt Brücken gebaut um Zoll von ihnen zu erheben, Städte erobert um darin den Dienst für den König einzurichten; die Kriege aber habe ich selbst geführt Ex. 15, 3. Ist Jemand unter euch der sich auf dieses, nämlich das Gesetz, berufen kann? Sofort gehen sie von ihm heraus mit betrübtem Herzen. Und so wird es einer Nation nach der andern ergehen. — Dann werden alle Völker sagen: Herr der Welt, hast du uns denn das Gesetz gegeben, und wir hätten es nicht angenommen? Du hast uns ja nie das Gesetz gegeben. Wie können sie aber so sagen, da doch geschrieben steht: Jehova kam vom Sinai, und ist ihnen aufgegangen von Seïr, er ist hervorgebrochen vom Berge Paran (Deut. 33, 2) und: Gott kam von Theman, und der Heilige vom Berge Paran (Hab. 3, 3). Was machte Gott in Seïr und was in Paran? R. Jochanan sagte, aus diesen Stellen werde ersehen, daß Gott allen Völkern und Zungen dies Gesetz angetragen habe, diese aber es ausschlugen, bis er zu Israel kam; dieses nahm es an. Daher ist es klar, daß die Völker nicht so zu Gott sagen können, sondern sie werden sagen: Haben wir denn dein Gesetz angenommen und gesagt, daß wir es beobachten wollen? Wenn sie dies sagen, werden sie nur ihre Schuld vermehren. Allein vielmehr werden sie so sagen: Hast du denn über uns den Berg wie ein Faß aufgehoben und gesagt: wenn ihr das Gesetz annehmt, ist es gut; wenn nicht, so werde ich euch mit diesem Berge tödten? Solches thatest du aber

Israel (S. 261). Hättest du uns so gedrohet, so hätten wir das Gesetz auch angenommen, denn es steht geschrieben: sie traten unter
den Berg, Ex. 19, 17. Denn R. Dimi bar Chama sagt: Hieraus ersehen wir, daß Gott den Berg Sinai wie ein Faß über Israel aufgehoben und gesagt hat: Nehmet ihr mein Gesetz an, so ist es gut;
wenn nicht, so sollt ihr unter diesem Berge euer Grab finden.
Dann wird Gott den Heiden sagen: So wollen wir die früheren
Gebote, die ich euch gab, untersuchen und sehen, ob ihr solche
gehalten habt. Die sieben Gebote Noa's, welche ich euch gab (S. 254),
habt ihr sie beobachtet? Woher wissen wir aber, daß sie diese
nicht beobachtet haben? Aus dem, was R. Joseph sagt: Es heißt
(Hab. 3, 6): Er stand und maß das Land, er sah und sprach die
Heiden frei. Was sah er? Er sah die sieben Gebote Noa's, welche
die Kinder Noa's angenommen haben und nicht gehalten; da sprach
er sie frei von fernerem Beobachten (vgl. aber auch *Baba kamma* 38ª).
Dann werden die Völker zu Gott sagen: Die Israeliten haben
dein Gesetz angenommen, haben sie es aber beobachtet? Hierauf
wird Gott antworten: Ich gebe ihnen das Zeugnis, daß sie das
Gesetz beobachtet haben. Darauf geben sie zur Antwort: kann denn
ein Vater Zeugnis für seinen Sohn ablegen? Das wird ja vor Gericht nicht angenommen; und du nennest Israel deinen Sohn, wie
wir lesen (Ex. 4, 22): Israel ist mein Erstgeborner. So soll Himmel
und Erde Zeuge sein, daß Israel das ganze Gesetz beobachtet habe,
wird hierauf der Herr sagen. Die Völker aber erwidern: Herr der
Welten! Himmel und Erde können hier kein Zeugnis ablegen; sie
könnten, aus Eigennutz getrieben, ein parteiisches Zeugnis abgeben;
denn es heißt in Jer. 33, 25: Wäre nicht mein Bund d. i. das Gesetz,
welches man studiren muß Tag und Nacht, so hätte ich die Naturgesetze
des Himmels und der Erde nicht hervorgebracht. Jehova wird dann
zu den Völkern der Welt sagen: Wenn mein Zeugnis und das des
Himmels und der Erde nicht zum Besten des Volkes Israel angeführt
werden können, so sollen aus eurer eignen Mitte Zeugen aufstehen
und bekennen, Israel habe das Gesetz beobachtet. Nimrod soll
Zeugnis ablegen, daß Abraham keine Götzen verehrte; Laban soll
bezeugen, daß Jakob Nichts gestohlen; die Frau des Potiphar soll
Zeugnis ablegen von der Keuschheit Josephs; der König Nebucad-
nezar, daß Chananja und Misael und Asarja sein Bild nicht angebetet haben. Darius wird bezeugen, daß Daniel sein Gebet nicht
unterlassen; Bildad der Schuchit, Zophar der Naamathit, Eliphas

der Themanit, und Elihu der Sohn Berachcels der Busit sollen bezeugen, daß Israel das ganze Gesetz beobachtet habe, nach dem Ausspruche Jes. 43, 9: Lasset sie ihre Zeugen darstellen und beweisen. Hierauf werden die Völker der Welt sagen: O Herr der Welten! gib uns jetzt ein Gesetz, so wollen wir es beobachten! Darauf wird der Herr zu ihnen sagen: Ihr Narren, wisset ihr nicht, daß, wer am Vorbereitungstage sich Speise zubereitet, hat am Sabbat zu essen; wer aber solches unterläßt, muß am Sabbat hungern. Danach will ich euch willfahren. Ein geringes Gebot ist erwähnt in meinem Gesetze, das Laubhüttenfest genannt, gehet hin und feiert dieses! Wie kann Gott aber so sagen? Sagt doch R. Jehoschua ben Levi: Wie haben wir die Worte (Deut. 6, 6) zu verstehen: Und diese Worte, die ich dir heute gebiete, sollst du zu Herzen nehmen? und erklärte: heute d. i. in diesem Leben sollst du solche beobachten, und nicht morgen d. h. in jenem Leben; heute, in diesem Leben, sollst du solche beobachten, aber nicht in diesem Leben die Belohnung erwarten. Darauf wird geantwortet: Gott verfährt nicht tyrannisch mit seinen Geschöpfen. Aber warum nennt er das Gebot der Laubhütte ein kleines Gebot? Weil es ohne großen Aufwand gefeiert werden kann. Sogleich werden alle fortgehen und sich Laubhütten auf den Dächern machen. Dann wird aber Gott die Sonne hervorgehen lassen so heiß und brennend, wie im Monat August, daß alle wegen der großen Hitze mit Unwillen den Boden stampfend die Laubhütten verlassen, nach dem Ausspruch (Ps. 2, 3): Lasset uns zerreißen ihre Bande und von uns werfen ihre Seile. Wenn der Herr dies sehen wird, so wird er lachen, wie geschrieben stehet Ps. 2, 4: Der im Himmel wohnet, lachet ihrer; der Herr spottet ihrer." Dazu fügen wir, was *Pesikta rabbetha* 61 zu Sach. 10, 8 bemerkt: Es sprach R. Chananja: Die Schrift spricht nur von der Zeit, wo der Heilige in Zukunft (לעתיד לבא) richten wird alle Völker der Welt. Wenn dies geschieht, so wird er alle Proselyten bringen, die in dieser Welt sich zum Judentum bekehrt haben, und wird Angesichts derselben alle Nationen richten und ihnen sagen: Warum habt ihr mich verlassen und Götzendienst getrieben?

Den Ausgang des Gerichts endlich gibt *Jalkut Schimeoni* zu Jes. 359: Was besagen die Psalmworte: In deinem Lichte werden wir sehen das Licht (36, 10)? Es ist das Licht des Messias gemeint. Denn wenn gesagt wird: Gott sahe das Licht, daß es gut (Gen. 1, 4), so wird damit gelehrt, daß der Heilige, g. E., das Zeitalter des

Messias und dessen Werke erschaute, ehe die Welt geschaffen ward,
und daß er das Licht für den Messias und sein Zeitalter unter
seinem Herrlichkeitsthrone aufbewahrte. Da sprach der Satan vor
dem Heiligen, g. E.: Herr der Welt, für wen ist das unter deinem
Herrlichkeitsthrone verborgene Licht bestimmt? (Antwort:) Für den,
der dich dereinst rückwärts wenden und mit Schmach zu Schanden
machen wird. Da fuhr der Satan fort: Herr der Welt, zeige mir
ihn! Komm und siehe, erwiderte der Heilige, g. E. Als nun der
Satan ihn (den Messias) sah, erzitterte er, fiel auf sein Angesicht
und sprach: Wahrhaftig das ist der Messias, welcher mich und alle
Völker der Welt in die Hölle stürzen wird, denn es heißt: Er
verschlingt den Tod auf ewig, und wegwischt der Allherr Jehova die
Thräne in jeglichem Antlitz. (Vgl. Delitzsch, *Horae Hebr.* zu Col.
2, 15 in der Lutherischen Zeitschrift 1878, S. 408.) *Bammidbar
rabba* c. 19 heißt es: Es sprach der Heilige zu Israel: In dieser
Welt vertilget ihr die Völker allmählich קימעא קימעא; aber in der
Zukunft werde ich sie verbrennen mit einem Mal, laut Jes. 33,
11 f. Wir erinnern hier an das *Targum jer.* 1 zu Num. 11, 26., wonach die Heere des Gog allesammt nicht bloß dem Leib sondern
auch der Seele nach durch Gottes Zornfeuer verbrannt werden
(יקידת נשמתא) (S. 370).

Also wird die Völkerwelt durch Gottes Richterspruch der Vernichtung durch das Feuer der Geenna überliefert werden. Und nachdem so die Erde im alleinigen Besitz Israels und von der gottfeind-
lichen Völkerwelt befreit ist, kann sie erneuert und zur Stätte des
ewigen Lebens werden.

§ 89. Der neue Himmel und die neue Erde und die neue Menschheit.

1. Himmel und Erde wird nach *Sifre* 130[b] Jehova künftig vergehen lassen מעבירם. Seine Absicht ist aber nicht die Schöpfung zu
vernichten, sondern zu erneuern. Aus der alten Schöpfung soll eine
neue reine hervorgehen. In *Pesikta* 29[b] wird das Wort Iob 14, 4:
מי יתן טהור מטמא לא אחד in folgender Weise erläutert. Dieses Wort
hat sich erfüllt in Abraham, der aus Terach hervorging; in Hiskia,
der von Ahas stammte; in Mordechai, der vom Simei kam; in Israel
das aus den Völkern der Welt heraus wuchs; und es wird sich erfüllen in der zukünftigen Welt, die aus der gegenwärtigen hervor-

gehen wird. Wer hat es so gemacht, wer also beschlossen und
angeordnet? Nicht der Eine d. i. der Einzige der Welt (יחידו של עולם),
der Erhabene? Man sieht aus dieser Stelle, daß die Welt durch
einen Reinigungsproceß hindurchgeht. So gereinigt aber wird die
alte Welt die Mutter der neuen; diese erbaut sich aus ihren Stoffen
und hat ihre Form und Gestalt zu ihrem Typus. Dasselbe sagt
Beresch. rabba c. 1, wenn es zu את השמים (Gen. 1, 1) heißt: durch
das את wird der Himmel eingeschlossen (S. 118), welcher nach Gottes
Gedanken (künftig) geschaffen werden sollte (שֶׁעָלוּ במחשבה), und zu
את הארץ: das את schließt die Erde ein, die (künftig) geschaffen
werden sollte (שיעלתה במחשבה). Rab Huna im Namen des Rab Elieser
des Sohnes des R. Jose des Galiläers sprach: Obwol das der Himmel
ist von dem es heißt (Jes. 65, 17): siehe ich schaffe einen neuen
Himmel, so ist er doch schon geschaffen seit dem Sechstagewerk.
Das geht hervor aus dem Artikel des החדשים und החדשה in Jes.
66, 22. Die Schöpfung eines neuen Himmels und einer neuen Erde,
von Anfang an beschlossen, ist ideell von Anfang an schon da, und
materiell mit der alten Schöpfung insofern schon gegeben, als das
Neue, was geschaffen wird, abermals Himmel und Erde ist.

2. Der neue Himmel und die neue Erde sind durch und durch
licht und rein, *Beresch. rabba* c. 91: חבא כלו יום עילם die zukünftige Welt ist ganz Tag. Sie ist licht, weil das Princip der Finsternis,
der Jezer hara (§ 48. 50), die Potenz der Sünde und des Verderbens nicht mehr auf ihr herrscht, vgl. *Jalkut Schimeoni* zu Genesis
§ 117: „So lange der יצר הרע in der Welt ist, herrscht אופל וצלמות
Dunkel und Todesschatten in der Welt; ist der יצר הרע einmal entwurzelt aus der Welt, so wird Licht und Freude in der Welt sein,
Dunkel und Schatten aber ist dann aus der Welt geschwunden."
Dem Lichte entspricht also die Reinheit, eine sittliche, sofern die
neue Erde nicht mehr Stätte sündiger Bewohner ist, und eine physische, insofern die neue Erde selbst aller Unreinheit entledigt ist.
Die neue Erde wird überdies vollkommen und harmonisch sein.
Die Vollkommenheit besteht in völliger Zweckerfüllung. In *Schemoth rabba* c. 15 werden zehn Dinge aufgezählt, welche Gott neu
schafft; dazu gehört das Licht, das Wasser des Lebens und der
Gesundheit, und Früchte in jedem Monat: die neue Erde bietet alle
Bedingungen eines mühelosen Daseins. Demgemäß fehlt auch das
was das gegenwärtige Leben beeinträchtigt, die Herrschaft des Todes
und des Verderbens. In sich harmonisch ist die neue Schöpfung,

da weder in der Thierwelt Streit ist, noch zwischen den Menschen
und der Thierwelt der Friede je gestört wird. *Beresch. rabba* c. 95
nennt die Herstellung der Eintracht in der Thierwelt eine Heilung; denn „auch die Thiere werden geheilt (גם החיות בתרפאות)
von der jetzt in ihnen herrschenden und sie verderbenden Mord-
gier und dem Blutdurst, so daß das Lamm sich nicht mehr vor dem
Volk zu fürchten hat, und alle Thiere sich an Pflanzenkost genügen
lassen, Jes. 11" *Tanchuma, Wajjiggasch* 8.

3. Auf der neuen Erde wohnt eine neue Menschheit. In *Pesikta*
151ᵃ heißt es mit Bezug auf Ps. 102, 14: Der Heilige, g. E., schafft
sie nun zu einer neuen Creatur (בְּרִיָּה חדשה). Ebenso *Schemoth
rabba* c. 3 u. ö. Die Erneuerung der Menschen d. i. die Wiederherstellung seines normalen Standes wird als Heilung bezeichnet,
sofern sie die materielle Seite des Menschen betrifft. Alles was der
Heilige, g. E., sagt *Tanchuma, Wajjiggasch* 8 (vgl. *Beresch. rabba*
c. 95) in dieser Welt geschlagen hat, das heilt er in der zukünftigen Welt. So die Blinden, denn es heißt: dann werden die Augen
der Blinden geöffnet und die Ohren der Tauben werden aufgethan,
und weiter: dann wird hüpfen der Lahme wie ein Hirsch und die
Zunge des Stummen wird jauchzen Jes. 35, 5 f. Die sittliche Erneuerung
geschieht durch Entwurzelung des יצר הרע aus dem Herzen des
Menschen und Einfügung eines neuen Herzens. So lehrt *Schemoth
rabba* c. 41, daß der יצר הרע den Götzendienst verursache; in der
zukünftigen Welt aber entwurzele (עיקר) ihn Gott und gebe dem
Menschen ein neues Herz; *Bammidbar rabba* c. 17 zu dem Worte
והייתם קרשים (Lev. 11, 45): So lange ihr die Gebote erfüllt, seid ihr
geheiligt מקידשים, und eure Furcht liegt auf den Völkern; reißet ihr
euch aber los פרשתם von den Geboten, so seid ihr profan בחללים.
Der Heilige, g. E., sprach zu Israel: In dieser Welt reißet ihr euch
los von den Geboten durch den יצר הרע; aber in der Zukunft reiße
ich ihn mit der Wurzel aus euch heraus (עיקר), denn es heißt
(Ez. 36, 27): Und meinen Geist will ich in euer Herz geben.

§ 90. Der Olâm habbâ.

1. Drei gute Gaben sind Israel gegeben worden, und die Völker
der Welt gelüsten nach ihnen, ... und das sind sie: die Thora,
das Land Israel und die zukünftige Welt (עילם הבא) *Mechilta* 79ᵇ.
Die zukünftige Welt gehört also Israel mit Ausschluß der Völker

der Welt. Jeder Israelit hat als solcher Anwartschaft auf den
עולם הבא‎, es sei denn daß er sein Anrecht als Israelit durch Abfall
verloren hätte, vgl. *Sanhedrin* X, 1 und S. 52. 373 f.
An dem zukünf-
tigen Leben haben auch קטנים‎ die Unmündigen Theil, auch die der
רשעים‎, sofern sie beschnitten sind *Sanhedrin* 110ᵇ. Daß hier
ganz Israel versammelt ist, bekundet sich dadurch, daß sogar das
in der Wüste gefallene Geschlecht an der Herrlichkeit Theil haben
wird *Bammidbar rabba* c. 16. 19 vgl. S. 352. Die Heiden aber sind
ausgeschlossen. Das lehrt recht anschaulich eine Haggada *Jalkut
Schim., Beresch.* 111 zu Gen. 25, 31): „Als Jakob und Esau noch
im Mutterleibe waren, sagte Jakob zu Esau: Mein Bruder, es sind
zwei Welten vor uns, diese Welt und die zukünftige. In dieser
Welt ißt und trinkt man; man handelt, nimmt ein Weib, zeugt Söhne
und Töchter, aber in der zukünftigen Welt gibt es keine solchen
Dinge (מדות‎ Verhaltungsweisen, Lebensthätigkeiten) mehr. Willst du,
so nimm diese Welt, und ich will jene nehmen, denn es heißt: Ver-
kaufe mir heute deine Erstgeburt. An diesem Tage, da sie noch
im Mutterleibe waren, verleugnete Esau die Auferstehung von den
Todten, denn er sagt: Siehe ich gehe doch hin, zu sterben. In
dieser Stunde nahm Esau als seinen Theil diese Welt, und Jakob
nahm als seinen Theil die zukünftige Welt." Esau vertritt die heidnische Welt, Jakob Israel, vgl. u. a. *Bammidbar rabba* c. 11 und oben
S. 294 u. ö.

2. Ueber מדות‎ die Lebensformen in dem Olâm habbâ bestehen
zweierlei Anschauungen. In der oben aus dem *Jalkut* mitgetheilten
Stelle z. B. ist die Anschauung eine spiritualistische; danach findet
im ewigen Leben keine der dem sinnlichen Leben angehörigen
Functionen mehr statt. Dieselbe Anschauung findet sich *Berach.* 17ᵃ,
g. E. Diese Stelle ergänzt die erstere in positiver Weise. Sie heißt:
Nicht wie diese Welt ist die zukünftige. In der zukünftigen Welt
findet nicht Essen und Trinken, nicht Zeugung, nicht Handel statt;
man eifert, hasset, zanket nicht, sondern die Gerechten sitzen da
Kronen auf ihrem Haupte tragend und genießen vom Glanze der
Schechina; denn es heißt Ex. 24, 11: Und sie schaueten Gott und aßen
und tranken. Dieser Auffassung steht eine mehr materialistische
gegenüber, z. B. *Tanchuma, Chajjé Sara* 8: In dieser Welt zeugen
die Gerechten Gute und Böse, aber in jener Welt werden alle
(Kinder) Gerechte sein. Also doch noch Zeugung. Und weiter finden
wir an vielen Stellen das Mahl der Gerechten gepriesen, das buch-

stäblich gefaßt werden muß, da die Speise aus dem Fleische des
Leviathan besteht (S. 195). *Pesachim* 118 berichtet, wer den כוס
ברכה של zur Hand nimmt und so dieses Mahl segnend weiht; die
Patriarchen halten sich für unwerth, bis David den „Becher des
Heils" zu diesem Behufe nimmt. In *Pesikta* 188ᵇ wird dargestellt,
daß Behemoth und Leviathan bestimmt sind für das Mahl der Gerechten im עולם הבא; daran werden Alle theil haben, die der Schrift
oder der Mischna, oder dem Talmud, oder der Haggada sich widmeten,
oder Mizwoth oder gute Werke (in besonderem Maße) aufzuweisen
haben. *Baba bathra* 74ᵇ vgl. *Pesikta* 58ᵃ schildert ausführlich, daß
Leviathan und Behemoth für die Mahlzeit der Gerechten im
עילם הבא aufbewahrt werden, vgl. *Machsor Schebuoth* 145, ed. Heidenheim. Später 75ᵃ heißt es, bloß die Gelehrten dürfen an diesem
Mahle Theil nehmen; der Ueberrest werde in Jerusalem verkauft,
so daß auch בשא וית׳ן vom עולם הבא nicht ausgeschlossen scheint.
Nach *Berachoth* 57ᵇ hat sogar תשמיש etwas Himmlisches. In *Aboda*
sara 65ᵃ werden sinnliche Freuden in dem עולם הבא erwartet.
Ja *Tanchuma, Schemini* 4 setzt sogar Sünde voraus: Es sprach der
Heilige, g. E.: In dieser Welt ist ihnen die Sünde vergeben worden
נתכפר durch ein Opfer קרבן; aber in jener Welt עילם הבא tilge ich
ביוהh ihre Sünden ohne Opfer, laut Jes. 43, 25 למעני. Darum sagt
Tanchuma, Emor 14 daß in Zukunft alle Opfer aufhören mit Ausnahme des Dankopfers תודה קרבן.

Diese zwei Anschauungen lassen sich nur daraus erklären, daß
die Schilderungen des messianischen Zeitalters und des עילם הבא,
des Diesseits und des Jenseits ebenso wie die Begriffe beider in
einander überfließen; an sich entspricht es dem gegensätzlichen Verhältnis der himmlischen und irdischen Welt (§ 44), daß der עילם הבא
als das himmlische Leben auf Erden möglichst immateriell gedacht
wird. Der Begriff einer verklärten, vom Geist erfüllten und durch-
drungenen Materialität fehlt hier, wie dies nach den gegebenen theologischen Voraussetzungen nicht anders erwartet werden kann.

3. Wie immer die Formen des Daseins im עילם הבא gedacht
werden, jedenfalls steht fest, daß dieses Dasein ein seliges und
herrliches ist, weil ein Leben in vollendeter Gemeinschaft mit Gott.
Um aber den Stand der Seligen im עילם הבא im Einzelnen vorzu-
stellen, muß man die Aussagen mit hereinziehen, welche vom גן ערן
und dem messianischen Zeitalter handeln, weil diese Sphären nicht
genau unterschieden werden, sondern unter dem Begriff עתיד לבא oder

בא הבא כילם zusammengefaßt werden. In *Sifre* 135ᵃ lesen wir: „Künftig
werde ich euch wohnen lassen רוח בנחת in der Welt.“ Dieses ruhige,
durch Nichts gestörte Dasein wird an dieser Stelle darauf zurückgeführt, daß keine Götzendiener mehr in Israels Mitte sind noch
mit ihm Verkehr haben. *Berachoth* 57ᵇ wird der Sabbat als ein
Vorschmack der zukünftigen Welt bezeichnet; er enthalte den sechzig-
sten Theil vom צילם הבא; das hat offenbar seinen Grund in der Ruhe
und dem Frieden des Sabbats, als welcher נחת רוח gibt. Auch *Beresch.
rabba* c. 17 wird der Sabbat ein נובלת (abgefallen Blatt) des צילם הבא
genannt; wie der Schlaf zum Tod, der Traum zur Weissagung, die
Thora zur Weisheit des Himmels, das Sonnenlicht zum Licht des
Himmels, so verhalte sich der Sabbat zum צילם הבא. Und zur
seligen Ruhe tritt äußere Herrlichkeit. Die Gerechten tragen Kronen,
Schabbath 88ᵃ vgl. oben S. 263: die Kronen, die sie einst am Sinai
durch die Engel erhielten, und die ihnen, als sie in Sünde fielen,
wieder abgenommen wurden, vgl. *Sanhedrin* 111ᵇ. In *Wajjikra rabba*
c. 30 heißt es zu שבע טמחות טמחות (Ps. 16, 11): Dies sind die sieben
Haufen der Gerechten welche künftig das Angesicht der Schechina
sehen werden, und ihr Angesicht gleicht der Sonne und dem Monde,
dem Firmament und den Sternen, den Blitzen und den Lilien כשנים,
und dem reinen Leuchter, welcher im Heiligtume war.

Diese Seligkeit und Herrlichkeit ist bei den verschiedenen Gerechten dem Wesen nach eine und dieselbe, aber dennoch hat sie
ihre Stufen. Darum kann man sagen: Jeder Gerechte hat sein besonderes Eden in Gan Eden *Pesikta* 75ᵃ. *Wajjikra rabba* c. 27 u. ö.
Das erhellt z. B. aus *Wajjikra rabba* c. 30: Welcher Haufe der Gerechten ist der bei Gott angenehmste und beliebteste? Es gibt zwei
Meinungen. Nach der Einen sind es die welche durch Thora und
Mizwoth (Studium und Erfüllung des Gesetzes) besondere Kraft
haben; nach der Anderen sind es die Schriftgelehrten, die welche
die Kleinen unterrichten in ihrer Treue (באמתן), welche künftig zur
Rechten des Heiligen, g. E., stehen werden. Und *Baba bathra* 75ᵃ:
von der Haut des Leviathan wird der Heilige für die Gerechten
Zelte machen, für die Würdigsten סכות, für die Nächsten צילצל (Gürtel),
für die Dritten כנק (Halsketten), für die Letzten קביר (Amulete).
Auch sonst werden Grade und Gliederungen der heiligen Gemeinde
des צילם הבא angeführt.

Alle diese Seligkeit und Herrlichkeit gipfelt in der vollendeten
Lebensgemeinschaft zwischen Gott und den Gerechten. Das obere

Jerusalem (*Taanith* 5ᵃ) wird auf die neue Erde herabfahren. Denn es gibt ein Jerusalem des עולם הבא, verschieden vom Jerusalem des עילם הוה *Baba bathra* 75ᵇ, von Sapphir erbaut *Schemoth rabba* c. 16; in diesem Jerusalem bildet wieder ein Heiligtum den Mittelpunkt; Ahron ist Priester und empfängt die Theruma; Dankopfer werden dargebracht. Die Gerechten schauen Gott und loben ihn, und Gott seinerseits lehrt das Volk in eigener Person die Thora. Solcher Art ist die Gemeinschaft zwischen Gott und den Gerechten. Dabei wird ausdrücklich hervorgehoben, daß sie die denkbar innigste sei. Einen schönen Ausdruck findet sie *Sifra* 225ᵃ, sowie in den Stellen vom Reigen der Gerechten, den Gott anführe. Sie ist inniger als die zwischen Gott und den Engeln; denn die Aeltesten Israels bilden im עולם הבא den Rath, also die nächste Umgebung Gottes. In einer Mechiza, zu welcher die Engel keinen Zutritt haben, wird Gott Israel die Thora lehren.

Das Schönste was der Talmud über das Jenseits sagt findet sich wol *Pesachim* 50ᵃ. Josua ben Levi ist erkrankt und wird entrückt. Als er wieder zu sich kommt, fragt ihn sein Vater: Was hast du geschaut? Er antwortete: Eine umgekehrte Welt (עילם הפוך) habe ich gesehen; die (hienieden) obenan sind, sind (dort) unten und die (hienieden) unten sind, sind dort oben. Da erwiderte sein Vater: Eine klare Welt (עולם ברור) hast du gesehen (d. h. eine solche in welcher Wesen und Erscheinung sich entsprechen).

Ebendaselbst wird unter anderen Unterschieden der beiden Welten dies angegeben. Hienieden spricht man bei schlimmer Botschaft: Gebenedeiet sei der recht richtet, und bei guter Botschaft: Gebenedeiet sei der Gute und Gutthätige. Jenseits aber gibt es keine schlimme Botschaft mehr, und es geht Alles in den Lobspruch auf: ברוך הטוב והמטיב.

REGISTER.

25*

BERICHTIGUNGEN.

S.	XXXIV	Z.	14	v. u.	lies:	was diese anlangt
„	4	Z.	13	v. u. nach:	„wie das Volk" zu streichen: so
„	31	„	31	v. o.	lies:	דֶּרֶךְ אֶרֶץ
„	34	„	1	v. o.	„	u n d
„	47	„	20	v. o.	„	Elischa ben-Abuja (Acher d. i. Apostat)
„	54	„	9	v. u.	„	alle Gerechte
„	122	„	5	v. u.	„	denn in jener
„	134	„	18	v. o.	„	die Lösungen
„	239	„	3	v. u.	„	anrührte
„	248	„	18	v. o.	„	*Kidduschin*
„	254	„	9	v. o.	„	בְּנֵי נֹחַ
„	290	„	11	v. o.	„	diejenigen Gebote
„	319	„	4	v. u.	„	הגזרה
„	360	„	10	v. o.	„	habe ich euch

Druck von Ackermann u. Glaser in Leipzig.